중국황제릉

동아대학교 석당학술총서 45

중국황제릉

中國皇帝陵

은나라에서 청나라까지의 30년 여정

장경희 저

솔과학

일러두기

1. 이 책은 은나라(BC 1550- BC 1050)부터 청나라(1636-1912)까지 황제릉을 다루었다. 다만 모든 황제릉을 모두 다 섭렵하기에는 너무 많아 역사적, 미술사적인 가치가 높은 것을 위주로 선정하였다. 비록 현재는 황폐하여 볼품이 없더라도 우리나라와 관계가 있거나 우리들이 관심을 갖는 흥미로운 황제릉은 수록하였다.
2. 중국의 역사적 인물이나 지명 등 고유명사는 한글(한자)를 병기하였다.
3. 중국을 다스린 지배자, 통칭 황제의 사후 황제릉과 관련된 용어는 전문적이고 번잡하다. 우리의 왕릉보다 전문 용어가 많고 어려워 이해하기 쉽게 풀어쓰고, 각주를 달아 서술하고자 노력했다.
4. 이 책에 수록된 사진은 몇 점 외에는 필자가 30년간 직접 황제릉 현장을 방문하여 촬영한 것이어서 출처 표기를 하지 않았다.

들어가면서

조선 왕릉(王陵)은 나에겐 어릴 적 즐거운 추억이 많은 곳이다. 서울에서 나고 자라 1970년대에 금란여중과 계성여고를 다닐 때 봄가을 소풍은 의례히 서오릉, 서삼릉 등 왕릉으로 갔기 때문이다. 그 때 석물 옆에 서서 사진을 찍거나 장기자랑으로 노래를 부르거나, 누구랄 것도 없이 비스듬한 능침 위에서 아래로 뒹굴어 내리는 시합을 하기도 했다. 지금 생각하면 참람한 일이지만 그 시절 왕릉을 떠올리면 내 입가엔 미소가 절로 떠오르는데, 당시의 기억은 누구나 비슷할 것이다.

어릴 적부터 나는 우리 역사나 세계사를 좋아했고 잘했고 관심이 많았다. 그래서 그런지 어릴 적부터 조선왕릉은 소풍으로 친숙했고, 고등학교 때에는 천마총이 발굴된 직후라서 경주의 신라왕릉에 가서 그 규모와 찬란한 금빛 유물에 감동했다. 홍익대학교 미술대학에 들어가서 공예에 몰입하면서 왕릉은 잠시 잊었다. 하지만 대학원에서 미술사를 공부하게 되면서 왕릉은 다시 내 관심 안으로 들어왔다. 우연인지 대학원의 첫 수업은 김리나 교수님의 한국조각사였는데, 같은 수업을 듣던 조각과 대학원생들이 조선왕릉의 석인상을 발표할 때 어릴 적 조선왕릉을 기억해내며 그들의 발표에 공감하였다.

석사학위를 마친 1989년 8월, 수교 전 중국의 초청을 받아 장춘과 백두산 그리고 베이징을 갈 기회가 있었으며 이때 명나라 황제릉에 해당되는 명13릉을 가게 되었다. 이것이 내가 중국 황제릉과의 첫 번째 만남이었다. 1992년 수교 이후 1994년 입학하여 1995년 박사과정을 다니던 중 김리나 교수님의 수업을 '고려시대'로 정하였고 같이 수업을 듣던 정은우선배(현 동아대 명예교수)는 고려시대 불교조각을, 이

종민후배(현 충북대 교수)는 고려시대 청자와 상감청자를, 나는 고려시대 왕릉을 조사하여 발표할 기회가 생겼다. 당시 고려왕릉을 주제로 삼았지만 실제 그곳을 가볼 기회가 없었기에 심도 있게 접근하기 어려워 내심 아쉬웠다. 박사논문의 주제로 조선왕실의 오례 중 하나로 조성한 조선왕릉에 관심을 갖고 자료를 정리하던 중이었기에 그것의 원형에 해당되는 고려왕릉은 미완의 연구주제로 계속 마음에 담아 두고 있었다. 박사과정 내내 국혼과 국장을 함께 조사하였지만 최종적으로 박사학위 논문은 〈조선왕실의 가례용 공예품 연구〉로 국혼에 집중하였다. 박사학위를 받은 이후에는 국장 때 조성한 조선왕릉에 미련이 남아 오래 묵은 숙제처럼 계속 논문을 발표하였다. 그러면서 미완의 과제였던 고려왕릉에 대해 계속 관심을 표방하였는데, 예맥출판사를 운영하던 유성웅선배가 여러 경로로 북한과 교섭하여 2004년부터 몇 차례 북한을 함께 방문할 기회를 성사시켰고, 그들과 남북교류를 통해 수천 장의 사진과 도면 및 야장 등을 확보하여 2008년 『고려왕릉』(예맥)이란 책을 펴낼 수 있었다. 아직도 그때 수집하고 모은 고려왕릉 전체의 도면과 사진 자료 등을 10년 넘게 묵히면서 종합적인 보고서로 풀어낼 기회만 기다리고 있다. 그 사이에 조선왕릉과 관련된 논문이 여러 편 쌓였고, 기존 논문을 다시 풀어쓰고 자료를 보완하여 2019년 『조선 왕릉』(솔과학), 2022년 『국장과 왕릉』(현암사)을 계속 펴냈다.

이와 같이 박사과정 이후 지금까지 우리나라의 고려왕릉이나 조선왕릉을 연구하였지만, 그와 함께 우리의 왕릉에 영향을 주었던 중국의 황제릉 또한 관심을 갖고 살펴보지 않을 수 없었다. 필자가 중국 황제릉과 인연을 맺은 것은 제법 연륜이 있다. 1989년 당시 국교도 없던 때에 중국에 들어가 베이징의 명13릉을 보았던 것은 지금 생각해도 꿈만 같다. 그 당시 한국인 중 그곳에 갔던 이가 누가 있을까 싶다. 이후 1994년에는 홍익대학교의 학부를 다닐 때 한국미술사를 강의해 주셨던 안귀숙 선생님(문화재감정관)과 공예과의 동기동창인 안명선박사와 함께 2주일간 시안(西安)이나 공현(鞏縣) 등 중국의 여러 곳을 답사했다. 평소에 관심이 많았던 진시황릉(秦始皇陵)을 비롯하여 당 소릉(昭陵)이나 건릉(乾陵)을 보았는데, 그때 그 느낌은 감동을 넘어 하나의 전율이다. 당시에는 안선생님이 관심을 가진 불교조각이나 불교공예가 많은 사찰이나 석굴 등이 주요 답사지였지만, 내 스스로는 가끔씩 들른 황제릉이 훨씬 흥미로웠다. 이에 서점 등을 뒤져도 당시 중국인들은 황제릉을 연구하거나 관심도 많지 않아 불교 분야보다 자료가 충분치 못했다.

박사학위를 받은 이후 2000년 문화재청에 근무할 때 조선왕릉을 본격적으로 정리하면서 중국황제릉을 정리해보자는 꿈도 함께 꾸었다. 곧 이어 2003년 한서대학교에 근무하게 되면서 방학 때마다 중국의 황제릉이 있는 곳을 다 찾아가 현지 답사를 먼저 해보기로 결심했다. 이렇게 공부를 하고 내공을 쌓으면서 『중국황제릉』이란 책을 써 볼 생각이었다. 그런데 이것이 얼마나 어려운 일인지는 금방 밝혀졌다. 지금부터 2-30여 년 전 중국은 참 다니기 어려운 곳이었다. 베이징이나 난징, 시안 등 대도시 이외에 지방이나 시골은 포장되지 않은 도로로 인해 흙먼지가 풀풀 날리고 비가 오면 진창길에 도로가 쿨렁쿨렁하고 물이 고여 바퀴가 빠져 나오기 어려운 실정이었다. 외진 곳에 위치한 황제릉은 택시를 대절해서 가더라도 물어 물어 찾아 헤매는 일이 다반사이고 이정표도 없어 여행이 아니라 모험에 가까운 일이었다. 그럼에도 불구하고 2003년부터 한서대학교에서의 20년간 나의 여름방학과 겨울방학은 거의 언제나 중국 황제릉과 함께였다고 자부한다.

미술사 전공자인 나는 글을 쓰기 전에 반드시 실물을 실제로 직접 보아야 확신을 가질 수 있다. 문헌 연구와 발굴보고서 등의 학술적 연구도 필요하지만 무엇보다도 중국 황제릉을 모두 가 본 후 글을 쓰기로 결심하였다. 하지만 이 또한 실전에 부딪혀 보니 망망대해에 홀로 표류하는 느낌을 받았다. 중국 역사는 너무 방대하다. 상나라 이래 61개 왕조가 있었고 황제만도 341명이나 되며 여기에 황후나 비빈, 왕자까지 합치면 수 천명의 황족이 살았다. 그래서 범위를 좁혀 중요한 황제의 황제릉을 고르고 그 중에서 미술사적 가치가 높은 황제릉을 집중적으로 답사하기로 하였다. 그럼에도 불구하고 지금은 황폐하여 볼 것이 없더라도 우리와 관계가 깊고 유명했던 한무제, 수양제, 야율아보기, 아구타 등의 능도 대상에 넣었다.

또한 중국 역사상 문헌이 확실한 상나라부터 시작하여 청나라까지 무려 3500여 년의 역사를 꿰뚫어 봐야하고 수많은 문헌과 서적을 읽어야 하는 학문적 바탕도 닦아야 했다. 실제로 30년간 중국 여행에서 방방곡곡의 박물관과 서점을 다니며 300여 권 이상의 서적을 구입했으나 여전히 부족하다. 그러나 그 서적이 말해주지 않는 것을 현지에 위치한 황제릉의 실물을 보고 느낀 내 눈으로 확인하였다. 그 사이 중국은 눈부시게 발전하여 오늘날 중국 황제릉을 답사하기는 옛날보다 훨씬 수월해졌다. 베이징의 명13릉이나 선양의 소릉, 복릉 그리고 난징의 명효릉 정도는 단체관광객이 몰릴 정도로 쉽게 접근할 수 있다.

그러나 30년 전 중국 황제릉을 답사를 시작할 때에는 어느 곳의 황제릉 하나에도 이정표나 표지판이 없었다. 영하 30도가 되는 한 겨울에 앞이 안보일 정도로 눈이 펑펑 내리던 북만주에서 금황제릉을 찾아 헤맬 때에 어렵사리 그 위치는 파악했으나 눈에 덮여 도로조차 찾을 길이 없었다. 이에 그 마을에 사는 촌로를 함께 택시에 태우고 현장까지 가서 쌓인 눈을 털어내며 실측하고 사진을 찍었다. 대부분의 황제릉은 대중교통으로 가기 쉽지 않다. 어떤 때는 동리에 택시도 없어 산골을 온종일 걸어 헤매기도 했다. 요나라의 태조 아구타 황제릉을 찾아갈 때에는 내몽고의 길도 없는 산야를 헤매다가 그곳을 안다는 시골 아주머니를 납치하다시피 모시고 가서 확인하기도 했다. 육조시대 황제릉을 찾으려고 난징시 일대와 단양 등지의 허허벌판에서는 기껏 빌린 택시가 어제 내린 비에 도로가 진창길로 바뀌어 진흙에 바퀴가 빠져 오도 가도 못하기도 했다. 우리에게 친숙한 송나라 황제릉은 다 찾아가 보았는데 드넓은 밭 가운데에 뻴쭘하게 서 있는 송황제릉의 석물은 부지런한 농부들 때문에 흙이 패여 위태롭게 보였다. 요나라나 금나라처럼 이민족의 황제릉은 관리가 거의 되어 있지 않아 물어물어 어렵게 찾아가 봐도 남아 있는 것은 파헤쳐진 구덩이 뿐이어서 한없이 심란했다. 그야말로 중국 황제릉을 답사하는 일은 모험과 고난과 회한의 연속이었다. 그러면서 한국의 충실한 왕릉관리와 찾아가기 쉽게 배려한 이정표와 표지판 설치에 새삼 감사하게 되었다. 지금은 중국도 표지판이 하나씩 생겨 훨씬 나아졌지만 20년 전만 해도 국보급 유적이 있는데도 어떠한 표식조차 없었다. 멀쩡한 큰 길에서 삼거리가 나오면 이정표가 없어 어디로 가야할 지 멘붕 상태가 되었다. 그래서 왔던 길을 몇 번이나 왕복을 했으나 물어볼 사람이나 인가도 없는 일이 허다했다. 그러나 지난 5,6년 사이 중국도 많이 변하여 지도에 표시도 하고 관광시설을 갖추어 답사하기가 훨씬 나아졌다. 심지어 2010년대부터는 내비게이션에도 일부 황제릉이 표시되어 격세지감을 금할 수 없다.

다시금 중국 황제릉을 답사하던 30대를 떠올리면 만감이 교차한다. 20여 년 전에 중국에서 기차표를 사는 것은 살인적인 상황으로서 역에 가면 너무도 많은 사람들이 끝도 없이 줄을 서 있고 암표와의 전쟁도 치러야 했다. 만원버스를 타면 사람들

사이에 끼여 숨 막혀 죽을 듯한 공포도 체험하였다. 그나마 튼튼한 다리의 고마움을 절실하게 느꼈던 여정에 하룻밤 10위안 내지 30위안 하는 초대소에서 자기도 하고, 거리에서 1위안 짜리 식사도 맛있게 먹었다. 중국의 현지인보다 훨씬 많은 곳을 여행하고 답사하며 용케도 잘 견디었다. 그렇게 생고생을 하며 찾아 다녔던 그때 그 시절에 찾아간 그 황제릉들이 더욱 기억에 남고 또 다시 가고 싶다. 갔던 곳을 무엇 하러 또 가느냐고 하겠지만 사실 같은 곳이라도 그 때마다 다른 느낌을 준다. 어떤 곳은 많게는 다섯 번이나 방문하기도 했다. 베이징, 시안, 뤄양, 선양, 난징 등지는 몇 번이나 가고 또 갔다. 어떤 때는 기껏 황제릉을 갔는데 수리 중인 경우도 있어 다시 가야 한 것이다. 2010년 난징의 명효릉에 갔을 때 제사를 지내는 향전(享殿)이 공사 중이어서 또 가야 했다. 2011년 베이징 인근 황제릉의 설경을 보느라, 근래 드물게 춥고 폭설이 내렸다는 뉴스를 보고 2012년 12월에 베이징행 비행기에 몸을 싣기도 했다. 그래서 이 책에 실은 사진은 같은 곳이지만 몇 년 간의 시차도 있고 계절이 다른 도판을 싣게 되었다.

중국의 황제릉은 그 시대 최고의 예술가들이 동원되어 최고의 재료를 가지고 최고의 기량을 과시하여 완성한 당대의 건축, 조각, 회화, 공예의 상징적 표상물이다. 때문에 황제릉은 그 시대의 문화적 총량이 압축되어 있는 위대한 문화유산이라 할 수 있다. 이러한 중국의 황제릉은 원시시기부터 20세기 초까지 오랜 기간동안 숫자도 많고 규모도 커서 세계에서 비교할 바 없지만, 황제릉을 조성하기 위하여 벌인 일 또한 우리의 상상을 뛰어넘는다. 상(商)나라에서 왕릉 한 곳에 무려 천여 명을 순장하거나, 진시황릉에는 엄청난 숫자의 병마를 만들어 넣거나, 한(漢)나라 때 국고 세입의 3분의 1을 황제릉 건설에 쏟아붓거나, 이후 황제릉을 짓느라 70만 명의 인력을 동원하거나, 황제릉을 관리하고자 부근에 능읍(陵邑)이란 신도시를 건설하거나, 능이 건설된 지 얼마 안 되어 무자비한 도굴과 훼손이 수반되기도 하였다. 이렇게 민중의 피와 땀으로 이루어져 우리의 상식을 뛰어넘는 중국 황제릉은 때론 경이롭고 때론 엽기적이지만, 오늘날 그 역사문화적 가치를 인정받아 유네스코 세계문화유산에 등재되어 전 세계로부터 수많은 관광객을 불러 모으고 있다. 역설적으로 살아 생전의 황제는 나라를 다스려 인민을 먹여 살렸다면, 죽은 황제는 자신의 황제릉으로 관광수입을 올려 인민을 먹여 살리는 것 같다.

황제릉을 답사하면서 능의 주인공인 황제의 자세한 행적을 살펴보면 황제는 좋던 나쁘던 대단한 인물들이었다. 그가 누린 무소불위의 권력으로 인민을 잘 먹이고 잘 살게 하기 위하여 밤을 새워 국사를 돌보던 모범생 황제가 있는가 하면, 백성의 고난을 직접 돌보고 검소한 생활로 모범을 보인 황제도 있으며, 부왕의 후궁을 넘보고 백성을 전란에 몰아넣은 황제뿐 아니라, 사람이 저렇게까지 타락할 수 있을까 하는 생각이 드는 망나니 같은 황제, 89세까지 장수한 황제와 불과 2살 때 요절한 황제도 있고, 61년간 재위했던 황제가 있는가 하면 즉위한지 불과 반나절 만에 나라가 망하여 가장 짧은 기록적인 재위기간을 가진 황제도 있었다. 어떤 망나니 황제릉에 갔을 때는 발로 무덤을 밟아주고 싶은 생각이 몇 번이나 들기도 했다. 그러나 이것이 역사이고 인간사이며, 황제릉의 예술적, 문화적 가치를 연구하는 사람으로 개인적인 감정을 갖지 않기로 했다.

나의 황제릉 답사와 연구는 끝나지 않았다. 아마도 평생 이루지 못할지도 모른다. 다행히 2000년 경부터 중국에서 황제릉 연구의 붐이 일어 연구자들도 많아지고 관계 서적도 쏟아져 나왔다. 대표적인 학자로 양관(楊寬), 유의(劉毅), 송대천(宋大川), 황렴(黃濂), 악남(岳南), 호한생(胡漢生) 등 여러 연구자들이 있었으며 이들의 저서는 나에게 황제릉에 대한 시야를 넓혀 주었다. 하지만 이상하게도 이러한 서적은 베이징 같은 대도시에 모여 있는 것이 아니라 각 지역에 있는 출판사에서 출판하여 그 지역에서만 판매되고 있다는 점이다. 예를 들어 금나라 황제릉 관련 서적을 사려면 일부러 하얼빈과 아청까지 가야 했다. 그 사이 하남성, 섬서성 문물고고연구소 등지에서는 고고학적인 발굴을 통해 수준 높은 보고서들을 발간하여 황제릉 관련 지식을 바로 잡아주는데 큰 도움이 되었다.

그동안 우여곡절이 있었음에도 불구하고 황제릉 답사를 비교적 무난하게 또 성공적으로 마치고 지금의 이 책을 펴낼 수 있게 된 것은 여러 사람들의 도움이 있어서 가능했다. 30대에는 젊은 혈기로 무서움도 없이 드넓은 대륙을 혼자 돌아다니기도 했는데, 지금 생각해보니 만용이었다. 그러나 40대 이후 50대에는 팀을 이뤄 조직적이고 체계적으로 황제릉답사를 할 수 있게 되었다. 먼저 중국 문물연구소의 潘선생이 있다. 그는 평생 해왔던 고고학 발굴조사의 경험으로 황제릉에 관한 여러 정보를 알려주었고, 동행을 하거나 함께 하지 못할 경우에는 전화로 원격 조종하여 길을 찾아 주곤 하였다. 다음 조선족 출신의 중국인 全正煥소장이다. 그는 중국에서 문화 관련 공무원으로 근무하였고 현재도 연구소를 운영하고 있다. 원하는 자료를 수집하고 정보를 제공해주며 황제릉 연구의 질과 양을 풍부하게 해 주었다. 한편 홍익대학교 조각사 전공의 兪聖雄선배는 여러 모로 보물 같은 존재이다. 중국 황제릉이나 북한의 고려왕릉을 연구할 때마다 많은 것을 해결해 주었다. 해박한 역사 지식과 탁월한 지리 감각으로 쉽게 가보기 어려운 대륙의 여기저기를 답사할 때 내 집처럼 편하게 다닐 수 있었다. 이렇게 팀을 이루지 않았다면 여름방학과 겨울방학에 그 많은 황제릉을 답사하는 것이 불가능했을 것이다.

1989년 8월에 명 13릉을 처음 답사했기에, 2019년 8월에 이 책을 완성하고 싶었다. 그러나 생각하고 쓰고 고치다가 코로나 19에 마무리 짓지 못하고 차일피일 미루다가 어느새 3년의 세월이 또 훌쩍 지나버렸지만 아직도 부족하다. 하지만 2022년 올해는 한중 수교 30주년이어서, 나름대로 그것을 기념하여 지난 30여 년간 은허로부터 청 푸이황제까지의 족적을 여기에서 마무리하려고 한다. 이 책이 중국 역사나 중국 황제에 관심을 가진 이들에게 참고가 되고, 미지의 곳에 숨어 있는 역사에 관심을 갖고 답사하길 좋아하는 이들에게 작은 경험담을 들려주었으면 한다. 워낙 광대한 시기의 최고 권력자인 황제가 묻힌 황제릉이라는 분야를 작은 책자에 담았는데, 모쪼록 부족한 이 책자를 통하여 광대무비한 중국 문화의 이해와 인간의 위대함을 다시 느껴보기 바란다.

부족함에 자꾸 미적거릴 것 같아 용기를 내어 동아대학교 석당학술원의 석당학술총서에 지원하였는데 마침 선발되어 출간에 도움을 받게 되었다. 또한 복잡한 책을 선뜻 출판해주겠다고 손을 내밀어준 솔과학 김재광 대표에게도 감사드린다.

중국 황제릉을 처음 방문한 지
30년이 지난 2023년 1월
한서대학교 연구실에서 장 경 희

목 차

제6장 명(明)나라의 황제릉

제7장 청(淸)나라의 황제릉

제1장

능(陵)의 기원

1. 능의 기원 : 다르지만 비슷한

원시시대부터 인류는 죽은 사람을 매장하였다. 전세계의 고대 국가에서는 신분이 높은 지배자가 죽으면 보다 특별한 방식으로 무덤이나 피라밋을 만들었다. 우리는 이것을 통해 고대 문명의 발달을 확인할 수 있다. 이에 중국에서 왕이나 황제의 무덤을 언제 어디에 어떻게 만들어졌는지 살펴보았다.

1. Origins of the Imperial Tombs: Different & Similar

Since primitive times, mankind has buried the dead. In ancient countries around the world, when a high-ranking ruler died, the emperor's tomb or pyramid was created in a more special way. We can check the development of ancient civilization through this. Therefore, we looked at when, where, and how the tombs of kings and emperors were made in China.

1

능(陵)은 크고 높아야 한다

거대지향의 왕릉

한국 사람이라면 평생을 통하여 왕릉을 몇 번쯤은 가 보곤 한다. 고등학교 수학여행 때부터 교수로서 학생들을 데리고 경주에 가서 보는 신라왕릉, 충남에 위치하고 있어 가끔씩 자문하러 가게 되는 공주나 부여에 위치한 백제왕릉 그리고 서울 사람은 누구나 한번 쯤 가봤을 조선왕릉이 주 대상이다. 특히 신라의 황남대총을 본 사람들은 생각밖에 거대한 규모에 놀라고,[1] 거기에 비해 조선시대 왕릉은 비교적 작으며 아담하게 느끼곤 한다. 또 나처럼 열성적인 사람은 북한에 소재한 고려왕릉이나 고구려왕릉까지도 섭렵하여 상당한 지식과 안목을 쌓고 있다.

그러나 중국의 황제릉을 처음 본 사람은 그 크기와 규모에서 압도당하게 마련이다. 유명한 진시황릉은 그 분묘만 해도 정방형으로 한 변의 길이가 350m에 높이는 76m인데 원래 축조되었을 당시에는 동서 485m, 남북은 515m이며 높이는 115m에[2] 이르렀다. 크기로는 진시황릉이 단연 세계 최대이지만 높이는 이집트 쿠프 왕(B.C. 2580년 경)의 피라미드에 필적할 것이 없다. 이는 한 변이 230m이며 높이는 축조 당시 146.6m에 이르렀다. 이들 숫자는 단지 분묘만의 크기를 말한 것에 지나

---

1 황남대총은 고분 제98호로 북분, 남분 두 개의 무덤이 서로 붙어있다. 황남대총은 신라시대에서 가장 큰 무덤으로 길이가 120m에 북분의 높이는 23m가 된다. 조선시대 왕릉이 지름 10m 내외, 높이 2~3m 임에 비하여 황남대총은 그 크기에서 한국 최대, 최고라 할 수 있다.

2 쯔데 히로시·고분문화연구회 역, 『왕릉의 고고학』, 진인진, 2011, p.72.

지 않는다. 실제로 이집트나 중국의 경우 분묘 주변으로 장제전이나 부속건물들이 일개의 궁성만큼 넓고 건물이 많이 서 있었으며, 그 일대에는 능을 가꾸고 관리하기 위한 능읍(陵邑) 즉, 작은 도시가 하나 생겨났다.

능의 규모에 있어서는 일본의 천황제릉도 결코 뒤떨어지지 않는다. 오사카 인근 사카이(堺)시에 있는 닌토쿠료(仁德天皇陵)는 전방후원분(前方後圓墳)으로 길이가 486m, 높이가 36m에 이르니 자랑할 만하다. 그밖에 아시아에서 베트남의 후에(Hue)에 있는 뜨득, 카이딘, 민망, 자롱 황제릉이 있다. 중국의 영향을 받아서 능 앞에 석인, 석수들이 도열해 있는데 중국과 한국의 능묘와 유사성이 크다. 또 유라시아에 걸쳐 분포되어 있는 쿠르간(kurgan)도 크고 높은 것이 많다.[3] 유럽의 커다란 분묘는 독일의 막달레넨베르크 유적이나 호미켈레 유적에서 발견되었는데, 높이 100m에 이르는 대형고분들로 이들은 기원 전 6세기 경의 지역 수장이나 왕의 무덤으로 추측된다.

서구문명의 아버지라 할 수 있는 그리스에 신전이나 경기장 같은 고도로 발달하고 거대한 건축물을 다수 지었던 그리스인들은 이상하게 능을 만드는 데에는 인색하였다. 상류층에서는 유체를 사르코파구스(sarcophagus)에[4] 넣어 지하에 매장하는 정도인데 묘의 표지로 묘비석인 스텔레(stele)[5]를 세웠을 뿐이다. 고대 서구에서 제왕의 무덤 중에서 지상으로 높이 올린 구조물은 흔치않다. 그러나 미케네의 아트레우스의 보고라 불리우는 톨로스(tholos)나 소아시아의 할리카르나소스에 세워진 마우솔레이온,[6] 로마시대의 아우구스투스의 묘, 하드리아누스 황제의 능은 서구에서는 상당히 큰 규모이지만 중국 황제릉에 비하면 왜소하게 느껴진다. 그리스도교가 서구에 널리 퍼지면서 왕묘의 건축에도 큰 변화가 생겨났다. 일부 지역에서는 지상

3 쿠르간은 러시아의 고고학 용어로 분구(墳丘)가 있는 분묘를 말한다. 유럽 각지와 남러시아, 카프카스, 남시베리아에 분포되어 있는데 직경이 100m 이상, 높이가 20m 이상 되는 대형의 분묘도 있다. 이들은 신석기 말에서 금석병용기에 걸쳐 세워졌는데 부장품이 풍부하며 특히, 스키타이의 쿠르간은 호화로운 부장품으로 유명하다.

4 사르코파구스는 석관이란 말로 특히 장식조각을 한 그리스의 대리석제 석관을 뜻한다.

5 스텔레(stele)는 지중해 연안에서 발달한 묘비로 비석과 같은 석판인데, 그리스 전기에는 우아하고 아름다운 부조조각으로 아티카의 부조묘비가 유명하다.

6 마우솔로스의 묘로 아르테미시아 2세(?~351B.C.)에 의하여 세워졌는데, 약 35m 정도의 사각형 대좌 위에 이오니아식 열주로 둘러싸인 사각형 벽체 위에 피라미드식 지붕을 가진 높이 45m 정도의 건축물로 사벽에는 당대 최고의 조각가들이 동원되어 조상을 제작하였다. 고대 서구에서는 보기 드물게 거대한 왕묘로서 여기에서 장대한 묘묘(墓廟)를 뜻하는 마우솔레움(mausoleum)이란 용어가 생겨났다.

에 분구를 만드는가 하면 여전히 별도의 건축물을 세워 왕릉을 조성하기도 했지만 기독교 시대에서는 왕도 하느님을 능가할 수 없기 때문에 교회 지하에 유체를 두어 그 속에서 안식을 구하였다. 즉, 왕이 신격화되었을 때에는 거대한 왕릉이 조성되었지만 기독교가 국교로 되면서 왕도 신의 은총 아래 교회 마루 밑에 다른 사람들과 함께 묻히게 되었다. 신권이 강한 이슬람에서는 자연히 왕릉을 조성하지 못하였다. 예외가 있다면 무굴제국의 샤자한이 사랑하는 네 번째 부인 무무타즈를 위해 조성한 타지마할이 규보와 아름다움에서 아직도 많은 사람들의 친탄을 받고 있다.

위에서 간략하게 살펴보았듯이 동서에서 공통되게 왕릉은 크고 높았다. 이렇게 거대한 왕릉을 조성하는 일은 고대에서는 국력을 총동원하지 않고서는 결코 이루어질 수 없는 대역사였다. 인력도 수만에서 수십 만 명이 동원되어야 하고, 건설경비도 국가 예산의 몇 분지 일이 소요되는 이 엄청난 일을 무엇 때문에 제왕들은 서슴치 않고 앞 다투어 저질렀을까? 그것은 제왕이 일반인과는 비교할 수 없는 특별한 존재로 신이나 신에 버금가는 존재로 천하를 다스려야 하는 타당성과 위엄을 과시할 필요가 있었기 때문이다. 제왕도 자신들과 똑 같은 인간이라면 일반인들이 어떻게 경외심을 갖고 복종할 수 있겠는가?

역대 제왕들은 이러한 심리를 잘 알고 있었기 때문에 즉위하자마자 서둘러 자신의 능묘를 장대하게 건설하기 시작했으며, 그것도 모자라 조상들까지 평범하지 않

아득한 산과 드넓은 부지를 가진 당현종의 태릉

주원장의 조상들을 모신 명조릉

다는 사실을 알리고자 시조묘(始祖墓)까지 왕릉급으로 세웠다. 중국에서는 당나라가 4대조까지 황제로 추숭했으며, 송나라는 5대조, 명나라는 4대조 그리고 우리나라의 경우 고려는 2대조, 조선은 4대조까지 왕으로 추숭하여 능을 만들었다.[7] 이와 같이 왕릉은 백성들에게 왕실의 존엄함을 보여주기 위해 시각적 상징물로 장대함을 추구했으며 이를 통해 자신이 위대한 제왕의 후계자라는 것을 만천하에 과시하여 왕위 의 정통성을 입증하는 일이기도 했다.

왕릉이 일반인들에게 경외감을 주기 위해서는 우선 크고 높아야 한다. 높다는 것은 지표상에 사람 키의 10배쯤은 되어야 우러러 보게 된다. 높이로야 단연 이집트 쿠푸왕의 피라미드가 146m로 제일이지만 동서고금의 왕릉은 적어도 20m 이상은 되어야 대접을 받을 수 있다. 진시황릉이 높이 115m, 한나라의 최대 황제릉인 무릉(茂陵)이 47m, 일본의 닌토쿠료가 36m, 마우솔레이온이 43m, 멕시코의 달의 피라미드[8]가 46m로 왕릉다운 높이를 자랑하고 있다.[9] 그렇다고 모든 왕릉이 반드시

7 장경희, 「조선 태조 이성계의 4대조 '북도팔릉' 연구」, 『동방학』제36집, 한서대동양학연구소, 2017, pp.11~24.

8 그동안 중남미의 피라미드는 능이 아니라 신전으로 여겨왔다. 그러나 근래의 연구에 의하면 멕시코 중앙고원 테오티와칸의 '달의 피라미드'의 하부에서 순장이 발견되어 왕묘일 가능성이 높아졌다.

9 이상의 수치는 유성웅 편, 『미술사전』, 한국미술년감사, 1989, 참조. 이 중 체적이 가장 큰 무덤은 닌토쿠료(仁德天皇陵)로 분묘 길이가 486m나 되는데, 이 고분에 쌓인 흙은 10톤 트럭으로 28만 대 분이나 된다.

지상에 매장하고 그 위에 큰 구조물이나 봉분을 만드는 것은 아니다. 메소포타미아 우르(Ur)의 왕릉은 지하에 수혈묘갱식으로 만들었는데 지상의 건조물은 아직 발견되지 않았다. 중국에서도 은나라 시대까지는 지하에 묘를 조성하고 지상에는 간단한 묘사건물을 세워 표지가 되게 한 것도 마찬가지이다.

그런데 거대한 왕릉의 존재는 그 왕조의 초기에 집중되는 현상을 볼 수 있다. 이집트의 경우에는 고왕국 시기 제4왕조(B.C. 2620~2500년 경)에 거대한 피라미드가 축조되는데, 높이 146m를 자랑하는 쿠푸 왕의 피라미드를 비롯하여 카프라, 스네푸르 왕들의 대피라미드가 등장한다. 한국의 경우 고신라 시기의 고분들이 규모가 크며,[10] 통일신라 시기가 되면 평지에서 산비탈로 올라가며 규모가 현저하게 작아져 조선왕릉 정도의 크기가 된다. 일본의 경우 고분시대가 끝나는 6세기 말부터는 더 이상 거대한 전방후원분을 세우지 않게 되었다. 중국의 경우 천하통일을 이룩한 초기 즉, 진나라와 한나라 시대에는 거대한 분묘가 등장하지만 수당시대부터는 일반적으로 규모가 작아지는 경향을 송나라 때까지 보이다가 명청시대에 다시 장대하게 된다.

이와 같은 왕릉의 규모에서 한 가지 공통되는 사항을 엿볼 수 있다. 곧 왕조의 초기, 즉 국가의 형성기에 제왕의 권위와 신격화가 강할수록 그 능이 커진다는 점이다. 이집트에서 고왕국과 중왕국 시대에 거대한 피라미드를 세울 때 왕 즉, 파라오는 바로 태양신으로 여겼고 인간으로 취급되지 않았다. 고대 중국에서도 황제는 천자라 부르며 하늘의 뜻을 받들어 세상을 통치하는 것이라 여겨 거의 신과 같은 존재였다. 이밖에도 메소포타미아나 중남미의 마야 문화에서도 왕은 바로 신이었다. 이것은 법과 제도, 논리적 지식이 부족했던 시기에서 민중을 원활하게 통치하기 위하여 그 지배자가 절대적인 존재 즉, 신(神)으로 포장되어야 할 필요가 있었기 때문이다. 이는 제왕이 신 정도의 권위를 가지기 위해 자신의 무덤 하나를 만드는데 엄청난 인력을 동원시키고 물력을 쏟아 부어 거창한 규모의 무덤을 만든 것이다. 건국 초기에 거대한 왕릉 조영의 경쟁은 결국 국가에 엄청난 부담을 준다는 것을 깨달은 제왕들은 차츰 왕릉조영에 매뉴얼을 도입하여서 왕릉의 규모에 어느 정도 제

---

10 경주의 황남대총은 북분, 남분 두 개의 무덤이 붙어 있는데, 길이가 120m에 북분의 높이가 23m이며, 1973년 발굴시 무려 58,000여 점의 유물이 쏟아져 나온 한국 최대의 왕릉이다.

한을 두어 왕릉의 무한대로 커지는 것을 막고자 하였다. 그러나 이 제도도 효심이 뛰어났거나 과시욕이 큰 후계자를 만나면 무용지물이 되기 일쑤였다.

부장품과 순장

박물관에 가면 많은 유물이 소장되어 있고 전시되어 있다. 사실 박물관에 있는 고대의 유물들 중 상당수는 무덤에서 출토된 것이라 해도 과언이 아니다. 더욱이 이러한 왕릉에서 출토된 유물을 보는 것은 항상 흥분되고 즐거운 일이며 호기심을 불러일으킨다. 아무리 귀한 물건이라도 오랫동안 세상을 떠돌다가 전래되는 소위 전세품(傳世品)은 그리 많지 않다. 더구나 고대 유물의 경우에는 전세품이 거의 없을 정도이다. 예를 들어 우리의 유명한 고려청자도 전세되어 지금까지 현존하는 것은 극소수이고, 대부분 개성의 고려왕릉이나 귀족들의 무덤에서 출토된 것이다. 이것은 중국의 경우에도 마찬가지이다. 은나라부터 주, 춘추전국, 진, 한나라의 유물 대부분은 무덤에서 출토된 것들이다. 고대에 사람들이 죽으면 죽어서도 생시처럼 영위하길 바라며 여러 가지 물품들을 함께 묻어주는 부장(副葬)의 풍습 덕분에 박물관을 풍부하게 하고 당시 사회와 문화를 바르게 이해할 수 있게 된 것이다. 이처럼 죽은 사람의 영생이나 사후 세계를 위하여 여러 물품을 함께 묻는 관습이 없었다면 우리는 과거의 역사를 절반도 이해하지 못하였지도 모른다.

인류가 최초로 종교의식을 갖게 된 계기 또한 죽음을 기념하고 장엄하기 위해서였다. 고대인들은 시신을 매장하는 방법이나 안치하는 묘지에 대하여 상당히 오랫동안 고민하고 심각한 문제에 직면하였다. 대략 기원 전 20만년 전부터 기원 전 4만년 경까지 살았던 네안데르탈인도 죽음에 대하여 인간적 정서를 표시하였다. 북 이라크 자그로스 산맥의 샤니다 동굴에서 발견된 약 62000년 전의 무덤을 보면 시신 옆에 여러 가지 꽃을 뿌려주고 음식이나 사냥도구까지 함

은황릉의 순장된 유골

께 묻어 준 것이 확인된다. 이를 통해 구석기인들도 장례식 때 부장품을 묻었다는 이야기가 된다. 이때 함께 묻은 부장품은 인류의 등장과 함께 한 장례의식의 중요한 산물이었다.

죽는다는 것은 무엇일까? 라는 의문과 죽음에 대한 각 문화권마다 가진 사후세계관에 따라 부장품의 수량과 종류는 엄청난 차이를 보이고 있다. 일찍부터 이집트인은 부활 즉, 환생을 믿었기에 다시 살아났을 때 필요한 엄청난 물품을 무덤 속에 넣었다. 중국의 경우 사후 저승에서의 생활이 있다고 믿었기 때문에 무덤 속에는 생시의 삶과 똑 같은 환경을 만들어 주고 생시와 마찬가지로 음식과 각종 생활용구를 시신과 함께 넣어 주었다.

우리의 경우에도 고구려를 비롯하여 백제나 신라시대까지 고대에는 부장품이 많은 편이었다. 중국 황제릉의 대부분과 우리의 삼국시대 왕릉이 거의 파헤쳐진 데에는 모두 무덤 안에 사자를 위해 넣어둔 부장품을 노린 도굴꾼이 있었기 때문이다.[11] 여기에 비해 박장(薄葬)을 택한 조선왕릉은 왕릉이라도 옥책이나 자그마한 명기, 의복을 넣어두는 정도에 그쳤기 때문에,[12] 오늘날까지 대부분 온전할 수 있었다. 더욱이 조선왕릉에 넣은 각양 명기의 종별 수량은 왕릉을 조성할 당시의 전말을 기록한 『산릉도감의궤』에 모두 수록되어 있다. 조선왕릉에 값 나가는 유물이 없다는 것이 알려져서인지 조선왕릉은 현재까지 도굴 등의 피해를 입지 않고 조성할 당시의 원형을 그대로 유지하고 있다.

그러나 욕심을 버리지 못하고 호화롭고 사치하게 꾸미고 수많은 진귀한 보물을 부장했던 중국의 황제릉은 거의 도굴 당했다고 보면 된다. 그것은 2000여 년간 오롯이 사자를 위해 무덤 속에 들어 있어야 할 엄청난 재물만을 노린 도굴꾼의 집착을 피할 수 없기 때문이다. 하나의 왕릉에 어느 정도의 보물들을 무덤에 넣었는가는 청나라 서태후의 부장품 목록을 보면 짐작할 수 있다.[13] 이 중에서 몇 가지 예

11 중국의 경우 도굴당하지 않은 황제릉은 진시황릉과 당나라 측천무후와 고종의 합장릉인 건릉 그리고 명나라 황제릉, 청나라의 일부 황제릉을 제외하고는 모든 시대의 황제릉들은 처참하게 도굴당하고 훼손되었다.

12 2016년 화협옹주(1733~1752)의 무덤 속에서 출토된 유물이 공개되었는데, 거기에는 10여 점의 작은 청화 화장용기 10점과 청동거울 1점, 나무빗 1점과 묘지석이 있었다. 조선시대에는 왕가의 무덤도 이와 같이 박장을 하였다. 화협옹주는 영조의 딸이자 사도세자의 친누이였다.

13 서태후의 심복이었던 이연영의 조카 이성무(李成武)가 기록한 『慈禧葬寶圖記』에는 부장품의 수량과 당시 가격이 적혀있는데, 그 돈이면 당시 청나라가 지고 있던 채무를 다 갚을 수 있는 엄청난 가치를 지닌 보물들로 서태후가 생전에 모은 재보가 총동원되었다.

를 들면 관 안에 금과 비취, 옥으로 만든 불상만 108구, 시신 밑의 요에 5푼 짜리 진주가 2,400알, 옷에만 대소 진주 6,000알과 보석 1,135개를 사용했다. 현재 타이베이 고궁박물원의 '비취배추' 등과 같은 희대의 보물들이 바로 서태후릉에서 나온 것이다. 민국시절 중국의 군벌들이 청동릉을 도굴할 때 자희릉은 가장 처참하게 파괴되고 서태후 뱃속의 금과 입에 물고 있던 야광주를 꺼내기 위해 시신을 난도질하는 참람한 일이 벌어진 것이다. 이와 같이 능묘를 호화롭게 꾸미고 화려한 부장품을 넣은 중국의 황제들은 죽어서 영생을 도모하기는 커녕 시신도 온전하게 보존하지 못하였다.

비취배추

이렇듯 망자의 사후 무덤에 부장품을 넣은 것은 어느 정도 이해가 된다. 망자가 평소에 아끼던 물건이나 기념될만한 것을 자신의 시신과 함께 묻어 추모의 정을 표시하는 것은 오늘날에도 있는 아름다운 관습으로 볼 수 있다. 그러나 죽은 사람과 함께 멀쩡히 산 사람을 함께 묻는 순장(殉葬) 제도는 도저히 이해할 수 없는 비인도적인 장례습관이다. 순장제도는 고대의 동서양은 물론 남미에서도 있었던 악습이다. 황제나 왕, 귀족 등 당대를 호령하던 고위층 인물이 죽었을 때 처첩은 물론, 노비나 가축 등을 산 채로 또는 죽여서 무덤 속에 함께 묻는 것이다. 순장되는 사람들 중에는 자신의 의지로 죽은 이를 따라 가는 경우도 간혹 있으나 대부분은 강요된 죽음이었다.

중국의 경우 황제릉은 아니지만 은(殷)나라 왕릉에서 최고 260명이 순장된 것을 발견하여 전세계를 경악하게 만들었다.[14] 이러한 고대의 비인간적인 제도는 일찍이 공자도 이 제도를 극력 반대하여 폐지하려고 노력하였다. 그 결과 춘추전국시대부터는 산 사람 대신 흙이나 나무로 만든 인형을 만들어 넣게 되었다.[15] 유명한 진시

14 우리 나라의 경우에도 삼국사기에 의하면 고구려 동천왕이 죽었을 때 100여 명의 자진해 자결하여 이들 시신을 왕릉 옆에 묻어 주었다 한다. 또 고령 지산동 가야무덤 44호분에는 32명의 순장자들이 발굴되었다. 신라에서도 왕이 죽으면 보통 10여 명 정도를 순장했는데, 지증왕 3년(502)에 이 순장제도를 금지시켰다.

15 무덤에 사람 대신 넣는 명기 중 인물 형상을 흙으로 만들면 토용(土俑), 나무로 만들면 목용(木俑), 도자기로 만들면 도용(陶俑)이라 부른다.

황의 병마갱용도 바로 실제 인물이나 동물을 대신해서 흙으로 빚어 구워 만든 인형인 것이다. 이후 한나라 때에는 토용이 대표적이고 특히, 당삼채로 대변되는 당나라 시대의 도용은 현존하는 양도 어마어마하거니와 예술성도 뛰어나다. 이들 토용이나 도용은 하인이나 시녀, 마부, 호위무사 같은 인물상 뿐 아니라 서커스 공연하는 인물 및 가축류도 있어 망자를 위로하였다.

한나라부터 당나라까지는 토용이나 도용의 전성기라 할 수 있다. 상류층부터 서민들까지 엄청난 양의 도용을 만들어 경쟁적으로 무덤을 채웠기에 한때 이것들의 제한령이 반포되기도 하였다. 중국인들이 도용을 많이 만들었던 것은 최소의 비용으로 망자의 사후생활에 불편함이 없게 하려는 효심을 발로라고 할 수 있었기 때문이다. 이렇게 무덤에 부장품을 넣어주거나 순장을 시키는 것에 중국 사람들은 고대부터 "죽은 사람을 산 사람처럼 대하라(事死如事生)"라는 전통을 고집하여 대부분 후장(厚葬)을 선호했기 때문이다. 현대의 우리는 이러한 부장품을 통해 당시의 사회적 관계나 사회생활의 일면을 재현해 볼 수 있는 것이다.[16]

16 張學鋒 編, 『中國墓葬史』, 廣陵書社, 2009, p.88.

2
중국에서 능(陵)의 출현

묘(墓)에서 능(陵)으로

중국에서 능이 처음으로 출현한 것은 언제일까? 예상 밖으로 시기가 내려가는 춘추전국시대에 들어와서이다. 이른 시기의 중국에서는 분묘라는 것이 존재하지 않았다. 사람이 죽으면 들판에 시신을 뉘어놓고 흙이나 돌로 덮어 짐승들로부터 보호했을 뿐이었다. 은,주시대의 묘에는 분구가 없었다. 『易經』「繫辭傳 下」에는 "예전에 장례를 지낼 때는 땔나무로 두텁게 싸서 들 복판에 묻었으며, 쌓지도 않았고 심지도 않았다"고 쓰여 있다. '쌓지도 않았다'는 것은 분구를 만들지 않았다는 것이고, '심지도 않았다'는 것은 나무를 심지 않았다는 것이다.[17] 일반적으로 능이라 하면 지상에 불룩하게 돋은 분구를 연상하게 된다. 그러나 고대 중국에서는 시신을 들판에 두고 장작을 쌓은 것으로 장례를 치렀다. 즉, 오늘과 같은 봉분을 쌓거나 주위에 나무를 심지도 않았다. 그러나 당시 남방지역에서는 일종의 분구형태가 출현하였는데, 이는 습윤한 지역에서 시신이 침수되지 않게 조금 흙을 돋우어 매장한 것으로 보인다.

중원에 분구가 등장한 것은 공자가 활약하던 춘추시대 말기부터이다. 공자는 중국의 전역을 돌아다니다 보니 부모의 묘를 잃어버리지 않기 위하여 4척 높이의 분

17 양관 저, 장인성·임대희 역, 『중국역대능침제도』, 서경, 2005, p.9.

구를 쌓았다고 한다.[18] 자하(子夏)는 공자의 장례식 때 "일찍이 공자는 4종류의 각기 다른 형식의 분묘를 본 적이 있다고 말씀하였다. 하나는 방형으로 높은 '당(堂)' 같은 형태로 건축된 것이고, 다른 하나는 가늘고 길며 높은 '방(坊)' 즉, 제방 같은 형태를 한 것, 또 하나는 사방이 넓고 낮으며 양쪽이 잘린 지붕과 같은 '하옥(夏屋)'을 뒤집어 놓은 것 같으며, 나머지 하나는 가늘고 길며 양측이 위로 향하여 날카롭게 깍인 도끼날 같은 모양을 한 것으로 말의 갈기를 보는듯하여 '마엽봉(馬鬣封)'이라고도 불렀다."[19] 이와 같이 공자가 활약하던 기원 전 6세기 경에는 여러 형태의 분구가 있었음을 알 수 있는데, 지역적으로 분구의 형태가 달랐다는 사실도 확인된다. 그러나 공자 이후로도 기원 전 3세기 경의 『맹자』에서도 시신을 그냥 땅구덩이에 버려 짐승들과 벌레에 훼손됨을 한탄하여 흙으로 덮어주었다는 기록을 보면 당시까지 분구가 보편화되지 않았음을 알 수 있다.

우리가 알고 있는 무덤을 뜻하는 '묘(墓)'라는 글자를 보면 분구가 아니라 평지에 시신을 놓고 그 위에 풀을 덮은 것으로 봉분이 없는 평지의 묘지인 것이다. 여기에 비하여 '분(墳)'이라는 글자는 봉분을 한 무덤으로 흙이 부풀어 볼록하게 솟아 있는 것이다. 이러한 형태의 무덤은 중원의 황토지대에서 수목이나 암석을 구하기 어려웠던 자연환경도 한 몫을 한 것으로 보인다. 그러다가 시신의 보다 안전한 보관을 위하여 평지보다는 구덩이를 파고 땅 속에 파묻는 묘장제도는 주(周)나라 때부터 보편화된 것 같다. 황하 주하류 지역에 해당되는 중원지구란 오늘날의 하남성, 산서성, 허베이성 남부, 산동성, 안휘성 북부로 중화문명의 중심지였다. 중원지구 동주(東周) 묘장의 전형은 바로 토갱수혈묘(土坑竪穴墓)이고 전국 후기에는 벽돌을 쌓은 전실묘(磚室墓)도 등장하는데, 주요 지역은 하남성 낙양과 정주 일대였다.[20] 그러나 이러한 현상은 중원지대의 보편적 상황이지 땅덩어리가 넓은 중국 전체의 경우 각지마다 특이한 사례가 많다. 예를 들어 장강 하류의 신석기시대인 양저(良渚) 문화 중 복천산(福泉山) 유적에서는 한 변이 80~90m에 달하고 높이 7m 이상의 분구를

18 공자는 세 살 때 부친을 잃었고 23세 때 모친이 돌아가시자 아버지와 합장을 하고자 했으나 부친의 묘를 찾을 수가 없었다. 다행히 어느 노파가 부친의 장지를 기억해 내어 모친을 합장할 수 있었다. 이처럼 당시에는 지상에 분구나 표지가 없어 후손들이 부모의 묘도 못 찾는 경우가 많았다.

19 『禮記』「檀弓 上」, "孔子之喪 有子燕來觀者 舍於子夏氏 子夏 日 ... 昔者夫子曰 吾見封之若堂者矣 見若坊者矣 見若覆夏屋者矣 見若斧者焉 馬鬣封之謂也"

20 張學鋒, 앞의 책, p.88.

만들었으며, 홍산문화에서도 방형의 분구묘가 등장한다. 그러므로 전술한 바와 같이 분구가 없었다는 것은 중국문화의 중심지인 중원지역에 한한다는 점을 기억해야 한다.

중국에서 무덤을 뜻하는 글자는 여럿이다. 묘(墓), 일배황토(一杯黃土), 분(墳), 총(塚), 천대(泉臺), 장야(長夜), 구묘(丘墓), 총묘(塚墓), 유택(幽宅) 등으로 다양하게 사용했다. 오늘날 제왕의 무덤을 뜻하는 '능(陵)'이란 말은 기원 전 4세기에 등장한다. 사람들이 '능'이란 말을 쓰기 시작한 것은 『사기(史記)』「조세가(趙世家)」에는 "B.C.335년 조숙후(趙肅侯)가 '수릉(壽陵)'을 세우다."라는 기록에서 비롯되었다. 이는 중국에서 군왕의 무덤을 '능'이라 하고 '수릉'[21]을 언급한 최초의 기록이다.[22]

이후 제왕의 능묘를 '山' 또는 '山陵'이라 부르기 시작했다.[23] 전국시대가 되면 분구묘가 보급되어 통치자의 묘에는 모두 높고 산과 같이 큰 분구가 세워졌다. 『묵자(墨子)』「절장 하(節葬下)」에는 당시의 왕공대인의 묘장에 대하여 "관(棺)과 곽(槨)은 반드시 여러 겹으로 하고, 매장은 반드시 깊이 파서 하며, 옷과 이불은 반드시 많아야 하고, 구롱(丘壟)도 반드시 크게 했다" 라고 쓰여 있다.

이 점은 현재 중국 각지에서 행해지고 있는 전국시대 묘의 발굴조사에 의해 증명되고 있다. 예를 들어 현재 호북성 강릉현 서북쪽의 일찍이 초나라의 수도인 영(郢) 주변에는 무수히 많은 분구묘가 존재하는데, 대부분은 전국시대 중 · 후기의 것이다. 또 허베이성 이현에 있는 연(燕)의 하도(下都) 유적 부근의 묘지에는 높이 10~15m, 각변 40~50m에 이르는 20여 기의 방추형 대묘가 있다.[24] 또한 묵자의 『전국책(戰國策)』에서도 '산릉(山陵)'이란 용어가 등장해 왕의 무덤을 '능' 외에도 '산릉'이라 불렀음을 알 수 있다. 그밖에도 초소왕묘(楚昭王墓)는 소구(昭丘), 조무령왕묘(趙武靈王墓)는 영구(靈丘), 오왕합려(吳王闔閭)의 무덤은 호구(虎丘)라고 부른 점을 보면 왕의 무덤도 '능' 외에도 여럿으로 불렀음을 알 수 있다.

위와 같이 전국시대 중원에서 분구묘가 등장한 이유에 대하여는 다음의 몇 가지

21 생전에 자신의 무덤을 미리 만들어 두는 것으로 중국의 상류층의 오랜 관습이다.

22 이밖에도 『秦本記』에서 혜문왕은 공릉(公陵)에, 도무왕은 영릉(永陵)에 장례를 지냈다라는 기록을 보아 이 시기에 와서 왕묘를 '능'이라 불렀음을 알 수 있다.

23 劉托, 『皇陵建築』, 中國文物出版社, 2009, p.40.

24 양관 저, 앞의 책, pp.13~14.

이유를 유추해 볼 수 있다. 첫째 기존의 평지묘는 시신의 불완전한 처리로 미관이나 위생상 문제로 그 위를 흙이나 돌로 덮을 필요가 있었다.

둘째 사회적 변동으로 귀족층이 몰락하여 집단적 공묘(公墓) 제도가 붕괴되고 가족 단위의 매장지가 생겨났다. 그러나 사회적 교류로 인구의 이동과 전출이 심화되면서 묘지의 식별이 어려워지게 되어 어떤 방식이든 표지가 필요하게 되었다. 그래서 가장 간단한 방법으로 시신도 보존하면서 표식이 되게 봉분을 꾸미게 된 것이다. 또한 기원 전 230년 경에 죽은 순자(荀子)도 '예(禮)'의 원리로 양생과 송사(送死)를 중요시했으며, 관곽의 제작이나 부장품을 중시하고 묘광이나 분구로 죽은 이의 가옥을 만드는 것을 중요시해야 한다고 주장하였다.

셋째 군주제와 신분제가 확립되면서 묘장의 방법도 차별화가 진행되었으며 이를 제도화하였음을 『여씨춘추(呂氏春秋)』, 「맹동기(孟冬紀)」나 『주례(周禮)』에 기재되어 있다. 즉, 신분에 따라 묘의 등급이 규정되어 크기나 높낮이, 무덤 내 수목[墓樹]의 숫자까지 차등을 두었다. 이와 같은 무덤 제도의 확립은 분구묘가 발전하는데 영향을 주었으며 당연히 군왕의 묘는 높고 커지게 되었다.

이처럼 중국에서 왕의 묘를 능이라 부른 것은 전국시대 중기에 와서이며 조(趙), 진(秦), 초(楚) 등의 나라에서 비롯되었는데, 나중에 천하를 통일한 진나라도 다른 제후국처럼 군주를 왕이라 칭한 것은 혜문왕(惠文王, 기원 전 311년 사망)부터이며 분묘도 '능(陵)이라 부르게 되었다. 다만 이러한 능이란 명칭도 한나라가 들어서면서 황제 이외에는 '능'이라 부를 수 없게 된다.

제2장

하(夏)·상(商)·주(周)의 왕릉

2. 하·상·주의 왕릉 : 비밀스럽되 잔인한

중국의 고대 국가는 하, 상, 주로부터 시작되었다. 고대 문명의 시작인 상나라 은허(殷墟)의 유적에서 출토된 갑골문자(甲骨文字)와 청동기 유물을 통하여 고대 왕릉을 모습이 확인된다. 잘 알려지지 않아 신비스럽고, 순장된 사람과 동물의 모습에서 고대 무덤의 잔혹함을 엿볼 수 있다.

2. Royal Tombs of Xia, Shang, and Zhou: Secretive but Cruel

The ancient states of China began with Xia, Shang, and Zhou. The ancient royal tombs are confirmed through the crustal inscriptions and bronze relics excavated from the remains of Eunhe in the Sang Dynasty, the beginning of ancient civilization. It is mysterious because it is not well known, and you can get a glimpse of the cruelty of ancient tombs in the appearance of people and animals who have been buried.

1

삼황오제와 하(夏)나라
_ 중국 역사의 여명기

황제릉은 진시황릉에서 비롯된 명칭인데, 탄생 이후 2천여 년간 중국문화의 정수(精髓)이다. 따라서 이 장에서는 중국에서 황제릉이 탄생하게 되는 계기와 과정을 이해하기 위해 진시황릉 이전의 제반 왕릉에 대해 고찰하기로 한다. 다소 번잡하지만 중국 역사를 다시 한 번 살펴보지 않을 수 없다.

신화와 전설을 제외해도 중국에서는 170만 년 전부터 인류의 자취가 엿보인다. 가장 이른 예로 운남성 원모현(元謀縣)에서 원모인이 발굴되었고, 약 70만 년 전부터는 베이징 주구점(周口店) 일대에서는 베이징원인을 발굴했을 뿐 아니라 많은 유적과 유물을 남겼다. 중국을 일컫는 말은 중화(中華) 또는 화하(華夏)가 있다. 이는 한족의 원류가 되는 화하족(華夏族)에서 유래된 것인데, 이들은 전설상의 삼황오제 중의 하나인 황제(黃帝) 헌원(軒轅)씨와 염제(炎帝) 신농(神農)씨의 후예라고 자처하였다.[25] 물론 지금의 관점에서 보면 중국에서 삼황오제의 시기는 역사적으로 신석기 시대인데, 이들은 국가를 형성해 경영했다기보다는 씨족이나 부족의 우두머리로 보아야 할 것이다. 역사적 추론으로 미루어 본다면 4~5천 년 전에 황하와 장강 유역에 신석기인들이 모여 살면서 많은 부락을 이루었는데, 그중 유력한 부락의 수장이 황제(黃帝)였으며 인간생활에 필요한 많은 일을 하였다고 한다.[26]

25 三皇五帝는 『尙書 序』, 『大戴禮記』, 『戰國策』 등을 비롯한 문헌에서 제각기 다른 이름을 등장시키는데, 보편적으로 삼황은 燧人, 伏羲, 神農으로, 오제는 黃帝, 顓頊, 帝嚳, 堯, 舜으로 보고 있다.

26 黃帝의 치적은 문자와 의복, 수레, 활과 화살 등을 발명하고, 역법을 이용해 농업을 발전시켰으며, 악율(樂律)

전설상으로는 오제의 한 사람인 요(堯)임금 말기에 큰 홍수가 나자 우(禹)가 치수에 성공하였다. 이러한 공로로 순(舜)임금이 죽자 제후들이 우를 받들어 왕위에 오르게 하여 하(夏)나라를 세웠는데, 하상주단대공정[27]에 의하면 기원 전 2070년 경 건국되었고 기원 전 1600년 경 상(商)나라로 교체되었다고 한다.

그러나 고고학적인 면에서 본다면 시안(西安) 동남쪽 교외 반파촌(半坡村) 유적에서 발견된 앙소(仰韶)문화의 주인공들이 진정한 중국인들의 조상이라 할 수 있는데, 이들을 우왕이 세운 하나라로 보는 견해가 많다. 우임금은 요순처럼 현자에게 왕위를 계승시키려 했으나 제후들이 우의 아들 계(啓)를 추대하였으므로 미덕으로 여겨왔던 선양제(禪讓制)는 없어지고 이후 세습제의 왕조가 계속되었다. 하왕조는 17대까지 이어졌는데, 17대 걸왕(桀王) 때 폭정으로 상(商)나라 탕왕(湯王)에게 멸망당하였다.

앙소문화로 대변되는 채색토기에 비하여 산동성에는 얇고 딱딱하게 구워진 흑색토기가 용산(龍山)에서 발견되었다. 이른바 용산문화라 일컫는 이곳에는 농업기술이 훨씬 발달하였고 녹로로 제작한 고화도의 흑도(黑陶)를 제작하였다. 1929년 용산문화가 처음으로 발견됐을 때는, 동쪽의 산동성을 중심으로 한 이 문화가 중원 이북에서 발달한 앙소문화를 따라잡아 서로 대립하는 것으로 생각되었다. 문헌에 의하면 중원의 앙소문화가 우왕에 의하여 창건된 하왕조 문화를 대표하는데 반하여, 용산문화는 동쪽의 야민족 즉, 동이민족(東夷民族)의 것인데, 이 동이민족에서 은(殷)민족이 서진하여 하왕조를 멸하고 은왕조를 세운 것으로 해석되었다.[28]

국가가 성립하기까지에는 모든 나라들이 씨족사회에서 부족사회로, 부족사회가 연합하여 국가가 세워졌다는 것이 세계적 정설이다. 그러나 중국의 경우, 홍수를 다스린 우(禹)가 하나라를 세우고(기원 전 2070년 경~기원 전 1600년 경), 하나라 걸왕(桀王)을 멸하고 탕왕(湯王)이 세운 상나라(기원 전 1600년 경~기원 전 1046년)가 600여 년간 존속하다가 무왕(武王)이 상의 폭군 주왕(紂王)을 쳐서 주(周, 기원 전 1046~기원

과 의학을 개발해 고대 중국인들이 문명생활을 할 수 있도록 하였다. 이에 현재 중국인들은 황제를 시조로 모시고 있으며, 우리나라의 단군과 같은 존재이다. 섬서성 황제릉현에 역대의 다른 황제릉보다 더 웅장한 황제릉(黃帝陵)을 세워 오늘날에 와서 숭모 열기가 더 커지고 있다.

27 중국은 1995년부터 중화주의를 강조하기 위해 하, 상, 주에 해당되는 고대에 대한 국책연구를 강조하고 있다.

28 김영진 역편, 『중국오천년사』, 태광서림, 2002, p.50.

전 771)나라를 세웠다고 한다.[29] 이들 3대는 지금까지 중국에서는 본 받아야 할 이상국가로 누구나 夏, 商, 周의 존재를 믿어 의심치 않았다. 또한 이들 3대의 왕의 계보가 문헌으로 남아 있어 더욱 의심의 여지가 없었다. 그러나 이들 고대국가에 대한 사료(史料)라는 것이 실제로는 오경(五經) 즉, 역경, 시경, 서경, 예기, 춘추라고 불리우는 고문헌 밖에 없었으며 이를 정리한 것이 공자였다.

여기에서 하나라를 세운 시조 우왕의 실존여부와 하대 역대 왕들의 이름도 이를 증명하기에는 사료가 너무 부족하다. 우왕의 공적을 찬양한 『서경(書經)』의 「우공(禹貢)」편도 전국 말에서 전한(前漢) 시대에 편집되어 우왕 사후 적어도 1700여 년 뒤의 기록이니 신뢰성이 떨어지는 것이다. 또한 하나라의 중심지를 산서성, 산동성, 하남성 등으로 비정하지만 확실하지는 않다. 아울러 하나라의 왕릉이라 할만한 곳이라도 추정하지 못했으며 이 시기의 묘라고 할 만한 것도 없는 형편이다. 근래 중국의 학자들은 고고학적 발굴로 이를 증명하려는 노력도 하였지만 결과가 신통치 않아 '하나라의 실존 여부'는 아직까지 논란의 중심에 있다.[30]

29 하상주 3국에 대한 존속 연대에 대해서 학자들마다 각각 달라 불명확하다. 여기의 연도는 〈하상주단대공정〉에 따른 것이다.

30 사마천이 쓴 『史記』「夏本紀」에는 수많은 지명이나 인명이 등장하고 내용도 신빙성이 있어 하나라에 대하여 완전한 허구라고는 할 수 없다. 그러나 갑골문에 의하면 하나라에 대한 기록이나 정벌 같은 중요한 사실이 없는 점 등은 하나라의 실존 여부에 부정적인 입장을 강화시키고 있다.

2

상(商)나라의 왕릉
_ 신화에서 역사의 무대로

하(夏)나라는 문헌이나 고고학적 자료가 아직 부족하여 존재 여부에 대한 이견이 분분하다. 이에 비하여 상(商)나라는 역사적으로 실재로 존재했다는 것이 증명되었다.[31]

상나라는 역사적 문헌을 통해 역대 왕명이나 역사적 사실을 비교적 소상하게 알고 있었는데, 고고학적으로 수십 기의 왕릉을 발견하였고 그곳에서 수많은 유물을 발굴하여 중국 전역의 수십 개 박물관을 채우고 있다. 이렇게 문헌 속에만 존재하던 상왕조가 역사적 실체로 세상에 모습을 드러낸 것은 참으로 우연한 계기에 의해서이다.

1899년의 어느 날 베이징의 한 약방에 왕의영(王懿榮)이란 학자가 방문하여 수천 년간 베일에 쌓여 있던 상왕조의 장막이 걷어지게 된 것이다. 당시 중국의 약방에서는 '용뼈[龍骨]'라 하여 동물의 뼈나 거북이 등판에 이상한 부호가 새겨진 것이 신통한 약재로 소문 나 불티나게 팔리고 있었다. 청말의 금석학자였던 왕의영이 당시 학질에 걸렸는데, 달인당(達仁堂)이란 약방에 가서 약재로 용뼈를 구입하게 되었다. 용뼈를 들여다보던 그는 여기에 새겨져 있는 부호를 본 순간, 자신이 연구하던 금

31 상(商)나라를 은(殷)나라라고도 부른다. '商'이란 지명에서 유래되었으며, 그들 자신도 오늘의 학자들도 '상'이라 부른다. '殷'이란 명칭은 주나라를 비롯한 타국에서 19대 때 수도를 반경으로 천도한 이래 '殷이라 불렀다. 이는 마치 그리스 사람들은 자신을 '헬라인'이라 부르지만 '그리스인'이라 부르지 않은 것과 같다.

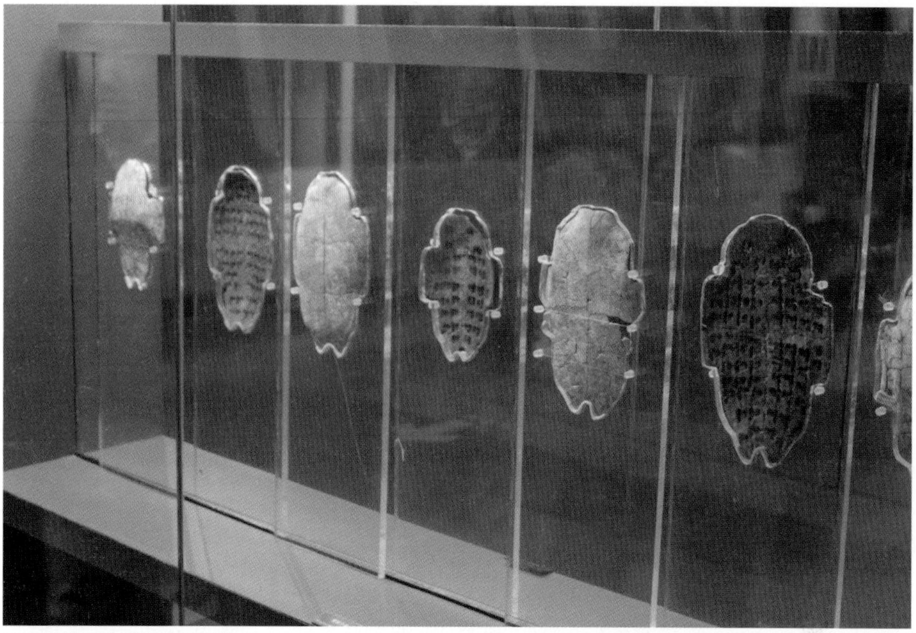
은허박물관에 전시된 갑골문자

문(金文)[32]보다 더 오래 전의 문자임을 직감하게 되었다. 이에 약방에 부탁해 용뼈를 고가에 구매하기로 하고 여러 점의 용뼈를 집중적으로 수집하고 연구하게 된 것이다.

오늘날의 우리가 갑골문이라고 귀하게 여기는 유물은 청나라 말 광서제(光緒帝) 시기의 안양현(安陽縣) 소둔촌(小屯村)에서 농부가 밭갈이를 하다가 땅 속에서 청동기와 부호가 있는 뼛조각을 우연하게 발견하였다. 당시 청동기는 골동상에게 팔고 쓸모가 없는 뼈조각은 버리거나 약재로 팔았다. 그런데 마침내 왕의영이란 학자의 눈에 띄어 고대 상왕조의 실체를 벗겨내게 되었으니 참으로 소설같은 일화이다. 이후 왕의영은 1,500여 점의 갑골문을 수집해 연구하다 죽자, 제자이자 친구인 유악(劉鶚)이 물려받아 연구하였다. 마침내 『철운장귀(鐵雲藏龜)』라는 책으로 발표하여 세상에 갑골문자와 상나라 실태를 알리게 되었다.[33]

갑골문은 지금까지 중국 전역에서 약 15만여 점 이상 발견되었는데, 5,000여 자

32 주나라의 상형문자로서 금속기에 새겨진 금문은 갑골문자와 한자와의 연관성을 연구하는데 매우 중요한 문자이다.

33 유악의 연구 이후 갑골문이 출토된 소둔촌 즉, 은허에서는 군벌들 간의 내전에도 발굴과 연구가 지금까지 끊이지 않고 지속되고 있으며, 유악 이후 갑골문 연구와 해독에 몰두한 학자는 羅振玉, 董作賓, 郭沫若 등이 뒤를 이었다.

상탕왕의 묘

중 1천7백여 자(字) 정도가 해독되어 공인을 받았다. 그 내용은 주로 국가의 중요 사항이나 자연의 상황에 대한 점괘이다. 이후 갑골문의 발굴지인 소둔촌이 은 즉, 상나라의 마지막 수도였던 은허(殷墟)임을 밝혀내었다. 이후에는 상나라 왕들의 묘호 등 중요한 역사적 사실이 입증되어 학계에서도 고대국가로 공인받게 되었다.[34]

1928년 베이징에 입성한 국민당 정부는 과학적인 방법으로 고고학자들을 동원하여 안양의 은허를 발굴하였다. 이렇게 은허 발굴에 착수한 이래 현재까지도 중국 정부에 의해 이곳의 발굴과 연구는 계속되고 있다. 그 결과 상나라는 세계 최고의 정교한 청동기의 제작과 복잡한 문자의 발명, 전문수공업과 농업의 발전 등 그야말로 고대 중국의 문명시대를 열었다. 상왕조는 하왕조에 비하여 문화가 뚜렷하게 발전하였다. 서민이 노동하는 가운데서 지식수준이 높은 인물인 무(巫)와 사(史)를 육

34 상의 존재나 왕의 묘호, 연대기는 이미 사마천의 『사기』에 등장하였는데, 갑골문의 해독 결과 『사기』와 일치됨을 알게 되어 학계에서는 상나라의 실체와 사마천의 『사기』의 신뢰성을 높이는 망외의 소득을 올릴 수 있게 되었다.

성했다. 무와 사는 귀신을 대변해 국가정치와 국왕의 행위를 가르쳤다. '무'는 가무 음악을 다룰 줄 알고 질병을 치료하였으며, '사'는 사람의 일을 기록하고 천문현상을 관찰하며 옛 법전을 익숙하게 관리했다. 문학, 음악, 예술, 의약, 문자, 역법, 역사 등 문화 분야에서 상왕조 때 모두 기반을 다졌다.[35] 상나라 초기에는 정주(鄭州) 일대가 상나라 초기의 중심지인데, 이곳에서는 관련 유적지와 함께 은허와 다른 형태의 갑골문도 출토되면서 유물이 계속 발견되고 있다. 은허는 상나라 후기의 마지막 수도였고, 발굴 초기 이곳을 방문한 동작빈(童作賓)은 은허가 전설 속 상나라 수도임을 알아 보았다. 근래의 조사 결과 상나라의 문화는 화북평원 전 지역을 지배할 만큼 넓고 막강하였다.

상나라는 제1대 탕왕(湯王)이 개국한 이래 31대 주왕(紂王)까지 약 600여 년간 중원지역을 지배한 중국의 고대국가이며 제왕의 숫자가 가장 많은 왕조이다. 19대왕 반경(盤庚)이 수도를 은허로 옮긴 이후 상나라는 전성기를 구가하였다. 특히 이 시대 상나라를 부흥시킨 왕 21대 무정(武丁)은 반경의 손자로 왕비 부호(婦好)와 함께 이민족을 정복하고, 영역을 북으로는 랴오닝성과 내몽고 일부, 남으로는 장강 유역까지 넓혀 상왕조의 전성기를 이루어 이를 '무정중흥(武丁中興)'이라고 부른다. 그가 죽자 아들 조기(祖己)가 무정의 공덕을 기려 고종(高宗)이란 묘호를 올렸으며[36] 고종융일(高宗肜日)[37]과 고종지훈을 지어 받쳤다.

은허는 베이징시에서 기차로 3시간 거리에 위치한 하남성 안양시(安陽市)에 있다. 밤 늦게 도착하여 호텔로 가는 동안에도 산업화의 여파로 매연이 얼마나 극심했던지 택시의 창문도 못 열었고, 택시 안에서조차 계속 눈이 따가워 눈물을 흘리고 콧물이 흘렀던 기억이 난다.

은허는 소둔촌(小屯村) 원수(洹水) 물가의 낮은 언덕 위에 조성되어 있는데, 1961년에 국가중점문물보호단위로 지정되었고 2006년에 유네스코 세계문화유산으로 등재되었다. 또한 '20세기 100대 고고학 발굴' 중 제1위에 오르는 영광도 차지하였

35 范文瀾·菜美彪 공저, 김승일·전영매 역, 『중국통사간본』, 경지출판사, 2016, p.23.

36 상나라 때 이미 묘호(廟號)가 등장한다. 상나라 고종 이전에 4대 태갑왕을 태종(太宗), 9대 태무를 중종(中宗)이라 칭하였다.

37 융(肜)이란 상나라 제사의 명칭으로 『史記』에는 무정이 시조 탕왕에게 제사를 지낸 다음 날 일어난 일을 후에 祖庚帝가 고종의 덕행을 기리기 위해 지었다고 한다.

은왕릉유지 입구에서

다. 최근에 확인된 은허는 동서 6km, 남북 4km로 중국의 역대 도성에 못지않은 규모이다. 그 중에서도 원수 남쪽이자 소둔촌 동북지역이 중심지로 왕궁과 종묘, 묘지군이 집중되어 있다. 원수 북쪽의 무관촌 일대에는 상나라 왕릉 13기가 있는데,[38] 이중 반경의 무덤으로 추정되는 1001호 대묘는 묘광이 동서 21m, 남북 19m, 깊이 10m에 달하며 사방에 경사진 묘도가 있다. 이 지역은 4개 구역으로 나누는데, 1934년 발굴이 시작된 이래 총 2,000여 기가 넘는 배장묘와 희생구덩이가 있으며, 총 희생자 수는 13,052명에 달한다.[39]

왕릉 지역에서 무정의 능으로 추정되는 M1400호는 규모도 크고 많은 순장자와 부장품들이 출토되어 상왕조 위세를 짐작할 수 있다. 이들 왕릉의 내부 구조는 '아(亞)'자형, '중(中)'자형, '갑(甲)'자형 등으로 나뉘며, 대부분 지하 10m 이상 파 내려가 가운데 구덩이에 시신을 안치하고 다시 사방으로 내려가는 묘도가 있는 것이 특징이다. 순장자들은 각 묘도의 입구부터 주위에 대개 목이 잘린 채 묻혀 있거나, 심지어 묘 바깥 주위에 누운 형상부터 수직으로 세워 묻은 형태까지 다양하게 배치되어 있다. 순장자의 주위로는 많은 부장품들이 쌓여 있다.

안양역에서 택시로 30분 거리에 있는 은허박물관에 들어가면 '갑골문발현지(甲骨文發現址)'라고 새겨진 돌덩이가 우리를 먼저 반긴다. 이 구역 안에 위치한 종묘와

38 13기의 왕릉 중 한 곳만 조성되었지만 어떤 유물이나 유골도 발견되지 않은 빈 무덤으로 발견되었다. 이는 상나라가 망할 때 마지막 왕인 주(紂)가 죽임을 당하여 무덤으로 쓰지 못한 것으로 추정하고 있다.

39 李府强, 『殷墟』, 新世界出版社, 2007, p.41.

상왕묘의 순장구덩이

'부호묘(婦好墓)', 인골이 묻힌 갱(坑)이 있고, 무덤에서 발굴된 수많은 갑골문이 전시되어 있다. 각종 유물을 보고 다시 강 건너에 있는 은왕릉 유지를 둘러보면 상왕조와 갑골문자, 왕릉 등에 대한 기초적인 지식을 가질 수 있다. 왕릉 유지는 넓고 평평한 평지에 마련되어 있는데, 왕릉터 부분은 관목을 무덤의 본래 형태대로 심어 표시를 하고 있다.

이러한 무덤 유지를 직접 둘러 보면서 깜짝 놀랐다. 그 이유는 3000년 이전에 세계 최고의 청동기를 제작하고 갑골문으로 대변되는 문자를 발명하여 세계적인 문명을 일구었던 상나라가 수많은 은허에 파묻힌 순장자들을 무덤 내외부에 묻은 모습 때문이었다. 이것은 엽기적이고 괴기한 모습들로 마치 호러 영화의 한 장면과도 같았다. 왕릉급 무덤에 위치한 순장자들은 적게는 수 십 구에서 많게는 200구 이상 묻혀 있다. 그중 목이 온전한 순장자들은 그나마 신분이 비교적 높은 사람들로 추정된다. 그보다 훨씬 많은 경우가 목이 잘린 채 묻은 순장자들인데, 그들은 숫자도 많거니와 자신의 의지와는 관계없이 살해되어 묻힌 것으로 보인다. 이들은 대개 노예나 전쟁포로로 생각된다.

또한 순장자들의 숫자는 대개 10명 단위로 묻힌 것을 보면 그 숫자에 특별한 의미가 있는 것 같다. 1001호 대묘만 해도 목곽 주위로 12인, 남쪽 묘도에는 59인의 순장자들이 있다. 무엇보다도 놀라운 것은 순장자들의 목이 잘린 채 묻거나 목만 따로 묻거나, 눕히거나 심지어 나무 심듯이 땅속에 수직으로 세운 채 묻은 경우도

부호묘 앞의 여전사 부호상

부호묘 내부

많아 그 잔인성에 다시 놀라게 된다. 참으로 상나라의 묘장제도는 무시무시한 공포 그 자체였다. 순장은 인간에게만 적용된 것이 아니었다. 개와 양, 말 그리고 말이 끌던 마차까지 그대로 순장시켰다. 더욱 끔찍했던 일은 인간의 머리를 청동그릇에 넣어 이것을 끓는 물로 쪄낸 다음 제물로 사용했던 제기도 있어 엽기와 호러의 극치를 보는 것 같았다.

상나라의 왕릉 중에서 크기는 작지만 가장 중요한 것은 바로 '부호묘(婦好墓)'이다.[40] 부호묘는 왕릉지구가 아닌 은허박물관 안의 즉, 궁전 종묘지구의 왼쪽에 자리잡고 있는데, 능 앞에 군장을 갖춘 흰색의 여성조각상이 우뚝 서 있어 해당 무덤의 중요성이 한 눈에 들어온다. 그 조각상은 오른손에 날이 넓은 도끼를 어깨에 걸쳐 매고 늠름한 자세로 앞을 응시하는 입상인데, 마치 서구 그리스 조각의 아테네상이나 아마조네스 같은 여전사를 연상시킨다. 또한 조각상 뒤편에는 발굴 당시 건물터를 복원하여 제사를 드린 모신종(母辛宗)이란 향당(享堂)을 복원해 놓았다.

부호는 기원 전 1250년부터 1192년까지 상나라의 황금기를 구가했던 22대왕 무정(武丁)의 부인으로 무정의 뒤를 이어 왕위에 오른 조경(祖庚)과 조갑(祖甲)의 어머니이기도 하다.[41] 그녀는 모신(母辛)이라고도 불리웠는데, 갑골문에 나오는 행적을 보면 막강한 권력을 지니고 직접 군사를 이끌고 주위의 19개 국을 정벌한 여전사로

40 1976년에 발견된 '부호'라는 여성의 무덤이다. 갑골문의 명문에는 '婦好'라는 이름이 다수 등장한다. 부장품인 청동기에도 같은 명문이 나와 상나라 무덤 중에서 제작시기와 매장자의 이름이 밝혀진 유일한 무덤이다.

41 상나라 왕의 이름에는 대개 '甲, 乙, 丙, 丁' 등 십간(十干)을 붙여 이름을 지었다. 십간의 사용으로 미루어 이

은허 발굴 당시

은허 갱에서 발견된 갑골과 유골

아마 중국 최초의 여성전략가로 불리울 만하다.

부호묘가 중요한 것은 상나라 왕릉 중 유일하게 묘장자의 이름과 연도가 확인된 것 외에도 도굴당하지 않은 완벽한 처녀분으로 무덤의 전모를 알 수 있게 된 점이다. 1975년 어느 농부가 부호묘 자리를 개간하려고 땅을 파내자 판축(版築)이 노출되어 본격적인 발굴이 시작되었다. 부호묘의 묘실 부분은 지하 7.5m 깊이에 동서 4m, 남북 5.6m인데, 주위에는 더 넓은 묘도와 벽장식의 공간이 있어 부장품과 순장자들이 함께 묻혀 있다. 그리고 무덤 위 지상에는 건축유지가 있어 제사를 지낸 향당(享堂)이 있었음을 알 수 있다. 그렇다면 강 건너 현재의 왕릉터는 아무런 표지도 없는 평지인데, 당시에는 매장을 끝내고 부호묘와 같은 향당을 세워 두었다고 추측된다. 이는 매우 중요한 사실로 무덤 위에 이미 '침전(寢殿)'을 짓기 시작한 것으로 종묘와 제사제도에 중요한 단서를 제공한다.

이밖에도 사람들을 놀라게 한 것은 비교적 작은 규모의 부호묘에서 쏟아져 나온 엄청난 부장품들이었다. 거기에는 16구의 순장자 유골과 개 6마리, 옥기 755점, 도기 11점, 상아제 5점을 포함한 골제품 760점, 석기 63점 그리고 청동기가 무려 190점이 출토되었는데, 이 중에서 '부호'라는 글자가 새겨진 것이 109점에 달한다. 이는 부호의 장례를 위해 별도로 기물을 제작했던 것임을 밝혀준다.[42]

때부터 주역이 발생했음을 알 수 있게 한다.

42 실제로 은허 유적지에서는 옥기, 청동기 등의 공예품을 제작했던 공방터가 다수 발견되었는데, 상나라 시대에는 각종 공예전문가들이 수준 높은 공예품을 제작하였다.

상왕묘의 순장된 차마갱

갱(坑)은 구덩이란 말인데 은허의 상나라 유적지인 묘지구역에는 갱이 무려 천여 개 이상 존재한다. 이들 갱에는 순장자 같은 인간을 묻은 것도 있으나 동물 심지어 마부와 말이 매달린 차마갱(車馬坑)도 있어 관심을 끈다. 은허박물관 구역에는 별도의 전시실에 10여 대가 넘는 차마를 실물 그대로 전시하고 있으며, 왕릉 유지에는 차마전시관이 또 하나 있다. 이로 보아 종묘 쪽의 차마유물은 여러 군데서 출토된 것을 모은 것이고 왕릉 유지의 차마 유물은 실제로 왕릉에서 출토된 것이다. 이들 마차는 말이 두 필인 것이 대부분이나 간혹 네 필의 말이 끈 마차도 있다. 이곳은 진시황의 차마보다 천 년이나 앞선 최초의 차마갱이다. 마부와 마차, 말이 원 위치에 해골이 된 채 묻혀 있는 모습은 잔혹하지만 마차의 연구에는 매우 중요한 자료이다. 마차는 이미 하나라 시기에 있었다고 하지만 실물은 여기에서 처음 등장한다. 상나라 때의 전투에서는 차마가 선도하는데 주로 귀족층이 중심이 되었던 것이다.

상나라의 청동기는 모든 면에서 중국은 물론 세계 최고의 문화유산이다. 주조 기술은 물론이거니와 표면에 온통 도철문(饕餮紋)[43]으로 장식된 청동기는 상나라의 심

43 도철(饕餮)은 재물과 음식을 탐하는 괴물인데, 상나라와 주나라 청동기의 주된 문양으로 무시무시한 괴물의 형상과 주위에는 소용돌이치는 번개문과 기하문으로 장식되어 있다.

중국 최대의 청동기 사모무정

볼과도 같은 존재이다. 이들 청동기는 대개 제기용으로 만들어졌는데 출토된 수량도 엄청나게 많아 중국 전국의 중요 박물관에 많게는 수 백 점씩 전시되고 있다.

그중 상나라 청동기의 진수를 보여주는 것은 바로 〈사모무정(司母戊鼎)〉이란 명문을 가진 초대형 청동기가 주목된다. 이것의 모형은 은허박물관의 종묘 앞에도 있고 발굴된 왕릉유지에도 세워져 있지만, 그 원본은 베이징의 중국국가박물관에 소장되어 있다. 이 청동기는 크기로 보는 사람을 압도한다. 높이 133cm, 길이 110cm, 폭 78cm, 무게가 875kg으로 우선 크기에서 세계 제일이다. 하지만 이런 초대형 청동기를 3000년 전에 만들었다는 기술적 위업과 합금비[44] 등 모든 면에서 중국인들이 자부심을 갖고 자랑할 만한 청동기이다.

이와 같은 대형 청동기는 전통적인 주조법을 이용하여 만들어진다. 흙으로 거푸집을 만들어 모형을 뒤집어 몇 개의 부분을 만든 다음 모형은 복부, 정상부분, 밑굽부분, 아구리 모형을 각각 만든 후 조합하여 주물을 뜬다. 이때 다리에 해당되는 부분의 세 개는 주물을 부을 때 주입구 아구리가 되며, 다리 한 개는 배기구가 되게 하

44 초대형 제기의 합금비는 주성분인 구리가 84.77%, 주석이 11.64%, 아연이 2.79%, 기타 0.8%이다. 오늘날 보아도 완벽한 합금비율로 당시 상나라의 금속기술 수준을 과시하는 작품이다.

고 끝으로 정의 귀 부분을 부어 만들었다.

무관촌 왕릉유지의 대묘에서 발견된 〈사모무정〉은 명문을 통하여 조경(祖庚)이 어머니 비무의 제사를 위하여 만들었다고 기록되어 있어 제작목적을 알 수 있다. '사모무(司母戊)'라는 명칭에서 알 수 있듯이 "모친 무에게 제사 지낸다."라는 뜻으로 해석된다. 상나라의 청동기가 주로 제기(祭器)인 점과 갑골문에 수없이 등장하는 내용이 제사에 관한 것을 미루어 보아 이 시기에 제사가 국가 의례로 상당히 빈번하게 이루어졌음을 짐작할 수 있다.

상나라의 왕릉은 이와 같이 은허의 무관총에 집중되어 있다. 상나라 초기 정주에서 은허로 천도하기 이전 상나라 전기와 중기의 왕릉은 아직 발견되지 않아 역사의 미스터리로 남아 있다.

낙양시 동쪽 언사시(偃師市)에는 상나라 시조인 탕왕릉(湯王陵)이 위치해 있다. 메마른 더운 여름날 차를 빌려 먼지를 풀풀 날리며 큰 기대를 갖고 찾아 갔다. 길가에 '탕왕릉'이라는 표지판도 세워져 있고 드넓은 구릉지대 옥수수 밭이 펼쳐져 있다. 벌판에 탕왕의 조각상이 서 있고 뒤편에 작은 능구가 있지만 최근에 세워진 것이 너무도 분명하게 아직 페인트 칠도 마르지 않을 정도로 깨끗하였다. 이것이 3600여 년 전의 탕왕의 무덤일까? 그 진위는 여전히 불분명하다.[45] 그러나 안양에 있는 은허의 13개 왕릉은 확실한 상나라 왕릉으로 밝혀졌으며 유물의 출토와 명문으로도 증명되고 있다. 중국에서 황제릉(皇帝陵)이 나오기까지 상나라의 왕릉은 그 모델로서 가치가 있으며 또 봉분이 아니라 지하 깊이 갱을 만들어 묘실을 설치하고 풍부한 부장품과 순장자를 묻은 것과 그 위에 제사시설인 향당을 세운 점은 이후 중국 황제릉 탄생에 중요한 힌트를 주고 있다.

45 언사시 교외 벌판에는 탕왕릉이 있는데 조각상과 작은 봉분이 있다. 탕왕릉의 양 옆으로는 여기에 왕릉을 세운 내력과 이를 확정하게 된 이유를 석판에 써 놓았다. 그러나 학계에서는 아직 이를 탕왕릉이라 보기에는 무리가 있다고 본다.

3

주(周)나라의 왕릉
_ 그리고 춘추전국시대

불봉불수(不封不樹)하여 아직도 못찾는 주왕릉

중국 고대국가에서 상나라는 중국 문화를 개척한 위대한 국가라 할 수 있다. 수많은 업적과 창의적 발명으로 중국이 문명시대로 진입할 수 있게 한 공적은 결코 과소평가해서는 안 된다. 그러나 상나라에도 암운이 드리우기 시작했다. 그것은 역사에 자주 회자되는 신제(辛帝), 이른바 주왕(紂王)의 폭정 때문이다. '주(紂)'라는 이름에서 보듯이 그는 잔혹함의 대명사였다.[46] 그는 달기(妲己)를 총애하여 그녀가 원하는 것은 무엇이든 들어주며, 주지육림(酒池肉林)이란 말이 나오도록 음란, 방탕했으며, 포락지형(炮烙之刑)[47]으로 잔인함의 극치를 달렸다. 마침내 주(周)나라 무왕(武王)이 제후들과 함께 봉기하여 목야(牧野)에서 상나라 70만 대군을 무찌르고 궁성으로 진격하자 주왕은 보석으로 치장한 옷을 입고 불 속에 뛰어내려 자살하였다. 무왕은 주왕의 목을 베고 달아 처형하였다. 이 때가 기원 전 1046년이다.

주나라의 시조는 요(堯)임금을 섬겼던 후직(后稷)이라는 전설이 있다. 주나라 사

---

46 '紂'라는 뜻은 『謚法』에서 "의로움과 선함을 해치는 것"(殘義損善曰紂)이라 하였다.

47 포락지형은 불에 달군 구리기둥 위로 사람을 걷게 하여 뜨거워 불 위로 떨어져 죽게 한 형벌이다. 주왕은 그 밖에도 친족이나 신하들까지 자신에게 간언한다고 시신을 젓갈로 만드는 염형, 사람을 포로 뜨는 포형 등 잔인한 형벌을 계속하여 모든 사람들에게 신망을 잃었다. 그러나 『史記』에는 주왕은 총명하고 언변이 뛰어났으며, 용맹하고 지혜가 뛰어나 신하들의 조언이 필요없을 정도였다고 한다. 또한 그는 장강 지역의 개발과 노예의 해방, 국가의 통일에도 지대한 공적을 남기었다. 그러나 역사는 승자의 입장에서 기록되기 때문에 과장되기가 일쑤여서 주왕도 실제 이상의 악인으로 그려졌을 가능성이 있다.

람들은 원래 현재의 산서성과 섬서성 일대에서 살다가 고공단보(古公亶父) 즉, 태왕 때 이르러 섬서성(陝西省) 기산(岐山) 이른바 주원(周原)으로 지금의 섬서성 보계 부풍현 및 기산현 지역에 도읍을 정하였다. 이때부터 주는 발전하기 시작해 문왕(文王)[48]은 새도읍을 풍(豊, 지금의 시안시 교외)으로 옮겼다.

이동궤

은허박물관의 동와 속 사람머리

그 아들 무왕(武王)이 아버지의 뜻을 받들어 천하의 제후들과 연합하고 주공(周公)과 태공망 여상(呂尙)의 도움으로 상나라를 멸망시키고, 호경(鎬京, 지금의 시안시)에 수도를 마련해 마침내 주왕조(周王朝)를 세우게 되었다. 드디어 역사상 서주(西周)시기가 탄생한 것이며 중국문명사에서 고전문화가 형성되기 시작하였다. 근대까지 중국인들은 주나라를 이상적인 고대국가의 전범으로 여기고 있다. 주왕조가 건국하자 이러한 무왕의 전공 사실을 적은 청동기를 만들었는데, 근래에 발견되어 우리가 박물관에서 볼 수 있는 '이동궤(利銅簋)'가 바로 이것이다.[49]

그렇다면 당연히 주나라의 왕릉은 수도였던 시안시 인근에 있어야 하는데, 유감스럽게도 서안에는 아직까지 주왕릉이라고 확정된 것은 하나도 없는 실정이다. 물론 시안시 인근 기산이나 주원에는 현재에도 '주왕릉'이라 부르는 능이 여럿 있다. 그러나 필자의 눈으로 보아도 진위가 의심스러운데 문헌에도 지금과 같은 분구가 존재하지 않았다고 하니 더욱 신뢰할 수가 없다. 주왕릉이 세워졌을 시기에서 천년이 지나 유명한『戰國策』을 쓴 한나라의 학자 유향(劉向)은 다음과 같이 말하였다.

"은(殷)의 탕왕은 묻힌 곳이 없다. 주의 문왕, 무왕과 주공은 필(畢)에 묻혔고,

48 문왕은 후에 왕으로 호칭되었는데, 원래 서백(西伯)이라 칭했으며 덕망이 높아 상왕조에 대항할 수 있는 세력을 규합하였다. 유교학자들이 예부터 문왕을 성군으로 여겼다.

49 이동궤는 제기인데 아래 부분에 갑자일 오전에 무왕이 상나라를 정벌했다는 32자의 명문이 새겨져 있다. 현재 베이징의 국가박물관에 소장되어 있다.

진나라 목공(穆公)은 옹(雍)의 탁천궁 기년관 아래 묻혔으며, 저리자(樗里子)는 무고(武庫)에 묻혔다. 전부 구롱(丘壟 : 분구)이 없는 곳이다 라 하였다. 또한 후한의 최식(崔寔)도 『政論』에서 '옛날에는 묘를 만들 때 분(墳)을 만들지 않았다. 주의 문왕, 무왕의 묘역도 평지와 마찬가지다' 라고 서술하고 있다."[50]

앞의 문장에서 보듯이 지금부터 2천년 전 학자들도 상나라나 주나라의 왕릉조차 분구가 없었다고 증언하고 있다. 그런데도 이들보다 다시 2천년이 지난 오늘날에 와서 상나라 개조(開祖) 탕왕은 물론 주나라 문왕이나 무왕의 왕릉이라고 편액을 걸고 분구까지 마련하여 많은 관광객을 불러 모으고 있다. 뿐만 아니라 중국 곳곳에 삼황오제(三皇五帝)의 왕릉급 묘를 조성하였을 뿐만 아니라 몇 군데나 되는 곳에 조성하여 이에 대하여 신뢰감이 안 가는 것은 비단 필자 뿐만이 아닐 것이다. 이는 국가적 차원에서 중화주의 강화와 지방의 자치단체에서 경쟁적으로 문화적 콘텐츠의 확보와 관광수입을 기대하는 상업적 목적 때문이 아닌가 생각된다. 예를 들어 섬서성 황제릉현의 '황제릉(黃帝陵)은 자신들의 조상이라 여겨 국가적 노력을 경주하여 어마어마한 규모의 능을 조성하고 수많은 참배객을 끌어 모으고 있으며, 절강성 소흥의 '대우릉(大禹陵)' 역시 상상을 절할 정도의 규모를 자랑하고 있다.

'주왕릉'은 함양에 있다 하여 관심을 가지고 찾아가 보았다. 현지인들이 흔히 '주릉(周陵)'이라 부르는 곳은 공항에서 비교적 가까운 곳에 있는데, '문치무공(文治武功)'이라는 현판이 달린 사당 안에는 주문왕의 초상이 있다. 주문왕의 봉분과 표지판은 사당 뒤로 나오자 바로 표지판이 나오고 그 위에 있었다. 제법 높은 제방형으로 길게 쌓아진 봉분 위로 올라가자 북쪽 아래 300m 정도 거리에 주무왕의 무덤도 있다. 그러나 이 두 구의 주나라 왕릉도 아직까지는 학계에서 공인받지 못하고 있어 진위가 불분명하다. 더욱이 몇 년간 주나라 왕릉에 관심과 기대를 갖고 주목하면서 항상 갖고 있던 의문은 "주나라 왕릉은 왜 발굴되지 않고 있느냐?"였다. 주 보다 몇 백년이나 앞선 상나라의 왕릉은 발견되어 그곳에서 출토된 유물이 전시장이나 박물관까지 마련되어 있는데 말이다.

이러한 문제가 발생하는 발단은 중국 고대의 문헌에 자주 등장하는 언급 즉, 무덤

50 양관 저, 장인성·임대희 역, 『중국역대 陵寢제도』, 서경, 2005, pp.9~10.

에 "쌓지도 않았고 심지도 않았다." 즉 '불봉불수(不封不樹)'라 하여 세월이 지나면 무덤의 흔적을 찾기 어렵다는 뜻이다. 이것은 평민의 경우이고 적어도 왕이나 귀족들의 무덤에는 어떤 표지라도 있어야 하지 않을까? 물론 지금도 신빙성은 떨어지지만 고대 위인들의 능이 중국 여러 지역에 있으며 어떤 인물의 경우 능이라 부르는 것이 전국 몇 군데 있기도 하다.[51] 지금까지 세간에 알려져 있는 삼황오제나 하상주(夏商周)의 전칭 왕릉은 실제일 수도 있고, 아니면 추정이거나 없을 수도 있다. 여기에 고고학적 발굴과 조사가 필요한 것이다.

주원유지 표지석

그러나 전술한 상나라 부호의 묘에서 보듯이 묘 위에 제사용 건물 즉, 향당(享堂)의 자취가 있는 점을 보아, 고대에도 중요한 무덤에는 어떤 식으로든지 제사를 지낼 구조물이나 표지가 있었을 것이다. 단지 수 백, 수 천년의 세월이 흐르는 동안 분구는 평토되고 목조의 구조물은 삭아 없어지며 또 인위적 훼철로 없어져 남아 있지 않을 뿐으로 생각된다. 그러나 청나라 건륭제 때 섬서성 순무로 있던 필원(畢沅)의 경우 주원(周原)에서 주문왕, 주무왕, 주공단, 주성왕, 주선왕, 태공망 등의 묘마다 비석을 세우고 비기(碑記)를 남기었다. 그러나 필원의 고증에 대하여 현재의 학계에서는 이견이 많아 정설이 되지 못하고 있는 실정이다.

중국의 문화재 당국에서는 해방 이후 주원(周原) 기산(岐山) 일대에서 주나라 왕릉 발굴에 힘을 쏟아 주목할 만한 성과가 있었다. 실제로 주원 일대에서는 수천 기의 주나라 묘지를 확인하였으며, 왕릉급으로 추정되는 10여 곳 이상을 발굴하기도 하였다. 특히, 2004년에 이루어진 조사에서는 사조묘도(四條墓道)가 있는 9개의 능, 그리고 삼조묘도(三條墓道)가 있는 4개의 대묘(大墓) 총 13기를 발견했는데, 3~4개의 묘도를 설치할 수 있는 것은 주왕(周王)만이 가능하기 때문에 이들을 왕릉으로 판정하였다.[52] 그러나 아직은 이를 뒷받침할 고고학적 발굴이나 유물이 출토되지 않아

51 예를 들어 상나라 탕왕의 무덤이라 하며 능과 공원까지 갖춘 것이 낙양시 동쪽 언사시, 안휘성 박주, 산동성 조현 등지에 여러 곳에서 발견된다.

52 이들 13기의 무덤은 거마갱(車馬坑)도 있고 묘도는 많으나 왕릉이라 하기에는 규모가 작아 주왕릉이라 확정

단정하기에는 이르다.

현재까지 발굴된 서주(西周)의 묘장제도는 상나라와 매우 흡사하여 대묘 이외에는 묘도가 없는 장방형의 수혈묘이다. 주나라 시기에 집단적인 묘지가 많았음은 이미 그 이전부터 존재해온 공묘(公墓)와 방묘(邦墓) 제도에 기인하는데, 생전에 같은 종족끼리 모여 살고 죽어서는 같이 묻히는 것을 원했다. 공묘는 바로 왕족의 묘지이고 방묘는 서민의 묘지이다. 이러한 서주의 집단묘지는 섬서성 장가파(張家坡) 묘지가 유명한데, 그곳에는 무려 756기의 묘가 발견되었다.

묘지에도 신분의 차이가 있듯이 제례에도 신분에 따른 등급이 있었다. 관곽(棺槨)에 대하여서도 『禮記』「檀弓上」에 의하면 천자는 7중(3곽 4관), 제후는 5중(2곽 3관), 대부는 3중(1곽 2관), 사재중들은 1곽 1관이었다.[53] 마찬가지로 주나라 예제에는 제기인 청동기 정(鼎)과 궤(簋)의 숫자도 정해 놓았다. 즉, 천자는 9정 8궤, 제후는 7정 6궤, 대부는 5정 4궤, 사(士)는 3정 2궤를 사용하였다.

이러한 규정은 서주시대에 이루어졌지만 동주시대가 되면 엄격하게 지켜지지 않은 것 같다. 예를 들어 호북성 수주시(隨州市)에서 발굴된 동주시기 전국시대의 증후을(曾侯乙) 무덤에서는 무려 19정 12궤가 출토되어 사람들을 놀라게 하였다. 이러한 사정은 동주시기에 이르러 주천자(周天子)의 권위가 무너지고 제후들에게 영이 서지 못하는데 기인한다. 결국 주대의 예법이 동주시기부터 느슨하게 된 것이다. 주무왕 이래 400여 년이 지나 11대 유왕(幽王)이 견융(犬戎)에게 피살되고 아들 의구(宜臼)가 왕위를 물러 받았는데 그가 바로 평왕(平王)이다.[54] 기원 전 770년 평왕은 보다 안전한 지역을 찾아 변방에서 동쪽으로 옮겨 낙읍(洛邑, 지금의 낙양)으로 천도하였다. 이 때부터 서주에 대하여 동주(東周)라 불렀으며 주나라는 쇠퇴하기 시작하였다.

동주의 수도가 낙양인 만큼 낙양에는 당연히 주나라 천자들의 무덤이 있어야 하지만 현재까지 확인된 것은 없다. 다만 2002년 낙양시내 왕성광장에서는 고고학적 일대 사건인 동주시대 거마갱(車馬坑) 유적이 발견되었다. 그 거마갱에서는 6필의 말이

을 내리지 못하고 있다.

53 張學鋒 編, 『中國墓葬史』, 廣陵書社, 2009, p.63.

54 주 천자가 긴급 시 봉화를 올려 제후들을 소집하였다. 유왕의 왕후 포사(褒姒)는 절세미인이지만 웃는 일이 없었다. 그러나 봉화에 제후들이 모여 웅성거리는 모습을 보고 웃자, 유왕은 포사의 웃는 모습을 보고자 거짓 봉화를 올리곤 하였다. 그러나 막상 견융의 침략이 있자 봉화를 올렸으나 제후들은 또 사기극인줄 알고 소집에 응하지 않아 나라는 쑥대밭이 되고 유왕은 피살되었다.

동주시대의 거마갱

끄는 수레가 출토되었는데, 이는 고대 문헌에서 말하던 하상주시대의 '천자가육(天子駕六)'[55] 즉 천자는 말 여섯 필이 끄는 마차를 탄다는 설을 증명하는 중요한 증거이다. 주무왕이 상나라를 정복한 이래 마지막 난왕(赧王)에 이르기까지 도합 32대에 걸쳐 37명의 왕을 배출하였으나 기원 전 221년에 진(秦)에 의하여 멸망당하였다.

춘추전국시대의 왕릉

동주시기가 바로 춘추전국시대이다. 기원 전 770년부터 403년은 공자가 편찬한 노나라의 사서『춘추』에서 이름을 따왔고, 기원 전 403년부터 221년은 수많은 나라들이 패권을 놓고 다투었으므로 전국시대라 부른다.[56] 주나라가 동천(東遷) 이후 세력이 약해지자 무려 200여 개 국이 넘는 중원의 제후들은 반독립적인 상태로 활동하면서 읍제국가(邑制國家)의 이합집산이 빈번하였다. 그 가운데서 제후들은 회맹(會盟) 외교를 통해 패업을 쟁취하려고 하였다. 이때 초(楚), 제(齊), 진(陳), 오(吳), 월(越) 등의 제후국들이 역사의 중심에 섰다. 춘추시대 초기에 200여 개가 넘던 군소

55 현재 낙양시내에는 '주천자가육박물관(周天子駕六博物館)'이 세워져 이 유적을 공개하고 있다.

56 전국시대란 명칭은 전한시대 유향(劉向)이 이 시대의 각종 종횡가(유세가) 등을 모아 편찬한『戰國策』에서 나온 것이다.

제후국들이 이합집산을 통하여 대폭 축소되면서 기원 전 403년 경부터는 10여 개국으로 정리되면서 이 시기부터 전국시대라 부른다. 이 때 소위 전국칠웅이라 하는 제(齊), 진(秦), 초(楚), 한(韓), 위(魏), 조(趙), 연(燕)의 일곱 국가들이 200여 년간 부침을 거듭하면서 중원을 전쟁과 음모로 물들였다.

춘추전국시대부터 진나라 때는 중국 고대 제왕들의 능묘제도가 어느 정도 형성되며 봉토묘가 형성되었다. 이제 왕릉 위에 거대한 봉토를 쌓고 그 위에 건축물까지 세워 우리가 알고 있는 왕릉의 면모를 갖추게 되었다. 서주시기에도 봉토묘가 있었다고 하지만 아직 확실한 고고학적 증거를 찾지 못하였다. 그러나 중원에서 동쪽이나 남방지역에서는 일찍이 서주시기부터 춘추시기에 무덤 위에 봉토가 있는 것을 발견되었다.[57] 하지만 이들 봉토묘는 전국시기나 후세의 봉토묘와는 차이가 있다. 즉, 땅속에 묘실을 파서 만든 것이 아니라 평지에 작은 돌들을 깔고 그 위에 홍소토(紅燒土)나 목탄을 편 다음 부장품을 놓은 후 그 위에 분구를 만드는데, 중국에서는 이를 토돈묘(土墩墓)라 부른다. 이러한 분묘는 중국에서도 특히 오월(吳越) 지역의 특징인데 춘추시대 말기가 되면 소멸되었다.

춘추전국시대에 이르러 각 국의 왕이나 제후들은 경쟁적으로 고분대총을 만들었다. 이러한 고분들은 조성한지 몇 백년이 지나지 않은 한고조 11년(기원 전 195)에 이르면 전대 제왕들의 무덤을 관리하라는 조서를 내렸다.[58] 당시의 고분들은 지금은 거의 훼철되거나 도굴되어 없어졌지만 북위(北魏) 때 역도원(酈道元)이 쓴 『수경주(水經注)』[59]에는 당시까지 남아있던 상고시대의 제왕릉에 대한 기록이 풍부하다.[60] 뿐만 아니라 근래에 왕성해진 고고학적 발굴을 통하여 이와 같은 문헌 속에 기록된 춘추전국시대의 고분대총이 계속 그 면모를 드러내며 실증되고 있다.

당시의 대표적인 무덤은 산동성 치박(淄博)의 제고성 동북쪽의 곽실묘(槨室墓)는

57 안휘성의 남릉, 둔계 강소성의 구용, 무석, 절강성의 장흥, 온주 등지에서는 서주와 춘추 시대의 봉토분이 다수 발견되었다.

58 이 때 내린 조서에는 진시황, 초은왕, 희왕, 제민왕, 조도양왕 등의 무덤을 지켜주었다고 하였다.

59 북위의 관리이자 학자였던 역도원(469~527)이 지은 중국의 지리서로 중국 내 1,252개의 하천을 섭렵하면서 그 유역의 도시, 마을, 전설, 명승 등을 집대성하였는데, 이를 위하여 437권의 고서를 인용하였는데, 오늘날 그 대부분 서적들이 없어진 지금 매우 학술적 가치가 높은 책이다. 특히, 지금은 위치조차 불명한 중국 제왕들의 무덤에 대한 중대한 기록을 남기었다.

60 『수경주』에는 진장양왕, 혜문왕, 초나라의 소왕묘 등 많은 제왕들의 무덤의 위치를 소상히 밝히고 있다.

제경공(齊景公)의 것으로 추정된다. 한편 허베이성 이현의 연왕총, 하남성 휘현 고위촌의 위나라 장지, 안휘성 수현의 유왕묘(幽王墓) 등 수많은 봉토묘가 있다. 그 중에는 직경이나 길이가 100여m에 이르는 대형묘도 있다. 춘추전국시대에 수많은 왕과 제후들의 봉토묘가 있지만 그 중 춘추시대 말기의 증후을묘(曾侯乙墓)와 전국시대의 중산왕릉(中山王陵)은 주목할만한 가치가 있는 왕릉이다.

증후을묘(曾侯乙墓)

1978년 호북성 수현(隨縣)에서 참으로 놀라운 무덤 하나가 발굴되었다. 1977년 호북성 수주시(隨州市) 동단파(東團破)에서 공군의 숙소를 확장하는 공사를 하던 중 산허리에서 고대 무덤을 발견하였다. 이에 1978년 발굴을 시작하자 어마어마한 유물이 쏟아져 나와 학계와 전 중국을 놀라게 하였다. 편종과 목관 등 수 만 점의 유물들은 희대의 보물로 지금까지 볼 수 없었던 공예미의 극치를 보여 주었다. 또한 부장갱에서는 26량의 전차와 말 76마리의 유골도 나와 그 규모를 과시하였다.[61]

무덤의 주인공은 전국시대 증국(曾國)의 지배자인 을(乙)이기 때문에 증후을이라 부르는데, 매장연도는 기원 전 433년 경으로 추정하고 있다. 증후을의 무덤이 발견된 곳은 전쟁을 할 때 북을 쳤던 언덕이란 뜻에서 뇌고돈(雷鼓墩)이라 부르는데, 이곳에는 아직도 100여 기의 무덤들이 발굴을 기다리고 있다. 이 무덤이 도굴을 면한 것

증후을묘의 발굴 당시 모습

거대한 증후을묘의 관곽

61 謝洪波 編著,『中國歷代帝王 陵墓之謎』, 哈爾浜出版社, 2009, p.8.

은 묘실이 모두 물에 차 있었고 튼튼하고 네모진 나무기둥으로 덮여 있었는데 크기도 크면서 단단하여 도굴꾼들이 아예 기둥들을 움직이지 못하게 하였기 때문이다.

이 무덤은 구릉 위의 암반을 파내어 수혈묘갱을 만들고, 묘갱 바닥에 높이 3.5m의 나무로 묘실을 설치했다. 도굴을 당하지 않아서인지 유물의 보존 상태는 매우 양호하다. 동쪽 방에는 묘의 주인인 증후을의 관이 있는데, 묘실 전체가 물에 잠겨 있어 시신의 보존상태 또한 좋았다. 이에 시신을 해부한 결과, 그는 신장 162cm의 남성으로 사망 추정연령은 42~45세였다. 무덤의 내부는 동실, 서실, 북실, 중실의 네 개로 구성되어 지하궁전의 모습을 하고 있었다. 북실에는 병기, 갑옷 같은 무구류가 쌓여 있었다. 동실에는 증후와 8명의 여인이 들어 있는 8기의 관들이 있는데 여성들은 20세 전후로 시첩인 듯 하다. 서실에는 13명 여인들의 관 13기가 있고 중실에는 유명한 편종을 비롯한 악기류가 들어 있다. 묘실은 220㎡로 각 실은 목재로 벽과 천정을 이루고 있다.

특히 증후을의 무덤에서 주목되는 점은 총 21명의 여인들이 순장되어 있었는데 사망 추정 연령은 13세부터 26세로 젊었다는 점이다. 그녀들은 직물로 싼 사람과 장신구를 착용한 사람도 있어서 정중하게 다루어졌음을 알 수 있는데 내세로 떠나는 왕의 길동무가 되었음이 틀림 없다. 시신의 뼈를 감정한 결과, 외상은 없고 대신 독을 복용하게 하여 죽인 것으로 추정된다. 또한 증후을 관에 바로 인접해 개를 묻은 관이 있었다. 개는 암컷으로 사망 당시의 추정 나이는 5~10세의 노견이었는데, 증후을을 오랫동안 따랐을 것이다.[62]

출토된 수만 점의 유물 가운데 가장 압권은 증후을의 시신이 모셔진 칠관(漆棺)이며, 무게가 7톤이나 되는 거대한 관이다. 외곽은 흑칠바탕에 주칠과 황금색으로 꽃문양과 구름, 회오리 등이 그려져 있고, 내벽은 주칠을 칠하였다. 그리고 내관은 주칠바탕에 흑색과 황색으로 복잡하게 문양을 그려 넣었다. 용, 봉황, 신수, 격자문 등이 그려져 있고 관의 내부는 역시 주칠을 하였다. 필자가 이곳을 방문하여 실제 유물을 보았을 때 엄청나게 큰 규모와 2000년이 지난 현재까지도 주칠색이나 문양이 여전하여 깜짝 놀란 적이 있다.

무엇보다도 이 증후을묘를 유명하게 만든 것은 중실에서 나온 악기들이다. 청동

62 都出比呂志, 고분문화연구회 옮김, 『왕릉의 고고학』, 진인진,2011, pp.64~65.

증후을묘의 악기

증후을묘 악기의 발굴 모습

전시장의 악기 모습

의 편종(編鐘)이 3층으로 배치되어 무려 65개이고 그 무게만 2,567kg이다. 부속물인 종틀과 동인(銅人) 및 기둥의 무게는 1,854kg이 되어 편종 전체 무게가 4,421kg이다. 그밖에도 편경(編磬)이 32개, 종(鐘)은 124개, 북은 4개, 큰 거문고(瑟)는 12개, 거문고(琴)는 2개, 생황(笙)은 5개, 기타 4건에 12개로 고대의 악기라 할만하다.[63] 무엇보다 이 악기를 유명하게 한 것은 종과 종가(鐘架)에는 무려 3,755자의 명문이 새겨져 있는 점이다. 이것은 일종의 음악전문서로써 서주시대에 이미 7음계가 존재했으며, 12음률이 형성되었음을 알 수 있는 증거이다. 중국 당국에서는 2008년 베이

63 謝洪波, 위의 책, p.13.

징 올림픽 때 이 악기를 연주하여 전 세계인들에게 깊은 감동을 주었다.

무한의 호북성박물관은 모두 이 증후을묘의 출토품으로 가득 채워져 있다고 해도 과언이 아니다. 이 곳을 방문했을 당시 박물관을 가득 채운 증후을묘의 무덤은 비록 황제의 능은 아니지만 그곳에서 출토된 유물의 종류와 수량 및 규모는 대단하다. 이처럼 풍부하고 화려한 유물의 출토로 진시황릉 이전에 중국 역사상 최초의 실체를 들어 낸 후장(厚葬)의 예를 보여준 것이다. 이를 보더라도 만약 주(周)천자의 능이 온전하게 발견된다면 주시대의 수준 높은 왕릉을 볼 수 있을터인데, 아직까지 확정지을 수 있는 주 천자의 능은 등장하지 않고 있다. 다만 2002년 낙양에서 주왕성 광장을 조성할 때 지하에서 출토된 16기의 거마갱(車馬坑)에서 천자가 탔을 것으로 추정되는 말 여섯 필이 끄는 수레 두 대가 발견되어, 중국 고고학계에서는 문헌에서만 등장하는 천자의 수레를 발견하였다고 흥분하였다.[64] 그러나 유감스럽게 주천자의 왕릉은 아직 발굴되지 못하였다.

중산왕릉(中山王陵)

1974년 허베이성 평산현(平山縣)에서 왕릉이 발굴되었다.[65] 이곳에서는 수 많은 유물이 출토되었는데 그중에서 〈조역도(兆域圖)〉와 〈'山'자형 청동기〉가 출토되었다.[66] 특히 청동기의 형상은 마치 신라 금관의 가운데 지주와 비슷하다고 생각하였다. 한편 『코리언 루트를 찾아서』라는 신문의 연재물을 읽고 있는데 '우리와 빼닮은 선우, 중산국'이란 기사에서 눈을 뗄 수가 없었다.[67] 거기에는 그동안 간과했던 중국 능묘에 대한 귀중한 단서가 있었다. 그것은 바로 청동판의 '조역도'인데, 이는 중국 역사상 최초로 발견된 고대의 왕릉 설계도인 것이다. 조역도는 청동판에 금상감으로 건물의 구조와 형태를 표시했고 명문까지 있는데, 길이가 94cm이고 폭은

64 『逸禮』, 「王度記」에서는 "천자는 말 여섯 필이 끄는 두 대의 수레를 타고, 제후는 다섯 필, 공경은 네 필, 대부는 세 필, 선비는 두 필, 백성은 한 필이 끄는 수레를 몰 수 있다고 엄격하게 규정하였다. 그러므로 말 여섯 마리가 순장되고 두 대의 수레가 발굴되자 이른바 '天子駕六'임을 확인하고, 현재 그 자리에 '周天子駕六博物館'을 세워 전시하고 있다.

65 이곳은 중산국의 마지막 수도였던 영수성(靈壽城)으로 보고 있다.

66 山자형 청동기는 모두 11점이 출토되었는데, 길이가 119 ~142cm이고 폭은 74cm 내외이며 무게는 한 개가 52~57kg에 달하는 거대한 크기인데, 신라 금관의 형태와 유사한 점이 있어 많은 사람들이 그 모티브와 연관성에 관심을 가져왔다.

67 「경향신문」, 2008년 5월 9일자.

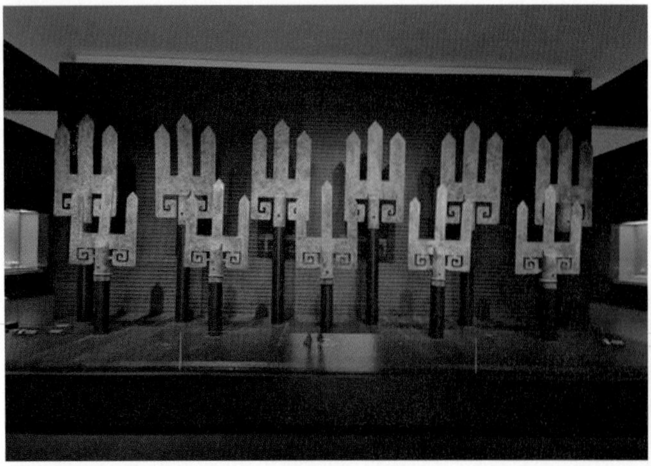

중산왕릉 출토의 산자형(山字形) 청동기

중국 최초의 건축도면 〈조역도〉

48cm, 두께는 1cm이다. 더욱이 왕릉의 설계와 구조가 묘사되어 있으며 국왕의 조서가 새겨져 있었다. 거기에는 "재상 사마주에게 명하노니 능묘건축 때 규정된 촌법을 따르지 않는 자는 엄벌에 처하고 그 자손까지 죄가 이어지게 하라."고 하였다.

이 〈조역도〉는 중산국의 전성기였던 기원 전 310년 경 조성된 착왕(錯王)의 능에서 나온 것이다. 조역도에 의하면 중산왕릉은 전국시대의 전형적인 고대건축(高臺建築)으로 이 시기의 사회와 생산력이 발전하였음을 보여주는 좋은 예이며, 건축기술이 아름답고 성숙되었었음을 알 수 있다.[68] 중산왕릉은 길이 110m, 너비 92m에 높이 15m의 분구를 가진 장방형의 구조이다. 중국 학자들이 복원한 그림을 보면 모두 다섯 채의 건물이 배치되어 있는데, 가운데 두 채는 크고 양쪽 끝의 두 채는 조금 작다. 건축은 3단의 테라스를 가졌는데, 각 단에는 기둥 흔적이 있고 기와편이 있어 분구 위에 건축물을 세웠음을 알 수 있다. 이로써 무덤 위에 제사용 건물을 세웠다는 오랜 논란을 잠재울 수 있는 실례가 등장한 셈이다.

중산왕묘에서 출토된 조역도에는 직사각형의 이중으로 된 궁원(宮垣)이 있고 남쪽 중앙에는 문이 만들어져 있으며, 궁원 속에는 다섯 개의 당(堂)이 나란히 있다. 중앙의 것이 '왕당(王堂)'이고, 왕당의 좌우에는 각기 방200척[69] 크기의 왕후당과 애후당(哀后堂)이 있다. 또 왕후당과 애후당의 좌우에는 '○○당'과 '부인당(夫人堂)'

68 劉托, 『皇陵建築』, 中國文物出版社, 2009, p.37.

69 당시 전국척이 약 22cm인 점을 감안하면 200척은 44m가 된다.

중산왕릉 복원도

이 있는데 둘다 사방 150척으로 약간 뒤쪽에 위치하고 있다. 이미 발굴된 중산 1호묘와 2호묘는 둘 다 복두식(覆斗式) 봉토로 되어 있고, 봉토의 아래 부분에는 두 묘가 서로 연결된 평평한 기단이 있다. 봉토 중턱에는 회랑을 가진 네모꼴의 건축 유적이 있어서, 〈조역도〉에 실린 '당(堂)'은 분묘 정상에 세워졌음을 알 수 있다. 이 조역도와 한대의 능침제도를 비교하면, 궁원은 한 대의 주원(周垣)에 해당하고, 궁원의 남쪽 중앙에 있는 문은 한대 능원의 사마문(司馬門)에 해당하며, 그리고 궁원 안의 다섯 칸의 당은 한 대의 '침(寢)'에 해당된다는 것을 알 수 있다.[70] 이 건축물이 무덤 위에 세워진 향당이든 침이든 상나라의 〈부호묘〉에서 보듯이 분묘의 정상부에 어떤 형식으로든 제사용 건물이 있었음을 알 수 있다. 그렇다면 진한시대의 황제릉 정상부에도 건축물이 있었다고 가정해 볼 수 있지만 현재까지 명확한 유구가 발견되지 않아 오늘날에도 논란이 되고 있다.

중산왕릉에서 출토된 조역도는 궁전의 명칭과 크기, 위치까지 그려져 있어 건축사학계가 경악할만한 대발견이었다. 무덤 위에 향당이 존재했는가에 대한 논란이 이어져 왔지만 진한시대 이전에도 어떤 방식으로든 선조에 대한 제의를 올렸고, 이를 위하여는 노천에서 지낼 수 없기 때문에 또한 영구적인 건축물이 존재했다고 생

70 양관, 장인성·임대희 역, 『중국역대 능침제도』, 서경, 2005, pp.52~53. 양관은 〈조역도〉의 다섯 채의 당(堂)을 침(寢)이라 주장하고 있으나, 일부 고고학자들은 이곳을 묘(廟)나 향당(享堂)으로 보고 복원하려고 한다.

각한다. 그것이 '침(寢)'이든지 '묘(廟)'든지 '향당(享堂)'이든지 간에 하여튼 전국시대에 일어난 왕과 제후들의 거대지향적 분묘는 결국 진시황릉을 비롯한 한나라의 거대황제릉의 탄생을 예고하는 것이었다. 이 귀중한 왕릉 설계도를 남긴 중산국은 전국시대에 사실상 별로 주목을 받거나 사서(史書)에 오르내린 적이 별로 없는 작지만 강한 강소국이라 할 수 있다."

중산국(기원 전 414~기원 전 296)은 주나라 시기에 백적(白狄)의 선우부(鮮虞部) 무공(武公)이 태행산을 넘어 허베이성에 이주하여 세워진 제후국이었다. 초기에는 존재감이 없는 약소국이었으나 위나라, 조나라와 연나라에 대항할 만큼 강성할 때도 있었다. 그러나 기원 전 296년 조나라에 의하여 멸망하였으나 중산왕릉에서 발굴된 수많은 유물과 조역도 등을 보면 결코 문화에 있어서 전국시대에 강소국이었다고 말할 수 있다. 중산왕릉의 발견으로 선진제왕(先秦帝王)의 능묘를 연구하는데 중요한 단서를 제공하고 있으며, 중산국은 다시 역사의 조명을 받게 되었다.

이상과 같이 상나라 때부터 비롯된 왕릉과 능묘제도를 간략히 일람했는데, 여기에서 중국 고대시기부터 통치자의 사후 무덤의 조성은 물론 그에 따른 제사제도가 확립되어 있음을 확신할 수 있었다. 즉, 능의 조성과 이에 따르는 우리가 오늘날 중국의 황제릉에서 볼 수 있는 각종 종법(宗法)과 종묘(宗廟)제도 역시 마련되어 있음을 알게 되었다. 군주가 생전에 거주하던 장소를 '궁(宮)'이라고 불렀는데, '궁'에는 크게 전부(前部)와 후부(後部)로 되어 있다. 전부는 '조(朝)'로써 신하가 군주를 알현하거나 정무처리를 하는 조정의 장소이고, 후부는 '침(寢)'이라 하여 군주와 그 가족이 일상생활을 하는 처소로 '조'와 '침'은 모두 '궁'을 조성하는 부분이다. "죽어서도 살아 있을 때와 같이(事死如事生)" 군주가 죽은 후 사람들은 그의 생전의 '朝'와 '寢'을 만들어 영혼이 활동하고 휴식하는 공간을 제공하게 되었다. 건축부문에서 '조'를 '묘(廟)'라고 칭하는데, 침과 묘를 합쳐 '묘침(廟寢)'이나 '침묘(寢廟)'라고 부르며 간단히 '묘(廟)'라고도 부른다. 이는 바로 '종묘(宗廟)'로 선조의 영혼이 활동하고 쉬는 공간이며 아울러 살아있는 선조의 영혼과 소통하고 교류를 하는 장소이다. 그래서 종묘는 후대 사람들이 선조의 제사를 지내는 곳으로 인식하게 되었다.[71]

71 宋大川·夏連保, 『清代園寢制度研究』, 文物出版社, 2007, p.64.

또한 원릉(園陵) 능원은 죽은 자를 매장하는 곳이고, 묘침(廟寢) 또는 종묘(宗廟)는 죽은 자의 영혼을 공양하고 떠받드는 곳이다. 그러므로 원릉과 묘침은 모두 죽은 자와 관련되는 장소이기 때문에 장례와 제사제도를 갈라 놓을 수 없는 것이다. 중국은 고대부터 선조의 제사를 모시기 위해 항상 침전을 능 근처에 세우게 되었고, 후대에 와서 '능(陵)'과 '침(寢)'을 통칭하여 '원침(園寢)' 또는 '능침(陵寢)'이라 부르게 되었다. 이러한 능침제도와 제사제도는 그 사회에서 가장 중요한 규범이 되면서 형설로 다 표현할 수 없는 복잡다단한 의례, 기명, 복식, 음식, 음악, 무용, 절차 등 무수한 세부 사항들이 생겨나게 되었다. 이는 상나라부터 시행되었고 주나라에 와서는 어느 정도 완성되어 명문화되었음을 『주례(周禮)』 등을 통하여 알 수 있다.

제3장

진(秦) · 한(漢) · 남북조(南北朝)의 황제릉

3. 진·한·남북조의 황제릉 : 최초로, 그리고 불가사의한

중국을 통일한 진시황(秦始皇)은 최초로 황제로 칭하였고, 최초의 황제릉을 만들었다. 여기에서는 토기로 구운 실물대의 군인과 말이 대량으로 발견되어 불가사의하다. 이를 계승한 한나라 황제릉의 규모는 조금 작아졌으며, 이후 여러 왕조들에게 황제릉의 모델을 제공하고 있다.

3. Emperor's Tomb of Qin, Han Eras: The First & Mysterious

Emperor Qin Shi Huang, who unified China, was the first emperor and created the first emperor tomb. It is mysterious to find a large number of real-life soldiers and horses baked in earthenware here. The size of the tomb of the emperor of the Han Dynasty, which inherited it, has become a little smaller, and since then, it has provided a model of the tomb of the emperor to various dynasties.

1

진시황릉(秦始皇陵)
_ 최초, 최고, 최대의 황제릉

진나라 왕조표

대수	시호	성명	재위기간	생몰연도
제1대	秦始皇帝	영정(嬴政)	221~210 B.C.	259~210 B.C.
제2대	秦2世皇帝	영호해(嬴胡亥)	209~207 B.C.	229~207 B.C.
제3대	秦王	영자영(嬴子嬰)	206 B.C.	? ~206 B.C.

진나라의 약진

'중국 황제릉'이라는 이 책의 제목에 부합되는 최초의 황제릉은 바로 〈진시황릉〉이다. 중국 역사상 진(秦)나라는 불가사의한 존재이다. 주지하다시피 진나라는 지역적으로 전국시기에는 가장 변두리에 위치해 있었고, 당시 진나라는 경제적으로 가난하고 문화적으로 낙후되어 있었다. 이러한 진나라가 어떻게 천하통일을 이루어 낼 수 있었는지는 여러 면에서 궁금해지는 것이다. 더욱이 진나라는 당시 전국시대 6국에 비하여 병력이나 인구수에 있어서도 10분의 일도 안 되는 나라이다. 어쨌든 진시황이 출현하기 전 아버지 장양왕을 비롯한 전대의 효문왕, 소양왕의 무덤을 알아야 진시황을 알 수 있을 것이다. 특히 혜문왕릉을 비롯한 진나라 왕릉을 알아야 진시황릉의 기원이나 양식적 특징도 알 수 있을 것 같다. 이렇게 진시황릉의 기원을 알기 위해 또 진나라가 중국을 통일한 원동력이 무엇인가 궁금하여 다소 지루하지만 진시황 이전의 양상을 살펴볼 필요가 있다.

진(秦)의 선조는 전욱제(顓頊帝)이다.[72] 그의 후예는 여수(女修)이고, 그 아들인 대비(大費)가 우(禹)와 함께 치수에 성공하자 순(舜) 임금은 후에 그의 공적을 치하하고 영(嬴)씨 성을 내렸다.[73] 진은 초기에 현재 감숙성 천수시(天水市)에 위치한 척박한 곳에 일어난 부용국(附庸國)의 하나이다.[74] 나중에 그의 후손인 양공(襄公)이 기원전 771년 주나라 평왕을 도와 견융(犬戎)의 침략에서 구해 주었고, 수도 호경(鎬京)을 버리고 낙읍으로 천도할 때도 호위해 주었다. 이에 주나라 평왕은 양공에게 풍읍(豐邑) 지역의 땅을 주면서 제후국이 되게 하였다.

이렇게 제후국이자 약소국이던 진은 부단히 진(晉), 초(楚), 융(戎) 등 주변국을 침략하고 전쟁을 겪으면서 조금씩 발전해 나갔다. 특히 목공(穆公) 때에 수많은 전투를 치르면서 영토를 넓혀 갔다. 효공 때는 진나라의 도읍을 함양(咸陽)으로 천도하였다.[75] 드디어 혜문공이 즉위하고 14년에 혜문왕(惠文王)으로 왕위에 오르면서 전국시대의 제후국으로 당당히 등장하게 되었다.[76]

이와 같은 진나라가 발전하는 계기는 사실 한 사람의 천재에 힘 입은 바 크다. 기원 전 361년 진효공(재위 기원 전 361~338)이 21세로 옹성에서 즉위하면서 진국의 운명을 개척하기 위해 천하에 인재를 구하는 초현령을 내렸다. 이 때 희대의 천재인 34세의 상앙(商鞅, 公孫鞅)이 옹성에 도착한다. 궁전에서 효공과 역사적 접견이 이루어지고, 기원 전 356년 상앙의 변법이 시행되자 진국은 비약적인 발전을 이루게 된다. 그러나 307년 진국은 합종연횡(合從連橫)한 동방육국의 수 십만 대군이 함곡관으로 몰려오고, 의거융(義渠戎)이 서쪽에서 쳐 들어와 진국의 운명은 바람 앞의 등불처럼 위험한 지경에 처했다. 이때 한 여인이 등장하여 위기의 진을 구해내고 천하통일의 기반을 다지게 된다. 그녀는 바로 진시황의 고조모이자 선태후인 미월(芈月 즉, 미팔자)이다. 미월은 초나라 출신으로 진나라에 와서 후궁으로 있었으나 혜

72 중국 고대의 전설적인 오제(五帝)의 한 사람으로 즉, 고양씨(高陽氏)이다.

73 司馬遷, 『秦本紀』 卷5 第5

74 附庸國이란 주나라 때 사방 50리 정도의 영지를 가진 소국으로 천자의 조회에도 참석할 수 없는 형편으로 일개 지방 영주가 다스리는 작은 나라이다.

75 진의 첫 도읍은 옹(雍)으로 섬서성 봉상현인이다. 진나라는 오늘날 시안시 인근 함양시로 천도하면서 명실상부한 제후국이자 강국으로 성장할 수 있었다.

76 혜문왕 원년, 왕위에 오르자 주 천자를 비롯해 초, 한, 조, 촉나라에서도 축하를 해 주며 정식으로 제후국임을 인정하였다.

문왕의 눈에 들어 아들을 낳고 일약 귀한 신분이 된다. 후에 파란만장한 과정을 거쳐 마침내 아들인 소양왕(昭襄王)이 왕위에 오르자 어린 왕을 대신하여 중국 최초의 선태후(宣太后)로 정사를 맡게 된다. 그녀는 그 후 41년간 진국을 이끌면서 육국의 합종연횡을 깨뜨리고 의거왕을 설득해 수하에 넣고, 융족을 회유하여 북으로부터의 위험을 제거하였다. 이와 같이 미월 즉, 선태후의 40여 년간 전국시대를 주무르고 진국을 강건하게 육성하였다. 결국 진시황이 천하를 통일하게 된 원동력이 되었으니 참으로 강상미인이 진나라를 구한 셈이다. 이러한 진나라 선태후의 이야기에 흥미를 갖게 된 것은 중국 드라마 〈미월전〉을 우연히 보게 되었는데, 당시 혜문왕으로 나오는 배우의 얼굴이 본인이 잘 아는 지인과 너무도 닮아 있어 더 관심을 갖게 된 것이다.[77]

그렇다면 세계 최고, 최대의 진시황릉은 어느 날 갑자기 출현한 것일까? 그것조차 이미 전시대부터 발전해 온 왕릉에서 모티브를 따 왔던 것은 아닐까? 그 발전단계의 정점에서 세워진 것으로 여겨진다. 진시황릉을 보다 더 이해하기 위하여 진나라 왕릉제도를 살펴보아야 할 것이다. 그동안 진나라의 왕릉은 근래까지 관심 밖의 일이었으며, 진시황릉의 위용에 가려져 이를 찾고자 하는 노력도 부족했다. 그러나 1990년대 들어와서 감숙성 천수시 예현(禮縣)에서 일어난 대규모 고묘의 도굴사건은 학자들의 비상한 관심을 끌었다. 당시 예현의 농민들은 현의 동남 13km 떨어진 대보자산(大堡子山)에서 고묘를 도굴하였고 그곳에서 발굴한 청동기는 어느새 해외로 밀매되었다. 이러한 도굴과 청동 유물의 밀매는 1993년 「감숙일보(甘肅日報)」의 기자가 보도했다.

이에 감숙성 정부에서는 사태의 심각성을 깨닫고 1994년부터 이 지역에 대해 발굴하기 시작하였다. 그 결과 이 지역이 진나라가 개국한 이래 지배계층에 해당되는 군주의 집단묘지라는 것이 밝혀졌다. 그 능원은 동서가 7km, 남북이 3km에 달하는 대규모 단지로 현재까지 43기의 진나라 고묘를 발견하게 되었다. 그 중에서 진공1호대묘(秦公1號大墓)는 184구가 순장되어 있어 사람들을 놀라게 하였다.[78] 거마갱

77 이 드라마는 중국에서 '세상을 가진 여인, 미월전'으로 백 회에 걸쳐 방영된 바 있다.

78 상나라의 순장제도는 주나라에도 이어져 왔으며, 진나라에서 초기에 심하였던 것 같다. 진목공은 177명의 신료를 순장시켜 정사가 마비되어 망국의 위기를 맞기도 하였다. 사서에 나오는 이 이야기가 여기서는 184명이나 순장시켜 진나라 초기의 순장제도가 사실임을 증명하였다.

진공묘 출토 청동기

대보자산 진공묘

도 발굴되었는데, 어떤 것은 4대의 순장차로 총 12승차는 모두 황금장식으로 되어 있었다.[79] 특히 '진공1호대묘'는 진시황릉의 예고편으로 장대한 규모와 풍부한 부장품 등으로 중국 고고학계에 새로운 과제를 던져 주었다. 주곽실은 장방형으로 황장으로 목재를 쌓아 올렸는데, 나무 하나가 300근이 넘는다. 이른바 '황장제주(黃腸題湊)'[80]라는 장례방식의 하나로서 선진의 예제상 천자의 장례방식이다. 이전시대에 주 왕실의 권위가 약화되면서 가끔 제후들이 예제를 참월(僭越)하여 천자처럼 장례를 치르는 경우가 많았다.

이 무덤은 비록 이전에 도굴을 당했음에도 불구하고 3,000여 점 이상의 유물을 수습할 수 있었다. 그 중에도 벽에 걸린 석경(石磬)에는 180자의 명문이 새겨져 있었다. 이를 통해 무덤의 주인공은 환공의 계승자인 진경공(秦景公)으로 기원 전 577년부터 40년간 재위하였음을 밝힐 수 있다. 아직까지 이 묘역은 계속 발굴 중인데, 현재까지

79 『新華罔』, 2006. 11. 19일자

80 황장제주는 주나라 때는 천자가 사용했고, 한나라 제왕의 목곽을 축조하는 방식의 하나인데, 측백나무 목재를 층층이 쌓아서 네 벽을 만든 구조이다. '황장'이란 측백나무의 껍질을 벗기면 황색을 띠는 데서 유래한 것이고, 제주는 목재를 쌓아 만든 구조물을 뜻한다. 따라서 엄청난 양의 목재가 소요되는데, 베이징 대보대 한묘(漢墓)의 경우 사용된 각재만 15,000여 개가 넘는다. 이 황장제주는 당연히 황제 이외는 사용할 수 없지만 특별히 황족이나 귀족층에도 허락되는 경우가 있었다.

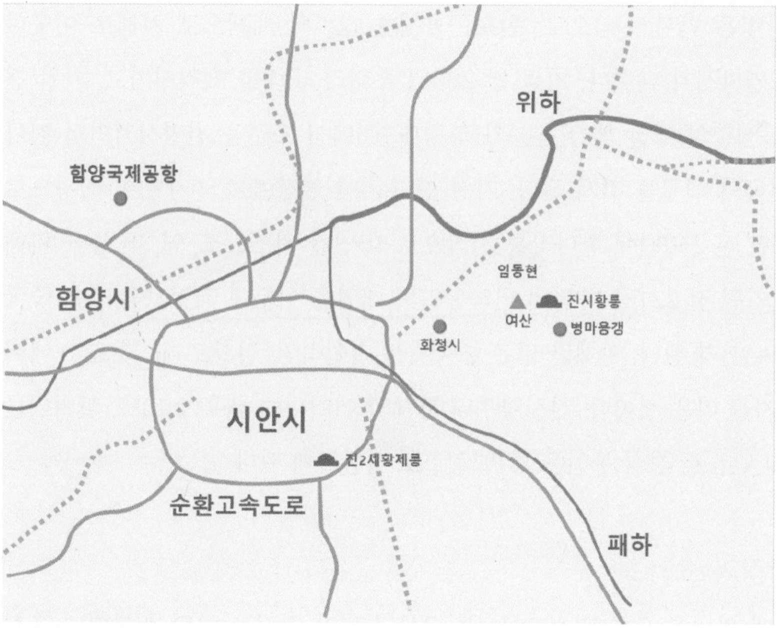

시안시 인근 지역도

조사된 것만으로도 진시황릉 이전에도 진나라의 장대한 능묘가 있었음을 알 수 있다. 아직까지 진나라의 수도였던 함양시 인근에서는 진시황 이전에 통치한 혜문왕, 소양왕, 장양왕 등 진시황 직계 선조들의 왕릉은 발견되지 않았다. 그러나 이들이 발견된다면 진시황릉 연구에 큰 단서가 될 것이다. 지금까지 진나라는 서쪽에 치우쳐 융족의 침략에 시달리고 문화적으로 낙후된 나라로 여겨왔다. 그러나 첫 도읍지 옹성과 예현의 고분들에서 출토된 건축유구나[81] 유물 등을 미루어 결코 문물이 동방육국에 비하여 떨어지기는 커녕 부분적으로 앞선 점이 많았다. 이는 진나라 사람들의 초기 주거지가 천수 일대로 융족의 포위속에 살아갔고 이들과 통혼이나 교류로 일찍이 철기를 사용하면서 한나라보다 훨씬 앞서 실크로드를 통하여 외부문화를 흡수해 강성할 수 있었다. 그러므로 그동안 통념상 진나라가 외진 곳에 위치하여 원래부터 낙후되었다는 것은 신뢰할 수 없다.

기원 전 318년 6국이 합종을 해 진을 공격할 때까지만 해도 진은 위태로워 보였다. 그러나 진은 함곡관에 군사를 보내 한군을 패배시켰고 6국은 물러났다. 진이 합

81 옹성의 궁전구역에서는 남북 180m의 5진 원락형 궁전으로 5중곡성과 5중문으로 전조후침의 구조인데, 내외의 성은 11평방 킬로미터나 되어 이는 낙읍의 주천자 궁전보다 규모가 컸으며 찬란했다.

종을 깨는 방법은 연횡(連橫)으로 '원교근공(遠交近攻)'의 계책으로 차례로 이웃나라를 하나씩 멸망시켜 나갔다. 기원 전 280년 초나라 군대를 궤멸시키고, 기원 전 270년에는 불세출의 명장 백기(白起)가 장평대전[82]에서 조군을 전멸시키면서 진나라는 일약 전국의 패권을 쥐게 된다. 기원 전 246년 영정(嬴政, 진시황)이 진왕으로 등극하고, 기원 전 230년에 한나라를 시작으로 10년간 위 초, 조, 연, 제 등을 차례로 멸망시켜 기원 전 221년 마침내 천하통일의 대업을 이루게 되었고 영정은 중국 최초의 황제(皇帝)가 된다. 황제란 말은 중국에서 전설적인 '삼황오제(三皇五帝)'에서 '황'자와 '제'자를 따온 것이다. 진시황부터 황제의 어머니는 태후(太后)로, 할머니는 태황태후(太皇太后)로, 정식 부인은 황후(皇后)로 격상하게 된다.

진시황 영정과 그의 능

불과 13세에 왕위에 오른 영정(嬴政)은 22살이 되자 친정을 하면서 어머니 조희(趙姬)와 노애(嫪毒)의 반란을 진압하고 여불위(呂不韋)의 세력을 척결하면서 21년 후 진시황으로 등극한다. 오늘날까지 역사에서 그는 폭군의 대명사로 부르고 있으나 근래의 평가는 지금의 중국을 만든 창시자로 재평가되고 있다.[83] 기원 전 230년부터 기원 전 221년에 이르는 10여 년 동안 진시황은 원교근공(遠交近攻), 각개격파(各個擊破) 등의 전술로 한(韓), 조(趙), 연(燕), 위(魏), 제(齊), 초(楚)의 육국을 차례로 멸망시키고 최초의 통일제국을 이룩하였다. 그의 공로 중 도량형과 문자의 통일, 군현제의 실시, 도로망의 정비, 대운하건설, 영토의 확충 등의 업적은 그 이후 중국 통치의 근간이 되었으며, 하나 된 중국은 비약적인 발전을 하게 되었다. 진시황은 만기친람(萬機親覽)하는 유능하고 정력적인 황제로 새로 통일한 중국을 창조해 나갔다. 인물의 포부가 큰 만큼 그가 벌이는 사업도 상상을 초월하는 거대함, 장려함 그 자체였다. 사서에는 즉위 후 능묘의 건설에 72만 명의 인력을 동원하여 39년간 유사 이래의 대역사를 벌였다고 하는데, 실제로 가보면 중장비도 없는 그 당시에 기적과 같이 거대한 능을 만들고야 말았다.

---

82 장평은 지금의 고평현인데, 백기는 항복한 조나라 군사 40만 명을 생매장하여 죽인 전국시대 최대의 처참한 전투였다.

83 진시황의 위대한 업적에는 그의 개인적인 엄청난 학구열과 정열이 뒷받침되어서 천하통일과 경영에 임할 수 있었다. 그는 지독한 일벌레로 매일 120근에 달하는 죽간문서를 읽고 잠자리에 들었다고 하는데, 참고로 120근의 죽간은 지금의 책으로 계산하면 약 3,000페이지에 달하는 책을 매일 읽은 셈이다.

먼저 진시황릉의 놀라운 점은 그 크기와 규모에서 인류역사상 가장 장대하다는 것이다. 시황제릉의 분구는 동서남북이 거의 350m인 정방형으로 높이는 76m이다.[84] 원래는 더 컸던 분구는 오랜 세월의 풍우와 인공적인 파괴로 규모가 축소되었다. 시황제릉 병마용박물관 원중일(袁仲一)의 설명에 따르면 축조 당시에는 동서 483m, 남북 515m, 높이 115m였다고 한다.[85] 필자가 1992년 매우 추운 겨울에 갔을 때도 2010년 여름에 재방문 했을 때도 여전히 그 압도적 규모에 놀라게 된다. 그 능과 주변의 시설물에 대해 심도 있게 공부할수록 참으로 불가사의하게 느꼈으며 경탄하지 않을 수 없으며, 인간의 무한한 능력과 샘솟는 창의성에 찬탄하게 된다.

진시황릉비

지금부터 27년 전 매서운 바람과 추위 속에 시안시 근교 임동현(臨潼縣) 여산(驪山)의 진시황릉을 찾아갔을 때는 이 역사적 유적이 너무 황량하고 찾아가기 어려워 다시 놀랐다. 들판에 작은 야산이 하나 있고 이것이 진시황릉이라는 데 실감이 가지 않았다. 사람이라곤 우리 밖에 없었으며 조금 있으니 외국인을 태운 작은 버스가 도착해 모두 십 여 명이 입지름을 하게 되었다. 진시황릉이라 하여 대단한 볼거리가 즐비할 중 알고 찾아와서 겨우 야산 하나만을 둘러 보고 노점에서 까만 토끼털 모자를 하나 산 것을 위로 삼아 떠나오고 말았다. 그리고 차로 20분이나 달려 진시황릉 병마갱용 전시장을 보고서야 정말 대단하구나 라고 감탄하게 되었다.

진시황릉에 대한 방문은 그 뒤로도 이어져 몇 가지 궁금증을 해소하고자 2010년 다시 시안을 찾게 되었다. 이전 방문 때 겨울의 진시황릉은 너무 추워서 고생을 했기 때문에 이번에는 여름방학 기간에 방문을 했는데, 시안의 여름은 너무 더워 숨

84 사기에는 높이 50여 장(丈) 즉, 115m라 했는데, 1961년에 측량한 높이는 43m였다. 이는 이천 년의 세월속에 풍우로 유실되어 절반 이상 줄어든 것이다. 謝洪波, 『中國歷代帝王 陵墓之謎』, 哈爾浜出版社, 2009, p.20.

85 都出比呂志, 고분문화연구회 역, 『왕릉의 고고학』, 진인진, 2011, pp.71~72.

을 쉬기도 길을 걷기도 힘들 정도였고 겨울만큼 고생을 해야 했다. 지금까지 시안을 네 번이나 답사했지만 진시황릉은 여전히 매력적이고 배우고 느끼고 알아 가야 할 것이 너무 많다.

시안은 중국에서도 고도(古都) 중의 고도이다. 3000년 전 주나라가 도읍한 이래 한나라를 거쳐 당나라에서는 장안(長安)이라 불리며, 당시 세계에서 최고의 번성을 누렸던 곳이다. 또한 시안은 중국 륙의 정중앙에 위치한 지리적 조건으로 교통이 발달하고 문화의 중심지로, 지금도 명대에 쌓은 성곽이 시가지를 둘러 감싸고 있는 고풍스러운 도시이다. 시안시는 그 자체가 역사유적이어서 살아있는 박물관이라 할 만하다. 시내에는 자은사, 청진사, 섬서성박물관, 비림박물관이 즐비하고, 교외로 나가면 진시황릉과 병마갱용박물관, 화청지, 향적사, 무릉을 비롯한 한나라의 황제릉 그리고 18기의 당나라 황제릉이 도열해 있어 도저히 한 번 답사로 끝낼 일이 아니다. 항상 아쉬움을 갖고 다시 찾은 여름날의 시안 방문은 숨을 쉴 수도 없을 정도로 40도를 넘는 무더위와 열대야로 고생은 하였다. 진시황릉을 간 날은 비가 내려 더위는 피할 수 있었지만 사진이 선명하지 못하여 또다시 방문을 기약하게 된다. 역사적 유적을 갈 때는 날씨가 받쳐주어야 좋은 사진자료를 얻을 수 있다. 좋은 사진을 찍으러 재방문하는 일이 비일비재하는데, 선양에 있는 누르하치의 동릉(東陵)은 갈 때마다 비가 내려 결국 네 차례나 방문하기도 한 것이다.

렌트한 차를 타고 시안 시내를 빠져나와 동으로 17km 쯤 가서 임동현(臨潼縣)에 도착했다. 관광객 때문에 예전에 비해 도시는 많이 발전했지만 여전히 작은 시골마을 냄새가 난다. 임동현을 지나 교외로 벗어나자 곧 진시황릉에 도착했다. 17년 전이나 다름없게 여전히 능은 작고 평범한 언덕에 불과했지만 입구부터 능 아래 건물이 몇 채 있고 비석과 조형물, 담장을 새로 세웠을 따름이다. 추적추적 내리는 비를 맞으며 정상부에 올랐을 때 농구장 두 개 넓이의 평지를 보고 이것이 바로 전국시대부터 존재한 능 상부의 향당 자리가 아닌가 생각되었다. 실제로 진시황릉 이후의 한나라 황제릉은 모두가 정상부에 약간의 공터가 있는 사각추의 모양이다. 거의 다 피라미드 형태인데, 정상부가 잘린 모양이다. 그 위에 어떤 식으로든지 제사시설의 건축물이 있었을 것이란 논의가 있었는데, 앞에서 살펴 본 중산왕릉의 분구 위 건물이 시사점이 되고 있다. 이 공터에는 '진시황릉'이란 표지석이 있고 그 아래로는 중원의

진시황릉을 오르는 계단

진시황릉의 정상부

너른 평야가 운무 속에 펼쳐져 있다. 진시황릉 위에 서 있으면서 "진시황은 천하를 호령하고, 나는 그 위에 서 있다니" 황송한 생각이 들었다.

사람들은 이곳에서 어마어마한 진시황릉을 볼 수 있다고 왔다가 별 것 아닌 야산을 보고 실망하는 경우가 많다. 그러나 진시황릉은 정말 대단한 것이다. 현재는 모든 부속시설이 없어지고 분구만 덩그러니 남아 있어 그렇지 건설 당시에는 우리의 경복궁 10배쯤 되는 궁궐이 있었다고 생각해야 된다. 능침 밖으로 2중의 내성과 외성을 쌓고 그 안으로 수 많은 전각들이 즐비하였다. 주변 둘레만 25km나 되는 상상을 초월하는 규모이며 주변에는 능읍이라 하여 하나의 도시를 형성했던 것이다. 이 능역은 기원 전 206년 항우에 의하여 철저히 파괴되고 약탈되었지만 다행히 지

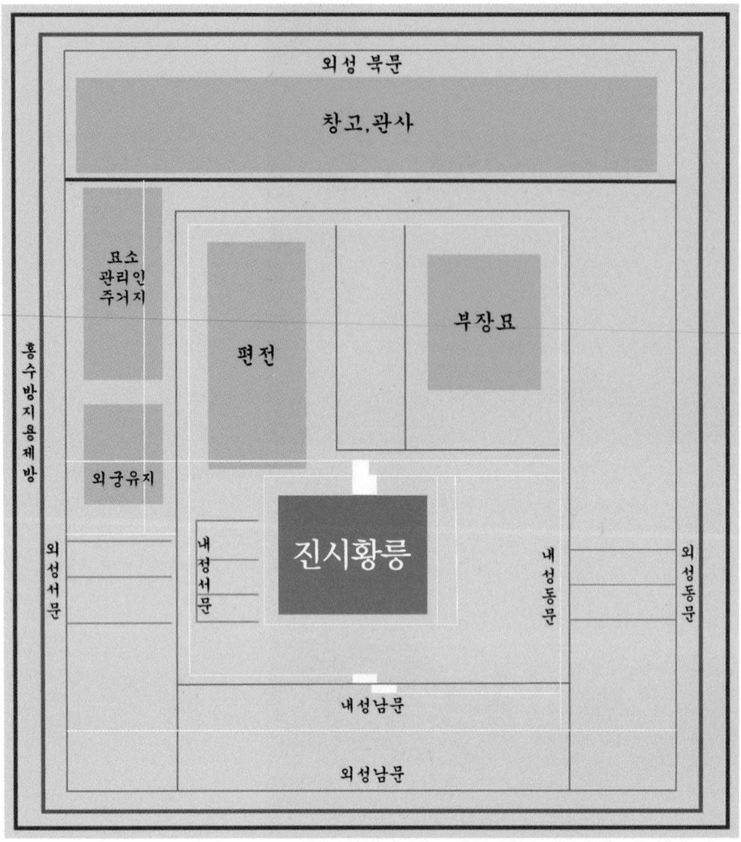

진시황릉 평면도

하의 분묘는 한 번도 발굴되지 않아서 오늘날까지 수많은 추측과 상상의 나래를 펼치게 된다. 진시황릉의 구조에 대하여는 사마천(司馬遷)이 쓴 『사기』 기록이 유일하다.[86] 참고로 그 전문을 한 번 살펴보면 다음과 같다.

"진시황은 기원 전 246년에 즉위하자마자 바로 여산에 자신의 능묘를 조성하기 시작하였으며, 70만 명의 죄수를 사역시켰다. 지궁은 수맥을 끊어내고 관곽은 청동으로 주조했으며, 지하 내부에는 궁궐을 만들고 온갖 보화로 장식했다. 또한 지하세계를 조성하기 위해 천하의 하천과 바다를 만들고 수은을 넣어 쉴 새 없이 흐르도록 하였으며, 천정에는 성좌를, 아래에는 지상의 모습을 만들었다. 내부에는 영원히 불타는 인어의 기름으로 불을 밝혔다.(사마천은 인어를 고래

86 司馬遷, 『史記』, 「秦始皇 本紀」

라 했다) 내부에는 침입자를 자동으로 사살하도록 기계장치가 된 활을 설치하기도 하였다. 기원 전 210년 시황제가 죽자 자식이 없는 궁녀를 순장시키고 각종 보물과 관을 묘실에 완치시켰다. 능묘 공사에 참가한 사람도 비밀을 유지하기 위해 죽였다. 능묘 위 봉분에는 초목을 심어 자연의 구릉처럼 보이게 하였다."

앞의 내용에서 우리가 알 수 있는 것은 1.진시황릉의 위치, 2.능의 건조기간과 동원된 인력, 3.능의 구조와 부장품, 4.궁녀와 수많은 인부들의 생매장 등이 있다. 이와 같은 진시황릉에 대한 사마천의 기록은 오늘날까지 진위 여부를 가지고 논쟁거리가 되고 있으며, 이를 확인하고자 실제로 발굴해 보자는 의견도 많다. 그러나 다행히 충분한 사전 연구와 유물을 훼손시키지 않을 과학적인 기술이 확보되기까지는 발굴을 하지 않겠다는 것이 중국 정부의 공식적인 입장이다. 문화재보존학과에 재직 중인 필자로서도 이러한 중국 당국의 결정에 동의하는 바이다. 섣부른 발굴로 인류 최고의 문화재가 훼철하느니 완벽하게 발굴하기 전까지는 후대에 몫으로 남겨두는 것이 현명한 처사라 생각한다.

최근 중국 고고학계에서는 자기공명장치라든가 로봇 같은 첨단장비를 사용해 내부의 형상을 탐사해본 바 있다. 그 결과 지하궁전의 윤곽은 어느 정도 확인되었고, 사마천이 기록한 대로 수은으로 채운 하천이 있었다는 말대로 상당량의 수은 수치가 나왔다고 하여 계속 호기심을 자극하고 있다. 만약 진시황릉이 모두 발굴된다면 상상도 못할 진기한 유물이 쏟아져 나올 것이며 인류역사상 최고의 발굴이 될 것이다. 지금까지 출토된 여러 황제릉에서 나온 유물들을 비추어 중국 최초의 황제이자 가장 강력한 진시황의 무덤 속에는 특별한 구조적 장치가 되어 있을 것이고, 그 속에서는 엄청난 유물이 나올 것이라 확신한다. 그러나 어떤 면에서는 오히려 발굴하지 말고 영원한 수수께끼로 남겨두어 인류의 끊임없는 상상력을 자극하는 것도 좋을 듯 하다.

진시황릉을 만들어졌을 때 사람들은 이곳을 무엇이라고 불렀을까? 주지하다시피 중국에서 왕의 무덤을 '능(陵)'이라고 부르기 시작한 것은 전술하였다시피 기원전 335년 조나라의 숙후(肅侯)가 수릉(壽陵)을 세웠다는 기록에서 시작된다.[87] 진나

87 『史記』,「趙世家」

라 때에도 왕의 분구가 산과 같이 크다고 하여 이를 '산(山)'이라 불렀는데, 이로 인해 후대의 제왕들의 무덤을 두 글자를 합쳐 '산릉(山陵)'이라 부르게 되었다. 진시황은 자신의 분묘를 여산 기슭에 축조하면서 산의 이름을 그대로 따서 '여산(麗山)'이라 하였다. 이는 사마천의 『사기』에 "시황은 즉위하자마자 여산을 천치(穿治)하였다"라는 기록에서 확인된다. 이는 무덤을 만드는데 있어서 땅에 구덩이를 파서 만드는 것이 아니라 주위의 땅을 파낸 흙을 산처럼 쌓아 '여산'이란 이름과 같은 무덤을 만들었다는 뜻이다. 최근 시황제의 능역을 조사하는 과정에서 '여산원(麗山園)'과 '산(山)'이란 명문이 있는 동종과 도편이 출토되어, 진시황의 무덤은 당시에 '여산' 또는 '여산원'이라 불렀음을 알 수 있다.

진시황은 즉위 35년에 순시 중에 죽었고, 그때까지는 능은 완성되지 못하였는데, 아들 진2세 호해(胡亥)가 시황제를 안장시키고 공사를 완성시켰다. 이 진시황릉에서 이상한 점을 하나 발견할 수 있었다. 그것은 지금까지 보아 온 중국의 황제릉 아니, 모든 능묘는 남향을 하고 있는 것이 상례인데, 이 진시황릉은 실물이나 도면, 연구서를 보아도 그 방향은 분명 동향을 하고 있다는 점이다. 이와 관련된 자료에 의하면 진시황릉은 다음과 같은 이유로 좌서향동(坐西向東)한다고 하였다. 첫째 진나라 자체가 중원의 서쪽에 있어 동쪽에 있는 육국(六國)을 주시하기 위한 포진이라는 설, 둘째, 진나라와 한나라 시대에는 사대부 이상의 집안에서는 주인이 동쪽을 바라보는 서쪽 자리에 앉는다는 점이다. 또 이 시대에 진시황도 신선이 사는 곳이 동쪽에 있다고 믿어 서복(徐福)을 동쪽으로 보내 불로장생의 약을 구하라고 했다는 설이 그것이다.

우리나라에서 진시황이 보다 더 많은 사람들 입에 오르내린 것은 이 '서불과 불로초' 사건 때문에 그런 것 같다. 필자가 보기에는 서불의 내한설은 한사군 이전에 진나라와 우리나라와의 교류가 있었다는 증거가 아닐까도 생각해 본다. 서불(徐市) 또는 서복(徐福)은 실존인물이다. 제나라 출신의 방사(坊舍)로서 불노장생약을 구하기 위해 동남동녀(童男童女) 삼천 명을 데리고 우리나라에 있는 도가에서 말하는 삼신산(三神山) 즉, 봉래산(蓬萊山), 영주산(瀛州山), 방장산(方丈山)에 왔다고 하였다. 이 설화는 사실 사마천의 정사인 다음의 『사기(史記)』에 나오는 말이기에 신화라고만 치부하기도 어렵다.

齊人徐市等上書言 "海中有三神山, 名曰蓬萊、 方丈、 瀛洲, 僊人居之. 請得齋戒, 與童男女求之." 於是遣徐市發童男女數千人, 入海求僊人[88]

又使徐福入海求神異物， 還為偽辭曰：『臣見海中大神， 言曰：「汝西皇之使邪？」臣答曰：「然。」「汝何求？」曰：「願請延年益壽藥。」神曰：「汝秦王之禮薄， 得觀而不得取。」即從臣東南至蓬萊山， 見芝成宮闕， 有使者銅色而龍形， 光上照天。於是臣再拜問曰：「宜何資以獻？」海神曰：「以令名男子若振女與百工之事， 即得之矣。」』秦皇帝大說， 遣振男女三千人， 資之五穀種種百工而行。徐福得平原廣澤， 止王不來。[89]

그런데 문제는 이 서복이 한국에 왔다는 설이 부산, 남해, 제주 등지에서 현재까지도 여전히 유효하다는 것이다. 금산의 바위에는 '서시과차(徐市過此)'라고 석각된 글이 있으며, 일본에도 20여 군데에 서복이 왔다는 전설이 있다. 나아가 우리나라에서 얼마 전에 제주도에 '서복기념관(徐福記念館)'이 설립되었고 서복에 관한 학술대회도 열린 적이 있으며, 중국에는 '서복학회(徐福學會)'도 있다. 어쩌면 진시황과 관련된 서복의 동천 건은 고대 한중일 문화교류의 한 단면이 아닌가 생각한다.

그렇다면 진시황릉의 구조와 배치는 어떠했을까? 지금까지 발굴된 여러 유물과 유구를 통하여 대충의 배치를 알 수 있다. 현존하는 여산의 진시황릉 유적지에는 안과 밖 두 개의 성벽이 있다. 안쪽의 것은 능묘를 둘러싼 사각형으로 동, 서, 북쪽에 문이 설치되어 있다. 바깥 것은 직사각형으로 동쪽에만 문이 있어 능원(陵園) 전체가 동향으로 만들어졌음을 알 수 있다. 능원 서쪽의 건축유적에서는 '여산'이라 하는 두 글자가 새겨진 도기 4점이 발견되었다. 2점의 도기 뚜껑에는 '여산사관(麗山飤官)'이라고 명문이 새겨져 있다.[90] 이는 매우 중요한 발견이다. 당시의 '여산사관'이란 여산의 주방이라는 관청이 있었다. 이곳은 능에 '침(寢)'을 설치하고 여기에 필요한 음식을 만든 곳이라 생각한다.[91] 그러므로 이 도기뚜껑들이 출토된 능의 내성 안 북쪽에

88 『史記』卷6, 秦始皇本紀

89 『史記』卷118, 「淮南衡山列傳」

90 양관, 장인성·임대희 옮김, 『중국역대 陵寢 제도』, 서경, 2005, pp.56~58.

91 '飤'란 음식을 뜻하는 말인데, 飤官이라 함은 음식을 만들던 어선방이 있었다는 뜻이다. 이후 한 대에도 궁중에 사관이 설치되어 있었다.

침전과 부속건물들이 있었을 것이다. 능의 서쪽 외성 안에는 사관(飼官)의 건축유지가 있었고 외성 밖으로 1km 쯤부터 배장묘가 있으며 북쪽에는 양어장 유지가 있는데, 이는 능을 꾸미기 위해 흙을 파낸 구덩이가 되는 셈이다. 그리고 능에서 동쪽으로 1.5km 떨어진 곳에 우리에게 너무도 익숙하고 유명한 병마갱용이 위치해 있다.

그러나 진시황이 죽고 나서 겨우 4년 만에 이 제국은 멸망하고 만다. 함양에 쳐들어온 항우는 아방궁을 불태우고 진나라 왕들의 무덤을 도굴하기 시작했는데, 주 목표는 당연히 진시황의 무덤이었을 것이었다. 능역에 있던 수많은 건축군을 불태웠고 보화를 약탈했지만 지하분묘까지 도굴했는지는 의문이다.[92] 아니면 지상에 즐비한 보화만도 거두기 어려웠을텐데, 수만의 병력을 동원해 거대한 산을 파헤치기는 현실적으로도 어려웠을 것이다. 사실 항우가 진시황릉을 도굴했다는 기록은 어디에도 없다. 다만 한고조 유방이 항우와 대치하면서 그의 죄목 열 가지를 나열하면서 간접적으로 진시황릉 도굴을 언급하고 있어,[93] 발굴을 해봐야 진실을 알 수 있지만 현재로는 진시황릉은 도굴당하지 않았을 가능성이 더 크다.

진시황릉의 정상에서 2천 여년 전의 시간이 주마등처럼 뇌리를 스쳐 지나간다. 역사에 대한 꿈을 떨쳐버리고 정상에서 내려오면서 고개를 돌려 바라보았다. 하지만 진시황의 모습은 보이지 않고 운무만이 그의 능을 감돌고 있을 뿐이다.

거대한 지하군단 진시황 병마갱용(秦始皇兵馬坑俑)

진시황이 죽은 후 그의 무덤은 항우에 의해 폐허화되었고, 시간이 흘러가면서 사람들의 뇌리에서도 잊혀져 갔다. 그러다가 이천년이 훨씬 지나 사람들에게 큰 충격을 주면서 역사의 무대에 다시 등장하게 된다. 1974년 3월 29일. 이날은 진시황이 부활한 날이나 다름없다. 능에서 동쪽으로 1.5km쯤 떨어진 빈한한 마을에 사는 양신만(楊新滿)[94] 등 동네 청년 여섯 명이 우물을 파기 위해 땅을 팠다. 이때 연기가 조

92 司馬遷의 『史記』, 「項羽本紀」에도 도굴에 관한 기록은 없다.

93 司馬遷, 『史記』, 「漢高祖本紀」에는 유방이 전쟁터에서 만난 항우에게 다음과 같이 꾸짖었다. "진나라의 궁전을 불태우고 시황제의 능을 파헤치고, 그 재보를 그대의 것으로 돌리지 않았는가? ... 항복한 진왕 자영(子嬰)을 무리하게 죽이지 않았는가?"

94 여섯 명의 사람들 중 유일한 생존자인 양신만은 언론에 각광을 받게되고 지금도 박물관 한 쪽 코너에서 기념 싸인을 해 주며 관광객들에게 인기를 끌고 있다. 정부에서는 이 세기의 발굴에 대하여 당시 경운기 한 대를 보상금으로 내 주었다고 한다.

금 흘러나온 뒤 흙으로 만든 인형[陶俑]들을 발견하였다. 이에 놀라 박물관에 신고하고 곧바로 본격적인 발굴이 시작되었다.

발굴을 시작하자 수천 점의 병사들의 인형과 동마차갱, 기마갱, 동물갱 등 수십 개의 갱들이 발견되었다. 사람들은 이것이 바로 진시황제의 사후 호위를 위해 묻었던 병마들의 구덩이임을 알고 그 규모에 세계인이 경악을 금치 못하였다. 또한 1976년에는 1호갱 북쪽에서 2호갱, 3호갱이 연달아 발견되자 이 소식이 전 세계에 널리 알려지면서 큰 관심을 갖게 되었다. 이에 중국 정부는 발굴 현장 전체를 하나의 커다란 원형 아치형의 돔으로 씌어 전시관으로 만들어 공개하였다. 이러한 거대한 규모의 현장 박물관을 만드는 것도 역시 중국다웠다.

내가 진시황릉을 처음 방문한 것은 1992년이었다. 그때만 해도 진시황릉은 시안에서 택시를 타고 먼지를 풀풀 날리며 1차선 도로를 한참을 가야 하는 궁벽한 시골 마을 한 가운데 있었다. 그로부터 30분 더 가서 거대한 둥근 돔형의 전시관만이 덩그러니 서 있었다. 그곳을 찾는 이들도 생각보다 많지 않아 한적하기까지 했다. 그런데 17년이 지나 다시 진시황릉을 가면서 상전벽해라는 말을 떠올리게 되었다. 도로는 신작로가 되어 있고, 병마갱용 박물관으로 가는 길 양 옆에 있던 가난한 농가 마을은 모조리 철거되었다. 대규모 관광타운으로 꾸며져 있으며 '品'자형의 세 개의 전시관과 박물관 등이 즐비하게 서 있다. 끝도 알 수 없을 정도로 구불구불 줄을 서 장사진을 친 인파에 떠밀려 입구에 들어섰다. 그런데 아직까지 박물관 입구에는 도착하지도 못한 것이다. 여기에서 다시 작은 코끼리열차처럼 생긴 셔틀버스를 기다려서 타고 들어간다. 겨우 입구에 도착하자 이제는 이전까지 볼 수 없던 진시황제의 커다란 조각상이 세워져 있어 관람객을 맞이하고 있었다. 면류관을 쓰고 오른손을 들어 위용을 자랑하는 진시황의 모습은 낯설기만 하다. 그나마 박물관 입구 오른쪽에는 작은 영상관이 있어 진시황의 일대기나 병마용의 제작과정이나 병마갱용의 발굴과 보존 등에 대한 내용을 친절하게 보여주는 영상을 상영하고 있어 처음 가는 사람들에게 좋은 정보를 주고 있었다.

현재 병마갱용은 1, 2, 3호로 세 개의 갱마다 전시장이 있으며, 전체 부지의 면적은 무려 25만m^2나 된다. 그 중 가장 먼저 발견되어 아치형의 체육관 같은 모습의 야외박물관을 만든 1호갱이 가장 크고 웅장하다. 이곳은 길이가 230m이고 너비는

웅장한 병마용 1호갱

병마용 1호갱의 또 다른 모습

62m로서 어마어마한 규모와 크기에 압도된다. 특히 등신대 이상 6,000여 명의 무장한 군사들이 도열한 모습은 정말 세계 어디에서도 볼 수 없는 일대장관이다. 무사상의 신장은 178~187cm의 실물대이다. 그들은 다양한 자세와 인물의 형상, 두

발형태, 복식 등은 정교하면서도 생동감과 표정도 풍부해 세계조각사의 위대한 정점을 이루고 있다. 더욱이 이를 통해 당시 진나라의 군사편제나 복식, 신발, 창과 칼 등 군사장비 등 다양한 분야를 연구할 수 있다.

이렇게 많은 숫자의 조각상을 어떻게 만들었을까? 도용들은 작업의 편의상 틀을 만들어 도자기나 벽돌을 찍어 내듯이 하면 힘이 덜 든다. 하지만 병마갱용의 도용들은 조각적으로 보면 볼수록 경악스러운 일이 한 두 가지가 아니다. 먼저 놀라운 것은 수천 명의 인물 표정은 같은 것이 없고 모두 다르다는 점이다. 이것은 몰딩이나 틀에 의하여 대량 생산된 것이 아니라는 증거이고, 조각상 하나 하나의 얼굴을 모델링하여 장인들이 직접 빚어서 만들었다는 점이다. 물론 자세히 관찰해 보면 전신은 하나의 덩어리로 빚어 만들고 팔다리를 따로 만들어 결합시킨 것이 있다. 특히 팔다리는 하수도 배관을 만들 듯이 원통형으로 만들었고, 동체나 팔다리 중에는 서로 동일한 것이 많아, 마치 레고블럭을 맞추듯 부분을 따로 만들어 결합시킨 흔적이 있다. 그러나 얼굴의 안면 부분을 자세히 살펴보면 각자의 표정이나 수염 및 머리카락 등의 세부 조각에 있어 어느 정도 틀로 만들고 나서 다시 손으로 세부를 수정하고 다듬어서 각기 다른 다양한 모양이나 기법이 가해져 같은 모습의 인물이 없는 셈이다. 더욱이 제작했을 당시 모든 조각상에는 채색을 해서 지금보다 훨씬 실재감을 더해 주었던 듯하다. 하지만 갱을 열면서 2천 년간 땅속에 묻혀있던 도용에 칠해진 칠이 외부 공기와 접촉되자 코팅된 칠이 바스러져 탈색되고 만 것이다. 그러나 아직도 일부 조각에는 칠이 선명하게 남아 있어 당시 예술의 화려한 특성과 웅장함을 증명해 주고 있다.

병마갱용의 구조는 깊이 5m 정도의 흙구덩이를 파서 기초를 다진 후 검은 벽돌로 바닥을 만들었다. 그 다음에 3m 높이로 격벽을 만들고 벽과 벽 사이에 도용들을 배치한 것이다. 격벽에는 각재 나무기둥을 세운 후 또한 각재목으로 가로 질러 천정을 만드는데, 천정목 위로 삿자리, 홍목, 황토를 덮어 천정을 이루면서 또한 병마갱용을 은폐시킨 것이다. 5m 땅속에서 황제를 지키기 위해 만들어진 도용을 잘 관찰해 보면 전투보병들은 모두 상체를 보호하는 철제 갑옷을 입고 있으며, 석궁과 장창으로 무장하고 빈틈없이 진을 치고 있다. 이들 보병의 뒤에는 4대의 전차가 따르며, 다시 2대의 지휘차가 있다. 바로 질서정연하고 엄격한 규율을 가진 이들 진나

병마용갱 1호 출토의 동거마

라 병사들이 진왕 정을 황제에 앉히고, 전국 6국을 차례로 멸망시키며 천하를 통일했던 바로 최강의 진나라 군대인 것이다.[95] 당시 세계에서도 이와 같은 진나라 군대에 대항할 수 있는 군대는 아마 스파르타의 중무장 보병대 밖에 없을 것이다.

1호갱이 보병 중심의 군단이라면 2호갱은 규모는 작지만 보병과 기병, 궁수, 전차대로 구성된 혼성군단이라 할 수 있다. 여기에는 1,400기의 도용들이 네 구역에 파묻혀 있는데, 64대의 전차를 거느린 장군용으로 추정된다. 3호갱은 가장 작은 규모인데, 72개의 병마용과 전차 1대가 있고 파손된 발굴 당시의 모습을 그대로 보여주고 있다. 이곳은 지휘부로 추정하고 있는데, 완전 무장한 병사들과 삼엄한 모습에서 지휘부다운 분위기를 풍기고 있다.

진시황릉의 발굴은 아직도 현재 진행형이다. 현재까지 발굴한 세 개의 갱이 모두가 아니다. 학자들은 능의 북쪽이나 서쪽, 남쪽에도 이와 같은 병마갱용이 더 있을거

95 지금의 병사들은 빈손으로 도열해 있지만 제작 당시 이들 지하군단의 병사들은 실제의 무기를 갖추고 있었다. 현재도 수 천 점의 쇠뇌의 화살촉이나 수습한 병장기들이 다수 전시되어 있다. 원래 이 안에 있던 수 만 점의 병장기들은 진2세 호해 때 진섭(陳涉)이 반란을 일으키자 급조된 방어군으로 여산의 죄수 70만 명을 동원할 때 병마갱용의 모든 무기를 수거해 갔다는 설이 있다.

2호갱의 모습

사실적 조각, 병사의 모습

라 기대하고 있다. 왜냐하면 이곳에서 멀리 떨어진 능묘의 성벽 근처에서도 5구의 도용이 발견되었기 때문이다. 진시황릉의 병마갱용은 이것으로 끝이 아니라는 데 상상의 여지가 있다. 왜냐하면 우리는 불과 40여 년 전만해도 병마갱용에 대해 전혀 몰랐다는 점을 상기할 필요가 있다. 또한 진시황의 능역이 서울특별시만큼 넓다는 점을 감안하면 언제 어디서 또 무엇이 나와 우리들을 놀라게 할지 아무도 모른다.

세 개의 전시관 즉 1호갱, 2호갱, 3호갱을 다 보고 나오면 '진시황 병마용 종합전시청'이란 큰 건물로 들어가야 오늘 관람의 종지부를 찍을 수 있다. 그곳에는 여러 형태의 우수한 도용들과 함께 출토된 병장기들이 전시되어 있는데, 가장 주목할 만한 전시품은 두 대의 청동마차이다. 이 쌍륜의 사두마차는 중국 최고의 조각품으로 손색이 없다. 네 필의 말이 끄는 청동마차 중 산(傘)이 달려있으며 마부가 있는 1호 마차는 선도마차이고, 보다 화려하고 마부가 없는 2호 마차가 황제가 탔을 것이라 생각된다. 사실 부지런한 진시황은 재위 기간 동안 전국을 5회나 순시하였는데, 그 때 탔던 마차가 이런 형태가 아닐까 생각해 본다. 이들 마차는 진시황릉 서쪽 귀퉁이에서 출토되어 능주를 위한 것이 틀림없다.[96] 마차는 청동의 소재 위에 금과 은으로 화려하게 제작되었으며, 좌석의 옆으로는 창문이 나 있고, 승하차는 뒷 편에서 한 것 같다. 이 청동마차를 보고나니 참으로 인간의 뛰어난 창의력과 예술성에 찬탄을 하지 않을 수 없다. 세계 최고의 조각품을 보았다는 생각에 흐뭇한 심정으로 박물관을 떠날 수 있었다.

죽은 황제를 호위하기 위하여 만들어진 수 천 점의 도용들은 참으로 재미난 발상 위에 세워졌다. 죽은 이를 위하여도 호위병을 무덤에 세운다는 아이디어는 이후 계속 채택되어 오늘날 중국은 물론 한국이나 베트남 등 왕릉과 황제릉을 수호하는 석인, 석수의 조형(祖型)이 된다. 진시황의 도용은 분명 후대 즉, 한나라에도 영향을 주어 무덤속에 도용을 만들어 넣었지만 양과 질에 있어서 진나라와는 비교가 안된다.[97] 필자가 관심을 갖고 오랫동안 연구해 왔던 무덤 앞에 도열한 왕릉과 황제릉의 석조각들도 진시황 이후 700여 년이 지나 당나라 때부터 본격적으로 제작되었으며 송, 명, 청대에 이르기까지 능의 필수적 조형물이 되었다. 그러나 수량이나 규모 등 모든 면에 있어서 진시황릉의 도용에 비하면 너무 초라할 지경이다.

밖으로 나오면서 상가에서 기념품을 몇 개 사고 출구로 나왔다. 아직도 길게 늘어선 관람객들이 앞을 가린다. 전 중국 지방은 물론 동양인, 서구인 같은 외국인들도 눈에 많이 뜨였다. 150위안이란 적지않은 입장료를 내고 일년에 수 백만 명의 관람객이 들어오니 그 수입도 엄청난 금액이 될 것이다. "황제란 살아서 백성을 먹어 살리고, 죽어서도 백성들을 먹여 살리고 있구나."라고 생각하니 황제란 참으로 대단한 존재임을 새삼 깨닫게 되었다. 이제 진시황제는 역사 속의 한 인물이 아니라 전 세계인들이 열광하는 불멸의 스타가 된 것이다.

위대한 제국의 몰락

천 년 이상은 더 갈 줄 알았던 위대한 진나라 제국의 마지막은 너무도 일찍 찾아왔다. 기원 전 210년 5차 순유 중이던 시황제가 사수(沙丘)의 평대(平臺)에서 49세

96 이 청동마차는 2,000개의 파편으로 수습되었는데, 1980년부터 8년간의 노력 끝에 실제 크기의 절반으로 복원된 것으로 진시황릉 출토품 중 가장 우수한 조각품이자 공예품이다.

97 한나라 황제릉 중에서 함양 공항 근처의 경제(景帝)의 양릉(陽陵)에서는 수 천 개의 도용이 출토되었는데, 크기는 진시황릉 도용의 삼분지 일 정도로 50~60cm이지만 독특한 표현과 동물 특히, 가축의 도용이 많이 출토되어 생활상을 잘 보여주고 있다.

로 갑자기 죽자 후계자 문제로 제국에 암운이 드리우게 되었다. 진시황이 죽자 유언에 관계없이 '사구지모'[98]에 의해 후계자로 황위 서열상 한참 뒤 순위였던 제18자(子) 호해(胡亥)가 진2세황제(秦2世皇帝)가 된다. 진시황의 가장 심복이었던 환관 조고(趙高)와 승상 이사(李斯)의 입김이 반영된 것이다. 신하들 쪽에서 보면 만리장성에 파견 나가 있었던 똑똑하고 대가 센 장자 부소(扶蘇)보다는 친분이 강하고 어수룩한 호해가 황제가 되어야 자신들의 영화와 권력이 영원할 줄 알고 있었을 것이다. 그래서 환관 조고는 이사와 공모해 유서를 날조하고 진시황의 명이라 하고 부소와 만리장성의 30만 군권을 쥐고 있던 몽염(蒙恬)장군을 자결케 하였다.[99] 황위에 오른 호해는 그 해 9월에 진시황을 여산에 묻고 천하를 경영하게 되지만 조고의 꼭두가시에 지나지 않았다. 못난 호해가 먼저 한 일은 조고와 함께 자신의 경쟁상대를 제거하는 일이었는데, 그 참혹상은 유례가 없을 지경이었다.

이것을 증명하는 것이 1977년 진시황릉 동쪽의 상초촌에서 대규모 묘장이 발견되었다. 이들 묘는 갑자형으로 귀족급의 묘로 판정되었는데, 시신은 모두 살해된 것으로 보여, 바로 호해가 죽인 12명의 형제와 작형(斫形)[100]을 받은 10명의 누이 즉, 공주들의 묘지로 추측하고 있다. 17좌 중 한 묘장이 빈 공묘인데, 관곽 내에는 시신이 없고 청동단검 한 자루만 들어있어 장자 부소의 의관총으로 보는 견해도 있다. 이 와중에서 공자 고(高)는 도망치려 하다가 가족들의 안위가 걱정되어 진시황릉에 순장시켜 달라고 하자 호해는 기뻐하여 10만 냥을 상금으로 내리고 순장시켰다. 실제로 순장된 묘장 중에서 남자 유골 하나만 외상이 없이 멀쩡한 상태여서 이것을 공자 고의 유해라고 추측도 한다.

못난 호해가 다음에 한 일은 부친을 위해 일하고 따르던 충직한 신료들을 없애는 일이었다. 심지어는 오른 팔이었던 이사마저 조고의 농간에 빠져 죽었다. 조고의 권력 앞에서는 감히 나서는 사람이 없었고, 호해는 조고의 간계에 넘어가 궁궐에서 향락에만 빠져 있었다. 조고는 급기야 황제까지 능멸하고 신하들이 얼마나 자신을

---

98 진시황이 죽자 조고와 이사가 유언을 날조해 장자 부소와 몽염장군을 자결케 하고 호해를 황위에 올린 일을 말한다.

99 이러한 내용이 사마천의 『史記』 중 「秦始皇本紀」와 「李斯列傳」에도 나와 있어 신빙성이 있어 보인다.

100 허리를 잘라 신체를 두 동강내는 형벌

따르나 시험하였다. '지록위마(指鹿爲馬)'[101]라는 말이 나올 정도로 조고의 권세는 황제를 능가하였다. 급기야 황위에 야망을 가졌던 조고는 군사를 보내 호해에게 자살을 강요하였다. 이때 진2세황제 호해의 최후는 비참하였다. 자신을 죽이려고 온 조고가 보낸 함양 현령 염락(閻樂)에게 비굴하게 목숨을 구걸하였다.

> "승상을 만날 수 없는가? 하고 2세 황제는 말했으나, '안됩니다.'하고 염락이 대답했다. '하다못해 일군의 왕으로서 머무를 수 없는가? 하고 황제는 부탁했지만 승낙하지 않았다. '그렇다면 만호후는 어떤가? 하고 부탁했으나 역시 승낙받지 못했다. '다른 공자와 마찬가지로 처자와 함께 평민이 되어 살게 해 주게.' 하고 황제는 마지막으로 부탁했다. '천하를 위해서 그대를 벌하라는 명령을 승상으로부터 받았소, 그대는 여러 가지 말을 했으나, 그것에 대답할 생각은 없소.' 하고 염락은 말하고 병사를 불러들였다. 드디어 2세황제는 자살했다."[102]

조고의 핍박 속에 자살한 진나라 2세 황제인 호해는 평민의 신분으로 두현(杜縣) 남쪽의 의춘원(宜春苑)[103]에 장사지냈다.[104] 즉, 현재 시안의 곡강지(曲江池) 변두리에 초라하게 묻히게 되었다. 그러나 청대에 와서 비석이 세워지게 되었으며 그럼에도 불구하고 사람들은 황제릉이라 하지 않고 그저 '호해묘(胡亥墓)'라고 불렀다. 10여 년 전에 시안 시내에 쓸쓸한 호해의 묘가 있었다는 이야기를 들었고 그때는 못갔다가, 그 아버지 진시황릉이 후대에 어떻게 변모되었나를 직접 보기 위하여 2017년에야 '진2세황제릉'을 방문하게 되었다. 10년이면 강산이 바뀐다는 말이 실감 나는 것이 오늘의 중국이었다.

예전에는 시안시 안탑구의 변두리로 찾기도 힘든 곳에 작은 묘만 덩그라니 있던 진2세 황제릉은 '곡강진2세유지공원(曲江秦2世遺址公園)'이라는 이름으로 바뀌어 제

---

101 기원 전 207년 8월, 조고는 사슴 한 마리를 2세황제 호해에게 진상하면서 "말입니다" 하니 황제는 웃으면서 '승상이 잘못본 것 아니오? 사슴을 말이라고 하는 것은? 하며 주위 신하들을 둘러보았으나 아무도 대답하지 않고 일부는 "예, 말입니다" 라고 대답하였다. 물론 사슴이라고 말한 신하는 조고한테 처벌받았고, 그 이후 어느 누구도 조고를 두려워 하게 되었다.(진시황 본기)

102 司馬遷, 『史記』「秦始皇本紀」

103 진나라 이궁(離宮)의 하나였던 宜春宮 동쪽 지역

104 司馬遷, 『史記』, 「秦始皇本紀」

시안시 〈곡강 진2세 유지공원〉

황제로서 초라한 진2세릉과 비석

법 번듯하게 조성되어 있으며 조그만 박물관과 경내에는 다수의 조형물도 세워져 있었다. 그러나 봉분은 직경 25m에 높이 5m로 역대 황제릉에 비하면 초라하기 그지없다. 아버지가 세운 통일중국의 대제국을 3년도 못되어 멸망시킨 못난 호해에게는 이나마 대우해준 것에 감사드려야 할 것이다. 만약 호해가 보통의 인간만 되어도 진나라는 훨씬 더 오래 발전을 누릴 수 있었을 것이다. 대진제국이 시황제가 죽은 지 불과 3년 만에 1명의 못난 황제 때문에 무너져 내렸다는 것이 참으로 믿기 어려운 일이었다. 이 무덤에는 원래 '진2세 황제릉'이란 비가 세워져 있었는데, 1986년 시안시 인민위원회에서 세운 네모난 표지석에는 '호해묘'라고 쓰여 있어 비교가 된다. 이 무덤이 있던 곳은 예전에 시안시 변두리에 있었지만 지금은 무덤 주위로 고급아파트 단지가 들어서고 작은 근린공원이 변화하여 새삼 권력과 세월의 무상함을 잘 느낄 수가 있었다.

환관 조고는 옥새까지 빼앗아 허리에 찼으나 백관 누구도 그를 따르지 않았다. 불길한 조짐이 보이자 아직 때가 오지 않았다고 생각하고 시황제의 손자이자 호해의 조카인 자영(子嬰)에게 황위를 전했다. 그후 조고는 자영에게 조묘(祖廟)에서 의식을 행하고 옥새를 수령하라고 명했다.

자영은 재계를 한지 5일 후에 두 자녀에게 "조고가 자신을 조묘에서 죽이려 하니, 내가 의식에 나가지 않으면 반드시 조고가 나를 데리러 이곳에 올테니 그때, 그를 죽여라'라고 하였다. 과연 조고는 사자를 보내 재촉해도 자영이 나오지 않으므로 직접 와서 책문을 하자 자영은 조고를 칼로 죽이고, 조고의 3족을 함양에서 살해했다.[105] 그러나 자영이 황위에 오른지 불과 46일만에 유방에게 항복했고, 곧바로 진군해온 항우에게 죽임을 당해 진제국은 통일 후 3대 15년 만에 멸망하고 말았다. 역사에서 가정은 없다지만 진시황이 죽은 후 유언대로 장자인 부소가 황위를 이었다면 진나라는 그렇게 쉽게 망하지는 않았을 것이다.

병마용은 과연 진시황의 것인가?

인류역사상 8대 불가사의로 불리는 진시황 병마갱용은 정말 진시황을 위해 만든 것인가? 무려 8,000여 점에 달하는 도용들은 정말로 진시황의 부장품인가? 근래에 와서 이 말도 안 되는 의문을 제기한 학자가 있어 중국 학자들에게 집중포화를 받았다. 1984년 시안대 교수였던 진경원(陳景元)은 〈병마용 발견 10주년 학술대회〉에서 진시황병마용은 진시황을 위해 만든 것이 아니라 고조모 선태후를 위해 만든 것이라고 폭탄선언을 하여 많은 사람들을 놀라게 하였으며, 이에 진한시대 학자인 임검명(林劍鳴)도 일부 동조를 하였다. 이 뉴스는 하나의 해프닝이라 여겨 대수롭지 않게 생각하였다.[106] 이러한 주장은 대부분 진시황의 병마갱용은 진시황을 위해 만든 것이 아니라 진시황의 고조모인 선태후(宣太后)를 위해 만든 것이라는 주장이다. 이와 관련하여 중국에서는 '천하를 가진 여인-미월전(芈月傳)'이라는 대하드라마가 제작되었고, 2017년에 무려 100회에 걸쳐 중국 전역에 방영었다.

주지하다시피 진나라가 처음부터 강력한 국가였던 것은 아니다. 기원 전 307년에 진나라는 내란으로 혼란스러웠고 합종연횡한 동방 6국의 수 십만 대군이 함곡관을 위협하였다. 의거융(義渠戎)이 서쪽으로 쳐 들어와 그야말로 진나라의 운명은 바람 앞의 등불과 같았다. 이때 한 명의 여인이 등장하여 위기의 진나라를 구해내고 부국강병을 통하여 천하통일의 기반을 다지게 되었다. 그녀가 바로 진시황의 고조모이자 선태후인 미월(芈月)이다. 미월은 초나라의 공주로 진나라에 와서는 후궁으로 있었으나 혜문왕(惠文王)의 눈에 들어 아들을 낳고 일약 귀한 신분으로 상승한다. 그러나 이후 파란만장한 역경을 헤치고 마침내 아들 소양왕(昭襄王)이 왕위에 오

---

105 아더 코트렐, 정성호 역, 『秦始皇評傳』, 녹원출판사, 1989, p.262.

106 국내에 소개된 관련 기사는 일찍이 2005년에 『대륙고려사』게시판에 아리랑님이 소개한 이후, 2009년 6.19일자 선양=연합뉴스, 2017.8.22.일자 아시아엔 등지의 인터넷 뉴스와 일간지 등에도 조금씩 소개되었다.

르자 어린 왕을 대신해 섭정하였고 중국 최초의 선태후(宣太后)가 되었다. 이후 41년간 진나라를 이끌면서 합종연횡을 깨고, 의거왕을 연인으로 삼아 수하에 넣고 융족을 회유하였다가 나중에는 의거왕을 죽이고 15개의 성을 빼앗아 흉노로부터의 위협을 없앴다. 선태후는 뛰어난 외교력으로 전국시대를 주물렀고 국방력의 강화로 진나라를 강건하게 육성한 결과, 후에 진시황이 천하를 통일하게 된 원동력을 마련해 준 것이다. 참으로 강상미인이 진나라를 구한 셈이다.

주목되는 점은 〈미월전〉이라는 드라마 속 마지막 회의 정면이다. 드라마 속 미월 즉, 선태후는 죽음을 앞두고 고향 초나라로 돌아가면서, 이후 자신이 죽은 다음에 그녀를 호위할 병사와 악사, 시녀들을 인형으로 만들어 무덤에 묻도록 유언한 것이다. 그와 함께 인형 즉 도용(陶俑)을 만드는 공방을 순시하는 장면이 등장하는 것이 아닌가! 그 인형들은 바로 우리가 알고 있는 진시황의 병마갱용이다. 드라마의 작가가 진경원 교수의 논리를 심정적으로 공감하였기 때문에 마지막 회에 병마갱용은 진시황을 위해 만든 것이 아니라 선태후를 위해 만든 것이라는 설에 동조하고 있는 것이다. 물론 어떤 사료에서도 진시황이 병마갱용을 만들었다는 역사적 사실이 언급되어 있는 책은 없다. 심지어 사마천마저도 이에 대한 기술이 전혀 하고 있지 않다.[107] 이 정도의 병마갱용을 만든다는 것은 진시황릉을 짓는 역사에 버금할만한 대역사이건만 기록이 전무하다는 것은 도저히 이해가 되지 않았다.

어쨌든 근래 중국 진한대 학계에서는 진경원 교수가 병마갱용이 진시황을 위해 만든 것이 아니라 선태후를 위해 소양왕이 만들었다는 주장으로 처음으로 제기했다.[108] 이후 이 논쟁은 중국학계를 뜨겁게 달구어 찬반양론이 지금까지 불붙고 있다. 근래 학계의 학술적 논쟁은 언론계로 넘어가 최근 '시안 병마용 주인은 진시황이 아니다'라는 제목으로 심층적인 분석을 보도하였다.[109]

진교수가 제기하는 주장을 살펴보면 다음과 같다.

첫째, 병마갱용의 군진(軍陣)은 당시의 군진과는 다른 양상을 띠고 있다는 점이다. 1,2호갱에서 병사들은 전차를 중심으로 사열하고 있는 모습인데, 『史記』를 위시한

107 그러나 사마천의 사기에는 진시황릉의 건설과정이나 내부 시설까지 비교적 상세히 서술하고 있다.

108 중국학술잡지 『대자연 탐구』, 1984, 겨울호

109 『매거진N』, 2017년 10월호

병마갱용의 위용(출전 나무위키)

모든 사적에 의하면 "진시황의 군사는 기동력이 강한 기병을 활용하여 천하를 통일했다."고 기록하고 있다. 진시황 당시 전차전을 벌였다는 역사기록은 찾아볼 수 없다. 따라서 병마용의 군진은 진시황 시대 이전의 전국시대 초창기인 구시대의 것이라고 할 수 있다.

둘째, 병마용의 병사들은 각양각색의 머리 모양을 하고 있다는 점이다. 일부는 모자까지 쓰고 있으나 전쟁에 필수품인 투구를 쓴 병마용은 볼 수 없다. 어떤 면에서 병사들의 차림새는 전쟁의 긴박한 상황에서 자신들의 몸을 보호하기에는 너무 허술한 면이 많다는 것이다. 이 때문에 병마용의 병사들은 전쟁을 치른 진시황 당시 황제를 위한 것이 아니라고 한다.

셋째, 병마용의 모든 채색은 진시황 당시의 그것이 아니라는 점이다. 진시황은 검은색을 통일 제국 진나라의 상징색깔로 정하였다. 이 때문에 황제의 의복, 깃발, 휘장에 전부 검은색을 사용할 것을 규정했다. 그러나 병마용의 병사들은 진한 빨간색, 진한 녹색의 도포와 파란색, 보라색, 흰색 등의 화려한 긴바지를 입고 있어 당시에

병마용의 병사들

규정된 색채와 일치하지 않는다.

넷째, 병마용에서 출토된 각종 소품이 초나라의 풍습과 유사하다는 점이다. 병사들의 머리모양을 여자들처럼 쪽을 진다거나 도끼나 모자의 모양, 병마용에 새겨진 문자 등이 그러하다. 이것들은 진나라보다는 오히려 초나라의 풍속과 많은 유사점이 보인다.

이와 같이 여러 가지 점을 근거로 삼아 진경원 교수는 다음과 같은 결론을 내렸다. 병마용의 주인은 당시 막강한 권력을 휘둘렀던 진나라 28대 소양왕의 모친으로 진시황의 고조모인 선태후이며, 병마용은 그녀의 유해를 고향 초나라로 운구하는 행렬이라는 것이다.

이러한 진교수의 견해에 덧붙여 중국황제릉과 관련한 그동안의 연구를 보면 다음과 같은 몇 가지의 의문점이 제기된다. 먼저 이 병마용들이 진시황릉을 수호하는 것이 목적이라면 능에서 너무 멀리 떨어져 있다는 점이다. 능에서 동쪽으로 1.5km나 떨어져 있고 그 일대를 다 능원이라 한다면 능원의 총 면적은 적어도 20,000 평방km로 아무리 생각해도 너무 넓다. 우리가 아는 규모가 큰 황제릉 즉, 한나라 무릉, 당나라 건릉, 명나라 효릉의 몇 십 배 넓이로 상식적으로 이해하기 어렵다. 또한 이후 황제릉을 지키는 석인 석수들이나 부장품, 순장은 모두 능원 안에 있는 것이지

이처럼 먼 거리에 배치할 리가 없다. 예를 들어 진시황릉처럼 수 천 구의 도용을 제작해 능에 묻은 한나라의 장릉(長陵)이나 양릉(陽陵)의 경우에도 이들 도용들은 모두 능원 안 묘실에 가까운 곳에 장소에 매장되어 있다.[110] 또한 진나라의 경우 순장풍습이 있어왔으나 도용을 넣는 일은 없었다.

그러나 순장제도는 목공 때 폐지되었는데, 남쪽지역인 초와 월, 오나라에서는 여전히 순장 대신 나무나 도토로 만든 인형을 부장품으로 묻었다. 그러므로 초나라 출신인 선태후의 무덤에 도용을 넣는 것은 매우 타당한 일이었을 것이다. 그리고 아직 정확한 위치나 무덤이 발견되지 않았으나 선태후는 현재 진시황릉과 가까운 곳에 묻혀 있다는 설이 있어[111] 의혹을 증폭시키고 있다. 실제로 진시황릉 주변에는 주인공을 알 수 없는 진나라 무덤이 다수 존재하기 때문에 아직도 연구의 여지가 남아 있으며, 새로운 진나라 능이 발견되기를 기대해 본다. 결국 병마용이 과연 진시황을 위하여 만든 것인가에 대한 논란은 현재까지도 여전히 현재형이고 진행 중이다.

110 陳忠實·張秀英 主編, 『漢景帝與陽陵』, 三秦出版社, 2005, p. 104.

111 임동현 西楊村이나 下和村으로 추정하는데, 『史記』, 『陝西通志』, 『西安府志』, 『臨潼縣志』를 근거로 하고 있다.

2

한(漢)나라의 황제릉
_시안의 대 피라미드 군(群)

전한(202 B.C.~8 A.D.)의 왕조표

대수	묘호	성명	능호	재위기간
제1대	태조(太祖)	유방(劉邦)	장릉(長陵)	기원전 202 ~ 기원전 195
제2대	혜제(惠帝)	유영(劉盈)	안릉(安陵)	기원전 195 ~ 기원전 188
제3대	소제(少帝)	유공(劉恭)	시해됨	기원전 188 ~ 기원전 184
제4대	소제(少帝)	유홍(劉弘)	시해됨	기원전 184 ~ 기원전 180
제5대	문제(文帝)	유항(劉항)	패릉(覇陵)	기원전 180 ~ 기원전 157
제6대	경제(景帝)	유계(劉啓)	양릉(陽陵)	기원전 157 ~ 기원전 141
제7대	무제(武帝)	유철(劉徹)	무릉(茂陵)	기원전 141 ~ 기원전 87
제8대	소제(昭帝)	유불릉(劉弗陵)	평릉(平陵)	기원전 87 ~ 기원전 74
제9대	폐제(廢帝)	유하(劉賀)	폐위됨	기원전 74
제10대	선제(宣帝)	유순(劉詢)	두릉(杜陵)	기원전 73 ~ 기원전 49
제11대	원제(元帝)	유석(劉奭)	위릉(渭陵)	기원전 48 ~ 기원전 33
제12대	성제(成帝)	유오(劉驁)	연릉(延陵)	기원전 33 ~ 기원전 7
제13대	애제(哀帝)	유흔(劉欣)	의릉(義陵)	기원전 7 ~ 기원전 1
제14대	평제(平帝)	유간(劉衎)	강릉(康陵)	기원전 1 ~ 기원후 5
제15대	유자(孺子)	유영(劉嬰)	시해됨	기원후 6 ~ 기원후 8

진시황이 죽은 후 진2세 호해의 폭정으로 재위 2년만에 진나라를 뿌리부터 뒤흔든 변란이 일어났다. 그것은 바로 진승(陳勝)과 오광(吳廣)의 농민군 봉기였다. 이들은 불과 6개월 만에 진압되었지만 진의 권위는 무너지고 사방에서 진에 대항하는 조직이 일어났다. 즉, 제후들의 잔여세력을 뒤에 업은 항우(項羽, 項籍)군과 농민을 대표하는 유방(劉邦)군이 대표적이었다. 이들은 결국 진나라를 멸망시키고 천하의 패권을 놓고 다투게 되었으며 영주의 잔여세력도 군사를 일으켜 서로 싸웠다. 유방

은 이런 기회를 틈타 군사를 일으켰는데, 진나라 백성들의 옹호를 받은 유방은 또 제후들과 힘을 합쳐 항우와 4,5년간 힘든 전쟁을 치렀다. 기원 전 202년 해하(垓下) 결전에서 항우는 패하고 죽음을 맞았다. 그리하여 유방은 스스로 황제로 칭하면서 중국을 통일하고 역사상 유명한 한(漢)나라를 세웠다.[112]

한나라는 도읍을 장안(長安, 현재 시안시 서북)에 정하고 이후 400여 년간 중국에서 가장 긴 치세를 누리게 된다. 중간에 왕망(王莽)의 신(新)나라가 있었으나 광무제 유수(光武帝 劉秀)가 한나라 황실을 중흥시켰다. 그래서 왕망 이전의 한나라를 전한(前漢), 광무제가 수도를 낙양으로 옮긴 이후를 후한(後漢)이라 부른다.[113] 전한의 황제릉은 지금 시안시 서북부 즉, 함양(咸陽)시에 집중되어 있다. 한나라 황제릉은 외견상 상부가 잘린 피라미드형 즉, 사각추 형태를 띠고 있다. 이들 서한의 황제릉과 수많은 배장묘들은 모두 피라미드 형태이기 때문에 공중에서 보면 대 피라미드 군으로 보이는 장관을 연출하고 있다. 이 일대에 위치한 전한의 황제릉은 모두 12기인데, 추존황제 만년릉을 비롯해 장릉, 안릉, 패릉, 양릉, 무릉, 평릉, 두릉, 위릉, 연릉, 의릉, 강릉이 그것들이다. 일반적으로 모든 이들이 궁금하게 여기는 것은 당연히 창업자 유방의 장릉(長陵)이었으나 보는 순간 실망이 컸다. 전한의 황제릉이 모두 그러하듯이 장릉도 커다란 산 덩어리일 뿐 아무런 건조물이나 석조각 한 점 남아 있지 않았기 때문이다.

장릉의 주인공 유방(劉邦)은 중국 역사상 가장 길게 존속했던 위대한 한제국을 창업한 영웅이지만 후대의 사람들에게 다소 폄하된 평가를 받고 있다. 그가 남긴 유명한 '토사구팽(兎死狗烹)'이란 말처럼 창업공신들을 죽였다거나, 군사적으로 무능한 지휘관이라든지, 호색한이라든가, 다 된 밥에 숟가락 하나 얹어 천하를 차지했다는 등 부정적 평가를 많이 받고 있다. 오히려 사람들은 그의 적수였던 항우에게 훨씬 더 많은 애정과 호감을 표하는 형편이다.

유방은 기원 전 258년[114] 패현(沛縣)의 풍읍(豊邑)에서 출생하여 기원 전 195년에 장안의 장락궁에서 사망하였다. 묘호는 태조 혹은 고조라 하였고, 시호는 고황제

112 范文瀾·蔡美彪 共著, 김승일·전영매 역, 『中國通史簡本』, 경지출판사, 2016, p.81

113 우리나라는 前漢, 後漢이라 부르며 중국에서는 전한은 西漢, 후한은 東漢으로 표기한다.

114 그의 출생년도에는 이밖에도 기원 전 256년, 247년이란 설도 있다.

(高皇帝)이며 능호는 장릉(長陵)이다. 그는 중국 역사상 최초의 평민 출신의 황제이며 숙적 항우를 물리친 후 각지의 반란을 평정하고, 한나라를 건국하면서, 한족(漢族) 즉 중국의 국가적 정체성을 이룩해 낸 창시자로 존경할 만한 인물이다. 중국 황제 중 개인적으로 유방은 인색할래야 할 수 없는 매력과 능력을 가진 위대한 인물이라 생각한다. 그러나 일반인들이『초한지』등의 소설로 유방을 만나고 첫인상을 갖게 되었기 때문인지 남자답고 호쾌한 항우에 비하여 유방은 쩨쩨하고 무능력한 인물로 느끼는 게 사실이다. 더욱이 유방이 군사적 능력조차 부족한 줄 아는데, 이는 불세출의 영웅 항우와 위대한 전략가 한신(韓信)에 비교하여 그런 것이다. 유방은 거병부터 황제가 된 후 반란의 진압까지 수십 번의 전투에 사령관으로 직접 참전해 진두에서 지휘했으며, 대부분의 전투를 승리로 이끌었다. 당대에 가장 많은 전투를 지휘한 군인이자 황제였던 진시황도 일선에는 출전하지 않았으나 유방은 항상 진두에서 지휘하느라 광무 대치 중에는 항우의 쇠뇌를 가슴에 맞아 죽을 위기에 처하기도 했다. 영포(英布)의 반란을 진압할 때도 화살에 맞았으며, 결국 이 때의 상처가 악화되어 53세의 일기로 세상을 떠나게 된다.

유방은 '풍패지향'[115]이란 말에서 보듯이 정말 시골에서 태어난 평민출생으로 그가 거병할 당시 관직이래야 겨우 정장(亭長)[116]에 지나지 않았다. 그러나 탁월한 군사적 능력으로 초한전쟁 내내 항우와 직접 전투를 벌인 것은 유방 밖에 없다., 항상 항우에게 밀리는 듯 했으나 결국 승리를 거머쥐게 된 탁월한 전략가이다. 또한 유방은 정치적 능력도 대단하여 장량이나 한신, 소하, 번쾌, 조참, 진평, 팽월, 기신, 주발 등의 인재를 일찍이 발탁하여 한실(漢室)의 기틀을 쌓게 했으며, '토사구팽'이란 욕을 먹으면서도 통일 후 정세를 안정시켜 중국 역사상 가장 길었던 한나라를 세운 것이다. 유방은 천부적인 리더십, 두둑한 배짱, 사람을 판단하는 예리한 안목, 쓴소리를 경청할 줄 아는 지혜, 사사로운 감정보다는 대의와 실용을 취하는 능력 등 지도자로서 갖춰야 할 완전체였다. 한고조 유방과 비견할만한 아니, 조금이나마 비슷한 인물이라면 그의 후손으로서 400년 뒤에 등장하는 〈삼국지〉의 유비(劉備) 정도

115 豐沛之鄕이란 말은 제왕의 고향이란 뜻인데, 유방이 패현의 풍읍에서 출생한데서 유래한 말이다. 지금도 전주에 가면 이성계의 고향이었다는 뜻으로 '풍패지향'이라 하며 '풍남문'이란 성문도 있다.

116 亭長은 한나라 관직의 하나인데, 縣 밑에 鄕이 있고 그 향 밑에 亭이 있었으니 오늘날 같으면 겨우 동장 정도에 지나지 않는 하찮은 벼슬이었다.

에서 찾아볼 수 있다.

한고조 유방의 장릉(長陵)

오늘날 중국인이 스스로를 한족(漢族)이라 부르게 된 것은 바로 사분오열된 중국을 하나로 통일한 한나라가 존재하기 때문이다. 이 한나라의 창업주가 바로 유방이고 그의 무덤인 장릉은 한나라 최초의 황제릉이자 그의 개인적 면모에 관심이 컸기 때문에 당연히 찾아가야 할 곳이었다. 함양시를 벗어난 차는 서쪽 들판을 20분 쯤 달리자 포장도 안 된 길 옆에 '장릉(長陵)'이란 입간판이 서 있다. 오른쪽에 꽤나 높은 토산이 우뚝 서 있는데 이곳이 바로 장릉이다. 그리고 그 구릉 외에는 어떠한 건조물이나 석조각도 없어 한고조 유방의 황제릉치고는 너무도 초라해 보였다.

장릉은 한대에 세워진 첫 번째 황제릉으로 한고조 유방과 황후 여치(呂雉)의 능이 나란히 놓여 있다. 사서에 기록된 바에 의하면 유방의 능은 서쪽에, 여후의 능은 동쪽에 위치해 있는데,[117] 능원(陵園)은 대략 정방형이고 전한의 도성 장안성 건축을 본 받았다. 고서 『삼보황도(三輔黃圖)』 중에서는 장릉의 성 둘레가 7리 180보라 했는데, 현재의 3,150m에 달한다. 오늘날 고고학자들이 유지를 실측한 결과 한 변이 780m이고 둘레가 3,120m로 문헌의 기록과 대체로 일치하고 있음이 밝혀졌다. 또한 무덤에는 침전과 편전이 세워져 하루에 네 차례 음식을 드렸고 연간 네 차례의 제사를 드렸다.[118] 장릉의 부속건물들은 모두 소진되이 없어졌지만 유지(遺址)를 조사한 결과 장안성을 본받은, 또 고황제의 신분에 어울리는 장대한 규모였음을 알 수 있다. 뿐만 아니라 당시 능 주위에는 능읍(陵邑)이 설치되어 지금처럼 허허벌판에 황제릉이 있는 것이 아니라 번성한 읍 가운데 우뚝 선 성곽 안에 황제릉이 있어 결코 외롭지 않았다. 장릉 이후 북쪽의 안릉, 양릉, 무릉, 평릉에도 능읍을 설치하여 장릉을 포함해 이를 '5릉'이라 불렀다. 능읍은 능 묘호를 현 이름으로 하고 엄청난 국고를 쏟아 부어 단독으로 축성해 사람들을 살게 하였는데, 무릉현에 거주하는 주민들이 16,000여 호에 달했다니, 당시 황제릉은 하나의 작은 도시 속에 있었던 셈이다. 그러나 원제(元帝)에 이르러 능읍제도는 폐지되어 과소비가 진정되었다.

---

117 한 대의 황제, 황후의 합장릉은 황제를 서쪽에 모시고 황후를 동쪽에 모시는 것이 상례이다. 그리고 황후릉은 황제릉 보다 규모가 작은데, 다만 여황후릉의 봉토는 유일하게 남편인 한고조의 장릉과 같은 크기이다.

118 胡楊, 『歷代帝陵』, 中國工人出版社, 2014, p.8.

앞서 진시황 병마갱용의 장대함을 기억하고 있는데, 그 전통은 진시황릉 당대로 그치는 것이 아니었다. 이를 기억하고 만들었던 장인들은 왕조가 바뀌자 한나라를 위하여 역시 병마용을 만들었다. 1965년 장릉 주위의 배장묘(陪葬墓)에서 고고학자들은 3,000여 좌의 채회병마용(彩繪兵馬俑)을 발굴했는데, 토갱 안에서는 1,800여의 보병용과 580여의 기병용 등이 있는데, 높이는 44.5~48.5cm로 작은 편이다. 그밖에도 양가만촌(楊家灣村)에서도 수천 기의 도용이 발굴되어 함양박물관에 전시되어 있다.[119] 이들 한나라 도용들은 진시황 병마용에 비하여 크기는 작으나 여러 신분의 사람들 즉, 병사, 시녀, 신하 등 다양한 편이고 진시황릉에서는 보이지 않던 말에 올라 탄 기병의 모습이 보인다. 한나라에서는 황제뿐만 아니라 공이 큰 장군들이나 신료의 무덤에도 광범위하게 도용을 제작해 사람을 순장하는 대신 넣어준 것이다. 이후 한나라 때에는 인간을 순장하는 대신 흙으로 만든 도용을 함께 묻는 것이 유행하여 한나라의 조각이 발전하게 되었다. 이러한 인체를 조각하는 전통은 이후 불교가 들어왔을 때 불상을 만들 수 있는 기반이 되었을 것이다.

양릉(陽陵)과 병마용

전한시대의 병마용으로 가장 유명한 것은 양릉이다. 양릉은 오늘날 시안의 관문인 함양(咸陽) 공항 옆에 있는데,[120] 오래동안 망실되어 근래까지 존재조차 모르던 황제릉이었다. 1990년 시안시(西安市)가 날로 발전 팽창하게 되자 이웃하고 있는 도읍, 바로 진나라와 한나라의 고도였던 함양까지 고속도로를 뚫게 되었다. 이 공사 중 우연찮게 발견되어 세상을 놀라게 한 것이 바로 양릉이다. 오늘날에야 시안이 더 유명하지만 사실 함양이야말로 진한시대의 중심지로서 그 당시 사람들은 함양까지 통틀어 시안으로 보고 있다. 어쨌든 시안은 진, 한, 당 등 13개 왕조와 1100년간 70여 명의 황제를 배출한 고대 중국의 중심지로서 흔히 '중원(中原)'이라고 지칭하는 바로 그곳이다. 또한 실크로드의 출발지로 이곳을 통하여 서역문화가 들어오는 관문이다.

---

119 앞의 책, pp.9~10.

120 정확한 위치는 섬서성 함양시 위성구 정양진 장가만촌이다.

한경제의 양릉

양릉은 전한(東漢)[121] 제4대 황제인 경제(景帝)의 능이다. 경제, 즉 유계(劉啓 188~141 BC)는 문제(文帝)의 장남이자 우리의 고조선을 멸망시킨 바로 그 한무제(漢武帝)의 아버지가 된다. 그는 아버지 문제에 이어 선정을 베풀고 갓 탄생한 제국의 기틀을 안정시킨 명군으로 문제(文帝)와 경제(景帝)의 치세를 '문경지치(文景之治)'라 부른다. 그는 48세 때 미앙궁에서 병사하였고, 사후 황비와 양릉에 합장하였다.[122] 경제가 잠들고 있는 양릉을 유명하게 만든 것은 일부만 발굴했을 뿐인데 진시황릉의 병마갱용을 능가하는 엄청난 수량의 도용이 발굴된 점이다. 이 능역에는 황제와 황후릉을 비롯해 20여 기 이상의 배장릉이 있다. 전체 면적은 20평방km에 달하는데, 사방에 성곽과 문이 있다. 그중 남문루를 복원해 놓아 당시의 웅대한 면모를 짐작할 수 있다. 또한 황제릉 주위에는 총 81기의 수장갱(隨葬坑)이 있는데 현재 10기만 발굴해 2006년 '漢陽陵博物館'으로 일반에게 공개하고 있다. 그러나 아직 경제의 주검이 묻힌 주묘실은 미발굴 상태이다. 이 박물관에 가서 깜짝 놀란 것은 수장갱 위를 유리로 덮어 그 위를 걸어가면서 수 천기의 인물과 동물들의 도용(陶俑)들을

121 한나라를 우리나라에서는 전한과 후한으로 나누지만 중국에서는 동한과 서한으로 나눈다.

122 胡楊, 『歷代帝陵』, 中國工人出版社, 2014 p.14.

양릉에서 출토된 도용

원래 의상을 입힌 양릉의 도용

실감나게 볼 수 있었던 점이다.

현재까지 발굴된 토용들은 수 천기나 되어 전부 발굴된다면 진시황릉 병마용의 숫자를 능가할 것으로 보인다. 또한 이들 도용들은 다종다양한 주제들로 흥미를 끄는데, 무사나 환관, 시녀, 행렬, 다양한 동물상 그리고 생활용구 등이 있다. 특이한 점은 사람의 경우 거의 나체상인 점이다. 원래 옷을 입혔지만 오랜 세월로 의상은 삭아 없어진 것으로 보인다. 지금도 중국의 조각상들은 상 위에 천으로 옷을 만들어 입히는데 그 전통이 여기에서 온 것 같다. 또한 대개는 채회도용(彩繪陶俑)으로 도용 위에 원색으로 채색을 해서 원래는 매우 화려했고 아름다웠을 것으로 짐작된다. 수많은 한나라의 도용은 진시황릉의 병마용과 여러 면에서 비교가 되는데, 진나라처럼 웅장한 맛은 없지만 실제 생활상을 이해하는 데는 매우 유익한 자료이다. 이를 비교해 보기로 하자.

	진시황릉	양릉
크기	인물상의 크기가 등신대 이상이다.	평균 60cm 정도로 삼분의 일 크기이다.
재료	무기를 제외하고 흙이다.	흙이나 팔과 무기는 목재를 이용한다.
번조	형태를 초벌구이로 한 번 구웠다.	형태를 만든 후 재별구이로 두 번 구워 완성했다.
인물상	인물상은 남성의 병사이다.	인물상은 남녀, 악사, 환관, 죄수, 노비 등 다양하다
기법	하나 하나를 독립적으로 제작한다.	유형별로 거푸집을 이용해 대량생산한다.
동물상	동물상은 말뿐이다	소, 돼지, 양, 개, 닭 등으로 다양하다.
주제	전체 주제는 군사적 행렬 일색이다.	각종 생활상을 보여준다.

무수한 양릉의 도용들로 등신대 이하의 크기이다.

한나라의 도용은 황제릉 뿐만 아니라 지배층 전체에서 다수 발견되어 전국적으로 엄청난 양의 도용이 제작되어 무덤에 넣은 것이 확인된다. 이 전통은 당나라 시기에 대유행을 보게 되어 유명한 당삼채(唐三彩) 도용이 탄생하게 되었다. 이 때에 들어서 중국이 무덤에 사람을 함께 묻는 순장제도가 사라졌기 때문에 죽은 이를 위하여 흙으로 시중들은 물론 죽어서도 즐거운 생활을 보내라고 연주하는 사람이나 잡기를 하는 사람도 있다. 이러한 풍습은 적은 비용으로 또 살생이 없이 죽은 자에 대한 효도의 방편으로 한대부터 널리 유행하게 되었다.

한국의 왕릉 연구자들은 한나라 경제의 양릉보다는 그의 아버지인 문제(文帝)의 패릉(霸陵)에 더 관심이 많았다. 그것은 한효문제(漢孝文帝) 유항(劉恒, 기원전 203~157) 황제의 매력 때문이다. 유항은 고조 유방의 3자로 여태후가 죽자 여씨 일족이 병권을 잡고 정변을 기도했는데, 유방의 충신 진평과 주발 등이 변란을 진압하고 유항을 옹립하여 황제가 된 인물이다. 유항은 기대에 어긋나지 않게 선정을 베풀고 절검과 절제로 아들 경제와 함께 한나라를 중흥시켜 이른바 '문경지치'를 이룩한 장본인이다. 그는 죽기 전에 박장(薄葬)을 유언으로 칙령을 내린 최초의 황제일 것이다. 그가 박장을 하도록 지시한 이유는 도굴을 두려워해서가 아니라 후장(厚葬)을 하는데 따른 백성들의 고초를 생각해서 황제릉을 간소하게 꾸미고 장례도 소략하게 지내도록 한 성군이었다. 중국 역사상 국가를 강대하게 하고 전쟁을 일으켜 영토를 넓힌 위대한 황제도 많지만 백성의 고충을 덜어주려고 애쓴 황제는 많지 않다. 그러나 유항이 남긴 유언에서 장례에 관한 부분만 읽어도 그가 얼마나 백성을 아끼고 사랑했는지 알 수 있다.

"천하 만물 가운데 태어나고서 죽지 않는 것은 없다고 들었다. 죽음이란 천지의 이치요 생물의 자연스러움이니, 짐의 죽음이라고 해서 어찌 유난히 슬퍼하리오! 지금 세상에서는 모두 생을 찬미하고 죽음을 싫어하며, 장례를 후히 치르느라 생업을 파괴하고 복(服)을 중히 여겨 산 사람을 상하게 하는 일이 있는데, 짐은 이에 대하여 심히 찬성하지 않는다. 또한 짐은 매우 부덕하여 백성들에게 아무런 도움도 주지 못했다. 그런데 지금 짐의 죽음에 또 복을 중히 하여 백성들에게 오래도록 곡하게 하고, 추위와 더위에 시달리게 하며, 천하의 부자(父子) 된 자들을 슬프게 하고, 장유(長幼)의 마음을 상하게 하고, 그 음식을 손해나게 하고, 귀신에 올리는 제사를 금하게 한다면, 이는 짐의 부덕을 가중시키는 것이니 천하에 무슨 면목이 서겠는가?

- 中略- 이미 매장했으면 대공(大功)은 열닷새, 소공(小功)은 열나흘, 섬(纖) 상복은 이레 동안만 입도록 하라! 이 조령 속에 포함되어 있지 않은 다른 일들은 이 조령에 준하여 처리하도록 하라! 이 조령을 천하에 포고하여 짐의 뜻을 명백히 알게 하도록 하라! 또한 패릉(霸陵) 일대의 산수는 원래의 모습을 그대로 두고 바꾸지 말라! 후궁 중 부인(夫人) 이하 소사(小使)에 이르기까지는 모두 그들의 집으로 돌려보내도록 하라![123]"

123 司馬遷·丁範鎭 外 譯, 『史記本紀』「孝文本紀」, 까치글방, 1994, pp.347~348. "後七年六月己亥, 帝崩於未央宮. 遺

이런 사유와 함께 고려 태조가 사후 현릉(顯陵)을 조성하면서 효문제 패릉을 모본으로 삼아 검소하게 조성하도록 한 것 때문에, 고려 왕릉 연구자로서 패릉을 보고 싶었다. 이렇게 10년 전부터 한 문제 유항의 패릉을 찾으려 했으나 시안시 동남쪽에 있다는 이야기만 듣고 아무런 표지가 없어 찾지를 못하였다. 그러나 2015년 섬서성 고고연구소에서는 시안시 동남방 교외의 백록원(白鹿原) 동북쪽의 '강촌대묘'를 한문제의 패릉으로 비정하고 표지석을 세워 주었다. 비교적 후장을 선호했던 한대에도 유항처럼 백성의 노고를 덜고자 박장(薄葬)과 간소한 상례를 유언으로 남긴 문제야말로 중국에서도 애민애족하는 모범 황제라 할 수 있다.

장대한 무릉(茂陵)

무릉은 한나라의 제릉(帝陵) 중에서 오늘날 가장 정비가 잘되어 있다. 전한시대의 대표적인 황제릉의 하나로 섬서성 흥평시 남위진에 있다. 무릉을 처음 찾았던 것은 2003년이다. 이 때만 해도 '무릉박물관'으로 가는 길에 아무런 표지도 없고 황량한 민둥산 모양의 분구 상태였다. 이에 큰 관심을 갖지 않고 곽거병(霍去病)의 석조각을 보기 위해 원경으로 사진만 찍고 지나쳤던 기억이 새롭다. 그러나 2015년에 재방문했을 때는 상전벽해가 따로 없다. 이제는 번듯하게 담장과 출입구는 물론 경내에 수목도 많이 심고 가꾸어 황제릉다운 모양새를 갖추었으며 입장료도 받고 있었다. 주지하다시피 이 일대는 한나라 황제와 황후, 배장 신하들의 묘가 산재되어 있는 곳이다. 그 모양이 피라미드의 정상부를 도려낸 형태를 지닌 것이 수백 기나 산재되어 있어 2차 세계대전 중 미국 항공기가 공중촬영을 한 것을 보고 피라미드 군락이라고 보고되어 소동이 일어난 적도 있다. 사실 이 시안의 능들은 흙으로 쌓은 피라미드 모양인데 정상부만 복두형(覆斗形)으로 잘려져 있어 위에서 보면 영락없이 이집트의 피라미드로 보이게 된다.

詔曰 :"朕聞蓋天下萬物之萌生, 靡不有死. 死者天地之理, 物之自然者, 奚可甚哀. 當今之時, 世咸嘉生而惡死, 厚葬以破業, 重服以傷生, 吾甚不取. 且朕既不德, 無以佐百姓 ; 今崩, 又使重服久臨, 以離寒暑之數, 哀人之父子, 傷長幼之志, 損其飮食, 絶鬼神之祭祀, 以重吾不德也, 謂天下何! 朕獲保宗廟, 以眇眇之身託于天下君王之上, 二十有餘年矣. 賴天地之靈, 社稷之福, 方內安寧, 靡有兵革. 朕既不敏, 常畏過行, 以羞先帝之遺德 ; 維年之久長, 懼于不終. 今乃幸以天年, 得復供養于高廟. 朕之不明與嘉之, 其奚哀悲之有! 其令天下吏民, 令到出臨三日, 皆釋服. 毋禁取婦嫁女祠祀飮酒食肉者. 自當給喪事服臨者, 皆無踐. 経帶無過三寸, 毋布車及兵器, 毋發民男女哭臨宮殿. 宮殿中當臨者, 皆以旦夕各十五擧聲, 禮畢罷. 非旦夕臨時, 禁毋得擅哭. 已下, 服大紅十五日, 小紅十四日, 纖七日, 釋服. 佗不在令中者, 皆以此令比率從事. 布告天下, 使明知朕意. 霸陵山川因其故, 毋有所改. 歸夫人以下至少使."

1990년대 무릉의 원경

오늘날의 무릉

무릉은 제7대 한무제(漢武帝) 유철(劉徹, 141-87BC.)의 능이다. 그는 즉위한 지 3년째 되는 해에 무릉을 착공하여 무려 53년간의 공사 끝에 완공하였다. 높이 46.5m, 동서 39m, 남북 40.6m나 되는 분구를 조성했으며, 저변은 평균 240m에 달하는 거대한 크기로 일 년 예산의 1/3을 투입해 조성했다. 그야말로 국력을 기울여 쌓은 것이다. 최초에는 이 분구 뿐만 아니라 내외의 성(城)을 쌓고 동서북에 3개의 성문을 두었으며, 동남 방향에 침전과 편전, 위락시설인 백학관(白鶴館) 등을 비롯한 건축군이 있어 하나의 궁궐을 건축한 셈이다.[124]

한무제는 문경지치에 의해 안정된 제국을 물려받고 국력을 극대화시킨 위대한 황제이다. 어떤 면에서는 한나라 아니 중국 전체를 가장 번영하게 만든 장본인이었다. 그는 즉위 후 유교를 국치의 근간으로 삼고 중앙집권을 강화시켜 사실상 중국에서 봉건중앙집권제를 공고히 하였다. 한무제는 즉위하고부터 인재발굴에 공을 기울여 신분이나 지역을 가리지 않고 인사들을 궁 안에 불러 직접 면담을 통해 인재를 구하였다. 이 기발하고 대담한 방법을 '대책(對策)'이라 하였다.[125] 한무제는 재정을 튼튼히 한 다음 서남 변방 개척사업에 열을 기울여 지긋지긋한 흉노를 크게 무찌르고 남월과 위만조선을 멸망시켰다. 우리나라에 한사군을 설치해 한족 역사상 두 번째로 넓은 영토를 만들어 전한시대의 전성기를 열었다. 특히, 내부적으로는

124 謝洪波 編, 『中國歷代帝王 陵墓之迷』, 哈爾濱出版社, 2009, pp.70~71.

125 이 방식으로 등용된 인재들은 서역을 개척하고 소위 실크로드를 열게 된 계기를 만든 張騫, 경제학자인 董仲舒, 교육가인 公孫弘, 역사가인 司馬遷, 문학가인 司馬相如, 장군으로 衛青과 霍去病, 음악가로 李延年 등이 있는데, 한무제를 도와 제국의 발전에 크게 이바지하였다.

한무제가 사랑한 이부인의 묘

강력한 중앙집권제를 실시하고 외부로는 정복사업과 장건(張騫)을 통해 알게 된 중앙아시아를 통해 동서교섭로인 실크로드를 만드는 계기를 이루었다. 그래서 중국의 비단과 예술품은 세계 각지로 흘러나가게 되었으며, 외국의 향신료와 수공예품은 중국으로 들어와 진정한 의미의 동서교류를 달성하였다. 이 당시 세계적으로 한나라와 비교할 수 있는 나라는 로마제국 밖에 없었으며, 수도 장안은 아시아의 정치와 경제의 중심지가 되었다.

한무제의 무릉에서 500m 서북쪽에는 이부인(李夫人)의 무덤이 위치하고 있어 그곳이 더 궁금했다. 이부인은 한무제의 애첩으로 무릉에 배장되어 효무황후(孝武皇后)라고 불렀다. 이부인의 묘는 흙무덤으로 남북 길이는 120m이고 동서 너비는 90m이며 높이가 25m이다.[126] 그러나 무엇보다 이 여인에게 흥미를 가진 것은 바로 그녀가 바로 '경국지색(傾國之色)'이란 말이 나오게 된 인물이기 때문이다. 한무제가 자신의 무덤 옆 자리에 황후가 아닌 애첩을 황후의 예로 장례를 치러줄 만큼 그녀는 한무제가 아끼고 사랑했던 인물이란 점이다.[127] 이부인은 원래 비천한 출신이었으나 오라비 이연년(李延年)은 가무에 뛰어난 배우였다. 어느 날 이연년은 한무제 앞에서 공연을 하게 되는데, 거기에서 다음과 같은 유명한 노래를 부르게 된다.

126 劉毅 編,『中國古代陵墓』, 南開大學出版社, 2010, p.60.

127 한무제에게는 원래 진황후와 위황후 두 명의 황후가 있었으나 폐위와 자살로 두 명의 황후는 능이 없고 말년에 의지했던 이부인의 묘를 자신의 능 옆에 세웠다. 그러나 이부인이 정식 황후가 아니었기 때문에 무릉의 동쪽에 두지 못하고 서북쪽에 두었으나 황후에 맞게 능을 조성하였다.

"북방에 아름다운 미인이 있어 - 北方有佳人
세상 제일의 미모를 독차지하고 있네 - 絶世而獨立
한 번 웃음 지으면 성이 무너지고 - 一顧傾人城
두 번 웃음 지으면 나라가 기울어지네 - 再顧傾人國
성과 나라가 기우는 것을 어찌 모르랴마는 - 寧不知傾城與傾國
천하의 미인은 다시 얻기 어려워라 - 佳人難再得"

이 노래를 들은 한무제는 이연년이 자신의 누이동생을 노래로 천거했다는 것을 알고 탄복하여 이부인을 애첩으로 삼는다. 그러나 '미인박명'이라는 말처럼 이부인은 젊은 나이로 요절하게 된다. 한무제는 가슴이 미어져 몇 번씩 병 문안을 가서 만나기를 간청했으나 이부인은 끝내 자신의 병든 모습을 보여주지 않았다. 형제자매들은 이부인을 탓하였으나 그녀는 황제가 자신의 아름다웠던 추억만을 기억해야지 병든 모습을 보면 일가에게도 소홀할 거라고 하였다. 과연 그 말대로 이부인이 죽자 황제는 애통해하면서 방사를 시켜 혼령을 불러오고자 하였으며 애통한 마음을 몇 편의 시로 남길 정도로 이부인을 잊지 못하고 이부인을 황후의 예를 따라 자신의 능 옆에 무덤을 만들어 주었다. 이부인의 예언대로 한무제는 그녀가 죽자 오라비 이연년을 협률도위(協律都尉)에 임명하고, 또 다른 오라버니 이광리(李廣利)는 이사장군으로 삼았다.

한제국을 강건하게 만든 천하의 한무제에게 이러한 애틋한 사랑이 있었다는 사실에 다시 한 번 무릉과 이부인묘를 바라보았다. 그 주변을 둘러보니 수많은 배장묘가 있다. 배장묘는 지금까지 이미 118개가 확인되었으며, 능벽 밖에도 120여 개의 배장묘가 확인되고 있다. 그중에서도 동문 밖에는 곽광(霍光), 위청(衛青), 곽거병(霍去病), 김일제(金日磾) 등의 배장묘가 비교적 크게 자리잡고 있다.[128] 기원 전 87년에 한무제가 미앙궁에서 죽자 서경잡기(西京雜記)에 의하면 재궁(梓宮) 내에 모신 그의 시신 입에는 옥선(玉蟬)을 물리고 몸에는 옥갑(玉匣)을 둘렀는데, 옥편 2,498개와 소용된 금사만 약 1,100극(克)에 달할만큼 장대하고 화려한 장례를 치루었다고 한다.[129]

128 劉毅, 앞의 책, p.49.

129 胡楊, 『歷代帝陵』, 中國工人出版社, 2014, p.22.

곽거병의 묘 전경

무릉보다 관심을 갖고 찾아볼 곳이 바로 동문 밖 2km 지점에 있는 '무릉박물관'이다. 그곳에는 무릉에서 출토된 유물도 전시되어 있지만 그보다 더 중요한 것은 곽거병(霍去病, 140~117B.C.) 장군의 무덤이 있는 곳이기 때문이다. 이 무덤이 중요한 것은 비록 황제릉이 아니지만 한나라의 무덤 앞에 설치한 석조각들이 온전하게 남아 있어서이다. 우리들이 황제릉을 생각할 때 그 무덤 앞에 즐비한 석조각들을 연상시키는데, 바로 곽거병 장군의 무덤에 장대한 수십 종의 인물과 동물의 석조각이 남아 있는 최초의 사례로 중국 조각사에 있어 한 획을 긋는 것이다. 한무제 때 가장 큰 고민의 하나가 서북방에서 끊임없이 국경을 침범하는 흉노(匈奴)족의 위협이었다.[130] 한무제 당시에만도 무려 17회나 흉노족 정벌에 나섰는데, 그 정벌에 가장 큰 공을 세운 청년 장군이 바로 곽거병이었다.

곽거병의 출신은 대단하다. 함께 흉노족 정벌에 출정한 대장군 위청의 조카이자 한무제의 처조카이기도 하다. 그는 어려서부터 기마와 활쏘기에 능하고 배포가 크며 용맹한 인물이었다. 불과 18세, 기원 전 123년에 표요교위(剽姚校尉)라는 벼슬을 받고 흉노 토벌에 선봉으로 큰 공을 세운다. 그리고 121년 약관에 표기장군이 되어 기련산맥의 하서주랑을 따라 흉노를 궤멸시키고, 기원전 119년에는 위청과 함께 흉노를 고비사막 너머 바이칼호까지 추격해 섬멸시키게 된다. 이때 7만이 넘는 흉노를 죽이거나 생포했다. 그의 혁혁한 전과로 곽거병은 대사마(大司馬)라는 최고의

130 한고조 이래 한무제가 흉노를 토벌하기 전까지 한나라에서는 매년 엄청난 공물을 바치고 황실의 여인들을 흉노 선우에게 시집 보내야 하는 수모를 겪었다. 흉노에 시집간 王昭君의 일화도 元帝 때의 일이다.

군직에 오르게 된다. 그러나 불세출의 군인 곽거병은 2년 뒤 24세 나이로 갑자기 병사하였다. 한무제는 너무도 애통해하면서 무릉 옆에 기련산(祁連山)[131]을 본딴 무덤을 만들어 주고 경환후(景桓侯)에 봉하였다. 곽거병의 무덤은 현재 무릉박물관 안에 있는데, 가장 안쪽에 기련산 모양을 한 무덤이 있다. 아래 회랑 속에 당시 제작한 석조각들이 전시되어 있다. 무덤 뒤로는 위청의 묘가 있어 흉노를 토벌하는데 쌍벽을 이루던 두 영웅을 나란히 모시고 있다. 흉노의 토벌로 한나라는 하서4군을 설치해 서역으로 통하는 통로를 확보해 후일 실크로드라고 불리는 동서교역로가 마침내 개통되고, 한나라 건국 후부터 시달려온 흉노의 침입의 공포를 완전히 제거한 곽거병 장군의 업적도 결코 작다고 할 수 없다.

한나라, 능묘 조각을 만들다

무릉박물관에서 관심을 갖고 볼 것은 곽거병 장군묘의 석조각상들이다. 이것들의 수량은 14여 점이고, 현존하는 최고(最古)의 한나라 유일한 무덤 앞 조각군이다. 그뿐만 아니라 중국 황제릉 석조각의 기원을 유추하는데 매우 중요한 자료이기 때문이다. 곽거병묘는 무릉박물관의 입구인 주작문을 통과하면 인공연못이 있고, 석조각이 있는 정자와 회랑이 나열되어 있다. 이곳을 내려다 보는 북쪽의 표지석을 지나 계단을 올라야 무덤 정상부에 도달할 수 있다. 계단 옆에는 1776년 건륭제가 세운 '한표기장군대사마관군후곽공거병묘(漢驃騎將軍大司馬冠軍侯霍公去病墓)'라고 쓰여진 묘비가 있다. 높이 26m의 정상에는 남승정(覽勝亭)이란 정자가 있어 여기에 오르면 서쪽으로 무릉, 북으로는 위청의 묘 등 산재된 배장묘와 관중평야를 조망할 수 있다.

현재 한나라의 황제릉 앞 석각들이 남아 있지 않는 상황에서 고대의 석조각들은 어떻게 배치되었을까? 현재 잔존하는 당, 송, 명, 청의 황제릉처럼 봉분 앞 신도에 두 줄로 도열하고 있었을까? 또 어떤 형상의 조각들이 있었을까 하는 점이 매우 궁금했다. 그래서 곽거병 장군묘의 석조각들이 어떤 단서를 줄 것이라는 기대를 하고 무릉보다는 이곳에 더욱 관심을 갖고 찾은 것이다.

131 甘肅省과 靑海省 경계에 있는 기련산맥의 주봉우리로 높이는 5,547m인데, 흉노족의 본거지였다. 이곳을 정복한 곽거병에게 그 산 모양의 무덤을 만들어 그의 전공을 기렸다.

곽거병 묘비

수복 전 곽거병 묘 앞의 석물들(경향신문 2019. 3. 18일자)

그런데 어느 문헌을 보다가 곽거병 묘의 조각품에 대해 다음과 같은 놀라운 기록을 볼 수 있었다.

"현존하는 연대가 가장 오래된 고대 능묘의 석각은 섬서성 흥평에 위치한 전한시기의 곽거병묘 앞에 있는 석수(石獸)이다. 곽거병묘는 한무제 무릉의 배장묘의 하나로서 봉토는 기련산 모양으로 되어 있는데, 현재 말, 범, 코끼리, 양, 흉노를 짓밟고 서있는 말 등 14구의 석조물이 있다. 이 석조물들은 조각수법이 고풍스럽고 형상이 생동하다. 조사에 의하면 이 석조물들은 원래 능묘의 위에 놓여 있었다."[132]

이 문헌에 나오는 내용은 해결하지 못할 여러 내용이 담겨 있어 오랫동안 고민에 빠지게 하고 있다. 곽거병묘의 석물들은 우리가 알고 있는 배치방법 즉, 무덤 앞 평지의 신도에 도열한 것이 아니라 능묘 위에 놓여 있었다는 이야기이다. 그러나 이

132 劉毅, 앞의 책, p.61.

흉노를 말이 밟고 있는 형상의 '마답흉노상'

마답흉노상의 전면

곽거병 묘전의 와우상

문헌을 의심하게 되는 것은 상식적으로 엄청난 무게의 석물을 평지에 설치하는 것이 타당하지 경사가 가파른 무덤 위에 설치한다는 것은 실로 어려운 일이고 안전에도 문제가 있다고 생각했기 때문이다. 그러나 1914년 프랑스인이 촬영한 사진을 2019년 초에 우연히 보게 되었다.[133] 이 사진에는 민둥산이 되어버린 곽거병묘를 적나라하게 보여주는데, 묘비 앞에 〈마답흉노상(馬踏匈奴像)〉이 있으며 정상부부터 여러 석조각들이 어지럽게 놓여 있음을 보여주고 일부는 아래 평지까지 굴러 내려온 것도 있다. 그렇다면 이 석물들은 가장 무겁고 큰 〈마답흉노상〉만 무덤 아래 평지에 있었고 나머지는 무덤 정상부부터 경사진 비탈에 두 줄로 세웠던 것으로 보인다.

현재 수습되어 무덤 아래 정자와 회랑에 전시되고 있는 14점 석조각들의 면모를 살펴 보자. 먼저 흉노족을 물리치고 승리한 표식물이자 곽거병 장군의 전공을 극적으로 보여주는 것이 〈마답흉노상〉이다. 이는 길이가 190cm, 높이가 168cm에 이르는 실물대 크기로 흉노족을 말이 짓밟고 있는 매우 상징적이며 기념비적인 중국 고대의 조각상이다. 다음으로 큰 것은 〈엎드려 있는 말(臥馬)〉이고, 조각적으로 우수하고 상태가 좋은 것에는 〈누워있는 소(臥牛)〉가 있다. 그 밖에 호랑이, 두꺼비, 사람과 곰, 코끼리, 양을 먹는 괴수, 멧돼지, 석어(石魚), 인물상, 개구리 등이 있다. 그밖에 우사공(右使空)이나 좌사공(左司空)이란 글자가 새겨진 석괴도 있다. 이러한 석물들이 제작되어 진열된 이유는 모두 다 흉노에 승리한 곽거병의 무훈을 헌창하기 위한 것이다. 이 점은 그의 분묘 자체가 흉노를 무찌른 지점인 기련산(祁連山)을 본 따

133 『주간경향』, 2019. 3. 18일자 1318호. 「이유진의 중국 도읍지 기행」. 1914년 프랑스의 빅토르 세갈렌이 촬영하였다고 적혀 있다.

상제(殤帝)의 강릉

만든 것과 일치한다.[134] 그렇다면 무덤 앞에 석조각을 세운 것이 곽거병묘가 처음일까?

우리들이 현재 볼 수 있는 황제릉 앞에 세워진 석물들은 진시황릉을 포함해 적어도 후한대 이전에서는 찾아볼 수 없다. 특히 전한시대에는 곽거병묘 외에는 어느 황제나 귀족의 무덤에도 현존하는 석조각이 없을 뿐만 아니라 기록도 아직은 찾아볼 수 없다. 그러므로 황제릉 앞의 석조각들은 출현은 후한대까지 기다려야 한다. 그런 의미에서 곽거병묘의 석조각들은 능묘 앞 석물의 좋은 전례가 되며 미술사적으로 매우 중요한 가치를 지니고 있다.

이밖에도 전한시대의 황제능은 혜제 유영(劉盈)의 안릉(安陵), 문세 유항(劉恒)의 패릉(霸陵), 소제 유불(劉弗)의 평릉(平陵), 선제 유순(劉詢)의 두릉(杜陵), 원제 유석(劉奭)의 위릉(渭陵), 성제 유오(劉驁)의 연릉(延陵), 애제 유흔(劉欣)의 의릉(義陵), 평제 유연(劉衎)의 강릉(康陵)이 있다. 이들 전한시대의 11개 황제릉들은 패릉과 두릉이 시안시 남쪽에 있고 나머지 9개 능은 위하(渭河) 북안의 함양원(咸陽原)에 산재되어 있다. 이들 전한의 황제릉들은 대개 평지에 봉분만 우뚝 솟아있어 한 눈에 파악이 잘 된다. 그러나 현재까지도 잡초나 과수원 속에 있어 찾기가 쉽지 않은데 다행한 것은 근래 표지석을 많이 세워 그나마 예전 보다 덜 고생을 하며 탐방할 수 있었다. 이들 황제릉의 분포는 함양시 공항에서부터 서쪽 방향으로 경제, 고조, 혜제, 애제, 원제, 성제, 평제, 소제의 황제릉이 연이어 있고 끝에 무제의 무릉이 있으며, 시안시

134 양관 저, 장인섭·임대희 역, 『중국 역대 능침제도』, 서경, 2005, p.148.

성제(成帝)의 연릉 전경

연릉 비석

남쪽으로 문제와 선제의 능이 떨어져 있다. 경제의 양릉을 보고나서 이웃한 혜제(惠帝)의 안릉(安陵)을 방문했다.

안릉은 혜제 유영(劉盈, 211~188 BC)의 능이다. 그의 재위시기는 여황후가 실권을 잡던 시기라 별다른 활약을 못하고 24세에 죽어 함양시에 장사를 지냈다. 그의 무덤은 함양시 진도구 한가만향 백묘촌에 있는데, 주위는 농경지도 아닌 허허벌판에 봉분이 하나 우뚝 솟아있을 뿐이다. 안릉은 장방형으로 저변부의 동서가 170m, 남북이 140m이고 높이는 25m이다.[135] 근래에 세워진 표지석만 있을 뿐 얼핏 보기에는 작은 민둥산에 불과해 황제릉의 면모를 도저히 찾아볼 수가 없다. 더구나 능 앞에는 명당임을 알고 그런지 근래에 세워진 민묘(民墓)가 다수 있어 문화재를 훼손시키고 있다.

나라가 망해 없어졌기 때문인지 한나라의 황제릉은 그 가치나 위엄을 어디에서도 찾아볼 수가 없다. 이는 안릉에만 해당하는 것이 아니라 전한, 후한 황제릉 대부분이 오늘날 이런 형상을 하고 있다. 다음에 찾은 곳은 성제 유오(劉驁, 51~7 BC)의 연능(延陵)인데, 분명히 내비게이션에는 좌표가 나오는데 도저히 찾을 수가 없었다. 이 일대는 온통 드넓은 포도밭으로 담장이 둘러져 있고 무덤 같은 것은 보이지 않는 것이다.

135 惠焕章 編,『陝西帝王陵』, 陝西旅遊出版社, 2000, p.53.

발굴 중인 병마용, 채색이 남아 있다.

이 일대를 몇 바퀴 돌다가 마침 포도농장 출입구에 사람이 있어 물었더니 바로 포도밭 속에 있다고 한다. 그가 가리킨 곳을 따라 가다보니 정말 포도밭 속으로 조금 들어가니 왼편에 작은 야산이 있고 거기에 표지석이 있어 얼마나 반가웠는지 모른다. 연릉 역시 어떠한 황제릉다운 석물이나 건조물도 없어 표지석마저 없었다면 도저히 황제릉이라 볼 수가 없을 지경이었다. 거기에 비하면 두릉(杜陵)은 시안 시내에 있으며 녹음이 우거진 유원지나 공원같이 잘 꾸며져 있으며 전시관도 있어 황제릉의 면모라도 보여주고 있다.

중산정왕(中山靖王)의 금루옥의(金縷玉衣)

전한시대의 황제릉은 아니지만 세간에서 가장 흥미를 끌고 있는 것이 만성한묘(滿城漢墓)이다. 1968년 허베이성 만성에서 출토된 중산정왕의 무덤은 두 점의 금루옥의(金縷玉衣)가 출토되어 세계적인 관심을 끌었다. 이후 중국을 대표하는 보물로 인식되어 중요한 국내외 전시회 때마다 출품되어 관람객들의 탄성을 자아내게 하고 있다. 이 무덤은 만성현 서쪽 교외의 능산(陵山) 산 정상 부분을 뚫어서 만든 횡혈식 애묘(涯墓)로 1호묘는 전체 길이가 52m, 최대 폭 38m, 높이 7m에 달한다. 묘도(墓道)와 용도(俑道)가 있으며 두 개의 이실(耳室)과 중실, 후실로 이루어진 구조를 갖고 있다. 2호묘는 길이 40m, 폭 64m, 높이 7.9m이다. 이 무덤에서는 금루옥의를 비롯하여 장신궁등(長信宮燈), 착금박산로(錯金博山爐) 등을 비롯한 3,000여 점의 귀중한 한나라 유물이 출토되어 중국 미술사의 최대 보고(寶庫)가 되었다.

한나라 공예의 백미, 장신궁등(長信宮燈)

이 만성한묘는 전한시기 중산정왕과 왕후묘로 하나의 전형적인 인산위장(因山爲藏) 대묘이다. 이곳은 현지에 주둔한 군인들이 채소움을 파다가 이실까지 파고 들어가 발견된 것이다. 무덤의 주인공 유승(劉勝)은 한경제(漢景帝)의 아들이자 한무제의 이복형으로 기원 전 154년에 중산왕이 되었으며, 43년간 재위하다가 붕어하였다. 왕후는 두관(竇綰)이라고 하였는데, 경제의 생모인 두태후의 혈족으로 추정된다.[136] 『삼국지』에 나오는 유비(劉備)가 바로 중산정왕의 후손이라 하여 황제도 유비를 '황숙(皇叔)'이라 불렀다. 무엇보다도 중산정왕릉을 유명하게 한 것은 유승과 왕후 두 관의 두 유체를 감쌌던 완벽한 형태의 남녀의 금루옥의가 출토되어 천하에 널리 알려지기도 된 것이다. 유승의 옥의는 옥조각 2,498개를 금실 1,100g을 사용해 제작하였고, 왕과 왕후의 두 관에는 옥조각 2,160개와 금실 700g을 사용해 수

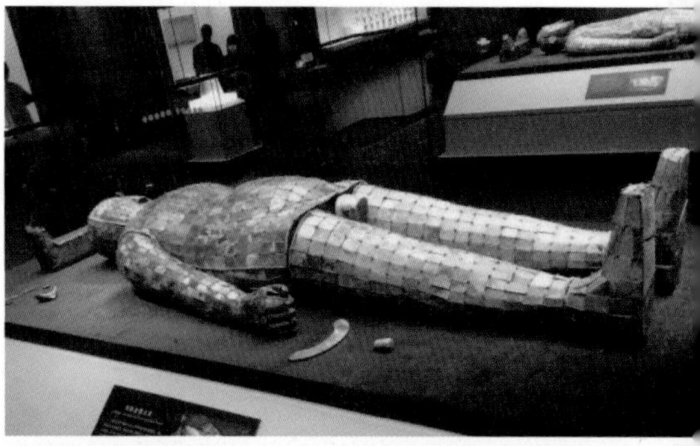
만성한묘의 금루옥의

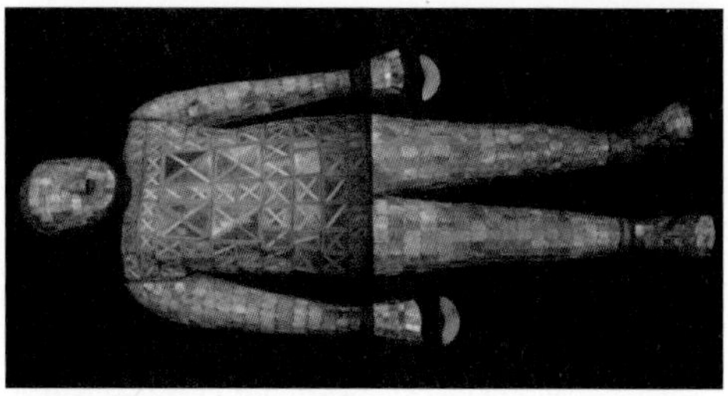
금루옥의 전면

136 劉毅, 앞의 책, p.53.

의를 만들었으니 실로 제왕만이 누릴 수 있는 사치의 극치라 아니할 수 없다.

한나라 사람들은 옥을 가장 신성한 보배로 여겨 시체의 아홉 구멍마다 옥으로 막아 사람의 정기가 빠져나가지 못하게 하여 유체를 보존하려고 하였다. 그러므로 한대의 사람들은 옥조각 수 천 개를 일일이 금실로 꿰어 동서고금을 통하여 가장 귀하고 사치스러운 수의를 발명한 것이다. 옥(玉)은 현재도 값비싼 재료이지만 한 대에 몇 천 개의 옥을 가공해 구멍을 뚫고 금사로 엮어 옷을 만드는 일은 국가 재정을 휘청거릴 정도의 노력과 비용이 요구되는 일이었다. 옥의를 만드는 것은 엄격한 제한이 있었다. 즉 옥조각을 꿰매는 재료에도 차등을 두었는데 황제는 금사(金絲)로 만든 금루옥의를 입혔고 황후는 은사(銀絲)로 만든 은루옥의를 입혔으며 정승급이나 공주 등은 동사(銅絲)로 만든 동루옥의를 입혔다. 옥의를 만들 때 사용한 금은동실의 종류에 따라 신분의 차이를 나타냈다.[137] 그러나 삼국시대의 조비가 옥의 제작에 대한 금지령을 내리면서 한나라의 위대한 유산인 금루옥의는 더 이상 만들지 못하게 되었다. 당시 사람들은 유체가 영원히 보존되고 내세를 누리기를 기대했는지 모르겠으나 옥의를 입은 유체는 모두 흙이 되고 말았다.

천하의 기보(奇寶)인 금루옥의는 현재까지 황제릉에서 발견된 것은 없으나 현재까지 중국에서는 20여 점의 금루옥의가 출토되었다. 그중에서도 중산정왕 유승 부부의 금루옥의를 비롯하여 중산간왕(中山簡王) 유언(劉焉, 39~90 A.D.)과 남월왕(南越王) 조말(趙眜, 재위 137~125 B.C.)의 금루옥의 등이 있으나 재질과 예술적인 면에서 유승의 금루옥의가 최고이고 최상이다.

황제릉은 아니지만 또 하나의 중요한 한대의 묘가 하나 있다. 만성한묘가 금루옥의로 유명하다면 중국 회화사에서 가장 중요한 백화(帛畵)가 출토된 장사(長沙) 마왕퇴한묘(馬王堆漢墓)를 들지 않을 수 없다. 1971년 겨울 호남성 장사시의 교외에서 병원 공사 중 발견된 세 기의 무덤은 전한시기 장사국의 재상 이창(利蒼, BC.193년 사망)과 부인 신추(辛追)[138] 그리고 아들의 무덤으로 밝혀졌다. 발굴 당시 이창의 묘는 이미 도굴되었으나 처와 아들의 무덤은 온전한 상태로 3천여 점의 귀중한 유물이 출토되었다. 그러나 무엇보다도 전세계 사람들을 놀라게 한 것은 1호묘에서 완전한

137 『後漢書』, 「禮儀志」

138 '妻辛追'라고 새겨진 인장을 통하여 이름이 밝혀졌다.

중국회화사에서 가치가 큰 '마왕퇴백화'

상태로 출토된 신추의 시신이었다. 이 한나라 귀부인의 시신은 완전한 상태로 출토되어 사람들을 놀라게 했는데, 나이는 50세 정도이고, 키는 154cm이며 혈액형은 A형이었다. 더욱 놀라운 것은 2200년의 세월이 흘렀음에도 피부의 탄력이 그대로이고 관절이 굽혀질 정도이며 모든 장기가 온전하게 남아 있다는 점이다. 그녀는 동맥경화나 류머티즘, 담석증을 앓았으며, 죽기 2~3시간 전에 먹은 참외의 씨가 식도와 위장에서 138개나 발견되었다.

그런데 세계에서 유례가 없을 정도로 온전하게 시신이 보존된 비결은 한나라의 독특한 매장방법 때문이다. 그녀의 신체는 어마어마하게 큰 3중의 목곽(木槨) 속에 다시 3중의 목관(木棺) 안에 안치되어 있는데, 20겹의 옷으로 싸여 있었다. 시신이 들어간 관의 크기만 해도 길이 256cm, 폭 118cm, 높이 114cm에 달하고, 외부의 목곽까지 합치면 정말 대단한 크기이다. 이들 내외의 관곽은 모두 옻칠로 여러 겹 칠해졌고, 그 위로 5톤이나 되는 목탄을 덮었다. 다시 그 밖으로는 두터운 백토를 덮어 시체를 공기와 습기, 지하수로부터 완전히 밀봉시켰다. 그렇기 때문에 2천 년이 넘는 세월에도 온전하게 시신을 보존할 수 있게 된 것이다. 이 마왕퇴 한묘가 중요한 것은 관을 덮은 비단그림 즉 백화(帛畵) 때문인데, 길이가 205cm의 큰 비단에 3분하여 천상계, 인간계, 지하계를 묘사하였다. 이 그림은 중국 최고(最古)의 작품으로 회화사 연구에 중요할 뿐만 아니라 당시의 사회, 풍습, 사상을 엿볼 수 있는 귀중한 자료이기도 하다. 또한 3호묘에서는 백서(帛書)가 다수 출토되었는데, 『戰國策』, 『春秋』, 『老子』 같은 희귀본 책자와 중국에서 가장 오래된 지도[139] 등 인문학적 중요한 자료도 함께 출토되어 이 무덤의 가치를 더욱 높이고 있다.[140]

후한시대의 황제릉

후한(25~220)의 왕조표

대수	묘호 및 시호, 성명	능호	재위기간
제1대	세조(世祖) 광무제(光武帝) 유수(劉秀)	원릉(原陵)	25 ~ 57
제2대	현종(顯宗) 명제(明帝) 유장(劉莊)	현절릉(顯節陵)	57 ~ 75
제3대	숙종(肅宗) 장제(章帝) 유달(劉炟)	경릉(敬陵)	75 ~ 88
제4대	목종(穆宗, 추탈) 화제(和帝) 유조(劉肇)	순릉(順陵)	88 ~ 106
제5대	상제(殤帝) 유융(劉隆)	강릉(康陵)	106
제6대	공종(恭宗, 추탈) 안제(安帝) 유호(劉祜)	공릉(恭陵)	106 ~ 125
제7대	소제(少帝) 유의(劉懿)	조사(早死)로 없음	125
제8대	경종(敬宗, 추탈) 순제(順帝) 유보(劉保)	헌릉(獻陵)	125 ~ 144
제9대	충제(沖帝) 유병(劉炳)	회릉(懷陵)	144 ~ 145
제10대	질제(質帝) 유찬(劉纘)	정릉(靖陵)	145 ~ 146
제11대	위종(威宗, 추탈) 환제(桓帝) 유지(劉志)	선릉(宣陵)	147 ~ 167
제12대	영제(靈帝) 유굉(劉宏)	문릉(文陵)	168 ~ 189
제13대	소제(少帝) 유변(劉辯)	시해됨	189
제14대	헌제(獻帝) 유협(劉協)	선릉(禪陵)	189 ~ 220

후한(後漢, 25~220)은 왕망(王莽)이 세운 신(新)나라를 한나라 황실의 광무제(光武帝) 유수(劉秀)가 멸하고 다시 한나라를 부흥시킨 나라이다. 중국에서는 유방이 건국한 전한의 수도가 서쪽에 위치한 장안이었기 때문에 이를 서한(西漢)이라 불렀는데, 새로 부흥한 한왕조는 수도를 장안의 동쪽인 낙양에 두었기에 동한(東漢)이라고 부른다. 그러나 우리나라의 관습대로 전한, 후한이라 표기하기로 한다. 한나라는 같은 유씨의 왕조이면서 전한 200여 년, 후한 200여 년의 합계 400여 년의 역사이

139 長沙와 南越 지역의 지도로 매우 과학적인 방법을 동원해 제작되었다.

140 이들 출토품은 호남성박물관에 전시되어 있는데, 중국의 고문헌학, 기물학, 방직학, 한대 천문지지학, 고대 예술사, 한대 장례학 등 연구에 매우 중요한 역할을 하고 있다.

다. 한나라는 중국에서 가장 오래 지속된 국가이면서 중국인을 '한족(漢族)'으로 불릴만큼 통일 중국의 상징이기도 하다. 그런데 이상하리만큼 후한은 존재감이 낮으며 별로 인기가 없는 왕조였다. 그것은 진나라의 천하통일과 유방과 항우가 쟁패한 초한전쟁이나 『삼국지연의』로 유명해진 삼국시대나 당, 송, 명, 청과 같은 드라마틱한 사건이 덜 하였기 때문이라 생각된다. 거기에 비해 전한시대에는 유방이나 한무제 같은 영웅과 문경지치(文景之治)[141]나 소선중흥(昭宣中興)[142] 같은 굵직한 마디가 있었는데, 후한은 광무제를 빼곤 뇌리에 떠오르는 일이 없기 때문으로 보인다.

광무제 유수 초상

광무제 유수(BC 5~AD57)는 한마디로 가장 뛰어난 황제의 한 사람이다. 중국에서는 진시황, 당태종, 건륭제와 함께 네 명의 훌륭한 황제로 손꼽히는 성군이었다. 그에 대하여 제갈량은 "광무제가 워낙 뛰어나 그의 신하들의 공적과 능력이 부각되지 못하였다."고 평했으며, 모택동은 '광무제는 중국 역사상 사람을 가장 잘 쓰고, 학문이 뛰어나고, 전투에서 가장 뛰어난 황제'라고 칭송하였다. 사실 그는 곤양대전에서 42만 명의 왕망 군대에 맞서 불과 8,000명의 농민군을 이끌고 승리하였을 때, 불과 13명의 병사를 이끌고 원군을 구하고자 42만 대군의 포위망을 뚫고 그 사이를 빠져 나가기도 하였다. 이처럼 그는 역사상 가장 많은 전투를 직접 치른 황제 중 하나이다. 그는 황제가 되어서도 선조 유방처럼 신하들을 토사구팽(兎死狗烹)하지도 않았으며, 학문과 민생에 치중하였고, 근검, 절약, 청렴을 강조하여 한나라의 부흥을 성공적으로 이끌었다. 이러한 노력으로 제4대 황제 화제 유조(和帝 劉肇) 때는 이른바 '영원지융(永元之隆)'이라 하는 후한의 전성기를 이룩하였다. 또한 백성들의 곤란

141 전한의 문제와 경제의 재위 시절 갓 탄생한 한나라의 기틀을 공고히 다진 시기를 말한다.

142 한무제 사후 昭帝와 宣帝에 의한 정치력으로 한제국의 국력이 상승하던 시기를 일컫는다.

을 귀담아 듣고 친족의 외로움을 듣다가 이른바 '조강지처(糟糠之妻)'라는 말까지 등장시켰다.[143]

그러나 후한 왕조의 약점은 엉뚱한 곳에서 비롯되었다. 후한의 12명 황제 중 광무제와 명제, 헌제를 제외한 9명의 황제가 16세도 되기 전에 등극하여 30세도 못되어 요절하였다. 그런데 황후들은 거의 다 장수하였으며 건강하였다. 그러므로 어린 황제가 즉위하자 자연히 황태후가 임조칭제(臨朝稱帝)[144] 하였으며 덩달아 환관들이 득세하게 되었다. 그러므로 후한은 시대가 내려올수록 황태후와 환관들의 나라가 되었다. 특히 '환령(桓靈)'[145]의 시기는 황건적의 난이 발생하였고, 이를 토벌하느라 지방 군벌의 힘이 황실을 능가하게 되면서 천하를 쟁패하고자 이른바 위, 촉, 오의 '삼국시대'가 막이 오르게 되었다. 양주의 군벌 동탁(董卓)이 낙양에 입성하여 소제(少帝)를 폐위시키고 헌제(獻帝, 재위 189~220)를 제위에 올렸다. 이때 조조(曹操)는 헌제를 보위하고 원소(袁紹)와의 대결하여 승리함으로 한황실을 좌지우지하는 실권자가 되었다. 이후 조조의 아들 위문제(魏文帝) 조비(曹丕)는 220년 헌제로부터 재위를 물려 받음으로써 후한은 사라지게 되었다.

광무제의 원릉(原陵)

후한은 12명의 황제가 있었지만 현재 황제릉으로서의 면모를 갖추고 있는 것은 광무제의 원릉(原陵)이 유일하다. 광무제의 능은 하남성 낙양시 북쪽 20㎞ 지점 맹진형 백학진(白鶴鎮)에 있는데 이 지역이 옛날의 망산(邙山)이다. 옛사람이 "살아서는 소주와 항주에 살고 죽어서는 망산에 묻힌다."라고 하였던 바로 그 곳이다.[146] 그렇다면 의례히 천하의 광무제야 말로 망산에 묻혀야 마땅할텐데 막상 직접 찾아간

143 『後漢書』, 「宋弘傳」에 의하면 광무제는 미망인 湖陽公主가 당시 대사공 송홍을 흠모하는 것을 알고 어느 날 공주를 병풍 뒤에 숨겼다. 이후 의향을 타진하려고 송홍을 불러 "속담에 사람이 귀하게 되면 친구를 바꾸고, 부해지면 아내를 바꾼다고 하는데, 이는 인지상정이 아닌가?" 라고 물으니 송홍은 "가난할 때 사귄 친구는 잊어서 안되고, 술지게미와 쌀겨를 같이 먹던 어려운 시절의 아내는 절대로 내쳐서는 안됩니다." 이 말을 들은 광무제와 공주는 더욱 송홍을 존경하고 중용하였다.

144 '垂簾聽政'을 뜻하는 것으로 후한에서는 이런 '臨朝稱帝'한 황후가 무려 여섯 명이 되었다. 이로 미루어 후한은 황태후의 나라였던 셈이다.

145 한나라의 11대 황제 桓帝 劉志와 12대 靈帝 劉宏은 나라를 어지럽힌 대표적인 昏君이다. 따라서 이 두 황제는 '桓靈이라 부르며 후한의 멸망을 재촉하였다.

146 胡楊, 앞의 책, p.44.

원릉은 생각하지도 못한 곳에 위치하고 있었다. 드넓은 평야에 광무제의 원릉이 외롭게 서 있는데 앞으로는 망산이 있고 능 뒤로는 황하가 흐르고 있다. 능을 만들 때는 온갖 풍수지리설이 동원되어 소위 명당이란 곳에 장지를 쓰는 것은 일반인들도 마찬가지이며, 뒤로는 산이 있고 앞으로는 물이 있는 곳을 택한다는 것은 아주 기초적인 상식이다. 즉, 배산임수(背山臨水)라는 말을 몰랐을리 없는 한나라 황실에서 후한의 창업자인 광무제를 풍수지리에서 가장 꺼리는 '침하등산(沈河蹬山)'[147]의 자리에 능을 꾸몄다는 것에 놀랍다.

낙양에 도읍을 둔 역대 왕조에서는 모두 죽으면 망산에 묻히기를 바랬고 그래서 상나라 탕왕부터 동주, 후한, 조위, 서진, 북위, 남당 등 9개 왕조의 황제는 물론 두보, 관우, 여불위, 반초, 안진경, 석숭, 적인걸 등 수많은 명사들이 이곳에 묻혀 있는 것이다. 심지어 이 일대에는 우리나라의 왕과 왕족, 장군들의 무덤까지 있다.[148]

우리가 흔히 말하는 북망산(北邙山)은 낙양시 북쪽에 동서가 100km에 이르는 해발 300m 정도의 황토층 고원지대로 동주시대부터 청나라 때까지 수천만 기의 무덤이 있었으나 도굴과 인위적 파손 및 자연재해로 거의 다 훼철되었다. 이 지역에서 배출한 위대한 시인 두보(杜甫, 712~770)는 '國破山河在(나라가 깨졌어도 산하는 그대로이네)'라고 했지만 지금의 낙양은 9왕조가 부침했던 고도(古都)로서의 면모와 수많던 황제릉의 흔적을 찾아볼 수 없어 옛 시가 맞지 않았음을 실감케 한다.

근래까지 원릉은 황량한 벌판에 작은 동산 하나가 덩그라니 보잘 것 없는 민묘와 다를 바 없었으나 최근 들어 광대한 부지를 정비하고 입구에는 궐문까지 세워 면모를 쇄신하였다. 그러나 원릉을 2006년에 처음 갔을 때는 정말 아무런 건조물도 없는 들판 위의 작은 봉분 하나만 있었고 성(省)에서 세운 작은 표지석만 있었을 뿐이었다. 10년이 지나 2017년 여름에 재방문했을 때는 너무도 잘 정비하여 처음에는 길을 잘못 들어선 줄 알았다. 넓은 입구 광장에 궐문이 우뚝 서 있고 신도 양 편으로 늘어선 석인과 석수들이 즐비하다. 능침 아래로 붉은 담장을 둘러쳤으며 안 보이던

147 沈河蹬山이란 "강을 베개 삼아 베고 산을 밟는다."라는 뜻으로 무덤의 뒤에 물이 있고 앞으로 산이 있다는 위치로 풍수학에서는 꺼리는 장지이다.

148 낙양 일대에는 백제 의자왕과 아들 夫餘隆, 黑齒常之, 고구려 淵蓋蘇文의 아들 南生과 南山 등의 무덤도 있으며, 그 묘지석도 발견되어 박물관에 전시되고 있다. 우리나라의 부여군에서는 이곳에 여러 번 와서 의자왕과 부여융의 무덤을 찾으려 했으나 근래 모두 논밭으로 변하여 찾지 못하고 그 무덤 추정지의 흙을 파내서 부여 능산리에 두 사람의 假墓를 세웠다.

원릉의 궐문

원릉의 신도

건물도 몇 채 세웠고 수목도 비교적 울창하여 황제릉다운 면모를 보이고 있다.

능원은 장방형으로 전체 면적은 66,000 ㎡에 능침의 둘레는 487m이며 봉분의 높이는 17.8m로 전후한을 통하여 가장 작은 편에 속한다. 현재는 봉분 앞에 향로와 제사대가 있고 무례하게도 능상 위로 오를 수 있게 시멘트로 계단까지 만들어 놓아 관람객이 올라가기 편하게(?) 하였다. 10년이면 강산도 변한다드니 중국의 황제릉 답사를 30여 년 하다보면 너무나 변모한 모습에 당황하기가 일수이다. 그래서 같은 장소를 찍은 사진임에도 천양지차로 풍광이 다른 것은 지난 몇 년간에 중국 당국에서 황제릉을 관광자원으로 활용하고자 무리하게 신개축을 하였기 때문이다. 이러한 신개축이 오히려 문화재의 또 다른 훼손과 변형이라 생각되어 찬성할 수가 없다. 차라리 엄청난 예산을 들여 복원에 힘쓸 것이 아니라 산재된 유물을 모아 원형 보존에 더 힘썼으면 좋겠다. 중국에 와서 느낀 점 중의 하나가 불성실한 '복원'은 또 다른 '문화재의 훼손'이 되고 있음을 보았다.

원릉은 기원 후 50년부터 광무제 유수가 자신의 능묘로서 만들기 시작한 것이다. 그러나 능묘를 위하여 많은 백성들의 동원 여부는 알려진 것이 없다. 광무제는 능묘 건설 책임자인 두융(竇融)에게 능원은 2,3경이 넘지 못하도록 하고, 산릉을 만들지 말며 그냥 기울어진 땅에 배수가 잘되면 된다고 하였다. 광무제는 임종 전에 다시 유명을 내렸다. "내가 생전에 백성들에게 유익한 일을 하지 못했다. 장례를 지낼 때 문제처럼 도기만 부장하고 금, 은, 동, 석(錫) 등 귀중한 물품을 넣지 말라." 고 하여 처음에는 박장(薄葬)을 하였다.[149] 그러나 아들 명제(明帝)는 이것을 불효라 생각하고 전례에 따라 화려하게 능묘를 꾸미고 부장품도 풍부하게 넣었다. 이로 인하여 동탁(董卓, 139-192년)에게 원릉을 도굴 당하자 조비(曹丕)는 "원릉이 파헤쳐진 것은 그 죄가 한 명제에게 있다."고 말하였다. 역대 황제릉이 도굴 당한 것은 오로지 그 속에 부장한 보물들 때문이다. 현명한 황제 몇몇은 이러한 후장이 도굴 당하는 폐해를 알고 후손들에게 박장을 당부했다. 그러나 제왕의 능묘는 화려해야 한다는 전통과 아들의 지나친 효심은 도저히 부왕을 박장하는 것을 용납할 수 없었다. 곧 대를 이은 황제는 황실의 권위와 자신의 정통성을 피력하기 위해서 그 자식들은 황제의 능묘를 경쟁적으로 장대하고 화려하게 만들었다. 그러나 나머지 전한의 황제릉 대부분은 적미군(赤眉軍)에 의하여 도굴당하여 폐허만 남게 되었다.

후한의 황제 14명의 능묘는 아직 그 위치가 다 밝혀지지 못하고 있다. 그래서 낙양시의 북쪽에 대규모 봉분이 위치하고 있어 그중 몇 기를 '후한제릉북구(後漢帝陵北區)'라 부르고 낙양시의 남쪽에 산재한 몇 기는 '후한제릉남구'라고 부른다. 이중에서도 광무제의 원릉과 안제의 공릉(恭陵), 순제의 정릉(定陵), 충제의 회릉(懷陵), 영제의 문릉(文綾)은 위치가 확인되고 있으며 명제와 헌제의 능도 추정되고 있다. 이중에서 다행인 것은 후한의 마지막 황제 헌제(獻帝) 유협(劉協, 181~234)의 선릉(禪陵)[150]이 아직까지 잘 보존되고 있다는 점이다. 헌제는 9살 때 즉위하여 한나라의 마지막 황제답게 파란만장한 일생을 보냈다. 동탁에 의해 황위에 올랐으나 동탁이 죽은 후 그의 부하들 이곽, 곽사, 양봉, 동승 등에 이끌려 다니다가 196년 낙양에서부

안제(安帝)의 공릉

명제(明帝)의 문릉

헌제(獻帝)의 선릉비

149 胡楊, 앞의 책, p.45.

150 하남성 焦作市와 修武縣에 있는데, 묘비는 청나라 순치 15년(1658)에 세워졌다.

터는 조조에게 보호를 받게 된다. 헌제 나름대로 황권을 수호하려고 노력을 기울이기도 했으나 220년 조조의 아들 조비(曹丕)에게 선양하고 말았다. 대다수의 마지막 황제들이 비참한 최후를 맞이하는데 비하여 헌제는 조비의 배려 속에 산양공(山陽公)이 되어 작은 고을이지만 잘 다스리다가 고종명(考終命)을 하게 된 것이다.

황제릉에 석물을 세우다

중국의 황제릉이라 하면 의례히 봉분에 이르는 신도(神道) 양 옆에 도열한 석인, 석수를 떠 올린다. 무덤 앞에 석물을 세운 전례를 앞의 곽거병 장군묘에서 시작되었다고 전술했으나 전한시대의 황제릉에서는 아직 발견된바 없다. 현재 광무제의 원릉에 석물이 있다고 했지만 이들은 최근에 만들어진 것이다. 그러나 후한시대에 들어와서는 황제릉을 비롯한 무덤 앞에 석물을 세웠다는 기록이 심심찮게 등장한다. 예를 들어 후한의 고관이자 조조(曹操)의 부친 조숭(曹嵩) 묘지에 대한 다음과 같은 기록이 있다.

> "조숭의 묘 동서쪽으로 비(碑)를 기고 있고, 8척 5촌인 두 마리의 석마가 마주보고 있는데 돌이 거칠게 다듬어져 있어, 광무(光武)의 수도(隧道)[151]에 표현된 코끼리, 말에 견줄 바가 아니다"[152]

이것으로 보아 광무제릉 앞의 큰 길에는 석상(石象), 석마(石馬) 등의 석각무리가 세워져 있는데, 그것들은 크고 정교하게 제작되었다는 것을 알 수 있다. 그러나 안타깝게도 이 석각무리들은 지금은 전혀 남아 있지 않다.[153] 또한 이 기록에는 광무제의 원릉 외에는 다른 황제들의 석물에 대한 언급이 없지만 광무제 이후의 황제릉에도 석조각들이 있었을 것으로 추정되는 간접적인 증거는 다수 있다. 예를 들어 당나라 봉연(封演)의 『봉씨문견기(封氏聞見記)』에 "진한 이래로 제왕의 능전에는 석기린(石麒麟), 석벽사(石辟邪), 석상(石象), 석마(石馬) 등이 있고 대신의 무덤 앞에는

151 隊道는 神道라고도 하는데 묘앞에 놓여진 큰길을 말하지만 지하의 통로와 장원의 입구에서 묘실에 이르는 길까지 포함되기도 한다.

152 역도원, 『水經注』, 「陰溝水」

153 양관 지음, 장대성. 임대희 옮김, 『중국역대 능침제도』, 서경, 2005, p.149.

석양(石羊), 석호(石虎), 석인(石人), 석주(石柱) 등이 있는데, 모두 무덤을 장식하는 바로서 생전의 의례와 경호를 상징하는 것이다."라고 기재되어 있었다.[154]

원릉의 석수

그렇다면 원릉 외에도 후한의 황제릉 앞에는 석조각들이 있었는데 그 종류는 기린, 벽사, 코끼리, 말 등이며, 대신들의 묘 앞에는 양과 호랑이, 말, 인물, 돌기둥이 있어 신분에 따라 설치하는 조각의 종류가 달랐음을 짐작할 수 있다. 이런 관례는 우리나라가 고려 이래 왕릉에 인물, 양, 호랑이, 말을 세운 것을 보면 중국의 한대 이후 제후급에 맞는 석물배치인 것 같다. 또한 황제의 능 앞에만 석조각을 세운 것이 아니라 후한대에 이르러는 대신들에게까지 광범위하게 무덤 앞에 석물을 세우는 것이 보편화된 것 같은데, 연대가 고증된 기록을 보면 다음과 같은 것들이 있다.

산동성 가상(嘉祥)의 건화원년(147)의 무씨묘(武氏墓) 앞의 석사자(石獅), 산동성 곡부 공림(孔林)의 건녕 4년(171)의 박릉태수(博陵太守) 공표묘(孔彪墓) 앞 석수 한 쌍, 쓰촨성 노산(蘆山)의 건안 10년(205) 파군태수(巴郡太守) 번민묘(樊敏墓) 앞의 석벽사 한 쌍과 왕휘묘(王暉墓) 근처의 석양, 석서수 각 1기, 쓰촨성 아안(雅安)의 건안 14년(209) 익주태수(益州太守) 고신묘(高頤墓) 앞 석벽사 한 쌍 등이 있다. 정확한 연대를 고증할 수 없는 후한시기의 석인, 석수는 많이 발견되었으나 이러한 석각들은 대부분 놓인 위치가 바뀌었고 각 지역의 박물관에 더 많이 보존되어 있어 사적(史籍)의 기재에 따라 하나하나 확인하기 어려운 실정이다.[155]

이러한 유존하는 석물을 통해 중국 황제릉의 특징 중 하나인 무덤 앞 도열된 석조각이 한 대에서 비롯되었다는 사실을 알 수 있으며, 상당히 보편화된 상례(喪禮)임을 알 수 있다. 이후 중국의 황제릉이나 관료들의 무덤에는 동물의 석조각을 흔

154 劉毅, 『中國古代陵墓』, 南開大學出版社, 2010, p.61.

155 劉毅, 앞의 책, p..62.

히 볼 수 있으며, 그 종류나 숫자를 법률로 제도화하여 운용하였는데, 시대별 변천 과정은 다음과 같다.[156]

황제릉 앞 석수의 종별 변화

	후한	남조	당대	송대	명·청대
황제	코끼리, 말	기린, 벽사	독각수, 나는 말, 타조, 말, 사자	코끼리, 서금, 독각수, 말, 호랑이, 양, 사자	사자, 독각수, 코끼리, 낙타, 기린, 말
관료	천록, 벽사, 낙타, 사자, 호랑이, 소, 말, 양		호랑이, 양	호랑이, 양	호랑이, 양, 말

삼국시대의 황제릉

우리나라 사람들에게 가장 친숙한 중국의 영웅은 『삼국지』에 등장한 인물들이다. 그 이름은 바로 조조(曹操, 155~220), 유비(劉備, 161~223), 손권(孫權, 182~252)이다. 그들이 활약하던 삼국시대는 역사적으로 한나라의 말기에 일어난 전란의 시대였는데 조조를 제외하고 모두 황위에 올랐기에 그들의 능도 황제릉이라 부른다. 중국 황제릉 역사상 이들의 능은 존재감이 떨어지지만 가장 인기있던 인물들이기 때문에 잠깐 언급을 하기로 한다. 가장 실권자인 조조는 황위까지는 넘보지 않았다. 그러나 그의 아들 조비(曹丕)는 한나라 마지막 황제인 헌제(獻帝)로부터 양위를 받아 황위에 올랐다. 조비는 한황실을 찬탈한 후 찬란한 한조의 능침제도를 폐지하고 밀장을 택함으로 조씨의 위(魏)나라는 봉토가 없는 지하매장식이었다. 그 중 가장 사람들에게 흥미롭고 궁금하게 여기는 곳은 조조의 무덤이다. 1800년간 조조의 무덤이 발견되지 않았던 것은 기적과 같은 일의 하나였다. 그래서 사람들은 조조가 72개의 의총(疑塚)을 만들었다거나[157] 또는 물속에 묻었다는 등 여러 이설에 현혹되는 형편이다.

조조는 이러한 민간설화대로 충분히 자신의 무덤을 밀장하고 박장(薄葬)을 행하도록 명령한 데에는 충분히 이유가 있다. 왜냐하면 조조는 그 자신이 여러 왕과 제

156 양관 지음, 장인성·임대희 옮김, 『중국역대능침제도』, 서경문화사, 2005, p.172.

157 남송대 저술된 『輿地綺胜』중에 '曹操歿後恐人發其冢 乃設疑塚七十二'라는 구절이 있다. 또 이설이 널리 퍼지게 된 데에는 羅貫中의 『三國志演義』 중에 "조조는 죽기 전 영을 내려 강무성 밖에 의총 72기를 만들어 후세에 나의 무덤을 알지 못하게 하라."라는 구절에서 기인한다. 그러나 陳壽의 『三國志』, 「武帝記」에서 의하면 조조는 "자신이 죽으면 평복을 입히고 금은동철과 보석, 진주를 넣지 말고 척박한 산에 장례를 지내는데, 봉분을 쌓지말며 수목도 심지 말고 사당도 짓지 말라."고 했다.

조조의 묘실

조조가 사용한 대극의 명문

후들의 무덤을 파헤쳐 군자금을 모은 도굴 전과가 많았기 때문이다. 조조는 후한 말년 한경제의 동생 양 효왕의 호화로운 무덤을 병사들을 거느리고 도굴하여 빈 무덤만 남게 하였다.[158] 심지어 군사들에게 모금교위(摸金校尉)나 발구중랑장(發丘中郎將) 같은 직책까지 주면서 공개적으로 왕후들의 무덤을 도굴하도록 했다. 이러한 경험으로 눈에 띄면서 크고 화려한 무덤은 반드시 발굴될 것을 알았기에 자신의 무덤을 아무도 모르는 곳에 은밀하게 박장하고 밀장한 것이다. 또한 조조의 관이 옮겨지던 날 성문을 모두 열고 72개의 관이 동서남북으로 흩어져 나가 사람들은 어느 것이 진짜 관인지 모르게 하였다고 한다. 그렇기 때문에 1800년이 지나도록 발견되지 않은 기록을 세우게 된 것이다. 그러나 이러한 조조의 노력도 끝이 나게 되었다.

2009년 12월 27일자 중국의 인민일보는 놀라운 기사를 게재하였으며, 이어 한국의 매체에서도 자세히 소개되었다. 내용은 하남성 안양현(安陽縣) 서고혈촌(西高穴村)에는 주위에 고묘들이 많이 있어 수년간 도굴범들이 들끓었다. 특히 조조의 묘로 추정된 곳은 2004년 이래 수 차례의 도굴을 당하였다. 하남성문화재국은 국가의 승인을 받아 2018년 12월 조조의 무덤이라 하는 곳을 발굴하기 시작하였고 1년 만에 '조조의 묘 발견'이란 톱 뉴스를 발표하기에 이르렀다. 사실 이 일대의 고분군 중에 조조의 무덤이 있을 것이란 근거는 몇몇 사료에 의해 알려져 대략 이 지역을 추정하기도 했지만, 결정적인 것은 조조가 죽은 뒤 백 년 정도 지나 이곳에 묻은 노잠

158 劉毅, 앞의 책, p.62.

(魯潛)의 묘지명에 조조의 무덤 위치에 대한 언급이 중요한 단서가 되었다.[159]

하남성 문물고고연구소가 주관하여 서고혈촌 남방에서 하나의 대묘를 발굴하였다. 그 위치는 노잠의 묘지(墓誌)와 완전히 일치되었다. 이 후한의 대묘는 평면이 '甲' 자형으로 동향하고 있으며, 쌍실의 돌벽돌을 사용한 전묘(磚墓)인데 전후실과 네 개의 측실이 있다. 전체 길이는 60m이고 지하 15m 지점에 있는데, 전체 면적은 740㎡였다. 발굴단은 묘실 안에서 3인의 두개골이나 다리뼈 등의 인골도 발견했는데, 남자는 60세 정도이고 또 50세 정도와 20세 가량의 여자 인골도 찾아냈다. 조조가 66세에 죽었기 때문에 이를 조조의 유골로 보았다.[160] 그러나 무엇보다도 조조의 무덤이라 확정지을 수 있는 근거는 '위무왕(魏武王)'[161]이라고 새겨진 7점의 석패(石牌)와 석침(石枕)이 250여 점의 유물과 함께 출토된 점이다. 더구나 석패에 새겨진 명문은 '위무왕상소용격호대극(魏武王常所用格虎大戟)'이었다. 이것은 위무왕 조조가 상용하던 창이나 대도(大刀), 베개 등 여러 군데에서 나오는 명문과 일치하여 조조와 관련된다는 움직일 수 없는 증거가 된다.

그동안 밝혀지지 않은 조조의 무덤이라면 정말 세기적인 대발굴이라 할 수 있다. 그러나 너무나 엄청난 발견이었기 때문에 이에 뒤 따르는 반론도 금방 계속 제기되었다. 인민대학 국학원의 원제희(袁濟喜) 부원장이나 유명한 감정가인 마미도(馬未都)는 조조의 묘로 단정할 증거가 부족하며 도굴꾼들이 가짜를 넣었을 수도 있다고 주장한 것이다. 이에 대해 발굴팀장으로서 조조의 무덤에 대해 6년간 연구를 지속해 온 반위빈(潘偉斌)은 반론을 제기하며 "고고학 전문가가 아닌 이들의 언급에 일일이 대응할 필요를 느끼지 못한다."라고 반박하였다. 그래서 일부는 출토 유물 중 인골로 유전자 검사를 해보자고도 하였으나 유골의 상태로 검사가 어려운 실정이라 한다.

어쨌든 이후 전문가들의 연구와 고증을 거쳐 2018년 3월에 사회과학원에서는

159 345년에 사망한 魯潛은 後趙의 駙馬都尉였는데, 그의 묘지명에는 "魏武帝의 무덤이 서북쪽 43보 떨어진 곳에 있다."라고 써 있다.

160 胡楊, 앞의 책, p.63.

161 조조는 생전에 魏公으로 봉해졌다가 나중에 魏王이 되었다. 죽은 뒤에는 시호로 武王에 봉해지고 조비가 황위에 오르면서 武皇帝로 추존되었다. 그러므로 역사서에서는 魏武帝로 불렀다. 조조의 무덤을 만들 때의 지위는 魏武王이었기 때문에 石片에 새겨진 명칭은 타당한 것이다.

이 무덤이 조조의 묘라고 공식 인정하여 다시금 매스컴을 흥분하게 만들었다.[162] 이렇게 황제도 아닌 조조에 대하여 관심을 갖는 것은 그가 워낙 한국인에게도 잘 알려진 인물이지만 사실은 그의 예술적 재능을 높이 샀기 때문이기도 하다. 조조는 중국문학사에 있어서 중요한 역할을 한 위대한 시인이며 두 아들 조비(曹丕)와 조식(曹植)과 함께 소위 '건안문학(建安文學)'[163]을 이룩한 예술가들이었다.

조조의 무덤이 파장을 일으키자 동시대 또 다른 주인공인 유비와 손권의 황제릉이 관심을 받기 시작했다. 유비의 혜릉(惠陵)은 쓰촨성 성도(成都)에 있는데 특이하게도 독립된 능역이 없이 제갈량(諸葛亮, 184~234)을 모신 무후사(武侯祠) 경내에 있다. 대나무가 둘러싸고 있는 협소한 장소에 있어 한 눈에 능 전경을 볼 수 없다. 둘레는 180m이고 높이는 12m로 황제릉으로는 작은 편이다. 유비는 223년 백제성에서 붕어한 후 성도로 옮겨 매장하고 후에 황후였던 소열황후 감부인과 후비인 목황후도 합장했다. 내가 이곳을 처음 갔던 것이 1994년이었으니 벌써 30년 전이다. 이때 처음 성도를 방문했을 때에는 촉의 황제릉이 자신보다 11년 후에 죽은 신하인 제갈량의 사당 무후사 안에 있을까 하는 의문을 갖고 있었다. 그러나 후에 알게 된 사연은 혜릉을 먼저 만들었다가 제갈령의 무후사가 이 자리로 옮긴 것이다. 곧 무후사는 촉한 당시에는 면앙에 세워져 있었는데, 50여 년이 지나 촉이 망하고 5호16국의 하나인 이민족 이웅(李雄, 재위 306~334)이 성한(成漢, 304~347년)을 세우면서 촉의 민심을 얻고자 제갈량의 사당 무후사를 이 자리로 옮겼다는 것이다.

혜릉은 가림벽과 난간문, 신도, 침전으로 이루어져 있다. 대나무와 고목이 어우러져 매우 고풍스러운 맛이 있다. 난간문에는 '한소열릉(漢昭烈陵)'이란 현판이 붙어 있다. 이 혜릉은 두보를 비롯한 명사들이 즐겨 찾았으며, 명과 청의 황제들이 직접 능을 보수하고 비석을 세워 주는 등 존경을 표했다. 그런데 근래 조조의 묘가 발견되어 중국이 흥분의 도가니에 빠지자 여기저기에서 진짜 유비의 무덤이 그곳에 있다는 소동이 일어났다. 대표적인 것이 중경(重慶)의 평제현이다. 그곳은 유비가 죽은 백제성이 있는 곳이기에 유비의 시신을 여름에 먼 성도까지 옮길 수 없어 현지

162 한국에서도 2018년 3월 26일자로 연합뉴스 TV와 서울경제, 스포츠 경향, 중앙일보 등에 동시에 이 사실을 대서특필하였다.

163 후한의 마지막 황제 한헌제의 연호인 '建安'에서 따온 말로 조조, 조비, 조식과 건안칠자가 중심이 된 문학사의 황금기로 악부시와 오언시가 유명하다.

유비의 혜릉 입구

한소열제릉

에 매장했다고 주장하였다. 또 쓰촨성 서부 팽산현(彭山縣)에서는 현내에 있는 고묘가 유비의 묘라고 우기고 있다. 이러한 싸움은 사실 경제적 이익을 바라고 주장을 하는 것이라 생각한다. 이처럼 삼국지에 나오는 영웅들이 차례를 이어 무덤이 발굴되고 관광지로 변모될 것은 명확한 일이다. 왜냐하면 정말 춘구석이었던 조조의 묘가 발견된 서고혈촌은 이미 정부로부터 600만 위안의 보조금을 받았고 고속도로와 연결하는 도로를 준비 중이며, 박물관이 들어서고 능이 공개되면서 입장료 수입만도 연간 한화로 600억원 이상 되리라 전망하고 있다.

한편 삼국시대의 또 하나의 주인공이 동오(東吳)의 손권(孫權, 182~252)이다. 220년 조조가 죽고 아들 조비가 황위를 찬탈하여 황제로 즉위하자 유비는 촉한(蜀漢)의 황제가 되었다. 손권도 이에 맞추어 황위에 오르고 연호를 황룡(黃龍)이라 하고 수도를 건업(建業, 지금의 南京)으로 정하였다. 2010년 2월 난징에 갔을 때 명나라 시조 주원장(朱元璋)의 효릉(孝陵)을 방문했는데 입구에서 들어가다 오른쪽 작은 동산에 흐드러지게 핀 매화에 반하였다. 그러다가 후에 명효릉에 관한 문헌을 뒤지다가 첫 방문 때 보았던 매화밭이 바로 손권의 무덤터라는 사실을 알았다. 2016년에 다시 명효릉을 방문했을 때는 무엇인가 큰 변모가 있음을 깨달았다. 흐드러진 매화밭 뒤로 전에 없던 전시관 건물이 생기고 흰색 대리석으로 만든 거대한 조각상이 우뚝 서 있었다. 난징시에서는 조조의 묘 발견에 충격을 받아서인지 흔적도 없던 손권의 무

난징 순권의 묘와 손권 초상조각

덤터에 손권을 기념하는 전시관을 만들고 엄청나게 큰 조각상까지 마련한 것이다.

후대 명나라 태조인 주원장(朱元璋)이 자신의 무덤 효릉을 난징시의 종산(鍾山) 아래에 조성할 때 이 지역에 있던 사찰과 무덤을 옮기게 했다. 그 때 이곳이 원래 손권의 무덤이 있던 곳이라고 하자 "그도 한 시대의 영웅인데 그 자리에 두고 나의 능을 지키게 하라."라고 했던 기록이 있다. 당시 손권의 장릉(莊陵)에 위치해 있던 석물은 모두 치웠으나 무덤의 능침은 그 자리에 그대로 두고 수천 그루의 매화를 심었기에 이곳을 '매화강(梅花崗)'이라고 불렀다. 손권의 무덤은 원래 장릉이라 하여 오왕분(吳王墳)이라고도 하였다. 이곳 장릉에는 명나라 초기까지 기린을 비롯한 석물도 있고 제대로 된 봉분도 갖춘 황제릉이었지만 명태조 주원장에게 능묘자리를 빼앗기고 터만 남았다가 오늘날에야 비로소 다시 복원된 것이다. 매년 2월 말 경에 이곳을 방문한다면 그곳에서는 그윽한 매화향에 취할 수 있을 것이다.

3

남북조(南北朝)의 황제릉

서진의 황제릉

한나라 400여 년의 역사는 결국 유명한 삼국지에 등장한 인물로서 지금까지도 인기를 끌고 있지만, 전란을 겪으면서 등장한 이 영웅호걸들의 시대도 통일이 되면서 막을 내리게 된다. 삼국시대를 종식하는 실제적인 삼국 통일은 뜻밖의 인물인 사마의(司馬懿, 179~251)에 의하여 기틀이 닦아졌다. 사마중달(司馬仲達)이라고도 불리운 그는 천재이자 명문가 태생이다. 그는 인재를 알아보는 조조에게 발탁되어 조조, 조비, 조예(曹叡)의 3대에 걸쳐 충성을 바쳤다. 그러나 조예가 요절하자 양자인 조방(曹芳)이 황위에 오르게 된다. 그런데 이 때 조예의 사촌인 조상(曹爽)이 어린 황제를 대신하여 실권을 잡자, 사마의는 '고평릉의 변(高平陵之變)'[164]을 일으켜 위나라의 전권을 휘어잡았다. 이로부터 14년 후에 손자 사마염(司馬炎, 236~290)이 265년 위나라를 찬탈하고 황위에 올라 진(晋)나라를 건국하면서 263년 촉한을 멸망시켰고, 280년에는 오나라를 멸망시켰다. 드디어 삼국시대는 막을 내리고 다시 중국을 통일시켰다. 이처럼 사마염은 서진(西晉)의 창업자가 되면서 그의 묘호는 세조(世祖), 무황제(武皇帝)라 불리었다.

조부인 사마의 이래 3대에 걸친 음모의 결과로 무제(武帝) 사마염(司馬炎)은 위조

164 249년 조상이 조방과 함께 先帝인 조예의 고평릉에 제사를 올리러 가자, 사마의는 아들 사마사, 사마소를 데리고 쿠데타를 일으켜 낙양을 점령하였다. 그리고 조상과 일당을 척결하고 승상 자리에 올라 병권을 장악하자 조씨 왕조는 무너지고 사마씨의 천하가 되었다.

(魏朝)로부터 제위를 물려받은 인물이다. 그러나 그는 왕조 창업 군주가 갖추어야 할 기개나 결단력은 없었다. 후한조 말기에 분열이 각 주의 장관인 자사(刺史)가 군권을 가지고 있었기 때문이라 생각한 무제는 주(州), 군(郡)의 무력을 축소시켜 아무리 큰 군(郡)이라 해도 군사를 100명 이하로 제한했다. 이러한 정책은 일시적으로 천하태평에 도취한 나머지 조심성 없이 행한 정책이었다. 더욱이 진 무제는 중국 역대 군주 중에서도 매우 방탕한 군주의 한 사람으로 유명하다. 전국 각지의 명문 호족의 여식들을 강제로 징집한 이외에도 오나라를 멸망시킨 후에는 손씨(孫氏)의 궁녀 수천 명을 데려왔다. 이들과 합쳐 그의 궁궐에는 후궁의 숫자가 무려 1만 명에 이르렀다.[165]

그러나 290년 진무제가 죽자 백치나 다름없는 혜제(惠帝)가 황제위를 물려 받았다. 이후 황실과 황족들에 의한 제왕들 사이에 정권 쟁탈의 대란인 팔왕지란(八王之亂)이 일어났다.[166] 이때 이민족의 유입으로 중국 역사상 가장 치욕적인 '영가의 난(永嘉之亂)'이 야기되었다.[167] 이로 인해 서진은 4대 51년 만에 멸망하게 되었다. 곧 이어 중국 역사상 대혼란의 시대라 할 수 있는 이른바 '오호십육국(五胡十六國)'이 세워졌다.[168] 이후 중국은 북위를 중심으로 한 북조와 동진의 남조를 합쳐 이른바 남북조시대로 돌입하게 된다.

서진은 5개의 황제릉을 건설했는데, 추존황제인 고조의 고원릉(高原陵), 추존황제인 세종의 준평릉(峻平陵), 추존황제인 태조의 숭양릉(崇陽陵), 무제의 준양릉(峻陽陵), 혜제의 태양릉(太陽陵)이다. 일찍이 사마의는 장례에 대한 고명(顧命) 3편을 작성하고 계절에 맞는 의복으로 염을 하며, 명기(明器)를 마련하지 않고 후에 사망하는 자는 합장을 하지 않도록 하였다. 문헌 기록에 의하면 서진의 오릉(五陵)은 낙양

165 김영진 역편, 『중국오천년사』, 대광서림, 2002, pp.197~198.

166 291년부터 306년 사이에 일어난 사마씨 집안의 잔인함과 부패를 여실히 보여준 내란과 같은 이전구투의 양상으로 진나라는 멸망의 길을 걷게 되었다.

167 서진의 마지막 황제 懷帝의 연호가 영가인데, 유능한 흉노족 劉淵이 漢을 세우고 칭제하며 311년 동생 劉聰과 石勒을 시켜 낙양을 점령해 왕공, 백관, 백성 3만 명을 죽이고 회제를 살해하여 서진을 멸망시킨 사건이다.

168 五胡는 匈奴, 鮮卑, 氐, 羯, 羌의 이민족을 뜻하며, 이들에게서 파생된 16개의 나라들이다. 즉 漢, 前趙, 後趙, 魏, 前燕, 前秦, 後燕, 南燕, 北燕, 後秦, 西秦, 夏, 後涼, 南涼, 北涼, 西涼 등이다. 이뿐 아니라 지방에는 전구지, 후구지, 탕창, 환초, 대 등 10여 개의 소국이 난립하였지만 모두 단명하였다. '십육국'이란 명칭도 정확한 것은 아니나 북위 때 역사학자 崔鴻이 쓴 『十六國春秋』에서 나온 용어이다. 보통 유연이 한을 세우고 선비족 북위가 화북을 통일한 304년부터 439년까지의 시기인데 중국 역사상 가장 혼돈의 시기이다.

성 동쪽에 있다. 이러한 황제릉 모두 "능역을 봉하지 않고 산림을 조성하지 않는 장례법을 사용하여 지표에다 거의 흔적을 남기지 않았을 뿐만 아니라 후인들이 능에서 제사 지내는 것을 엄금하였다."[169] 이와 같이 서진의 황제릉은 박장을 하였기 때문에 그 정확한 위치는 오랫동안 알 수 없었다. 20세기에 들어와서야 중국 고고학연구소에서 진대의 귀인 좌분(左棻)과 순악(荀岳)의 묘지명에서 단서를 얻어 숭양릉을 발굴하였고 준양릉을 탐사할 수 있었다.

진무제의 준양릉은 낙양의 동쪽 언사시(偃師市)에 있는 남채장촌 북쪽에 있다. 단실로 된 토동묘(土洞墓)로 길이 36m, 폭 10m 정도이다. 묘실은 길이 5.5m, 너비 3m, 높이 2m로 제왕의 무덤치고는 매우 소박한 것이다. 겉모양으로 보기에는 도저히 황제릉이라 볼 수 없이 황폐되었다. 서진의 황제릉 주위에는 몇십 기씩의 배장묘들도 발견되지만 거의 도굴 당하고 현재는 단지 농경지에 지나지 않는다.

1) 북조의 황제릉 – 이민족, 황제릉을 본받다

시대순으로 기술하자면 남조를 먼저 다루어야 하지만 북위는 존속기간이 더 길고(386~534) 그 지배 지역이 중국문화의 중심지 소위 중원지역이었기 때문에 정치적으로 존재감이 크다. 뿐만 아니라 북위의 반록제(班祿制, 급여제도)나 부병제(府兵制, 모병제), 균전법(均田法, 토지제도) 등의 제도와 불교진흥 등은 이후 수, 당시대에도 이어진다. 또한 전통적 농경사회인 중국에 유목민의 진취적이고 역동적인 기상은 중국대륙에 새로운 활력소가 되었다.

오호십육국의 내란은 130여 년간 지속됐다. 317년 선비족 탁발(拓拔)씨가 평성(平城, 산서성 대동)에 위(魏) 즉, 북위(北魏, 386~534)를 건립하고 여러 나라를 모두 궤멸시켰다. 황하 유역이 북위의 통치 아래서 또 다시 통일을 실현했던 것이다.[170] 국호가 북위인 것은 전국시대의 위나라와 삼국시대 조조의 위와 구별하기 위하여 북위라 부르는데, 후위(後魏), 탁발위(跖跋魏), 원씨가 지배하여 원위(元魏)라고도 부른

169 劉毅, 앞의 책, p.68.

170 范文瀾·菜美彪 공저, 김승일·전영매 옮김, 『중국통사간본』, 경지출판사, 2016, p.123

다. 북위의 태조 도무제(道武帝) 탁발규(拓跋珪, 재위 386~409)는 선비족들의 추대로 황제가 되고 숙적이었던 후연(後燕)을 물리치고 북위의 기틀을 잡았다. 그후 7대 효문제는 수도를 낙양으로 옮기고 적극적인 한화(漢化) 정책으로 나라를 안정시키고 균전제를 실시하여 농민들에게 토지를 분배하였다. 특히 북위는 중국 불교발전에 가장 많은 노력을 기울였는데, 대동의 운강석굴(雲崗石窟), 낙양의 용문석굴(龍門石窟) 등이 북위시대에 이루어졌다. 그러나 북방을 지키던 선비족 출신의 군인들은 소외감에 효문제 사후 반란을 일으켜 북위는 동위(東魏)와 서위(西魏)로 분열되고 다시 북제(北齊)와 북주(北周)로 바뀌었다. 이들 북위, 동위, 서위, 북제, 북주 나라들을 북조(北朝)라 불렀다.

북조를 대표하는 북위의 황제릉은 위서(魏書), 북사(北史) 등 문헌에 의하면 1대 황제 도무황제는 성락금릉(盛樂金陵)[171]에, 2대부터 6대 황제까지는 운중금릉(雲中金陵)에 있었고, 7대 효문제(孝文帝)부터 천도한 낙양에 능을 마련하였다. 먼저 태조 도무제 탁발규의 성락금릉은 물론 운중금릉의 정확한 위치를 알지 못하고 있다. 그렇다면 '금릉'이란 구체적 특정장소의 무덤 보다는 북위 전기의 황제릉에 대한 통칭이 아닌가 싶다. 북위 전기시대까지 원래 북방 유목민들은 도굴을 방지하기 위하여 소위 '잠매(潛埋)'라는 매장법을 애용했는데, 이는 제왕이 죽으면 분구를 만들지 않고 장송(葬送)에서도 여러 관구(棺柩)를 만들어 몰래 산속에 묻기 때문에 어느 것이 진짜 관인지도 모르고 묻힌 곳도 모르게 하였다. 그러나 한족의 문화를 수용하면서부터 황제릉 조성에도 변화가 생기게 되었다.

북위 시대에 아마도 한족의 황제릉처럼 분구를 높게 세운 것은 대동시의 영고릉(永固陵)이 최초일 것이다. 1976년 대동시박물관 등의 기관에서는 대동시 북쪽 25km 되는 곳의 서사아양산(西寺兒梁山, 옛날의 方山) 남부에서 북위의 능묘에서 영고릉을 발굴해냈다. 무덤의 주인은 효문제 원굉(元宏)의 조모, 헌문제(獻文帝)의 처인 문명태황태후 풍씨(馮氏)이었다. 영고릉은 현재까지 알려진 북위 조기(낙양 천도 전)의 유일한 제후릉(帝后陵)의 실례이다.[172] 필자가 풍태후(馮太后, 441~490)에 대하여

171 성락금릉과 운중금릉은 내몽고 성도 呼和浩特의 남쪽 40km 지점 土城子村 또는 和林格爾 인근으로 추정되고 있다. 현재 그곳의 西溝村에는 遺址가 있어 선비족의 발상지로 여겨지며 '성락박물관'이 세워져 있는데 탁발규의 기마상도 세워 놓았다. 그러나 이 학설에도 모순이 있는데, 왜냐하면 天興 원년 398년에 도무제가 수도를 平城(지금의 山西省 大同)으로 옮겼기 때문에 대동 일대가 '금릉'일 수가 있다.

172 劉毅, 앞의 책, p.78.

북위 효문제의 만년당 원경

큰 관심을 갖게 된 것은 이민족 국가인 북위에서 중국식 황제릉을 처음으로 채택하였다는 점도 있지만, 근래 중국 드라마 〈풍태후(馮太后)〉와 〈금수미앙(錦綉未央)〉을 보고 나서이다. 물론 드라마는 실제 역사와 다소 차이는 있지만 풍태후는 5대 문성제(文成帝, 재위 452~465)의 황후이며, 한족 최초로 황후에 올랐다. 23세 때 문성제가 25세로 요절하자 헌문제(獻文帝, 재위 465~471)가 황위에 오르게 되었지만 친아들이 아니기 때문에 태자가 책봉되면 생모를 죽이는 '자귀모사(子貴母死)'의 제도에서 살아남았다.[173] 그녀는 섭정을 하면서 자신의 애인인 이혁(李奕)을 죽인 헌문제를 퇴위시킨 후 독살하였다. 그런 다음 5살 밖에 안되는 손자 탁발굉(拓跋宏) 효문제(孝文帝)를 황위로 올렸다. 이후 헌문제와 효문제 시기 두 차례에 걸쳐 25년간 수렴청정하면서 북위를 강성하게 만들었다.[174]

역사에서는 풍태후를 좋게 평가하지 않는다. 하지만 그녀는 우리 고구려와도 관련이 있다. 어린 효문제를 엄격하게 교육시키고 국가를 안정시키며 국력을 튼튼하게 하였다. 이 때문에 이후 당나라의 측천무후(則天武后)와 비교될 만한 여걸이다. 그녀는 북위 최초로 잠매식 매장제도에서 벗어나 중국식의 황제릉을 세우게 되는

173 북위의 창업자 탁발규는 태자가 황제가 되면 외척의 발호를 우려해 그 생모를 죽이는 잔인한 제도이다. 그러나 9대 황제 효명제 때 신하들의 반대로 이 제도를 폐지하자 그 생모 영태후(靈太后)가 섭정하여 방탕한 생활과 국정운영으로 결국 북위는 망하게 된다.

174 黃濂, 『中國歷代帝陵』, 大連出版社, 1997, p.109.

데 위치는 대동시 서북쪽 25km 지점 방산(方山)을 선정하고, 그곳에 수릉(壽陵)을 조영하고 영고릉이라 칭하였다. 동시에 능의 남쪽에 영고석실을 만들어 청묘(淸廟 : 종묘)로 하려고 했다.

이후 효문제는 효심을 나타내기 위하여 영고릉의 북동쪽에 자신의 수릉을 조영하였다. 후에 낙양에 천도하고 낙양의 북쪽 북망산 지역을 '산원(山園)'으로 선정하였는데, 이곳(대동시)에 축조한 수릉은 '허궁(虛宮)'이 되었고 만년당(萬年堂)이라 칭하였다.[175] 현재 영고릉과 만년당 유적은 모두 보존되어 있고 발굴조사도 마친 상태이다. 영고릉은 방산 남쪽 산꼭대기에 있는데, 높고 큰 분구로 되어있다. 아랫부분은 방형이고 윗부분은 원형이며, 높이 22.87m, 남북 길이 117m, 동서 너비 124m이다. 만년당의 형상은 영고릉과 같은데 규모가 영고릉의 반 정도밖에 되지 않는다. 높이 13m, 각 변의 넓이 약 60m로, 영고릉의 배장묘에 해당되는 것으로 여겨진다.[176]

이 영고릉에 대하여 동시대 역도원(酈道元)이 쓴 『수경주(水經註)』에 상세한 기록이 남아 있는데, 묘 앞에는 석수(石獸)가 있었다고 한다. 이런 기록으로 보아 북위의 황제릉 앞에 석수를 배치한 첫 예가 될 것이다. 그후 효문제가 낙양으로 천도하여 자신의 능지를 장릉(長陵)으로 정하면서 효문제는 대동시의 수릉이었던 만년당과 낙양의 장릉, 두 개의 능을 가지게 된 셈이다. 490년 효문제는 풍태후가 죽자 기다렸다는 듯이 493년 낙양으로 천도를 하는데, 혹시 엄격하게 자신을 감시 감독하던 풍태후의 기억을 지우기 위해 서둘러 멀리 낙양으로 이전한 것은 아닐까? 그어쨌든 7대 황제 이후로 북위의 황제릉은 낙양에 조영하는데, 효문제의 장릉을 비롯하여 8대 선무제의 경릉(景陵), 9대 효명제의 정릉(定陵), 12대 효장제의 정릉(靜陵), 마지막 16대 효무제의 운릉(雲陵)이 알려져 있다.

'낙양'이란 도시는 우리 한국인들에게는 매우 친숙하고 그만큼 애착을 갖게 되는 도시이다. 우리의 귀에 익숙한 성주풀이의 한 구절을 예로 들면 "낙양성 십리허에 높고 낮은 저 무덤은 영웅호걸이 몇몇이냐?" 라는 구성진 소리를 익숙하게 들었기 때문이다. 왠지 낙양을 찾으면 북망산을 자연스럽게 떠 올리게 되어 자연히 황제릉 조사차 이곳을 찾게 되었다. 2014년부터는 동관왕묘(東關王廟)와 관련되는 중국의

175 『魏書』, 「皇后列傳」

176 양관 저, 장인성·임대희 옮김, 『중국 역대 능침제도』, 서경문화사, 2005, pp.91~92.

북위 효명제의 정릉 원경

관제묘(關帝廟)를 찾아 관림(關林)이 위치한 낙양을 또 찾게 되었다. 그와 함께 해주(解州)의 관제묘(關帝廟)도 몇 번 방문하느라 또 낙양을 들리곤 하였다. 낙양은 하남성에 위치한 중국 최고의 고도(古都)로 1300여 년간 13왕조의 수도였다. 우리가 죽으면 '북망산'에 묻힌다는 북망산은 실제로 낙양에서 북쪽으로 황하까지 망령(邙嶺)이란 나즈막한 산줄기이다. 750㎢에 달하는 면적의 북망산은 상나라 탕왕부터 후한, 북위, 수당을 거쳐 황제나 황족, 귀족과 민간까지 수천 만기의 무덤이 있는 세계 최대의 공동묘지이다. 망산에 묻힌 유명한 인물로는 후한의 광무제를 비롯한 제릉, 북위의 황제들, 서진의 진무제를 비롯한 황제들이 있다. 그밖에 여불위, 반초, 관우, 백거이 등의 유명인은 물론 우리나라의 흑치상지, 연개소문의 아들 연남생과 그 일족, 백제의 의자왕과 아들 융의 무덤까지 이 북망산에 있는 것이다.

주지하다시피 북망산에 의자왕과 태자 융의 무덤이 있다고 전해져 왔다. 이에 부여시에서는 낙양시와 자매 결연을 맺고 2000년에 의자왕의 무덤을 찾고자 조사단을 보냈다. 이곳에서 태자 융의 묘지석을 발견했으나 의자왕의 무덤으로 추정하는 곳은 이미 부지런한 중국 농부들에 의해 배추밭으로 변해 버린 지가 오래 되었다. 부여시는 할 수 없이 이 부근의 정갈한 흙을 가져와 능산리에 가묘를 만들었다. 이 때문에 근래 부여 능산리에 가본 사람은 의장왕과 부여융의 무덤이 만들게 되었다.

효문제의 장릉은 낙양노성의 서북 15km의 관장촌(官莊村) 동쪽에 있는 '대소총

정릉의 입구 과수원

효명제의 정릉

(大小塚)' 중 규모가 큰 대총이다. 선무제의 경릉(景陵)은 장릉 남쪽 총두촌(塚頭村)의 동쪽에 있는 대총이며, 또 효장제의 정릉(靜陵)은 경릉 서남쪽의 상채촌(上砦村) 남쪽에 위치한 대총이다. 선비족의 묘지는 장릉을 중심으로 하고 있는데, 황제릉은 그 서남쪽에 분포하며 다수의 황실묘는 그 동쪽에 분포하고 있다. 혈연이 약간 먼 선비족과 선비에 복속한 중신들의 묘는 또 동쪽 변두리 지역에 분포하고 있다. 황제릉이 서남쪽에 분포하고 있고 배장묘가 동쪽에 분포하고 있는 것은 당시의 예제와 관계가 있는 것으로 생각한다.[177]

그러나 현재 북위의 황제릉은 대부분 황폐되어 그 면모를 가늠하기도 어렵다. 예를 들어 효문제의 장릉만 해도 과수원 안에 조그만 분구만 덜렁 있고 철망으로 둘러 쌓여 있어 일반인은 들어갈 수도 없다. 다만 과수원 입구에 '제릉화과양생원(帝陵花果養生園)'이라는 간판이 있어 황제릉이 있음을 암시하고 있다. 하지만 밖에서는 보이지도 않고 철망 때문에 고민하고 있었는데, 꼭 들어가고 싶다는 열망 덕분에 지나가던 행인에게 부탁하여 주인의 안내를 받고서야 들어갈 수 있었다.

기록에 의하면 이 장릉은 효문제와 문소황후의 이분이혈(異墳異穴)의 합장묘이다. 무엇보다도 근래 이곳에서 석인좌(石人座)를 발견하여 북위의 낙양시대 황제릉에는 석인을 세웠다는 것이 증명되었다. 하지만 현재까지 유일하게 석인이 세워져 있는

177 양관, 앞의 책, p.95.

것은 선무제의 경릉(景陵) 뿐이다.

북위의 황제릉을 제대로 보려면 낙양고묘박물관 안에 있는 선무제의 경릉을 가봐야 한다. 2006년 처음 갈 때는 낙양 시내에서 83번 버스를 타고 가면 된다고 하였는데, 막상 표지판에는 '낙양고묘박물관(洛陽古墓博物館)'은 보이지 않아 당황했다. 현장이나 안내표지판에는 '하남고대예술박물관(河南古代藝術博物館)'이라고 써 있었다. 2017년 재방문했을 때는 6차선의 도로가 시원하게 뚫렸으며 이 도로를 20분쯤 달리자 오른편에 넓은 입구와 새로 마련된 엄청 큰 표지석이 위치하고 있다. 이 고묘박물관은 낙양시 북쪽, 이른바 북망산 망산총(邙山塚)에 자리잡고 있다.

너무도 유명한 북망산은 우리나라 망우리 묘지처럼 산중에 있는 곳은 아니다. 실제로 가보면 북망산은 그저 넓은 평원에 약간 경사가 있는 밋밋한 구릉지대여서 산이란 느낌은 전혀 들지 않는다. 고묘박물관은 세계에서도 유례가 없는 그야말로 옛날 무덤으로 이뤄진 박물관이다. 좀더 정확하게 말하면 전한시대부터 송나라까지 북망산 일대에 있던 황제부터 귀족 및 서민에 이르기까지 무덤 25기를 옮겨서 전시하고 있다. 고묘박물관은 부지가 3만㎡에 건축만 7,600㎡에 이르는 방대한 규모를 자랑하고 있다. 크게 지상과 지하로 구분되는데, 지하의 각 시대별 무덤도 볼만하지만 10여 곳의 한묘벽화(漢墓壁畵)는 학술적인 가치도 매우 높다.[178]

고묘박물관에 들어가서 바로 왼편으로 가면 북위 선무제 경릉이 있고 내부까지 공개되고 있다. 능은 원형의 분구를 가지고 있으며 높이 24m이고 직경 110m에 이른다. 내부는 경사진 묘길이 주실까지 이어져 있는데, 길이는 54m이며 '甲'자형 평면구성을 하고 있다. 주실의 천정은 공권정(拱券頂)인데 높이가 3.8m이다. 석문을 지나 주실에 이르면 석제의 관대(棺臺)가 있는데 벽면은 당시 중원에서는 보기 드문 벽돌로 되어 있다. 내부 현실은 몇 차례의 도굴로 인해 남아 있는 것이 거의 없다. 하지만 무엇보다 중요한 것은 능의 바깥쪽 입구에 서 있는 무인 석인상이 두 구가 서 있다. 왼쪽 것은 원래 출토된 것이고, 오른편 것은 근래 만든 것이다. 경릉을 통해 북위의 유일한 능묘 조각의 실체를 엿볼 수 있다. 북위는 낙양 천도 후 이곳에 남아 있던 후한시대의 능묘조각을 충분히 알고 있기 때문에 능 앞에 석물을 세울 수 있었을 것이다. 그러나 경릉의 석인 외에는 북위의 능묘 앞 석물은 남아있는 것이

178 대표적인 벽화는 후한의 〈出行圖〉, 전한의 〈打鬼圖〉,〈卜千秋壁畫〉 등이 있다.

북위 선문제 경릉의 석인상

경릉의 전경

없어 더 이상 추론은 불가능하다.

무덤의 주인 선무제 원각(元恪, 재위 499~515)은 효문제의 아들로 그 어머니 문소황후는 고조용(高照容)으로 고구려 사람이고, 그의 부인도 고구려 사람인 고영(高英)이다. 이는 풍태후 때부터 장수왕과 혼사문제를 거론한 바 있어 그 결실을 맺은 것 같다. 이와 같이 북위와 고구려는 상당히 밀접한 관계였다. 이러한 사실에 필자가 유난히 흥미를 갖게 된 것은 〈고구려 출신 북위 황태후 묘지 확인〉[179]이라는 신문기사의 제목을 보았기 때문이다. 여기에는 고구려 사람 고양(高颺)의 딸 고조용이 효문제의 후궁이 되었는데, 그녀가 낳은 탁발각이 황제가 되었고 그자 바로 제7대 선무제이다. 또 이러한 사실은 사서에서도 확인된다.[180] 앞에서 언급한 풍태후가 고구려와 혼인을 맺고자 했던 사실과 후에 효문제가 굳이 태자를 폐위시키고, 고조용이 낳은 탁발각을 태자로 세워 바로 선무제가 되게 했을까? 우리가 모르는 역사적 합의가 북위와 고구려의 사이에 있는 것 같다.

북위는 경릉의 주인공 선무제까지는 그런대로 나라를 잘 이끌었다. 그러나 8대 황제 효명제(孝明帝, 재위 516~528)가 등극하자 북위의 창업자 도무제(탁발규)가 그렇게 걱정하여 만든 '자귀모사(子貴母死)' 즉, 황태자를 낳은 어머니를 죽이는 제도

179 2004년 11월 8일자 경향신문

180 『魏書』 卷13, 「皇后列傳」에는 다음과 같은 말이 있다. "효문소황후 고씨는 사도공 高肇의 여동생이다(孝文昭皇后高氏, 司徒公肇之妹也)"

가 사라지면서 그 우려는 현실화되었다. 어린 효명제를 대신하여 섭정한 영태후(靈太后)는 풍태후와는 달리 방탕하였고 국고를 탕진시켰으며, 효명제를 독살하고, 황제를 두 번이나 갈아치우는 만행을 저질렀다. 그녀의 아들이 태자로 책봉될 당시 신하들을 조정하여 '자귀모사' 제도를 없앴기 때문에 영태후는 살아남을 수 있었고, 도무제가 걱정했던 대로 나라는 기울어져 갔다. 더욱이 그동안 지나친 한화정책으로 소외되었던 선비족들이 여섯 곳을 지키던 군사를 이끌고 이른바 '육진의 난(六鎭之亂)'이 일으켰고, 그 와중에 난을 진압하던 흉노의 이주영이 528년 낙양을 점령하고 영태후와 황제 그리고 신하 천여 명을 황하에 빠뜨려 죽였으며 결국 북위는 동서로 나누어지고 망하게 만든다.[181]

그후 동위는 북제(北齊)가 되고 서위는 북주(北周)가 되어 수나라가 통일하기까지 중국은 다시 혼란에 빠지게 되었다. 북제나 북주도 당연히 황제릉을 조영하여 영릉(永陵), 의평릉(義平陵), 준성릉(峻成陵), 무녕릉(武寧陵), 성릉(成陵), 정릉(靜陵), 공릉(恭陵) 등의 명칭은 전해지나 자세한 위치는 규명되지 못하였고 그 구조나 규모도 명확하지 못하고 있다. 동위, 서위, 북제, 북주의 황제릉은 자료가 충분하지 못하여 본서에서는 제외하기로 한다.

2) 남조의 황제릉 – 혼란 속에 핀 위대한 석각예술

남조(南朝)라 하면 북위를 대표로 하는 북조에 대해 남쪽 지역에서 흥망성쇠를 거듭한 유송(劉宋), 제(齊), 양(梁), 진(陳)의 네 왕조를 말한다. 시기적으로 동진이 건국한 317년부터 진나라가 수나라에 의해 멸망하는 589년까지 272년간이다. 이 시대를 중국 역사에서는 '북조', '위진남북조시대', '남조', '육조시대' 등 여러 명칭으로 구분하기도 한다. 육조시대(六朝時代)란 말은 앞서 살펴본 오(吳)와 동진, 송, 제, 양, 진을 통칭한 것이다.

181 이주영은 효장제를 조정하고 부하 고환은 반란을 일으켜 절민제를 폐위하고 효무제를 세웠다. 효무제는 고환의 학정을 피해 장안으로 도망쳐 우문태에게 의지하고, 고환은 효정제를 옹립한다. 우문태는 효무제를 살해하고 문제를 즉위케 하니 이로써 북위는 동서로 분열되고 534년 망하게 된다.

동진(東晉)의 황제릉

서진이 멸망하기 전후에 이미 많은 서진의 귀족들과 백성들은 남쪽으로 내려와 터전을 잡았다. 동진(東晉, 317~420)은 서진이 유연의 전조(前趙)에게 멸망당하자 먼 건강(建康, 지금의 난징시)에 위치해 있던 승상 사마예(司馬睿, 276~322)에 의하여 세워진 망명왕조이다. 원제(元帝) 사마예는 화북에서 내려온 피란민과 토착 호족들을 잘 혼합하여 정치적으로 안정을 꾀하고 국토를 개척하여 경제적으로 당시 화북과 겨룰 정도로 발전하였다. 정치적으로 주도권을 장악한 남하귀족들은 토착호족들과 협조하면서 점차 강남의 풍광명미한 경치, 온난한 기후에 적용하게 되었다. 그리하여 혼전(混戰)으로 황폐화한 중원을 회복하려는 희망은 잊어 버리고, 평화로운 생활을 즐긴다. 진(秦), 한(漢)의 고대왕조와는 그 질을 달리하는 남조 귀족문화가 여기서 활짝 꽃피게 된 것이다.[182]

사실 이러한 안락한 생활은 '비수의 대전(淝水大戰)'[183] 승리 후에도 동진은 중원을 회복하려는 의지를 보이지 않고 현세에 안주하고 문화예술에 심취하게 만들었다. 그러나 예술은 난세에 더욱 발전하게 되는 것을 알 수 있다. 중국 역사상 서성(書聖)이라 일컫는 왕희지(王羲之, 307~365)나 화성(畫聖) 고개지(顧愷之, 405년경 사망), 시성(詩聖) 도연명(陶淵明, 365~427) 등이 동진에서 활동했다는 것은 무슨 이유일까? 전란 속에서 예술은 더 발전할 수 있는 것인가? 하긴 세계역사상 예술은 어려운 시대환경에서 더욱 발전하는 것을 많이 볼 수 있기는 하다.

동진의 우아한 귀족시대의 종말은 393년부터 시작된 농민반란 때문이었다. 강남에서 손은(孫恩)이 난을 일으키자 형주의 환현(桓玄)이 진압을 핑계로 건강에 입성해 제위를 찬탈하였다. 이에 하급군인 출신인 유유(劉裕, 363~422)가 이들을 무찌르고 안제(安帝)를 복위시켰다. 그후 유유는 북벌을 감행하여 후진(後秦)을 멸하고 420년 동진의 공제(恭帝)로부터 선양 받아 즉위하면서 송(宋)나라를 세웠다. 이후 조광윤이 세운 송나라와 구별하기 위하여 유유가 세운 이 나라는 유송(劉宋)이라 부른다.

동진은 4세를 거쳐 모두 11명의 황제를 배출하였다. 『진서(晉書)』의 기재에 따르면 원제는 건평릉(建平陵)에 안장되었고, 명제는 무평릉(武平陵)에, 성제는 흥평릉(興

182 김영진 역편, 『중국오천년사』, 대광서림, 2002, p.218.

183 前秦의 符堅이 수십만 대군으로 383년 동진을 침공했으나, 謝玄이 이끄는 불과 몇 만의 동진군에게 4전 4패를 하게 된 전쟁이었다.

위 명제 고평릉의 유지

平陵)에, 강제는 숭평릉(崇平陵), 목제는 영평릉(永平陵), 애제는 안평릉(安平陵), 간문제는 고평릉(高平陵), 효무제는 융평릉(隆平陵), 안제는 휴평릉(休平陵), 공제는 충평릉(沖平陵)에 안장되었는데, 폐제(廢帝) 해서공은 오나라에서 죽었으나 무덤위치는 고증되지 못하였다.[184] 근래의 발굴과 연구 결과에 의해 동진의 황제릉들은 건간성 북쪽의 여러 산등성이에 영조 되었을 것으로 보고 있다.

유송(劉宋)과 제(齊), 양(梁), 진(陣) 남조의 황제릉

동진의 장군 유유(劉裕)가 420년 송나라를 건강에 세우고 무제(武帝)라 칭하면서 남조의 막을 열었고 사후에 초녕릉에 안장되었다. 송(宋)은 후의 조씨(趙氏)의 송나라와 구분하기 위해 흔히 '유송(劉宋)'이라고 부르는데, 8황제가 있었으며 479년까지 59년간 존속했다. 유유는 황제가 되면서 주위에 명문 출신보다는 자신의 비천한 집안 출신들로 주요 관직을 채웠다. 중앙집권제로 정권은 안정되었지만 송문제(宋文帝) 이후 전대미문의 망나니 황제들이 연이어 등장함으로써 결국 연주 자사인 소도성(蕭道成)이 내란 중에 힘을 길러 479년 송을 멸하고 제(齊)나라를 세웠다. 송을

184 劉毅, 앞의 책, p.70.

비롯한 남조의 왕조들은 모두 단명한 것이 특징이다. 송은 8대 59년, 제는 7대 23년, 양은 5대 56년, 진은 5대 25년 밖에 안 되었다. 이것은 왕조의 정통성이 약하고 무엇보다도 황제들이 무능하고 부패, 방탕한데서 원인을 찾을 수 있다. 실로 중국 역사상 '막장급 황제'들은 이 시기에 모두 집결한 것 같다. 특히 유송은 그 도가 넘어 인류 역사상 최악의 황제를 배출시키는 영광(?)을 얻었다.

유유가 세운 송나라는 2대 송문제(宋文帝)까지는 장강 유역을 통치하면서 동진을 능가하는 발전을 이룩했다. 그러나 송문제 유의부(劉義符 재위 423~424)부터 유씨 집안의 망나니 기질이 드러나기 시작한다. 그는 궁중 화림원에서 주막을 차리고 직접 술장사를 하며 놀다가 아랫사람 채찍질에 흠취하여 18세에 죽고 만다. 그래도 3대 황제 유의륭(劉義隆, 재위 424~453)은 이 가문에서 보기 드물게 명군으로 평가도 괜찮은 편이지만 29년이나 장기 집권한 것에 불만을 품은 아들 4대 유소(劉劭, 재위 453)에게 살해 당한다. 유소는 거의 광기 어린 살인마로 아버지의 측근이나 후궁, 18명의 형제들 마저 모조리 죽였다.

그러자 유준(劉駿)에 와서는 막장황제의 면모를 유감없이 보여주기 시작했다. 또한 그는 아버지를 죽이고 황제가 된 형 유소(劉劭)를 죽이고 아우들과 조카들을 거의 살해하여 후환을 제거하였다. 게다가 지나친 성욕을 주체 못해 집안의 가족까지 범하는 인면수심의 황제였다. 일찍이 유유는 자식들의 교육을 위하여 궁궐 안 공간에 자신이 고생하던 시절의 농사용구 등을 전시하였는데, 유준은 "이런 비천한 농사꾼인 주제에 감히 황궁에 함께 있다니 과분한 짓이 아닌가?"라고 하고 개국황제의 흔적을 다 지워버릴 정도로 패륜적이다. 더욱 놀라운 일은 이런 유준에게 올린 시호가 '효문제(孝文帝)'라는 점에서 아이러니하다.

드디어 유송의 막장황제의 극치를 달리는 그 아들 5대 전폐제 유자업(前廢帝 劉子業, 재위 464~465)이 등장한다. 불과 16세에 즉위한 유자업은 인륜이나 천륜이란 말을 모르고 산 미치광이 같았다. 집안 어른인 유의공이 부담스럽다 하여 그 집안 식구들을 몰살시키고 유의공과 그 아들 4명은 사지를 찢고 내장을 파내며 눈알을 뽑아 죽인 것도 모자라 숙부들도 잡아 가두고 고문을 했다. 또한 고모를 첩으로 삼고 고모부와 가족들을 도륙했으며, 황후와 친족, 비빈들을 모아 놓고 공개적으로 신하들과 상간하게 하였다. 유송의 모든 황제 중에서도 유자업이야 말로 근친살해, 근친

상간, 근친능욕 등 역사상 어느 누구도 하지 못한 못된 일은 다 저질렀다.

그 황제에 그 누이라는 말이 있다. 유자업에게는 산음공주(山陰公主)라는 누이가 있었다. 황제에게 "같은 형제인데 황제는 거느린 여자가 만 명이나 되는데, 나는 고작 부마 한 사람뿐이니 이렇게 공평치 못한 일이 어디에 있습니까?"[185] 라고 항의 하자 유자업은 미남 30인을 내려 주었다. 이로 미루어 볼 때 산음공주는 남편을 가장 많이 거느린 여자가 되었다. 그러나 보다 못한 환관에게 이 황제는 죽임을 당하였는데, 그 나이 불과 17세였다.

폐제(廢帝) 유자업을 이어 6대 황위에 오른 유욱(劉彧, 재위 472)은 형제와 그 후손들을 도륙한 살인마였고, 이를 이어 가문의 정점을 찍은 것은 그 아들 유욱(劉昱, 재위 473~477) 7대 황제였다.[186] 불과 10살의 어린 나이로 등극했지만 원래 그는 천재 소리를 들을 만했다. 어려서부터 한 번 들은 음으로 처음 접하는 악기도 연주할 정도였으며, 옷이나 모자를 만드는 것을 한 번 보고는 그 자리에서 따라 만드는 신동이었다. 또한 타고난 공예가로 온갖 도구를 만들었는데, 톱·망치·집게·끌·송곳 등을 직접 제작해 여러 기물을 만드는 재주를 과시했으니 오늘날의 한국에 있었으면 국가무형문화재 보유자로 지정하고도 남을 만하다.

그러나 여기까지는 호기심 많고 재주 많은 소년 황제라 불렀으면 좋으련만 그는 이 연장으로 공예품을 만들기보다는 산사람을 자르고, 쓸며, 분해하는데 더 흥미를 가졌다. 입에서 냄새가 난다고 그 사람 배를 갈라 보았고, 사람을 분해하면 언제쯤 죽나 지켜보는 학구열도 발휘하였다. 밤낮을 가리지 않고 시종들을 무장시켜 거리를 다니면서 닥치는 대로 사람을 죽이고 스님을 보면 활을 쏘아 맞혔다. 또한 쇠몽둥이를 들고 다니며 마음에 안 드는 사람을 그 자리에서 쳐 죽였는데, 매일 사람을 죽여야 편히 잠자리에 들었다 하니 역사상 최악의 인간이었다. 결국 그의 사이코패스적 기질에 생명의 위험을 느낀 수하들이 유욱을 살해했는데 그때 그의 나이가 불과 14살이었다. 이렇게 유욱이 죽은 다음에 만백성의 환호 속에 단양(丹陽) 말릉현(秣陵縣) 서쪽에 안장되었다고 하는데, 이 희대의 사이코패스의 무덤을 수소문해 보았지만 도저히 찾을 수가 없었다. 하기야 아무리 황제라 해도 이렇게 많은 사람을

185 『宋書』, 「本紀」

186 아버지 劉昱과 음이 같아 7대 유욱을 少劉昱이라 부른다.

도살한 자의 무덤을 제대로 만들어 주었을 리가 없을 것 같다.

송나라에만 막장 황제가 있었던 것은 아니었다. 제나라의 3대 황제 울림왕(鬱林王) 소소업(蕭昭業, 재위 493~494)은 향락과 황음으로 1년만에 국고를 거덜내었다. 이러한 그가 홀로된 어머니 왕태후를 위로하기 위해 30명의 남자를 보내 시중을 들게 하는 효심(?)을 보이기도 했다. 제나라 6대 황제 동혼후(東昏侯) 소보권(蕭寶卷, 재위 498~501)은 송의 유욱조차도 존경할만한 막장 황제였다. 그는 사이코패스와 황음무도라는 말이 부족할 정도이다. 궁궐 밖에 나가면 이유 없이 보이는 사람들을 죽였으며, 미인은 사지를 잘라 개목걸이 채워 사육했고, 궁녀들을 모아 개와 수간을 시키고 충언을 하거나 표문을 올리는 신하는 살아남지 못하였다. 결국 16세에 즉위한 소보권은 부하에 의해 19살 나이에 허리가 잘려 죽고 말았다.

진(陳)나라의 마지막 황제 진숙보(陳叔寶, 재위 582~589)는 앞에 열거한 송과 제의 망나니 황제에 결코 못지않은 위인이다. 그는 극도의 사치와 부패, 황음으로 대기록을 세웠다. 미인 천 명을 선발해 노래와 음악을 연주하게 하고 신하들과 매일 주색에 빠져 있었다. 심지어 수나라가 쳐 들어왔을 때 전공이 많은 소마가(蕭摩訶)가 이를 저지하기 위해 전장에 나가자 진숙보는 소마가의 아내를 입궁시켜 놀아났다. 사실 이들은 사돈지간이었다. 이를 들은 소마가는 전장에서 화병으로 죽고 만다. 결국 589년 진나라는 수나라에게 멸망 당하게 되었다.

물론 남조에서도 창업군주는 모범적인 황제 노릇을 했지만 자식들에게 제대로 황제 교육을 시키지 못하여 망나니 황제를 배출해 왕조를 단명하게 만들었다. 그밖에도 막장황제와 그 일가에 대한 황음무도하고 패륜적인 이야기는 너무도 많이 전하고 있다. 하지만 차마 필설로 표현하기에도 낯뜨거워 일부만 소개해도 이 정도이다. 이런 전력을 가진 남조의 황제들은 사후에 황제릉은커녕 무덤도 남아 있지 못하여 답사에 어려움을 겪을 것으로 여겼다.

남조는 손권이 다스린 동오(東吳)를 필두로 동진-송-제-양-진으로 이어진 육조시대이다. 미술사에서 육조시대는 많은 예술가를 배출하여 상당한 호의를 갖고 있다. '강남지역'이란 멋진 공간에 찬란한 육조시대의 예술이 화려하게 꽃피웠다.[187] 그러나 정치적으로는 매우 혼란하여 당시를 통치한 황제들의 패륜망덕한 사생활을 알

187 육조시대의 王羲之를 비롯한 서예가는 물론 顧愷之, 陸探微, 張僧繇, 宗炳 등 미술사에서 매우 중요한 화가와

단양 남조능묘석각

고 나서는 그들의 황제릉이 제대로 남아 있을지 더욱 궁금해 졌다. 20년 전 난징에 갔을 때 사전 지식도 없이 택시를 타고 남조의 황제릉을 찾고자 했다. 남조의 황제릉도 명13릉(明十三陵)이나 청서릉(淸西陵), 청동릉(淸東陵)처럼 한 곳에 모여 있는 줄 알고, 황제릉 정도면 지명도가 높아 누구나 어디에서나 쉽게 찾을 수 있을 줄 알았는데 그러지 못하였다. 더욱이 택시 기사들도 이에 대해 잘 아는 사람이 없었다. 결국 헤매고 다니다가 난징 시내의 공원이나 박물관에 있는 석조각 몇 점만 보고 말았다. 몇 년간 남조 황제릉에 대한 보고서나 서적 등을 읽고 난징을 도읍으로 한 육조시대의 황제릉 리스트를 작성하고 소재지도 파악한 다음 2014년에 재답사에 들어갔다.

기록상 남조, 즉 송·제·양·진의 네 왕조에는 송 8황제, 제 7황제, 양 5황제, 진 5황제로 모두 25명의 황제가 있었다. 이에 따라 황제릉도 25기가 있어야 하고, 황후를 비롯한 황족의 무덤만도 수백 기는 되어야 한다. 그러나 수나라가 통일한 이후 1400여 년 이상 누구의 관심이나 보호를 받지 못해 황폐화되어 흔적도 못 찾는 경우가 많았다. 신중국 건립 이래 고고공작대가 발굴을 시작하여 육조능묘(六朝陵墓)

미술이론가들이 활약하였다.

송무제의 초녕릉

초녕릉의 석수

16기를 찾아내어, 난징지구에서 13기, 단양(丹陽)에서 3기, 난징 부귀산의 동진묘, 난징대학 북원(北園)과 막부산의 동진묘 3기 기타 10여 기의 남조능묘(南朝陵墓)를 발굴하였다.[188] 그후 조사와 발굴을 꾸준히 한 결과 1998년에는 난징 12기, 강녕 10기, 구용(句容) 1기, 단양 13기 등의 발굴 성과를 이루었는데, 왕조별로는 유송 2기, 제나라 9기, 양나라 13기, 진나라 2기, 실명(失名) 10기 등이다. 그중 황제릉으로 확인된 것은 송무제 유유의 초녕릉(初寧陵), 문제 유의융의 장녕릉(長寧陵), 제선제 소승지의 영안릉(永安陵), 제고제 소도성의 태안릉(泰安陵) 제무제 소임의 경안릉(景安陵), 제경제 소도생의 수안릉(修案陵), 제명제 소란의 흥안릉(興安陵), 양문제 소순지의 건릉(建陵), 양무제 소연의 수릉(修陵), 양간문제 소강의 장릉(庄陵) 등은 단양에 있다. 진나라 무제 진패선의 만안릉(万安陵)과 문제 진천의 영녕릉(永寧陵)은 강녕(江寧)에 있다. 상술한 황제릉 외에 많은 왕후묘(王侯墓)들은 난징 감가항(甘家巷) 일대에 집중되어 있다.[189]

188 梁白泉 編,,『南京的六朝石刻』, 南京出版社, 1998, p.49.

189 林樹中 編,,『六朝藝術』, 南京出版社, 2004, p.187.

위대한 석각예술

난징(南京)은 중국의 4대 고도(四大古都) 중 하나로 '남쪽의 수도'라는 뜻이 있다.[190] 낙양을 중심으로 서쪽은 시안, 북으로는 베이징, 남으로는 난징이라 이름 붙여진 것이다. 난징은 중국에서 10개 왕조가 수도로 삼아 역사가 깊은 곳이다. 난징은 오나라 손권이 도읍하였을 때는 건업(建業)이라 불렀는데, 동진 때부터 건강(建康)이라 고쳤고 이후 송·제·양·진이 계속 이곳을 수도로 삼았다. 당나라 때는 '금릉(金陵)'이라고도 불렀지만 주원장이 이곳에 명(明)나라를 건국 후 '난징'으로 고쳤다.[191] 난징은 산자수명한 풍광과 쑨원(孫文)의 중산릉(中山陵), 명 태조의 효릉(明孝陵), 영곡사(靈谷寺), 난징박물관 등이 유명하다. 중국에서 가장 큰 성문인 중화문(中華門)[192]과 명대성벽(明代城壁) 등을 보기 위하여 이전에도 이미 여러 번 난징을 방문했지만 이제는 황제릉 때문에도 또다시 몇 차례 방문하게 되었다. 난징의 관문인 루커우(祿口) 공항에서 한 시간이면 시내에 도착하는데, 요즘은 고속철의 개통으로 강남의 문화 유적지인 상하이, 쑤저우, 항저우 등의 도시도 불과 1~2시간이면 갈 수 있다.

2014년의 남조의 황제릉 답사는 난징에 숙소를 정하고 이틀간 일정으로 시작했다. 첫날은 단양(丹陽)[193]과 구용(句容) 일대로 난징에서 100km 이상 떨어진 먼 곳을 찾아가기로 했다. 둘째 날은 감가항을 비롯한 난징 시내와 인근으로 잡았다. 이때는 아직 내비게이션이 완전하지 못하였기 때문에 먼저 난징 일대의 큰 지도를 구해 놓고 발굴보고서나 논문 등의 문헌에서 소재지가 밝혀진 황제릉과 황족릉을 표시해서 찾아갔다. 중국에서 황제릉은 일반인이 잘 찾아가는 유명한 관광지가 아니라 벌판이나 산중에 산재되어 있어 답사하기가 쉽지 않다. 대중교통이 발달되어 그것을 이용하면 편하고 좋으련만 필자가 찾아가는 곳은 남이 잘 가지 않는 곳이라 대개 렌트카 회사에 부탁하여 차와 기사를 빌리거나 택시를 타야 했다. 유럽이나 미국, 일본 등지에서는 렌트카를 이용해 여행 다니기 어렵지 않다. 그러나 중국은 도

190 西安, 洛陽, 北京, 南京을 말한다.

191 태평천국난 때는 홍수전이 이곳을 수도로 삼고 天京이라 불렀고 가장 최근에는 국민당 정부가 이곳 난징을 수도로 정하였다.

192 원말 명대 초에 세워진 난징성의 13개 성문 중 하나로 중국의 성문 중 가장 크다. 높이 22m에 너비 118m, 성문 좌우 길이만 128m에 달한다. 성문은 네 겹인데 천근갑이란 차폐시설과 27개의 병사를 숨겨두는 장병동이 있는 난공불락의 성문이다. 중국 건축사상 매우 중요한 건물이다.

193 한국의 단양과 한자도 똑같아 두 도시는 2005년 '우호교류협력도시' 협정을 체결하였다.

로 사정이나 표지판이 부실하고 시내에서는 신호나 차선을 무시하기 때문에 너무 위험해서 도저히 운전할 엄두가 나지 않는다. 그래서 전날 가야 할 곳에 대해 충분히 의논하고 렌트카 회사에 가야할 곳의 정보를 알려주고 운전기사에게 미리 공부해 오라고 당부했다.

다행히 남조 황제릉을 함께 하기 위해 호텔 로비로 온 운전기사는 젊고 단정하며 가고자 하는 곳의 위치를 안다고 하여 안심되었다. 차는 난징 시내를 벗어나 고속도로를 타고 단양으로 갔다. 시가지를 벗어나 신시가지로 나가자 허허벌판이던 곳에 군데군데 아파트와 공장들이 쑥쑥 올라가고 있었다. 중국은 몇 년 사이에 발전하고 변화하여 상전벽해로 변하는 경우가 많다. 10여 년 전의 아무런 표시물도 없었던 들판과 농경지에 현대식 건축물로 그득한 거리로 바뀌곤 한다. 신시가지를 달리다가 도로 표지판을 본 순간 탄성을 질렀다. 분명 옛날에 다니던 벌판인데, 신작로 도로 가운데 녹색 표지판에 '제양로(齊梁路)'와 '기린로(麒麟路)'라는 글씨가 선명하게 쓰여 있는 것이 아닌가! 바로 육조시대에 우리가 찾아가야 할 그 황제릉을 의미하는 문자이다.

그러나 표시판을 본 기쁨도 잠시 다시 시가지를 벗어나자 아무 것도 없는 허허벌판이 나왔다. 실망감과 함께 점점 걱정이 커지고 있었는데, '제양황제릉(齊梁皇帝陵)'이란 팻말이 보이는 좁은 농로가 나타났다. 그 길을 따라 2km쯤 더 가자 잡초 사이에 꿈에도 그리던 석수(石獸)와 석주(石柱)가 서 있었는데, 땔감 한 무더기가 기대져 있었다. 예나 지금이나 농부들은 부지런하다. 그들은 능원을 갈아 농작물을 키우고 있었으며, 다만 석조물들은 무거워 옮기지 못했을 뿐이다. 농부들에게 있어 황제릉의 석물이란 농사를 짓는데 방해물일 뿐이고, 그 자리에 옥수수 10여 그루를 심지 못하게 한 애물단지였을 것이다.

단양의 황제릉 중 처음 들른 곳이 제 명제의 흥안릉(興安陵)이다. 현재 석수 하나만 덩그러니 서 있을 뿐이다. 이곳에서 북쪽으로 400m쯤 가니 석수와 석주가 있는데, 여기가 바로 양문제의 건릉(建陵)이다, 현재 여기에는 3종 6건의 석물이 서 있었는데,[194] 모든 것이 온전하여 더 반가웠다. 이곳에서 평지로 500m 가량 걸어가니 이번에는 양무제의 수릉(修陵)이 있는데, 아쉽게도 석수 한 마리만 잡초 속에 있을 뿐

194 남조의 황제릉 앞에 설치한 석물은 일반적으로 석비, 석주, 석수의 세 종류가 쌍으로 배치됨으로 3종 6건이

양문제 건릉 전경

양무제 수릉의 석수

이다. 이곳에서 5~60m 지점에는 양간문제의 장릉(庄陵)이 있는데 역시 석수 하나만 있는데, 절반쯤 파손된 상태지만 상반신만 있음에도 조각적 솜씨와 위용은 감동적이었다.

이곳에서 북으로 2km 지점에는 제경제의 수안릉(修安陵)이 있다고 하는데 가까운 거리지만 찾아가기가 보통 어려운 것이 아니었다. 남조의 능을 찾을 때마다 느끼는 것인데 무엇보다 가장 어려운 점은 뚜렷한 이정표나 로드 마크가 될 만한 것이 전혀 없다는 점이다. 산이나 큰 구조물이 있으면 짐작이라도 할 수 있건만, 남조의

되는 것이다.

양간문제의 창릉 앞 석수

제경제의 수안릉 석수

무덤은 그야말로 허허벌판과 끝없이 펼쳐진 농경지에 산재되어 있다는 점이다. 야트막한 야산조차 하나도 없기에 방향 감각을 상실하기 일쑤이다. 그렇다고 길을 물어볼 사람이나 건물조차 없는 벌판을 헤매다가 몇 번이나 왔던 길을 되돌아가곤 하였다. 다행히 작은 공장이 있어 사람에게 물으면 작은 오솔길을 가리키면서 조금 가면 보일거라고 했다. 반산반의하면서 숲길로 200m쯤 들어가는데 다행히 오른쪽 숲속에 무언가 보였다. 정글 속을 다니듯 덤불을 헤치고 들어가니 바로 그토록 찾아 헤매던 수안릉의 석수 한 마리가 대좌 위에서 포효하고 있는 것이 아닌가! 이 수안릉의 석수는 크기는 작지만 우수한 조각술과 조형미가 뛰어나 꼭 보고 싶었던 석수이다.

이 수안릉에 관심을 가진 것은 1900년대 초에 찍힌 한 장의 흑백사진에서 비롯된다. 드넓은 황량한 벌판에 석수 두 마리가 마주 보고 서 있는데, 배후지가 넓어 황제릉 전체를 아무런 장애물 없이 조망할 수 있었다. 황제릉의 구조와 배치를 살펴보기 좋아서 이곳을 굳이 선택한 것이다. 그러나 세월이 지나면서 황무지에는 조림을 하여 제법 숲이 우거지고 사진이나 문헌에서 보던 모습과는 달라졌다.[195] 예전 그 느낌과 달라졌으며 황제릉의 흔적도 오직 이 한 마리의 석수뿐이었다. 그밖에도 단양과 구용(句容)에는 거의 20여 기의 달하는 남조의 황제릉이 있지만 잡초 속의

195 『丹陽縣志』에 의하면 수안릉에는 석수 2구가 있는데, 조각이 매우 정교하다. 왼편의 석수는 뿔이 두 개이고 天祿이다. 오른편 것은 뿔이 하나인데 麒麟이다. 표면의 부조가 정교한 미가 있고, 자태가 매우 위엄이 있으며 날아오르는 듯 하다.

양 계양간왕의 소융묘의 웅대한 석수

석수만이 남아 있을 뿐 황제릉의 면모는 어디에도 찾을 길 없다.

다음 날에는 난징 시내에서 가까운 감가항(甘家巷) 일대의 황족과 황자들의 능을 찾아가기로 하였다. 황제릉도 그 모양인데 황족이나 황자의 능이야 오죽하랴 싶어 큰 기대를 하지 않았다. 그러나 결과는 정반대로 이곳을 보지 않고는 남조의 황제릉과 석각들을 논할 수가 없을 정도였다. 감가항은 난징 시내에서 한 시간 정도 벌판길을 달려가면 되는 근래에 세워진 주택가이다. 20~30년 전의 흑백사진을 보면 완벽한 농촌의 벌판이었는데 그때의 사진만으로는 도저히 양나라 능묘를 찾을 수가 없었다. 이때만 해도 내비게이션이 없어서 순전히 조사보고서의 내용대로 동네 사람들에게 묻고 또 물어서 찾아갔다.

양나라 계양간왕(桂陽簡王) 소융(蕭融, 472~501)의 묘에 있는 석각이다. 현재 소유청중학교 뒤쪽의 공원에 있는 이 신도의 석각은 두 마리로 동북과 남서 방향에 위치해 있는데, 서로 마주 보고 서 있는 입상조각이다. 고개를 한껏 들어 뒤로 제치고 가슴을 앞으로 내밀고 있으며 혀는 길게 내민 이 석수는 양쪽 어깨에 날개가 달려 있고 사지는 굳건하게 대지를 밟고 있다. 이 석각은 길이 3.3m, 높이 2.46m에 해당

양 파양충렬왕의 소회묘

양 안성강왕 소수묘의 석비

되는 거대한 크기이다.[196] 이 조각은 다른 남조의 석각에 비하여 조각술이 특별하다. 마치 현대조각처럼 세부 디테일은 생략하고 매스를 강조함으로써 기념비적 성격을 갖게 하며 데포르메가 강하여 시각적 효과를 극대화 시켰다.

감가항의 양나라 석각들은 분명 다른 지역의 석각들과 차별성을 갖고 있다. 이 지역의 조각가들은 'S' 자 형태의 몸체에 장식적인 부조를 많이 한 남조 석각의 전통에서 벗어나 공간감보다는 절제된 매스의 힘찬 표현에 더 흥미를 느끼게 되었다. 이 당시에 불과 100km 거리 안에서도 또 동시대에 이와같이 조형술의 다양성과 변화를 본다는 것은 매우 보람있는 일이다. 이 곳에서 멀지 않은 도로변 공원 안에는 비슷한 양식을 가진 또 다른 석각들이 있다. 그것은 양나라 파양충열왕(鄱陽忠烈王) 소회묘(蕭恢墓)와 감가항 소학교 내에 있는 안성강왕(安成康王) 소수(蕭秀, 475~518) 묘의 석각군에서도 보이는 현상이다. 특히 소학교 안의 양무제의 동생인 소수묘에 있던 석각들은 원래 주택가와 공터에 산재되어 있었다. 그러다가 1974년

196 徐湖平 編, 『南朝陵墓彫刻藝術』, 文物出版社, 2006, p.79.

양 임천장혜왕의 소굉묘 각종 석물

물속에 잠긴 소굉묘의 석수

부터 발굴되고 조사되었는데, 가장 많은 숫자를 자랑하고 있다. 특히 거북등 위에 세운 석비가 4점, 석주가 2점, 석수가 2점, 그밖에 석물이 4점 등으로 다종다양하다. 이들 석물은 주위에 주택지가 들어서면서 공터에 아무렇게나 나뒹글고 있었는데, 2006년 경 이곳에 소학교가 세워지면서 다행히 수습되어 현재는 소학교 정문 입구에 가림막을 세우고 임시건물 속에 전시되어 있다.

보다 드라마틱한 장소에서 만난 석수는 양나라 황족인 임천정혜왕(臨川靖惠王) 소굉(蕭宏, 473~526)의 것이다. 이것을 볼 수 있던 것은 정말 행운이었다. 이곳은 난징시의 선림대학교 안에 있다고 해서 쉽게 찾아 볼 줄 알았는데, 학교 부지가 워낙 넓어 헤매었다. 교정 밖을 빙 도는 데 남쪽 철망쪽 담장 안에 석물이 있는 것이 보였다. 다시 차를 돌려 정문으로 들어가려고 하니 하필 그날이 학훈단 교열식이 있는 날이라 교내 출입이 불가하다는 통보를 들었다. 다행하게도 영리한 운전기사가 사방에 전화를 걸어 담장 뒤쪽에 있는 공사용 출입문으로 들어갈 수 있게 해 주어 들어갔다. 막상 안으로 들어가보니 옛날에는 들판이었던 묘지 일대가 호수로 바뀌어 있었다. 학교의 공사를 하면서 이곳 부지의 흙을 파내면서 호수가 만들어진 것이다. 능 앞에 있던 각종 석물들이 물가나 물 속에 잠기게 된 것이다. 그 덕분에 물 속에 있는 능묘 석각의 드라마틱한 풍경을 보게 되었다. 그러면서 문화재에 대한 중국인들의 무관심이 놀라울 따름이다. 특히 이 소굉묘의 신도석각 중 인상 깊었던 것은 물속에 잠겨 있는 서쪽 석주(石柱)였다. 높이 35.2m인데 정상부의 작은 석수는 산일되었으

나 표지석 역할을 하는 석액(石額)은 분명하게 남아 능주를 알려주고 있다.[197]

이처럼 남조의 황제릉들은 난징시와 주위 100km 이내에 산재되어 있다. 그러나 하나 같이 모두 도굴당하였으며 능역에 있던 어떤 건축물이나 묘실도 남아 있는 것이 없다. 다만 무거운 석각들 때문에 그 위치를 짐작할 수 있을 뿐이다. 관련 사료와 일부 발굴된 자료에 의하면 대부분 제후동혈(帝后同穴)이며, 현궁은 전축분(塼築墳)으로 단칸구조이고, 꼭대기는 권정(券頂)이나 궁륭형(穹窿形)이며 벽면은 인화문의 벽돌로 쌓았다. 이 남조황제릉은 백제의 무령왕릉 내부 모습과 비슷하였다. 무령왕릉 안에서 발견된 남조시대의 도자기와 같은 출토품도 그렇고, 남조의 황제릉과 문물에서 백제가 떠 오르는 것은 누구나 같을 것이다.

남조의 여러 황제릉은 산과 가까운 곳을 택하였으며 능지(陵址)를 점쳐서 선택하는 데 있어서 풍수지리설을 숭상하였다. 풍수설은 감여술(堪輿術)이라고도 하는데,[198] 한나라에서 처음으로 시작되었다.[199] 당나라부터는 분명 능이라 하면 능 주위에 뚜렷이 산이 눈에 뜨인다. 그러나 남조가 산과 가까운 곳에, 후대에 송나라가 산을 등지고 있는 능과 산의 관계를 논하지만, 이들 산이란 우리 눈 앞에 보이는 가까운 산이 아니라 때로는 100km 이상 떨어진 곳의 산을 뜻하기 때문에 우리의 개념과는 다르다. 그러므로 남조나 송나라의 황제릉은 실제로 벌판과 농경지에 있기에 기록만 보고 산 아래나 근처에 있을것이란 생각을 하고 찾아간다면 근처에 산이 보이지 않아 당황스러운 일이 많다. 결국 중국의 고대 황제릉들, 당나라 이전까지의 황제릉은 실제로는 평야에 있는 셈이다.

남조의 황제릉들은 현재 묘궐(墓闕)이나 봉분 등 제대로 남아 있는 것이 없다. 그러나 남조의 황제릉을 빛나게 하는 것은 현재도 위용을 자랑하는 석각들이다. 이들 석각들은 왕조에 따라 조금씩 차이는 있지만 대로에 접한 입구부터 즉, 신도(神道)의 입구부터 석수, 석주, 석비가 한 쌍씩 배치되어 있다. 그 크기와 거리도 능마다 다른데, 양문제의 건릉(建陵) 경우에는 좌우 석물들의 거리가 104m 정도이다. 그동

---

197 네모난 석액에는 '梁故假黃鉞侍中大將軍揚州牧臨川靖惠王之神道'라고 새겨져 있어 능주의 신분과 직책을 알 수 있다.

198 '堪輿'라는 말은 『淮南子』에서 처음 등장하는 말로 '堪'은 하늘, '輿'는 땅을 나타낸다. 천문지리의 이치에 맞게 궁이나 능, 주택 등의 입치를 선정하는 풍수지리의 초기 명칭이다. 이는 한나라 때부터 시작되었는데, 우리나라에도 고려부터는 능을 선정하는데 이용되었다.

199 劉毅, 앞의 책, p.73.

양문제 건릉의 석수

양문제 건릉 옆에 선 필자

안 고고학적 발굴과 조사로 남조의 능묘석각(陵墓石刻)들은 상당수 수습되었는데, 2004년에 작성된 통계표를 보면 다음과 같은 석각이 있는 황제릉과 황족릉의 숫자를 알 수 있다. 宋은 2기, 齊는 9기, 梁은 13기, 陳이 2기, 실명묘(失名墓)가 13기로 합계 39기가 된다.[200] 능묘석각은 크게 세 가지로 나눌 수 있는데, 석수, 석주, 석비이다. 먼저 남조황제릉의 트레이드 마크 같은 석수(石獸)를 살펴보자.

석수는 표현하기에 따라 사자(獅子), 천록(天祿), 기린(麒麟), 벽사(辟邪) 등으로 불리워 이를 구분하기도 쉽지 않다. 왜냐하면 비록 사자 같은 외형을 지닌 것도 있지만 근본적으로 신화에 의거한 상상의 동물이기 때문에 여러 문헌에서 설명하는 것도 일치하지 못하고 있다. 그러므로 명칭에 자신이 없기 때문에 그냥 '석수(石獸)'라고 표기했지만, 허황하기도 하나 중국인들이 말하는 석수의 명칭을 한 번 살펴볼 필요가 있다.

"석서수(石瑞獸)는 모두 걸어가는 사자모양으로 만들었는데, 등 뒤에 두 날개가 있어 생동적이고 풍채가 뛰어나며 공예가 매우 정세(精細)하고 시대특징이 선명하다. 황제와 왕후(王侯) 능묘 앞의 석수는 분명한 등급차별이 있었다. 근래 학자 주걸(朱偰)은 『建康藍陵六朝陵墓圖考 〈六朝陵墓의 特徵〉』에서 말하기를, 여러 황제릉은 '모두 앞에는 두 개의 기린(좌측 것은 흔히 쌍뿔이고 우측의 것은 외뿔)

200 林樹中 編,, 『六朝藝術』, 南京出版社, 2004, pp.191-194.

제명제 흥안릉의 석수

이 나란히 있다.' '여러 왕족의 묘는 기린을 써서는 안되고 흔히 능 앞에 벽사(辟邪)를 세워 놓았다.' 이 결론은 현재 남아있는 남조 능묘의 석각상황과 기본적으로 부합된다. 제후(帝后) 능묘에 사용된 서수의 머리 꼭대기에는 모두 외뿔이나 쌍뿔이 있는데, 보통 쌍뿔은 동쪽(좌측)에 있으며 천록(天祿)이라 불렀다. 외뿔은 서쪽(우측)에 있는데 기린(麒麟)이라 하였다. 왕후(王侯)의 능묘 앞에 사용된 서수의 머리에는 뿔이 없고 벽사(辟邪)라 불렀다."[201]

이상의 글에서 석수의 이름과 용처를 밝혀 놓았고 오늘날 많은 곳에서 이를 인용한 것 같지만 실제로는 제멋대로 사용하였다. 그렇다면 남조 당대와 바로 이어지는 당나라 사람들은 이 석수들을 어떻게 생각했을까? '단양 양문제 소순지의 건릉(建陵)의 석수는 벽사(辟邪)이다.[202]' 또 '위의 석수는 기린(麒麟)이다.'[203] 그런가 하면 '소위 남조 제왕릉의 석수는 기린이다.'[204] 그런가 하면 오늘날 주희조(朱希祖)의 논문에서는 '독각(獨角)은 천록이고, 쌍각은 벽사이며, 뿔이 없는 것은 도발(挑拔)이다.'[205]라고 주장하였다. 또 '신도의 양측에는 날개가 달린 석수를 설치하였다. 그중에서 황

201 劉毅, 앞의 책, p.74.

202 당 현종과 숙종시대 許嵩이 쓴 『建康實錄』

203 당나라 姚思廉(557-637)의 『梁書 武帝紀』

204 남송 張敦頤, 『六朝事迹編』

205 朱希祖, 「天祿辟邪考」, 『南朝陵墓彫刻藝術』, 文物出版社, 2006, pp.285-294.

제의 능은 기린을 이용하였고, 귀족의 묘장은 벽사를 이용하였다. 이것은 머리를 들고 입을 벌리고 있으며, 용맹하고 생동감이 있다.'[206] 이와 같이 남조의 석수에 대한 해석은 매우 분분하여 사람들에게 혼란을 주고 있다. 그 이유는 실존하지 않는 동물을 그럴듯한 해석을 붙여 조형화시키고 이해시키려는 과정에서 발생한 하나의 편법이기 때문이다. 아울러 오늘날 발간된 서적이나 논문, 안내문에까지 통일되지 못하여 어떤 정설(正說)이 필요한 시기가 되었다.

중국의 고대 문헌으로부터 비롯하여 그래도 어느 정도 정리된 것은 다음과 같다. 먼저 천록(天祿)이란 말의 원뜻은 '하늘이 내린 복록'이지만 고대 중국에서는 서수(瑞獸)의 하나로 사슴이나 소같이 생겼다. 천록은 꼬리가 길고 뿔이 하나 있으며 사악함을 물리친다 하여 인장이나 깃발, 능묘에 사용하였다. 기린(麒麟)은 중국 뿐만 아니라 한국, 일본에서도 고대부터 미술의 소재로 종종 사용되었다. 기린은 인수(仁獸)로 성인과 태평성대를 상징하기도 한다. 벽사(辟邪)도 사슴과 비슷하게 생겼는데 역시 사악함을 막는 영수로 무덤에 많이 등장한다. 그밖에 해태, 해치(獬豸)도 등장하는데 비슷한 역할을 한다. 우리나라에서도 이러한 서수의 명칭에 대하여 논란이 그치지 않았다. 예를 들어 경주 천마총에서 출토된 그림 '천마도(天馬圖)'에서 이를 '기린'이라 해야 한다는 주장도 있다.[207] 무령왕릉의 진묘수 또는 일각수(一角獸)를 기린이나 천록이라 불러야 한다는 주장도 있다. 그러나 남조를 비롯한 중국에서도 이들 서수의 명칭은 통일되게 사용하지 못하고 도상도 명확하지 않다. 그렇기 때문에 굳이 논란에 휩싸일 필요 없이 '석수(石獸)'라 불러도 무방할 것 같다.

남조 황제릉에서 기념비적인 석각 중 하나가 석주(石柱)이다. 석주는 대개 석수 뒤에 위치하며 보통 6m 이상 되는 기둥 모양이다. 이를 '표(標)'나 '표(表)' 및 '화표(華表)'라고도 하는데 상, 중, 하 세 부분으로 나눈다. 상부는 주두(柱頭)인데, 보통 모두 원반상(圓盤狀) 연화좌식으로 만들었고 꼭대기에는 따로 작은 벽사가 있다. 중부는 주신(柱身)인데 원주형이며 과릉상(瓜棱狀) 직선의 줄무늬가 새겨져 있다. 액자 모양의 주액(柱額)에는 장방형의 작은 돌비석 하나가 박혀있는데, 비석에는 '某

206 劉敦楨 外著, 鄭沃根 外 譯, 『中國古代建築史』, 도서출판 세진사, 2011, p.173.

207 이재중, 「三國時代 古墳美術의 麒麟像」, 『미술사학연구』203, 한국미술사학회, 1994, pp.5-41; 이재중, 「中世 麒麟 圖像 研究」, 『역사민속학』10, 한국역사민속학회, 2000, pp.23-59; 이재중, 「麒麟考」, 『미술사연구』16, 미술사연구회, 2002, pp.423-441.

양문제 건릉의 석주 상부

官某人(능주의 관작성명)之神道'란 글자가 음각해 있다. 하부는 기좌인데, 상하 두 층으로 상층에는 약간 원형을 이루고 서수나 이용(螭龍) 등을 새겼고, 하층은 방형의 돌 받침대이다. 현재까지 보존상태가 좋고 정미한 것은 양나라 오평충후(吳平忠侯)인 소경(蕭景)의 석주인데, 난징시 서하십월향 태평촌에 위치해 있다. 석주의 높이는 6.5m이고 장방형 주액 정면에는 해서 반문으로 '梁故侍中中撫將軍開府儀同三吳平忠侯蕭公之神道'란 글이 새겨져 있고 주액 아래에는 가슴을 드러낸 역사(力士)와 엮은 끈무늬가 부각되어 있다.[208] 남조의 무덤 앞에 세우는 돌기둥은 하나의 전형이 되어 이후 화표(華表)라 불리우고 궁전과 도로, 황제릉 앞에 세우게 되는데, 흔히 신도주(神道柱), 석망주(石望柱)라고 부르기도 한다.

남조 황제릉에서 또 하나의 위대한 석각은 돌비석, 석비(石碑)이다. 이전의 석비가 거의 없는 현실에서 남조의 석비는 중국 석비의 역사상 중요한 위치를 차지한다. 오늘날 볼 수 있는 비석은 대개 이수, 비신, 귀부의 삼등분으로 구성되어 있는데, 남조의 비석은 상부가 원형이고 중간에 구멍이 있으며, 양쪽으로 반룡(盤龍)이 저부조로 되어있으며, 비신 둘레에는 서수화초문이 저부조로 조각하였다. 비문은 현재 마

208 劉毅, 앞의 책, pp.74-75.

멸되어 판독하기가 어려운데 석주처럼 비석 윗부분에 석액을 달고 '모관모인'을 새겼다. 귀부는 비교적 단순하게 조각하였는데, 비석에 비하여 크기가 작은 편이며 조각이 정교하지 못하다. 앞에 언급한 감가항의 소수묘(蕭秀墓)에는 보존상태가 양호한 석비 2기가 있는데, 높이는 5m 이상으로 거대한 느낌을 준다.

남조의 황제릉은 한나라처럼 궐문도 있고, 침궁이나 종묘도 영조했지만 능묘와 건축물은 도굴되고 파손되어 그 흔적도 남아 있지 않다. 더구나 능원은 큰길가의 평지에 있기 때문에 농경지나 잡초만 자란 허허벌판이 되어 있다. 지금은 그래도 나은 편이다. 1900년대 초 사진을 보면 도저히 황제릉으로 볼 수 없는 황무지이고 다만 석각들만 몇 개 남아 있는 것이 보일 뿐이다. 근래에 와서 중국 정부에서도 정비를 하고 있지만 필자가 보기에는 보호조치마저 거의 없는 무방비나 마찬가지이다. 한 때 중국을 다스리던 황제릉의 이렇게 처참한 몰골을 보니 새삼 인생무상을 절감하게 되었다.

제4장

수(隋)·당(唐)·송(宋)의 황제릉

4. 수·당·송의 황제릉 : 장엄하고 조화로운

당송시대는 중국 문화의 황금시기이다. 당나라는 산 위에 황제릉을 조성하고 장대한 석인과 석수 조각을 통해 황제의 권위를 상징하였다. 송나라는 능읍 평지에 세웠고 능원 건물과 석조각의 구조적인 체제가 완성되었다. 당송 황제릉은 장엄한 규모와 예술적 조각이 조화를 이루고 있다.

4. Emperor's Tomb of Tang, Song Eras: Magnificent & Harmonious

The Tang and Song eras are golden periods of Chinese culture. The Tang Dynasty built an emperor's tomb on a mountain and symbolized the emperor's authority through magnificent stone figures and stone water sculptures. In the Song Dynasty, the structural system of Neungwon Building and Seokseokgak Pavilion was completed on the flatland of Neung-eup. The royal tomb is harmonized with the majestic scale and artistic sculpture.

1

수(隋)나라 황제릉
_가장 인기 없는 황제릉

수나라 왕조표

대수	묘호 및 시호	성명	연호	능호	재위기간
제1대	고조(高祖) 문제(文帝)	양견(楊堅)	개황(開皇), 인수(仁壽)	태릉(泰陵)	581~604
제2대	세조(世祖) 양제(煬帝)	양광(楊廣)	대업(大業)	양제릉(煬帝陵)	605~618
제3대	공제(恭帝)	양유(楊侑)	의녕(義寧)	장릉(莊陵)	617~618

300여 년간 이어지던 혼란의 남북조시대는 전혀 예상치 못한 한 위대한 인물에 의해 중국은 다시 통일되었다. 그가 바로 수 제1대 고조 양견(楊堅, 541~604)이다. 양견의 아버지 양충(楊忠, 507~568)은 서위(西魏)와 북주(北周)의 개국공신으로 대장군과 수국공(隨國公)[209]이 되었는데, 사후 아들 양견이 이 지위를 물러 받았다. 그런데 양견의 어머니 여고도(呂苦挑)는 선비족 독고씨(獨孤氏) 가문의 귀족이었다. 그러므로 양견은 한족 아버지와 이민족 어머니 사이에 태어난 다문화가족이었기에 중국의 남북통일의 군주가 된 것도 우연은 아닌 것 같다.

남북통일을 완수한 수(隋)왕조는 문제(文帝), 양제(煬帝), 공제(恭帝) 3대, 37년으로 농민들의 전국적인 반란 때문에 붕괴되고, 이것을 평정한 당(唐)나라의 천하는 그 후 300년 동안이나 계속된다. 수·당의 두 왕조 관계는 불과 16년 만에 멸망한 진(秦)을 이어받아 전한·후한의 400년에 걸친 안정된 제국이 나타났던 일과 유사한

209 양견이 건국하자 隨國公의 '隨'자에서 책받침을 빼고 국명을 '隋'나라로 정하였다.

수문제의 태릉

점이 있다.[210] 수나라는 3대에 걸쳤기 때문에 황제릉은 문제의 태릉(泰陵)과 양제릉(煬帝陵), 공제의 장릉(莊陵)이 있으나 황제릉제도에 따라 조영된 것은 태릉 뿐이다.

수문제의 태릉(泰陵)은 섬서성 함양시 양릉구 왕상촌(王上村) 북쪽 100m 지점에 1400여 년의 풍상을 맞으며 외롭게 있는데, 능원(陵園)의 기저는 잘 알 수 없으나 동서의 길이가 756m, 남북이 652m로 총면적은 49만 ㎡에 달할 만큼 넓다. 사방에는 궐루(闕樓)의 기단 흔적이 남아 있으며, 능원 밖에는 묘(廟)의 유지(遺址)가 있다. 태릉의 봉분은 복두형으로 동서 166m, 남북 160m, 높이 27.4m이다. 능총의 정상부는 장방형으로 평탄한데, 동서 48m, 남북 38m이다.[211] 2014년 여름 필자가 멀리 차를 가지고 이 한적한 곳을 찾은 것은 한나라 이후 오랜만에 큰 봉분을 볼 수 있기 때문이다. 태릉은 포도농원 속에 고즈넉하게 서 있는데, 포도 넝쿨 사이로 다행히 '수문제릉(隋文帝陵)'이라고 쓰인 커다란 비석을 보고서야 제대로 찾아온 줄 알았다. 능 주위에 담장의 흔적이 일부 남아 있을 뿐 이 위대한 제왕의 능을 알 수 있는 어떠한 구조물이나 석조물 하나 남아 있는 것이 없어 섭섭한 마음 금할 길이 없었다. 아니, 이 무덤의 주인공을 잘 알기 때문에 이런 대접에 분개할 따름이다.〈도101〉

여러 황제릉을 찾는 과정에서 피장자에 관심을 갖고 살펴 된다. 그러다가 그 황

210 김영진 역편, 『중국오천년사』, 대광서림, 2002, p.241.

211 胡楊,, 『歷代帝陵』, 中國工人出版社, 2014, p.81.

포도밭 속의 수문제 태릉비

제의 인간성도 주목하게 되고 백성들의 삶에 관심을 갖고 애민하거나 그들의 삶을 위하여 선정을 베풀었으며 국가를 튼튼히 했나 등도 나름대로 평가를 한다. 이러한 관점으로 살펴보면 수문제 양견은 '성군(聖君)'의 반열에 올릴 만하다. 그러나 수나라의 큰 업적에도 불구하고 그 아들 수양제 양광의 광기(狂氣)에 의해 개국 37년 만에 망하여 일반인들에게 수나라는 인기가 없는 왕조가 되어버리고 말았기 때문이다. 사실 수문제는 창업 군주답게 난세를 평정해 300여 년간 남북으로 또 그 안에서 몇 갈래로 쪼개진 중국을 재통일 시킨 것은 정말 위대한 일이었다. 그가 설계한 균전법(均田法), 조조(租調)와 요역(徭役)[212]의 개혁, 호구(戶口)의 증가, 조운(漕運)의 개통,[213] 행정개편, 제도개편, 형률(刑律)의 개선, 과거제 시행, 도량형의 재통일 등의 국가재건 프로젝트는 거의 성공하여 후대에도 이어졌다.[214]

통일의 대업을 이룬 뒤 다소 혼란을 물리치고 개혁을 이룬 수문제 때는 국력과 경제가 비약적으로 발전하였으며 국고에는 물화가 넘쳐나게 되었다. 592년 조정의 부

212 조세와 노역을 줄여 생산에 큰 도움을 준 애민적인 조치

213 수문제는 우문개에게 명해 廣通渠를 뚫어 위수의 물이 시안으로 흐르게 하여 조운을 일약 발전시켰다. 그러나 나머지 대운하는 그 아들 수양제 때 이루어졌다.

214 균전법이나 국가의 정무를 6부의 상서가 담당케 하는 제도 등은 청나라까지 답습되었다.

유한 정도를 다음과 같이 기록하고 있다. "도지관(度支官)이 상주문을 올려 아뢰기를 부고(府庫)에 넘칠 정도로 재물이 가득 차서 더 이상 채울 자리가 없어 낭무(廊廡) 아래에 쌓아 두는 수밖에 없는 상황"이라 했다. 그래서 수문제는 별도로 국가의 창고인 좌장원(左藏院)을 짓고 명주를 넣어 두었으며, 인구가 밀집한 하북(河北), 하동(河東)지역에 대해 그해의 세금을 3분의 1로 감면해 주고 조(調)를 전부 면제하도록 명했다.[215] 중국 역사상 이런 적이 있었던가? 경제가 너무 잘 발달해 국고에 쌓아둘 장소가 없어 조세를 줄이거나 면제를 해 주다니! 이런 태평성대를 마련한 수문제의 정치력과 경제정책에 새삼 놀라울 따름이다. 수문제 말년에는 전국에 세운 수많은 창고에는 50~60년을 먹을 수 있는 식량을 쌓아두는 국부를 과시하였다. 역사가들은 이를 '개황의 치(開皇之治)'라고 부른다. 그의 애민사상에 대한 또 다른 일화가 있다.

한 형리(刑吏)가 죄수 90명을 장안으로 이송하는 도중, 죄수들이 목에 찬 칼과 발에 찬 족쇄 때문에 힘들어 하자 형리는 자신이 죽을 수도 있는데, 죄수들의 칼과 족쇄를 풀어주고 장안(長安)에 도착했다. 이 이야기를 들은 수문제는 형리를 칭찬하고 압송된 죄수들을 가족에게 돌려보내 가사를 돕게 하고 다음 해 가을에 다시 장안으로 오라고 했다. 그러자 다음 해 약속된 날에 90명 전원이 장안에 오자 수문제는 기뻐하여 죄수들을 모두 사면하였다. 이처럼 수문제 양견은 사치와 방탕이 망국의 지름길임을 잘 알기 때문에 어떤 군주보다도 검소한 생활을 실천하였다. 가난한 백성들이 먹는 쌀겨와 풀뿌리로 만든 떡을 수라상에 올리도록 했고, 고기와 술은 올리지 못하도록 했다. 얼마나 검소한 생활을 했던지 궁궐에 약재가 없어 어의들이 곤란을 겪었다고 한다.

그가 죽을 때는 박장을 명하여 후대에 도굴꾼이 와서도 일당도 안 나온다고 도굴을 포기했다고 한다. 그러나 역사의 수레바퀴는 여전히 돌게 되어 있다. 수문제 양견도 말년에는 다소 실정을 하게 된다. 또 후계자로 장남인 양용(楊勇, 564~604)을 황태자로 삼았는데, 천하의 난봉꾼으로 여색에 빠져 황태자비가 죽었는데도 한참동안 몰랐다고 한다. 결국 못난 장남 때문에 천하의 황음무도, 방탕무비한 수양제(隋煬帝) 양광(楊廣)을 등장시켜 수 왕조를 멸망케 한다.

위대한 아버지 얼굴에 먹칠한 아들이 역사에는 많이 등장한다. 진시황의 아들 호

215 범문란 외, 김승일 외 옮김, 『중국통사간본』, 경지출판사, 2016, p.141.

잘못 찾아간 양주의 옛 수양제릉

옛 수양제릉과 비

해(胡亥)처럼 수양제 양광이 그러하다. 한국이나 중국에서 가장 싫어하는 이런 폭군의 능은 어떻게 만들었을까? 하는 호기심에 2014년 수양제릉(隋煬帝陵)을 찾아가기로 했다. 난징에서 차를 대절해 양주(揚州)까지 2시간이나 달려 도착해 한강구(邗江區) 괴이촌(槐二村)에 있는 능 앞에 도착했다. 그럴듯한 패방도 있고 고식의 정문도 있으며, 잘 다듬어진 담장이 둘러쳐 있어 그래도 망국의 군주인데도 능은 잘 꾸며 놓았구나 하면서 정문으로 다가갔다. 답사한 그 날은 뜻대로 되는 것이 하나도 없었는데, 정문에 도착하기까지 전혀 깨닫지 못했다. 그런데 정문은 물론 능 주위의 작은 협문까지 쇠사슬로 묶여 있고 들어갈 틈이 없었다. 운전기사도 표지판까지 모두 수양제릉이 틀림없다고 한다. 이날은 목요일이라 휴관할 리도 없는데 이상하다. 겨우 주민을 찾아 물어보니 문을 갑자기 닫은 지 몇 달 되었는데, 자신들도 왜 그런지 모르겠다고 했다. 아마 공사 중이라 사전예고도 없이 폐관한 것이라 좋게 생각하고 온 김에 양주비단을 보고자 박물관에 들르고 다시 난징으로 귀환했다. 그 수수께끼는 다음 해 필자가 학교에서 안식년을 받아 대련(大連)에서 몇 달간 중국 관련 공부를 하면서 밝혀졌다. 결론부터 이야기하자면 2014년 필자가 수양제릉을 방문하기 몇 달 전쯤 진짜 수양제릉이 발견되어 그동안 수양제릉으로 알고있던 괴이촌 능을 부랴부랴 폐쇄해 버린 것이다. 참으로 민망한 일이다.

2013년 11월 16일 국가문물국과 중국고고학회는 양주시 서호진(西湖鎮) 사도촌(司徒村)에서 발견된 두 기의 전축분(塼築墳)이 수양제 양광과 소황후(蕭皇后)의 최종

매장지라 발표했다. 어렵게 찾아간 괴이촌의 수양제릉은 왜 그렇게도 오랜 세월동안 당당하게 사람들을 기만하고 있었을까?

양광은 수문제가 장자 양용을 태자로 봉하자 온갖 술수를 써서 600년 행실이 좋지못한 형이 폐위되자 후임 황태자가 된다. 이 과정에서 형이 여색을 밝혀 부모가 싫어하는 것을 알고 부모 앞에서는 항상 검소한 것처럼 하고, 늙은 나인들이 시중들게 하는 등 온갖 술수를 써서 황태자가 된 것이다. 수문제 양견이 양광의 본색을 눈치 채고 양용을 다시 황태자로 앉히려 하자 부하들과 공모하여 양용을 죽였다. 양광은 궁에 들어가다 평소 사모하던 병간호 중인 아버지 문제의 후궁 선화부인(宣華夫人) 진씨(陳氏)를 겁탈하였다. 진씨가 병석 중에 있는 양견에게 고하자 양견은 양광을 폐위시키려 하였으나 이를 눈치 챈 양광은 장형, 우문술 등과 반란을 일으키 수문제를 죽이고 황제가 된다.[216]

이런 패륜행위 끝에 양광은 수나라 2대황제 수양제(재위 604~618)가 된다. 양광은 황위에 오르자 아버지 문제가 총력을 기울여 쌓은 국부(國富)를 이용해 대운하 건설과 수십 채의 화려한 별궁건설, 대운하를 순유하는데 흥청망청 탕진하였다. 운하를 순유할 때는 200척 길이에 높이 4층이나 되는 용주(龍舟)를 타고 뒤로 황후와 후궁, 대소신료, 경호원들을 태운 배가 수 천 척이 뒤 따르는데 그 행열 길이가 무려 200리에 달했다고 한다. 그리고도 조금 남은 국고를 털어 3차에 걸친 고구려 원정에 다 탕진하였으니 이는 곧 수나라 멸망의 직접적인 계기가 되었다. 이러한 과정에서 자연히 백성들은 도탄에 빠지고 617년에는 무려 120여 건의 반란이 일어났다.

이 반란군 가운데는 양광의 이종사촌형인 태원유수 이연(李淵, 566~635, 후에 당나라 초대황제가 됨)도 있었다. 이연은 장안에서 양광을 태상황으로 만들고 양용의 아들 양유(楊侑, 605~619)를 3대 황제위에 오르게 하였다. 양주로 내몰린 양광은 일말의 반성도 없이 매일 황음과 주색에 빠져 살았는데, 618년 자신의 근신이자 우문술의 아들인 우문화급(宇文化及)에게 살해당한다. 사후 그는 세조명황제(世祖明皇帝)로 추증되었고 시호를 양제(煬帝)라 불리웠다.[217] 제3대 황제 공제(恭帝)는 재위 6개월

216 양광이 아버지를 죽인 사실은 좀 더 고증이 필요한 대목이다. 당에서 수양제의 악행을 과장하기 위해 날조되었을 가능성이 있다. 왜냐하면 『隋書』 본기와 열전의 내용이 서로 다르다. 선화부인을 겁탈한 것은 사실인 듯 싶다. 양광은 황제가 된 후 선화부인을 진귀인으로 봉하고 그녀가 죽었을 때 매우 슬퍼하였다고 한다. 참고로 선화부인 진씨는 진나라 宣帝의 딸로 경국지색이었다고 한다.

217 양광의 성이 楊이지만 당나라 사람들이 '煬'자를 붙인 것은 이 글자가 '색을 밝히고 예와 천리에 반한다'라는

만에 당고조에게 선위를 강요받은 후 다음 해 불과 15세 나이로 619년에 이세민에 의해 살해당하고, 공제릉은 조부 태릉 근처에 소박하게 세워졌다.

수양제의 죄상이 얼마나 크고 사람들의 원성이 높았는지는 반란군의 유력자 이밀(李密, 582~619)이 쓴 '토수양제격문(討隋煬帝檄文)'[218]을 보아도 짐작할 수 있다. 수양제가 죽음을 앞두고 반란군에게 "천자는 천자로서 죽는 법이 있지 칼끝에 죽을 수 없다" 하여 흰 천으로 교살당하여 죽었다. 그가 죽자 소황후(蕭皇后)가 급히 문창살을 뜯어다 관곽으로 삼고 서원(西院) 유주당(流珠堂)에 빈소를 마련하였다. 그러나 수양제의 구신 강도태수 진릉(陳陵)이 시신을 수습하여 강도성 서쪽 오공대(吳公臺)에 묻어 주었다. 당이 건국하고 정관 5년(631) 당태종은 양주 뇌당(雷塘)으로 황제릉을 마련해 주었다. 소황후는 수양제 사후 수양제 여동생을 따라 돌궐까지 갔는데, 당태종이 돌궐을 물리치고 소황후를 데려와서 예우를 갖추어 살게 하엿다. 그녀가 죽자 황후의 예를 갖추어 수양제와 합장하였다. 결국 수양제는 무덤을 유주당, 오공대, 뇌당으로 세 번이나 옮기고, 송대의 대홍수와 지명도 변하여 한동안 후세 사람들에게 잊혀졌다. 그런데 필자가 잘못 찾아간 괴이촌 '수양제릉'은 어떻게 200여 년이 되도록 사람들에게 공인 받고 관람객까지 모으게 되었는가? 여기에는 청나라의 위대한 학자이자 추사 김정희의 스승인 완원(阮元, 1764~1849)의 착각이 있었다.

가경(嘉慶) 10년, 1806년 완원은 부친이 사망하자 절강순무직을 내놓고 양주에서 수묘(守廟)를 위해 3년간 지내게 된다. 그 와중에서 학자적 학구열을 발휘해 『유양지도(維揚志圖)』[219]를 보다가 뇌당(雷塘) 북쪽에 수양제의 비각이 있다는 것을 보고 지역 노인의 도움으로 동굴에서 비문을 찾아 수양제능임을 고증하였다. 이는 마치 그의 제자 추사가 북한산에 올라 '진흥왕순수비'를 고증한 것과 비슷하다. 그리하여 완원은 동네사람들에게 흙 한 짐에 일전씩 주어 봉토를 쌓고 석비를 세우는데, 당시 서예가이자 양주태수인 이병수(伊秉綬, 1754~1815)가 글을 쓰고 제사를 지내주었다. 이로써 200여 년 가까이 괴이촌의 능이 '수양제릉'으로 알려지고 근래에는 문

뜻이 있기 때문에 조롱하는 의미로 煬帝라 부른 것이다.

218 "수양제의 죄상은 남산의 대나무를 모두 잘라서 죄를 적어도 다 적을 수 없고, 동해의 물결에 죄를 흘려보내도 다 흘려 보낼 수가 없도다."라고 적혀 있었다.

219 명나라 가정연간(1542)에 만들어진 것으로 양주(당시는 江都)의 소개서인데, 그림도 첨부되어 있다. 성의(盛儀)가 편찬했는데, 전체가 38권으로 양주 일대의 군읍(郡邑)의 그림, 건축물의 유래, 구역의 지리 등이 수록되어 있어 당시 양주지역의 사회와 역사를 이해하는데 중요한 서적이다. 현재 18권이 남아 있다.

새로 마련한 수양제릉

화재로 지정되면서 많은 사람들이 찾아 왔으며, 그중에서 2014년에 그 대열에 바보같이 잘못 끼이게 된 것이다.

2013년 봄 이곳에서 5km 떨어진 서도진(西湖鎭) 사도촌(司徒村) 조장(曹莊)에서 주택공사 중 두 기의 전축분을 발견해 발굴한 결과 1호분에서 뜻밖에도 '隋故煬帝墓誌'라는 묘지석이 나오고 거기에는 대업(大業) 14년 즉, 수양제가 죽은 연도까지 정확히 적혀 있고 치아 2점도 다른 유물과 함께 출토되었다. 이 무덤은 이미 수 차례 도굴되어 값비싼 귀중품은 없어졌으나 그래도 남겨진 유물은 제왕의 격에 맞는 것들이다. 예를 들어 13환첩 금양옥요대(金鑲玉腰帶)와 같은 것은 북주시대 유행하던 최고품으로 효문제능에서 출토된 이래 최초이며, 유금동포수(鎏金銅鋪首)는 문고리 장식인데 황실용이다. 또 국보급의 벼루나 16조의 동편종(銅編鐘)도 수서(隋書)에 의하면 궁중에서 사용된 것이라 하였다. 도굴당하고 불과 100여 점의 유물만이 출토되었지만 이 잔편만으로도 황실용이 분명해졌다.

2호분은 소황후(蕭皇后)로 추정되는데, 묘지명은 없으나 유골의 감정 결과 성별과 나이 등으로 소황후로 확정하였다. 소황후는 남조 양나라 공주로 양광이 진나라를 정복하고 양무제의 손녀인 소황후를 맞이하게 되었는데, 뛰어난 미인으로 부군의 장례를 힘들게 치렀고, 돌궐까지 갔으나 이세민에게 구출되어 천수를 누리다가 황

후의 예로 수양제 옆에 묻히게 된 것이다.[220]

현재 양주시 한강구(邗江區) 용미로(龍尾路)에 소재한 이 새로운 수양제릉은 3만 ㎡의 공원으로 잘 꾸며져 있으며, 20위안의 입장료도 받고 있다. 갑자기 패악무도한 수양제의 능과 관련한 조사를 하다가 일말의 동정심이 들어 이 황제가 이룩한 업적을 살펴보니 괜찮은 점도 있었다. 그는 불교를 발전시켰고, 남조와 월남, 캄보디아, 토욕혼, 거란, 돌궐을 정복해 강토를 넓혔으며, 낙양으로 천도했고, 통제거, 영제거 등의 운하를 개통함으로 낙양, 시안, 강도, 베이징까지 조운을 개척하였다. 즉, 중국 내륙의 회하(淮河), 장강(長江, 양자강), 전당강(錢塘江), 해하(海河), 황하(黃河) 등 주요 하천을 운하로 연결하였으니 이것은 오늘날까지 중국 물류에 끼친 위대한 공적이라 아니할 수 없다. 그리고 하서주랑의 개통과 서역정벌, 장서 130부를 발간하고 17,000권을 수장케 하여 인문학적 공적, 죽음 앞에서도 황제다운 의연함도 있었다. 그러나 이제 여러 번 갔으나 헛걸음을 쳤던 괴이촌의 옛 수양제릉은 어떻게 볼 것인가? 완원이 결코 근거도 없이 이를 수양제릉이라고 단정하지는 않았을 것으로 보인다. 혹시 이곳은 뇌당으로 이장시 임시 묘처가 아닐까? 또는 의관총(衣冠塚)은 아닐까? 미스터리의 종말을 보기 위하여 이곳 또한 발굴하여 신, 구 능(陵)을 비교해 봐야 하겠다.

220 당나라 고조 이연이나 태종 이세민은 수양제에 대하여 그렇게 야박하지 않았다. 그것은 이연의 어머니가 선비귀족 독고씨였으며 바로 수양제의 부인 독고황후와 친자매 간이다. 하지만 수나라가 이룩한 제국을 고스란히 물려받은 점도 일조를 했을 것이다. 일례로 『資治通鑑』에 의하면 당태종 2년, 수양제 살해 가담자들은 신하된 도리가 아니라고 색출하여 남방으로 유배 보내기도 했다.

2

당(唐)나라 황제릉
_산으로 올라간 황제릉

당나라 왕조표

대수	묘호	연호	성명	능호	재위기간	합장황후
제1대	고조(高祖)	무덕(武德)	이연(李淵)	헌릉(獻陵)	618~626	
제2대	태종(太宗)	정관(貞觀)	이세민(李世民)	소릉(昭陵)	627~649	문덕황후
제3대	고종(高宗)	영휘(永徽) 外	이치(李治)	건릉(乾陵)	650~683	측천무후
제4대	중종(中宗)	신룡(神龍) 外	이현(李顯)	정릉(定陵)	683~684	화사황후
제5대	예종(睿宗)	경운(景雲) 外	이단(李旦)	교릉(橋陵)	684~712	숙명황후, 소성황후
제6대	현종(玄宗)	개원(開元) 外	이융기(李隆基)	태릉(泰陵)	712~756	위헌황후
제7대	숙종(肅宗)	지덕(至德) 外	이형(李亨)	건릉(建陵)	756~763	장경황후
제8대	대종(代宗)	광덕(廣德) 外	이예(李豫)	원릉(元陵)	763~779	예정황후
제9대	덕종(德宗)	건중(建中) 外	이적(李適)	숭릉(崇陵)	779~805	소덕황후
제10대	순종(順宗)	영정(永貞)	이송(李誦)	풍릉(豊陵)	805	장헌황후
제11대	헌종(憲宗)	원화(元和)	이순(李純)	경릉(景陵)	805~820	의안황태후
제12대	목종(木鐘)	장경(長慶)	이항(李恒)	광릉(光陵)	820~824	
제13대	경종(敬宗)	보력(寶歷)	이담(李湛)	장릉(莊陵)	824~826	
제14대	문종(文宗)	대화(大和) 外	이앙(李昻)	장릉(章陵)	826~840	
제15대	무종(武宗)	회창(會昌)	이염(李炎)	단릉(端陵)	840~846	
제16대	선종(宣宗)	대중(大中)	이침(李忱)	정릉(貞陵)	846~859	
제17대	의종(懿宗)	함통(咸通)	이최(李漼)	간릉(簡陵)	859~873	
제18대	희종(僖宗)	건부(乾符) 外	이현(李儇)	정릉(靖陵)	873~888	
제19대	소종(昭宗)	용기(龍紀) 外	이엽(李曄)	화릉(和陵)	888~900	
제20대	애제(哀帝)	천우(天祐)	이축(李柷)	온릉(溫陵)	904~907	

13왕조 2000년의 도읍지, 시안(西安)

중국인들은 자신들의 전성기를 '당송시대(唐宋時代)'라 부른다. 물론 중국을 통일

시안시 고성

한 진과 한나라도 있었지만 문화적으로나 국제적으로 당나라는 위대한 중국을 성취시켰기에 오늘날에도 '당(唐)'이라 하면 중국 문화의 황금기라 할 만하다. 당시 수도 장안, 지금의 시안은 인구 200만의 세계적 국제도시로 장안에는 이국인들이 넘쳐흘렀다. 차이나 드림을 꿈꿨던 이국의 사람들이 당나라 때 수없이 장안에 몰려왔고, 지금도 성 밖에 나가는 길목에 당시 대상(隊商)의 모습을 조각하여 이곳이 바로 실크로드의 출발지임을 알려 주고 있다.

시안보다는 '장안(長安)'이라는 고풍스런 이름이 훨씬 마음에 든다. 중국에 고도(古都)가 많지만 부동의 1위는 일찍부터 시안이었다.[221] 또 '장안'이란 말은 은연 중에 수도란 의미를 포함하고 있다. 예를 들어 "요즘 장안에서 화제가 되는 것은"이라는 말에서 장안은 바로 수도를 뜻한다. 필자가 유난히 시안을 자주 방문하는 것은 바로 중국 역사의 주무대였기 때문이며 자연스레 황제릉이 가장 많이 분포되어 있기 때문이다. 그러고 보니 시안을 첫 방문한 지도 30여 년이 되었고 격동적인 변화를 갈 때마다 실감하게 되었다. 그러나 처음 방문했을 때의 고풍스러운 모습은 온데 간 데 없고 지금은 인구 천만이 넘는 거대한 공업도시로 항상 뿌연 매연에 시달

221 1930년 대에 중국에서는 시안, 낙양, 개봉, 항주, 난징, 베이징을 6대 고도로 지정했으며, 1988년에는 殷墟가 추가되었다.

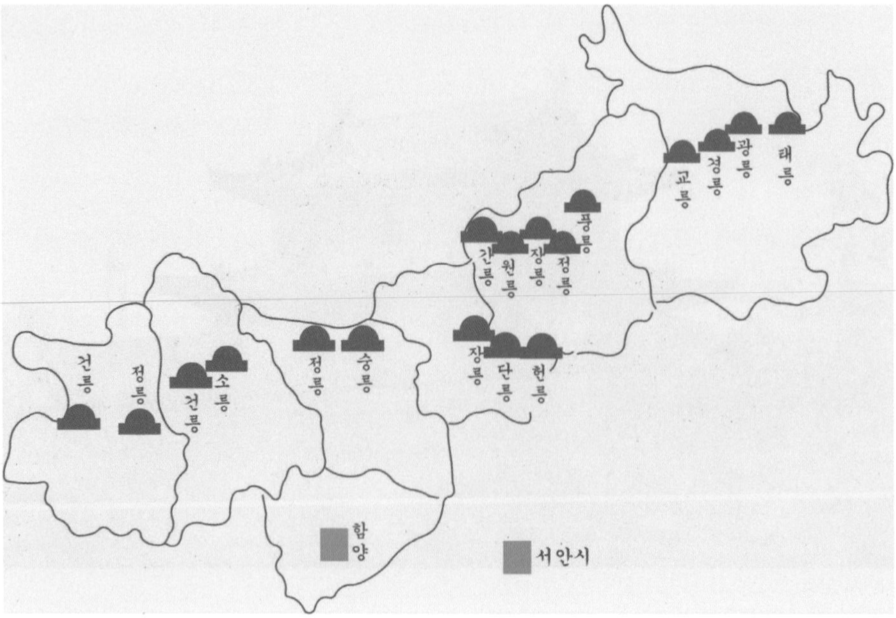

당 18릉 분포도

리는 현대도시가 되어 있다.

시안은 일찍부터 중원을 거점으로 하는 국가의 수도가 되어 역사의 무대에 자주 등장한다. 서주(西周, 기원 전 1027~기원 전 771) 시대에 관중지역을 거점으로 세력을 키운 주나라는 상나라를 멸하고 시안 서남쪽에 풍경(豐京)과 호경(鎬京)에 도읍을 정하면서 이 시안 일대는 중원의 중심이자 중국의 수도로 3000년의 역사를 자랑하게 된다. 그러나 동주(東周, 기원 전 770~기원 전 250) 시대에는 수도를 낙양으로 옮기게 되었으나 진시황이 천하를 통일한 후부터 진(秦), 전한(前漢), 신(新), 후한(後漢), 서진(西晉), 전조(前趙), 전진(前秦), 후진(後秦), 서위(西魏), 북주(北周), 수(隋) 그리고 당(唐)에 이르기까지 중국 문화의 심장부였다. 3000년 전부터 13왕조의 도읍지로 2000년간을 이어온 수도인 시안은 세계 최고의 고도(古都)로 자랑할 만하다.

중국 황제릉을 조사 연구하거나 실크로드의 직물을 관심을 갔던지 나는 1992년부터 지금까지 30여 년간 시안을 몇 차례나 방문하지 않을 수 없었다. 학교의 방학기간을 이용해야 하기에 갈 때마다 여름에는 살인적인 더위나 먼지와 싸워야 했고, 겨울에는 살을 에는 칼바람과 난방을 위한 매연에 눈이 매운 기억이 새롭다. 그럼에도 불구하고 매년 중국이 점점 발전하여 나날이 도로가 달라지고 유적의 현황이 바꿔어 매번 갈 때마다 새로운 곳을 가는 느낌이었다. 시안의 황제릉을 가던 초기에는 아무런 이정표 하나 없는 벌판을 헤매기 일쑤였고, 하루에 한두 곳의 황제릉도 방문하기 어려웠다. 그러나 중국의 정부에서도 나날이 문화재에 대한 관심이 높아져 갈 때마다 도로나 표지판을 정비해놓아 찾아가기는 편해졌다. 그러나 매일 다른 모습을 보여주는 것은 주변 시설이어야 하는데, 황제릉 주위에 건물을 짓거나 예쁘게 단장하느라 꽃과 나무를 심어 보수와 정비를 하였다. 그러면서 고증에 소홀하여 신도에 신작로를 만들고 그곳을 버젓이 자동차로 지나다니게 하는 등 진면목을 훼손하는 경우도 많아 일면 마음이 아프기도 하다. 어쨌든 그나마 이전보다 지난 10년간 황제릉까지 가는 도로가 정비되고, 많지 않지만 이정표도 더러 세워져 있고, 심지어 내비게이션에도 황제릉이 등록되어 답사하기가 얼마나 수월해졌는지 모르겠다.

이렇듯 내 마음 속에 시안이야말로 황제릉의 보고이다. 동주시대부터 당나라에 이르기까지 제왕들의 안식처가 되어 몇 번이나 가고 또 가곤 하였다. 본격적으로 당나라의 황제릉을 답사하려 해도 18기나 되어 한 번에 답사하기가 어려웠다. 몇 번에 나누어 보았지만 2016년에는 큰맘 먹고 며칠간 집중적으로 답사를 하였으나 여전히 충족되지 못하였다. 황제릉을 답사하면서 그것만 조사하면 막상 황제릉을 제대로 이해하기 어려워 그와 함께 황후릉이나 그 주위에 있는 중요한 배장묘까지 살펴보아야 한다. 이렇게 답사를 할 때에는 황제릉을 비롯한 능묘의 숫자만 해도 적어도 400여 기 이상을 보아야 제대로 이해할 것이기 때문이다.[222] 비록 본고의 주제가 중국황제릉이지만 작은 책자에 전체 황제릉조차 일일이 소개하지 못하기 때문에 중요한 황제릉을 위주로 서술하면서 비슷한 황제릉은 묶어서 설명하기로 한다.

당나라 황제릉은 당연히 수도인 장안성 주위에 산재되어 있다. 당(618~907)은 290년간 15대를 걸쳐 측천무후(則天武后)를 포함해 21명의 황제가 있었다. 그러나 당고종과 측천무후는 건릉(乾陵)에 합장하였기 때문에 실제의 황제릉은 20기이다. 이들 당황제릉 중 18기는 시안시 위의 함양(咸陽) 북쪽에 자리잡고 있는데, 이를 관중십팔릉(關中十八陵)이라 부른다. 시안시에 산재된 황제릉의 대략적인 위치는 먼저 유명한 진시황릉이 남서쪽에 있고 시안 서쪽의 함양시에는 한나라 황제릉이 도

222 1980년대까지 조사된 당나라 황제릉의 陪葬墓는 무려 377기에 이른다. 태종의 소릉만 해도 배장묘가 167기나 된다.

열해 있으며, 당황제릉은 이도원(二道原) 북쪽의 여러 산봉우리에 위치해 있는데, 그 동서의 길이만 150km에 달한다. 즉, 서울에서 대전까지 가는 거리 정도마다 각각의 황제릉이 산재해 있기 때문에 하루에 1기씩 답사하기에도 어려움이 많았다. 거기에 당 말기의 두 황제릉 즉, 소종(昭宗)의 화릉(和陵)은 낙양시 남쪽 언사시에 있고, 애제(哀帝)의 온릉(溫陵)은 산동성의 하택(荷澤)에 있었다. 넓디 넓은 중국 땅이기 때문에 18릉이 특정한 한 곳에 몰려 있다고 되어 있음에도 불구하고 당황제릉을 모두 한 번에 답사하는 일은 정말 어려운 일이었다.

당고조의 헌릉(獻陵)

위대한 당나라를 건국한 황제는 당 고조(高祖) 이연(李淵, 566~635)이다. 그는 감숙성 성기(成紀, 지금의 秦安縣) 출신으로 자는 숙덕(淑德)이며, 수양제의 이종 사촌형이 된다.[223] 이연은 617년 산시성 태원에서 거병하여 마침내 수도 장안을 점령하고, 수양제의 손자인 양유(揚侑)를 허수아비 황제로 만든 다음 태상황으로 추존하였다.[224] 618년 드디어 그를 축출하면서 직접 황위에 오른 다음 국호를 당(唐), 연호를 무덕(武德)이라 정하였다. 비록 수나라에서는 그리 막강한 권력이나 군권을 갖지도 못한 이연이 중국 역사상 위대한 당 제국을 빠른 시간에 건국할 수 있었던 것은 그가 낳은 걸출한 자녀들 덕분이었다. 장남 이건성(李建成)과 차남 이세민(李世民) 그리고 삼녀 평양공주(平陽公主, 598~623)가 그들이다.

특히 평양공주는 중국의 역사상 보기 드문 여장부로 중국에서 인기가 있어, 최근에는 중국 대하 드라마의 주인공으로까지 등장했다. 그녀는 부친인 이연과 그의 가족이 장안에 볼모로 잡혀 있을 때 남편을 먼저 탈출시킨 후, 자신은 호현으로 피하고 가재를 털어 수백 명의 병사를 모아 민중 봉기에 참여했다. 이어 그녀는 수나라에 반발하던 사람들을 규합해 무려 7만 명이나 되는 병력을 보유하게 되었다. 이후 남매간인 이세민과 협력해 장안성을 포위 공략하였다. 이를 계기로 삼아 이연이 서진을 하여 장안과 관중지역을 평정하는데 결정적인 공헌을 한 것이다. 이에 고조 이연은 황제가 되자 평양공주에게 봉작을 내리고 시상을 하였다. 그녀는 편안한

223 이연의 이모가 수 문제의 부인인 獨孤伽羅 황후였다.

224 이연은 수나라의 중신이자 수 양제의 집안이기 때문에 단번에 수나라를 멸하고 황제를 없앨 수 없어 선위 형식으로 황위에 오르게 된다.

생활 대신 자청하여 산서를 지키는 낭자관(娘子關)에서 외적을 막아 싸우다 전사했다.[225] 당나라 때는 여걸들이 많았으나 평양공주의 경우 당나라의 건국 당시 군사적인 면에서 발군의 실력을 발휘한 여장부라 할 수 있다.

당 고조 이연은 황위에 오른 후에는 방탕한 생활을 하였고, 자신처럼 주색잡기에 능한 장남 이건성을 태자로 책봉하였다. 태자가 된 이건성은 개국의 일등공신이며 무공과 평판이 뛰어난 이세민을 제거하고자 했다. 그러나 626년 이세민은 이른바 '현무문(玄武門)의 정변'을 일으켜 형 이건성과 동생 이원길(李元吉)을 살해하고 조정을 장악하였다.[226] 이연은 할 수 없이 태상황이 되었다가 635년 향년 71세로 병사하였는데, 묘호는 고조(高祖)이며 헌릉(獻陵)에 장사지냈다.[227]

정관 9년 5월 당고조가 붕어하자 태종 이세민은 "산릉제도를 정하고 한나라의 장릉(長陵, 한고조 유방의 능)을 본받아 숭엄하고 후하게 영조하도록 명을 내렸다." 비서감 우세남(虞世南)은 상서를 올려 간소화할 것을 간하였다. 그리하여 태종은 사공(司空) 방현령(房玄齡) 등을 불러 의논하였고 "고조의 장릉은 높이가 9장이고 광무제의 원릉은 높이가 6장이다." 라며 원릉의 규모대로 수축할 것을 주청하였다. 이에 당 고조 이연의 능을 조성하는 산릉 제도는 간소화되었다. 같은 해 10월에 당고조를 섬서성 삼원(三原)에 안장하고 능호는 헌릉이라 이름 지었다. 헌릉은 평지에 흙을 쌓아 봉하여 축성된 것이다. 복두상(覆斗狀)이며 남북 길이 120m, 동서는길이 150m, 높이 약 20m이다. 이후로 경종의 장릉, 무종의 단릉, 희종의 정릉도 봉토로 축성된 것이다.[228]

헌릉을 찾아가는 길은 비교적 평탄하며 사방이 평지이기에 쉽게 접근할 수 있다. 그 위치는 현재의 삼원현 동북방으로 20km 떨어진 영합촌(永合村) 동북에 있는데, 드넓은 벌판에 몇 기의 석물만이 남아 있고 멀리서 볼 때는 봉분만 남아 있는 삭막

225 평양공주는 낭자관에서 전사한 것으로 보인다. 이는 그녀가 죽었을 때 군례에 따라 장례를 치렀음이 문헌에 기록되어 있는데, 당시 나이가 며 불과 이십여 세에 지나지 않았다. 『舊唐書』, "武德六年平陽公主薨 葬禮加班劍鼓吹等軍人葬禮的儀仗 諡號爲昭 史稱平陽昭公主 因爲她死時不過二十多歲."

226 당나라가 건국하기까지 이세민의 공로는 절대적이며 가장 화려하게 조명을 받게 되었다. 이에 위기를 느낀 황태자 이건성과 막내인 이원길은 이세민을 제거하려고 노력을 기울였으나 이를 눈치챈 이세민이 선수를 쳐 626년 현무문에 군사를 매복시키고 입궁하는 이건성과 이원길을 살해한 이른바 '왕자의 난'을 일으켰다.

227 惠煥章 主編, 『陝西帝王陵』, 陝西旅遊出版社, 2000, p.122.

228 劉毅, 『中國古代陵墓』, 南開大學出版社, 2010, p.88.

당고조의 헌릉

한 풍경이다. 조영 당시에는 동서 467m, 남북 470m나 되는 내성에 능대는 능묘 내 동서쪽에 위치하고 있었다고 한다. 남신문과 북신문의 거리가 180m이며 청룡문과는 130m 떨어져 있고 백호문과는 198m의 거리를 두고 있다. 『구당서(舊唐書)』의 문헌 기록에 의하면 능묘 안 능대 남쪽에 일찍이 축성되었으나, 이후 침궁은 능묘 바깥으로 옮겨졌다. 『장안지(長安志)』의 기록에 의하면 "헌릉의 봉내(封內) 길이가 20리이고, 능묘 아래로는 5리를 내려 간다."고 되어 있다. 현재 능묘의 아래쪽 동서 길이는 120m이고 남북의 너비는 100m이다. 문헌에는 헌종 원화 10년(815) 11월에 농민 반란으로 헌릉이 불탔으며 이후 북송시기에 수리했다는 기록이 있다.[229]

현재의 헌릉은 당을 개국한 고조 이연의 위상을 찾아보기 힘들 정도로 쇠락해 있다. 그럼에도 불구하고 현재도 몇 점의 우수한 석물이 남아 있어 옛 영화를 짐작케 하고 있다. 신도 입구에 양쪽으로 서 있는 석주(石柱, 華表)는 비교적 온전하게 남아 있다. 원래 네 문밖에는 한 쌍씩 모두 4쌍의 석호(石虎)도 있지만 현재는 다섯 마리밖에 없다. 그런데 황제릉에 호랑이를 세웠다는 것은 당나라에서 매우 이례적인 것으로 이곳 헌릉이 유일하다. 당황제릉의 석상생으로 동물은 호랑이와 사자가 배치되어 있다. 호랑이 즉, 석호는 이연의 헌릉과 측천무후의 건릉(乾陵)에서 최근 발견

229 劉向陽·秋敎順, 『中國 唐代 皇帝陵 硏究』, 서경문화사, 2012, p.12.

헌릉의 석호

무게가 10톤에 달하는 헌릉의 코뿔소상

된 것과 무측천(武則天)의 모친 양씨의 순릉(順陵) 등 3곳에만 있을 뿐이다. 이후 소릉이나 건릉에는 석사자(石獅子)를 세웠다. 헌릉의 석호는 신장의 길이가 2.48m나 되는 거구이지만 자세가 엉거주춤하게 서 있으며 묘사력이 부족하다.

그래도 이 고조 헌릉에는 당나라를 통틀어 유일하고 기념비적인 석수조각이 있다. 바로 석서(石犀) 즉, 코뿔소이다. 현재 시안의 비림박물관에 소장되어 있는 이 석서는 길이가 무려 3.35m에 무게만 10톤에 달한다. 크기에 비하여 조각술이 뛰어나며 압도적인 힘과 위엄을 느끼게 한다. 당시 코뿔소를 상서로운 동물로 여겼으며 또 베트남에서 조공했다는 기록도 있어 이를 모델로 조각해 헌릉에 바친 것으로 보인다. 그밖에 중국에서는 석옹중(石翁仲)이라고도 부르는 석인(石人) 3구가 배치되어 있는데, 고졸한 양식에 생동감이 있다.

이와 같이 헌릉에서 보이는 능묘양식이나 석물은 이후 당황제릉의 모본이 되었을 뿐만 아니라 우리나라를 비롯해 동남아시아에도 영향을 주었다. 당나라 황제들은 죽어서도 혼자 묻히는 것이 무서웠을까? 그래서 황제릉 주위에 공신이나 친척들의 묘를 호위병처럼 둘러싸게 하였으니 이를 배장묘(陪葬墓)라 한다. 이러한 풍습은 중국에서 상고시대부터 있어 왔지만 당나라에서 유난히 심하였다. 헌릉만 해도 1980년까지 조사한 바에 의하면 주위에 무려 67기의 배장묘를 두었다.[230] 이러한 배장제도는 당태종에 의하여 확립되었는데, 고조 이연이 세상을 떠나자 태종 이세

230 劉毅, 앞의 책, p.93.

민은 부친의 능묘조성 사업을 실시하면서 한왕조의 능묘제도를 따라 공신 및 황실 친척과 황제능묘의 배장제도를 제정하였다. 태종은 「사공신밀척배장황제릉제도(賜功臣密戚陪葬皇陵制度)」에서 말하기를 "지금부터 공신들이 죽으면 관청에서 마땅히 정하여 헌릉 좌측에 장지(葬地)를 내리고, 동원의 비기(祕器)를 내려주어 정성스럽게 뜻을 기리고 끝없이 생각하도록 한다."고 했다. 태종은 방대한 배장제도의 건립을 위해 장지의 위치까지 정해 주었을 뿐만 아니라 장례에 필요한 물품까지 후하게 지급하면서 대신들이 적극적으로 헌릉 배장에 참여하도록 했다. 당왕조의 공신과 인척들이 황제릉에 배장된 것은 고조 이연의 헌릉에서부터 시작되었다.[231]

당태종의 소릉(昭陵)

이세민(李世民, 599~649)은 이연의 둘째 아들이자 당나라의 2대 태종이다. 당태종은 고구려를 침략하고 안시성에서 양만춘과의 전투로 우리나라 사람들에게도 널리 알려진 인물로서 악인으로 생각하겠지만, 중국에서는 위대한 황제의 한 사람으로 통한다. 이연이 당을 개국하기까지 차남 이세민의 군사적 역할을 절대적이라 할 수 있다.[232] 그는 전투 중에 항상 부하들보다 앞장섰으며, 그 때문에 불리한 군세를 갖고도 적을 무찔러 군대 내에서 존경을 받곤 하였다. 621년(무덕 4) 유흑달(劉黑闥)의 2만 여 기병들과 혈진을 벌일 때에는 그의 말은 아홉 군데에 화살을 맞을 만큼 치열하게 전투를 치러냈다. 특히 622년 낙양에서 전투를 승리하여 노획한 수나라의 보기(寶器)를 가지고 장안에 개선하여 태묘(太廟)에 봉헌하자 이연은 차남인 이세민에게 "하늘이 내린 장군"이란 의미를 지닌 '천책상장(天策上將)'이란 칭호를 내렸다. 장남도 아닌 차남인 이세민이 백성들에게 대중적으로 인기가 오르자 자연히 황태자인 이건성에게는 위협으로 다가왔다. 이에 장남 이건성은 4남 이원길과 공모하여 이세민을 제거하고자 했다. 이러한 음모를 탐지한 이세민은 장안성 북문인 현무문

231 劉向陽·秋教順, 앞의 책, p.24.

232 예를 들어 이연의 부대가 곽읍(霍邑) 전투에서 수나라 군대에 몰려 퇴각 지경에 이르렀을 때, 이세민이 소수의 기병으로 적의 중앙을 돌파해 전세를 뒤집었으며, 618년 강력한 군벌 설거(薛擧)와 그의 아들 설인고(薛仁杲)를 상대로 60여 일이나 되는 지구전에서 이겨 당나라의 서북지방을 평정해 천하의 대세를 잡는 계기가 되었다. 또 619년에는 5개의 군을 차지한 이궤(李軌)의 양(涼)을 정벌했고, 621년 당의 최대의 위협적인 적인 왕세충(王世充)과 두건덕(竇建德)을 격파했다. 그밖에도 재위 중에 돌궐을 비롯한 수많은 북방족속과의 전투 그리고 고구려 정벌까지 평생을 전장에서 보냈다.

(玄武門)에 군사를 매복시켜 두 형제를 살해한 이른바 '현무문의 정변'을 일으킨 것이다. 이러한 왕자들의 난이 일어나자 고조 이연은 할 수 없이 이세민을 태자로 책봉하고 스스로 퇴위하여 태상황이 된다. 이에 이세민은 황제로 등극하고 연호를 '정관(貞觀)'으로 고치고 당나라는 태종의 시대가 되었다.

이렇게 차남이 장자를 제거하고 정권을 잡는 상황은 이미 우리에게도 데자뷰로 남아 있다. 즉, 수양제의 경우, 또 조선시대 방원이 '왕자의 난'을 일으켜 태종으로 등극한 것과 너무도 유사한 경우이다. 당의 사서(史書)인 『구당서(舊唐書)』나 『신당서』에도 모두 '현무문의 정변'에 대하여 당위성을 피력하고 있고, 장자 이건성의 방탕하고 바르지 못한 행실을 비난하고 있으나 이는 승자(勝者)의 기록일 가능성이 농후하다. 태종 이세민은 형제들과 그 자식들을 몰살한 사실에 상당히 죄책감을 가졌으리라 본다. 그래서 이를 반성하는 의미로도 선정에 몰두하여 이른바 '정관지치(貞觀之治)'를 이룩했는지도 모른다.[233] 태종은 학자들을 모아놓고 경제부흥 문제에 대하여 자문을 받았다. 장기간의 내란을 겪은 가난한 백성들은 평화롭고 풍요한 생활에 익숙한 백성들 보다 욕망이 적고 고난의 생활에 익숙해져 있으므로 오히려 다스리기 쉽다는 위징(魏徵)[234]의 학설에 용기를 얻게 되자 수나라처럼 강제로써 급속히 일을 추진하지 않고 느린 속도로 재건할 계획을 수립하였다. 무엇보다도 중요시한 것은 국민의 도덕성 정립에 두었는바, 그 결과로 '백성들은 길에 떨어진 물건을 줍지 않고 바깥문을 잠그지 않는다'라는 상황이 실현된 것이다. 정관시대는 뭐니뭐니 해도 유교적인 도덕정치면에서 이상적인 시대였다.[235]

이세민도 만년에는 사치와 전국순시, 대외정벌로 백성들의 삶을 피폐케 하였다. 천하의 이세민도 정관23년(649) 52세로 취미궁에서 세상을 떠났다. 조정에서는 섬

233 정관지치는 당의 전성기이며 중국 역사상 부국강병의 손꼽히는 시기로 후대에 붙여진 이름이다. 이 시대를 칭송한 『정관정요(貞觀政要)』는 오긍(吳兢, 670~749)이 편찬했는데 태종이 신하와 나눈 언행록이다. 이후 제왕들의 통치교과서가 되었다. 이 책은 역대 황제들은 물론 한국과 일본, 서하, 여진에도 전해져 지도층의 필독서가 되었다. 우리나라의 경우에도 고려시대 광종 이후 조선시대까지 정치인의 애독서가 되었다.

234 위징은 원래 이건성의 수하로 이세민을 죽이라고 했다. 그러나 태종은 그의 자질을 높이 사서 간의대부에 임명하고 각종 충언이나 비난까지 감수하면서 평생 200여 건이 넘는 그의 간언을 대부분 수용하였다. 태종이 위징에게 치세의 원리를 물었을 때 "임금은 배와 같고 백성은 물과 같다. 물은 배를 뜨게 하지만 전복시킬 수도 있다"라는 유명한 말을 남기었다. 또 위징이 죽은 후 고구려를 침략하다가 참패한 태종이 회한의 철수 중에 "위징이 살아 있었다면 나의 출정을 막았을 것이다"라고 한탄하였다.(資治通鑑 卷 198) 위징은 태종의 '정관지치'를 이루어 당의 기틀을 세우는 데 큰 공헌을 하였다.

235 김영진 역편, 『중국오천년사』, 대광서림, 2002, p.251.

서성 예천현에서 서북으로 15km 떨어진 해발 1,188m인 구준산(九嵕山)에 장례를 치루고 이를 소릉(昭陵)이라 했으며, 시호는 문황제, 묘호는 '태종'이라 하였다. 2000년 여름에 차를 빌려 처음 소릉을 방문했을 때는 이정표도 없는 들판길을 이리저리 달리다가 운전기사가 멀리 있는 산을 가르치며 저 산위에 소릉이 있다고 하여 깜작 놀랐다. 지금까지 중국의 역대 황제릉은 모두 찾아가기 쉬운 들판에 있었는데, 저렇게 높은 산봉우리에 능을 만든단 말인가? 상나라, 주나라, 춘추전국시대, 진한시대, 남북조시대 등 중국 역사순으로 제왕의 능을 답사한 처음으로 황제릉을 산에서 보게 되었다. 그렇다! 당나라의 황제릉은 소릉 이래 산으로 올라간 것이다. 그러나 송나라 때는 다시 평지로 옮겨왔으나 요(遼), 금(金)나라 시대에는 다시 산으로 올라가고, 명청시대에는 산과 맞닿은 평지로 내려오게 된다. 이런 현상은 우리나라에서도 반복되었는데, 삼국시대까지는 왕릉이 평지에 조성되었으나 통일신라시대에는 약간 높은 언덕으로 올라갔다가 고려시대에는 본격적으로 산으로 올라간다. 그러나 조선시대가 되면 산도 아니고 평지도 아닌 산비탈에 왕릉을 조성하게 되는 재미난 현상을 보이고 있다.

중국에서 오늘날 우리가 보는 것처럼 봉분(封墳)이 지상에 올라와 있는 모습은 진한시대에 와서 완성되었다. 이전의 상나라나 주나라 초기에는 오히려 땅속을 깊이 파 무덤을 만들었으며, 그 위에 봉분을 세우거나 수목을 심는 일은 없었다. 그러니까 당시의 무덤은 수직으로 땅 밑을 파고 시신을 안치하는 형식이었다. 그러나 춘추시대에 이르러 봉분이 출현했고, 전국시대에는 통치자의 무덤을 분구묘(墳丘墓) 형식으로 조영하는 것이 널리 보급되었다. 바로 진시황릉을 비롯하여 한나라의 황제릉이 흙을 쌓아 산처럼 만든 분구묘인 것이다. 이러한 조릉(造陵) 방식은 당나라에 와서 큰 변화가 생기는데 바로 산을 뚫어 만드는 그야말로 산릉(山陵)이 탄생하게 된 것이다. 정관 10년(636) 태종의 비 장손황후(長孫皇后)가 죽자 태종은 구준산에 산릉을 영조하였으며, 이곳이 수릉(壽陵)이 되어 649년 그가 죽자 합장을 하였다.[236] 즉, 당나라는 황제와 황후를 동일한 묘혈에 안장하는 제후동형(帝后同穴)의 합장제도를 실행한 셈이다.〈도110〉

『당회요(唐會要)』卷20 「능의(陵議)」에는 다음과 같은 주가 있다. "소릉은 경조부(京

236 장경희, 「중국 황제릉 답사 3」, 『의왕문화』제11호, 의왕문화원, 2012, pp.72~73.

구준산 아래 당태종 소릉의 입구

兆府) 예천현(禮泉縣)에 있다. 구준산의 겹겹의 봉우리를 이용해서 산의 남쪽을 뚫어 75장(丈) 깊이에 현궁을 마련하였다. 바로 산봉우리를 능총으로 삼는 '인산위릉(因山爲陵)'[237] 즉, 능이 산으로 올라가는 당나라 능묘건축의 효시가 된 것이다. 산 옆의 바위를 따라 다리를 설치해서 잔도(棧道)를 만들었는데 낭떠러지가 아주 깊다. 산을 돌아 230보를 가야 비로소 현궁의 문에 도착한다. 그 위에 또 유전(遊殿)을 세웠다."[238] 참으로 소릉은 장대하다. 주차장에서 구준산 정상부를 향하면 상당히 넓은 터가 나오며 다섯 개의 단을 올라가면 요즘 새로 만든 공신상(功臣像)이 도열해 있다. 여기서 아래를 내려다 보면 배장묘들이 점점이 보인다. 그 배장묘의 숫자는 상상을 초월할 정도로 많았는데, 『예천현지(禮泉縣誌)』에는 203기로 기록되어 있으나 1970년대 소릉문물관리소에서 조사한 결과에 의하면 배장묘를 167기라 하였으니 당태종은 죽어서도 수많은 황족과 신하들을 자신의 능 주위에 거느리는 호사를 하였다. 현재도 배장묘의 조사와 탐사를 진행하고 있는데, 아마 200기 이상이 발견될 것으로 보인다. 이들 배장묘들은 소릉 인근에 있는 것이 아니라 반경 15km 이내에

237 의산위릉(依山爲陵)이라고도 하는데, 도굴을 막기 위한 일종의 애묘(崖墓)로 산에 절벽 속에 묘실을 두었지만 역시 도굴꾼들의 마수를 피할 수 없었다.

238 양관 저, 장인성·임대희 옮김, 『중국의 역대 능침제도』, 서경, 2005, p.104.

당태종 소릉의 석패방(근래에 제작한 것)

산재되어 있는데, 가장 가까운 신성공주의 배장묘도 2.3km나 떨어져 있다. 소릉의 유명한 배장묘로는 황후가 낳은 장락(長樂), 성양(城陽), 신성공주(新城公主)와 위징, 이정, 이적, 이사마, 위지경덕과 같이 기라성 같은 신하들의 묘도 있다.

소릉의 주위에는 네모난 담장을 두르고 사면에 문을 내고 각루(角樓)를 설치해 성벽과 같이 만들었다. 북쪽 현무문 안에는 제단을 설치했고, 남문인 주작문 내에는 헌전(獻殿)을 만들어 능을 참배하는 장소로 사용하였다. 또한 능주에게 매일 음식을 올리고 의관, 침구를 보살피던 침궁(寢宮)도 이 구역에 있엇는데, 얼마 후 화재로 소실되자 산 아래 요대사(瑤臺寺) 옆으로 옮겼다. 이로 인해 산 위의 침궁까지 매일 물과 음식을 나르던 수고를 덜 수 있게 되었다. 그리하여 산 위의 헌전은 상궁(上宮)이라 하고, 산 아래로 내려온 침궁은 하궁이라 하였는데, 그 거리가 10km나 된다. 다른 황제릉이 헌전과 침궁이 서로 인근해 있는데, 소릉은 그 거리가 10km나 되는 것을 보아도 규모를 짐작할 수 있을 것이다.[239]

소릉의 침궁은 오늘날 우리들로서는 상상이 안 될 정도로 규모가 크고 장대하였으며, 거기에서 벌어지는 일들은 도저히 이해가 안 되는 것이었다. 첫째, 침궁에는

239 장경희, 앞의 책, p.73.

소릉의 복원한 구조물

최소 천 명 이상의 인원이 필요하다. 이들은 황제가 살아 있을 때처럼 모시는 비빈이나 음식을 마련하는 사람도 있었다. 둘째, 침궁에서는 매일 한 번씩 제사(日祭)를 올렸고, 큰 제사 때에는 천 가지의 반찬이 마련되었다. 이에 당 중종 때에는 신하들이 물력의 낭비와 인력의 노고를 피하고자 일제를 폐지할 것을 다음과 같이 주청하였다.

"예법대로 하면 능은 일제(日祭)를 행하지 않고 종묘는 월제(月祭)가 있으므로 황제는 묘(廟), 조(祧), 단(壇), 선(墠)을 만들어 멀고 가까운 것에 따라 주어야 합니다. 당나라도 옛 방법을 택하여 사용하는데 신이 말씀드리는 것은 각 능의 일제를 취소하고 예법대로 행했으면 합니다. 이에 중종은 허락하지 않았다. 관리가 말하건대 당일에 음식을 드리지 않으면 무엇 때문에 옛 법에 매달리겠는가? 건릉은 아침과 저녁 무렵에 제사를 드리고 소릉과 헌릉 이 두 능은 하루에 한 번씩 제사를 지내는데, 혹시 비용이 모자란다면 짐의 일상 반찬을 줄이면 된다."[240]

240 劉毅, 앞의 책, p.95.

참으로 이렇게 과도한 제사를 지내는 당나라 풍속은 이후 차이는 있지만 역대 황제릉의 제사 규범이 되어 재정을 축내게 되었다. 중종이 자신의 반찬을 줄여서라도 일제를 고집한 것을 보면 지극한 효심에 의해서거나 아니면 황실의 체통과 권위를 위해서 고집했을 것이다. 그러나 장대하던 소릉의 모든 건축물들은 모두 소진되었고 흔적만 남아 있을 뿐이다.

필자가 소릉에 대하여 특별한 흥미를 갖게 된 것은 바로 '소릉육준(昭陵六駿)'이란 말조각상 때문이다. 이들은 부조(浮彫)로 만든 석조각상인데, 세계조각사상 가장 뛰어난 말 조각상으로 이와 비견될 것은 파르테논 신전의 프리즈에 있던(현재 대영박물관 소장) 말 부조상 정도일 것이다. 당태종은 평생을 전장터를 누비고 다녔다. 소릉육준이란 바로 당태종을 태우고 전장을 누빈 준마 여섯 필로 천하의 명마이며, 주인을 위한 충성심이 대단하여 몇 번이나 태종을 사지에서 구하였다. 그 이름은 백제오(白蹄烏), 특근표(特勤驃), 청추(青騅), 십벌적(什伐赤), 삽로자(颯露紫), 권모과(拳毛騧)이다.

백제오는 태종이 설인고와의 전투에서 분전하였고, 특근표는 유무주를 격퇴할 때 태종을 태우고 하루 밤에 2백리를 질주하면서 수십 차례 싸웠으며, 청추는 두건덕과의 호뢰관 전투에서 태종을 태우고 다섯 발의 화살을 맞으면서도 분전하였다. 십벌적은 왕세충과의 전투에서 다섯 발의 화살을 맞으면서도 주인을 지켜냈으며, 삽로자는 나양 공략 때 탔던 말로 태종이 포위당하였을 때 화살을 가슴에 맞았는데, 부하 구행공이 다가와 자신의 말을 태종에게 내어주고 피신시킨 후 삽로자를 끌고 진영으로 돌아와 화살을 뽑아냈으나 끝내 죽고 말았다. 조각에는 구행공이 부상한 삽로자의 흉부에서 화살을 뽑아내는 모습을 표현했다. 권모과는 당 초기 유흑달과의 전투에서 무려 아홉 군데의 화살을 맞으면서 주인을 구해 내었다. 이들 여섯 마리의 말들과의 사연에서 태종 이세민이야말로 얼마나 용감하며 전장에서 앞장 서 적들과 싸웠는지 웅변으로 말해주고 있다.

태종은 자신과 생사고락을 함께한 이들 여섯 마리 준마를 조각해 소릉에 두기로 하였다. 그리하여 태종은 636년 당시 최고의 예술가 염립덕(閻立德)에게 자신이 사랑했던 말들을 조각하도록 했다. 염입덕은 당대 최고의 화가인 염입본과 형제 사이로 자신도 화가일 뿐만 아니라 조각가, 건축가 및 행정에도 능한 만능예술가였다.

소릉의 서편에 세운 서편의 소릉육준 조각상

십벌적, 다섯 발의 화살을 맞고도 태종을 위해 갈렸다.

청추, 다섯 발의 화살을 맞고도 용감히 싸웠다.

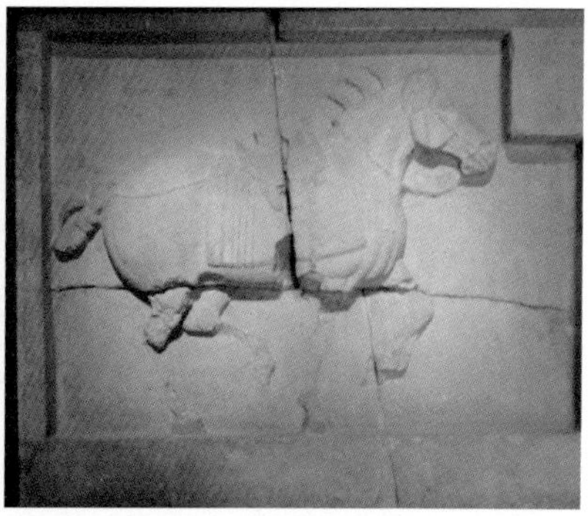

특근표, 하룻밤에 2백리를 달리면서 수 차례나 싸웠다.

삽로자, 흉부에 꽂힌 화살을 빼내는 모습

권모과, 태종이 초기 대업을 이룰 때 타던 말

백제오, 태종을 태우고 설인고의 진중을 기습한 용맹한 말

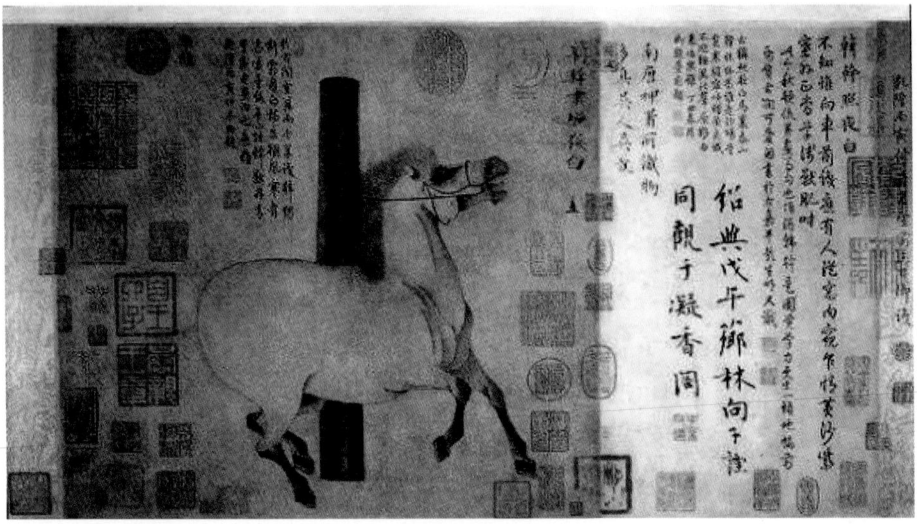

한간이 그린 '조야백도'

그는 가로 1.8m, 세로 1.5m 되는 여섯 개의 장방형 석판에 이들 말을 조각해 소릉 현무문 안에 세웠다. 당태종은 여기에 시를 짓고 당대 명필인 구양순에게 글을 쓰게 하였다.[241]

당나라에서는 유난히 말에 대한 사랑이 매우 컸으며 궁중에서는 말을 키우는 기관이 별도로 있었고, 말을 전문으로 그리는 화가들도 있었다.[242] 그러나 희대의 걸작 '소릉육준'은 1914년 골동상 노근재가 삽로자와 권모과를 도굴하여 당시로는 거금인 125,000달라를 받고 미국에 팔았는데, 현재 필라델피아 박물관에 소장되어 있다.[243] 이 박물관에 가서 두 조각상을 보았는데, 참으로 걸작이라 아니할 수 없다. 4년이 지나 이들 도굴꾼들은 다시 나머지 네 마리를 밀반출하려 했으나 다행히 회수되어 현재는 시안 비림박물관에 전시되고 있으며, 오늘날 소릉에는 모조품을 세워 놓았다.

현재 소릉에는 원래의 조각상은 볼 수 없으나 기록에 의하면 석인과 석마, 석호가 있었으며, 특히 고종시기에는 14국 수장(首長)들의 조각상을 세웠다고 한다.[244]

241 장경희, 앞의 책 pp.73~74.

242 대표적 화가로 한간(韓幹)과 조패(曺霸)가 있었으며, 두보(杜甫)는 시로 남기었다.

243 胡元超, 『唐太宗與昭陵』, 三秦出版社, 2005, p.162.

244 胡元超, 위의 책 p.150.

그런데 우리가 당 소릉에 관심을 가져야 하는 이유는 신라의 진덕여왕의 조각상이 이 소릉의 각 국 수장들 속에 있었다는 점이다. 왜 신라의 여왕 조각상이 당태종의 소릉에 세워졌을까? 참으로 미스터리한 사건이지만 당나라 사서와 삼국사기를 자세히 들여다보니 충분히 개연성이 있는 일이었다. 진덕여왕(眞德女王, 재위 647~654) 승만(勝曼)은 신라의 마지막 성골로 선덕여왕의 뒤를 이어 28대 국왕으로 즉위한다. 즉위하자마자 비담(毗曇)의 난을 평정하고 군사는 김유신에게, 외교는 김춘추에게 맡겨 위기의 신라를 구하고 삼국통일의 기반을 다졌다. 그리고 사서(史書) 『舊唐書』에도 김춘추, 김선덕, 김진덕에 관한 기사가 다음과 같이 있어 당의 태종과 신라와의 관계를 잘 드러내고 있다.[245]

진덕여왕은 위기의 탈출구로 당과의 관계개선과 군사적 지원을 원했는데, 김춘추의 빛나는 성과로 당태종의 신임을 받아 이른바 나당연합(羅唐聯合)을 이루어 문무왕 때 마침내 백제와 고구려를 멸하고 삼국통일을 이루게 된다. 당시 당태종은 654년 고구려를 치다가 안시성에서 일생의 치욕적인 대패를 당하여, 신라의 도움 없이는 백제와 고구려를 정복할 수 없다는 사실을 실감하고 있었다. 이러한 시기에 진덕여왕은 적극적인 대당외교를 펼치고 650년에는 자신이 직접 수를 놓은 '치당태평송(致唐太平頌)'[246]을 당고종에게 바치는데, 그 내용은 낮 간지러울 정도로 아부 일색이었다. 여기에서 사대주의 극치를 볼 수 있는데, 이는 약소국 신라가 생존을 위해 펼친 자구책으로 보아야 할 것이다.[247]

1982년 소릉 주변에서 14국 수장석상(十四國首長石像)의 하나였던 진덕여왕의 석상으로 추정되는 석상이 1982년 발견되었는데, 상부는 없어지고 하부의 일부와 좌대만 있는 것이었다. 그러나 주변의 좌대 석편에서 '신라(新羅)', '군(郡)', '덕(德)'이라고 새겨진 명문을 발견하여 여기에는 '신라낙랑군왕김진덕(新羅樂浪郡王金眞德)'이

245 劉昫, 『舊唐書』 本紀 第2 太宗 下. "十月癸亥, 至自玉華宮。十一月戊戌, 眉´邛´雅三州獠反, 右衛將軍梁建方討平之。庚子, 契丹帥窟哥´奚帥可度者並率其部內屬。以契丹部為松漠都督, 以奚部置饒樂都督。十二月乙卯, 增置殿中侍御史´監察御史各二員, 大理寺置平事十員。閏月丁醜朔, 昆山道總管阿史那社爾降處密´處月, 破龜茲大撥等五十城, 虜數萬口, 執龜茲王訶黎布失畢以歸, 龜茲平, 西域震駭。副將薛萬徹脅於闐王伏闍信入朝。癸未, 新羅王遣其相伊贊千金春秋及其子文王來朝。是歲, 新羅女王金善德死, 遣冊立其妹真德為新羅王。"

246 일명 〈太平頌〉, 〈織錦獻唐高宗〉이라 불리는 이 오언고시는 『삼국사기』와 『동문선』에 실려 있는데, 당시 품회에서는 "고상하고 예스러우며 웅장하고 막힘이 없다"라고 호평을 하였다.

247 馬海鵤·郭瑞, 『唐太宗昭陵名刻瑰寶』, 三秦出版社, 2007, pp.41~43.

소릉에 세워진 진덕여왕 조각상

진덕여왕상 후면, 당소릉박물관 소장

라고 써 있다.[248] 때문에 이 석상을 〈진덕여왕상〉으로 추정하고 있다.[249] 그러한 이유의 하나는 14국 군주가 모두 남성인데 비하여 진덕여왕만이 유일한 여성상이기 때문에,[250] 다른 군주들의 투박한 복식에 비하여 하부의 조각상만 보아도 화려하고 아름다운 여성복식임을 알 수 있다. 그러나 다른 석상들도 온전한 것이 거의 없고 잔편들만 남아 있어 이들 잔편들을 모두 조사해야 사실을 규명할 수 있다.[251] 이 김진덕상의 하부 조각상이 구준산 입구에 있는 '소릉박물관'에 소장되어 있다는 말을 듣고 방문했으나 처음 갔을 때에는 해당 조각상을 찾지 못하고 사진 1장만 구했다. 이후 다시 갔을 때 박물관 외부에 여러 석물들과 함께 방치되어 있었지만 한 눈에도 여성복식의 모습을 엿볼 수 있어 다행이었으나 명문 등은 훼손되었는지 확인하기 어려웠다.

248 낙랑군왕은 진평왕 47년(624)에 당으로부터 받은 관직으로 이후 선덕, 진덕여왕 때에도 계속 승계되었다.

249 이를 뒷받침하는 문헌으로 송나라 때 宋敏求, 『長安志』; 游師雄, 『唐太宗昭陵圖』. "新羅樂浪郡王金眞德"이라고 적혀 있다 그밖에도 돌궐, 토번, 구자, 고창 등의 수장상들이 있었다.

250 田月, 「昭陵發現十四國番君長石像」, 『華商報』, 2003.11.30日字

251 朴現圭, 「唐昭陵과 乾陵 소재 韓人石像 관찰」, 『한국고대사연구』47, 한국고대사학회, 2007, pp.223-252. 拜根興, 「新羅 眞德女王石像 몸통잔여와 대석 銘文의 발견에 대한 일고찰」, 『新羅史學報』7, 신라사학회, 2006, pp.17-38.

소릉에서 한 가지 아쉬움을 느낀 것은 '난정서(蘭亭序)'의 미스터리를 풀 수 있는 단서라도 하나 건질 수 있을까 하는 점이다. 그러나 이것은 현재까지도 여전히 오리무중이었다. 세계 서예사상 희대의 걸작으로 손꼽히는 난정서는 서성(書聖) 왕희지(王羲之, 307~365)의 작품으로 '영화9년 세재계축 모춘지초(永和九年 歲在癸丑 暮春之初)'로 시작되는 천하제일의 행서이다. 이것은 동진의 목제(穆帝) 영화 9년(353)에 회계의 명사 42명이 명승지 난정(蘭亭)에 모여 시회(詩會)를 가졌을 때, 왕희지가 이를 모은 시집의 서문을 썼다. 이것이 바로 '난정서'로 불휴의 걸작이다. 왕희지 사후 이를 극비로 보관되었다가 너무나 이 작품을 갈망하던 당태종이 계책을 써 이를 입수하여 당대의 최고 명필들인 우세남, 저수량, 풍승소, 구양순에게 임모를 시켜 주위에 나누어 주고 진본은 자신의 무덤에 매장시켰다고 한다.

난정서, 수개황시기의 모본

따라서 현재까지 남아 있는 난정서는 후기에 임모된 것이다. 그러나 온도가 당소릉을 도굴했을 때 이를 수습했다는 기록이 없고, 황위를 계승한 고종도 이를 좋아해 자신의 건릉에 묻었다는 설, 민간 어디에 존재한다는 설 등이 난무하여 이 희대의 보물의 행방은 오늘날까지 수수께끼로 남아 있다.

당 고종과 측천무후의 건릉(乾陵)

처음으로 건릉을 찾은 것은 1994년 여름이었다. 그때만 해도 모든 형편이 어려운 시절이었고 중국인이 거의 찾지 않기 때문에 찾아가기 어려워 배낭여행을 하듯 가야 했다. 시안에서 버스로, 다시 화물차를 얻어 타고 몇 시간 만에야 건현(乾縣)에 도착해서 또 두 시간을 걸어서 겨우 양산(梁山)이 주봉인 건릉 남쪽 입구에 도착했다. 다시 우람하게 솟은 건릉으로 향하여 땡볕아래 한 시간을 걸어 올라가 웅대한 건릉을 마주할 수 있었다. 불과 30년 전만 해도 건릉을 본다는 것이 이렇게 어려운

당고종 건릉의 신도에 도열한 석수와 석인

일이었다.

2010년 건릉을 다시 찾았을 때는 형편이 좀 좋아져 시안에서 차를 렌트해 전번과는 비교가 안 될 정도로 편하게 방문할 수 있었다. 예전에는 건릉의 산 아래에서 탐방이 시작되었는데, 이제는 잘 정비된 도로에 주차장과 매표소도 있다. 놀랄 일은 산 밑에서 올라오는 것이 아니라 관람객들의 편의를 위해 신도(神道)의 중간에 입구를 내어 놓았다. 그러나 예전에 산 밑에서 우뚝 솟아 있는 건릉을 보면서 입구에 해당되는 궐루를 지나 끝없이 이어진 신도를 따라가면서 양 옆으로 도열한 석상들을 하나씩 조사하면서 오르던 풍치는 없어지고 너무 편하게 신도 중간으로 침입해 바로 건릉을 볼 수 있게 하였다. 그런데 이와 같이 문화유적을 파괴하면서 단지 편리함을 위해 신도 중앙에 출입구 겸 횡단도로를 만든 것에 경악하였지만 그 어떤 것도 인간의 편리성에 양보해야 하는 현실에 씁쓸한 마음을 지울 수가 없었다.[252]

건릉이 유명한 것은 당나라 황제릉 중에 유일하게 도굴당하지 않았던 점과 고종과 측천무후 두 황제를 합장하였다는 점이다. 특히 무조(武曌), 무후(武后), 무측천(武則天), 측천무후(則天武后, 625~705)라고도 불리우는 중국 역사상 유일무이한 여황제가 묻혀있다는 점은 당연히 많은 사람들의 흥미를 불러 일으켜 항상 관람객들로 문

252 이영관 외, 「당건릉과 명효릉의 건축문화의 특색과 한국왕릉의 연계양상」, 『한국사상과 문화』51, 2010, pp.349-370. 우리나라에서는 당나라 황제릉 중 당고종 건릉에 대해 관심을 갖고 연구하고 있다.

전성시를 이루고 있다. 특히, 같은 여성이기에 측천무후가 천하의 제일가는 유교국이자 봉건국가인 중국에서 여자가 황제가 될 수 있었다는 점에 더욱 관심과 호감이 갔으며 더구나 신생국가인 당나라를 어떻게 이끌었는지도 궁금했다. 650년 당태종이 죽자 그의 아홉 번째 아들 이치(李治, 628~683)가 황위를 이었으며 연호를 영휘(永徽)라 했다.[253] 측천무후인 무조는 원래 개국공신 무사확(武士彠)의 둘째 딸로 총명함과 출중한 미모로 이름났으며, 어려서부터 다양한 분야의 공부와 가무, 활쏘기와 말타기까지 못하는 것이 없을 정도였다. 참으로 그녀는 재색이 겸비한 여인이었다.

무조는 14세 때 황궁에 재인(才人)의 신분으로 들어가 미랑(媚娘)으로 불리웠는데, 독서와 서화에 능함을 알고 태종은 그녀를 서가를 관리하는 직책을 주었다. 이는 무조에게 딱 어울리는 자리로 여기에서 그녀는 국정을 운영할 지혜를 배울 수 있었으며 폭넓은 지식을 쌓을 수 있었다. 후에 그녀가 황제가 되어 당나라의 기반을 튼튼히 할 수 있었던 능력을 이때 얻을 수 있었다고 생각된다. 12년간 궁에 있으면서도 황제의 총애를 얻는 데는 실패했지만 황태자 이치에게는 깊은 인상을 주었던 것 같다. 당태종이 비교적 젊은 나이로 세상을 뜨자 무조는 관례에 따라 비구니가 되어 감업사(感業寺)로 출가했다.

그러나 기회는 쉽게 찾아왔다. 태종의 일주기가 되어 감업사에 온 이치는 무조를 재회하게 되고 입궁을 시켜 소의(昭儀)에 오르게 하였는데, 황제의 여인들 121명 중 여섯 번째 직급이었으며, 이때 무조는 27세로 황제보다 세 살 위였다. 무조는 이후 기막힌 처신으로 이치의 황후와 귀빈들 그리고 공신들의 온갖 반대를 물리치고 655년 마침내 황후자리를 차지하게 되었으며 슬하에 4남 1녀를 두었다. 네 아들들은 이홍(李弘), 이현(李賢), 이현(李顯), 이단(李旦)이었으며, 딸 태평공주(太平公主)가 있었는데 이들은 무조의 생전과 사후 엄청난 사건에 연루하게 된다. 고종 이치는 워낙 병약했기 때문에 자연히 권력은 무조, 이제는 측천무후가 휘두르게 되었으니 조정에서는 심지어 '이성(二聖)'이라는 칭호까지 나돌았다. 683년 고종이 사망하자 무후는 고종과의 사이에서 낳은 아들 중종(中宗,이현)을 황제로 세웠으나 미구에 그 아들을 제위에서 내리고 690년 스스로 황제를 칭하여 제위에 오르면서 당(唐)을 폐지하

253 이치는 상속서열도 한참 떨어진 아홉 번째 아들로 태자감은 못되었으며, 심신이 유약해 천하를 경영할 야심이나 능력도 없었다. 다른 유력한 왕자들을 제치고 황위에 오를 수 있었던 것은 개성이 강한 군주를 싫어한 개국공신들이나 처남이자 승상인 장손무기(長孫無忌)와의 정치적 타협안일 것으로 보인다.

고 주(周)라는 국호를 내 세웠다. 중국 역사상 최초이면서 최후의 유일한 여제(女帝)가 출현한 것이다. 무후의 실질적인 치세는 고종을 대신하여 국정을 완전히 보살피게 된 664년에서 외부세력으로 평화적으로 제위를 중종에게 선양하여 당조로 되돌아가게 된 705년까지 40여 년간이나 되었다.[254]

이러한 과정에서 무후는 권력을 휘어잡기 위하여 두 아들을 죽이는 비정함을 보였지만[255] 정치에 있어서는 탁월한 통치력을 발휘하여 경제부흥으로 국력이 강대해졌으며, 고구려를 비롯한 주변국을 평정하고 적인걸(狄仁傑, 630~700)[256]을 비롯한 수많은 인재들을 키우고 발탁하였다. 그러나 무후는 말년에는 장역지, 장창종 같은 남총(男寵)[257]에게 휘둘려 국정농단을 야기해 조정의 기강이 무너졌다. 80세가 되던 해 무후는 병으로 영선궁으로 거처를 옮겼고 이때 옆에는 장씨 형제만 있었는데 재상이라도 출입을 못하였다. 이에 장간지와 환엄범, 경휘 등의 다섯 대신들은 황태자 이현을 앞 세우고 영선궁으로 밀고 들어가 장씨 형제를 주살하고 무후를 설득하여 황위를 이현에게 선양하도록 하였다. 이 사변을 역사에서는 '오왕정변(五王政變)', '신룡정변(神龍政變)'이라 부른다. 그녀는 일년 후 죽게되는데, 조정에서 공표한 유언에는 이당황조의 종묘에 들어가고 남편 고종과 합장하겠다고 했으며 자진해 황제 칭호를 없애고 '측천대성황후(則天大聖皇后)'로 개칭하였다. 그때 무후의 나이는 82세로 중국 황제 역사상 보기 드물게 장수 하였다.[258]

무후에 대한 역사적 평가는 정치적 측면과 윤리직 문제에서 양극된다. 당초기에 국력을 신장시키고 국정을 안정시키며 경제부흥은 절대적 그녀의 공적이다. 그러

---

254 김영진 역편, 『중국오천년사』, 대광서림, 2002, p.261.

255 무후는 뚜렷한 주관을 가진 태자 이홍이 자신에게 대립하자 독주를 마시게 했고, 다음 태자가 된 둘째 이현이 영리하고 기백이 있어 모자간 대립이 심해지자 무후는 반역죄를 뒤집어 씌어 유배시켰다가 살해했으며 그 아들들 즉, 손자들은 궁중에 유폐시켰다. 또한 황족들에 대한 숙청으로 당의 고조, 태종, 고종의 세 황제가 낳은 수십 명의 아들 중에 무후 소생인 중종 이현과 예종 이단만 남게 되었다.

256 적인걸은 수 편의 영화로 우리에게 널리 알려졌지만, 영화에서는 무술의 고수이자 명수사관으로 묘사되었다. 그러나 적인걸은 명재상으로 무후의 치세를 안정시키고 무후도 그를 신뢰하여 그의 제안은 거의 가납하였다. 특히 698년에 무후의 조카이자 실세인 무승사, 무삼사의 권력을 견제하고, 이들에게 넘어 갈 뻔한 황위를 폐위되었던 중종을 황태자로 삼게 하였다. 또한 죽기 전에 장간지(張柬之)를 재상으로 추천하여 그로 하여금 무씨천하를 끝내고 이씨 당조를 재건하게 하였다.

257 남총은 면수(面首)라고도 하는데, 자신의 몸으로 권세를 가진 여인을 기쁘게 해 주는 남자 첩이다.

258 중국의 황제들은 대개 단명한 편이다. 불로장생을 원했던 진시황도 50세 밖에 살지 못했으며 열 살 이전에 죽은 황제도 부지기수이다. 80세 넘게 장수한 황제는 측천무후(82세), 양무제(86세), 송고종(81세), 원세조(80세), 청고종(89세) 5명에 지나지 않는다. 그중 청고종 즉, 건륭제는 89세로 가장 장수한 황제이다.

나 권력욕에 의해 두 아들을 포함해 수많은 황족 뿐만 아니라 무고한 사람들 수천 명이 죽고, 더 많은 사람들이 유배되거나 노비로 전락하였다. 또한 그녀의 남성편력도 입방아에 오르내리지만 이런 상황들은 모두 권력층 내부의 일이었고 백성들의 삶은 향상되고 있었다. 또한 건국초기에 공신들에 대한 정리를 이루어 기득권에 대한 불만을 잠재우고 피지배층에게도 공정한 기회를 주어 신진관료를 양성하였다. 무후의 장점은 진언을 받아들일 중 알았으며 어느 정도에서는 당태종의 풍채도 조금 갖추었다.[259] 강직한 자일 경우 그녀에게 모반자라는 의심만 받지 않는다면 그녀는 가까운 사람의 모함에서 그 강직한 자를 보호할 줄 알았다. 그녀가 잇따라 임용한 이소덕(李昭德), 위원충(魏元忠), 두경검(杜景儉), 적인걸(狄仁傑), 요숭(姚崇), 장간지(張柬之) 등 주요 재상들과 당휴정(唐休璟), 누사덕(累師德), 곽원진(郭元振) 등의 변방 장수들은 모두 한 때의 인재들이었다.[260] 문화융성과 여성과 약자보호 그리고 국가안보에 힘써 영토의 확장과 중국의 영원한 골칫거리였던 고구려와 백제를 멸한 것도 그녀의 업적 중 하나였다.

고종과 이 위대한 여걸의 합장이 바로 건릉(乾陵)이다. 이 무덤은 고종이 죽은 지 다음 해 684년 수건되었는데 이는 세계역사상 유일한 두 왕조의 제왕이 묻혀있는 부부황제릉이며, 산에 의지해 능을 만드는 소위 '의산위릉(依山爲陵)'이라는 당대 묘제의 전범(典範)이 되었다.[261] 고종이 이곳에 매장된 이후에도 능원 건축 작업은 계속되었고, 신룡 2년(706) 5월에 건릉의 수도(隧道)를 증축하여 무측천을 합장하고, 영태공주 이선혜(李仙蕙), 의덕태자 이중윤(李重潤), 장희태자 이현(李賢)을 배장했다.[262] 건릉의 장대함은 "주위가 80리 이고, 내성 성벽은 1,100보, 동서쪽으로 900보이다. 외성의 담장은 남북으로 2,050보, 동서 1,200보이다. 라는 기록(『長安圖誌』, 「唐高宗乾陵圖」)이 있다. 성내에는 헌전(獻殿), 편방(偏房), 회랑(回廊), 궐루(闕樓), 비정(碑亭), 적인걸 등 육십조신상(六十朝臣像)사당, 하궁(下宮) 등 휘황찬란한 건축물이 곳곳에 조성되었다.[263]

259 측천무후에 의한 이 당나라 안정기를 '武周之治'라고 부른다.

260 范文瀾·蔡美彪 著, 김승일·전영매 역, 『중국통사간본』, 경지출판사, 2016, p.155.

261 胡楊, 『歷代帝陵』, 中國工人出版社, 2014, p.99.

262 유향양·추교순, 『중국 당대 황제릉 연구』, 서경문화사, 2012, p.85.

263 유향양·추교순, 앞의 책, pp.86~87.

건릉의 석인상

건릉은 양산(梁山) 서북쪽에 위치하고 있다. 건릉의 능원은 북쪽을 등지고 남쪽으로 향해 있는데, 현궁(玄宮)은 바로 양산의 산허리를 뚫어 조영했다. 무려 65m나 되는 묘길에는 긴 돌을 겹쳐 쌓았고 쇠사슬로 묶어 고정했으며, 그 돌틈을 쇳물을 부어 봉하였다. 때문에 5대 10국 시절 중국 최악의 도굴범 온도(溫韜)[264]의 마수에서 벗어날 수 있었으며, 이후에도 황소(黃巢)를 비롯해 열 차례 이상의 도굴 위기를 넘길 수 있었다. 그러나 20세기 들어와서 건릉은 또 한 번의 위기를 맞는다. 민국초년에 국민당의 장령 손연중(孫連仲)이 일개 사단 병력을 동원하여 폭약을 동원해 도굴에 나섰으나 묘도에 도달하지 못하였는데, 그 사이 폭우와 천둥번개가 수 일 동안 내리쳐 병사들은 무측천의 영혼이 진로한 것으로 여기고 공포에 질려 더 이상 도굴을 진행하지 못하였다.[265] 그러나 1960년 도로공사 중 우연히 입구를 발견했으나 당국은 극비에 부치고 이를 공표나 발굴을 하지 않기로 하였다. 근래 비파괴검사로 무덤의 내부를 어느 정도 파악할 수 있었는데, 주봉 속 현궁 안에는 두 황제의 관이 좌우에 있고 입구로 이어지는 통로 양 쪽의 석실에는 금은제기와 각종 부장품이 최

264 5대 10국의 혼란기에 도적 출신의 그는 군벌들 사이를 전전하면서 '관중18능'이라는 당나라 황제릉 중 건릉을 제외하고 모조리 도굴하여 중국 역사상 최악의 도굴꾼으로 악명을 날렸다. 도굴한 보물을 상납하여 절도사 벼슬까지 하였지만 그러나 이 죄과로 후당 명종에게 세 아들과 함께 사약을 받아 죽었다.

265 胡楊, 앞의 책, p.101.

소 500톤이 넘는다고 한다.

2012년 1월 '1300년 만에 열리는 건릉, 中 당국 드디어 발굴하기로 결정'이란 기사를 보고 놀랐다. 그러나 며칠 안되어 1월 13일 중국 문화재 당국에서는 이를 오보라고 해명했으며, 1300년의 역사를 가진 건릉은 그대로 두는 것이 최상의 보존방법이라 하면서 향후 50년간 거론하지 않겠다고 하였다. 비록 남의 나라의 일이지만 이 소식을 접하고 나름대로 안도의 한숨을 쉬었다. 조선왕릉이 발굴되지 않은 것처럼 중국 황제릉 중에서도 발굴이나 도굴 당하지 않은 것도 있었으면 하는 것이다. 그래야 황제릉의 주인이 편히 쉴 수 있고, 그 속에 무엇이 들어있을지 인간의 호기심과 상상력을 자극하는 것도 필요하기 때문이다.

건릉의 석사자

건릉은 고고학적 조사 결과 두 겹의 성벽이 있고, 양산을 둘러싼 거대한 건축군이 있었음이 밝혀졌다. 궁궐의 사방에는 문을 내었고, 주작문 밖 주신도(主神道)는 남향으로 200m에 달하며 신도 양 옆에는 각종 석인과 석수가 배열되어 있다. 검을 쥔 석인이 10 쌍, 석마 및 마부가 5 쌍, 익마(翼馬) 한 쌍, 망주 한 쌍이 도열해 있어 장관을 이루고 있다. 이 건릉에 세워진 석각들은 당나라 능묘조각의 모델이 되었을 뿐만 아니라 이후 중국 역대 황제릉에서 채택되었다. 사자와 말과 마부, 타조 등의 주제가 처음으로 등장하였는데 우리가 흔히 보는 양과 낙타, 코끼리 등은 좀 더 기다려야 나오게 된다. 이들 석인은 평균 높이가 4.1m에 달하는 크기이며, 사실적 형태에 양감이 풍부해 당나라의 전성기 조각의 우수성을 엿볼 수 있다.

신도 끝에는 한 쌍의 궐문이 있고, 그곳에는 커다란 비석이 서 있다. 이중 서쪽에는 유명한 무자비(無字碑) 즉, 글자가 한 자도 안 새겨진 비석이 서 있다. 당시 조정에서는 무측천에게 비석에 새길 글귀를 요청하자 아무런 글도 새기지 말라고 했다.

건릉의 글자가 새겨지지 않은 무자비(無字碑)

건릉의 64번신상, 모두 목이 잘려 있다.

일설에는 자신의 평가를 후대에 맡겼다거나, 너무 공적이 많아 글로 다 쓸 수가 없었다고 한다. 이들 비석 위로는 유명한 61존의 왕빈상이 있는데, 이는 당나라 주변의 61개 국을 다스리는 수장상(首長像)을 조각해 모아 설치한 것이다.[266] 이들은 서역을 비롯해 다양한 풍모와 복식을 보여주는데, 유감스럽게도 모두 머리가 잘려 있어 보기에 안타깝다. 이 중에는 신라도 포함되었을 것이지만 명문이 거의 없어져 확인할 방법이 없었다.

건릉의 아래에는 배장묘 중에 벽화로 유명한 무덤이 3기가 있어 방문해 보았다. 이는 필자가 미술사 수업시간에 많이 보고 배웠던 당나라 벽화의 진수를 친견할 수 있는 기회였기 때문이다. 건릉 아래 평지에는 측천무후의 둘째 아들 이현의 장회태자묘(章懷太子墓)와 작지만 아담하고 벽화가 훌륭한 측천무후의 손녀이자 중종의 딸 이선혜의 영태공주묘(永泰公主墓) 그리고 중종의 맏아들 이중윤의 의덕태자묘(懿德太子墓)가 있다.[267] 중종이 다시 황위에 오른 다음 불쌍하게 죽은 두 자녀를 의덕태자와 영태공주로 추존하고 건릉의 배장묘로 지은 것이다. 영태공주묘는 전체 길이가 87.5m이고 현실은 깊이가 16.7m가 되는데 경사진 묘도로 내려가야 한다.

266 주작문 앞 동서에 위치해 있는데, 원래는 64기였으나 필자가 세어본 결과 61기가 아니라 현재는 60기로 동쪽에 29기, 서쪽에 31기가 남아 있다.

267 장회태자는 일찍이 무측천에게 미움을 받아 자결하였는데 예종이 706년 장회태자로 추존하였고, 영태공주 이선혜는 할머니 무측천의 남성행각을 오빠인 의덕태자와 흉보다가 무측천에게 죽임을 당하였다. 참으로 무서운 할머니였다. 당시 영태공주는 17세, 오빠 의덕태자는 19세였다. 후에 복위한 중종은 자신의 자녀들을 위하여 이들 배장묘를 세워주었다.

이 묘도 벽에는 〈궁중여인도〉 같은 당대의 유명한 벽화가 있으며, 장회태자묘의 〈예빈도〉에는 당나라에 온 외국 사신들을 그렸는데, 이중 머리에 새깃을 꽂은 조우관(鳥羽冠)을 쓴 사람이 신라 사신이다. 1000년 전 우리 선조의 모습을 먼 이국땅에서 만나볼 수 있어 무척 반가웠다.[268] 이들 세 기의 배장묘는 비명에 죽은 당나라 황실 젊은이의 안타까운 죽음을 떠 올리게 하지만 무덤 속의 훌륭한 벽화 때문에 오늘날에도 많은 사람들이 찾고 있다. 역시, 무덤은 그 시대의 타임캡슐이고 역사에 이름을 남기는 좋은 방법 중의 하나가 훌륭한 미술품을 남기는 것이 아닐까?

벽화 중 신라사신의 모습

당 현종의 태릉(泰陵)

당 현종(唐玄宗) 이융기(李隆基, 685~762)라 하면 누구나 양귀비와의 로맨스를 연상할 것이다. 그러나 이 사실만으로 현종을 방탕하거나 우매한 황제로 알아서는 안 된다. 이융기는 초반에는 파란만장한 정변을 이겨내고 이세민에 견줄만한 당초기의 융성을 가져온 영웅적인 풍모를 갖춘 제6대 황제였다. 그는 당예종 이단(李旦)의 3남으로 태어나 처음에는 초왕(楚王)으로, 후에는 임치왕(臨淄王)으로 책봉되어 요직을 맡았다. 그러나 이 시기 측천무후가 죽자 당나라는 이를 코스프레 하고자 하는 여인들이 연달아 나타나고, 4대 중종과 5대 예종(睿宗)은 두 번씩이나 황위에 오르는 등 정변과 혼란의 극치를 이루게 되었다. 이때 궁중의 여인들은 누구나 한번쯤 자신도 여황제가 되기를 바랬는데, 그 첫 주자가 위황후(韋皇后)였다.

위황후는 미천한 출신이었지만 궁녀로 입궁하여 당시 영왕(英王)이었던 이현의

268 서길수, 「외국 高句麗 인물화에 나타난 닭깃털관(鷄羽冠)과 高句麗의 위상」, 『고구려발해연구』51, 2015, pp.157-213.

총애를 받아 680년 이현이 황태자가 되자 황태자비로, 683년 고종이 죽고 중종 이현이 황위에 오르자 황후가 되었다. 그사이 위황후는 자신의 집안을 요직에 중용하는 등 권세를 휘둘렀으나 이러한 며느리의 전횡을 두고 볼 측천무후가 아니었다. 무후는 중종을 폐위시키고 이 부부를 유배를 보냈다. 이때 유배 길에 안락공주(安樂公主)를 출산했는데, 유배지 방주에서 15년간 언제 사약이 올지 몰라 전전긍긍하며 불안한 세월을 보냈다. 그러나 위황후는 필사적으로 구명운동을 벌이고 시누이인 태평공주(太平公主)에게 뇌물을 보내는 등 중종을 위로하며 때를 기다렸다. 무측천은 황태자를 넘보는 조카 무승사와 무삼사 간의 다툼에 질려 699년 중종 일가를 다시 불러드리고 태자로 삼았으며, 예종 이단은 상왕으로 만들었다. 다시 태자비에 오른 위황후는 권력을 공고히 하고자 무측천의 조카이자 실력자인 무승사와 무삼사의 아들에게 딸들을 시집보내고 이 과정에서 사돈인 무삼사와는 불륜을 저지르게 된다.

태릉의 망주석

측천무후가 퇴위하고 죽자 다시 황위에 오른 중종과 위황후는 이제 거칠 것이 없었다. 고종보다 더 유약한 중종을 대신하여 위황후는 측천무후를 본받아 자신이 황제가 되고 안락공주를 황태자로 삼으려 했으며 무삼사와 대놓고 애정행각을 벌리는 막장 행동을 자행하였다. 그러나 아무리 바보래도 종친과 대신들의 권고로 정신을 차린 중종은 이를 용납하지 않자, 위황후와 안락공주는 남편이자 아버지인 중종을 독살하였다. 그리고 직접 황위에 오르려 했으나 대신들의 반대가 심하여 당분간 당중종의 4남 이중무(李重茂)를 황위에 세우고 황태후로 정사를 직접 주물렀다. 나아가 위황후는 후환을 없애기 위해 시숙인 당예종과 시누이 태평공주를 제거하려 했으나 이를 눈치 챈 당예종의 아들 이융기는 그의 고모인 태평공주와 손을 잡고 710년 정변을 일으켜 위황후와 안락공주를 저자거리에서 참수를 하자 백성들은 환호했다고 한다.[269] 위황후는 자신도 제2의 측천무후가 되기를 바랬으나 욕심과 권

269 이를 역사에서는 '당륭정변(唐隆政變)'이라 하며 당현종의 등장을 예고한 것이다.

력욕만 있었지 정치적 능력이나 지혜는 없어 처참한 최후를 맞게 되었다.

태평공주 이영월(李令月)은 고종과 측천무후의 막내딸로 태어났는데, 무후는 자신과 용모와 성격이 비슷한 태평공주를 유난히 사랑하였으며 정사에도 일익을 담당하게 하였다. 특히 태평공주는 어머니에게 누가 되는 남자 연인들을 과감히 제거하기도 하여 무후의 신임을 더욱 얻었다. 중종이 즉위하자 황족 중 가장 중요한 인물로 인정되어 진국태평공주(鎭國太平公主)로 봉하여졌다. 중종이 피살되자 조카 이융기와 손잡고 위황후 일족을 주살하고, 이융기의 아버지이자 친오빠인 예종을 황제로 옹립하여 황제에 못지않은 권력을 휘둘렀다. 예종은 중종에 못지않게 심약하여 매사를 누이인 태평공주와 상의했으며, 조회에 불참시 재상을 집에 보내어 자문을 받아오게 하였다.[270] 그러나 공주는 영민한 이융기를 부담스럽게 여겨 황태자인 이융기를 제거시키려고 했으나 712년 오히려 예종은 황태자에게 황위를 양위하였으니 이가 바로 당나라 6대 황제 현종이다. 그래도 태평공주는 미련을 버리지 않고 현종을 폐위시키려는 음모를 꾸몄으나 713년 현종은 병사 300명을 동원해 태평공주 일당을 주살하였으며, 공주도 피신 중 자결하였다. 이와 같이 당나라는 측천무후부터 50여 년간 여인들의 손아귀에 놀아났으며, 하마터면 여황제가 몇이나 등장할 뻔하였다.

이융기는 당왕조의 정치적 문제점, 특히 조정의 권력투쟁을 종식시키고 황권을 강화하여 왕조의 통치기강을 확립하였다.[271] 현종 이융기는 713년 연호를 '개원(開元)'으로 바꾸고 유능한 인재를 발굴해 국가부흥에 나섰으며, 곧 그의 훌륭한 통치 덕에 국력은 강성해져 후세 사람들은 이세민이 이룩한 태평성세에 버금간다고 그 연호를 따 '개원지치(開元之治)'라 하였다.[272] 그러나 현종은 만년에 양귀비(楊貴妃)에 빠져 정사를 소홀히 했으며 '안사의 난(安史의 亂)'[273]을 겪은 뒤 756년 황태자 이형(李亨)에게 황위를 물려주고 태상황(太上皇)으로 말년을 쓸쓸히 보내다가 762년 78세로 장안의 신룡전에서 세상을 떠났다. 사후에 동주(同州) 봉선현(奉先縣) 북쪽 20리 지점

270 당시 재상 7명 중 5명이 또 관리의 절반이 태평공주의 사람일 만큼 그녀의 권력은 막강하였다.

271 유향양·추교순, 앞의 책, p.208.

272 개원지치는 당현종의 빛나는 시기였던 713~741년 28년간의 시기로 이세민의 정관지치(貞觀之治)와 비교하였으며, 이 둘을 합쳐 '정관지치개원성세(貞觀之治開元盛世)'라고도 한다.

273 755년 안녹산(安祿山)과 758년 사사명(史思明)이 일으킨 난으로 이로 인하여 당나라는 급격히 쇠약해 갔다.

광대한 태릉 전경

금속산(金粟山, 지금의 섬서성 포성현)에 안장했는데 이곳이 바로 태릉(泰陵)이다.[274]

현종의 태릉을 답사해야 하는 일차적 목적 보다는 사실은 그와 양귀비의 로맨스를 그린 '장한가(長恨歌)'[275]에 더 매료되어 있었다. 특히 장한가 끝부분에 나오는 '비익조(比翼鳥)와 연리지(連理枝)'[276]는 참으로 멋진 문장으로 지금도 '사랑'이란 말 대신 쓰인다. 그들의 로맨스는 오늘날까지 식지 않아 현장인 화청지(華淸池)나 장한가 공연 그리고 양귀비의 무덤[277]은 항상 관람객들로 문전성시를 이루고 있다. 상당한 입장료와 관람료를 내고 보았는데, '황제는 죽어서도 인민을 먹여 살리고 있구나'라고 생각해 보았다. 거기에 비하여 주인공인 현종의 태릉은 멀리 있기 때문인지 인적이 한산하여 답사하기에 좋았다.

시안에서 125km 떨어진 거리를 차로 두 시간 이상 황토평원을 달리자 멀리 병풍을 두른 듯 금속산이 펼쳐지고 태릉 입구는 10년 전 처음 갔을 때와는 달리 입구

274 胡楊, 『歷代帝陵』, 中國工人出版社, 2014, p.117.

275 당나라 시인 백거이(白居易, 772~848)의 작품으로 비파행(琵琶行)과 쌍벽을 이루는 대서사시인데 장장 120행에 이른다. 내용은 현종과 양귀비의 만남에서 안녹산 난 때 강요된 양귀비의 죽음과 사후 두 사람의 감정 등을 기막힌 문장으로 지었다. 이 이야기를 張藝謀감독이 연출하여 '장한가'란 이름으로 매일 화청지에서 공연하고 있다.

276 비익조는 눈과 날개가 하나씩 달린 새인데, 암수가 만나야 우아하게 날 수 있고, 연리지는 두 그루의 나무가 가지가 서로 합쳐져야 잘 자란다는 나무인데, 이는 현종과 양귀비의 사랑을 비유한 것이다.

277 현종이 안녹산 난을 피해 장안을 벗어나 서촉으로 피란갈 때 호위군들이 난을 일으켜 화근의 씨앗이 된 양국충을 죽이고 양귀비를 자결케 하였다. 그 현장인 흥평시 마외진에 양귀비의 무덤이 있는데, '唐楊氏貴妃之墓'라는 현판이 걸려 있다. 무덤은 원래 토분이었는데 사람들이 이 흙을 '貴妃粉'이라 하여 바르면 미인이 된다고 믿어 봉분이 없어지게 되자 문화재 당국은 아예 토분 대신 전돌로 만들었다.

남신문 양 옆의 석사자

날개달린 익마

가 잘 정비되어 있었다. 바로 당황제릉의 전형적인 의산위릉(依山爲陵)의 형상이다. 드넓은 입구를 통과하는 데도 다리가 아플 정도이니 규모를 짐작할 수 있을 것이다. 이는 태릉이 개원성세 중당(中唐)의 번영기에 건조되었기에 규모는 크지만 석각은 건릉에 비하여 떨어지는 경향을 보이고 있다.

태릉은 현종의 아버지 예종의 교릉(橋陵) 보다는 크기가 작은 편이나 능원은 동서가 1,680m, 남북이 1,700m로 외성과 내성이 있었으며, 사주(四周)에는 문이 있었다. 능원 내에는 하궁과 궐루(闕樓), 회랑(回廊) 등의 화려한 건축군이 있었다.[278] 태릉의 주작문 밖 너비가 60m나 되는 신도 양측에는 비교적 상태가 온전한 화표(華表, 望柱石)가 우리를 마지하고 있었다. 이어서 날개달린 익마(翼馬)와 타조가 한 쌍씩 있고 마부가 있는 말은 5쌍씩으로 많은 편이다. 그리고 등신대 이상의 석인들이 10쌍이(현재는 한 구가 없어져 19구만 있다) 호위병처럼 도열해 있는데, 무인은 검을 잡고 서편에, 문인은 규(圭)나 홀(笏)을 잡고 동편에 서 있다.[279]

태릉에서 그래도 인상적인 조각상은 남신문 앞 양쪽에 앉아 있는 한 쌍의 사자상이다. 이 둘은 15m 쯤 떨어져 있는데 형상이 아름답고 조형감이 풍부하다. 뿐만 아니라 나머지 3문에도 이에 못지않은 석사자가 있는데 모두 조각술이 뛰어나며 다른 황제릉에 비하여 보존성이 좋고, 과장되지 않으며 사실적 조각술에 양감이 풍부

278 胡楊, 앞의 책, p.118.

279 劉毅, 『中國古代陵墓』, 南開大學出版社, 2010, p.101.

한 것이 특징이다. 그러나 신도 양 옆의 조각상들은 석인이나 석마가 많이 훼손되어 목부분이 떨어진 것이 많아 분노마저 느낀다. 특히, 중국의 황제릉이나 유적지에 가보면 목이 잘린 조각상을 많이 보게 되는데, 이는 근래의 도굴꾼들이 전신은 옮기기 어려우기 때문에 두부(頭部)만을 잘라 가져갔기 때문이다.

10년 전에 태릉을 방문했을 때만 해도 보기에 민망할 정도로 황폐한 모습이었는데, 근래에는 중국 정부에서도 어느 정도 문화재에 대하여 관심을 갖고 많은 노력을 기울여 정비를 하고 있다. 물론 이러한 예는 과거에도 있었다. 당나라가 망하고 도굴과 약탈, 방화로 당릉은 흔적조차 찾기 어려웠다. 이 태릉만 해도 너무 황폐해져 북송 조광윤(趙匡胤) 황제가 도굴당한 당 역대황제의 능을 보수하고 태릉 남쪽에 '대송신수당현종황제묘비(大宋新修唐玄宗皇帝廟碑)'를 세웠으며, 청 건륭 40년(1775)에는 섬서성 순무사 필원(畢沅)이 담장을 세우고 예서체로 '당원종태릉(唐元宗泰陵)'[280]이라고 쓴 비석을 세웠다. 사실 당현종의 태릉은 당황제릉 역사에서 큰 비중을 차지하지는 않지만 당초기의 여란(女亂)을 정리하기 위해 쿠데타도 일으켰으며 개원지치를 이룬 영민한 황제였고, 또 양귀비와의 순애보적인 사랑 때문에 이융기의 태릉을 찾아가지 않을 수 없었다.

현종이 죽고 나서 숙종의 생모이자 원헌황후 양씨(元獻皇后 楊氏)가 729년에 죽자 세류원에 초장을 하고 763년에 태릉에 합장하였다. 중국에서 황제들의 처첩에 대하여는 역사에서 깊이 다루어지지 않는 경우가 많았으나 역대 궁녀의 숫자는 적게는 이천 명에서 많게는 수만 명에 이르렀다. 전한 초부터 후궁을 14등급으로 나누어 수십 명의 비빈들이 있었는데, 당나라 때는 황후 외에 정일품으로 귀비(貴妃), 숙비(淑妃), 덕비(德妃), 현비(賢妃)의 네 부인을 둘 수 있었으며, 정2품으로 소의(昭儀), 소용(昭容), 소원(昭媛), 수의(修儀), 수용(修容), 수원(修媛), 충의(充儀), 충원(充媛)의 9빈이 있었다. 그밖에도 정3품인 첩여(婕妤)가 9명, 정4품인 미인(美人)이 4명, 정5품인 재인(才人)이 5명, 정6품인 보림(寶林)이 27명, 정7품인 어녀(御女)가 27명, 정8품인 채녀(采女)가 27명이나 되었다. 그러므로 황제는 황후 외에 112명이나 되는 비빈들을 거느리고 마음만 먹으면 침실에 불러들일 수 있는 궁녀가 1만 명이나 되는데, 그 많은 여인들 중에 현종이 양귀비만을 총애한 것을 보면 대단하고 행운이 가

280 元宗이 아니라 玄宗이 맞지만 강희제의 이름인 玄燁을 忌諱한 것이다.

득 찬 여인임에 틀림없다. 참고로 역대 중국왕조 중에서 궁녀의 수가 가장 적었던 것은 청나라로 2천 명 정도가 되었다.

당 무측천의 모후 순릉(順陵)과 기타 당 황제릉(唐皇陵)

순릉은 황제릉은 아니다. 그러나 시안에서 소릉이나 건릉 가는 길가에 있어 접근성이 좋으며, 측천무후의 어머니 무덤이란 점에서 특별한 점이 있을거라 생각하고 방문하였다. 순릉은 시안 서북의 함양시 북쪽 15km 지점 위성구(渭城區) 저장진(氐張鎮) 진가촌(陳家村) 남쪽의 공항과 함송공로 동측에 위치하고 있다.[281] 무측천의 생모 양씨(楊氏, 579~670)는 당고조 이연의 주선으로 공신 무사확(武士彠, 559~635)과 혼인을 하였으며 딸 셋을 낳았는데, 무측천이 바로 둘째딸이 된다. 670년 양씨가 죽자 당시 황후였던 무측천은 무사확은 태원왕으로, 양씨는 노국충렬부인(魯國忠烈夫人)으로 추증하고 함양에 매장했다. 690년 무측천이 황제가 되자 부친은 태조효명고황제(太祖孝明高皇帝)로 어머니 양씨는 태조효명고황후로 추증하고 그 무덤을 순릉이라 하였다. 즉, 새로운 주나라의 황제가 된 측천무후가 모친을 위한 시조릉을 만

당 무측천의 모친 양씨의 순릉 입구

281 張德臣, 『大唐女皇與順陵』, 三秦出版社, 2005, p.6.

당 순릉의 석사자

순릉의 석인상

든 것이다.

필자가 황제릉이 아닌데도 굳이 순릉을 방문한 것은 순릉을 빛내는 두 종의 석조각 때문이었다. 당나라 황제릉만 해도 수 백 구의 석조각이 남아 있고 전술한 건릉의 석사자상은 '中華第一獅'라는 칭호를 받을 만큼 우수한 작품이지만 순릉의 석조각 특히, 주사상(走獅像)과 천록상(天祿像)은 그 크기도 크기지만 당대의 걸작조각으로 꼽기에 무리가 없다. 그래서 사람들은 "당조(唐朝)에는 뛰어난 네 구의 대형 석조각상이 있는데, 소릉의 육준상(六駿像)과 건릉의 사자상, 그리고 순릉의 사자와 천록상이다"[282]라고 평가를 했기 때문에 더욱 가고 싶었다. 또한 순릉의 석각 중에는 양(羊)이 있다는 말을 듣고 상당히 놀랐다. 양조각은 중국 송나라 이후 황제릉은 물론 우리나라 왕릉에서 흔히 볼 수 있는 동물이지만 당나라 이전에는 등장하지 않았으며, 당조에서도 흔한 예가 아니다.[283]

순릉은 예전과 달리 많이 정비되어 있었으며, 입구 좌측에는 전에 없던 주차장까지 마련되어 있다. 이곳에서 능까지는 약 300m 정도 걸어가야 하는데, 조금 걸어 들어가면 바로 사자와 천록상이 문수(門獸)처럼 반기고 있다. 원래 순릉의 능원에는 내성과 외성이 있었지만 평탄화되어 공원처럼 꾸며 놓았고 궐루의 흔적이 남아 있을 뿐이다. 능원 내에는 현존하는 석각은 34건이며 모두 석회암 재료를 사용

282 胡受奚·胡石靑, 『中國歷代石刻藝術』, 文物出版社, 2009, p.11.

283 당나라에서 양이 등장한 것은 순릉의 양과 시안비림박물관에 소장되어 있는 출토지 미상의 양조각상이 있을 뿐이다.

순릉의 천록상

예종의 교릉 전경

했다. 능묘 동서북 삼면에 석준사(石蹲獅) 1쌍이 있으며, 석준사의 북쪽에 석마 1쌍이 있고, 능총의 남쪽 신도 양측에 석인 13건, 석양 3건, 석준사 1쌍, 연화좌 1쌍, 석주사(石走獅) 1쌍, 천록 1쌍이 있다. 그중 석주사와 천록은 묘의 명칭이 순릉으로 바뀌면서[284] 추가로 설치된 것이며, 순릉 석각 중에서 걸작에 해당하는 작품으로 당대 석각예술의 풍격을 담고 있다.[285] 그러나 원래 석각의 숫자는 이보다 더 많았을 것이다. 2006년 정밀탐사한 결과 석호와 석양, 석마, 등의 파편과 받침대 등이 추가로 발견되어 전체 숫자는 26쌍 52건이 있었을 것으로 추정되었다.[286]

순릉의 두 마리 천록은 중국 황제릉 조각사상 남조 이래 처음 등장하는 것으로 우선 크기가 압도적이다. 높이가 4.15m에 신장이 4.2m나 되며 무게는 10여 톤에 달하는데, 한 덩이의 석재 좌대에 놓여 있다. 머리는 사슴과 비슷하며 구부러진 뿔이 하나 있고, 앞 다리 양쪽에 작은 날개가 달려 있다. 그 크기와 당당한 볼륨감, 기세와 생동감이 넘치는 모습은 당대 능묘조각 중에 손 꼽힐만 하다. 천록(天祿)이란 명칭을 사용했지만 사실은 천록이나 기린, 벽사, 해태 등의 서수(瑞獸)는 상상속의 동물로 사람들이 여러 의미를 부여해 창조했기 때문에 굳이 그 특징이나 형상을 가

284 순릉은 원래 명의릉(明義陵), 순의릉(順義陵)이라 불렀지만 무측천이 황제가 되면서 순릉(順陵)으로 개칭하였다.

285 劉向陽·秋敎順, 앞의 책, p.338.

286 劉毅, 앞의 책, p.100.

지고 구별할 필요는 없다.[287] 순릉은 황제릉은 아니지만 능묘 석조각이 볼만한 것이 많았으며 조각사에서 중요한 작품이 많아 꼭 재방문하겠다고 생각했는데, 10여 년 전에 방문했을 때 보다 많이 정비되고 수복되어 안심이 되었다.

위와 같이 당나라의 중요한 황제릉을 몇 기 살펴보았는데, 다른 20여 기에 달하는 당제국의 황제릉은 간단한 서술로 그쳐야겠다. 이는 중요성이 떨어져서가 아니라 대동소이하여 특별한 점이 없었고, 또한 대다수는 보존상태가 너무 떨어져 소개하기가 민망하기도 하고 심지어 몇 기는 20년 전의 기록에는 상술되어 있었지만 최근 방문했을 때는 아예 흔적조차 남아 있지 않은 것도 있었다. 그러나 교릉(橋陵)에 대하여는 언급하지 않을 수 없다. 필자가 모처의 원고청탁을 받아 사진을 보낼 때 현종의 태릉에 교릉 사진을 잘못 보낸 적이 있었다. 이는 교릉과 태릉이 외견상 더구나 사진으로 볼 때 유사하고 위치도 같은 금속산(金粟山)에 있었기 때문에 일어난 실수였다. 교릉은 제5대 황제 이단(李旦, 662~716)의 무덤이다. 이단은 고종의 여덟 번째, 무측천의 넷째 아들이다. 측천무후가 황제에 즉위하자 이단은 어머니의 뜻을 알고 황위를 내놓았으며, 다시 무씨 일가들의 황위재탈전에도 이단은 부름을 받지 않고 중종에게 양위하고 상왕으로 물러나는 현명함을 보였다. 전술한 바와 같이 중종의 황후 위씨와 딸 안락공주가 자신이 황제가 되겠다고 중종을 독살하자 이단의 아들 이융기와 무측천의 딸 태평공주가 연합하여 위씨 일가를 몰아내고 이단을 다시 황제로 옹립하였으며,[288] 이 공로로 이융기가 황태자가 되었으니 바로 당현종이다.

예종 이단은 황제가 된 후 어느 정도 정치적 기강을 잡고 당조를 부흥시키려 노력했으나 천하를 경영할 인재는 아니었다. 그는 모든 대소사를 황태자와 여동생 태평공주에게 자문을 받아 운영하여 조정의 모든 권력이 태평공주에게 쏠리었다. 이에 태평공주는 경쟁자인 황태자 이융기를 제거하려고 했으나 713년 오히려 역습을 당해 몰살되었다. 이에 다음날 예종은 바로 조서를 내려 아들 이융기에게 양위하고, 이융기는 연호를 개원(開元)이라 하고 마침내 '개원의 치'를 이루게 된다.

716년 예종 이단은 55세 나이로 세상을 뜨자 시호를 '대성정황제(大聖貞皇帝)'라

287 우리나라 천마총에서 출토된 천마와 무령왕릉에서 출토된 일각수 등의 명칭에 관한 논란이 있었다. 특히 이 천록은 서울 경복궁 영제교(永濟橋)에도 몇 마리 있으며, 2019년 8월에는 청와대 상춘재에서도 발견되었는데, 문화재청에서 조사 결과 경복궁에 있었던 것으로 판명되었다.

288 이단은 684~690년, 710~712년에 두 번이나 황위에 오르게 되었다.

교릉의 석물

하고 포성현 풍산에 장례를 치루며 능호를 교릉, 묘호는 예종이라 하였다. 비록 예종은 후세에 별다른 인상을 주지 못했으나 그의 무덤 교릉은 한 눈에 보기에도 천하의 명당이라 할 만하다. 그러므로 현종이 교릉을 세우면서 뒤의 금속강(金粟岡) 즉, 산언덕을 보고 '용이 나리고 봉황이 나는 형세'라고 감탄하면서 자신의 능도 그 옆에 세우라고 하였다. 그 입구가 장대하고 40위안이란 입장료도 내었기에 조금의 기대를 갖고 들어가자 감탄이 절로 나왔다.

교릉의 타조상

드넓은 황토 고원에 전면에는 해발 751m의 풍산은 지세가 아름답고 산봉우리는 넓은 테이블처럼 평탄하여 마치 능묘를 보호하는 병풍처럼 생겼다. 교릉은 건릉처럼 주봉을 능총(陵冢)으로 삼고 산허리를 뚫어 지하묘실을 만들었다. 여기에

당 양황제(讓皇帝) 이헌의 혜릉과 전시관

산세를 따라 성벽을 만들고 네 곳에 성문 즉, 사신문(四神門)을 두었다. 이들 성벽 담장 길이만도 5,080m에 이르니 그 규모를 짐작할 수 있다.[289] 더구나 이 교릉은 개원성세의 시기에 현종이 아버지를 위해 조영했으니 당연히 화려하고 수많은 지상 건축물과 조각상이 즐비하였다. 너비가 한 50m쯤 되는 신도 양 옆으로 석조각들이 도열해 있는데, 석망주, 해치, 타조가 1쌍씩 있고, 타조 다음에는 석마가 5쌍이 있는데, 각 각의 말들을 잘 살펴보면 조금씩 장식이 다르다. 중국에서는 석옹중(石翁仲)이라 흔히 불리는 석인은 모두 10쌍이 있는데, 비교적 장신으로 평균 높이가 4m 정도가 된다. 또 능원의 사문(四門) 밖에는 석사자가 1쌍씩 놓여 있는데 조각술은 건릉이나 순릉에 비하여 떨어지는 편이다.

교릉을 나와서 뜻밖의 행운에 기뻐하였다. 몇 년 전에 왔을 때도 없었던 낯선 건축물이 정연하게 신축되어 있는데, 현판을 보고 다시 놀랐다. '당혜릉(唐惠陵)'이라고 새겨진 뚜렷한 글자와 새로 지은 능묘와 유물전시관 건물은 지금까지 전혀 듣지도 못한 것이었다. 그러므로 필자가 중국의 같은 황제릉을 몇 번씩 방문하는 이유의 하나가 몇 년 사이에 시설이 달라지고 있으며, 있던 석물이 없어지거나 또는 새

289 劉向陽·秋敎順, 앞의 책, p.180.

당 양황제 혜릉의 지궁

로 발굴되어 없던 석물이 등장하기 때문이다. 또 답사를 위하여 당연히 발굴보고서를 비롯한 책자를 열심히 읽고 현장에 가서 하나 하나 체크해 보면 그 책자가 발간된 뒤 불과 몇 년의 시간이 흐른 뒤 현장에 가 보면 능묘 자체가 아예 없어지거나 석물이 깡그리 사라진 것을 몇 번이나 보았다. 마찬가지로 당황제릉도 몇 년 전 기록을 보고 현장에 가보면 흔적조차 없는 경우가 몇 번 있었다. 이 혜릉도 최근에 발견되어 단장을 하고 일반에 공개하고 있는데, 이는 정말 기대하지 않았던 행운이었다. 이렇게 번듯한 모습으로 새단장하고 불과 몇 달 뒤에 필자가 방문한 것이다.

혜릉은 교릉의 배장묘 중 하나이다.[290] 양황제(讓皇帝) 이헌(李憲)은 예종의 아들이자 현종의 형님이 되는데, 황위를 양보했기 때문에 이융기가 등극해 현종이 되어서 그의 능을 '혜릉'이라 추숭해 준 것이다. 지하 묘지는 들어갈 수 없었으나 지붕을 씌운 독특한 형태로 현궁의 형태를 짐작할 수 있게 해 준다. 이 혜릉에서 출토된 유물은 현지 전시관에서 진열하고 있는데 이색적인 작품들이 많이 있었다.[291] 교릉의 배장묘는 능원의 동남쪽에 집중되어 있는데, 대국공주묘(代國公主墓)를 비롯하여 15기 정도가 있다. 그러나 필자가 이들 배장묘 중에서 꼭 가고 싶었던 것은 바로 이사훈

290 혜릉(惠陵)이란 이름을 가진 능이 몇 개가 되어 혼란을 준다. 이 당혜릉 외에도 중국에서는 촉한 유비의 혜릉, 후진 숙조의 혜릉, 청나라 동치제의 혜릉이 있으며, 우리나라에도 조선 경종의 정비 단의왕후의 혜릉이 있다.

291 이곳에서 출토된 '엎드린 신하의 모습'이란 도제인물상은 그 독특한 모티브로 관심을 끌었는데, 2007년 5월 23일부터 8월 26일까지 '중국국보전'이란 명칭으로 서울역사박물관에서 전시되었다.

(李思訓)의 묘였다.[292] 중국회화사에서 북종화(北宗畵)와 금벽청록산수화(金碧靑綠山水畵)의 창시자로 이사훈의 이름을 수없이 들었으며, 타이베이 고궁박물원에서 그의 대표작 '강범루각도(江帆樓閣圖)'와 그 아들 이소도의 '명황행촉도(明皇幸蜀圖)'를 감명깊게 보았기에 더욱 이사훈의 묘를 찾으려 하였다. 그러나 교릉의 남쪽 금선공주(金仙公主) 묘 옆이라는 정보만 가지고 쉽게 찾으리라 생각했는데, 이는 완전히 오산이었다. 중국에서 '바로 옆'에 있다는 말을 믿어서는 안된다. 조사와 답사를 하면서 '바로 옆'이란 말이 실제로는 몇 십리, 심지어 백 리가 넘는 일이 왕왕 있었다. 중국에서 주의할 점 중 하나가 이 거리 감각이고 이것을 갖고 있는 것이 매우 중요하다.

당황제릉 중에서 소릉, 건릉, 교릉, 태릉과 같이 비교적 건축유지나 석물들이 잘 보존되어 있는 것이 있는가 하면 지금은 흔적조차 없거나 분노를 일으킬 만큼 훼손된 것도 많다. 그중 헌종(憲宗) 이순(李純, 778~820)의 경릉(景陵)은 '중점문물보호단위'라는 입간판이 무색할 정도로 제멋대로 방치되고 훼손되어 있는데, 이 능이 주민들에겐 얼마나 귀찮은 존재였는지 현장을 보면 잘 알 수 있다. 세상에도 능의 신도 가운데를 파헤쳐 도로를 내어 포장까지 하여 주민들의 편의(?)를 도모하였고, 신도 양 옆의 석물들은 그 바닥까지 드러나도록 농토를 만들었으며, 농사에 방해(?)가 되는 석물들은 없애거나 파손되어 길 옆에 방치되어 있었다. 더구나 신도를 양분하는 포장도로는 아주 최근에 작업한 것으로 보여 지역민들의 문화재관이 어떤지 알 수 있다. 이들에겐 아무리 찬란한 당나라의 역사를 오롯이 간직한 황제릉이라도 농사에 방해가 되는 석물이나 건축물의 유지는 없애버리고 평탄한 농지만이 중요할 따름이었다. 그래도 화표나 석마, 석인, 타조, 석사자 등의 석물들이 몇 기가 보이나 대부분 파손되어 있어 온전한 것이 별로 없다. 경릉의 주인공 이순은 순종 이송의 장자로 28세에 제위에 올랐는데, 젊은 시절에는 패기가 있어 오래동안 당왕조를 괴롭혀 온 번진할거의 국면을 해결하여 당왕조의 번영과 부강을 다시 찾아 소위 '원화중흥(元和中興)'의 시기를 가져왔다.[293]

그밖에 희종 이현(李儇)의 정릉(靖陵)은 황토벌판의 몇 구의 석물이 있는데, 그나마 이를 보호하려고 쇠우리 창살속에 넣어 우스꽝스런 모양을 보이고 있다. 덕종

292 이사훈(653~718)은 당나라 종실이었는데, 측천무후의 박해를 받아 그림을 그리면서 나날을 보냈다. 그 아들 이소도(李昭道)와 함께 금벽산수 즉, 북종화의 창시자로 이름이 높은 당대의 화가이다.

293 孫海潮·王德恒, 『大唐帝王與皇陵文化』, 京華出版社, 2007, p.262.

당 헌종의 경릉 신도 입구

석상 아래까지 밭을 만들었다.

경릉을 관통해버린 포장도로의 모습

당 선종 정릉의 쇠우리 속의 석사자

석수만 몇 구 남아있는 당 경종의 장릉

당 문종의 장릉 유지

비만 세워 놓은 숙종의 건릉 유지

이적(李適)의 숭릉(崇陵)이나 대종 이예(李豫)의 원릉(元陵), 의종 이최(李漼)의 간릉(簡陵), 목종 이항(李恒)의 광릉(光陵), 문종 이앙(李昂)의 장릉(章陵) 등은 20여 년 전 쓰여진 책에서는 유지나 석물이 있다고 했으나 2017년 방문했을 때는 도저히 황제릉의 흔적을 찾을 수 없는 황무지만 있을 뿐이다. 아울러 위대한 당왕조는 허무하게 무너져 갔다. 황소의 난과 환관들의 전횡, 번진세력의 횡포 등은 당나라의 국력을 급속하게 쇠퇴시켰다.[294] 소종(昭宗) 이엽(李曄, 867~904)이 22세 나이로 20대

294 환관이란 거세된 남자로 궁궐에서 황제의 비서에 지나지 않았으나, 그 측근이란 점 때문에 황제의 권력을 독차지하여 국사를 전횡할 수 있었다. 특히, 덕종대부터 황제 근위병의 지휘와 국가기밀까지 환관들의 손아귀에서 움직이게 되었다. 환관들은 헌종을 살해한 뒤로 당말의 목종, 문종, 무종, 선종, 의종, 희종, 소종 일곱 황제가 모두 환관들에 의해 옹립되었으니 환관들은 당나라 멸망에 절대적 영향을 끼친 계급이었다.

서안이 아닌 낙양에 홀로 묻힌 당 소종의 화릉

화릉에는 황제릉의 면모가 전혀 없이 벌판에 비만 세워져 있다.

당황제로 즉위했을 때만 해도 당황실의 중흥은 그래도 가능성이 있어 보였다. 그는 환관세력과 번진세력을 타도하기 위하여 용감하게 군사적 행동, 토벌을 감행하였으나 몇 차례 실패를 겪은 후 오히려 입지만 약화되었고, 급기야 하남에 주둔하고 있던 주전충(朱全忠)에게 도움을 요청하였다. 주전충에 의해 환관세력을 격멸할 수 있었으나 이엽은 주전충의 야심대로 수도를 그의 근거지인 낙양으로 천도했으나 904년 그의의 부하들에게 낙양 초전에서 살해당하고 만다. 소종 이엽은 낙양 구씨현(緱氏縣) 경산(景山)에 장례 지냈으며 화릉(和陵)이라 했다. 실제적인 당나라 마지막 황제이자 기상과 의지가 넘쳤던 이엽의 능은 꼭 보고 싶었다. 그래서 당의 수도 장안에서 멀리 낙양까지 찾아가 화릉을 수소문했지만 정말 종적을 짐작할 수 조차 없었다. 몇 시간을 동네 사람들에게 묻고 얕은 구릉지대를 몇 바퀴 돌아서 드넓은 평지에 근래 세운 능비를 하나 발견할 수 있었다.

이것이 대당제국 마지막 황제릉의 모습이다. 벌판 어디에도 당왕조의 능묘격식을 갖추지 못하여 규모가 협소하고 현재 봉분 또한 무너져 내려 평지가 되었다. 현재 능묘 주위에는 어떤 건축유지도 석물 한 편도 남아 잇지 않다. 다만 부근에 서궁저(西宮底), 중궁저(中宮底), 동궁저(東宮底) 등의 명칭이 남아 있어 화릉과의 관계를 짐작할 수 있을 뿐이다.[295] 발길을 돌리면서 씁쓸한 감회에 젖어 뒤돌아 보니 근래에 세운 능비만이 석양에 홀로 서 있다. 다시 한 번 절감했다. '정말 나라가 망하면 안

295 劉向陽·秋敎順, 앞의 책, p.375.

되는구나!' 이엽이 죽은 후 주전충은 이엽의 아들을 잠시 황위에 올렸으니 그가 애제(哀帝) 이축(李柷, 892~908)으로 당왕조의 마지막 황제였다. 그러나 907년 주전충은 이축을 폐위시키고 다음 해 독살시켰는데, 불과 17세였다. 이축을 왕의 예우로 제음현 정도향(定陶鄉, 현재 산동성 하택)에 장례지냈으며 온릉(溫陵)이라 했는데, 현재까지 위치도 찾지 못하였다.

중국 사람들은 지나간 왕조 중에 '당송시대(唐宋時代)'라 하며 문물과 국력이 왕성하던 국가로 당나라와 송나라를 꼽았다. 그러한 당나라가 쉽게 멸망한 데는 여러 가지 이유가 있었겠지만 환관들의 전횡이 가장 큰 원인이 아닌가 생각한다. 무소불위의 황제와 가까이 지낸다는 것만으로 그 권력은 황제와 못지않게 된다. 그러므로 환관들은 똑똑하고 포부가 큰 황제 보다는 주색과 향락에 빠진 황제가 다루기 쉬웠다. 대표적인 예가 11대 헌종부터 15대 무종에 이르기까지 황제를 갈아치우고 정치를 독단한 환관 구사량(仇士良)이 있다. 이를 못 견딘 14대 황제 문종 이앙(李昂, 재위 827~840)은 대신들과 짜고 환관들을 몰살시키려 했으나 사전에 정보가 흘러나가 오히려 수천 명의 신하들이 몰살당하는 감로지변(甘露之變)[296]이 생기게 되었다. 그러나 나중에 15대 무종이 구사량과 환관들을 처형해 한동안 황권을 찾을 수 있었다. 대환관 구사량이 자신의 제자인 환관들에게 일러준 '황제 길들이기'라는 다음의 글은 참으로 음미할 가치가 있다.

"황제를 한가롭게 두지 말고 미인들과 음주가무에 빠지게 하라. 또 수법을 자주 바꾸어 황제가 생각할 틈을 주지 마라. 동시에 책을 멀리하게 하고, 특히 학자들과 가까이 할 기회를 주지 마라. 만에 하나 책을 통해 전대 왕조들의 멸망 사례를 보기라도 한다면 국가의 앞날이 걱정되어 우리를 멀리하고 배척할 것이다.[297]

위의 글은 환관들의 입장을 극명하게 나타낸 명문(?)인데, 어느 시대에나 통용될 수 있는 글이다. 훌륭한 군주가 되려면 위 글과 반대로 행동하면 될 것이 아닌가?

---

296 문종이 금오위(金吾衛)에 있는 석류나무에 감로가 열렸다고 하여 환관들을 모이게 했으나 계획이 누설되어 오히려 환관들이 군대를 동원해 수천 명의 신하들을 살해하고 완전히 권력이 환관들 손에 들어간 사변이다.

297 천란, 『색광폭』, 시그마북스, 2010, p.237.

오대 십국(五代十國)의 황제릉

20대 289년간 이어져 온 당조는 907년 주전충[298]에 의하여 멸망되고 중국은 이후 '오대십국(五代十國, 905~960)'이라는 미증유의 분란의 시기를 맞게 되었다. 불과 55년간 다섯의 왕조와 10개 국이 또 황제만 31명이 난립하였으니 그 혼란과 분열의 참상은 어떻했을지 짐작이 갈 것이다. 사실 중국 미술사 공부를 할 때도 중국의 역사 중 '남북조시대'나 '오대십국'은 그 나라 명칭도 많고 복잡해 제대로 외우지 못하였다. 그러나 이 두 시기의 혼란한 때에도 예술은 발달했다는 사실이 항상 궁금하였다. 피폐된 국토와 전란의 와중에서 남조의 예술은 찬란하게 피어났고, 불과 50여 년의 짧은 오대시기에는 중국서화사상 획기적인 발전을 보인 사실이다.[299] 그런데 이 오대십국은 당연히 추존황제 포함 수 십 기 이상의 황제릉이 있었지만 대부분 멸실되고 황제릉으로서의 가치도 적어 일일이 서술하기가 어려워 몇 기만 방문해 보았다. 먼저 이해를 돕기 위해 이 오대십국에 대한 간략한 서술이 필요하다.

후량(後粱, 907~923)은 주전충이 세워 3대 16년간, 후당(後唐, 923~937)은 이존욱(李存勖)이 세워 4대 13년간, 후진(後晉, 936~947)은 석경당(石敬瑭)이 세워 2대 10년 만에, 후한(後漢, 947~951)은 유지원(劉知遠)이 세워 2대 4년간, 후주(後周, 951~960)는 곽의(郭威)가 세워 3대 10년간 존속하였다. 그리고 남방의 변두리 지역에서는 모두 10개의 소국(小國)이 부침했는데, 오(吳, 892~937), 남당(南唐, 937~975), 전촉(前蜀, 891~925), 후촉(後蜀, 926~965), 오월(吳越, 893~978), 초(楚, 896~951), 민(閩, 893~945), 남한(南漢, 905~971), 남평(南平,907~963), 북한(北漢, 951~979)이다. 물론 이들 오대십국도 저마다 당나라를 모방한 황제릉을 조성했으나 그 규모나 풍격은 훨씬 뒤떨어진다. 그나마 보존상태가 양호하고 황제릉군(皇陵群)을 이룬 것은 후주(後周)의 황제릉으로 하남성 신정시(新鄭市)에 위치하고 있다. 후주는 건국 후 3세3제(三世三帝)를 이어 오면서 북송(北宋) 통일의 기초를 마련했다. 주 태조 곽위(郭威,

298 주전충은 원래 주온(朱溫, 852~912)이었으며, 황소(黃巢)의 수하로 있다가 당에 투항하여 주전충이란 이름을 하사받고 개봉 일대의 절도사로 있다가 당소종을 도와 환관세력을 없앤 다음 소종과 애종을 차례로 살해하고 907년 스스로 후량(後粱, 907~923)의 황제가 되었다.

299 남당과 후촉의 궁중에는 한림도화원이 있었고, 특히 남당에는 동원(董源) 거연(巨然)이 동거파라 하며 산수화에서, 주문구(周文矩)와 고굉중(顧閎中), 고덕겸(顧德謙)은 인물화에서, 서희(徐熙)는 화조화에서 두각을 나타냈다. 남당 후주인 이욱(李煜)은 시인이자 금착도(金錯刀)란 서예로, 나한화의 대가 관휴(貫休), 후촉의 궁중에는 화조화로 황전(黃筌)과 황거보(黃居寶), 화북에서는 형호(荊浩)와 관동(關仝)이 산수화에 뛰어났다. 즉, 이 시기에 수묵산수화와 화조화, 선종화가 본격적으로 발달하기 시작하였다.

후주 세종의 경릉

904~954) [300]는 이러한 난세에 한 줄기 빛과 같은 괜찮은 황제였다. 그는 임종 전에 세종 시영(柴榮)에게 다음과 같이 유언을 남겼다.

"짐이 만약 병으로 다시 일어서지 못한다면 네가 바로 산릉을 건조하거라. 시체를 궐내에 오래 두어서는 안된다. 능을 건조함에 있어서 검소해야 히는바, 마땅히 산의 생김새에 따라야 하며, 역부들과 장인들은 아울러서 할 수 있는 사람을 고용해야 하되 그들이 근처에 있든, 먼 곳에 있든 가리지 말거라 백성들을 강제로 모집해서는 안된다. 능침에 돌기둥을 써서는 안된다. -후략-"[301]

곽위는 황제로서 이 시기에 보기 드믈게 박장(薄葬)도 아닌 '나장(裸葬)'[302]을 하도록 지시한 황제였다. 즉, 시신에 종이옷을 입히고 도기관에 넣어 매장하라고 한 것이었다. 이러한 지시는 그가 역대 특히, 전대인 당나라 황제릉이 무참히 도굴당한 것을 보고 결정한 것이다. 그의 뜻대로 무덤인 숭릉(崇陵)은 신정시 곽점진(郭店鎮) 주장촌

300 곽위는 고아출신으로 일개 병졸에서 시작해 장군, 황제가 된 입지적인 인물이었다. 후사가 없어 다음 황위를 다른 성씨인 양자 시영(柴榮)에게 넘기었다. 곽위는 평생 검소하게 지내며 백성의 고충을 덜어 주려고 애썼으며, 후주가 오대십국의 혼란을 끝내고 송(宋)나라가 통일중국을 만드는데 기여하였다.

301 『旧五代史』, 「周書」, '太祖記' 载 : 郭威临终前谓柴荣曰 : "我若不起此疾 , 汝即速治山陵 , 不得久留殿内。陵所务从检素 , 应缘山陵 , 役力人匠 , 并须和雇 , 不计远近 , 不得差配百姓。"

302 나장이란 문자 그대로 시신만으로 장례를 치르는 것으로 황제에게는 유례가 없는 장례법이다.

후주 공제의 순릉

(周庄村)에 있는데, 능원도 간소하며 석상생(石像生)이나 망주(望柱) 등도 없다. 후주의 세종 시영(柴榮)은 959년에 죽었는데,[303] 인근 경릉(慶陵)에 합장되었으며, 봉토의 둘레는 105m이고, 높이는 20m로 황제릉으로써의 면모를 갖추고 있으며, 오늘날에는 기마상도 만들어 놓았다. 후주의 마지막 황제 공제 시종훈은 973년에 죽었는데 순릉(順陵)에 묻혔다. 이 후주의 세 황제릉은 황제릉군을 이루고 있는데, 오대십국 중에 비교적 훌륭한 후주의 세 황제 능이 온전하게 보존되고 있는 점에 기분이 뿌듯하였다.

남당이릉(南唐二陵)

남당의 황제릉에 대하여는 개인적인 관심이 매우 커서 꼭 방문하기로 하였다. 왜냐하면 중국회화사에서 등장하는 주문구(周文矩), 고굉중(顧閎中), 서희(徐熙), 조간(趙幹), 동원(董源), 거연(巨然) 등 기라성 화가들이 불과 39년 밖에 존속하지 못한

303 오대십국의 최고 성군으로 불리우는 세종 시영은 중국을 다시 통일시키기 위하여 근검절약 바탕 위에 국력을 충실히 하고 통일전선에 나섰다. 그러나 천재는 요절하듯이 불과 39세로 죽고 겨우 7살인 恭帝 柴宗訓이 황위에 오르자 후주의 공신이자 충성스런 무장 趙匡胤이 공제로부터 선위 받아 황제가 되면서 송나라를 개국하게 되었다. 시영이 조금만 더 오래 살았다면 그의 손에 의해 중국은 재통일되었을 것이고, 조광윤의 송나라는 탄생하지 못했을 것이다.

남당 이변의 흠릉

흠릉의 내부

'남당'이란 나라에서 활동했다는 점이다. 또한 문학에서 사(詞)가 가장 발달했던 나라가 남당이다. 황제인 이경(李景)과 이욱(李煜) 부자는 중국 역대 사(詞)의 최고 작가로 참으로 주옥같은 시를 지었다는 점에서도 '남당'이란 나라는 필자에게 매우 매력적인 나라로 각인되어 있었다. 남당의 황제릉이 난징에 있다는 사실만 알고 덜컹 난징공항에 내려 시내에 여장을 풀고 다음날 남당황제릉을 찾아가기로 하였다. 난징은 중국 황제릉 답사를 위하여 몇 번이나 들른 곳으로 필자에겐 제법 친숙한 곳이다. 남조의 황제릉, 수양제릉, 명태조 주원장의 효릉(孝陵), 또 주원장의 부친과 조부 즉, 명나라 시조릉을 조사하느라고 난징을 찾지 않을 수 없었다.

남당(937~975)은 당종실 이변(李昪)이 금릉(金陵, 오늘날의 난징)에 세운 3세3제(三世三帝)의 나라이다. 이변은 훌륭한 군주였으나 재위 7년만에 죽자 묘호를 열조(烈祖)라 하고 영릉(永陵)에 장례를 지냈는데, 영릉은 흠릉(欽陵)이라고도 부른다. 그 아들 원종 이경(李景)[304]은 961년 죽자 흠릉 옆 순릉(順陵)에 묻혔다. 그리고 남당의 마지막 황제인 이욱(李煜, 937~978)이 즉위했으나 정사에 등한시하여 975년 조광윤(趙匡胤)의 송나라에게 항복하고 황족들과 개봉으로 끌려갔다. 그런데 남당의 세 황제들이 당연히 한 자리에 있을 줄 알았지 현장에 방문할 때까지 흠릉과 순릉만 있을 뿐 이욱의 무덤은 그곳에 없다는 것을 전혀 깨닫지 못했다. 사실은 이곳을 '남당이릉'이라고 부른 점을 조금만 의심해도 능이 두 개이지 한 사람의 능이 없다는 것

304 李璟이라고도 쓴다.

남당 이경의 순릉

순릉의 내부

을 알았을 것이 아닌가? 결론은 필자가 그렇게 방문하고자 했던 남당 후주 이욱의 능은 이곳에 없다는 것이다. 나중에 낙양에까지 가서 이욱의 능을 수소문했지만 결국 찾지 못했다. 지금이라도 그의 능이 발견된다면 당장 달려갈 것이다. 그러나 이왕 이곳까지 온 김에 남당이릉 즉, 흠릉과 순릉을 안 볼 수는 없었다.

차는 난징시내를 벗어나 고속도로 아래 강녕현(江寧縣) 선교진(善橋鎮) 서북의 고산(高山) 비탈에 들어서자 멀리 번쩍이는 큰 건물이 보여 그곳인가 했는데, 사실은 굉각사(宏覺寺)라는 사찰이었다. 남당이릉은 그 아래 쪽에 자그마하게 자리 잡고 있어 겉으로 보기에는 황제릉으로서의 면모가 보이지 않는다. 흠릉과 순릉은 서쪽의 낮은 산에 의지하고 남으로는 넓게 트인 산비탈에 있는데, 두 능은 50m 정도로 붙어 있다. 능은 흙으로 능총을 만들고 원형의 형태를 가지고 있다. 현재 지상에는 어떠한 건축유구도 남아 있지 않으나 근래 능원에서 정교한 주초석 등이 발굴된 것으로 보아 원래 화려하고 품격있는 건축물이 있었던 것으로 보인다. 두 개의 능은 같은 양식으로 구성되어 있는데, 묘도를 따라 가면 전, 중, 후실의 방이 있으며 벽돌로 쌓은 궁륭형 천정을 가지고 있다. 그리고 중실에 관정을 놓게 꾸며졌으며, 각 실의 기둥과 벽에는 모란문양과 붉은 채색이 있으며, 금박을 씌운 무사의 부조상도 있어 원래는 아름답고 화려한 능묘라 추측된다. 이들 능은 오래 전에 도굴당했는데, 1950년대 발굴 조사하면서 수습된 유물은 전시관을 마련해 보여주고 있다.

남당의 마지막 황제인 이욱의 황제릉을 찾고 싶은 이유는 그의 뛰어난 예술성 때

고굉중의 한희재야연도

문이다. 남당의 후주 이욱은 사실 예술가로만 살아야 할 사람이 뜻밖에도 황제가 되었다.[305] 즉위 후에는 이미 송의 압박으로 국운이 기울어져 칭신납공(稱臣納貢)하였지만 975년 송나라 군대가 금릉을 포위하자 10개월 간의 농성 후 이욱은 항복하고 개봉으로 끌려가 위명후(違命侯)에 봉해졌다. 그러나 송태조의 뒤를 이은 태종에게 그가 지은 시 귀절 때문에 불과 41세에 암살당하고 말았다.[306] 사실 그는 망국의 순간에도 사(詞)의 구절을 놓고 고심하던 철저한 시인이었으며, 그의 시집은 중국은 물론 우리 나라에서도 『이욱사집(李煜詞集)』이란 이름으로 출판된 바 있다. 우리가 여인의 은근한 정을 표시하는 '추파(秋波)'라는 말도 사실 이욱의 시에 나오는 말이다.[307] 뿐만 아니라 그는 시문을 잘 짓고 음악, 서예, 그림에까지 능하지 못한 것이 없는 만능예술가였다.[308] 또한 그는 이른바 '남당사보(南唐四寶)'[309]라 불리우는 문방사보를 만들게 하였고, 미술사를 전공한 이들에게는 강렬한 인상을 남기게 한 그림을 그리게 한 장본인이기도 하다.

305 여섯째 아들이었으나 형들이 죽고 또 아버지 이경이 북송의 압박으로 수도를 남창으로 옮기면서 이욱을 금릉(난징)에 남겨 두었다. 그러나 이경이 죽자 황위에 관심이 없었던 홀로 남겨진 이욱이 25세 나이로 황제가 되었다.

306 그의 대표작인 〈虞美人〉 중에 망국을 한탄하는 끝 구절 "그대에게 묻노니 품은 수심 얼마인고.(問君能有幾多愁) 봄 강물 동쪽으로 흐르는 만큼이라네.(恰似一江春水向東流)" 때문이라고 한다.

307 이욱의 시 중에서 "眼色暗相鉤 秋波橫欲流 : 눈빛은 은근히 나를 낚는 듯 하는 것이, 마치 가을 물결이 흐르는 것 같도다."에서 나왔다는 설이 많다.

308 『新五代史』,「後主本紀」: "後主名煜，字重光，初名從嘉，元宗第六子也。母光穆聖后鍾氏。爲人仁惠，有慧性。雅善屬文，工書畫，《《清異録》云：後主善書，作顫筆樛曲之狀，遒勁如寒松霜竹，謂之金錯刀。一云：後主作大字，不事筆，卷帛書之，皆能如意，世謂撮襟書。宣和畫譜云：後主丹青，自稱鍾峯隱居。《太平清話》云：後主善墨竹。〉知音律。廣額豐頰，駢齒，一目重瞳子。文獻太子惡其有奇表，從嘉避禍，惟覃思經籍。歷封安定郡公′鄭王。文獻太子薨，徙吳王，《《五代史》云：自太子冀已上五子皆早亡，煜以次封吳王。〉以尚書令知政事，居東宮。"

309 문방사우로 이정규(李廷珪)의 먹(墨), 징심당(澄心堂)의 종이(紙), 오백현(吳伯玄)의 붓(筆), 남당관(南唐官)의 벼루(硯)를 최상으로 친다.

남당의 재건을 위하여 이욱은 정사를 당시 유능한 한희재(韓熙載)에게 맡기려 하였다. 그러나 현명한 한희재는 현 상황에서 재상을 한들 구국에 도움이 안 될 줄 알고 매일 집에서 방탕한 연희에 빠져 있다고 소문을 내었다. 이를 확인하기 위하여 이욱은 당대 최고 화가인 고굉중(顧宏中, 910~980)에게 실제로 한희재의 집에 가서 연회가 어떠한지 그려 오라는 스파이 역할을 맡겼다. 이때 고굉중이 그려 받친 〈한희재야연도(韓熙載夜宴圖)〉를 본 이욱은 그의 방탕한 생활에 재상직 제의를 철회하고 만다.[310] 황제로서는 무능하였지만 예술가로는 존경할 만한 이욱황제에 대하여 개인적인 관심을 갖고 그의 능묘를 찾으려고 하였다. 그러나 이 예술가 황제는 사후에 낙양 망산(邙山)에 묻혔다는 간단한 기록 밖에 없다.[311] 그런데 2013년 7월 3일자 『洛陽日報』의 보도에 의하면 이욱의 묘가 발견되었는데, 석상생도 있다고 했으나 확증할 자료를 제시하지 못하고 있다.

전촉(前蜀)의 왕건릉(王建陵)

성도에는 황제릉으로 유비의 혜릉 말고도 영릉(永陵)이란 또 하나의 황제릉이 있다. 이곳은 20년 전에 왔을 때 위치를 알았지만 비공개여서 방문을 하지 못하였다. 그러나 근래에는 보수를 거치고 '영릉박물관'으로 개칭하였다기에 반드시 찾기로 하였다. 영릉은 성도 시내 영릉로에 소재하고 있는데, 전촉(前蜀)의 황제 왕건(王建, 847~918)의 능이다. 당말 혼란한 5대10국 시대에 왕건은 성도를 차지하고 903년에 당으로부터 왕으로 봉해졌으나 907년 당이 망하자 스스로 칭제하고 전촉을 세운다. 이 왕건은 고려의 창업자 왕건과 이름이 똑 같고, 활동시기도 비슷하여 혼동하는 사람도 있다.[312] 이 능은 1942년 방공호 공사 중에 발견되었는데, 중국에서 보기 드믄 지하가 아닌 평지에 있다. 입구를 들어서니 석인 두 쌍과 벽사가 신도에 도열해 있는데, 근래 황제릉답게 꾸미느라 제작한 것 같다.

---

310 이 그림이 청말 부의 때 민간에 떠 도는 것을 본 중국 현대 최고화가인 장대천(張大千, 1899~1983)이 진품임을 알아보고 전 재산을 들여 구입하고 외국에 이주할 때 국가에 기증하여 지금은 베이징 자금성에 있다.

311 『南唐書』에 "이욱은 왕의 예에 따라 낙양 망산에 장례지내다(李煜以王禮葬洛京之邙山)라고 기록되어 있다. 또 남당의 구신(舊臣) 서현(徐鉉0의 묘지명에도 이욱은 42세로 죽어 7월 8일 모처에 장례 지냈다고 하며 정확한 지명은 밝히지 않고 있어 송나라에서 밀장을 시킨 것이 아닌가 생각된다.

312 인터넷 상에는 '고려 왕건의 무덤이 성도에 있다', '중국 성도가 고려의 수도였다' 등의 기사가 난무하는데, 이는 왕건의 이름이 같고, 활동 시기도 비슷하여 착각, 혼동한 것이다.

전촉 왕건의 영릉

영릉 지하묘실의 입구

영릉의 현실 입구

영릉은 원형봉토분으로 묘도가 경사진 것이 아니라 평지와 같은 높이여서 들어가기가 쉽다. 묘실은 전, 중, 후실로 되어 있는데, 길이가 80m에 높이가 15m로 아마 중국 황제릉 중 천정이 가장 높은 것 같다. 그 중에서 중실이 가장 큰데 길이가 12m, 넓이가 6.1m, 높이가 6.4m이다. 가운데는 관침(棺寢)이 있는데 길이가 7.54m, 넓이 3.35m, 높이 0.84m이다. 그 위에 관곽(棺槨)의 흔적이 있지만 사람의 골격은 보이지 않는다.[313] 이 영릉을 중요하게 만든 것은 후실 끝에 놓인 왕건석상(王建石像)이다. 표면에는 아직 분칠 흔적이 남아 있으며 높이는 86cm이고 제왕의 의복을 입고 있다. 중국에서 무덤에 초상조각상을 만들어 놓은 것은 이것이 유일

313 劉毅, 『中國古代陵墓』, 南開大學出版社, 2010, p.112.

중국에서 유례가 없는 능주의 초상조각 왕건좌상

전촉 왕건좌상 조각 복제

왕건좌상 측면

한 예가 된다. 그러기에 당국에서도 이 조각상을 국보로 지정하였다. 우연의 일치인지 몰라도 개성의 고려 왕건릉 부근에서 청동제 인물상이 발굴되어 왕건의 초상조각으로 추정되고 있는데, 한중 양국의 유일한 능주 조각상으로 매우 흥미가 있으며 비교 연구할 필요가 있다.

또 하나 영릉의 가치는 석조의 관침(棺寢) 주위에 새겨진 부조(浮彫) 작품들이다. 관좌 좌우에는 12위의 반신의 역사상(力士像)이 착갑(着甲)을 하고 무용을 뽐내고 있으며, 관좌 동서남에는 24위의 무용수 2명과 22명의 각종 악기를 연주하는 인물상이 부조로 새겨져 있는데, 그 조각술이 매우 뛰어나고 아름다우며, 연주상은 음악사에서도 중요한 자료가 된다.[314] 오대십국 중에서 전촉은 비교적 외진 곳에 있어서 침략을 덜 받았으나 2세 후주 왕연(王衍)이 925년 후당(後唐)에게 멸망당하면서 단명한 왕조가 되었다. 그래도 성도까지 와서 왕건릉을 보았다는 것은 대단히 의미있는 일이며 필자에게 또 다른 연구거리를 마련해 준 것이라 생각하였다.[315]

314 胡楊, 『歷代帝陵』, 中國工人出版社, 2014, p.149.

315 기쿠다케 준이치(菊竹淳一), 「고려시대 裸形男子倚像: 고려 태조 왕건상 試論」, 『美術史論壇』21, 2005, pp.111-135; 정은우, 「고려 청동왕건상의 조각적 특징과 의의」, 『한국중세사연구』37, 2013, pp.199-229.

관대 옆에 새겨진 연주상

전촉을 멸한 후당은 934년 맹지상(孟知祥)이 칭제하면서 후촉(後蜀)이라 하고 2세를 누렸지만, 965년 후주 맹창(孟昶)이 송나라에 항복하여 단명하였다. 고조 맹지상의 화릉(和陵)이 성도시 북쪽 마반산에 있는데, 1971년에 발굴되었고, 옥책과 복경장(福慶長) 공주의 묘지가 출토되었다. 화릉의 현궁은 지하에 건설되었다. 묘길, 용도(甬道), 묘실 세 부분으로 나뉘어진다. 묘길은 계단식으로 되었는데, 모두 22계단이었다. 그 뒤로 용도가 권공(券拱) 구조로 되어 있다. 원형묘실은 세 개로 병렬되어 있는데 푸른 벽돌을 쌓았으며 천정은 궁륭정(穹隆頂)이었으며 지면에는 석판을 깔았다. 세 묘실 사이에는 문이 있어 서로 통하는데, 지표면에서 5m 깊이이다. 중실은 높이 8.1m, 너비 6.7m이고 중실 내에는 수미좌식(須彌座式) 관침을 설치했는데, 그 위에 연잎 부조가 있고 왕건의 영릉처럼 전후에 5인의 역사상이 있다.[316]

후촉이 송나라에 망하고 후주 맹창과 가족들이 송의 수도 변경(汴京, 지금의 개봉)으로 끌려갔는데, 이때 맹창의 황후 화예부인(花蕊夫人)의 일화가 후대에 길이 길이 망국의 한을 실감케 하고 그림과 시문으로 전해지게 된다. 당시 화예부인 서씨(徐氏)는 출중한 미모와 시인으로 유명했는데, 송태조 조광윤이 그녀의 명성을 듣고 시를 짓기를 청하자 당당하게 망국의 한을 읊었다고 한다.[317]

316 劉毅, 앞의 책, p.113.

317 "君王城上樹降旗 / 妾在深宮那得知 / 十四萬人齊解甲 / 寧無一個是男兒."

후촉왕묘의 내부

군왕이 성 위에서 항복의 깃발을 세웠으나
첩은 깊은 궁중에 있어 알 길이 없었네.
14만 명이나 되는 병사들이 모두 갑옷을 벗었다 하니
그래도 일개 사내는 하나도 없었단 말인가!

후에 맹창이 죽은 후 조광윤이 그녀를 후궁으로 삼았지만 화예부인은 그를 암살하려다가 실패하여 자결했다고 하며 또 이를 질투한 조광의가 죽였다는 설이 있다. 크든 작든 한 나라가 망하면 여러 가지 눈물겨운 사연이 생기게 마련이다. 오대십국은 불과 50여 년 사이에 수많은 왕조가 생기고 망하고 천수를 누리지 못한 황제들이 많으며 황제릉들도 온전한 것이 많지 않다. 그러나 이욱이나 화예부인 같은 시인이 있고, 중국 회화사를 빛낸 화가들이 즐비했던 것을 보면 전란 중에 오히려 예술은 꽃 피우는 것이 아닌가 하는 생각이 든다. 이날 따라 성도의 밤은 유난히도 별이 반짝이는 것 같았다.

3

송(宋)나라 황제릉

_ 북송(北宋)과 남송(南宋)

북송 왕조표

대수	묘호	연호	성명	능호	재위기간
제1대	태조(太祖)	건륭(建隆)	조광윤(趙匡胤)	영창릉(永昌陵)	960~976
제2대	태종(太宗)	옹희(雍熙) 外	조광의(趙光義)	영희릉(永熙陵)	976~997
제3대	진종(眞宗)	함평(咸平) 外	조항(趙恒)	영정릉(永定陵)	997~1022
제4대	인종(仁宗)	천성(天聖) 外	조정(趙禎)	영소릉(永昭陵)	1022~1063
제5대	영종(英宗	치평(治平)	조서(趙曙)	영후릉(永厚陵)	1063~1067
제6대	신종(神宗)	회녕(熙寧) 外	조욱(趙頊)	영유릉(영유릉	1067~1085
제7대	철종(哲宗)	원우(元祐) 外	조후(趙煦)	영태릉(永泰陵)	1085~1100
제8대	휘종(徽宗)	선화(宣和) 外	조길(趙佶)	영우릉(永佑陵)	1100~1125
제9대	흠종(欽宗)	정강(靖康)	조환(趙桓)	영헌릉(永獻陵)	1125~1127

송나라 황제릉은 한 마디로 불운하다. 중국에서 당송시대라 할 만큼 송(宋)나라는 모범적인 문화국가이다. 그러나 황제릉만은 가장 인기가 없고 도굴도 가장 많이 당하여 근래까지 황폐화되어 있다. 나를 비롯한 우리나라 사람들이 송의 황제릉에 대하여 관심을 갖고 몇 차례나 방문한 것은 송나라와 우리나라와의 문화, 정치적 관계는 물론 송태조 조광윤(趙匡胤, 927~976)에 대한 개인적인 호감이 크게 작용했을 것이다. 물론 필자의 주된 관심은 황제릉이지만 다소 번거롭더라도 무덤의 주인공 즉 능주(陵主)에 대한 사전지식을 우선하고자 했다. 왜냐하면 황제릉의 구조나 규모 등은 능주의 성격과 위상에 크게 좌우되기 때문이다. 또한 그 능을 잘 이해하기 위하여는 먼저 능주에 대한 이해와 애정을 가져야 한다는 생각을 해 왔다. 그런 의미에서 송태조 조광윤은 개인적으로 중국 황제 중 가장 모범적인 황제라 생각한다.

중국 통일을 꿈꿨던 후주 세종의 기마상

위대한 창업자 조광윤(趙匡胤)과 북송(北宋)

허베이성 탁주(涿州)[318] 출신인 조광윤의 가장 큰 공적들은 50년 넘게 이어진 오대십국의 혼란기를 끝내고 통일한 것이다. 전쟁을 끝내어 백성의 고난을 치유하였고, 중앙집권체제를 확립해 군벌들이 함부로 날뛰지 못하게 하였다. 공신숙청이란 악의 고리를 끊고 평화적인 정권교체를 통하여 사회적 안정을 가져왔으며, 인문정신으로 치세하여 지식인의 천국을 만든 점과 정치나 정벌에서도 인명을 중시한 훌륭한 인성에 안정적인 송왕조 300년의 기틀을 마련한 데 있다.

조광윤의 아버지 조홍은(趙弘殷)은 후주(後周)의 고위 장령(將領)이었다. 후주 세종 시영(柴榮)이 황위에 오르자 조광윤은 탁월한 지휘능력을 발휘해 시영으로부터 신임을 받아 금군 총사령관으로 후주의 병권을 쥐게 된다. 그러나 959년 오대십국의 뛰어난 명군 세종 시영이 죽자 960년 불과 7세인 시종훈(柴宗訓, 953~968)이 황위에 올랐으니 그가 공제(恭帝)이다.[319] 이때 황제는 워낙 어렸기 때문에 후주와 각축하던 거란과 여러 군벌들이 후주를 얕잡아 보고 압박하기 시작하였다. 이 난관을 극복하

318 촉나라 유비와 같은 고향이다.

319 黃濂, 『中國歷代帝陵』, 大連出版社, 1997, p.168.

송태조 조광윤의 영창릉-2010.7.9. 옥수수밭이었던 송황제릉

기 위하여 조광윤이 직접 출병하였으나 부하들은 '진교의 변(陳橋之變)'[320]을 일으켜 황제로 추대하고 송나라를 세우게 된다.

조광윤의 참된 인성은 여기에서도 나타난다. 어린 공제를 퇴위시키고 죽이기는커녕 '단서철권(丹書鐵券)'[321]을 내려 시씨(柴氏) 황족과 구신들의 안정된 생활을 돌보았으며, 공제가 병사했을 때 황제의 예로 장례를 치루었다. 이는 왕조가 바뀔 때 마다 피비린내 나는 살육이 벌어지던 것과 너무나도 비교되는 일이었다. 또한 자신의 옛 주인이었던 시씨 집안의 은혜를 갚기 위하여 '석각유훈(石刻遺訓)'을 만들어 궁중 깊온 곳에 안치하고 황제만이 볼 수 있도록 하였는데, 그 내용은 두 줄 밖에 안 되는 것이었지만 송조 내내 잘 지켜졌다. 특히 신하들의 언론을 존중했다는 점은 지극히 현대적 민주주의와 부합되는데, 실제로 송왕조에서 직간이나 언론 때문에 처형된 사람은 극히 적으며 극심한 비평을 한 소동파(蘇東坡)도 겨우 귀양을 보내는 것으로 끝냈다.

320 960년 어린 황제 밑에서 외적과 싸운다는 것에 불안을 느낀 부하 장수들이 진교역에서 조광윤을 만취케 한 다음 황포를 입혀 강제로 황제에 추대하고, 개봉으로 진군해 공제에게 선양을 받아 송나라를 건국케 한 사건이다.

321 단서철권은 한나라 때부터 생긴 제도로 일종의 국가유공자 증서로 옥쇄 부분을 반으로 잘라 하나는 종묘에 보관하고 하나는 당사자에게 주었다. 이는 하나의 면죄부로 반역죄 정도가 아니면 형벌을 면제해 주었다. 수호지에 나오는 소선풍 시진이 단서철권을 가진 집안으로 나온다. 이와 비슷한 면사품으로 상방보검(尙方寶劍)이 있는데, 황제의 위임으로 면사품이자 임지에서 불복종하는 관리를 죽일 수 있는 즉, 선참후주(先斬後奏) 할 수 있는 황제가 내린 칼이다. 임진왜란 때 조선에 출병한 계로총독(薊遼總督) 형개(邢玠)도 이 상방보검을 지니고 왔다. 그러나 이 때문에 명판관 포청천도 죄질이 극히 흉악해도 처벌하지 못해 고심하는 모습을 보였다.

송태조 조광윤의 영창릉-2017.8.23. 북송 영창릉의 발굴 모습

"석각유훈 : 자손대대로 조광윤에게 양위한 시씨(柴氏) 일족을 잘 보살펴 주어라, 언론 문제로 사대부를 죽이지 말라."[322]

이러한 조광윤의 인성과 문치주의는 주자(朱子)의 성리학을 집대성시켜 송나라를 문명국가로 만들었다.[323] 인재를 양성하고 관리들의 청렴한 생활을 요구하고 사법권의 독립을 보장하여 후에 우리들에게도 잘 알려진 포청천(包靑天, 999~1062) 같은 판관도 출현하게 되었다. 또 하나 조광윤의 훌륭한 점은 역대 창업자인 황제들과 다른 점이다. 중국의 황제들은 건국 후 공신들이 자신이 했던 것처럼 반란을 일으키거나 권세를 남용할까봐 토사구팽하는 경우가 많았다. 한고조 유방, 명태조 주원장, 가까이는 조선의 태종도 마찬가지이다. 그러나 조광윤도 중국 역사상 남북조시대나 오대십국의 혼란상이 병권을 가진 절도사나 군벌, 자신을 옹립한 장수들의

322 "石刻遺訓；子孫世世代代都要照顧讓位與趙匡胤的柴家族人 / 對士大夫不得因言論問題而處以死刑." 이 석각은 궁중 깊이 감추어져 황제만이 볼 수 있었고 황족이나 대신들도 알지 못했다. 이 석각이 세상에 출현한 것은 금나라 군대가 개봉을 침입했을 때 비로소 알려지게 되었다. 이러한 인연으로 시씨 일족은 남송의 마지막 전장인 厓山戰鬪에서 송황실과 운명을 함께 하여 의리를 지켰다.

323 조광윤 자신은 엄청난 독서광으로 이동할 때마다 수레 몇 대를 끌고 다녀 사람들이 금은보화를 그렇게 싣고 다닌다고 하자 세종이 한 번 조사해 보니 수레에는 서적만 있었다고 한다. 이러한 조광윤의 학구열 때문에도 송나라가 문치주의에 흘렀다고 할 수 있다.

공의시 영소릉의 설경

반란에 의한 것임을 잘 알고 있었다. 여기에 그는 소위 '배주석병권(杯酒釋兵權)'[324]이란 진정어린 방법으로 토사구팽이란 악습의 고리를 끊고 자신의 주특기대로 유혈을 피하면서 송왕조를 빠른 시간 내에 안정시켰다. 그리고 나서 조광윤은 통일중국을 위해 오대십국을 하나씩 정리하기 시작했다.

976년 10월, 조광윤은 병으로 자리에 눕게 되고 11월 북벌을 계획하던 중 장춘전(長春殿)에서 갑자기 사망하였는데 당시 그의 나이는 불과 50세였다. 그러나 조광윤의 사후 내부 정변에 의해 그의 적자들이 제거되고 그의 친동생인 조광의(趙匡義, 939~997)가 제위를 계승하였다. 이를 두고 일각에서는 조광의가 조광윤을 살해했다는 의혹이 제기되기도 하였다.[325] 『송사(宋史)』에 의하면, 존호는 963년 경에 '응천광운인성문무지덕황제(應天廣運仁聖文武至德皇帝)'로, 968년 11월 경에 존호를 개정, 가상하여 '응천광운대성신무명도지덕인효황제(應天廣運大聖神武明道至德仁孝皇帝)'라는 시호를 받았다. 시호는 사후에 '영무성문신덕황제(英武聖文神德皇帝)'로 추시하였고, 진종 때인 1008년에 시호를 가상하여 '계운입극영무예문신덕성공지명대효황제(啓運立極英武睿文神德聖功至明大孝皇帝)'로 추서하였으며 묘호는 태조(太祖)이고, 능

324 조광윤은 부하 장수들과 술자리를 마련하고 "그대들이 없었다면 내가 결코 황제가 될 수 없었는데, 황제가 된 후에는 짐은 매일 밤 잠을 이룰 수가 없다" 라고 솔직하게 심경을 토로하였다. 이것은 결국 장수들이 자진하여 병권을 내려놓게 하고, 병권이 없는 벼슬과 평안한 생활 및 여생을 보장하여 평화적으로 정국을 안정시켰다.

325 촉영부성(燭影斧聲)이란 말이 있는데, 조광윤이 임종하던 밤에 밖에서 보니 촛불에 조광윤과 조광의가 다투는 모습이 비추고 이어서 도끼로 바닥을 치는 소리가 들려 조광의에 의한 타살설이 그치지 않았다.

호는 영창릉(永昌陵)이라 했다.[326]

그가 시행한 문치정책으로 송은 공전에 없던 학문과 문예가 발달했으나, 요와 금의 압박으로 1126년 수도 변경(개봉)을 빼앗기고 임안(臨安, 절강성 항주)으로 천도하였다. 그래서 송대를 북송(960~1126)과 남송(1127~1279) 두 시기로 나눈다. 송나라는 지금까지 중국에서 무관 위주의 정치에서 문신 중심으로 정치구조를 바꾼 혁신적 정책으로 가장 문화가 발전하였던 시기이다. 즉, 송은 서양보다 500년 앞서 르네상스를 이룩했으며, 미술, 문학, 인쇄, 과학, 학문 등 모든 분야에서 당시 서양과는 비교가 안 될 정도의 문명국이다. 이 때의 주자학은 고려에 들어와 조선시대 이황, 이이에 의하여 완성되어 일본에까지 영향을 줄 정도로 동아시아에 끼친 위대한 사상이었다. 또 필자가 미술사를 전공하였기에 송대의 구양수(歐陽修), 소식(蘇軾)의 문학을 좋아했고, 화가로 범관, 곽희, 양해를, 도자기로는 여요, 균요, 정요의 '신기(神器)'라 할 수 있는 도자기와 남쪽 항주의 수내사요나 교단요, 용천요의 '인공미의 극치'라 할 수 있는 송대 도자기에 매료되었다. 이제부터 다시 본론으로 돌아와 송황제릉을 하나씩 찾아가기로 한다.

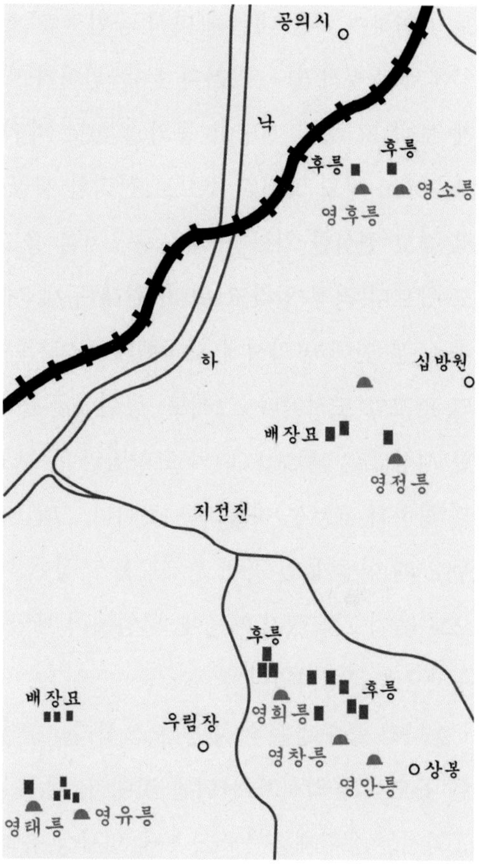

북송 7제8릉 분포도

송릉(宋陵)을 처음으로 찾은 것은 벌써 30여 년이 된다. 그때는 송릉 보다는 공현석굴(鞏縣石窟)의 불상을 조사하러 갔기 때문에 송릉은 정말 수박 겉핥기식으로 스쳐 지나가기만 했다. 그리고 10년이 지나 정주(鄭州)에서 송황제릉을 본격적으로

326 이후 송나라의 능호는 영(永)자로 시작되는 세 글자로 되었다. 예를 들면 영소릉, 영정릉, 영태릉 등이다.

보기 위하여 차를 대절해 다시 공현(鞏縣)으로 갔으나 두 번째와 세 번째 방문은 낙양에서 출발하였다. 그러자 문득 필자가 이곳 지명을 공현(꽁시엔)이라 했는데, 이제 보니 그 사이 지명이 공의(鞏義)로 바뀐 것을 알았다. 정주에서 공의는 서쪽으로 70km 정도 떨어진 곳으로 한적한 시골도시였다. 우리의 흑기사 전소장의 소개로 젊고 핸섬한 기사가 검은 승용차를 몰고 왔는데, 송황제릉 위치를 모두 공부하고 왔으니 걱정 말라고 했다. 원래 두세 시간 거리인데 고속도로를 들어서더니 불과 40분 만에 공의시에 도착했다. 공의시는 '시'라고 하지만 우리의 '읍' 정도 크기의 조그만 도시이다. 그래도 '공현석굴'을 비롯하여 '강백만장원(康百萬庄園)', 유명한 시성(詩聖) 두보(杜甫)의 고향집인 '두보고리(杜甫故里)' 등의 명소가 있으며 북으로 황하가 흐르는 아름다운 곳이다. 그런데 송 황실에서는 수도 개봉 인근을 제쳐두고 왜 이렇게 먼 곳에 황제릉을 조성했을까? 그것은 송 태조 때부터 수도를 낙양으로 옮기고자 했기 때문에, 낙양에서 보았을 때 명당으로 이곳 오늘날의 공의시에 황제릉을 조성하였다.

송나라 풍수에는 의하면 '오음성리(五音姓利)'라는 논리가 있어 여기에 가장 적합한 곳으로 공의시가 선택된 것이다. 이 오음성리에 의해 천하의 명당으로 선택한 공의시의 송황제릉지구도 후에 역사상 유례가 없는 수 차례의 참혹한 파괴를 당한 것을 보면 도대체 풍수란 것은 믿을 것이 못되나 보다. 물론 중국의 역대 제왕들 또한 감여술(堪輿術)에 의해 자신의 능지를 택정하였다.[327] 예컨대 당 황제릉이나 요 황제릉은 산을 의지하여 능을 조성하는 배산임수(背山臨水)의 방식을 택하였으나, 송 황제릉은 산을 앞에 두고 물을 뒤에 두는 면산배수(面山背水)로 배치하는 것이 특징이다.[328] 특히 고려와 같은 시대에 해당되는 북송 황제릉은 수도인 하남성 개봉에서 120km 떨어진 공의시를 황제릉구역으로 선정하여 이곳에 7제(帝) 8릉(陵), 황후 22명과 왕자묘 등 1,000여 기의 능묘가 있는 대규모 북송 능원구역(陵園區域)을 형성하고 있다.

이러한 북송 황제릉의 풍수는 '오음성리설(五音姓利說)'이라 하여 사람의 성씨를 '宮商角徵羽'의 오음(五音)으로 풀이하는 것이며, 이것은 '토금목화수(土金木火水)'의

327 何木風, 『來龍去脉-歷代皇陵命運大揭秘-』, 廣西人民出版社, 2007, pp.152-153.

328 秦大樹, 『宋元明考古』, 文物出版社, 2004, pp.132-133. 북송에서 길지를 선정할 때에는 '五音姓利說'에 의거하였다.

공의시 남쪽의 숭산

오행(五行)과 상응하여 정하였다. 『중교정지리신서(重校正地理新書)』와 같은 고대 풍수술 관련 책에서 오행은 방위와 연관되어 오행의 '목화금수'는 방위의 '동서남북'으로 이해한 것이다. 북송 황제의 성씨(姓氏)는 '조(趙)'씨이기 때문에 그 소리가 오음(五音) 중에서는 '각(角)'이고, 오행(五行) 중에서는 '목(木)'에 해당되므로 황제릉은 서쪽 방향으로 써야 했다. 곧 북송 황제릉이 위치한 공의시 남쪽으로는 숭산(崇山)과 망령(芒嶺)이 위치하고 북쪽으로는 황하(黃河)와 낙수(洛水)가 흐르는 지형으로서, 전체적으로 북서 방향으로 10° 기울어 서쪽을 등지고 동쪽을 향한 동고서저(東高西低), 남고북저(南高北低)를 따랐다.[329] 막상 공의시에 북송 황제릉을 살펴보면 광활한 평지에 위치한 데다가 숭산과 망령도 그다지 높지 않은 편이라 쉽게 관찰되지 않는다. 한 가지 주의할 점은 한국처럼 산이나 물이 보이는 위치에 있는 것이 아니라 몇 십리, 아니 몇 백리 밖에 떨어져 있다는 점이다. 역시 대륙적인 거리 감각이다.

북송의 칠제팔릉(七帝八陵)

공의시에는 송나라, 정확히 북송의 일곱 황제가 묻혀있는 여덟 개의 황제릉이 있어 '칠제팔릉'이란 말이 나왔다.[330] 송 태조는 부친인 조홍은을 선조(宣祖)로 추존한

329 胡漢生, 『明代帝陵風水說』, 北京燕山出版社, 2008, pp.5-6.

330 『宋史』禮志25 ; 『京都事略』卷14 ; 『宋會要輯稿』 ; 『北宋皇陵』 pp.6-9.

북송 태종 영희릉-2017.8.23. 정비한 모습

뒤 영안릉(永安陵)을 조영하였는데, 이후 북송 황제릉의 기본 설계도 이와 같다. 기록에 의하면 "능대(陵臺)는 3층이고 하층의 매면 길이는 90자이다. 남신문(南神門)에서 유대(乳臺)까지 95보, 유대에서 작대(鵲臺)까지 95보이다. 유대의 높이는 25자, 작대의 높이는 유대보다 4자 높다. 신장(神墻)의 높이는 9자 5치인데, 그 둘레는 460보이다. 각면마다 신문(神門)과 각궐(角闕)을 두었다"고 한다.[331] 1960년 실측 조사를 한 결과 영안릉의 작대와 유대의 거리는 141m이고, 유대에서 남신문까지의 거리는 151m, 신장의 동서 넓이는 230m, 남북 길이는 227m이다. 능대 밑변의 길이는 22.5m, 윗변의 길이는 8.5m, 높이는 6.4m이다.

북송 황제릉은 기본적으로 이전 시기인 당 황제릉의 제도를 계승하여 조영하였다. 태조 영창릉(永昌陵), 태종 영희릉(永熙陵), 진종 영정릉(永定陵), 인종 영소릉(永昭陵), 영종 영후릉(永厚陵), 신종 영유릉(永裕陵), 철종 영태릉(永泰陵)이 그것이다. 이들 북송 황제릉은 당 황제릉보다 규모가 작은데, 이러한 차이를 보이는 것은 양자의 황제릉을 조성하는 방식이 다르기 때문이다. 곧 당 황제릉은 황제의 생전에 자신의 수릉(壽陵)을 수십 년간 조성한다. 이에 비하여, 북송 황제릉은 '칠월장기(七月葬期)'라 하여, 황제의 사후 7개월 안에 황제릉을 조성했다. 송 태조는 976년 10월

331 『宋史』卷禮122, 志75, 禮25. 凶禮1,山陵. "開寶9年20日 太祖崩 遺詔 以日易月 皇帝3日而淸靖 13日 小祥 27日大祥 諸道節度防禦團練使刺史知州等 不得輒離任赴闕 諸州郡府臨3日釋服"

에 사망하고 7개월 뒤인 이듬해 4월에 영창릉에, 송 태종도 997년 3월에 사망한 후 7개월 뒤에 영희릉에 조영하였고 나머지 황제릉도 마찬가지이다.[332] 이처럼 북송 황제릉은 조성기간이 짧아진 만큼 규모나 석조각의 크기 또한 전대인 한·당(漢·唐) 황제릉에 비해 작아졌으나, 현궁(玄宮) 안에는 진귀한 부장품을 많이 넣는 후장제(厚葬制)를 선호하였다.[333] 이것은 같은 시기 우리의 고려 황제릉이 박장제(薄葬制)를 따라 검박하게 조영된 것과 두드러진 차이점이다.[334]

북송 황제릉구역은 공의시(鞏義市) 서남부 직경 30km 구역에 측백나무가 밀림을 이루고 황제릉을 비롯한 수 만 동의 건축물과 만여 기의 조각상들이 있는 대규모 능원(陵園)이었다. 이 아름다운 능역은 북송이 망하자 금 군대의 무자비한 도굴과 파괴로 폐허처럼 변했다. 남송은 1127년 절강성 임안(浙江省 臨安)으로 천도하고 152년간 9대 황제가 다스리다 1279년 원에 의해 멸망하였다.[335] 북송 황제릉은 금(金)과 원(元)의 침입에 의해 황폐해졌고, 청말(淸末)의 혼란기에 군벌 및 민간에 의해 또다시 무차별적인 도굴이 횡행하였다. 1960년대 문화혁명 때에도 예외는 아니어서 오늘의 황폐한 모습을 지니게 되었다. 북송 황제릉에 대한 조사 연구는 20세기 초 일본인 세키노 다카시(關野貞)가 기초적인 조사를 한 이래, 중국 당국이 1980년대 이후 북송 황제릉에 관심을 갖고 조사하여 『북송황제릉』이란 보고서를 편찬하였다.[336] 조항의 영정릉, 인종 조정의 영소릉, 영종 조서의 영후릉, 신종 조욱의 영

---

332 『宋史』禮志25 ;『宋會要輯稿』.

333 李悠, 『宋祖事實』. 북송 황제릉의 규모는 작지만 玄宮 안에는 葬器나 明器를 비롯하여 각종 진귀한 보물은 넣었다. 여러 차례 도굴을 당하여 폐허화된 능묘에서도 여전히 대량의 부장품이 출토된 것이 확인된다. 예컨대 1022년 송 3대 眞宗의 永定陵의 陪陵 중 하나인 元德李皇后陵에서는 옥으로 만든 謚冊과 哀冊을 비롯하여 도자기 82건, 청동기 28건, 철기 18건, 목칠기 17건 등 다수가 발견되었다.(劉毅, 『中國古代陵墓』, 南開出版社, 2010, pp.117-122.)

334 장경희, 「12세기 高麗·北宋·金 황제릉의 비교 연구」, 『東方學』第30輯, 2014, pp.26~27.

335 黃濂, 『中國歷代帝陵』, 大連出版社, 1997, pp.181-191. 남송의 황제릉은 1대 高宗(1107-1187) 永思陵, 2대 孝宗(1188-1194) 永阜陵, 3대 光宗(1195-1200) 永崇陵, 4대 寧宗(1201-1224) 永茂陵, 5대 理宗(1225-1264) 永穆陵, 6대 度宗(1265-1274) 永紹陵이다. 이들 남송의 황제들은 나중에 開封을 되찾고 선조들의 幽宅이 있는 鞏義로 移葬할 것을 염두에 두고 황제릉을 조영하지 않고 간소한 攢宮을 만들었을 뿐이다. 2010년 浙江省 紹興市 현지를 답사한 결과, 남송황제릉은 차밭으로 변하여 흔적도 없다. 度宗의 사후 7대 恭宗(1275)은 원에 끌려가 피살되어 매장지를 모르고, 8대 端宗(1276-1277)은 廣東으로 밀려나 병사하여 永福陵에 매장되었다. 9대 衛王(1278-1279)은 1279년 2월 9살의 나이에 廣東省 崖山에서 丞相 陸秀夫의 등에 업혀 바다에 뛰어내려 자결하였고, 현재 深圳市에 '帝昺陵'이 조영되어 있다.

336 河南省開封地區文物管理委員會 編, 『宋陵』, 文物出版社, 1982; 河南省文物考古研究所 編, 『北宋皇陵』, 中州古籍出版社, 1997.

영창릉 전경

유릉, 철종 조후의 영태릉이다. 북송의 황제였지만 휘종과 흠종은 금나라에 포로로 끌려가 묘지가 불분명한 상태인데, 이는 남송의 황제릉을 설명할 때 언급할 것이다.

그러므로 공의시에는 북송 9황제 중 7황제의 능이 있는 셈이다. 그러나 공의시 일대는 송 황실의 공동묘지였기에 8황제릉 외에 29기의 황후릉, 수 백기가 넘는 왕족과 중신들의 배총(陪塚)까지 합치면 아마 천여 기에 가까운 능묘가 있었을 것이다. 이와 같은 집단적 묘지는 사실 명 황제릉군이나 청 황제릉군을 수적으로 능가하는 규모이다.[337] 또 한 가지 공의시의 북송황제릉군을 빛내는 것은 위대한 석조각들이다. 북송의 칠제팔릉과 20여 기의 황후릉, 천여 기의 친왕, 공주, 대신들의 배장 무덤 앞에는 현재도 많게는 1기당 60여 구, 적게는 10여 구의 석조각이 있기에 당시에는 수 천 구의 조각상들이 웅대하게 이 지역에 펼쳐져 일대 장관을 연출하였다.[338] 그러나 천년 이상의 세월과 대부분 인위적 파손에 의하여 현재는 천여 구 정도가 남아 있다. 그러나 현재 보존상태는 눈물 날 정도로 참혹하다. 명이나 청은 물론 그 이전 시대인 당나라 황제릉만도 못하다. 중국인들은 자신들의 황금시대로 흔히 '당(唐)·송(宋) 시대'를 거론한다. 그렇게 송대를 강조함에도 불구하고 이 시대를 통치한 송황제릉은 왜 이렇게 홀대하는 이유를 모르겠다.

337 장경희,「12세기 高麗·北宋·金 황제릉의 비교 연구」,『東方學』第30輯, 2014, pp.19~20.

338 송나라에서는 석조물의 숫자에 대하여 엄격한 규정을 두었는데, 황제릉은 60구, 황후릉은 30구, 왕과 공주묘는 17~18구, 대신들은 석양, 석호, 망주석 각 2구로 하였으나 3품 이상은 석인 2구를 추가할 수 있었다. 그러나 실제로는 이 숫자가 정확히 지켜지지 않았다.

영창릉의 발굴현장에서

발굴된 석사자

영창릉의 말과 마부상

신도의 석수들

송황제릉을 보려면 당연히 필자가 존경하는 송태조 조광윤의 영창릉을 먼저 찾는 것이 당연한 일이다. 2009년 2월에는 을씨년한 날씨에 표시판도 없어 스치면서 볼 수 밖에 없었다. 2010년 7월에는 큰길가 옆에서 옥수수가 자라고 있었는데 사진을 찍던 중 주인 농부가 남의 밭에 왜 들어오냐고 큰 소리쳐 쫓겨났다. 2018년 8월에 다시 갔는데 이번에는 그 곳에 500m가 넘는 철제 담장이 길게 세워져 있어 능은 사라지고 공장터만 남은 줄 알았다. 그런데 몇 년째 공의시에서 영창릉 발굴조사를 하느라 담장을 치고 일반인의 출입을 막았고 아예 보이지 않게 담장까지 두른 것이다. 행운은 계속되었다. 마침 가는 날이 장날이라고 조사대원들이 드론으로 공중촬영을 하면서 담장을 조금 열어 두었기 때문에 무사히 능역에 들어갈 수 있었으며 별다른 제지를 받지 않고 실컷 조사와 촬영을 할 수 있었다. 발굴 현장에는 지표를 격자식으로 파 내고 있었으며, 땅속에 파묻혀 있던 상궁으로 보이는 건축유구[339]와 석물, 자기편까지 볼 수 있었다. 물론 봉분과 신도 양 옆에 늘어선 석각들도 우리 일행을 맞이하였다.

사실 영창릉에 대하여 오기 전부터 사진 자료를 통하여 보존상태가 열악하고 그저 밭 가운데 석물만이 나뒹그러져 있고 일부 석물은 땅속에 파묻힌 채 있었던 것을 알고 있었다. 남쪽 입구부터 보자면 신도 양 옆으로 망주석, 코끼리, 서금(瑞禽), 해치,[340] 말과 마부, 호랑이와 양, 문무인상이 쌍으로 놓여 있고 능대 앞에는 사자가 역시 쌍으로 버티고 있다. 이들 석조각들은 당나라를 상당히 참고하고 있는데, 당은 황제와 신하의 석각에 대하여 엄격한 구분이 있었다. 즉, 황제릉에는 석호와 석양이 보이지 않으며, 신하의 묘에는 석호와 석양이 위주였다. 그러나 송대 황제릉에는 석마, 석호, 석양이 위주가 된다.

진종(眞宗)이 1003년 영안릉(永安陵, 태조 부친 선조의 능)의 예를 따라서 영강릉(永康陵, 태조의 증조부의 능)과 영정릉(永定陵, 진종의 壽陵)의 제도를 의논하여 정하고 "남신문 밖에는 궁인 둘, 문무관 각 각 둘, 석양 넷, 석호 넷, 석마와 말을 끄는 사람 각각 둘, 망주석 둘을 세운다고 했다.[341] 그러나 이러한 제도는 엄격하게 지켜지지는 않은 것 같으며 오히려 이를 초과하고 있다. 예를 들어 영안릉 경우에는 망주석 뒤에 한 쌍의 독각수와 소수민족의 사자(使者)가 있고, 영창릉과 태종의 영희릉(永熙陵) 등에는 규정에 없는 코끼리와 서금이 추가되었다. 그러나 신하들의 경우에는 석인과 석호, 석양이 중심이 되었다.

송황제릉 중에서 일반인들이 쉽게 찾아 갈 수 있고, 송황제릉의 진면목을 가늠할 수 있는 것은 4대 황제 인종(仁宗, 재위 1022~1063) 조정(趙禎)의 영소릉(永昭陵)이다. 조정은 진종 조항(趙恒)의 여섯 번 째 아들로 태어나 1022년 13세로 황위에 올라 1063년 개봉에서 53세로 병사했다. 이 인종의 영소릉은 공의시 중심지역에 있

339 북송 능원에서 중요한 건물은 당대와 마찬가지로 상궁과 하궁으로 구성되어 있는데, 상궁은 헌전(獻殿)이나 침전(寢殿)으로 불리워지고 남신문 안쪽 능대 앞에 세워져 있었다.

340 여기에서 獬豸라고 편의상 말한 것이지 실제로는 일종의 瑞獸이기에 녹단(甪端), 치막(豸莫), 독각수(獨角獸) 등의 다양한 명칭이 있으므로 정확한 이름을 찾는 것은 무의미하다

341 楊寬, 장인성·임대희 역, 『중국 역대 능침제도』, 서경, 2005, pp.167~168.

공의시 영소릉의 전경

가장 큰 영소릉의 석인상

영소릉의 석수상

으며, 근래에 복원했지만 남신문과 궐루, 신장이 둘러친 웅장한 건물과 그리고 무엇보다도 온전한 석각상이 도열한 신도의 웅장하고 감동적인 모습에서 기타 송황제릉의 원 모습을 유추해 볼 수 있다. 신도 양 편에는 13쌍의 석인상, 2쌍의 석호와 석양, 석마가 있고 또 1쌍의 해치, 서금, 코끼리, 석망주가 세워져 있어 풍부한 석각을 자랑하고 있다. 특히 영소릉의 석조각들은 송황제릉 중에서 가장 크고 조각술이 뛰어난 것으로 정평이 나 있으며 인물상은 평균 4m 정도로 키가 크며 9등신 이상의 세장한 신체를 갖고 있다. 또한 능대 앞의 진릉장군상(鎭陵將軍像)과 석사자상은 크기도 크거니와 조각술이 송대조각에서 가장 우수하다. 아마 이 영소릉만 제대로 보아도 송황제릉을 상당히 이해할 수 있을 것이다. 더구나 정문 옆에는 박물관까지

영소릉 앞의 공의시박물관

영소릉의 궐문

있어 금상첨화라 할 수 있다. 그러나 이 영소릉을 보고 나머지 황제릉을 보게 되면 너무나 실망하고 비교되어 놀랄 것이다.

이 영소릉이 오늘날 송황제릉 중에서 가장 잘 보존되게 된 데에는 사연이 있다. 급속하게 발전하는 공의시는 시내 한 가운데 있는 영소릉이 문제였다. 그래서 1995년 6월 공의시에서는 '영소릉관리처'를 설립하여 568무(畝)[342]의 토지를 국유화 시키고 문물국의 비준을 받아 고증을 거쳐 원상복원을 하였다. 그리하여 능의 작대(鵲臺), 유대(乳臺), 신문(神門), 각루신장(閣樓神牆), 누정(樓亭)을 복원하고 경내에는 측백나무를 심어 오늘날의 면모를 갖게 되었다. 영소릉에 부장된 황후 조후릉(曹后陵)은 영소릉 서북쪽 20m 지점에 바짝 붙어 있는데, 이것도 곧 복원될 예정이라 한다.

송황제릉 중에서 조광윤을 가장 닮은 인종의 영소릉이 당당하게 잘 보존되어 기쁘기까지 한데, 사실 인종 조정은 조광윤처럼 인성이 훌륭하고 통치력도 좋아 북송의 최전성기를 맞이해 소위 '함평경력지치(咸平慶曆之治)'[343]를 이루었던 군주였다. 인종에 대하여 필자가 유난히 애정을 갖는 것은 그가 한없이 포악해질 수 있는 환경에서도 항상 근면 검소하고 온화한 품성을 유지했다는 점에서 호감을 가져왔다. 인종은 친어머니가 이신비(李宸妃)인데 인종을 낳은 후 별궁에 유폐되어 죽고 정실 장헌황후 유씨가 키웠다. 성장 후 이 사실을 알게 된 인종은 황후 유씨 일족을 처벌

342 전답이나 토지의 단위로 6척 사방을 '보(步)'라 하고 100보가 1무(畝)가 된다. 1무는 약 0.1헥타르가 되며 평수로는 약 300평 정도이다.

343 송 진종의 연호인 함평과 인종의 경력을 따서 지은 말로 송나라 전성기를 뜻한다.

영소릉의 남신문과 석사

하려 했으나 생모가 죽었을 때 황후의 예로 장사지낸 점과 애정으로 자신을 키워 준 것에 노여움을 풀었다고 했다. 이는 조선시대 연산군의 사건이 연상되는 대목이다. 또 황후 곽씨(郭氏)가 투기심으로 인종의 얼굴을 때려 폐비가 된 것은 우리나라의 성종과 폐비 윤씨를 연상시킨다. 그는 42년간의 재위 기간 동안 사마광, 구양수, 범중엄 같은 명신을 배출했고, 백성을 진정으로 아꼈으며,[344] 황제임에도 늘 낡은 옷을 입을 만큼 검소하였다. 드라마로 우리에게 널리 알려진 포증(包拯, 포청천)이 바로 이때 인종을 섬겼다. 하루는 인종이 총애하는 후비의 백부를 높은 관직에 임명하려 하자 포증이 침을 튀기면서 직간을 하였다. 그러나 인종은 용포로 침을 닦으면서 포증의 말을 들어 주었다. 인종의 이러한 인성과 치세로 후대 사가들은 '수성현주(守城賢主)'[345]라는 평가를 받았다. 그런 연고로 그의 능을 몇 번이나 찾았고, 번듯하고 당당한 영소릉의 모습에 안도감과 자부심도 느꼈다.

너그럽고 검소했던 인종황제였지만 그의 능은 송황제릉 중에서 가장 장대하고 화려하게 꾸며졌다. 사료에 의하면 1063년 영소릉을 조영하기 위해 은 50만 냥에 엽전 150만 관, 비단 250만 필에 병사 46,700명의 인력이 동원되어 7개월간 공사

344 인종은 사서에 따르면 목이 마른 데도 이를 말하면 미리 준비하지 못한 궁녀가 혼날까봐 참았으며, 늦도록 일한 후 잠자리에 들 때 배가 고파 따뜻한 양고기탕을 먹고 싶었다고 다음날 황후에게 말하니, 황후는 이를 수라간에 말하면 되지 왜 옥체를 상하게 하냐고 하자, 인종은 "자기가 말하면 매일 양을 잡아 일 년이면 수백 두의 양이 도살되고 사람들이 번거러울텐데 내가 잠시 참으면 되지 않소." 라고 하였다.

345 나라를 잘 지키고 발전시킨 현명한 군주라는 뜻이다

1990년대 영정릉의 신도

영정릉의 석수

를 하여 완공시켰다. 북송 일 년 세수의 절반이 소요되었을 정도로 사치스러웠다.[346] 또 그만한 대접을 받을 만한 군주였으며 당시 송나라가 전성기였기 때문에 가능한 일이었다. 그러나 이때부터 북방의 요나라와 서하의 압박을 평화적인 조약에 의해 위기를 모면하였다. 이것은 결국 근본적으로 국방력을 약화시켜 북송의 멸망을 가져온 원인(遠因)이 되기도 하였다. 이후 요, 금, 원의 침략 때마다 금전적 보상안을 채택하여 평화를 갈구한 것은 결국 송의 멸망을 가져오게 되었다.[347] 예나 지금이나 '평화'를 역설하는 위정사는 많았지만 결국 평화란 힘의 바탕 위에 지켜진다는 사실을 망각하는 일이 많았다.

공의시에서 영소릉을 뒤로 하고 낙양 가는 국도에 접어들면 오른쪽에 영정릉(永定陵)이 손쉽게 눈에 뜨인다. 이 영정릉은 필자에게 여러 가지 의미가 있었다. 20여 년 전 낙양으로 가는 길에 우연찮게 들렀던 곳이지만 그 인연으로 송황제릉에 대한 본격적인 관심을 갖게 한 황제릉이었다. 길가에 조그맣게 영정릉이란 현판이 있고 입구에 아주 작은 관리실이 있을 뿐인데 관리인마저 있었다. 사실 이 시절만 해도

346 胡楊, 『歷代帝陵』, 中國工人出版社, 2014, p.169.

347 1044년 서하와의 전투에서 강화조약을 맺는데, 서하는 인종을 천자로 인정하고 신하의 나라가 되기로 하였지만, 대신 송나라는 매년 비단 13만 필, 은 5만 냥, 차 2만 근을 보내기로 했다. 송나라의 이런 정책은 이후 1004년 요의 소태후가 남침했을 때 매년 비단 20만 필과 은 10만 냥씩 보내기로 하였고, 영종 때는 서하에게 매년 은 45만 냥과 비단 55만 필, 요나라에게는 은 20만 냥과 비단 30만 필을, 1125년 요를 멸망시킨 금나라에게는 동전 백만[錢百萬]과 식량 20만 석을, 1208년 남송은 금에게 세폐 30만 냥과 비단 30만 필에 배상금 은 300만 냥을 물기로 했다. 원의 세조가 남송을 침략했을 때도 남송의 賈似道가 원에 신하를 자청[臣稱]하면서 세폐의 납부조건으로 화평조약을 맺기도 했다.

영정릉의 당당한 석수

영정릉의 석인

몇 몇 대형의 명청시대 황제릉을 빼고는 관리인이 있고 작으나마 입장료까지 받는 곳은 극히 드물었기 때문이다. 5위안의 입장료를 아낌없이 내고는 혹시 안내책자가 있느냐고 엉뚱한 질문을 하였는데, 뜻밖에도 그 관리인은 캐비닛에서 주섬 주섬 얇은 책자를 끄내는 것이 아닌가! 아, 그것은 작지만 공의시 일대의 송황제릉을 소개하는 불과 12페이지 밖에 안되는 소책자였지만 필자에겐 너무나 소중한 안내서이다. 마치 보물을 얻은 양 불과 5마오(0.5위안)라는 거금(?)을 내고 빼앗다시피 그 책자를 낚아채었다. 입구를 들어서자 나무로 양 옆을 가려 능원의 담벼락 역할을 한 영정릉이 앞에 펼쳐지는 것이 아닌가. 영정릉은 한 눈에 관리가 제대로 되어있지 않아 황폐화되어 있지만 신도가 되는 흙길을 조금 걸어 들어가자 양 옆으로 석각들이 즐비하게 늘어서 있는 것이 우리를 환영하는 사열대 같았다. 이리하여 송황제릉과 첫 대면을 하게 된 것인데, 그날의 감동으로 본격적인 송황제릉을 연구하는 계기가 되었다.

30여 년간 중국 대륙을 다니면서 황제릉을 보고 조사한 내용을 이 책에서 기록했는데 막상 오늘날 그곳을 가보면 해당 황제릉이 이 책에서 묘사한 글과는 다른 모습을 하고 있는 것을 보게 될 까 안타깝다. 예를 들어 2017년 영정릉을 재방문했을 때 너무나 변한 모습에 다른 곳을 잘못 찾아온 줄 알았다. 수 백년 간 방치되어 정말 불쌍하리만큼 황폐화된 것을 근래에 개보수를 복원을 하거나 정비하여 멋진 공

근래 정비된 영정릉 입구

원처럼 꾸며 놓은 곳이 많기 때문이다.[348] 더구나 근래에 와서 문화재 당국의 노력도 있었지만 지방정부에서도 문화유산이 좋은 관광수입이 된다는 것을 알고 열심히 가꾸고 개비한 탓도 있다. 그런데 문제는 몇 년 전에 갔을 때 없던 건물이나 석조각들이 새로 생겨 전혀 옛 모습을 찾기 어렵게 되어 있다. 또한 반대로 몇 년 전에 갔을 때는 분명히 건재하던 건축유구나 석조물들이 없어지고 농지나 공장, 도로가 되어버린 문화재의 파괴현장을 보게 된 것이다. 예를 들어 지금 언급한 영정릉도 2015년 경 대보수를 하여 번듯한 입구에 잘 포장된 광장과 신도와 능역이 잘 정비되어 지금 가보는 사람들은 필자의 사진이나 묘사가 엉터리라고 할 것이다. 중국의 특히, 지방에 소재한 황제릉을 비롯한 문화재를 볼 때마다 그 몰상식한 관리와 훼철에 분노를 느낀 것이 한두 번이 아니었다.

근래에 중국의 문화재를 답사하면서 심각하게 생각한 점이 최근 경제적 상황과 문화적 의식이 호전되면서 많은 복원사업이 이루어지고 있는데, 이것이 정확한 고증을 거쳤다기 보다는 관광지의 볼거리로 많이 복원했다는 점을 느낄 수 있었다. 이는 한국의 경우에도 해당되는 실정이다. 보는 사람마다 견해가 다르겠지만 섣부른 복원 보다는 '원형보존(原形保存)'이 더 중요하다고 생각한다. 아마 유럽의 파르테논 신전이나 콜로세움, 제우스 신전이 원형대로 보존되고 있지만 중국에 있었다

348 예를 들어 진시황릉, 한무제릉, 당헤종릉, 후주의 황제릉, 난징의 손권릉, 북송의 영소릉 등이 대대적인 공사를 거쳐 개수되거나 복원되었다.

면 이상한 모습으로 진작 복원되었을 것이다.

영정릉의 석물은 비교적 잘 보존되어 상태가 양호하며 능원도 장대함을 실감케 한다. 능원은 송 황제릉 중에서 가장 큰 편인데, 남북이 약 2,000m이고 동서는 1,000m로 장방형이다. 능묘의 밑변도 동서가 55m이고 남북이 57m인 방형인데, 이 역시 가장 큰 규모이며, 주위에는 건축유지가 16곳이나 되고 능묘 사방에 있는 문 앞에는 사자가 한 쌍씩 서 있다.[349] 신도에는 영소릉과 마찬가지로 각종 석물들이 즐비한데 크기는 영소릉에 비하여 작은 편이나 조각술은 오히려 뛰어나며 세밀한 편이다. 영소릉이 석물들이 크고 형식적인데 비하여 영정릉은 그래도 사실적인 조각에 충실하여 문무인상들은 훨씬 인간적인 면모를 가지고 있다. 영소릉의 인물상들이 키가 과장되게 크고 세장한 형상인데 비하여 영정릉의 인물상들은 풍만한 신체를 자졌는데, 특히 얼굴에 모두 살이 붙어 통통한 것이 귀엽기까지 하다.

영정릉의 능주 진종(眞宗, 968~1022)은 앞서 설명한 영소릉의 인종의 아버지가 된다. 진종은 북송 제3대 황제이다. 송태종의 셋째아들로 이름은 조덕창(趙德昌)인데 후에 조항(趙恒)으로 개명한다. 진종의 치세는 북송의 황금기로 이른바 '함평지치(咸平之治)'라 하며 상공업과 무역이 발달해 국고가 풍부하였으며, 수도 개봉(開封)은 번화하였고 밤에도 불이 꺼지지 않았다고 한다.[350] 진종은 학문을 사랑하여 문관을 존중하고 문치주의를 이룩했으며 자신이 공부에 집중하라고 〈권학문(勸學文)〉을 지었는데,[351] 그 내용 중에 다음 몇 구절은 "잘 먹고 잘 살기 위하여 공부를 하라."라는 너무 노골적인 뜻이 있어 눈길을 끈다.

책 속에 자연히 천 가지 봉록이 들어 있다.
책 속에 저절로 화려한 집이 따른다.
책 속에 얼굴이 옥 같은 여인이 있다.

349 胡楊, 앞의 책, p.164.

350 이 당시 개봉의 활기찬 모습을 그린 그림이 있는데, 바로 張擇端이 그린 〈淸明上河圖〉로 길이 528cm에 수백 채의 건물과 750명의 인물, 20여 척의 선박 등이 그려져 있어 당시 화려한 개봉의 모습과 생활상을 여실히 보여주는 중국 국보 중의 국보로 베이징 고궁박물원에 소장되어 있다.

351 "書中自有千種祿/ 書中自有黃金屋 / 書中有女顔如玉."

영후릉 전경

영희릉의 석수

영희릉의 코끼리상

영유릉 원경

당당한 영유릉의 석사자, 뒤로 허물어진 봉분이 보인다.

그러나 이렇게 문화적으로 훌륭한 황제임에도 치세 중에 '전연의 맹(澶淵之盟)'[352]을 맺어 요와 화친을 맺게 된다. 이 일로 인하여 굴욕적인 조약을 맺었다든가, 국방력을 약화시켜 멸망의 단초를 제공했다는 비난도 많이 들었다. 그런데 이 조약에 대하여 당시로는 상당히 잘 된 것이라 진종의 편을 들고 싶다. 그는 비록 연간 30만 냥 정도의 무상원조가 있었지만 이후 120여 년간 양국의 평화를 유지해 북송의 발전을 가져올 수 있었으며, 요나라도 문화적 발전을 도모할 수 있었다. 일본의 한 학자는 이후 송나라는 요와의 무역을 통하여 연간 80만 냥의 무역흑자를 보았다고 주장하였다.

영정릉을 뒤로 하고 다른 송황제릉도 빠짐 없이 답사를 하였지만 볼수록 참담하였다. 가장 규모가 컸던 2010년 12월 방문 당시 송 태종 영희릉 주위에 공장지대가 있던 당시의 경우 예전에 방문했을 때 능원은 아예 흔적도 없고 신도 좌우에는 비록 석물이 배치되어 있지만 신도 가운데는 철공장이 있어 작업이 한창이었다. 그러나 근래에 찾아갔을 때는 놀랄만큼 경내가 잘 정비되었으며 곧 관리소도 세워지고 입장료도 받을만큼 준비를 하고 있었다. 사실 영희릉은 상궁과 하궁, 궁성과 능대의 4대 건축군이 있었고 주위에는 송백과 같은 나무가 울창하였으며 각종 꽃들이 사시사철 만발하는 곳이다.[353] 현재도 64건의 석물이 있는데, 보존상태가 양호한 편이다.

그밖에 영소릉 인근의 영후릉(永厚陵)은 5대 황제 영종 조서(趙曙)의 무덤인데 시내에 있는데도 보존이 가장 잘 안되어 있기로 유명하다. 그러나 배장묘로는 조보(趙普), 조빈(曹彬), 적청(狄靑), 양연소(楊延昭) 같은 명신들의 묘가 있어 그나마 명성을 유지시켜 주고 있다.

왕안석의 신법으로 송조의 부흥을 도모했던 6대 황제 신종(神宗) 조욱(趙頊, 재위 1067~1085)의 영유릉(永裕陵)은 그야말로 키 큰 옥수수밭 가운데 있는데, 봉분은 거의 사라지고 석조각만 삘쭘하게 남아 있고 부지런한 농부들 덕분에 석물 주변부의 흙이 많이 유실되어 기단이 위태롭기는 하지만, 다행히 상태는 양호한 편이다.

352 1004년 남하하는 요나라를 맞이해 진종이 송의 대군을 거느리고 북상해 전주에서 대치하였다. 이때 요나라는 성종의 모친 여걸 소황후가 있었다. 진종은 처음에는 도망가려 했으나 구준 등의 신하들에게 떠밀려 참전하였고 다음의 네 개 항목의 조약으로 화친을 맺었다. 1. 송은 요에게 매년 비단 20만 필과 은 10만 냥을 보낸다. 2. 진종은 소황후를 숙모로 삼고, 양국은 형제의 교분을 갖는다. 3. 양국의 국경은 현상태로 유지하고 포로와 월경자를 교환한다. 4. 송과 요의 황제는 형제관계를 맺는다.

353 胡楊, 앞의 책, p.159.

7대 황제 철종(哲宗) 조후(趙煦, 재위 1085~1100)는 불과 열 살 때 황위에 올라 25세 때 요절했으며 영태릉(永泰陵)에 묻혔는데, 철공장 가운데 있어 환경이 너무 좋지 않았다.

휘종의 초상화

가장 불행한 황제들의 황제릉

중국 역사상 가장 비참한 말로를 겪은 황제를 들라면 북송의 휘종(徽宗, 1082~1135) 조길(趙佶)과 그 아들 흠종(欽宗, 1100~1161) 조단(趙亶)을 들지 않을 수 없다. 비록 북으로는 요와 서하의 압박을 받았지만 평화를 유지해 온 북송에 암운이 드리우게 되었다.

송나라 7대 황제 철종 조후(趙煦, 1076~1100)는 신종의 여섯 번째 아들이었기 때문에 정상적으로 황위에 오를 수 없었으나 위의 다섯 형들이 모두 요절하면서 황제가 되었으니 그 역시 25세로 죽어 신종의 뜻을 펼치지도 못하였다. 그러자 신종의 11번째 아들이면서 철종의 동생인 조길이 제8대 황제가 되었으니 그가 바로 북송을 멸망에 이르게 한 휘종황제였다. 사실 철종이 죽은 후 후사가 논해졌을 때 신하들의 눈에는 휘종은 천하의 한량으로 도저히 황제감이 못되었다. 하지만 당시 실권을 쥐고 있던 상태후(向太后)는 휘종이 잘 생기고 멋쟁이인 데다가 예술적인 재능까지 지니고 있어서 낙점을 하였다. 이것은 예술가에 대한 판단인 것이지 정치가로서는 문제가 있는데, 이와 같은 태후의 판단 착오가 결국 북송의 멸망을 재촉하게 된 셈이다. 당시의 휘종을 오늘날의 관점으로 바라보면 아이돌에 해당된다고 할 수 있었다. 유명한 중국 고전소설인 『수호지(水滸志)』의 배경이 바로 이 때이며, 휘종이 공놀이 친구 고구(高俅)를 요직에 등용시켜 국정을 문란케 한 이야기는 자주 등장한다.[354]

354 소설이나 역사책에서는 간혹 휘종 보다는 국정문란의 책임을 高俅, 蔡京, 童貫, 楊戩과 같은 간신 4명에게 돌리고 있으나, 그 막강한 권력으로 간신배를 중용하고 지나친 방탕과 예술탐닉, 사치로 망국을 불러 일으킨 휘종에게 일차적 책임이 있다.

선화화보

휘종의 대표작 '도구도'

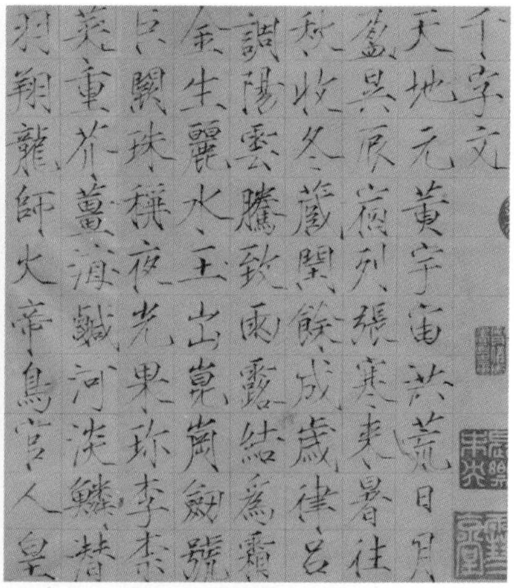
휘종이 쓴 수금체의 천자문

일반적으로 미술이나 문화 분야의 연구자들은 유난히 휘종황제에 대하여 애착과 관심을 갖고 있다. 그만큼 휘종황제가 예술의 발전에는 크게 기여한 바 있기 때문이다. 소위 '선화시대(宣和時代)'라는 한 시기를 이루어 낸 휘종황제는 궁중에 화원 제도를 정비하고 『선화서보(宣和書譜)』, 『선화화보(宣和畫譜)』, 『선화박고도(宣和博古圖)』등을 천착하여 역대 유명한 서화와 고미술품을 정리, 수집하였다. 뿐만 아니라 황제 그 자신도 다재다능한 재능을 살려 직접 시·서·화에 몰두했으며 수금체(瘦金體)라는 가늘고 날카로운 서체를 새로이 창안하였다. 그런가 하면 화조화에 있어서는 중국 역사상 새로운 기풍을 불어 넣은 그림을 남기기도 했다.[355] 또한 음악에도 조예가 깊어 대성악을 완성해 고려에 전해 주기도 하였다.[356]

그의 그림에 대한 사랑과 정열은 국사를 등한시할 정도로 깊어, 직접 도화원(圖畫院)에 나가 그림을 그릴 뿐만 아니라 화원들에게 지도도 하였으며 입학시험도 출제하고 채점도 하였다. 어느 해에는 입시에서 화제(畫題)로 "꽃을 밟고 가는 말발굽에서 향기가 난다(踏花歸去馬蹄香)"라는 기막힌 문제를 내었는데, 한 화가는 말은 전혀 그리지 않고 나비가 지나간 말 발굽자리에 앉아 있는 재치있는 그림을 그렸다. 또한 휘종은 고려에서 온 이영(李寧)이 그려 바친〈예성강도(禮成江圖)〉를 보고 감탄하

355 대표적인 휘종의 화조화로 〈桃鳩圖〉와 〈오색앵무도권〉, 〈도련도권〉 등이 유명하다.

356 휘종황제는 즉위 후 아악을 정리하기 위해 대악국을 두고 1105년 대성악을 완성하였다. 휘종은 이 대성악과 연주에 필요한 복식과 각종 악기를 고려에 보내주었다. 이에 대하여 1116년 고려 예종은 답례로 王字之와 文公美를 하례로 송에 파견하였다.

고려사의 중요한 자료인 '선화봉사고려도경'

면서 한림원의 대조들에게 이영에게서 그림을 배우게 하였다. 또한 이영에게 술과 음식, 비단옷을 하사하였다고 한다.[357] 그밖에도 휘종은 우리나라와 인연이 깊은데, 1123년 휘종이 고려에 보낸 사신 서긍(徐兢)이 펴낸 『선화봉사고려도경(宣和奉使高麗圖經)』에는 고려시대를 풍미한 청자를 비롯하여 사회문화 전반에 대하여 자세하게 서술하였기 때문이다.[358]

이와 같이 미술사에서는 큰 공적을 남긴 황제였으나 문제는 그의 신분이 황제라는 점이다. 황제는 말 한마디로 산을 움직일 수 있는 위치에 있는데 정치를 돌보기보다 예술에 몰두하여 국가를 혼돈에 빠뜨리고 결국 멸망에 이르게 했다는 점에서 그는 중국 역사상 최악의 황제 반열에 오르게 하였다. 즉, 정치는 간신배에게 맡기고 자신은 서화와 골동품에 심취하고 미녀들은 품고 사는 '풍류천자(風流天子)'로서

357 『高麗史』券122, 「列傳」, 坊記, 李寧

358 휘종은 1123년 서긍(徐兢)을 고려에 보내 견문한 여러 실정과 고려의 사회, 문물 등을 그림과 글로 설명하였기 때문에 '고려도경'이라고도 부른다. 전 40권에 이르는데, 모두 28문으로 나누었으며 다시 300여 항목으로 세분화하였다. 휘종은 이 책을 받고 매우 기뻐하며 벼슬을 높혔다. 그러나 1126년 금나라에게 개봉이 함락되었을 때 그림이 수록된 정본은 없어졌으나 조카 서천이 갖고 있던 부본에 의거해 간각(刊刻)되었다. 그러나 여기에는 유감스럽게도 그림이 없기 때문에 가치가 반감되었다. 만약 그림이 있는 정본이 있었다면 한국역사계의 지보(至寶)가 되었을 것이다.

생활을 즐겼으나 『수호전(水滸傳)』에서 보듯이 간신배들의 착취로 송강(宋江)이나 방랍(方臘)의 난이 일어나고 송의 국력은 탕진되어 빈사상태에 이르렀다. 또한 취미생활을 위하여 1102년 항주에 명금국(明金局)을 두어 수천 명의 장인들이 황실에서 사용하는 아각금옥죽등직수(牙角金玉竹藤織繡) 등 여러 가지 사치품을 제작하였다. 소주의 태호석을 비롯하여 전국의 수석이나 기화요초, 진귀한 물품을 개봉으로 수송하기 위하여 조정에 응봉국(應奉局)이란 관서를 두고 수 십만 백성의 노역이 필요한 '화석강(花石綱)'이란 운송조직까지 만들었다.[359] 이 과정에서 백성들은 강제노역과 재산 갈취에 시달렸으며 피폐해진 백성들이 들고 일어나 급기야 '방랍의 난'이 일어났다. 휘종은 이를 진압시키기 위해 요나라 침입에 대비해 준비되었던 15만 병력을 동원했으며, 진압과정에서 죽은 백성도 300만 명이나 되었다.

미술이나 문화의 방면에서 휘종황제는 위대하지만 사실 국가와 자신을 위해서는 그는 황위에 오르지 말고 그림만 그렸다면 좋았을 것이다. 국가의 지도자가 예술에도 뛰어난 일은 가끔 있는 일이다.[360] 그러나 휘종황제처럼 지나친 예술 사랑은 결국 후에 제왕들이 그림에 관심이 있어도 신하들이 "휘종황제의 선례를 모르느냐?"라고 하며 타박을 주어 화필을 꺾는 경우가 많았다.[361] 화석강이란 공납제도로 전국에서 끌어모은 기암괴석과 기화요초로 꾸민 궁중에서 시인과 화가, 서예가들에 둘러싸여 화필을 휘두르고 시를 짓던 휘종황제는 격동하는 북방의 정세에 너무 무지하였다.

지금까지 상대하던 서하나 요나라 보다 더욱 강력하고 무자비한 금(金)나라에 대한 대비나 정보가 부족했던 것이다. 11세기 말 경에 만주 동부 삼림지대에서 수렵을 하면서 생활을 영위하던 여진족(女眞族)의 우그나이(烏古迺)가 추장이 되면서 인근 부족을 통일해 12세기 초에는 오늘의 하얼빈 아래 상경(上京, 會寧府)에 자리잡고 요로부터 절도사로 임명되었다. 그러나 그의 손자인 걸출한 아구타(阿骨打, 1067~1123)는 요로부터 독립하여 1115년에는 대금(大金)이란 나라를 세우고 황제

---

359 笵文瀾·蔡美彪, 『中國通史簡本』, 耕智出版社, 2016, pp.223~224. 이 화석강에 대한 기록은 『宋史』, 徽宗 書信, 1110年에도 등장한다. 기록에는 장각을 항주지사로 삼고, 겸하여 화석강을 통솔하게 하였다(以張閣知杭州, 兼領花石綱)"

360 조조와 조비, 남당의 이욱황제, 명의 宣德帝는 뛰어난 예술가였지만 창작활동이나 방탕한 생활로 나라를 도탄에 빠지게 하지는 않았다.

361 명나라 만력제 때 스승인 장거정이 "황제는 글씨만 쓸 줄 알면 됐지 심취하면 송 휘종처럼 된다고 하여 예술활동을 반대하였다. 조선시대에도 연산군이나 성종, 정조도 예술에 재능이 있지만 그때마다 신하들이 휘종의 사례를 들어 곱지않은 시선을 보냈다.

가 되었다.

금나라는 마침내 1125년 요나라를 멸망시키고 만주와 몽골, 화북지방에 이르는 요의 대부분 영토를 손아귀에 넣었다. 그러나 이 과정에서 송과의 연대가 깨지면서 금태종은 송을 정벌하기로 하고 1126년 정월에는 수도인 변경(汴京, 開封) 밑에 도달하였다. 그제서야 태평성대의 긴 잠에서 깨어난 휘종은 천하에 조칙을 내려 근왕병을 모집하고 이 사태의 책임을 모면하기 위해 자신은 도군황제(道君皇帝)가 되어 제위에서 물러났다.[362] 휘종은 황태자에게 양위하였는데, 그가 바로 북송의 마지막 황제 흠종(欽宗)이다.

그러나 흠종은 주전론자들의 의견을 물리치고 금나라와 강화를 체결하면서 엄청난 배상금을 물어주기로 했다.[363] 송에서는 당면한 위기를 벗어나기 위하여 요구를 수락하였지만 실제로는 지불할 능력이나 의사도 없었기 때문에 사태를 더 악화시키게 되었다. 당시 송의 내부에서는 주전파와 강화파가 내분을 일으키고, 한 편으로는 3진을 강화하여 금의 내분을 조정하는 배신행위도 일으켰다. 이에 격노한 금태종은 1127년 이른바 '정강의 변(靖康之變)'을 일으켜 조광윤 이래 167년간 이어온 송나라를 멸망시켰다.[364] 이때 휘종의 아홉 번째 아들이자 흠종의 동생인 조구(趙構, 1107~1187)가 마침 개봉에 있지 않고 하남성에 있다가 '정강의변' 이후 황위에 오르고 연호를 건염(建炎)이라 했다. 그는 금나라 군대의 추격을 피해 계속 남으로 내려가 임안(臨安, 지금의 杭州)에 도읍을 정하고 송의 명맥을 이었으며, 이때부터 북송(960~1127)과 남송(1127~1279)으로 시기를 구분하게 되었다.

그러면 개봉이 함락되고 휘종과 흠종 두 황제는 어떻게 되었을까? 여기에 대해 수많은 이설과 억측이 난무하였다. 1127년 이들은 금나라군에 의하여 연경으로 끌려갔고 이듬해 봄에 금나라 도읍인 상경회령부(上京會寧府)에서 금태종을 만났는데, 태종은 휘종에게는 혼덕공(昏德公), 흠종에게는 중혼공(重昏公)에 봉했으니, 참으로 치욕적인 명칭이었다. 금태종은 이들 부자를 한주(韓州)에 보내어 감금시켰다가 2

362 평소 도교에 심취한 휘종은 도군황제가 되기 위해 양위를 하고 상황제가 되었을 정도이다.

363 송은 금에게 전쟁배상금으로 금 500만냥과 은 5,000만냥을 지불하고 3개 鎭과 20州를 할양하였다.

364 1127년 4월 금태종은 개봉을 함락시키고 휘종과 흠종 두 황제와 황후, 비빈, 궁녀 등 3천여 명을 포로로 끌고 갔다. 한 번에 황제 둘과 수많은 재보와 관료들, 황실과 궁중의 여인들이 끌려간 중국 역사상 최악의 수치스러운 사건이었다.

년 뒤에는 오국성(五國城)에 옮겨져 생을 마감하게 되었다. 그러나 이들 부자가 어디서 감금생활을 했는지, 어떤 대우를 받았는지, 어떻게 죽었는지에 대하여는 정확히 밝혀진 바가 없다. 예를 들어 만주 벌판에서 하늘만 보이는 우물 속에 갇혀 있었다는 등(坐井觀天), 개돼지만도 못한 대우를 받았으며,[365] 오국성은 한국에 있는 회령지역이며 이곳에 '송제지묘(宋帝之墓)'라는 비석이 있는 무덤이 있다는 등이다.[366] 그렇다면 이 부분에 대하여 『송사(宋史)』에는 다음과 같이 기록되어 있자.

> 1127년 2월에 금나라 사람들이 황제를 북으로 끌고 갔으며, 소흥 5년(1135) 4월 갑자일에 오국성에서 붕어하니 54세였다. 소흥 7년(1137) 9월 갑자일에 흉문(凶問, 휘종 붕어 소식)이 강남에 이르니 존시(尊謚)를 올려 성문인덕현효황제라 하고, 묘호는 휘종이라 하였다. 소흥 12년(1142) 8월 을유일에 휘종의 재궁이 임안으로 돌아왔다. 같은 해 10월 병인일에 영우릉에 권찬(임시로 매장)하였다. 같은 해 12월 정묘일에 태묘의 제11실에 부하였다. 소흥 13년(1143) 존시를 가상하여 체신합도준렬손공성문인덕현자현효황제라 하였다.[367]

휘종의 붕어는 『金史』에도 다음과 같이 기록되어 있으며 상당한 예우를 갖추어 장례를 지낸 것으로 보인다.

---

365 휘종과 흠종이 금나라에 끌려가면서 만주로 옮기고 생활하는 가운데 필설로 다 표현 못할 핍박과 고통을 짐승처럼 겪었으며, 흠종은 해릉왕의 화살 과녁이 되어 죽었으며 기타 황족들이 겪은 끔찍한 이야기는 주로 『南燼紀聞錄』이라는 책에서 나온 것인데, 이는 위작이며 야사라는 것이 밝혀졌다. 비록 금에 끌려갔지만 두 황제가 비인간적 대우만을 받지 않았다는 사실은 채경의 아들 채조가 쓴 『北狩行錄』이나 『呻吟語』등에 의해 알 수 있다. 금나라에서도 두 황제에 대해서는 어느 정도의 예우와 경제적 지원을 해 주었다. 참고로 휘종은 8년 여의 포로생활 중에서도 6남 8녀를 생산하였다. 다만 이렇게 학대 받은 이야기가 널리 읽혔다는 사실은 이를 통해 금나라에 대한 적개심을 갖도록 과장되게 쓰였을 가능성이 크다. 물론 황제를 제외한 나머지 황실 존친이나 함께 끌려간 여인들의 운명은 가혹하였으리라 상상이 된다.

366 휘종이 사망한 장소를 최초로 언급된 것은 宇文懋昭의 『大金國志』에서 "휘종은 오국성에서 붕어했다'라고 간단히 적은 이후 많은 기록에서 이를 인용하였다. 오국성이 중국 측에서는 헤이룽장성 의란현으로 비정하고 있지만 근래 한국에서는 이중환의 『擇里志』나 『대동여지승람』, 박제가의 시 등지에서 오국성이 회령의 운두산성이라 하고 이곳에서 송제지묘라는 비석을 보고 시를 썼다는 기록이 있다. 그러나 어떤 기록이나 설화보다 고고학적인 발굴에 의한 물증이다. 혹시 두 황제가 이곳으로 끌려올 때 수천 명의 사람들이 함께 왔기에 이들의 무덤도 이 지역에 있었을 가능성이 크며, 송나라 유물도 발견되었을 가능성도 있다.

367 『宋史』, 卷23 本紀 第22 徽宗. 明年(1127)二月丁卯, 金人脅帝北行。紹興五年四月甲子, 崩於五國城, 年五十有四。七年九月甲子, 兇問至江南, 遙上尊謚曰聖文仁德顯孝皇帝, 廟號徽宗。十二年八月乙酉, 梓宮還臨安。十月丙寅, 權欑於永祐陵。十二月丁卯, 祔太廟第十一室。十三年正月己亥, 加上尊謚曰體神合道駿烈遜功聖文仁德憲慈顯孝皇帝。

병인일(丙寅)에, 혼덕공(昏德公) 조길(趙佶)이 훙(薨)하니, 견사(遣使)하여 치제(致祭)하고 더불어 부증(賻贈)하였다.[368]

『금사(金史)』와 『송사(宋史)』에는 모두 휘종의 죽음에 대하여 기록하고 있지만 죽은 날짜는 다르다. 송사에서는 4월 갑자일에 죽었다고 했으나 금사에서는 4월 병인일에 죽었다고 하였다. 그러나 송사에서는 죽은 뒤 2년이나 지나 소식을 들었기 때문에 금나라의 기록이 맞을 것으로 보인다. 그렇다면 휘종은 1135년 4월 23일에 죽은 것이다. 비록 휘종은 이국땅에서 망국의 한을 품고 죽었지만 그 재궁은 1142년 남송에 보내져 영우릉(永祐陵)에서 안식을 찾을 수 있었다.

휘종에 비하여 흠종의 죽음에 대하여는 불확실한 점이 더 많다. 일설에는 오국성에서 죽었다고 하지만 금사에는 연경으로 옮겨 살다가 1161년 병사해 금에서 장례를 치러 주었다고 한다. 그러나 다행히 『송사(宋史)』에 다음과 같은 단편적인 기록이 있어 전모를 짐작할 수 있다.

소흥 31년(1161) 5월 신묘일에 흠종의 붕어했다는 소식이 전해지다. 같은 해 7월 기축일에 존시를 올려 恭文順德仁孝皇帝라 하고 묘호(廟號)는 흠종이라 하였다. 소흥 32년(1162) 윤2월 무인일에 태묘에 부(祔)하다.[369]

휘종은 죽어서나마 고국에 갈 수 있었지만 흠종은 죽어서도 고향에 갈 수 없었다. 그것은 남송을 세운 고종(高宗) 조구(趙構, 1107~1187)가 흠종의 친동생이었는데, 흠종이 귀국하게 되면 고종은 황위 찬탈자가 되기 때문이다. 특히 송조는 정윤론(正閏論)이 강하였다.[370] 이 때문에 비록 북송이 망해 고종이 남송을 세웠지만 평화교섭이 잘 되어 흠종이 금나라에서 풀려 귀국한다면 고종은 난처한 입장에 놓이게 되는 것이다. 그러므로 후에 금나라와 관계가 정상화되어 휘종의 재궁과 고종의 생모 위씨가 귀국하게 되었을 때 흠종은 눈물로 위씨에게 귀국할 수 있도록 해주기를 간청했

368 [天會13年(1135년) 4월 丙寅, 昏德公趙佶薨, 遣使致祭及賻贈。

369 『宋史』, 卷23 本紀 第23 欽宗.

370 여기에서는 황실의 정통론에 입각하여 흠종이 송의 정통적자로 본 것이다.

이성총 유지

다. 그러나 고종은 황위 문제로 오히려 금나라를 회유하여 흠종을 영원히 귀국하지 못하게 하였다.

1161년 흠종이 죽은 후 그의 능이 만들어졌다. 금나라에서 북송의 황제릉이 있는 공의시(鞏義市)에 묻어 주었다. 당시 남송에서는 신궁이 아직 송나라에 귀속되지 않아서 남송에 능을 만들고 능명을 영헌릉(永獻陵)이라 했다.[371] 또 1171년에는 금 세종의 명으로 일품례를 갖추어 송릉의 조역(兆域)인 공락지원(鞏洛之原)에 흠종을 묻었다. 회곽진 청역진(淸易鎭) 남쪽에는 오래 전에 휘종의 의관총과 금나라 사람들이 귀장(貴葬)한 흠종묘가 있는데, 이 둘을 '이성총(二聖冢)'이라 했다.[372]

그러나 절강성 소흥 동남의 보산(寶山)에도 또 영헌릉이 있다. 그렇다면 어느 것이 진짜 흠종의 무덤인가? 그 무덤의 위치에 대하여 금사나 송사 같은 사서에 정확히 언급되지 않았다. 현재 중국에서도 "흠종의 영헌릉은 어디에 있을까?" 라며 미스터리로 여기고 있다. 그러나 여러 기록으로 미루어 금나라에서는 역대 송릉이 있는 공의시에 묻어 주었을 것으로 보이며, 소흥에 있는 의관총(衣冠塚)은 사실이 아닐 것으로 여겨진다. 흠종의 장지를 공의시로 보는 이유 중 하나는 남송 효종 때 재상 우윤문(虞允文)을 금나라에 사신을 보내 휘종과 흠종의 능참지를 찾아야 한다는 명목

371 1992년 공의시 문물국에서 공의시 서쪽 15km 떨어진 回郭鎭에 영헌릉이 있다고 정식으로 발표하였다.

372 劉毅, 앞의 책, p.117.

으로 낙양과 북송의 황제릉지인 공현(오늘의 공의시)을 돌려줄 것을 요구했던 적도 있기 때문이다.[373]

남송의 황제릉

남송 왕조표

대수	묘호	연호	성명	능호	재위기간
제1대	고종(高宗)	건염(建炎)	조구(趙構)	영사릉(永思陵)	1127~1162
제2대	효종(孝宗)	융흥(隆興) 外	조신(趙慎)	영부릉(永阜陵)	1162~1189
제3대	광종(光宗)	소희(紹熙)	조돈(趙惇)	영숭릉(永崇陵)	1189~1194
제4대	영종(寧宗)	경원(慶元)外	조확(趙擴)	영무릉(永茂陵)	1194~1224
제5대	이종(理宗)	보경(寶慶)外	조윤(趙昀)	영목릉(永穆陵)	1124~1264
제6대	도종(度宗)	함순(咸淳)	조기(趙祺)	영소릉(永紹陵)	1264~1274
제7대		덕우(德祐)	조현(趙顯)	영국공묘(瀛國公墓)	1274~1276
제8대	단종(端宗)	경염(景炎)	조하(趙昰)	영복릉(永福陵)	1276~1278
제9대		상흥(祥興)	조병(趙昺)	소제릉(少帝陵)	1278~1279

북송이 망하고 황족들이 북으로 끌려갈 때 휘종의 아홉째 아들이면서 흠종의 동생인 조구(趙構, 1107~1187)는 천행으로 도망가 살아남았다.[374] 그는 금의 추격을 피해 계속 남하하여 임안(臨安, 오늘의 절강성 杭州)에 도읍을 정하였으며, 황위에 오른 후 연호를 건염(建炎)이라고 하였다. 이때부터 북송과 구분하여 남송(南宋, 1127~1279)이 시작된다.

남송 제1대 황제인 조구는 이강(李綱)을 재상으로 삼고 금나라에 대항하기 위한 의병을 조직하고 항전의 의지를 불태웠으며, 항주에서는 악비(岳飛)와 한세충(韓世忠) 등 주전파 장수들을 등용하여 항전의 기치를 들었지만 투항파 진회(秦檜)[375]를 재상으로 임명하여 금나라와 화친을 청하는 굴욕적인 타협을 하게 된다. 1142년 진회는 황하를 건너 연전연승하면서 금나라군을 쫓아내고 있던 악비를 소환시키고 그와 한세충의 병권을 회수하였다. 그리고 강화에 방해가 되는 악비를 누명을 씌어

---

373 范文瀾·菜美彪, 위의 책, p.237. 실제로 1170년 5월 송의 사신 范成大가 금나라에 가서 금세종을 만나 受書禮를 개정하고 능참지를 돌려 달라는 문서를 내 놓았다.

374 1127년 개봉이 함락되면서 금에 끌려 갈 황실의 명단이 『開封府狀』에 있는데, 휘종과 흠종을 포함해 총 361명의 명부가 있다. 여기에는 조구의 이름도 있었는데, 개봉부장에는 조구가 탈출하였다고 한다.

375 진회(1090~1155)는 남송의 재상으로 금과의 강화를 주장했으며 그 과정에서 충신이자 군부세력인 악비와 한세충을 탄압하고, 악비 부자를 죽였다. 그후 권력유지를 위해 공포정치를 자행해 후세에 중국 최악의 간신배, 매국노로 지탄받았다. 지금도 항주 악비묘에는 진회 부부상 조각이 포승에 묶인체 꿇어앉아 있는데, '침을 뱉지 말라'는 안내문이 붙어있다.

임안성 남송 왕궁유지

죽이고 금나라와 '소흥화의(紹興和議)'[376]를 체결하였다. 1161년 금나라 황제 완안량(完顏亮)은 화친을 파기하고 대대적인 남침을 개시하였다. 조구의 굴욕적인 안정 희구 정책은 군민(軍民)의 반대에 부딪히고 국정의 통치가 어렵다고 생각하여 1162년 태자 조신(趙愼)에게 양위하고 태상황이 되었다. 조구는 1187년 임안의 덕수전(德壽殿)에서 81세로 병사하고 절강성 소흥시 근교 영사릉(永思陵)에 장사지냈다.[377]

중원을 포기하고 강남을 온전하게 보전하자는 뜻과 또 돈으로 평화를 구하는 조구 이래의 정책은 이후 150여 년간 남송에 안정과 번영을 가져온 것은 사실이다. 특히 남송의 경제는 눈부시게 발전하여 북송시대를 능가하였는데, 농업, 수리건설, 목화재배, 병기제조, 조선업, 제자업(制瓷業), 방직업, 인쇄, 인구 150만 명의 임안을 비롯한 도시집진(都市集鎭), 상가의 번성, 무역 등에서 공전의 발전을 보였다.[378] 그러므로 후에 마르코 폴로가 임안을 방문하고서 세계에서 가장 아름답고 화려한 지상의 낙원이라고 극찬하였다. 그러나 군사적인 면에서는 악비(岳飛)를 비롯한 한세

376 주화파 진회가 주전파를 몰아내고 금나라에게 신하가 되어 황하 이북은 금에게 할양하고 매년 은 25만 냥과 비단 25만 필을 조공으로 받친다는 조건의 강화조약을 말한다.

377 黃濂, 『中國歷代帝陵』, 大連出版社, 1997, pp.181~182.

378 范文瀾·蔡美彪, 앞의 책, pp.243~246.

충(韓世忠), 장준(張俊) 등의 장수들은 그동안 금군을 막는 것에서 벗어나 오히려 금군을 북방으로 물리치면서 개봉이나 공의시 황제릉구역까지 북벌을 감행했으나 진희 도당들이 강화에 방해가 된다며 군부세력을 와해시키는 못난 짓을 저지르게 된다. 이후 남송의 상무정신은 쇠약해져 몇 번의 북벌을 도모했지만 실패하였다. 흔히 송나라는 문약한 나라로 치부하는 경향이 있는데, 사실은 상비군 30만 명을 둘 정도의 병력과 우수한 병기, 뛰어난 장수들도 많았지만 문제는 정치적 이유로 장수와 병력의 운용을 잘하지 못한 데에 원인이 있었다.

고종의 뒤를 이어 남송의 2대 황제가 된 효종(孝宗) 조신(趙愼, 재위1162~1189)은 역대 송황제 중 아니, 중국 역사에서도 참으로 괜찮은 황제였으며 가장 평가절하된 황제였다. 그는 악비 사건을 바로잡고 무장을 중용해 북벌을 단행함으로 실지회복을 꾀했던 용기를 가졌다. 특히 고종 때 우윤문(虞允文)이 지휘한 채석기(采石磯) 전투[379]에서 금군을 대파시키는 기염을 토한 그를 재상에 임명하였다. 효종은 심지어 주자학의 위대한 사상가 주희(朱熹, 1130~1200)를 내치면서 군비를 강화했으며[380] 내치에 힘써 탐관오리들을 정돈하고 농업생산에 힘쓰고 금나라의 명군 세종과의 적절한 대치를 통한 평화를 추구하였다. 그는 황제였지만 궁중에서부터 근검절약하고 평소에도 해진 옷을 기워서 입었으며, 쓸데없는 토목공사도 벌리지 않고 백성들의 삶을 보살폈다. 그러한 지세가 계속되자 국고가 넘쳐나니 동전을 꿰매는 끈이 썩어서 바꿔줘야 했다. 이 시기를 남송의 전성기로 '건순지치(乾淳之治)'라 부른다. 그는 묘호가 효종(孝宗)이라 할 만큼 태상황 고종에게 매일 문안인사를 드리고 가끔 수레를 직접 끌기도 하였다. 이러한 공적을 세우고도 1189년 제위를 조돈(趙惇, 재위1189~1194)에게 물려주고 스스로 태상황이 되었다가 1194년 궁중의 중화전에서 68세로 죽자 영부릉(永阜陵)에 장례지냈다.[381]

379 1161년 금의 해릉왕이 50만 대군을 이끌고 남송을 멸하려 하였다. 이때 남송에게는 회하(淮河)와 장강 두 방어선이 있었는데, 지휘관이 도망가자 중서사인 일개 서생에 불과한 우윤문이 명연설로 남송군은 감동시켜 불과 18,000명의 남송의 병사들은 안휘성 마안시 채석기라는 곳에서 연이은 금군의 도하작전을 막아내자 해릉왕은 후퇴하는 장병을 죽이니 그 부하들이 포악한 해릉왕을 전선에서 살해하였다. 이 채석기 전투로 해릉왕의 남송침공은 불발되었다. 효종은 즉위하자 우윤문을 재상으로 임명하여 내치에 힘쓰고 금나라를 잘 견제하였다.

380 효종은 주희의 공론에 불만을 갖고 주희에게 臨安國子監에서 武學博士로 학생들에게 실용적인 병마무예를 가르칠 것을 요구했다. 이에 주희는 사직하고 도학에 전념했다.

381 黃濂, 앞의 책, p.183.

남송육릉도

이후 남송의 역대 황제들 3대 광종(光宗, 趙惇, 재위 1189~1194)의 영숭릉(永崇陵), 4대 영종(寧宗, 趙擴, 재위 1194~1224)의 영무릉(永茂陵), 5대 이종(理宗, 趙昀, 재위 1224~1264)의 영목릉(永穆陵), 6대 도종(度宗, 趙禥, 재위 1264~1274)의 영소릉(永昭陵), 7대 공종(恭宗, 趙㬎, 재위 1274~1276)의 소재불명의 영국공묘(瀛國公墓), 8대 단종(端宗, 趙昰, 재위 1276~1278)의 영복릉(永福陵), 그리고 육수부에 업혀 바다에 빠져죽은 마지막 소황제(少皇帝) 조병(趙昺, 재위 1278~1279)의 대송상경소제지릉(大宋祥慶少帝之陵)이 있다. 그러나 6대 도종의 영소릉까지 6기의 황제릉만이 소흥시 남송황제릉구역에 장례를 지냈다. 7대 공종은 원나라에 끌려가 연경에서 죽어 묘 이름만 전해오고, 8대 단종은 애산(崖山)의 사적관 뒤에 5곳의 묘 중 하나가 영복릉이라 하며, 9대 조병의 소제릉은 심천시(深玔市) 사구구(蛇口區) 적만촌(赤灣村)에 있는데 바다에 밀려온 아이가 용포를 입고 있어 주민들이 무덤을 세워주었다고 하며, 1963년 현지에 주둔하고 있던 군대의 취사병이 우연히 발견해서 전문가들이 조병의 무덤으로 비정했는데 진위가 불분명하다.[382]

오늘날 남송의 황제릉구역이란 절강성 소흥시 동남 고부진의 차밭 일대에 있다. 그 시작은 1131년 철종의 황후 맹씨가 죽자 안장처 이름을 '찬궁(攢宮)'이라 하였는데, 이것이 남송황제릉 조역(兆域)의 시작이다.[383] 이후부터 남송의 황제릉은 소흥의 보산(寶山) 일대에 조영했는데, 능호에 '찬궁'이란 말을 추가하였다. 이 말은 임시

382 黃廉, 앞의 책, p.191.

383 劉毅, 앞의 책, p.117.

로 세운 황제릉이란 말로 북진통일이 되면 선조들이 있는 곳 즉, 공의시에 있는 북송의 황제릉지역에 이장시킨다는 뜻을 지니고 있다. 그러나 이 갸륵한 꿈은 남송의 멸망할 때 남송의 황제릉과 함께 영원히 사라지고 말았다. 송은 건국 초부터 서하. 요, 금과 같은 강적들과 경계를 마주하면서 전쟁이나 조공, 외교적 노력으로 북송이 멸망했어도 수도를 남천하여 북송보다 더 발전한 남송왕조를 이어왔다. 그러나 1279년 몽고에 의해 송태조로부터 통산 18대 320년 만에 멸망하였다. 국가의 멸망에는 눈물겨운 사연이 많지만 중국 역사에서 남송의 멸망만큼 장렬한 최후는 없었다. 사람들이 흔히 송나라는 문약하여 국방에 등한시하고 문인들만 우대했다고 한다. 그것은 사실 편견에 지나지 않는다.

북송이 금나라에 멸했음에도 불구하고 황태자는 남으로 옮겨 다시 나라를 이어갔으며 당시에는 세계 최고의 학예와 기술을 이룩했으며, 이는 유럽의 르네상스 보다 500년이 앞선 성과이다. 물론 1279년 몽골에게 멸망당했지만, 우리들은 당시 남송이 세계 최강의 몽골군을 상대로 1235년부터 1279년까지 무려 44년간이나 전쟁을 수행했다는 사실을 잊고 있다. 사건의 외형적 발단은 1234년 몽골과 송나라는 남과 북에서 연합작전으로 그 막강하던 금나라를 멸망시키고 만다. 그런데 남송은 욕심을 내어 20만 대군을 앞세워 고지(故地) 회복을 위해 화북으로 진격하자 몽골은 격노하게 된다. 1235년 2월 쿠릴타이에서 남송을 공격하기로 결정하고 그 해 10월에는 서쪽의 성도를, 다음 해 3월에는 중부의 양양을, 1237년에는 동쪽으로 황주까지 도달하게 된다. 그러나 세계에서 가장 부유한 국력을 갖고 있던 송나라는 이미 서에서 동으로 지상최대의 방어선 즉, 마지노선을 구축하고 있었다. 또한 송나라는 맹공(孟珙)[384]이란 뛰어난 장군이 있어 30년을 더 버틸 수 있었으며, 등양전투, 대아채대첩, 양양성(襄陽城)공방전,[385] 조어성(釣魚城)전투[386] 등을 통하여 몽골

384 맹공(1195~1246)은 1236년부터 몽골에 대한 대반격을 실시하여 타격을 입히고 1241년에는 양양을 탈환하며 서쪽으로 가서 사천을 탈환하고 방어에 힘 썼으며 오히려 중원진출을 도모하였다. 천하의 몽골군도 송나라 맹공에게는 연패를 당하였다. 그는 검소하고 청렴했으며 지략은 공명과 같고 용맹함은 관우와 장비에 견주었다. 그러나 병권이 그에게 너무 쏠리자 송 조정에서는 견제에 나서자 병을 빙자해 사임하고 1246년에 홧병으로 죽었다. 그러나 그가 세운 방어선과 전략으로 송나라는 30년을 더 버틸 수 있었다.

385 양양성은 삼국시대 유명한 荊州城으로 남송을 치기 위한 길목에 있어 몽골은 10만 대군을 동원해 포위, 공격했으나 송나라 군대는 1267년부터 1273년까지 6년이나 잘 버티어 내었다. 성이 함락되자 대부분의 관리와 장병들이 전사하거나 자결하였다. 이는 세계전사에 기록될만한 장기농성전으로 송나라의 용맹함과 장렬함을 잘 나타내었다.

386 쓰촨성 중경 북쪽 70km 지점에 있는 산성으로 1259년 몽골의 몽케칸이 5개월간 전력을 다해 공격하였

군에게 심대한 타격을 주었다.

송소제릉비

고려가 30여 년간 몽골의 침략에 맞서 싸운 것도 기록적인 일인데, 송나라는 무려 44년간 몽골과 싸우면서 남송을 지켜내었다. 1241년 바투 원정군이 폴란드에서 유럽 기사단을 몰살시킬 때도, 1258년 훌라구가 바그다드를 짓밟고 아랍세계를 초토화 시킬 때도, 1253년 쿠빌라이가 운남성 대리국을 점령해 송을 서쪽부터 포위망을 좁혀 올 때도, 1271년 고려가 원나라에 입조할 때도 여전히 송나라는 천하 최강의 몽골을 상대로 싸우고 있었다. 송의 마지막 재상이자 충신인 문천상(1236~1282)과 몽골의 선봉장 바얀(伯顔,1236~1295)이 전쟁이 시작된 다음 해 같이 태어나 전장을 함께 누비다가 두 사람이 43세 때 전쟁을 끝냈다. 20세 때 참전한 쿠빌라이도 64세 노인이 되어서야 전쟁을 마칠 수가 있었다. 그들은 자신의 인생을 모두 전장에 받친 셈이다.

1274년 3월 몽골의 6년간 치열한 포위공격에 드디어 양양의 수비대장 여문환의 항복으로 송나라의 방어선이 무너지게 되었다. 장강을 건너는 바얀 앞에 이번엔 송나라의 수군이 앞을 막고 전멸되면서도 항복하지 않았다. 같은 해 6월 바얀은 20만 대군으로 강주를 점령하자 송나라는 최후의 15만 군사로 이에 맞서려 하였다. 그러나 송나라 진중에는 이제 맹공이나 왕견 같은 장수가 없었으며, 1276년 수도 임안(臨安)마저 함락되자 바얀은 공종(恭宗) 황제와 황실들은 포로로 상도(上都, 開平府)에 압송시켰다. 그러나 이후에도 3년간 남송은 눈물겨운 항쟁을 이어간다. 공종의 동생 단종(端宗)은 남송의 세 충신인 문천상,[387] 장세걸(張世傑, ?~1279), 육수부(陸秀夫,

---

으나 맹공의 부장이었던 王堅이 성민 10만 명과 전력을 다해 결사 방어하였다. 이 전쟁에서 몽케칸은 병사함으로 몽골은 새로운 대칸을 선출하기 위한 쿠릴타이를 열고자 바그다드를 쑥밭으로 만들던 훌라구가 귀국을 하자 자동적으로 몽골의 서진도 끝나게 되었다. 이 조어성 전투는 예상치 않게도 세계사에 큰 영향을 끼친 셈이다. 이 전투로 남송은 20년은 더 버틸 수 있었다고 한다. 그러나 1279년 남송이 완전히 멸망한 뒤에야 왕견은 성문을 열고 항복하여 남송의 기개를 높였다.

387 文天祥은 1255년 진사로 수석합격한 인재로 1275년에는 의용군을 조직해 몽골에 대항했으며, 1276년 원과의 강화를 맺기위해 바얀의 진중에 갔을 때 바얀은 그의 성품과 능력이 두려워 감금해 버렸다. 그사이 임안이 함락되고 포로로 북송되던 중 탈출하여 단종을 받들고 잔병을 모아 원과 투쟁을 계속하였다. 그러나

1237~1279)에 의해 복주(福州)에서 황제로 옹립되었다. 그러나 다시 원군에게 쫓기어 단종이 광동성 고주(高州)에서 병사하자 1278년 이들 충신들은 단종의 동생 어린 조병(趙昺)을 황제로 세우니 바로 송나라 마지막 황제인 소황제(少皇帝)이다.

이들은 광동성 애산(崖山)에 근거지를 삼고 송나라 유민들과 병사들 20만 명을 모아 항전을 이어갔다. 1279년 3월 19일 지금의 홍콩 인근의 애산이란 곳에서 몽골과의 최후의 결전을 맞이해 바다와 육지에서 전투가 벌어졌는데,[388] 송군의 분전에도 불구하고 전세는 이미 기울어져 수군은 전멸하고 수백 척의 배들이 이미 가라앉고 있었다. 이때 어린 황제에게 역사를 가르치던 육수부는 최후를 깨닫고 일곱 살 된 황제를 안고 바다에 투신했다. 황제의 어머니 양태후와 황족, 신하들과 병사들이 대부분 바다에 빠져 자결하였는데, 몽골 기록에 의하면 다음 날 떠 오른 시체만도 10만 구에 달한다고 하였다. 일찍이 조광윤에게 황위를 선양하고 송대에 걸쳐 보살핌을 받아온 시씨(柴氏) 일족들은 모두 이 전투에 참가해 송황실과 최후를 함께 하였다. 즉, 세계 최강의 원제국을 상대로 44년간 맞서 싸운 끝에 중국의 가장 남쪽 땅끝에서 황제도 태후도 재상과 신료들과 병사들 모두 한 사람도 남지 않고 장렬한 최후를 맞이했다. 그러나 아직 남아 있던 송나라의 유민들과 잔류병들은 이리저리 옮겨 다니면서 저항을 했으나 황제의 자살과 최후의 구심점이던 문천상까지 처형되자 송의 부흥운동도 막을 내리게 된다. "누가 송나라가 문약하다고 말했는가?"

여기에서 한 가지 의문을 가지고 있다. 중국 아니 세계역사상 망국의 과정에서 44년이나 걸린 적이 있었는가? 주나라, 진·한나라, 육조와 당나라, 요와 금나라도 길어야 2~3년의 전쟁 끝에 결판이 났지 이렇게 송나라처럼 44년간의 전쟁과 수십만의 순국자가 나온 적은 없었다. 특히 송나라에서는 문관들이 위기에 등장하여 구국의 대열에 앞장 선 경우가 많았으며, 최후의 순간에도 나라와 황실을 위해 목숨을 아끼지 않았다. 혹시 이것은 태조 조광윤 이래 신하들을 아끼고, 문치에 힘쓰고 또 남송에서는 주희(朱熹, 1130~1200)가 집대성한 성리학의 보급에 기인한 것은 아닌가 생각된다.[389] 사대부들이 앞장서 혈전을 펼치고 송 황실을 위하여 순국을 한

원에 체포된 뒤 쿠빌라이의 환대와 회유에도 '忠臣不事二君'의 정신으로 3년간이나 버티다 46세로 처형당했다. 남송의 마지막 재상이자 최고의 충신으로 이름이 높아 현재 베이징의 歷代帝王廟에 배향되어 있다.

388 崖山戰鬪, 崖山海戰이라고 하는데, 현대의 지명을 딴 '崖門戰役'이라고도 부른다.

389 주희의 성리학에서는 삼강오상의 유교적 윤리의식과 가부장적인 종법제, 명분론 등은 송의 문관들에게 도

것은 아마도 송 왕조가 조광윤 이래 300년간 사대부를 우대하고, 문관정치를 베푼 데에 대한 문인(文人)들의 최선의 보답이었을 것이라 생각한다. 장하다! 송나라여!

송황제릉의 궤멸적 파괴

"망하지 않은 나라가 없고, 도굴당하지 않은 황제릉이 없다"라는 말처럼 중국의 수백 기 황제릉 중 명나라 이전의 황제릉은 대부분 철저한 도굴을 당하고 황폐화 되었다. 황제릉이란 그 나라가 존재할 때 보존할 가치와 당연성을 가지고 있는 것이다. 공의시의 칠제팔릉(七帝八陵)은 물론 수백 기의 황실릉과 배장릉도 송나라가 건재할 때야 지극하고 엄중한 관리와 보호를 받았다. 특히 송나라의 황제릉구역은 수백 채의 궁궐 같은 건물과 각 능묘마다 진귀한 기구와 제기(祭器), 공물(供物), 희귀한 보물들이 도처에 즐비했으므로 완벽한 관리 시스템이 작동하지 않으며 남아나지 않을 것이다. 그러므로 송 왕조에서는 종정사(宗正司)[390]라는 전담기관을 두어 황제릉의 보호와 방어에 만전을 기하게 하였다. 이를 위하여 송 왕조에서는 다음과 같은 세부적인 시책과 방안을 강구하였다.

첫째, 금군(禁軍)을 주둔시키고 순찰을 제도화하였다. 천희 원년(1017) 9월에 영안, 영창, 영희 세 능의 보물이 도난당한 이후 위의 세 능에 군사 500명씩 보내어 황제릉을 수호하게 하였는데, 진종 때는 영안현에 많게는 금군 9,000명이 주둔해 능을 수비하게 하였다. 둘째, 백자호(柏子戶)를 편성해 능역의 녹화사업과 수목관리를 하였다. 셋째, 수시로 능역을 보수와 보호사업을 하였다. 넷째, 능역에 사당을 짓고 사찰을 두어 범복(梵福)을 닦도록 하였다. 이상과 같은 조치로 송황제릉구역은 수목이 우거지고 아름다운 전각이 즐비하고 화초가 만발한 환경속에 황제들이 안식을 취할 수가 있었다. 적어도 휘종과 흠종이 북으로 끌려가는 정강지변(靖康之變)이 일어나기 전까지는…

1126년 금나라 완안종한(完顏宗翰)[391]은 서로군을 이끌고 황하를 건너 11월 15일

덕적 규범이 되었을 것이다. 마찬가지로 조선왕조가 500년 이상 유지될 수 있었던 원동력의 하나가 송나라의 성리학적 영향도 있지 않았을까 생각된다.

390 조정에서 종묘와 황제릉의 제사를 전담하는 기구로 두었는데, 반드시 '趙'씨 성을 가진 자만이 관리자가 되어서 각 능마다 陵使, 副陵使, 都監, 副都監을 두어서 관리하게 하였다.

391 완안종한은 금태조 아구타의 조카로 달로고성에서 요군을 태원지전에서는 송나라군을 격파한 금의 맹장이었다.

에는 송릉의 회성궁(會聖宮)을 불태우고 영안, 공현을 포위하였다. 이에 송의 관리들은 대세가 기운 것을 알고 항복하였다. 완안종한은 11월 27일 장병들을 이끌고 송 황제릉을 시찰하였다. 그는 눈부시게 화려한 상궁의 건물과 화려한 하궁의 제기들을 보고 속으로 기뻐하였다. 그러나 그는 부하들에게 약탈을 금지한다고 명을 내리고 사람을 파견해 영소릉과 영정릉에 제사를 드려 세간의 이목을 속였다. 그러나 완안종한은 동로군이 이미 개봉을 점령하고 송나라가 완전히 망한 것을 알게 되자 가면을 벗어버리고 본격적인 약탈에 나섰다. 그들은 능역 내의 선원이나 하궁, 헌전(獻殿)의 골동품이나 서화, 각종 집기류, 금은기의 제기 등을 훔치기 시작하여 무덤 속까지 파헤치고 유골은 함부로 집어 던져 참혹하기 이를 데 없었다. 남송 소흥 10년(1140) 민족영웅 악비(岳飛)는 금나라 올술(兀述)을 주선진(朱仙鎭)에서 대파한 후 북송의 황제릉으로 사람을 보내 부서진 곳을 수리했다.[392]

금나라의 일차 도굴이 끝나자 금에 투항해 대제(大齊)의 황제 자리에 오른 유예(劉豫)는 금군이 미처 챙기지 못한 나머지 황제릉과 개봉, 낙양 일대의 민간의 능묘까지 모조리 파헤쳐 유사 이래의 참상을 보였다. 그러자 이번에는 민간인까지 합세해 무법천지 아래 그릇 하나라도 쓸어 갔다. 소흥 9년(1139) 남송의 고종은 조사뇨(趙士褭)와 장도(張燾)를 조릉정부사(朝陵正副使)로 임명하고 공현의 황제릉을 참배하게 하였다. 그러나 그들이 본 것은 황폐함 그 자체였으며 백골이 도처에 나 뒹글고 잡초가 무릎까지 닿아 처참하기 짝이 없었다. 그들은 고종 앞에서 차마 그대로 말하지 못하고 "만세에 이 원한을 잊어서는 안됩니다"라고 말할뿐이었다. 고종은 속으로 무슨 뜻인지 알고 눈물만 흘렸다. 또 소흥 18년(1148) 남송의 태상소경(太常少卿) 방정욱(方庭頊)이 금에 사신으로 갔다. 그는 북송의 황제릉을 지나는 길에 들판에 팽개처진 철종의 유해를 보고 입고 있던 옷을 벗어 염을 해주었다. 그런 다음 두 손에 피가 나도록 흙을 파서 철종의 시신을 옷으로 감싸 다시 묻어 주었다고 한다. 나중에 그는 남송 조정으로 돌아와 고종 조구에게 사실을 알렸다. 조구와 대신들은 슬픔에 잠겨 대성통곡했다. 심지어 옛 황제의 치욕을 보고 목숨을 끊는 이도 있었다.[393]

392 웨난 외, 정광훈 옮김, 『황제의 무덤을 훔치다 – 중국 도굴의 역사』, 돌베개, 2009, p.199.

393 웨난 외, 앞의 책, pp. 200~201.

이후 송황제릉은 어느 누구의 손에 의해서도 관리되지 못하고 황폐한 땅이 되었으며, 민국 초에 황제릉구역을 농지로 분배되면서 오늘날 같이 밀밭이나 옥수수밭이 되었다. 문제는 농민들이 유적을 그대로 보존하면서 능역에서 농사만 지었으면 좋았겠지만, 부지런한 중국의 농부들은 단지 몇 되의 농산물을 더 얻기 위하여 원래의 원형을 조금씩 훼손하기 시작하였다. 즉 원래의 건축기초를 파내고 거기의 석재나 벽돌들을 파내어 버렸고, 심지어 무덤의 봉분까지 깍아서 평탄하게 만들었으며, 석조각상들은 도괴될 정도로 기반부를 바짝 파헤치고, 어떤 석상은 깊이 파묻거나 공터로 옮겨 버렸다. 금나라 군대에 의해 시작된 송황제릉의 약탈은 결국 중원지대의 모든 능묘를 황폐화시켰는데, 금나라는 그 인과응보를 후에 명나라 말에 혹독하게 치르게 된다.[394]

북송의 황제릉은 현재 분구와 석물이 비교적 온전하여 그 위용을 짐작할 수 있으며, 지하를 발굴하면 유구도 분명하게 남아 있어 필자가 본 것처럼 오늘날도 고고학적 발굴조사를 하고 있다. 그러나 남송의 황제릉지대에서 필자가 본 것은 정말 아무 것도 없었다. 그래도 직접 방문해 보면 어떤 유구나 파편이라도 남아 있을 것이라 자신있게 생각하고 영파에서 하루 자고 차를 대절해 소흥시의 남송황제릉을 찾아 나섰다. 그러나 자신있게 출발한 것과는 달리 운전기사도 남송황제릉의 위치도 모르고 떠났다. 다만 알고 있는 것은 소흥시(紹興市) 동남 고부진(臯埠鎭)의 찬궁다장(攢宮茶場)이라는 막연한 지명뿐이었다. 소흥시부터 지나가는 사람과 관공서에서 '칭원이샤'(말 좀 묻겠습니다)를 연발하면서 정말 물어물어 찾아갔다. 필자야 '남송6릉(南宋六陵)'이라 하면 당연히 이 지역 사람들은 모두 알고 있을 것이라 생각한 데서 비극은 시작된 것이다. 도시를 벗어나 묻고 물어 고부진까지는 왔는데, 아무 곳에도 황제릉의 모습이나 표지판 하나 없는 그냥 시골길과 작은 마을의 연속이었다.

이 지역을 몇 바퀴 돈 다음 어느 삼거리에서 길 양편에 차밭이 펼쳐져 '다장(茶場)'이 바로 이 차밭을 뜻하는 것이 아닌가 생각하고 길 옆의 어느 건물을 찾아 갔는데, 뜻밖에도 입구부터 남송황제의 이름이 써진 휘장이 보이고 '송육릉(宋六陵)'이라 새겨진 네모난 석판이 있는 것이 아닌가! 바로 이 작은 건물이 차밭을 관리하는 곳인데, 자세히 건물과 주변을 살펴 보니 송육릉의 사적에 관한 간단한 설명문도 있

394 '天啓掘陵'이란 명나라 천계황제가 대방산에 있던 금나라 황제릉을 모조리 파헤쳐 없애 버린 사건이다.

남송의 황제릉터는 현재는 차밭으로 변했다.

었다.

이곳 남송의 황제릉구역에 대하여 일찍이 '송육릉도(宋六陵圖)'라는 청대의 그림이 있으나 오늘날 조사한 것과 역대의 기록과는 차이가 있어 각 능의 정확한 위치는 발굴 조사가 다 이루어진 뒤에야 밝혀질 것으로 보인다. 기록에 의하면 이 남송 황제릉구역에는 송철종의 후릉(后陵, 孟太后), 송휘종의 후릉(后陵, 韋太后), 영우릉(永佑陵, 徽宗), 영헌릉(永獻陵, 欽宗), 영사릉(永思陵, 高宗), 영부릉(永阜陵, 孝宗), 영숭릉(永崇陵, 光宗), 영무릉(永茂陵, 寧宗), 영목릉(永穆陵, 理宗), 영소릉(永昭陵, 度宗)과 같이 2기의 황후릉과 북송의 휘종릉, 북송 흠종의 의관릉 그리고 남송의 6황제릉, 모두 10기의 능이 있었지만 남송 6황제를 위주로 하였기에 '송육릉(宋六陵)'이라고 부른다.[395] 그러나 이들 남송의 능도 북송의 황제릉보다 더 철저히 도굴당하고 훼철되어 이제는 정말 아무 것도 남아 있는 것이 없다. 필자가 종일 다녀봐도 그 흔한 석물이나 주춧돌, 벽돌 한 장을 찾을 수가 없었다. 한 마디로 이것은 채로 걸러서 아무 것도 남기지 않게 하였다. 역사상 어떤 도시나 유적을 파괴한다 해도 석편 한 점이라

395 '송육릉'이란 말은 청나라 강희제 때 편찬된 『會稽縣志』에 나온다. 물론 『宋會要輯稿』에도 남송황제릉에 대한 기록이 있지만 원나라 때 철저히 파괴되었기 때문에 각 능에 대한 기록이 정확치 못하다.

남송육릉비

현재 발굴 중인 남송육릉

도 남게 마련인데, 놀라운 점은 이 남송황제릉처럼 아무 것도 남기지 않았다. 필자가 확인한 것은 고작 옛사진 중에서 영무릉 헌전 사진과 능명이 새겨진 석편 사진뿐이었다.

남송의 황제릉은 멸망하는 순간부터 조짐이 나빴다. 뜻밖에도 남송을 점령한 원나라 군대는 전혀 도굴을 하지 않았다. 그런데 쿠빌라이 칸이 티베트 승 양련진가(楊璉眞加)를 강남 석교총섭(釋敎總攝)[396]에 임명하자 그는 연복사(演福寺)의 승(僧) 윤택(允澤)과 함께 소흥에 있는 송황제릉을 본격적으로 도굴했다. 송의 유민 주밀(周密)은 『계신잡식(癸辛雜識)』에서 이렇게 썼다. "환관능사(宦官陵使) 나선(羅銑)이 그들을 막으려 했지만 무력에 인해 쫓겨났다. 여러 능들을 파헤친 후 휘릉(徽陵)과 흠릉(欽陵) 두 능에는 아무런 유물도 없었는데, 다만 휘종릉에서는 썩은 나무 한 토막, 흠종릉에서는 목등경(木燈檠) 하나가 나왔을 뿐이다. 고종의 능은 뼈가 이미 풍화되어 뼈 부스러기조차 조금도 남아있지 않았고 다만, 석기(錫器) 여러 건과 벼루 하나가 나오는데 그쳤다."라고 하였다. 또 『남촌철경록(南村輟耕錄)』에서 여러 사람들의 주장을 인용한데 의하면 "황제릉의 보물들이 도둑질 당한 후 성에 차지 않은 도독들은 황제들과 황후들의 해골을 들판에 마구 내버렸고, 채 썩지 않은 것은 불에 태

396 강남지역의 불교 업무를 총괄하는 관원

남송황제릉 중 유일하게 모습을 남긴 영목릉의 옛사진

워버렸다고 했다. 또한 도적들은 이종(理宗)의 시체를 나무에 거꾸로 매달아 뱃속의 수은을 짜냈으며 두개골을 떼내어 대도(大都, 지금의 베이징)에 가져가 그릇으로 사용했다"[397] 이러한 광경을 목도한 뜻있는 사람들이 몰래 황제의 유골을 수습하여 보존하기도 했다. 그래도 후세 사람들에게 위안이 되는 것은 6년 뒤 양련진가는 원 조정에서 처벌받으며 가산을 몰수 당했고, 윤택은 무덤 안 독성세균에 감염되어 처참한 몰골로 죽었다는 점이다.

남송의 황제릉은 지하에 수십 장(丈)의 돌로 된 용도(甬道)와 묘실(墓室)이 있고 정치한 묘궐(墓闕)이 있고, 지면에는 헌전(獻殿)과 형전(亨殿), 재생방(宰牲房)[398] 등의 건축물이 있었다.[399] 그러나 이 처참하게 황폐화된 송황제릉의 참상을 들은 명태조 주원장(朱元璋)은 1369년 능비를 세워주고 유해를 제 자리에 찾아 주고 수리, 복구하여 관리하게 하였다.[400] 이후에는 비교적 잘 관리를 받아오다가 청말, 민국 초에 다

397 劉毅, 『中國古代陵墓』, 南開大學出版社, 2010, p.127.

398 제사용 음식을 준비하는 주방

399 胡楊, 『歷代帝陵』, 中國工人出版社, 2014, p.186.

400 黃廉, 『中國歷代帝陵』, 大連出版社, 1997, p.191.

남송 1호 능원터

시 도굴을 당했지만 1950년대까지는 효종릉과 이종릉 주위에 향당 세 칸이 남아 있었고 봉분과 담장, 비석, 제상(祭床)등의 석물이 남아 있었다. 이렇게 1950년대까지 황제릉의 자취를 볼 수 있었는데, 오늘날 같이 석편 하나 없이 된 것은 양련진가가 저지른 수모도 모자라 오늘의 후손들이 또 저지른 일이었다. 즉, 1960년대의 문화혁명시 다만 무식함으로만 무장한 홍위병들이 완전히 남송황제릉을 멸살시키고, 1970년대에 와서는 완전 경지정리를 하여 벽돌 하나 남기지 않고 깔끔하게 차밭으로 조성한 것이 지금의 현실이다.

남송의 황제릉에서는 처음부터 석조각은 만들지 않았다. 그것은 어디까지나 임시로 만든 황제릉으로 생각했기 때문이다. 어렵게 남송의 황제릉에 와서 아무 것도 찾지를 못했지만 남송 당시의 고관대작의 무덤을 찾아보면 남송황제릉의 규모나 양식을 유추할 수 있다고 생각하였다. 그래서 수소문하여 알아본 결과 뜻밖에도 가까운 곳에서 찾을 수가 있어 얼마나 기뻤는지 모른다. 그것은 영파(寧波)에서 소홍 가는 길에 있는 동전호(東錢湖) 주변에 산재한 '사씨(史氏)'[401] 문중의 20여 기 무덤과

401 史浩(1036~1194)는 사씨 문중 최고의 어른으로서, 남송의 최고의 명문이자 재상이다. 일찍이 효종의 스승으로 황위에 즉위하는 데 결정적 공헌을 하게 된다. 후에 상서우복야, 참지정사를 거쳐 재상에 오른다. 그가 죽은 후 동전호 일대에 문중의 묘지를 만들어 20여 기의 묘가 생기는데, 모두 묘전에 석각들이 즐비하여

남송 석각 유지 공원의 사씨무덤의 석인상

남송 석각유지공원

묘도에는 무려 160기 이상의 묘전 석각들이 있다는 것이다. 원래 이들 석각은 동전호 사방에 산재되어 있어 어떤 것은 산중에 어떤 것은 산비탈 숲속에. 어떤 것은 물가에 있어 석각들이 물속에 잠겨 있는 것도 있었다. 그러므로 이들을 다 보려면 며칠은 걸려야 하는데, 다행히도 근래 호수 남쪽에 거대한 '남송석각유지공원(南宋石刻遺址公園)'을 만들어 한 곳에서 사씨 집안의 석조각들을 모두 볼 수 있었다. 여기의 석각들은 북송 공의시의 석각에 비하여 규묘는 작으나 디테일이 섬세하고 부드러운 느낌이 있어 남송서가 연구에 큰 도움이 되었다.

남송의 묘장제도와 석각 연구에 좋은 자료가 된다.

제5장

요(遼)·금(金)·원(元)의 황제릉

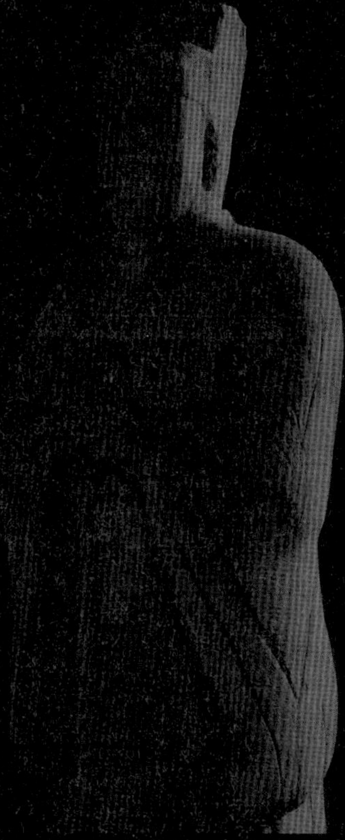

5. 요·금·원의 황제릉 : 고유하고 절충적인

거란과 여진 및 몽골은 요·금·원 왕조를 세워 300여 년간 중국을 지배하였다. 이들 이민족의 황제릉은 민족 고유의 토착적인 무덤 형식에 중국 황제릉의 영향을 받은 절충적인 양식이 결합되었다. 원나라는 비밀리에 매장하여 황제릉이 전혀 발견되지 않고 있다.

5. Emperor's Tomb of Liao, Jin, and Yuan: Unique & Compromising

The Khitan, Yeojin, and Mongolia ruled China for more than 300 years by establishing the Liao, Jin and Yuan dynasties. The tombs of these immigrants combined the indigenous tombs of the people with a compromising style influenced by the tombs of the Chinese emperors. The Yuan Dynasty was buried secretly, and no royal tombs were found.

1

요(遼)나라 황제릉
_ 찾기도 어려운 황제릉

요 왕조표

대수	묘호	연호	성명	능호	재위기간
제1대	태조(太祖)	신책(神冊) 外	야율아보기(耶律阿保機)	조릉(祖陵)	916~926
제2대	태종(太宗)	천현(天顯) 外	야율덕광(耶律德光)	회릉(懷陵)	926~947
제3대	세종(世宗)	천록(天祿)	야율원(耶律阮)	영릉(靈陵)	947~951
제4대	목종(穆宗)	응력(應曆)	야율경(耶律璟)	회릉(懷陵)	951~969
제5대	경종(景宗)	보녕(保寧) 外	야율현(耶律賢)	건릉(乾陵)	969~982
제6대	성종(聖宗)	통화(統和) 外	야율융서(耶律隆緖)	영경릉(永慶陵)	982~1031
제7대	흥종(興宗)	경복(景福) 外	야율종진(耶律宗眞)	영흥릉(永興陵)	1031~1064
제8대	도종(道宗)	함옹(咸雍) 外	야율홍기(耶律洪基)	영복릉(永福陵)	1065~1101
제9대		건통(乾統) 外	야율연희(耶律延禧)	乾陵 西面	1101~1125

요나라는 916년 거란족이 세운 나라로 '요'는 중국식 국호이고 자신들은 거란국 또는 카라 키탄(Kara Khitan)이라 불렀다. '키타이'란 말은 거란(契丹) 즉, 요(遼)나라를 지칭하는 말이다. 몇 년 전 러시아에 갔을 때 사람들이 "키타이에서 왔느냐?" 또는 "키타이 사람이냐?"고 묻곤 하였다. 그래서 '키타이'가 무엇인지 물어 보았더니 '키타이(Kitai)'는 중국이라고 말하는 것이 아닌가! 나는 한국에서 왔다고 했지만 그들이 보기에 중국인처럼 보였나보다. 중국을 당연히 '차이나(China)' 혹은 '차이니스(Chinese)'라고 할 줄 알았는데, 러시아나 동구권 심지어 근동지역의 많은 사람들은 '차이나' 대신 '키타이'라고 말하는 것이었다.[402]

402 이는 '대거란국'이란 뜻으로 여기에서 '키타이'란 호칭이 나오게 되었다.

츠펑시박물관의 야율아보기의 조각상

거란족은 우리 역사에도 삼국시대부터 등장하고, 고려 때에는 국경을 맞대고 전쟁까지 벌이기도 하였다. 거란족은 4세기 초 요하(遼河) 중상류 지역에 출현해 7세기에는 화북지역에서 무시 못할 세력을 성장하였다. 원래 요하 일대를 지배하던 모용선비족이니 우문선비족, 거란족들은 모두 중원대륙에 거대제국을 세웠는데, 이들은 크게 보면 몽골과 퉁구스계(만주족)의 반농반목을 하는 유목민들이며 몽골계통의 언어를 사용하였다. 4세기 경에 나타난 거란족은 이후 500여 년간 모용선비(後燕), 고구려, 돌궐, 위구르, 북제, 북주, 수, 당의 지배와 간섭을 번갈아 받으면서 불행한 역사를 견뎌야만 했다. 이러한 거란족을 916년 최초로 규합하여 통일한 영웅이 있으니 그가 바로 요태조 야율아보기(耶律阿保機)이다. 그는 스스로 황제로 즉위해 상경임황부(上京臨潢府)[403]를 도읍으로 정하고, 서로는 탕구르, 위구르 등 여러 부족을 제압하고 동으로 진출하여 926년에는 발해를 멸망시킴으로 만주지역에서 내몽고 일대를 지배하는 강력한 제국을 이루었다.

2대 태종 때에는 중원 진출에 전념하여 후진(後晉)의 건국을 도와줘 연운십육주

403 오늘날 내몽골자치구 赤峰市의 현급인 巴林左旗인데, 황성유적이 있다.

(燕雲十六州)[404]를 얻고 936년에는 국호를 '요(遼)'라 하였다. 이후 요나라는 성종 때 송(宋)을 공격해 '전연지맹(前燕之盟)'을 맺어 많은 세폐(歲幣)를 받아 재정을 확충하고 강력한 중앙집권제를 갖추어 고려와 여진을 침략하여 동북아시아의 강대국이 되었다. 그러나 성종 이후 황실의 내분과 반란으로 어수선할 때 동만주에서 흥기한 완안부(完顏部)의 추장 아구타(阿骨打)가 세운 금(金)나라와 연운16주를 되찾으려는 송의 협공을 받아 1125년 천조제(天祚帝)가 생포됨으로 요나라는 9대 200년을 마감하였다. 중국의 수많은 황제릉 가운데 요나라의 황제릉을 꼭 찾아봐야 하겠다고 생각한 것은 그동안 중국 학계에서 이민족의 나라로 치부하여 요, 금, 원나라에 대한 연구에 소홀하여 왔다.

그러나 10여 년 전부터 동북공정을 비롯한 다양한 영향에 대해 중국 학계에서 새롭게 이들 왕조에 대한 연구와 황제릉 등을 비롯한 여러 유적에 대한 발굴과 연구에 열중하고 있다. 나아가 중국은 소수민족을 통합하기 위한 노력의 일환으로 지금까지 이민족의 문화로 치부하였던 이들 문화와 고구려까지 포함해 이른바 '요하문화(遼河文化)'라 이름짓고 자신의 문화로 끌어 들이고 있는 실정이다. 따라서 이 책에서는 황제릉에 대한 연구를 통하여 요, 금, 원의 문화가 중국 것이 아니라 그 민족의 독자성을 밝히고자 하였다.

요나라 황제릉을 찾아가는 길은 오늘날에도 여전히 험하고 어려웠다. 먼저 이 답사의 전초기지로 츠펑(赤峰)을 택하였다. 츠펑은 요나라 황제릉을 답사하기 위한 시발점이기도 하지만 사실 이 지역에서 일어난 홍산문화(紅山文化)에 대한 관심이 컸기 때문이다. 홍산문화도 20년 전까지만 해도 중국 학계에서는 이를 중국이 아닌 이민족의 문화로 치부했는데, 어느 날부터 이것도 자신의 문화로 병탐해 버리고 말았다. 한국 고대사의 입장에서 보면 홍산문화는 어쩌면 고조선의 발상지이고 그 문화는 중국의 앙소나 용산문화 보다 훨씬 앞서는 고대문화이다. 때문에 역사학이나 고고학에 해당되는 고대사학계에서 한국과의 관련성을 관심을 갖고 이 홍산문화에

404 연운16주는 중국 역사에 빈번하게 등장한다. 중국 오대의 後秦 석경당이 遼에게 군사원조에 대한 대가로 937년에 할양해 준 지역을 말한다. 지금의 北京과 大同을 중심으로 한 지역으로, 허베이성에 속한 幽, 薊, 涿, 檀, 順, 瀛, 莫, 新, 媯, 儒, 武, 蔚의 12개 주와 산서성에 속한 雲, 寰, 應, 朔의 4개 주를 합한 16개의 주를 통칭하여 부르는 명칭이다. 후주와 송에서 여러 번 이 지역을 탈환하려 시도하였지만 성공하지 못했다. 송이 1127년에 금의 공격을 피해 수도를 남쪽인 임안으로 옮기게 되자 이 지역은 금의 지배하에 들어갔다.

츠펑시박물관 전경

대한 적극적 연구하게 되기를 기대해 본다.[405]

2010년 8월 20일, 개학을 앞두고 츠펑까지 가기 위하여 먼저 선양(沈陽)으로 갔다. 여기에서 중국 연구원인 전(全)소장과 유(兪)선배와 합류하여 츠펑으로 향하였다. 먼저 선양에서 조양(朝陽)까지 공공고속버스를 타고 갔다. 이전과 달리 버스를 타고 가는 동안 이선에 와서 본 모습과 너무 달라 여러 번 놀랐다. 실내도 깨끗하거니와 여승무원의 음료 서비스도 받으면서 불과 4시간 만에 조양에 도착했다. 조양부터는 미리 예약해둔 택시를 대절해 츠펑까지 다시 또 4시간이 걸려 도착했다. 이렇게 랴오닝성의 선양을 거쳐, 조양을 지나 츠펑에 도착했고, 이곳은 내몽고자치구의 성도였다. 터미널에 내려서 택시로 츠펑시에 가까워지면서 너무 깜짝 놀랐다. 1993년에 이미 츠펑시에 가본 경험이 있어 이 도시의 사정을 어느 정도 알고 있었다고 자부했는데 전혀 모르는 새로운 도시를 방문한 느낌이었다. 그런데 이것이 과연 츠펑시인가? 그 옛날의 깡시골은 어디가고 번듯한 빌딩이 즐비한 현대도시가 있는 것이다.

405 츠펑시 인근 특히 牛河梁遺蹟 등지에서 출토된 다뉴세문경이나 비파형동검, 적석총, 지석묘 등의 유물에서 고조선의 발생지가 바로 이곳 홍산문화라는 설이 제기되고 있다. 하여튼 홍산문화는 최초의 고대원시국가로서 요동이나 한반도에 이르는 문명과 분명 유사성이 있는데, 중국 측에서 주장하는 '요하문명론'은 견강부회하다는 느낌이 크다.

그 당시 먼지가 풀풀 날리고 지저분하던 츠펑시는 도시 전체가 도저히 중국답지 않은 깨끗한 도시로 변모되어 있는 것이다. 중국 특유의 무질서하고 지저분한 거리가 아니라 마치 손걸레로 닦은듯한 깨끗한 거리에 골목길도 잘 정비되어 있어 어리둥절하였다. 나중에 알고 보니 츠펑시는 중국 제일의 '문명도시'를 지향하여 시 당국의 엄청난 노력 끝에 중국 최고의 깨끗한 도시를 이룩했다고 한다. 내몽고 지역이라 거리의 간판이나 교통표시판도 모두 한자와 몽고어를 병기하여 과연 우리가 내몽고에 왔음을 실감하게 되었다. 우리 일행은 츠펑시에서 제일 좋다는 천왕호텔에 들었는데, 한 여름인데도 내몽고의 시원한 날씨 때문에 에어컨에서 벗어나 오랜만에 이불을 덮고 잘 수 있었다.

다음날 아침 차를 대절해 드디어 요 황제릉 답사길에 올랐다. 이곳에 오기 전 전소장이 사회과학원에 있는 고고학자를 통하여 우리가 가야할 황제릉에 대해 충분히 공부를 하고 떠났음에도 불구하고 맨먼저 찾아보기로 한 요 태조 야율아보기의 조릉(祖陵)을 가는 길부터 난관이었다. 츠펑시 외곽에 난 4차선으로 새로 난 시원한 고속도로를 1시간 이상 신나게 달리는데 이정표도 없고 표시판도 전혀 없어 우리가 어디로 가고 있는지도 모를 지경이었다. 정확히 우리가 갈 조릉은 파림좌기(巴林左旗)의 합달영각향(哈達英格鄕) 석방자촌(石房子村)에 있는데, 고속도로를 가는 도중 이정표가 하나도 없어서 어디에서 빠져 나가야 할지 도저히 알 수가 없었다. 표시판 하나 세우지 않은 중국인의 무신경에 놀라면서 무작정 달리는데, 앞에서 도로공사를 하는 차량과 인부들을 만날 수 있었다. 다행히 착한 인부들이 우리가 너무 지나왔으며, 뒤돌아 가다가 도로 옆 작은 숫자판 726번에서 일반도로로 내려가라고 했다. 우리들은 감히 고속도로 위에서 유턴을 하여 30분쯤 뒤돌아 가서 그 번호판에서 무단으로 일반도로로 내려왔다.

또 이정표도 없는 국도 위로 달리다가 묻기를 몇 차례 하면서 길을 재촉했다 그러면서 도중에 너무도 청명하고 시원한 내몽고의 풍광, 길가에서 보이는 커다란 대리석의 요탑(遼塔), 드넓은 해바라기 밭, 한가로이 풀을 뜯고 있는 한 무리의 새하얀 양 떼들은 여행의 피로를 풀기에 충분한 눈요기였다. 츠펑을 떠난 지 3시간이 넘도록 헤매다 드디어 길가에 반갑게도 '조릉(早陵)'이라고 쓴 돌기둥을 발견할 수 있었다. 북쪽을 보니 제법 높은 산줄기가 뻗쳐 있다. 그렇구나! 산세가 범상치 않아 역시

어렵게 찾은 요조릉 표지석

용도가 불확실한 석방자

황제릉이 있을만한 지세를 가지고 있음을 금방 알아차릴 수가 있었다. 북으로 난 평지길을 20분쯤 달리자 작은 다리를 건너니 우측 야산 위에 고인돌 같은 석조 구조물이 보이고 그 아래 마을이 석방자촌(石房子村)이다. 산 위에 세워진 네모난 석실의 구조물은 대단히 인상적이었다. 이곳을 본 순간 이전 시기에 들렀던 황태자릉의 묘실과 유사하여, 처음에는 이것이 묘실인가 하고 착각을 하였다. 그러나 사실 이 일대 지역은 야율아보기 능의 봉릉읍(奉陵邑)으로 수도 상경에서 서남으로 25km 떨어진 산중에 있는 조주성(祖州城) 유적 안에 있는 것으로 이 석실을 '석방자'라고 부른다. 이 석실은 7개의 두껍고 거대한 화강암 석판으로 구성되어 있는데, 석실 길이가 7m이고 너비는 5.3m에 높이는 3.6m에 이른다.[406]

능역에 이러한 석실을 설치하는 것은 중국 황제릉에서 볼 수 없는 현상인데 이는 거란인들의 선조의 제사와 관련있는 제사용(祭祀用) 전당(殿堂)이라 생각된다.[407] 석실이 있는 언덕 아래, 집이 몇 채 있는 왼편으로 산길이 시작되었다. 산길로 5분쯤 갔을까, 갑자기 앞에 협곡이 시작되는데 험준하고 뾰족한 바위산이 하늘을 찌르고 있었다. 그런데 그 계곡 주위에 붉은 깃발이 휘날리고, 수십 명의 사람들이 일을 하고 있었으며 더 이상 올라갈 수 없게 산길을 막고 있었다. 작업을 하는 주위로 성벽의 유구가 들어나고 있음을 보아 발굴현장이 분명하였다.

406 王玉亭 編, 『遼上京論文選』, 政協巴林左旗委員會出版, 2006, pp.194~195.

407 王玉亭, 위의 책, p.214.

요조릉 입구의 발굴 현장을 운 좋게 볼 수 있었다.

요조릉 입구가 되는 흑룡문

그때 현장을 지휘하는 사람이 있었는데 그가 이곳의 책임자였다. 그래서 무작정 앞으로 다가가 인사를 하고 한국에서 왔는데 조릉을 보기 위해 방문했다고 하였다. 그 사람은 조릉구역을 정비하기 위해 왔는데, 이 사업은 사회과학원에서 주관하며 자신은 근처 요 상경박물관에 근무하고 있다고 하였다. 그러면서 이곳은 흑룡문(黑龍門) 즉 요 조릉의 대문격이라고 했다.

그는 멀리서 왔으니 직접 안내해 주겠다며 산길이 험하니 자신의 차에 우리를 태우고 산길을 올라가 능 앞에 내려 주었다. 산길을 약 1km 올라가자 약간 넓은 평지가 나오며 주위에 건축유구들이 보였다. 그는 왼편에 있는 숲으로 덮힌 작은 산봉우리가 조릉이며, 우리가 서 있는 곳은 적어도 세 군데의 건축기지(建築基址)가 있는

요조릉의 건축유지

요조릉 앞에서의 노상토론

요조릉 출토 석인상

요조릉 출토 개조각상

데 제전(祭殿)으로 추정하고 있다. 그제서야 주위를 둘러보니 석조 부재가 여기 저기 나뒹그러져 있었다. 그리고 우리는 그 사람에게 놀라운 소리를 들었다. 이 조릉에서 상당수의 석인, 석수가 발굴되었는데 현재 상경박물관에 소장되어 있다고 하였다. 나는 속으로 깜짝 놀랐다.

지금까지 요나라 황제릉에는 다른 중국의 황제릉과는 달리 석인, 석수가 없다고 알려져 있었는데, 이곳에서 석인, 석수가 나왔다니 온몸에 전율이 느껴지는 소식이었다.[408] 이 고미운 사람은 강입군(康立君)이라 했는데, 이 강선생을 만난 것은 참으로 행운이었다. 우리가 중국 황제릉을 연구하기 위하여 지난 20여 년간 중국 각지를 다녔다는 이야기를 하자 그는 학자의 한 사람으로 존경한다며 진정으로 열심히 조릉에 관한 여러 이야기를 해 주며, 이곳에서 멀지않은 파림좌기에 가면 상경박물관이 있는데, 오늘은 휴관이지만 자신이 전화해 놓을 테니 박물관에 가서 석물을 직접 보라고 하였다. 이런 고마운 일이 또 있겠는가! 그 석물을 빨리 보려고 주위를 더 살펴보지도 못하고 차를 재촉하여 상경박물관으로 향하였다.

요 조릉은 실로 중국의 어떤 황제릉에 비교하여도 손색이 없을만큼 거대한 규모를 자랑하고 있다. 능 주위 즉, 능원(陵園)은 둘레가 10km에 달하고 외성과 내성이 둘러쳐 있었으며, 신도와 비각, 배장묘, 능읍(陵邑, 遼祖州), 제사시설을 제대로 갖춰

408 이 능원의 신도로 추정되는 곳에서 2003년 조사에서 땅속에 묻혀있는 석인상 1구와 엎드려 있는 개(石彫臥犬) 그리고 인근에서 반쯤 남은 석인상이 출토되었다.

진 황제릉이었다. 야율아보기의 조릉에 대하여는 『요사(遼史)』에 다음과 같이 자세하게 기록되어 있다.

> 節度. 本遼右八部紳穆里地. 太祖秋獵多於此, 始置西樓. 後因建城, 號祖州. 以 高祖昭烈皇帝 曽祖莊敬皇帝 祖考簡獻皇帝 皇考宣簡皇帝 所生之地, 故名. 城高二丈, 無敵棚, 幅員九里. 門, 東曰望京, 南曰大夏, 西曰液山, 北曰興國. 西北隅有内城. 殿曰兩明, 奉安祖考御容., 曰二儀, 以白金鑄太祖像., 曰黒龍, 曰清秘, 各有太祖微時兵仗器物及服御皮毳之類, 存之以示後嗣, 使勿忘本. 内南門曰興聖, 凡三門, 上有樓閣, 東西有角樓. 東為州廨及諸官廨舍, 綾錦院, 班院祗候 番漢 渤海 三百人, 供給内府取索. 東南横街, 四隅有樓對峙, 下連市肆. 東長霸縣, 西咸寧縣. 有祖山, 山有太祖天皇帝廟, 御靴尚存. 又有 龍門 黎谷 液山 液泉 白馬 獨石 天梯之山. 水則南沙河 西液泉. 太祖陵鑿山為殿, 曰明殿. 殿南嶺有膳堂, 以備時祭. 門曰黒龍. 東偏有聖蹤殿, 立碑述太祖遊獵之事. 殿東有樓, 立碑以紀太祖創業之功. 皆在州西五里. 天顯中太宗建, 隸弘義宫. 統縣二, 城一.[409]

그러나 금나라의 조직적 훼손과 많은 도굴로 인하여 제대로 된 모습은 남아있지 못하다. 요사(遼史)에 의하면 926년 태조 야율아보기가 죽자 이듬 해(927) 조릉에 매장하였고 조주 천성군 절도사를 설치해 능침을 돌보게 하였다.[410] 우리는 박물관에 있는 석물을 보기 위해 서둘러 상경으로 향했다. 이 성급한 일정은 요 조릉 현장을 제대로 보지 못하여 2년 뒤에 다시 조릉을 재답사하게 만들었다. 하기는 중국 황제릉을 답사하는 과정에서 간 곳을 또 다시 방문하는 일이 비일비재하였다. 왜냐하면 능 하나를 제대로 보려면 최소 1박 2일은 필요한데, 여정을 짧게 잡은 관계로 다시 찾는 일이 많았다. 예를 들어 난징에 있는 주원장의 명효릉(明孝陵)은 세 차례나 방문했고, 선양의 누르하치 묘인 동릉(東陵)은 갈 때마다 날씨가 안 좋아 결국 네 번째 만에 제대로 된 사진을 찍을 수 있었다. 차는 반 시간을 달려 요 상경, 즉 파림좌기 임동(林東)에 도착했는데, 큰 거리의 표시판에 '거란대로(契丹大路)'라고 적혀 있어 우리가 드디어 거란의 수도에 도착했음을 실감케 하였다. 점심을 거른지 몇 시

409 『遼史』, 「地理志」, '祖州 天成軍' 上.

410 『遼史』 卷2, 本紀 第2 太祖 下 "天顯二年 八月 丁酉, 葬太祖皇帝於祖陵, 置祖州天成軍節度使以奉陵寢"

간이나 되었지만 요 태조의 석물을 보려는 욕심에서 비상용 육포와 과자로 점심을 때우고 박물관에 도착했다. 예상대로 작지만 새로 지은 깨끗한 건물인데, 입구 광장에 야율아보기의 기마상이 눈에 들어왔다. 우리는 문이 닫혀진 박물관 안에 들어가 직원에게 용건을 이야기하자 강선생한테 전화를 받았다고 바로 석물이 있는 곳으로 안내해 주었다.

조릉에서 출토된 석인 한 구와 엎드려 있는 개 한 마리가 1층 로비 구석에 있는데, 너무 반가워 사진부터 찍기 시작하였다. 요나라는 석인, 석수를 만들지 않았다는 학설이 잘못된 것이라는 사실을 바로 눈 앞에서 확인하는 감동적인 순간이었다. 등신대의 인물상은 요나라 복식과 두발 형태를 하고 있는데, 고졸한 모습이 비중국적임을 금방 알 수 있었고, 능에 엎드려 있는 개는 중국 황제릉에서 처음 보는 석수였다. 지금까지 황제릉앞 신도에서 수많은 동물상이 있었지만 야율아보기의 조릉에서처럼 개가 등장하는 것은 무슨 까닭일까? 요나라 사람들은 초원과 삼림지대에서 수렵과 목축을 주로 하던 민족이었다. 그러한 생활에선 가축을 몰거나 사냥을 할 때 개가 필수적으로 필요하다. 그러므로 벽화에서도 개의 모습이 나오고 있다.

이 개 조각상은 2003년 11월 조릉을 조사할 때 지하 1.2m 지점에서 웅크리고 있는 모습으로 발견될 때부터 많은 관심을 불러 일으켰다. 이 개는 야율아보기가 사냥할 때 데리고 다녔던 개일 수도 있으며, 또한 충성스런 반려(伴侶)의 의미로 함께 묻었을 것으로 보인다.[411] 이들은 능 앞의 땅속에서 출토되었다고 하는데, 아마도 신도에 세워졌을 것으로 보인다. 왜냐하면 이 조각상 외에도 많은 석편들이 발굴되어 상당수의 석물을 능 앞에 도열했음을 짐작케 하였다. 그 추측은 박물관 뒷편 임시 수장고에서도 확인할 수 있었다. 그곳에는 출토지가 명확치 않은 많은 석인, 석수 등 석물이 나열해 있는데, 이들은 요나라 황제릉의 석물배치에 관한 많은 자료를 제공해 주고 있지만 아직 연구가 안 되었다. 우리는 문 닫힌 매점에서 직원을 찾아 몇 권의 소중한 서적과 자료를 구할 수 있어 기뻤다. 그리고 몇 해 후에 다시 요상경박물관을 찾아 이들 석물들을 실측하고 정밀 촬영을 하였다.

다음 날은 요나라의 경릉(慶陵)과 회릉(懷陵)을 방문하는 날이다. 오늘도 어제만큼 좋은 일이 있기를 바라면서 길을 떠났지만 결론은 내몽고의 멋진 풍광만 실컷 만끽

411 王玉亭, 앞의 책, pp.310~311.

요경릉 가는 길의 내몽고 풍광

대륙다운 건초의 운반법

영경릉, 영흥릉, 영복릉의 표지석

요경릉의 도굴로 파손된 모습

하게 되었다. 먼저 요 경릉은 파림우기 색포력알왕분구(索布力嘎王墳溝)의 만한청운령(蠻汗青雲嶺) 아래에 있다. 이렇게 멀쩡히 지명을 알고 떠났지만 실제로 운전을 하면서 갈려면 현지인 아니고는 도저히 길을 찾을 수가 없다. 멀쩡한 길에 삼거리가 나와도 이정표가 없어 어디로 가야할지 모르고 시골로 들어서면 길이 여기 저기 나 있어 분간을 할 수 없다. 어떻게 길을 묻고 물어 초지가 펼쳐진 큰 고개를 넘게 되었는데, 주변의 초지에서 풀을 뜯는 양과 말떼는 내몽고다운 이국적 풍광이었다.

이곳에서 전소장은 어제 만난 강선생께 전화를 걸어 길이 맞는가 물으니 제대로 가고 있는데, 그 고개를 넘을 때 풀을 실은 차가 오면 길 옆으로 피했다가 가라는 이해못할 이야기를 하였다. 왜 풀을 실은 차가 오면 피하라 했나? 생각하면서 포장도 없고 움푹 패인 흙길을 올라가다가 앞을 보니 평생 처음 보는 광경에 깜짝 놀랐다. 앞에서 삼륜 오토바이가 몇 대 오는데 풀을 적어도 2차선이 넘도록 옆으로 길게 나오게 싣고서 오는 것이 아닌가. 이것은 가축에게 먹일 풀을 베어서 운반하는 것인데, 많이 싣기 위해 적재함에 나무를 깔고서 양 옆으로 길게 풀을 실은 것이다. 우리 차는 그때마다 도로 옆으로 피해 건초더미가 지나가기를 기다려야 했다. 이 메마르고 겨우 초지가 듬성 듬성 있는 구릉지대인데 어디에서 저렇게 긴 풀을 베어 오는 것일까? 하는 의문은 고개를 내려가자 금방 풀렸다. 고개 아래는 커다란 산으로 둘러싸인 분지인데, 사막속의 파라다이스가 펼쳐져 있었다. 사방에는 숲과 풀이 무성하고 개울에는 맑은 물이 흐르고 있었다. 그러자 입구에는 관광용 파오가 여럿 보이고 이 지역의 유명한 풍광지역이라고 입장료도 받았다.

아름다운 숲과 초목지대를 한참 들어가니 반갑게도 '동릉(東陵), 중릉(中陵), 서릉(西陵)'이라는 돌비석이 서 있었다. 그렇다 경릉이란 단일 황제릉이 아니라 서쪽부터 성종(聖宗) 야율융서의 영경릉인 동릉, 흥종(興宗) 야율종진의 영흥릉인 중릉, 도종(道宗) 야율홍기의 영복릉인 서릉의 세 개 황제릉을 말한다. 이들 황제릉의 현궁구조는 남북으로 전, 중, 후 세 개의 주실이 있고, 전실과 중실 양 켠에는 이실(耳室)이 한 개씩 붙어 있는데 동릉이 남북 길이 21m이고 동서는 15.5m나 되었다. 우리는 이 중 가장 규모가 큰 동릉을 가기로 하였다. 그러나 능은 산 위에 있고 도저히 차로 갈 수가 없어 2km 정도를 걸어 올라 갔다. 그러나 어렵게 올라왔는데, 차마 못 볼 참상을 보고 말았다. 원래 요나라의 황제릉은 봉분을 세우는 것이 아니라 지하 묘실로 되어 있어 현재 겉으로 보기에는 능으로 여겨지는 자리에 여기 저기 커다란 구덩이만 있을 뿐 아무 것도 남아 있는 것이 없었다. 겨우 근처에 건물지로 추정할 수 있는 대지와 기와 쪼가리를 발견할 수 있었을 뿐 광대한 황제릉의 흔적은 어디에도 없었다.

이중 성종의 영경릉은 예전부터 도굴당해 내부는 텅 비었으나 근래 지하 묘실의 천정이 무너져 내리면서 이제 밖에서도 묘의 윤곽이 들어나게 되었다. 요나라의 전성기를 이끈 성종(聖宗, 재위 982~1031)의 묘는 위상에 걸맞게 크고 화려한 지하 궁전으로 묘실만도 일곱 개나 되며 각 실 마다 화려한 벽화로 장식되어 있다. 원래 동릉인 영경릉은 산 아래 입구인 능문에서 위로 1.3km나 올라가는 긴 신도는 폭이

요희릉의 유지

3m나 되며 양 옆에는 각종 건물이 즐비하던 웅장한 능이었다. 이 경릉은 요를 멸망시킨 금나라에 의해 철저히 파괴된 후 청말과 민국시기 20세기 초까지 끊임없는 도굴에 시달려 이와 같이 황폐해진 것이다. 나머지 중릉과 서릉도 똑 같다 하여 더 이상 경릉을 돌아볼 의욕이 없어졌다.

이 험준한 산속의 오아시스 같은 명당에는 일찍이 목종(穆宗)이 해마다 행차하여 호랑이를 잡고 매를 기르던 곳인데, 성종(聖宗)은 가을에 이곳에서 사냥하면서 뛰어난 풍광을 지닌 이 곳을 '경주(慶州)'라 하였는데 "내가 만세를 마치면 이곳에 장사지내야 한다"라고 했으며, 흥종(興宗)도 유명을 좇아 자신의 영경릉을 이곳에 세웠다. 『요사(遼史)』에서는 경릉의 조성경위를 다음과 같이 기록하고 있다.

節度. 本太保山黑河之地, 巖谷險峻. 穆宗建城, 號黑河州, 每歲來幸, 射虎障鷹, 軍國之事多委大臣, 後遇弑於此. 以地苦寒, 統和八年, 州廢. 聖宗秋畋, 愛其奇秀, 建號慶州. 遼國五代祖巴圖, 貌異常, 有武略, 力敵百人, 衆推為王. 生于巴圖山, 因以名., 没, 葬山下. 在州二百里. 慶雲山, 本黒嶺也. 聖宗駐蹕, 愛羨曰.., 吾萬歲後, 當葬此. 興宗遵遺命, 建永慶陵. 有望仙殿 御容殿. 置 番 漢 守陵三千户, 並隸大内都總管司. 在州西二十里. 有 黒山 赤山 太保山 老翁嶺 饅頭山 興國湖 錫沙濼 黒河. 景福元年復置, 更隸興聖宮. 統縣二[412]

412 『遼史』, 「地理志」, 慶州 玄寧軍, 上

요희릉의 도굴 현장

경릉을 뒤로 하고 여기서 그다지 멀지않은 회릉(懷陵)으로 발길을 돌렸다. 멀지 않다지만 차로 두 시간을 또 헤매였다. 회릉은 2대 황제 태종의 능이 있으며, 후에 목종이 부장되었다. 사실 경릉에서 회릉은 멀지 않지만 표시도 없는 시골길이 여기저기 뻗어 있어 어느 길로 가야 할지 분간이 서지 않았다. 또 인가도 별로 없어 어디 물어볼 곳도 없었다. 물어볼 사람을 찾고자 두리번 거리며 달리다가 웃기는 일들이 연속 벌어지게 되었다. 전소장이 열심히 밖을 보다가 반갑게 '덩처(等車)' 외치며 차를 세웠다. 그리고 쏜살같이 옥수수 밭으로 뛰어가면서 '칭원이샤(清問一些)'라고 외쳤다. 뒤따라 가던 우리는 그만 웃고 말았다. 전소장이 본 것은 바로 밭에 세워 논 허수아비였던 것이다. 또 한참 가다가 몇 채의 집이 보이는데 일하러 갔는지 사람이 보이지 않았다. 그런데 담장 안에 무언가 움직이는 것을 보고 차를 세운 후 그 집 안으로 들어가 보니 사람이 아니라 커다란 개 한 마리가 반갑다고 꼬리를 치고 있는 것이 아닌가!

어렵게 찾아간 회릉 아니, 회릉터는 사방이 산으로 둘러싸인 풍광이 아름다운 산 중턱에 있었다. 그러나 처음 이곳에 와보면 절대 황제릉이 있었다는 흔적조차 찾을 수 없다. 왜냐하면 필자야 전공자이니까 지세와 돌 쪼가리, 기와파편, 문헌을 보고 황제릉이 있었다는 추정을 할 수 있지만 지금은 골프장 같이 평평한 초지만 있을 뿐이다. 경릉이야 현궁을 파헤친 구덩이나마 있었지만 이곳 회릉은 정말 아무 것도 찾아 볼 것이 없었다. 그밖에도 요 황제릉은 몇 군데 더 있지만 경릉과 회릉에서 받은 실망감 때문에 더 이상 찾아 볼 흥미를 잃었다. 그래서 황제릉 대신 파림우기의

요나라 고분의 벽화

박물관에 가서 출토된 유물을 보고, 태평구촌의 요 귀족묘를 몇 기 보는 것으로 요나라 황제릉 답사를 마치기로 했다.

이밖에도 요황제릉은 3대 세종의 현릉(顯陵), 5대 경종의 건릉(乾陵) 등이 있지만 남송황제릉처럼 황폐화되어 무엇 하나 찾고 볼 것이 하나도 없다. 요나라는 1125년 남송과 금나라의 연합작전으로 멸망하고, 마지막 황제 천조제(天祚帝, 재위 1101~1125)가 금나라에 포로가 되면서 요나라는 9대 209년 만에 막을 내리게 된다. 그런데 중국 역대 왕조 중 요나라의 황제릉이 가장 처참하게 도굴되고 남아 있는 유구가 거의 없는 것은 요를 정복한 금나라 사람들의 뼈에 사무친 원한이 컸기 때문이기도 하다. 근래 발굴된 요나라의 황제릉을 비롯한 황족과 귀족들의 무덤에서 가장 중요한 발견은 뛰어난 벽화이다. 사실 요나라의 문화는 벽화 하나만으로도 큰소리를 칠 수 있을 만큼 훌륭하다.[413] 나라가 망하고 그 민족마저 터전을 잃고 뿔뿔이 흩어진 결과 900여 년간 임자 없는 요나라의 황제릉을 비롯한 각종 묘는 철저히 아무런 제제도 받지 않고 무방비로 도굴에 노출된 것이다. 그렇다면 도굴당하지

413 대표적인 요대의 벽화가 유명한 무덤은 '선화요묘(宣化遼墓)'와 보산요묘(寶山遼墓)가 있다.

진국공주묘 출토 당시의 모습

않은 요나라 황제릉은 어떠 했을까?

원래 거란족의 장례풍속은 좀 특이한 점이 있다. 『북사(北史)』나 『수서(隋書)』, 『구당서(舊唐書)』등의 기록에 의하면 '거란인들은 부모가 죽으면 그 시체를 산중의 나무 위에 매달아 놓고 3년이 지나 그 유골을 수습해 화장한다고 하였다.'[414] 이는 거란인 고유의 샤머니즘과 불교의 영향이 합쳐진 것이며 풍장(風葬)의 일종이 아닌가 생각된다. 또한 귀족층에서는 염장(鹽藏)을 하거나 특수한 처리를 하여 미라로 만드는 건시(乾尸)를 하여 부패하지 않도록 하였으며 얼굴에는 가면을 씌우기도 했다고 하였다.[415]

그런데 황제릉의 경우, 당나라 풍속을 많이 참고한 것 같다. 먼저 능을 평지가 아닌 산 위에 조영하고 벽화를 풍부하게 그려 넣으며 또 후장(厚葬)[416]을 한 점에서 친연성이 있다. 그것은 거란이 일찍이 당과의 각종 교류가 깊었기 때문이라고 생각한다. 그래서 요나라 황제릉이라면 상당한 부장품과 벽화가 많으리라고 추측이 가며,

414 黃斌·黃森, 『大遼國史話』,吉林人民出版社, 2009, p.238.

415 文惟簡, 『虜庭事實』, 「喪葬」編에 의함

416 요나라의 후장제도는 사회적 문제가 되어 992년 성종과 1042년 홍종은 '말이나 소를 죽여 부장시키거나 귀중한 물품을 묻지 못하도록(禁喪葬殺牛馬及藏珍寶)'하는 다음과 같은 명을 내리기도 했다.

또 성종의 영경릉(永慶陵)을 비롯한 황제릉이나 황실, 귀족묘 등에는 부장품은 하나도 남은 것이 없지만 벽화만은 요나라 회화의 진면목을 과시하고 있다. 그런데 황제는 아니지만 황실의 공주묘가 우연히 온전한 상태로 발견되어 황제릉의 상장(喪葬)과 후장의 면모를 유추해 볼 수가 있게 되었으니 그것이 바로 '진국공주묘(陣國公主墓)'이다.

1986년 내몽고 내만기(奈曼旗) 청룡산진(青龍山鎮) 부근에서 요나라 묘를 하나 발굴했는데, 이것이 진국공주와 부마(駙馬) 소소구(籲紹矩)의 합장묘(合葬墓)로, 진국공주의 할머니가 소태후(蕭太后)[417]이다. 공주와 부마의 얼굴에는 황금마스크를 착용했고, 공주의 몸에는 은사로 짠 그물옷(網衣)을 입혔다.[418] 진국공주는 요나라 5대 황제인 경종(景宗, 재위 969~982)의 딸로 그녀의 남편인 소소구와 합장하였는데, 지금까지 발견된 요나라 황실의 묘 중에서 가장 완벽하게 보존되어 있어 황제릉의 규모와 부장품 등을 유추해 볼 수 있다.[419] 전술한 바와 같이 요나라는 후장제도를 택했기 때문에 그만큼 도굴도 심했다. 그런데 정말 우연히도 요나라의 도굴당하지 않은 처녀분을 발굴하게 된 것은 기적과 같은 일이며, 여기에서 나온 유물들은 그 뛰어난 가치와 아름다움으로 중국은 물론 해외에서도 특별전을 열어 요나라의 높은 문화수준을 널리 알게 해 주었다. 아울러 일개 공주의 묘의 구조와 부장품이 이렇게 값지고 풍부하니 황제나 황후의 능은 어떠할지 짐작이 간다.

이 진국공주의 묘를 보면 안면에 황금마스크(길이 20.5cm, 폭 17.2cm)를 하고 신체에는 은사로 짠 그물옷을 입힌 것은 매우 이례적이라 할 수 있다. 특히 황금마스크는 1871년 독일의 하인리히 슐리이만이 발굴한 미케네의 아가멤논의 황금마스크와 비교된다.[420] 그렇다면 요나라의 황제나 황후의 시신에도 황금마스크와 금속망

417 총명하고 아름다운 요나라 명문가인 소(蕭)씨 집안으로 본명은 소작(蕭綽)이다. 16세에 황후가 되고, 29세 때에는 태후가 되어, 요나라의 전성기인 '소태후시대'를 열었다. 아들 성종을 이끌어 섭정을 하였으며, 전쟁 중이던 송나라와 '전연지맹(澶淵之盟)'을 체결하여 이후 양국은 100여 년간 평화를 유지하며 요나라의 전성기를 이룩했다. 몇 해 전 우리나라의 드라마 '천추태후(天秋太后)'에 등장하였다.

418 黃斌·黃森, 앞의 책, p.246.

419 진국공주의 묘에서는 지금까지 발굴된 어느 역대 중국의 황제릉에 못지않은 진귀한 부장품이 쏟아져 나왔다. 황금마스크와 황금관, 금, 은, 옥, 마노, 호박, 진주 등 귀중한 재료로 만든 호화롭기 짝이 없는 3,227건의 유물이 나왔다. 특히, 옥제품은 어느 왕릉에서 출토된 것보다 아름답고 조형적으로 뛰어났다. 여기에서 황금 마스크를 포함해 순금만 1,700g이고, 은은 10,000g에 가깝다.

420 黃斌·黃森, 앞의 책, p.247.

으로 된 그물옷을 입혔을 것으로 추측되며 기록으로도 남아 있다. 신중국 탄생 후 금은의 마스크나 그물모양의 옷이 발굴된 것은 10여 곳이 넘는다. 진국공주의 묘는 별도의 관이 없이 시신을 돌로 된 상(屍床) 위에 놓았는데, 머리는 동향이고 공주는 남쪽, 부마는 북쪽에 놓았다. 세계에서 시신에 금은의 마스크를 씌우는 풍속은 더러 있으나 신체를 동사(銅絲)나 은사(銀絲)로 옷을 짜서 입힌 것은 요나라 외에는 없는 것 같다. 이러한 목적은 시신이 오래 되어도 흩어지지 않고 제 모양을 간직하게 하기 위함으로 전술한 송대의 문유간이 쓴『노정사실』다음과 같은 기록이 있다.

> "부귀한 집안에서 사람이 죽으면 칼로 배를 갈라 내장을 꺼내 깨끗이 씻고 그 속을 향과 소금, 명반으로 채우고, 오색실로 봉하고 강대줄기를 시신에 곶아 피나 이물질을 빼낸다. 얼굴에는 금은으로 만든 가면을 씌우고 구리 실로 손과 발을 묶는다. 야율덕광의 시신에도 이 방법을 썼다."[421]

그물 모양의 옷(銅絲網衣)은 굵기가 1㎜ 전후의 구리실(또는 은실)로 육각형의 망을 만든 것인데, 시신에 먼저 베나 비단 수의를 입힌 다음 금속마스크를 씌우고 그물옷을 입히고 다시 그 위에 수의를 입혔다.[422] 이러한 거란족의 독특한 장례풍속에 대하여 근래 중국 학자들의 연구 결과는 요의 성종(재위 982~1031) 이후에 등장하는 것으로 특히, 그물옷은 왕족인 야율(耶律)씨가 소씨(蕭氏)와의 혼례에서 비롯된 일종의 특수한 장례풍속으로 파악하고 있다. 이 그물옷은 진국공주묘의 출토품을 보면 여러 부분으로 만들어져 합친 것인데, 머리. 어깨, 가슴, 등판, 복부, 다리, 손, 발 부분으로 만든 다음 이들을 결합시킨 것이다.[423] 이 그물옷이나 금은의 마스크는 분명 중국 중원지역의 유산은 아니다. 특히, 요나라의 화려한 금제 부장품을 보면 우리 신라 고분 출토의 금제 장신구와 친연성도 엿보이며, 스키타이 계통의 문화와도 연상이 된다. 요나라의 황제릉은 중국의 황제릉 역사에서 주류는 아니지만 그 독특한 장례풍속이나 벽화, 풍부한 부장품 등으로 중국 문화를 풍요롭게 한 것

421 耶律德光(902~947), 요 2대 황제인 태종(太宗)

422 李清泉,『寶山遼墓』, 上海書畫出版社, 2013, p.88.

423 李清泉, 앞의 책, p.89.

석호촌 조사원들과 함께

석호촌 조사원들과 함께

은 사실이다.

능원의 고려왕릉?

2008년 중국의 반(潘)선생으로부터 뜻밖의 소식을 들었다. 자신이 최근 허베이성과 또 랴오닝성 경계에 있는 두 곳의 고분을 조사했다고 하였다. 그런데 자신이 속한 연구소에서도 이를 요나라의 무덤이라 하지만 반선생은 필자가 쓴 『고려왕릉』을 보았기에 다시 책을 꺼내보고 한국의 왕릉과 비교해보니 아무래도 이것은 요나라나 중국식이 아니라 고려왕릉과 너무도 닮았으니 한번 와서 직접 보기를 청했다. 그리고 석물들 사진도 몇 장 보내주었는데, 석물은 양과 호랑이였고 인물상도 한 점 있었다. 이 사진을 보는 순간 깜작 놀랐다. 양과 호랑이만 무덤 곁에 배치하는 것, 그리고 묘를 중심으로 원형으로 배치한다는 것과 호랑이의 모습은 고려왕릉에서 보이는 것과 유사했기 때문이다. 중국의 묘제에서 호랑이와 양을 배치하는 것은 당과 송나라의 관료들 무덤에서 볼 수 있는 것이지만 이들 동물상을 묘 주위에 원형으로 배치하는 것은 중국에서는 볼 수 없는 특수한 경우였다. 그리고 두 달이 지나 겨울방학이 되자 현장을 조사하기로 하고 먼저 유선배와 선양으로 가서 전소장을 만나 현장에서 가까운 링위안시(凌源市)에 가서 시안(西安)에서 오는 반선생을 만나 함께 현장을 가기로 하였다.

지도에서 보면 선양에서 링위안시까지 가까워 보이지만 아침 일찍 진저우(錦州)

석호촌의 석호들

석호촌의 인물상

로 가는 버스를 타고 가서 거기서는 차를 대절해 차오양시(朝陽市)를 거쳐 링위안시에 밤에 도착할 수 있었다. 이번 답사 코스는 처음 가는 길이라 생소했지만 정말 알려지지 않은 중국의 시골길을 가는 재미가 쏠쏠했다. 우리 돈 8,000원 정도에 네 명이서 화궈를 실컷 먹기도 하고 시골 장터에서 과일도 사고, 3,000원 주고 진짜 실크스카프도 사는 등 이런 재미로 긴 여정을 달래가며 대륙의 속살을 살펴보는 것도 답사여행의 묘미이다. 링위안시에 도착해서 가장 좋다는 국제관광호텔에 묵었는데, 시설이나 서비스는 따지지 않고 편하게 들어가 숙박하는 것도 답사여행의 경지에 올랐음을 보여주는 것이었다. 그래도 명색이 관광호텔인데 커피를 전혀 얻어먹을 수 없어 입이 개운치가 않았다. 지금이야 중국에도 커피숍이 많아지고 유명한 별다방도 대도시에서 흔히 볼 수 있지만 20년 전만해도 중국에서 커피를 한 잔 사먹기가 어려워 커피마니아인 필자에겐 여간 불편한 것이 아니었다.

다음날 차를 대절해 일행은 평화로운 중국 시골길을 몇 시간 달려 두 곳의 고분을 찾아 갔다. 먼저 간 곳은 랴오닝성 링위안현(凌源縣) 황토장자촌(黃土杖子村)이었다. 이곳의 능구는 마을에서 서북쪽으로 500m 지점에 있는데, 한 마디로 배산임수의 명당자리임을 알 수 있다. 현재 이곳에는 석양과 석호가 여기 저기 산재해 있었으며 석인도 있어 마을 이름을 석호촌(石虎村)이라 부르기도 했다. 현재 남아 있는 능역은 평지이며, 면적이 대략 15,000m²이며 동서는 150m이고 남북은 100m이니 결코 작은 규모는 아니었다. 이곳에는 석양 4기, 석호 6기기가 있는데, 사방에 군데 군데 흩어져 있지만 묘로 추정되는 곳에서 사방으로 원형을 그리며 옹호하는 배치를 하고 있었다고 한다. 그런데 크기가 개성에 있는 고려왕릉의 석물과 비슷하고 특히, 호랑이의 모습이 역시 고려왕릉의 것과 매우 닮았다.

이곳에서 4km 정도 떨어진 곳에는 일명 평천왕릉(平泉王陵)이라 불리우는 고분이 있다. 정확한 지명은 허베이성 평천현(平泉縣) 황토양자향(黃土梁子鄉) 팔왕구촌(八王沟村)인데, 이곳에도 석양 2구와 석호 5구가 있다. 이곳의 석물은 앞의 석호촌의 경우보다 크기가 좀 더 큰 편이고 보존상태가 좋았으며 양들은 안면을 비교적 정밀하게 조각했으며 입상과 준상이 있고, 호랑이는 모두 앞다리를 세우고 뒷무릎을 꿇어 앉은 준상(蹲像)이었다. 또한 현재는 없지만 석인 2구도 있었는데 도굴당하고 말았다.[424] 그리고 2년 후 다시 방문했을 때는 정비를 하여 받침돌도 깔고 둥글게 배치를 하고 주변을 정비하였다. 그러나 이 또한 원형파손을 하여 연구에 어려움을 주고 있는 실정이다. 문화재가 발굴이 되면 최대한 현장과 현실을 보존해야 하는데, 관광을 위해 정비한답시고 인위적으로 조경도 하고 유적의 배치도 제멋대로 하여 역사적 실체를 접근할 수 없게 만들고 있다. 이런 일은 중국 곳곳에서 벌어지고 있는 현상인데, 부지런한 공무원들이 문화재가 있으면 관광에 도움이 될 것 같다고 생각하여 유적을 마치 놀이터를 꾸미듯 완전 개조해 학문적 접근을 원천 봉쇄하는 즉, 문화재를 훼손시키는 일을 다반사로 하고 있어 정말 학자로써 보기에 딱하고 안타깝다.

위 두 곳에 있는 고분과 석물들은 아직 학계에도 보고되지 않은 생소한 유물들로 중국측 학자들은 시기는 10~13세기 경으로 추정하였다. 어떤 이는 선비(鮮卑)족의 것, 또는 요나라 시기의 유물이라고도 하였다. 그런데 이들 석물들 특히, 석호촌의 경우 고려왕릉과 금나라의 석물과 매우 유사함을 알 수 있었다. 사실 요나라는 무덤에 석인, 석수를 놓지 않는다고 모두 알고 있지 않은가? 물론 이 가설이 깨지고 요태조의 조릉에서 석인이 발견되었다는 사실을 전술한 바와 같으며, 이를 실견하고 확인하였다. 그러나 조릉을 제외하면 기타 황제릉이나 귀족들의 무덤에서 석인석수를 세우는 사례가 거의 없기 때문에 이들 유적이 요대의 것이라는 데는 동의할 수 없다. 이들 석수는 고려가 아니라면 차라리 금나라의 귀족층 무덤양식을 수용한 것이

424 이들 문무인 석인 2구는 불행히도 필자가 방문하기 6개월 전에 타지에서 온 도굴꾼들에게 도난당하고 말았다. 그러나 다행히 도굴꾼들은 체포되었고 유물은 공안당국에 압류되어 있었다. 이 석인들을 직접 보려고 노력했으나 압류된 장물이라 보여줄 수 없다하여 발굴시 촬영한 사진으로 볼 수 밖에 없었다.

요대 유적으로 단정한 현지의 안내문

아닌가 생각한다. 왜냐하면 동북삼성에 소재하고 있는 금나라의 황제릉과 귀족들의 묘를 답사했을 때 특히, 몇몇의 귀족층 무덤에서는 양과 호랑이가 이곳처럼 무덤 주위를 에워싸듯 배치하고 있었으며 형태도 매우 유사하였다. 그리하여 이 링위안시와 핑취안시의 두 무덤은 요나라 보다는 금나라 시기의 것이 아닌가 생각된다.

다만 한 가지 아쉬운 점은 『능원현지』나 『평천현지』를 뒤져봐도, 다른 사서를 찾아봐도 어떠한 기록도 찾을 수 없었다. 혹시 원대에 중국에 머물던 고려왕족의 무덤으로 석물의 배치를 고려식으로 하지 않았을까 하는 상상을 하고 조사해 보았으나 마땅한 근거나 사료를 찾을 수 없었다. 조사과정에서 현지인들이 이곳을 '고려왕릉'이라 부르고 있다는 사실에 고려와의 관계가 있을 수 있다는 달콤한 생각에 빠져 불원천리 이 북중국의 궁벽한 산골을 두 번이나 방문을 했지만 아직 뚜렷한 성과를 얻지 못하였다. 이 문제는 앞으로 기회가 된다면 한 번 규명해야 할 소재로 리스트에 올려둘 것이다.

2

금(金)나라 황제릉
_가장 처참한 황제릉

금나라 왕조표

대수	묘호	재위기간	한명	여진명	능호	소재지
1대	太祖	1115-1123	旻	阿骨打	睿陵,泰陵	원 상경 회녕부, 호개산, 1155년 연경 대방산 능구
2대	太宗	1123-1135	晟	吳乞買	和陵,恭陵	원 상경 회녕부, 호개산, 1155년 연경 대방산 능구
추존	휘종	희종 추숭	宗峻			
3대	熙宗	1135-1149	亶	完顔亶	思陵	황후 배만씨 묘중에 장례, 1155년 연경 대방산 능구
추존	덕종	해릉왕 추숭	宗幹		폐	
4대	海陵王	1149-1161	亮	迪古乃	無 / 피살	피살후 대방상 능구
추존	예종	세종 추숭	輔	와리타	景陵	연경 대방산 능구
5대	世宗	1161-1189	雍	烏祿	興陵	연경 대방산 능구
추존	현종	장종 추숭	允恭		裕陵	
6대	章宗	1189-1208	璟	麻達葛	道陵	연경 대방산 능구
7대	衛紹王	1208-1213	永濟	果繩	無 / 피살	1216년 추존, 연경 대방산 능구
8대	宣宗	1213-1223	珣	吾睹補	德陵	변경으로 천도, 능지 고찰할 수 없음
9대	哀宗	1223-1234	守緖	寧甲速	無 / 자살	화남 여남현 여수변에서 화장

금(金)나라는 뜻밖에도 우리나라와 관계가 깊다. 일찍이 고구려에 편입되어 있었고 발해의 구성원이기도 했으며, 고려와는 상당히 친근하였다. 그리고 그들이 세운 금나라와 청나라는 우리 역사에 큰 흔적을 남기었다. 금나라는 여진족(女眞族)이 세운 나라이다. 여진이라면 왜 그런지 어딘가 우리와 매우 가깝고 어떻게 말하면 친밀감마저 든다. 여진족은 만주 흑룡강과 송화강 유역에 살던 퉁구스계의 민족으로 10세기 이전에는 숙신(肅愼), 읍루(挹婁), 물길(勿吉), 말갈(靺鞨)로 불리었으며 나중

에는 만주족으로 이어졌다.

우리나라에서 학계의 관심과 연구는 먼저 금나라 태조 완안아구타의 조상이 고려 곧 신라 김씨라는 다음과 같은 몇 가지 설에 관심이 집중되어 있었다.[425] "금나라 시조의 이름은 함보인데, 처음에 고려에서 왔다."[426] "황실의 종친 중 호십문은 "자신의 먼 조상 형제 3인은 모두 고려에서 출생하였다."[427] "여진의 추장은 원래 신라인이고 이름을 완안씨라 하며, 이것은 여진말로 '왕'을 뜻한다".[428] 그밖에 『삼조북맹회편(三朝北盟會編)』이나,[429] 『건염이래계년요록(建炎以來系年要錄)』[430] 등에서 약간씩 표현은 다르지만 금나라의 시조가 신라에서 왔음을 서술하고 있었다.

이리하여 12세기 당시 국경을 마주하고 있던 고려와 금은 건국 초기를 제외하고 매우 우호적이인 관계를 유지할 수 있었다.[431] 이것은 당시 고려가 중국의 남북을 지배하던 남송이나 금과 자주적이고 실리적인 외교관계를 모색하여 평화를 유지할 수 있었다는 견해도 있다.[432] 12세기 초 여진족은 요나라의 지배 하에 어려운 생활을 영위하고 있었는데, 이때 완안부의 추장이던 완안민(完顔旻) 즉, 완안아구타(完顔阿骨打, 1068~1123)라는 인물이 등장하게 된다. 그는 1114년 부족을 이끌고 출하점(出河店)에서 요나라에 항거하는 깃발을 들게 되었는데, 이 전투에서 아구타는 불과

425 內藤虎次郎, 「女眞種族の同源傳說」, 『東洋文化史硏究』 ; 田坡興道, 「完顔氏の三祖に就いて」, 『歷史學硏究』제8권 6호 ; 三上次男, 「金室完顔家の始祖說話について」, 『金史硏究』3, pp.17-42.
金庠基, 「金 始祖에 대하여」, 『국사상의 제문제』제5집, 81-116쪽 ; 李東馥, 「金의 始祖傳說에 대하여」, 『淸大史林』 3, 1979. pp.1-19; 李東馥, 「金의 始祖傳說에 대한 一考察」, 『東國史學』 16-1, 1981. pp.279-193.

426 『金史』 권1, 世家, 2쪽 ; 『海東繹史』 제68권, 人物考 2 高麗, 金始祖 函普에 같은 내용이 기록되어 있다.

427 『金史』 권66, 宗室傳, 胡十門傳列傳, p.1561.

428 『松漠紀聞』, 1156년. "女眞酋長乃新羅人, 號完顔氏. 完顔猶漢言王也. 女眞以其練事, 後隨以首領讓之. 兄弟三人, 一爲熟女眞酋長, 號萬戶. 其一適他國. 完顔年六十餘, 女眞妻之以女亦六十餘. 生二子, 其長卽胡來也. 自此傳三人, 至楊哥太師無子, 以其侄阿骨打之弟謚曰文烈者爲子. 其後楊哥生子闥辣, 乃令文烈歸宗" ; 洪皓는 포로가 된 휘종과 흠종황제의 석방을 교섭하라는 남송 황제의 명을 받고 금에 사신으로 가 15년간 잡혀있다가 돌아와 금나라의 견문기를 기록하였다.

429 『三朝北盟會編』제18, 宣和 5년 6월 19일조.

430 『建炎以来系年要录』, "即阿固达其先新罗人也 金太祖实录云 太祖生于戊申七月 其先为完颜部人 后因以为氏 洪皓松漠记闻云 女真君长乃新罗人 号完颜氏 完颜犹汉言王也 苗耀神麓记云 女真始祖堪布 出自新罗奔至安春 无所归遂依完颜因而氏焉 后女真众人结盟推为首领 七传至兀古达乃大圣武元皇帝侍中 韩企先训名曰旻"

431 주명준, 「고려의 대금 정책」, 『전주대학논문집』제10집, pp.187-201; 조복현, 「12세기 초기 고려-금 관계의 전개와 상호 인식」, 『중국학보』 61집, 2010. pp.243-267.

432 박한남, 「고려의 대금외교정책 연구」, 성균관대 박사학위논문, 1993 ; 박한남, 「12세기 여금무역에 대한 검토」, 『대동문화연구』 31집, 1996. pp.93-121; 박한남, 「고려시대 외교문서에 나타난 민족문화의 전개」, 『한국사의 국제환경과 민족문화』, 경인문화사, 2003, pp.64-76.

금태조 완안아골타의 조각상

금태조의 예릉 전경

2,500명의 군사를 거느리고 10만 명의 요나라 대군을 궤멸시켰다. 이것은 세계 전사에서 소수가 다수를 물리친 기록적인 예가 된다. 그리고 이 출하점대첩의 결과로 부족들은 결집되어 여진군은 이제 만 명에 이르게 되었다.

이어서 요의 천조제(天祚帝)는 70만 대군을 이끌고 여진을 완전히 섬멸하려 출정하였는데, 이때 아구타의 병력은 고작 2만 명밖에 안되었다. 호보답강(護步答岡)에서 벌어진 전투에서 아구타의 여진군은 믿지못할 괴력을 발휘하여 70만 요군을 궤멸시켰다. 이는 1:35의 열세에도 대승을 거둔 세계 전사에서 도저히 유례를 찾을 수 없는 불가사의한 전쟁이었다. 굳이 비근한 예를 찾자면 우리의 이순신 장군이 불과 12척의 배로 300척이 넘는 일본군을 물리친 명량해전을 꼽을 수 있을 것이다. 우리는 이 두 개의 전투로 완안아구타가 얼마나 뛰어난 인물인 줄 짐작할 수 있을 것이다. 1115년 아구타는 회령(會寧, 지금의 헤이룽장성 아청시로 당시에 상경이라고 했다)에 도읍을 정하고 황제에 오르며 금나라를 개국하게 된다. 그는 계속해 요를 압박해 1122년에는 중경을 함락시키고 연말에는 연경까지 진격하여 요의 완전한 몰락을 지켜볼 때쯤 상경에서 1123년 병사하고 만다.

그가 죽었을 때만 해도 여진족은 풍수에 관한 개념이 없어 죽은 자리에서 매장하는 전통에 따라 상경회녕부, 지금의 아청시 남쪽에 묻고 이를 예릉(睿陵)이라 불렀다. 봉토는 복두형(覆斗形)으로 높이가 10m, 둘레 길이가 100여m였으며, 그 위에 영신전(寧神殿)을 건립하였다.[433] 이곳이 바로 지금의 흑룡강 아성현 상경 회령부 유적지의 서쪽이며, 영신전은 태조묘(太祖廟)라고도 불렀다.[434]

중국의 역대 제왕은 대부분 자신의 생전에 풍수설에 의거하여 자신의 능묘를 영건한다. 그러나 아구타는 역대의 제왕과 달리 오로지 정복사업에 전념하였을 뿐 아니라, 여진족은 원래 생전에 능을 건축하는 습관이 없었다. 다만 금태조 아구타의 예릉은 여러 면에서 중국 황제릉과 다른 민족적 특성이 엿보인다. 능지는 동쪽을 숭상하는 민족성을 반영하여 동쪽을 향하고 있다. 능지에서는 멀리 서록에 대청산이 병풍처럼 둘러져 있어 일종의 호국림(護國林)이 되는 형국이다. 능지의 서쪽과 동쪽으로도 높은 구릉이 있으며, 남면하여 동서로 물이 흐르고 있다. 이로 미루어 볼 때 태조의 예릉은 감여학(堪輿學), 곧 풍수지리설과 완전히 부합되는 것이다. 보종 위에 영신전을 세우고 신장의 밖으로 고목을 둘러 위엄을 갖추었다. 따라서 멀리서 태조릉을 보면 수림 속에 봉토가 불룩 올라오고 그 앞에 제사를 드릴 전각이 우뚝 솟아 있으며, 붉은 담에 금색기와를 둘렀다. 이러한 아구타의 황제릉은 능지 선택이나 건축규모에서 볼 때 중원의 역대 황제릉과 달리 북방민족적 풍격을 지니고 있었다.

금 1대 태조의 손자이자 금 3대 희종(熙宗) 완안단(完顔亶)이 즉위한 후 천회(天會) 13년(1135) 2월, 2대 태종 오걸매의 유언에 따라 그의 능묘를 호개산(胡凱山)으로 옮겨 3월에 금태조와 합장해서 화릉(和陵)이라고 불렀으며, 태종의 능은 공릉(恭陵)이라고도 불렀다. 이듬해 정월에 태조의 황후 흘석열씨(紇石烈氏)가 죽자 1136년 2월 "흠헌황후(欽憲皇后)로 추존하여 예릉(睿陵)에 묻었다."[435] 황통(皇統) 4년(1144년) 화릉을 태릉으로, 태종릉은 공릉(恭陵)이라 고쳐 불렀다. 그런데 태조와 태종의 화릉이 위치한 호개산에 대해 사서에는 상세한 기재가 되어 있지 않아 그동안 논란이 분분했다. 『쌍성현지(雙城縣志)』에 의해 흑룡강 쌍성(雙城) 동남 165리 떨어진 통자구(筒子溝)를 고증하거나, 일본인 鳥居龍藏이 『금상경성급기문화(金上京城及其文化)』에서 지금의 아성현 아구(亞溝) 동오리(東五里) 금마애국(金摩崖國) 석인산(石人山)으로 고증한 바 있다.

433 『金史』"葬宮城之西南 建寧神殿于其上"

434 王春雷, 「完顔阿骨打陵址的調査與分析」, 『金上京歷史文物硏究文集』, 人民文學出版社, 2002, pp.140-143; 伊葆力, 「金初寧神殿陵址初探」, 『金上京文史論叢』제1집, 中國文史出版社, 2007, pp.159-161.

435 元·脫脫 等, 『金史』 권4, 「熙宗本紀」, 장정랑등 점교본, 제1책, 中華書局, 1975. 70-71쪽,

한편 아성현 문물관리소에서 여러 곳을 현지 조사한 결과 1961년 금나라 상경 황궁에서 멀리 떨어져 있지 않은 지금의 아청시 삼성둔 산하향(山河鄕) 노모정자산(老母頂子山)을 발견했다. 노인들의 말에 따르면 이것은 노울술정자(老兀術頂子)와 같으며, 역사상 유명한 금올술(金兀術)의 부친이 노울술(老兀術)이란 명칭을 얻었다는 것이다. 어쨌든 호개산은 풍수적으로도 볼 때 용맥에 해당되어 산 위에 나무가 무성하고 앞쪽으로는 이십하의 강물이 산 아래로 흐른다. 여기에는 산과 잇대어 합장릉이 건설되었으며 아직까지 귀부(龜趺), 문무관 석상, 석양(石羊) 등이 더러 잔존하고 있는 것이 확인된다.[436]

2011년 여름방학을 맞이하여 오래전부터 계획했던 금나라 황제릉 답사길에 올랐다. 먼저 비행기로 하얼빈 공항에 내리자 전소장이 차를 마련해 마중을 나왔다. 이번에는 택시나 렌트카가 아니라 검정색의 고급 승용차였다. 이 차는 전소장의 친구가 하얼빈 시의 고위간부인데 친구를 위하여 기사와 함께 특별히 내준 차였다. 오랜만에 공주 대접을 받으며 편안한 답사를 하게 되었다. 얼음축제로 유명한 하얼빈시는 생각보다 크고 발전되었다.

다음 날 아침 차 안에서 먹을 간식을 준비해 먼저 아청시 상경박물관을 찾았다. 이곳에서 금나라의 유물을 살펴보고 특히, 예릉 출토의 인물석상을 관심있게 살펴보았다. 관람을 끝내고 매점에서 금나라에 관한 책을 여러 권 사서 가장 기뻤다. 중국은 땅이 넓어서 그런지 각 지역에 가면 그 지역 역사와 문화에 관한 책들이 있었다. 이러한 책들은 베이징이나 상해 같은 대도시에서는 구할 수 없으나 그 지역의 서점이나 박물관에서만 구할 수 있어 여행갈 때면 꼭 그 곳의 책방을 살펴보게 된다. 즉, 오늘 구입한 책들은 금나라의 역사와 문화에 관한 책들로 다른 지역에서 못 보던 책들이었다.

아구타의 첫 무덤이었던 예릉은 뜻밖에도 가까워 아청시 남쪽 2km 지점 평지에 있는데, 예릉공원이라 부르고 있었다. 붉게 칠한 담장이 둘러쳐진 예릉의 입구를 들어가자 신도 양 옆에는 석인, 석수가 도열해 있는데, 자세히 보니 모두 근래에 만든 것이었다. 그리고 영신전(寧神殿)을 건설하고 이를 태조묘(太祖廟)라고 불렀다. 봉토

436 張連峰, 「金胡凱山和陵考略」, 『黑龍江文物叢刊』, 1984. 제3기 ; 張連峰, 「金胡凱山和陵考略」, 『金上京文史論叢』제1집, 中國文史出版社, 2007, 155-158쪽에 재수록.

금상경역사박물관의 석인상

근래 정비된 예릉의 모습

는 신라 왕릉처럼 복두형(覆斗形)으로 높이가 10m이며, 둘레가 100여m에 달하는데, 다행히 봉분속 현궁에 이르는 문이 개방되어 들어갈 수가 있었다.

현실 내는 상당히 넓어서 후대에 그려 넣은 이골타의 활약상과 모조품이지만 유물 몇 점도 전시되어 있었다. 그러나 무엇보다도 필자가 관심을 가진 것은 연도 입구에 놓인 호랑이 석상으로 이는 진품이라 했다. 놀랍다! 금나라의 석물들은 분명히 중원의 중국 황제릉에서 보던 석물과는 확연히 달랐다. 아니, 고려왕릉의 것과 너무 닮아 잠시 혼란에 빠졌다. 금나라의 황제릉은 중국이 아니라 고려의 영향을 받아 만들어진 것이 아닐까 하는 생각에 잠시 흥분하였고 필자의 이러한 생각은 뒤이은 여타 금나라 황제릉을 보면서 더욱 굳어져 갔다.[437]

아구타의 능은 이후 예릉에서 천릉을 하게 된다. 금 태종 완안오걸매(完顔吳乞買)의 유언에 의해 1135년 능묘를 호개산(胡凱山)에 조성하고 공릉(恭陵)이라 칭하고, 이때 태조의 묘도 천장하였다. 아청시에서 태조 아구타의 첫 번째 빈 무덤을 보았기에 이제는 두 번째 무덤인 호개산으로 향하였다. 그동안 중국 학계에서는 호개산이 어디에 있는지 알지 못하여 그 실체를 파악하지 못하고 있었다.

근래에 와서 사서 중 호개산에 관한 각종 기록을 대조한 결과 아청시에서 남동으로 약 30km 떨어진 아성구 송봉산진 삼청둔 서북 1.5km 떨어진 노모저정자산(老

437 고려 왕릉과 금 황제릉에 대해서는 다음의 논문 참고 ; 장경희, 『고려왕릉』, 예맥, 2009 ; 장경희, 「금 태조 아구타의 예릉 조성실태」, 『국제예술논문』 창간호, 국제예술학회, 2012, pp.1-16.

호개산 원경

母猪頂子山) 남록이란 것이 밝혀졌다. 자, 이제는 송봉산진으로 향하자. 호기롭게 그 곳까지는 신나게 달려왔으나 또 삼청둔까지는 헤맸다. 그때 창밖으로 지세를 살피다가 오른 쪽 즉, 남쪽으로 작은 강이 흐르고 왼쪽으로는 제법 험준한 산록이 병풍처럼 둘러진 풍광을 바라보다가, 저 산록이라면 황제릉을 조성하기 좋겠다고 생각했다. 그러나 신나게 달린 것은 그것이 끝이었다. 지나가는 사람에게 물어봐도 호개산이나 금황제릉에 대해서 아는 사람이 도통 없는 것이 아닌가.

차를 몇 번이나 세우고 검정 양복을 차려입은 기사와 전소장이 몇 번이나 물어보았지만 아는 사람이 전혀 없는 것이 아닌가. 하긴 호개산의 위치가 추정된 것도 근래의 일이고 이것도 사회과학원 몇 몇 학자들만이 아는 일이므로 촌로들이 알 수가 없었을 것이다. 풍수적 호지(好地)임을 보고 북쪽에 펼쳐진 산록이 틀림없을 것이라 추측하고 차를 돌려 산록 아래로 펼쳐진 도로에 다시 가 보았다. 그곳에는 제법 깨끗한 주택들이 20여 채 있는 작은 마을이 있었다. 그러나 몇 사람에게 물어보아도 역시 대답은 모르겠다는 소리 뿐이었다.

다시 동남으로 난 길로 더 가보자고 하여 차가 움직이기 시작할 때 길 앞에 경운기 한 대가 고장이 났는지 중년의 농부가 땀을 흘리고 있었다. 큰 기대를 하지 않았지만 금 황제릉에 대해 묻자 뜻밖에도 그는 바로 북쪽에 펼쳐진 산록을 가르키면서 저 쪽에 있다고 말하는 것이 아닌가! 얼른 차에서 내려 온갖 애교를 부리면서 수고비를 드릴테니 직접 안내해 달라고 부탁을 하니 선뜻 응락하였다. 그 농부는 경운

금태조 예릉의 유지

예릉터의 석물

기는 내버려 두고 마을 지나 산으로 가다가 잠시 기다리라 하더니 어떤 집에 들어 가더니 또 다른 농부 한 사람을 데려왔다. 그는 이 사람이 그 산에서 양을 치는 사람이기 때문에 가장 정확히 위치를 아니 같이 간다고 하였다. 고생 끝! 행복 시작! 이라 외치면서 발걸음도 가볍게 두 사람을 앞세우고 우리 일행은 아구타를 보기 위해 약간 어려운 산길을 올라가기 시작하였다. 예릉은 평지에 있었는데, 이제는 여진족도 풍수를 알게 되어 능을 산록에 쓰기 시작했는가?

30분쯤 걸어 산 중턱에 이르러 숲을 헤치고 올라가자 앞의 농부가 손짓하는 곳을 보니 그렇게도 보고 싶어 하던 석인과 석양, 귀부, 비석 파편과 기대 등이 널부러져 있는 것이 아닌가! 석인과 귀부들은 많이 마모되어 있지만 등신대로 황제릉에 어울릴 유물이었지만 그 규모는 생각했던 것 보다 작고 초라하기까지 했다. 그리고 약 50m 쯤 더 올라가자 또 한 무리의 석물들이 쓰러져 있는데, 봉분 자리는 이미 파헤쳐 있어 지궁의 흔적은 찾을 길이 없었다.

그렇다면 이 외딴 곳에 있는 것이 기록대로 예릉과 공릉이 틀림없다는 느낌이 들었다. 이 석물들은 중원의 중국식이 아니라 고려왕릉 정도의 크기와 형태, 양식을 지니고 있어 마치 우리의 능을 보는 것 같은 느낌이 들었다. 이 유적들은 시급한 보존이 필요한데, 주민들의 이야기는 곧 상경시 문화국에서 현장보존을 위해 나온다고 하여 다소 안심이 되었다. 금나라와 고려의 친연성을 다시 확인하면서 작은 흥분속에 촬영과 실측을 하였다. 중국에서 20여 년간 시골에 있는 문화유적을 찾아갈 때

새로 조성된 완안희윤의 가족묘

완안희윤묘의 옛석물

흑룡강성 공주령 모성자촌의 귀족묘

눈속에서 지방관의 묘를 조사

길만 물어서는 도저히 찾을 수가 없어서, 그동안 터득한 요령 중의 하나가 그것을 정확히 아는 사람을 찾아 무조건 차에 납치하다시피 싣고 직접 안내를 받아 현장까지 가는 방법이 가장 좋다. 중국에서 대도시의 유명한 유적을 제외하고 첩첩산중이나 시골 벽지에 있는 유적들은 표지판은 물론 현지 주민들도 모르는 경우가 많았다.

모처럼 헤이룽장성까지 온 김에 황제릉은 아니라도 금나라의 귀족묘라도 몇 기 찾아보기로 하였다. 금나라 귀족묘로서 가장 규모가 크고 볼만한 것은 여진문자를 발명하고 재상의 지위에 있었던 완안희윤(完顔希尹)의 가족무덤이었다. 길림성 사란현 소성자향 우거진 숲 언저리에 조성된 그의 무덤은 황제릉은 아니라도 제후의 무덤에 걸맞는 대우로 조성되었는데, 원래 제작된 석물은 숲에 버려지고 입구부터 새

방산 금황제릉 가는 길

로 제작한 석물을 도열해 놓았다. 초장시 제작된 역사적 가치가 있는 원래의 석물은 작고 파손되며 이끼가 끼어 보기 싫다고 숲속에 던져 버리고 새하얀 돌로 큼직하게 새로 만든 석인, 석수를 자랑하듯 세워놓은 무신경에 아연실색하였다. 그밖에 헤이룽장성과 길림성에 있는 몇 곳의 지방관의 무덤을 조사하였는데 이 금나라의 묘장제도나 방식이 한국과 비슷하여 앞으로 연구해 볼 예정이다.

아구타의 능은 참으로 기구한 운명을 지녔다. 그는 이곳에서도 영면을 못하고 또다시 천릉을 하게 된다. 이번에는 베이징이었다. 1149년 금나라에서 폭군 해릉왕(海陵王) 완안량(完顏亮)은 희종을 죽이고 황위를 찬탈하였다. 해릉왕은 중국 역사상 랭크될 만큼 폭군의 전형을 잘 보여주었다. 황족만 100여 명 죽이고 천하의 미인들을 탐하였으며, 숙모의 미모에 반해 숙부를 죽이고 품에 안았으며, 신하의 처라도 마음에 들면 신하를 죽여 버리고 그 처를 취하였다. 그는 불과 재위 9년밖에 안되었지만 단점이 많은 만큼 장점도 많은 인물이었다. 그는 잘못했으면 흑룡강 일대에 머물러 있을 뻔한 미개한 금나라를 지금의 베이징으로 천도를 하여 중원에 제국을 세우고 북송을 압박하였다.

해릉왕은 과감하게 한화(漢化)와 정치개혁을 하여 선진화를 이룩했으며 국위를 떨쳤다. 해릉왕의 가장 큰 공적은 수도를 베이징으로 옮기면서 베이징 서남쪽 대방산이란 천하길지에 금 황제릉을 조성한 것이다. 그리하여 상경에 있던 아구타의 능을 비롯해 조상들의 능을 이곳 대방산으로 천장을 하였다. 금나라가 망할 때까지 대방산에는 금나라 황제능원을 조성하여 태조 아구타 이하 모두 17기의 황제와 추봉황제를 모신 대능원이 되었다. 그러나 대방산에 금 황제릉군을 그렇게 애써 조성한 해릉왕 당사자는 재위 9년만에 살해당하고 서민으로 강등되어 황제릉구에 묻히지 못하고 능구에서 사십리나 떨어진 외진 곳에 매장되었다.

희종을 죽인 후 왕위에 오른 4대 해릉왕은 천덕(天德) 3년(1151) 사월, 칙령을 내려 연경(燕京, 현 베이징)으로 천도하고 중도(中都)라 칭하였다. 정원(貞元) 3년(1155) 봄부터 조종의 능묘를 옮기고자 1년간 풍수사를 동원하여 한 해 남짓 명당자리를 찾게 하였다. 그러다가 베이징에서 서쪽으로 50리에 있는 구룡산 일대에서 사냥을 하다가 대홍곡(大洪谷)에 자리한 용성사(龙城寺)라고 부르는 땅을 얻었다. 이곳은 산봉우리가 수려하고 수림이 은은하게 덮여 있어 능을 건조할 수 있는 명당자리였다.[438]

정원 3년(1155년) 3월 을묘, 중도의 서남쪽 대방산 운봉사(云峰寺)를 산릉(山陵)으로 정하고 산기슭에 행궁(行宮)을 지었다. 5월 을묘, 판대종정사(判大宗正事) 등의 관원들이 아청시의 상경에 가서 태조와 태종의 재궁(梓宮)을 옮기도록 명하였고, 6월 을미 우승(右丞) 상복산사공(相卜散師恭), 대종정승(大宗正丞) 호발노(胡拔魯)에게 상경에 가서 산릉을 옮길 것을 재차 명하였다. 9월 정묘, 해릉왕은 친히 사류하(沙流河)까지 태조의 재궁(梓宮)을 마중 나왔고, 도중에 노루를 사냥하여 재궁의 제사에 바쳤다. 10월 무인, 재궁이 동교(東郊)에 머물렀다가 을묘에 베이징에 도착하였다. 이에 황궁정전(正殿)의 대안전(大安殿)을 빈전으로 삼아 "비승전(丕承殿)"으로 전호(殿號)를 붙인 다음 이곳에 재궁을 안치했다. 11월 을사, 재궁은 연경의 비승전을 출발하여 무신에 대방산에 도착하였다.

더욱이 해릉왕은 태조를 비롯한 조릉(祖陵)을 천릉하는 데 심혈을 기울여 1155년 5월, 8월, 9월에 대방산에 가서 직접 능역을 감독하기도 했다. 이듬해 1156년 7월 태보앙(太保昂) 등에게 명하여 상경으로 가서 시조(始祖) 이하 재궁을 옮겨오도록 했고, 그해 10월 시조(始祖) 이하 열 명의 황제를 대방산에 모두 모시면서 산릉 의식은

438 宋·宇文懋昭, 『大金國志』권23, "陵墓制度" ; 見崔文印, 『「大金國志」校正』本, 제474항, 中華書局, 1986.

금황제릉 계단과 건물유지

무참하게 파괴된 금황제릉의 잔편들

마침내 끝났다. 이때 태조와 태종 등의 재궁이 신릉(新陵)에 안장하면서 능호(陵號)는 예전과 같았다. 이처럼 대방산은 해릉왕이 조상들을 이장하면서 금나라 황제릉 제도가 정식으로 확립되었다.

금태조는 금황실의 시조(始祖) 이하 10대 완왕부 추장을 황제로 추증하였다. 이들 상경에서 이장되어 온 시조릉은 시조 광릉(光陵) 이하 희릉(熙陵), 건릉(建陵), 헌조 휘릉(輝陵), 소조 안릉(安陵), 경조 정릉(定陵), 세조 영릉(永陵), 숙종 태릉(泰陵), 목종 헌릉(獻陵), 강종 교릉(喬陵)이었다.

이들 시조릉 10기와 태조 예릉(睿陵) 및 태종 공릉(恭陵)을 함께 천릉한 것이다. 그런데 금 황실에서는 종실 간에 권력 다툼이 있어 황통이 교란되면서 9명의 황제 중 2명은 자살하여 능호가 없고, 마지막 황제들은 능지도 없다. 예컨대 선대 황제릉을 연경으로 천릉한 4대 해릉왕은 부하에 의해 살해된 후 록문곡(鹿門谷) 제왕(諸旺) 묘지구역에 매장되었다가, 후에 또다시 서인(庶人)으로 추폐(追廢)되면서 능구 서남 사십 리 되는 곳에 이장했다.[439] 황통의 교란으로 인해 황제로 즉위한 후 자신의 친부를 황제로 추존하고 황제릉을 조성하는 경우가 많았다.

3대 희종이 자신의 친부를 휘종으로 추숭하였고, 5대 세종 완안옹(完顏雍)이 즉위한 후 부친을 예종으로 추증하여 경릉에 안장하였다. 6대 장종 또한 자신의 아버지를 현종으로 추봉하여 유릉에 안장하였다. 때문에 금 황제 중 연경에서 붕어하여

439 『金史』.「廢帝海陵庶人紀」

황제릉 구역에 매장된 황제릉은 고작 5대 세종의 흥릉과 6대 장종의 도릉(道陵)에 불과하다.

금 8대 선종은 즉위한 다음 해 난징, 곧 변량(卞梁)에 수도를 옮겨 그곳에 묻혔으며 덕릉(德陵)이라 부르지만, 능지를 찾을 수 없다.[440] 마지막 황제 애종(哀宗)은 1234년 나라가 망할 때 자결하였으며, 유골이 송조(宋朝)에 넘겨져 능묘가 남아 있지 않다.[441] 따라서 금황실의 황제릉에는 시조 이하 10릉 및 태조 이후 추봉황제들까지 묻혀 도합 17릉을 조영하였다.

연경 대방산의 금 황제릉은 총 17개의 제왕릉이 있는 규모가 방대한 능원 건축군이다. 그러나 몇 차례에 걸쳐 철저히 훼손되었다. 첫 번째는 정우(貞祐) 3년(1215) 연경이 몽골에 점령 당한 때였고, 1234년 금나라가 망하면서 황제릉이 도굴 당하여 훼손하였다. 그러나 중원을 통일한 후에는 다시 금황제릉을 정리하고 매년 제사도 지내도록 하였다.

두 번째는 사백 년 후 명조(明朝) 말기에 이르러서이다. 명나라 만력 44년(1616) 만주족은 동북에서 후금(後金, 훗날 淸)을 건국하고 날로 강대해지고 명나라가 전장에서 거듭 패하게 되자, 후금이 대방산 금릉의 풍수의 덕을 입은 것이라고 여겼다. 이에 후금 군대의 산해관 입관을 방어하기 위하여 음양가(陰陽家)의 설법대로, 천계(天啓) 2년(1621), 명 희종(熹宗)은 대방산의 금릉을 훼손하여 "왕기(王氣)를 뽑아내고 용맥(龍脈)을 끊는다[天啓屈陵]"고 한 것이다. 말하자면 염승지술(厭勝之術)로 명나라 왕조의 통치를 연명하려는 것이었다.

이에 천계제는 두 번에 걸쳐 사람을 보내어 구룡산의 능을 파괴하였다. 금 황제릉을 지상에서 지하까지, 안에서 바깥까지 모두 파헤치고 하나도 남기지 않았다. 지상의 건축물을 부수어 황제릉의 지궁을 파헤치고 땅바닥에 흩어진 석주와 난간 같은 부자재와 돌멩이로 막았다. 더욱이 금 태조 예종릉이 있던 용두에 있던 흙을 파서 용머리를 자르고, 용머리 아래에 있는 큰 구멍을 파 놓았다. 천계 3년(1623)에는 금릉의 옛터에 관제묘(關帝廟)를 건설하여 왕기를 누르려 하였다. 아울러 금태조 예릉 위에는 고탑(皐塔)을 만들어 세웠다. 우고(牛皐)는 악비(岳飛)와 함께 금나라에 대항

440 『金志』, 世紀. ; 清·顧炎武, 『東京考古錄』, "考金陵", 제39항, 北京出版社, 1962.

441 張學鋒 編著, 『中國 墓葬史』下冊, 廣陵書社. 2009, p.490. 표9-3.

방산 금황제릉 유지

하였던 남송의 명장이었다. 때문에 우고를 기리는 탑을 관우를 기리는 사당[關帝廟]을 능침 위에 세워 금나라의 기운에 대항하도록 한 것이다.

반면 금을 계승하였음을 자인한 청조는 금 황제릉에 대해 예의를 갖추었다. 태종이 입관(入關)하여 명나라를 정벌한 후 이곳에서 제사를 지냈고 세조가 베이징을 도읍으로 정한 후에는 지방 관원들에 명하여 춘추로 제사를 지내게 했다. 건륭 16년(1751년), 청나라 고종은 "금나라 태조(太祖)와 세종(世宗) 두 능의 향전(享殿)과 요원(繚垣)을 수리하도록 명하였다. 공사가 끝나자 친히 이 두 능을 알현하고 어필로 금나라 태조와 금 세종을 구가하는 시를 지었다.[442] 완안씨(完顏氏) 자손들로 하여금 제사를 배향하도록 명하였다. 이렇게 청나라 초기 금릉에 대해 여러 차례 국부적인 수선을 하고 특히 금 태조릉, 금 세종릉에 대해선 더욱 보호를 하여 보정(寶頂)과 보성(寶城)을 새로 수리하여 중건하였다. 비록 청나라 초기에 어느 정도 수복을 하였지만 이미 본래의 규모에는 미칠 수 없었다. 마지막으로 1970년대 초까지 방산 금황제릉구에는 어느 정도 유적들이 남아 있었으나 문화혁명 때 철저하게 파괴를 당하였다.

442 清·于敏中等,『欽定日下舊聞考』권132,『京畿·房山縣3』, 제7책, 제2118항, 北京古籍出版社, 1981.

유리를 덮어 보호 중인 계단석

금 황제릉은 능침제도나 의례는 당송이나 요대 황제릉을 부분적으로 흡수하면서도 여러 면에서 민족적 특징이 반영되어 있다. 이러한 몇 가지 특징은 고려 왕릉과 밀접한 관련이 있는 것이다.

첫째 황제릉의 능지를 결정할 때에는 감여술(堪輿術)에 의해 선정하였다.[443] 풍수적으로 볼 때 당나라 황제릉과 요나라 황제릉은 산을 의지하여 능을 조성하는 배산임수(背山臨水)의 방식을 택하였으며, 송나라 황제릉은 산을 앞에 두고 물을 뒤에 두는 면산배수(面山背水)로 배치하는 것이 특징이다.[444] 그런데 금나라 황제릉은 깊은 산 중에 산으로 둘러싸인 곳을 선택하였다.

이러한 능지 선택 조건은 여진인 고유의 민속을 반영한 것이며, 금 태조릉을 세 차례 조성할 때마다 적용되었다. 우선 헤이룽장성 아청시에 조성한 금 태조 초장릉의 경우 뒤쪽에는 호국림이 병풍처럼 둘러치고, 앞쪽 궁성의 서남쪽에는 고부화견계에서 흘러 내려오는 물[유수]을 두고 있었다. 다음으로 3대 희종 때 태조와 태종의 능을 천릉하였는데, 이때 뒷산에는 호개산을 두고, 앞쪽으로는 출호수와 이십하

443 何木風, 『來龍去脉-歷代皇陵命運大揭秘-』, 廣西人民出版社, 2007, pp.152-153.

444 秦大樹, 『宋元明考古』, 문물출판사, 2004, pp.132-133. 북송에서 길지를 선정할 때에는 '五音姓利說'에 의거하였다.

가 감싸는 방식이었다.

마지막으로 4대 해릉왕이 베이징으로 천도하여 태조를 비롯한 17릉을 배치할 황제릉구역으로 방산을 선정하였는데, 산릉지에 해당되는 구룡산은 아홉 마리의 용이 높낮이가 다르게 순서대로 내려와 마치 병풍처럼 둘러쳐 있는 형상이었다. 특히 구룡산은 중봉이 높게 솟았고 옆으로 중간이 평평하여 불쑥 솟은 구조이며, 동쪽과 서쪽으로 산이 계속 이어져 봉우리가 끊어지지 않고 둘러싸인 형국이었다.[445] 바로 풍수설에서 말하는 좌청룡과 우백호가 위치하여, 멀리 좌우로 병풍처럼 조정신하가 서 있는 듯한 조산(朝山)과 야트막히 황제가 일하는 책상과 같은 안산(案山)이 배치되어 있었던 것이다.[446]

특히 연경 대방산에 있는 금나라 황제릉은 중국 고대 황실의 능침 중에서도 풍수격국이 가장 전형적인 곳으로 여겨졌다. 때문에 명대에 주원장이 난징에 명태조 효릉의 조성하기 전에 지모(智謀)화상 곧 요광효 등을 보내어 금나라 황제릉을 연구하도록 한 것에서 알 수 있다. 그만큼 명나라의 황제를 조성하는데 금나라의 황제릉은 좋은 본보기였던 것이다. 더욱이 금대에 황제릉을 산맥에 의거하는 배치하는 형식은 명대(明代)에 영향을 끼쳤다. 청 성조(成祖) 영락제가 베이징에 능지를 선택할 때 경기지역의 모든 산을 돌아보도록 지관을 파견하여 대방산 대신 천수산(天壽山)을 능침으로 선택할 때에도 참고가 되었다.

둘째, 능침의 방향이다. 여진족의 금은 일찍부터 태양을 숭배하는 습속이 있었다. 때문에 궁궐이나 성지 및 능묘는 모두 태양을 향할 수 있는 동남향에 배치하여 동남으로 15도 정도 치우친다. 능은 뒤쪽에 높은 산을 의지하고 앞에는 조벽을 계수가 능 앞을 흐르도록 한다. 계수 위에는 어교가 있고, 그 곳에 문전을 세운다. 신도에는 능묘 위에 향전(영신전)을 세운다. 신도에는 신도비, 망주, 석마, 석호, 석양, 무관, 문관, 석사, 신문, 제대 등이 있다.

셋째, 금나라는 여진족의 습속대로 황제릉의 제향에 산신제를 드렸다. 『금사(金史)』에 의하면 "대정(大定) 21년(1181)에 조서를 내려 산릉의 지역을 봉하고 대방산신(大房山神)을 보릉공(保陵公)으로 하였으며 부사(副使)를 파견하여 면류관 8기, 의

445 何木風, 『來龍去脉-歷代皇陵命運大揭秘-』, 廣西人民出版社, 2007, pp.152-153.

446 『大金國志校訂』; 『金虜圖經, 山陵』

복 7벌, 규(圭), 책(册), 향(香)' 폐(币) 등을 가지고 가서 법도대로 예를 행하였는데, 그것은 장백산에서의 예의와 같았다. 이후 사자를 산릉에 파견하여 예의를 끝내는 예를 행하였다. 산릉관들은 한 사람씩 공헌례를 하는 것으로 제사를 받들었다." 이로 미루어 당시 여진인들은 산신(山神)을 숭배하는 습속이 있었다. 따라서 그들 민족의 발상지인 장백산에 산신단을 설치하여 제향의식(祭享)을 올리듯이, 황제릉이 위치한 대방산을 "보릉공(保陵公)"으로 봉하고 산신에게 제향을 드렸다. 그리고 이러한 산신제는 명나라에도 영향을 끼쳤다. 다만 금대의 "보릉공" 제사는 "제신잡사(諸神雜祠)"에 속하여 제후(諸候)에 해당되는 의례였지만, 명대의 천수산신은 처음부터 악진해독(岳鎭海瀆)을 바싹 뒤쫓는 숭고한 지위를 가져 명 영락제 때에는 국가 제사대전(祭祀大典)으로 확정될 정도였다.

1980년대 이래 베이징시 문물고고연구소에서는 금릉 유적지에 대해 다년간의 고고학적인 조사를 진행하였다.[447] 그 결과 신도(神道)의 북단에는 비교적 뚜렷하게 태조 예릉(太祖 睿陵)과 세종 흥릉(世宗 興陵)의 유적이 동서로 대략 30m 정도 떨어져 있었다. 청대에 수축한 보정(寶頂)이 아직 남아 있었는데, 완전히 파괴된 예릉의 보정은 높이 5m, 직경이 15m이고, 흥릉의 봉토는 좀 작으나 외형이 대체로 완전하여 직경 6.5m, 잔고(殘高)가 1.6m이다. 그밖에 청대에 수리한 유적을 제거하면서 금능 주릉구의 본래 모습이 뚜렷해졌다. 금릉 주릉구의 부지면적은 약 6.5만m^2이다. 능구는 신도(神道)를 중축선으로 양측이 대칭을 이루며 자리 잡았으며, 석교(石橋), 석답도(石踏道), 대지(臺址), 동서대전(東西大殿), 능장(陵墻), 능묘본체 등 건축군으로 조성됐다.[448]

구룡산 주봉 아래 청대 때에 수선한 금태조 대보정(大寶頂) 앞 약 15m 되는 곳에서 1980년대 말 조사할 때 암갱(岩坑) 유적을 발견, 당지 촌민들이 한때 축수지(蓄水池)로 사용하고 있어 당시 "제사갱(祭祀坑)"이라 이름 지었다. 2003년 발굴을 거쳐 여기에서 석관 4기를 발굴했는데, 무늬에 용이나 봉황이 새겨져 있었다. 그밖에 여러 유물이 발견된 데다가 묘갱이 금릉유적지의 중축선에 위치하고 있어, 이곳이 바

447 宋大川等, 「金陵遺址第一階段調查報告」『北京文博』 2001년 제3기 ; 宋大川等, 「金陵遺址第二階段調查報告」『北京文博』 2002년 제3기.

448 北京市文物研究所 金陵考古工作隊, 「北京房山區金陵遺址的調查與發掘」『考古』 2004년 제2기; 北京市文物研究所, 『北京金代皇陵』, 文物出版社, 2006.

아직도 아름다운 비석

주구점 표지석

로 금 태조의 지궁으로 밝혀졌다. 금 황제릉은 전형적인 능구제(陵區制)로서 각 능간 거리가 가까운 것이 남송(南宋)과 상사(相似)하다. 태조 예릉(睿陵) 현관(玄棺)에서 서남쪽에서 "예종문무간숙황제지릉(睿宗文武簡肅皇帝之陵)"이란 비석이 발견되었고, 그 뒤에 파괴된 묘갱 하나가 있다. 이 비석에서 서남쪽으로 약 60m 되는 곳에는 세종의 흥릉이 있다.[449] 예릉의 현궁 동쪽에는 또 태종 공릉의 현궁 유적도 있었다.[450]

한편 상경에서 금나라 초기 황제릉을 조사한 후 바로 베이징으로 날아가 대방산의 금 황제릉군을 직접 찾기로 하였다. 이번에도 몇 차례 이용한 적이 있는 왕씨의 차를 대절해 가는데, 대방산에서 길을 헤매 엉뚱하게 석재광산을 빙빙 돌며 몇 시간이나 배회하였다. 그리하여 작은 현 사무실에 들어가 위치를 확인하고 다시 길을 떠났는데, 가는 도중 바로 유명한 주구점(周口店) 유적이 보이는 것이 아닌가! 처음부터 주구점을 목표로 했으면 쉽게 갈 수가 있었는데, 엉뚱한 곳을 반나절이나 헤맨 것이 억울하였다. 주구점을 지나 북쪽으로 잘 포장된 길을 30분 쯤 올라가니 멀리서 예사롭지 않은 산록이 보이는 것이 꼭 대방산이란 느낌이 들었다. 아니나 다를까!

큰길에서 벗어나 제법 큰 마을을 들어서니 곳곳에 반갑게도 '금황제릉(金皇陵)'이란 푯말이 붙어 있었다. 그러나 기대했던 거대한 황제릉군을 증명해 줄 유구들은 아무 곳에도 없었다. 다만 입구에 패방 자리와 신도 중앙의 계단 등이 남아 있는데, 유

449 北京市文物研究所, 『北京金代皇陵』, 文物出版社, 2006, pp.88-94.

450 장경희, 「12세기 高麗·北宋·金 황제릉 비교 연구」, 『동방학』 제30집, 한서대학교 동양학연구소, 2014, pp.339-384.

아골타 능의 발굴현장

리로 덮어 보존하고 있다. 그러나 유리 속으로 보이는 석조와 그 옆에 쓰러져 있는 대리석제 비석의 비신과 이수의 조각 솜씨는 매우 정교하고 예술성이 풍부해 금황제릉의 위용을 짐작케 하고 있다. 우리는 계단 위로 올라가자 규모가 큰 제전의 유구가 남아 있으며, 그 위로는 건축물 같은 흰색 텐트가 둥글게 설치되어 있었다. 이게 무슨 행운인가? 그것은 그토록 보고 싶던 아구타의 무덤의 현실을 파낸 구덩이었던 것이다. 마침 행운이 이어져 어두운 저녁이라 그런지 발굴단의 모습도 경비원도 없어 얼른 달려가 문틈으로 빠끔히 들여다보니, 놀랍게도 큰 구덩이 속에 흰 석관이 뚜껑이 열린 채 보이는 것이 아닌가! 아, 이것이 한때 고고학자들을 흥분시킨 아구타 능이 아닌가! 오늘 필자에게 천운이 있어서인지 실견할 기회를 가진 것이다.

사실 중국 문화재를 자세히 연구하고 살펴보려고 하면 한국 학자들에게는 여간 어려운 일이 아니다. 동북공정의 영향인지 중국에서는 미국이나 일본, 심지어 북한 학자들에게는 친절히 대하면서 한국인이라 하면 질색을 하고 비협조적으로 돌변한다. 이는 아직도 한국인 관광객들이 또는 인터넷에서 만주 일대의 연고권이나 심지어 산동지역, 중원 일대가 백제나 고구려의 땅으로 한국 역사의 일부라고 주장하고 있어 중국으로서는 상당히 부담스런 일이었을 것이다. 그래서 가끔 언론이나 문화재청, 대학에서 연구를 목적으로 취재, 연구하려 해도 어려움이 여간 따르는 것이 아니다. 다행히 필자 곁에는 유선배가 있어 북한이나 중국에서의 어려움을 잘 해결해 주었는데, 오늘은 행운이 따라 아구타의 석관을 직접 볼 수 있게 된 것이다. 이 태조묘는 1980년대 베이징시 문물고고연구소에서 한 암갱(岩坑) 유적을 발견했는데, 이 안에서 한백옥[대리석]으로 만든 석관과 몇 가지 유물 그리고 유골 일부를 수습할 수 있었다. 몇 차례의 철저한 고증을 거쳐 이곳이 바로 아구타의 무덤임을 밝혀 고고학계를 놀라게 하였다.[451] 그러나 오늘날 이곳을 찾는 사람은 어떠한 건축이나 봉분, 석물 한 점도 없어 실망할 것이다. 어렵게 수소문 하여 이 금황제릉구역에서 출토된 문무인상과 호랑이 조각이 베이징 시내 '요금박물관'에 있음을 알아내고 찾아가 관찰할 수가 있었다.

찬란하고 웅대한 대방산의 금 황제릉원은 명나라 주원장의 효릉을 조성할 때도 모델이 될 정도로 중요한 문화재였다. 그러나 1215년과 1234년 몽골의 중도 함락과 침략으로 수백 채의 건물과 석물이 파손되고 말았다. 그러나 중원을 정복한 원나라에서는 금을 같은 집안으로 여겨 황제릉을 보수하고 해마다 제사도 지내주어 어느 정도 옛 위용을 찾는 듯 했다. 불운한 금 황제릉은 엉뚱한 이유로 또 철저한 파괴를 당하게 된다. 명말 주유교가 황제가 되어 만주에서 흥기한 누르하치에게 연패를 당하게 되자 같은 여진족인 후금의 '왕기를 뽑아내어 그 용맥을 자른다'라는 이른바 '천계굴릉(天啓掘陵)'[452]이란 만행을 자행하여 대방산의 모든 금 황제릉을 철저히 파괴하여 돌 하나, 나무 한 그루를 남겨두지 않았다. 그러나 같은 여진족인 청나라가 중국을 통일하자 조상들의 무덤 즉, 금 황제릉을 복구하고 춘추로 제사를 올려 어느 정도 면모를 갖추게 되었다. 금 황제릉의 불운은 여기에서 끝나지 않았다. 1960 ~70년대 중국을 휩쓴 광풍 즉, 문화혁명 때 그나마 남아 있던 금 황제릉의 유구를 부르도저로 밀듯이 완파시켜 기와, 벽돌 한 장도 남기지 않았다. 불과 40여 년 전까지 찬란한 면모를 자랑하던 금 황제릉이 완전히 소멸된 데 대하여 너무 화가 났다.

그런데 한 가지 금 황제릉이 이렇게 철저히 파멸된 것은 인과응보가 아닌가 하

451 劉毅, 『中國古代陵墓』, 南開出版社, 2010, p.139.

452 명 熙宗 朱由校(재위 1620~1627) 때 주술사의 제안으로 후금의 왕기를 없애기 위해 금나라 황제릉을 모조리 없앤 일로 '天啓'는 희종의 연호이다.

금황제릉의 건축유구

는 생각도 든다. 그것은 금나라가 요나라 황제릉과 송나라 황제릉을 철저히 파괴하고 약탈한 전과가 있기 때문이다. 금나라는 1115년 건국한 이래 120여 년간 아홉 황제를 거치다가 1234년 몽골과 남송연합군에게 멸망되어 역사 속으로 사라졌다가 한동안 잊혀진 제국이 되었다. 그러나 금제국은 요나라와 북송을 멸망시키고 베이징을 수도로 삼아 이후 역대 중국의 중심지가 되게 하였으며, 풍수국격을 잘 갖춘 대방산 황제릉구를 조성하여 중국 역사에 큰 족적을 남기었다. 그 후손들이 다시 후금과 청나라를 세워 300여 년간 대륙을 지배한 것을 보면 많은 파손을 입었지만 대방산의 왕기가 이어진 것이 아닌가 하는 생각이 들었다.

3

원(元)나라 황제릉

_ 과연 황제릉이 있는가?

원나라는 주지하다시피 몽골족이 중국을 정복하고 세운 나라로 징기스칸 이후 손자 쿠빌라이가 1271년 베이징에서 국호를 대원(大元)이라 칭하여 세계적 제국이 되었다. 그러나 쿠빌라이 이후 11대 황제를 거쳐 1368년 주원장이 세운 명나라에 망했다. 징기스칸 이래 몽골과 원제국에는 14명 이상의 황제와 황후 등을 포함하면 적어도 30기 이상의 황제릉이 있어야 되는 나라였다. 그렇다면 원나라 황제릉은 어디에 있는가? 특히, 징기스칸의 무덤은? 결론부터 말하자면 원나라 황제릉은 현재 중국이나 몽골 어디에도 단 한 기도 없다. 그러므로 필자의 황제릉답사기도 원나라에서 막힐 수 밖에 없었다.

원나라 황제들은 어디에 묻혀 있나? 이 의문은 지난 몇 백년간 고고학계와 역사계의 최대 미스터리였다. 원나라 황제들이 죽으면 『元史』를 비롯한 고문헌에서는 모두 "기련곡(起輦谷)에 묻었다[葬起輦谷]"라는 네 글자 밖에 없다. 그렇다면 '기련산' '기련곡'은 어디에 있는가? 기련산의 위치에 대하여 원대 당시부터 지금까지 추정하는 지명만 수 십 곳에 이르러 도저히 진위를 가릴 수 없다. 한 가지 원나라 장례에 대한 다음과 같은 흥미로운 기사가 있다.

"무릇 임금이 붕어하면 향남목(香楠木)으로 관을 만드는데, 중간을 둘로 나누었다. 사람모양만 하게 깍아내는데, 그 넓고 좁음과 길고 짧음이 사람 몸이 족히 들어갈 수 있을 정도만 했다. 담비가죽옷과 가죽모자로 염을 하고, 그 신과 버선, 허리띠, 바리 등은 모두 흰 가루를 바른 가죽으로 만들었다. 순장품은 금호병 2개, 금잔 1개, 금완 1개, 금접시 1개, 금숟가락과 젓가락 각 각 1개이다. 염을 마치고 나서 황금으로 넉줄을 묶는다. 수레에는 흰 양탄자에 가장자리를 푸른색으로 두른 납실실(納失失)로 깃발을 세우고 관도 납실실로 덮었다. 무당할미가 새 옷을 입고 말을 타고 다시 말 한 필을 끌고 앞으로 가는데, 황금으로 말안장과 말고삐를 장식하였으며 거기에도 납실실을 덮는데, 이를 금령마(金靈馬)라고 부른다. 하루에 세 차례 양을 잡아 제사를 지냈다. 무덤구덩이를 파낸 흙덩어리는 나란히 줄을 세워 두었다가 관을 내려 놓으면 다시 그 흙덩어리로 덮었다. 그리고 남는 흙은 멀리 치운다. 송장관(送葬官) 3명을 두고 5리 밖에 거주하면서 하루에 한 번씩 밥을 지어 제사를 지냈고 3년 후에 돌아갔다."[453]

『원사(元史)』의 기록에서 보이듯이 원나라 황제의 장례가 극히 소박하며 평지에 표가 나지 않게 묻었다는 것을 알 수 있다. 즉, 원 황실에서는 암장(暗葬)과 박장(薄葬)을 하였다는 것이다. 그러므로 원 황제릉에는 어떠한 봉분이나 초목, 석조물, 건물도 없기 때문에 표지석이 없는 황야나 초원에서 절대로 눈에 띄지 않고 오늘날까지 비밀이 유지될 수 있었다. 이 장례법에 대하여 보다 구체적으로 서술한 것이 원말 명초 엽자기(葉子奇)가 지은 『초목자(草木子)』에 잘 나타나고 있다.

"원나라의 여러 황제릉은 모두 깊은 골짜기에다 일으킨다. 나라의 제도로 봉분을 만들지 않으며 장례가 끝나면 만 마리의 말들로 무덤 일대를 짓밟아 평평하게 평지로 만들고, 낙타새끼 한 마리를 잡아서 그 무덤 위에 놓고 천 명의 기병들이 수호한다. 다음 해 봄에 풀이 자라면 막사를 옮기도 기병들은 철수한다. 이 때가 되면 아무도 그 자리를 찾을 수 없게 된다. 제사를 지내려 할 때는 작년에 새끼를 죽인 낙타 어미를 끌고 온다. 어미 낙타가 머뭇거리며 비통하게 울부짖으면 그곳이 장지임을 알게 되어 제사를 지낸다. 그리고 세월이 흐르면 그 자

453 『元史』卷77, 「國俗舊禮」

손들도 장지가 어딘지 모르게 되고 사람들에게 잊혀지게 된다."[454]

이러한 독특한 비장법(秘葬法)은 결국 매우 효과적임이 밝혀졌다. 도굴의 종주국이라 할 수 있는 중국의 역대 수많은 도굴꾼과 역사학자, 고고학자, 호사가들이 천여 년 가까이 징기스칸과 원 황제릉을 찾고자 했으나 오늘날까지 단 한 건의 발굴도 못하였다. 이것은 세계 역사상 매우 희귀한 예로 당사자들은 매우 현명한 장례법을 창안해 낸 것이다. 실제로 도굴당하지 않은 명 이전의 황제릉은 진시황릉과 고종과 측천무후가 묻힌 건릉 정도로 중국에서는 역사상 수많은 도굴로 영면은 고사하고 무덤이 파헤쳐질 뿐만 아니라 유해마저 처참하게 훼손되고 말았다. 그 점에 대하여 원 황제들은 비장과 박장을 통하여 지하에서 편안하게 영면할 수 있었다. 필자에게는 연구의 소재가 없어져 아쉽지만 역대 원 황제들의 현명함과 검소함에는 존경을 보내고 싶다.

근래에 일부 여행자들이 내몽고에서 징기스칸의 무덤을 보고 왔는데 왜 그런 소리를 하느냐는 항의를 들었다. 그들이 내몽고 어얼도로(鄂爾多斯)시 이진호로(伊金霍洛)에 있지 않느냐고 반문하는 것이다. 그러나 이들이 징기스칸의 묘라고 간 곳은 사실은 흔히 '팔백실(八白室)'이라 하는 곳으로 징기스칸의 의관총(衣冠塚)으로 여덜 개의 파오식 장전(帳殿)이다. 또 오르도스 시에도, 그밖에 몇 군데의 징기스칸의 능이라고 만들어 놓았으나 관광용이라 생각하면 된다. 20세기 이후 지금까지도 수많은 나라에서 독자적으로 또는 몽골과 합동으로 징기스칸의 능을 찾고자 노력하여 모두 수십 곳에 그럴듯한 근거를 대고 있지만 실체가 밝혀진 것은 아직도 아무 것도 없다.

원 황제릉 답사는 포기하였지만 다행히 원나라의 왕족이나 고관들은 상당수 중국식의 장례의식에 따라 봉분도 세우고 석물도 마련했음을 알게 되었다. 그리하여 이를 통하여 원나라 황제릉을 유추해 보고자 한다. 근래 원대 능묘조각이 발굴되어 전시되고 있는 베이징시 외곽에 있는 '베이징석각예술박물관'에서 다행히 거대한 원대 문무인상과 호랑이 석상을 볼 수 있어 매우 보람 있었다. 이들 조각품은 원래 인근에 있는 해정공원(海淀公園)[455]에서 출토된 것으로 조각이 크기도 크지만 세

454 葉子奇, 『草木子』, 「雜誌」

455 베이징시 서편 海淀區에 있는 공원인데, 근래 발굴조사에 의하면 원시대에 고위층의 무덤이 산재되어 있는 것으로 밝혀졌다.

북경석각박물관의 원대 석인상

북경 해정지구에서 출토된 원대 문인상

부 디테일 묘사가 뛰어나며 괴량감도 풍부하여 어떤 시대의 능묘조각에 뒤떨어지지 않는다.

원대 석물이 상당수 제 자리에 남아 있는 원나라 고관의 무덤이 있다는 반가운 소식을 듣게 되었다. 그것은 원의 고관 장응서(張應瑞) 일가의 묘로 베이징에서 저 멀리 내몽고에 소재하고 있다는 것이다. 그곳은 츠펑시 옹우특기(翁牛特旗) 오동화진(梧桐花鎭) 동북방 6.5km 떨어진 국공부촌(國公府村)에 있다는 정보를 얻고, 어렵게 고생 끝에 찾아간 장응서의 묘는 절대로 혼자 찾아가기 어려운 벽촌에 있었다. 이곳의 정식명칭은 '원대계국공장응서가족묘지(元代薊國公張應瑞家族墓地)'이며 2020년 '전국중점문물보호단위(全國重点文物保護單位)'[456]로 지정되어 있다. 그제서야 마을 이름이 '국공부촌'이 된 유래를 알게 되었다. 장응서는 쿠빌라이 때 한족이지만 서법가로 유명했고, 고위관리로 그가 죽자 계국공으로 봉해지면서 원 순제 원통(元統) 3년(1335)에 장대한 비석을 세워 주었다.

국공부촌까지는 어렵사리 찾아왔지만 이제부터가 문제였다. 아무런 이정표도 인가도 없는 구릉지대의 밭 사이로 이리 저리 헤매이다 몇 채의 농가가 있는 것을 겨우 볼 수가 있었다. 다행히 마당에서 나무를 다듬는 노인 한 분을 만날 수 있어 목적지를 묻자 여기서 멀지 않으니 이리, 저리로 가라고 하신다. 그러나 경험상 그 말을

456 중국에서 국무원이 제정한 문화유산 보호제도인데, 1961년 이래 국가급의 문화유산이 1,300여 건이 지정되어 있다. 대개 장방형의 석판 위에 명칭과 지정날짜가 새겨져 있는데, 그 등급은 국가급, 성급, 현급의 세 등급이 있다. 그러나 국가급이라 해도 그 중요성만 표시한 것이지 현재 보존상태는 엉망인 것이 많다.

어렵게 찾은 장응서가족묘 원경

조각싱들의 실측조사

모두 목이 잘려나간 조각상

믿고 가다가는 어느 길로 갈지도 모르고 헤매이기 십상이다. 그래서 노인을 납치하다시피 차에 태우고 길도 제대로 없는 옥수수밭 사이로 2km 쯤 달려 구릉지대 사이의 분지가 보이고 군데 군데 흰 석물이 흩어져 있는 것이 보인다. 벌써 해는 지기 시작했지만 고생한 보람이 있어 귀중한 원대의 석물 20여 점을 볼 수 있었다. 먼저 실측이고 무엇이고 없이 사진부터 정신없이 찍기 시작했다. 원나라 황제릉을 보지 못한 분풀이라도 하듯이 사진을 찍다보니 날은 어두워지고 별이 보이기 시작했다. 그래서 다시 2년이 지나 재방문하여 실측과 정밀촬영을 마칠 수 있었다.

이곳은 동서북이 산으로 둘러사인 구릉지대인데, 약 150,000m²의 넓은 면적을 가지고 있다. 세 기의 거대한 비석과 문인상 2구, 무인상 2구, 석호 3구, 석양 4구가 사방에 흩어져 있다. 이들 석물은 온전한 것이 하나도 없이 몇 토막씩 쪼개져 여기저기 흩어져 있다. 여기에서도 또 참변을 목도하여 마음이 우울하였다. 이들 조각상은 웅대하기도 했지만 조각술이 정교하고 매우 뛰어나 중국 석조의 최고라 해도 손색이 없었다. 더 중요한 사실은 베이징석각예술박물관에서 보았던 원대 조각들과 유사하여 원나라 능묘조각을 유추해 볼 수 있어 매우 만족한 결과를 얻을 수 있어 기뻤다. 그러나 이 아름다운 석물들은 물론 봉분이나 구조물들은 문화혁명시기에 철저히 파괴되고 모두 땅에 쓰러뜨려 눕혀 버렸다. 그리고 목은 모두 잘려져 있었다. 이들 조각품들은 모두 베이징 아래 방산(房山)에서 가져온 백옥석으로 아름답기 그지없다. 이 장응서 가족묘의 조각들을 보자 고려 공민왕릉이 생각났다. 공민왕릉이야 말로 고려시대 왕릉을 뛰어 넘어 조선왕릉의 전형(典型)이 되었다. 이 독특한 공민왕릉의 조각들은 아무래도 원나라의 영향을 받았다는 생각이 뇌리를 떠나지 않았다.

제6장

명(明)나라의 황제릉

6. 명나라 황제릉 : 숭고하고 완벽한

명나라는 유교적 이념으로 황제의 조상을 숭배하여 무덤을 황제릉처럼 만들었다. 난징에 태조의 명효릉과 베이징에 명13릉을 영건하여 중국 황제릉의 전형을 완성하였다. 능에서 제향의식을 거행할 숭고한 건물과 황제의 위엄을 보일 완벽한 석물조각으로 명나라 황제릉은 조형미를 보여주고 있다.

6. Emperor's Tomb of Ming: Noble & perfect

The Ming Dynasty worshipped the emperor's ancestors with a Confucian ideology and made the tomb look like an emperor's tomb. The tomb of King Taejo in Nanjing and the tomb of King Myeong13 in Beijing were rebuilt to complete the epitome of the tomb of the Chinese emperor. It shows the formative beauty of the Chinese emperor's tomb with a noble building to hold a memorial service at the tomb and a perfect stone sculpture that shows the dignity of the emperor.

1

주원장(朱元璋)의 시조릉(始祖陵)
_ 조상의 무덤에 황제릉을 세우다

명태조 주원장의 4대조의 추존 황제릉

대수	관계	이름	묘호	시호	합장황후	능호	능지
4	고조부	朱百六	추존 德祖	玄皇帝	玄皇后 胡씨		
3	증조부	朱四九	추존 懿祖	恒皇帝	恒皇后 侯씨	祖陵	강소성 盱眙
2	조부	朱初一	추존 熙祖	裕皇帝	裕皇后 王씨		
1	부친	朱世珍	추존 仁祖	淳皇帝	淳皇后 陳씨	皇陵	안휘성 鳳陽
	본인	朱元璋	太祖	洪武帝	高皇后 馬씨	孝陵	南京

주원장(朱元璋)은 명나라를 개국한 다음 자신의 조상들을 황제로 추존하였고, 그들의 무덤을 황제릉으로 추봉하여 조성하였으니 시조릉(始祖陵)에 해당되는 셈이다. 중국 역사상 명 태조 주원장은 가장 미천한 출신으로 부모는 기근에 아사하고 고아에서 탁발승, 산적, 반란군 졸병에서 장군, 황제에까지 이른 주원장은 가문에 대한 콤플렉스가 가장 심한 황제였다. 그러므로 1368년 황제에 오르자마자 4대 조상들을 황제로 모시고 이를 위해 개국 후 다망한 중에 이듬 해 1369년 황제릉을 조성하기 시작하였다.

역대 왕조에서 개국하자 가장 먼저 하는 사업이 시조묘를 조성하고 제사를 올리는 일이다. 그럼으로 자신의 가문이 우월함을 나타내고 이를 통치의 도구로 사용하며 아울러 왕실의 권위를 나타내는 데 사용하였다. 명나라에서도 주원장은 개국하자 바로 이듬 해부터 시조묘 건설에 진력하게 되었다. 그러나 이들 조상묘가 그 왕조의 첫 시기에 조성됨으로 이후 그 왕조의 황제릉 조성의 모델이 되는 셈이다. 따라서 시조묘를 살펴봄으로 전 시대와 어떻게 다르고 어떤 점이 새로워졌는지 연구할 수 있는 것이다.

조상숭배는 원시사회부터 비롯된 관습으로 고대 국가형성 단계에서는 주변의 씨족과 부족사회를 정복, 통합시키면서 왕실로 등장한 집단에서는 씨족과 부족의 정점 위에 자신들의 조상신을 앉힘으로써 그 왕실의 시조신들이 고대국가의 국조신(國祖神)으로 받들었다. 국가가 형성되자 지배자는 일반인과는 그 출생부터 다르고 신성하다고 선전하여 권위와 정통성을 강조하게 된다. 지배자는 하늘[天]이 내린 자손으로 천강신화(天降神話)를 지어내고 이에 대한 구체적이고 시각적 증거로 시조묘를 만들게 되었다.

이렇게 시조릉이란 황제나 왕이 된 다음 정통성과 왕권의 권위를 높이기 위해 역대 지도자들이 즐겨 써온 관습이다. 중국 당에서는 개창자의 4대조를 황제로 추존하는 제도를 시행하였다. 당 고조 이연(李淵)은 자신의 4대 조상을 황제로 추존하였는데, 부친을 세조원황제(世祖元皇帝)로, 조부를 태조경황제(太祖景皇帝)로, 증조부를 의조광황제(懿祖光皇帝)로, 고조부를 헌조선황제(獻祖宣皇帝)로 추존하였다. 이들 중 능호를 올린 것은 2대 조상까지로서 세조의 능호는 흥녕릉(興寧陵)으로, 태조의 능호는 영강릉(永康陵)이었다. 우리나라에서는 이를 받아들여 918년 고려를 건국한 태조 왕건(王建, 918-943)은 자신의 조상을 황제로 추존하였다. 897년 영안성 강변에 있는 석굴에 장사를 지냈던 자신의 부친인 용건(龍建)을 고려를 건국하자마자 세조(世祖) 위무대왕(威武大王)으로, 어머니 한씨는 위숙왕후(威肅王后)로 추존하였고 부모를 합장한 무덤의 능호는 창릉(昌陵)이라 봉릉하였다.[457] 왕건이 조부인 작제건(作帝建)을 의조(懿祖) 경강대왕(景康大王)으로, 조모인 용녀(龍女)를 원창왕후(元昌王后)로 추존하였다. 조부의 능호는 알려지지 않았으나 조모의 능호는 온혜릉(溫鞋陵)으로 추봉하였다. 이처럼 고려에서 태조의 2대조까지 황제로 추존하고 능호를 올리고 황제릉을 조성한 것은 당나라의 영향을 받은 것이다.

송나라의 태조 조광윤(趙匡胤)은 건국하여 황제릉을 조성할 때 가장 먼저 아버지 조홍은(趙弘殷)을 황제로 추봉하여 선조(宣祖)라 부르고 영안릉(永安陵)을 세웠다. 그러나 송은 직계 1대만을 모셨지만 금(金)나라는 효성이 지극하였던지 무려 10대조

457 장경희, 『고려왕릉』, 예맥, 2008, p.33.

의 조상을 황제로 추존하고 황제릉을 세웠으니 기록적이라 할 수 있다. 그에 비하여 명대는 4대조를 모셨으니 이른바 사대봉사(四代奉祀)에 맞는다고 할 수 있다. 다음 청조(青朝)에서는 선양 부근 신빈에 시조묘로 영릉(永陵)을 세웠는데, 여기에는 특이하게 6대조와 증조, 조부, 부친, 백부, 숙부의 여섯 분을 모시고 있어 다른 왕조와는 차이가 있다.

조선의 경우 송나라의 영향을 받았다. 1392년 조선 태조 이성계가 조선을 건국하자마자 자신의 조상들을 왕으로 추존하고 함경도에 4대 조부모를 모신 시조왕릉을 조성하였다. 바로 이성계의 부친 환조의 정릉(定陵), 조부 도조의 의릉(義陵), 증조부 익조의 지릉(智陵), 고조부 목조의 덕릉(德陵)이 바로 그것이다. 현재 이들 조선의 시조묘는 일제시대까지 비교적 온전하게 남아 있었으나 1980년대 북한에서는 조선의 잔재라 하여 무참하게 폐허화하여 그 흔적도 찾기 어려운 형편이다.[458] 몇 년째 조선의 시조묘에 대하여 자료를 모으고 현재의 상황을 사진으로 찍고, 문헌을 뒤져가며 연구하고 있다.

명나라 황제릉은 현재 보존상태도 좋아 중국의 황제릉을 대표하기에 손색이 없다. 명나라가 처음 건국하고 수도로 삼은 곳은 난징이어서 이곳을 몇 번 찾아가게 되었다. 명대의 황제릉 중 제1대 태조 홍무제 주원장의 명효릉(明孝陵)을 살피려 난징을 찾아갔다. 난징(南京)은 주원장이 명나라를 세우고 수도를 삼은 곳으로 역사적으로 유서가 깊은 도시이다.[459] 그런데 난징에는 그 밖에도 태조의 선조들, 즉 부친, 조부, 증조부, 고조부를 모신 무덤도 있다. 태조는 자신의 조상들을 황제로 추존하였고, 그들이 묻힌 무덤을 황제릉으로 추봉하여, 부친을 모신 명조릉(祖陵)과 명황릉(皇陵)을 조성하였다. 명 초기의 황제릉은 난징 주위에 세워진다. 그 전에 먼저 주원장의 4대 조부묘에 대해 살펴보고 주원장의 효릉을 보기로 하였다.

---

458 장경희, 「조선 시조왕릉 정자각 내부 의물 연구」, 『한국공예논총』15호 2집, 한국조형디자인학회, 2012; 장경희, 「조선 태조 이성계의 4대조 북도팔릉 연구」, 『東方學』제36집, 한서대학교 동양학연구소, 2017, pp.22-24. 조선의 경우 4대조의 조모들까지 황후로 추존하고 황후릉을 추봉한 것이 특징이다. 이성계의 부친 李子春은 桓祖에 定陵을, 모친은 懿惠王后에 和陵을, 조부 李椿은 度祖에 義陵을, 조모는 敬順王后에 純陵을, 증조 李行里는 翼祖에 智陵을, 조모는 貞淑王后에 淑陵을, 고조 李安社는 德陵에, 고조모 孝恭王后는 安陵에 모신 것을 알 수 있다.

459 난징의 옛 이름은 建業으로 삼국시대 오나라의 초대황제인 孫權이 이곳을 수도로 삼은 이래 여러 왕조의 수도가 되었으며, 당나라부터는 金陵이라 불렀다. 1356년 주원장이 이곳을 점령하고 한때 應天府라 했으나 명을 건국 후 난징이라 고치고, 1378년 명의 수도가 되면서 京師라 하였다. 주원장이 사망 후 영락제 주체가 베이징으로 천도하고 다시 난징으로 이름이 바뀌었다.

난징의 명 고궁 유지

중국 황제릉을 답사할 때 시대 순서로 체계적으로 가게 되지 않았다. 명나라 황제릉도 마찬가지였다. 명나라 초기의 황제릉을 답사할 때에도 그 순서는 거꾸로 되어 여정상 명효릉은 2009년에, 명황릉과 명조릉은 2010년, 2013년, 2017년에 계속하여 난징을 중심으로 이들 황제릉을 방문하였다. 사실은 시대순으로 먼저 세워진 명황릉과 명조릉 그리고 다음에 주원장의 명효릉을 봐야 하지만 같은 황제릉이라도 한 번 보고 온 것이 아니라 같은 장소를 몇 차례씩 가고 또 가서 보는 일이 비일비재하였다. 어떤 때는 능역이 광대하여 한 번에 다 볼 수 없기 때문이기도 하고, 또 어떤 때는 일기가 너무 좋지 않아 촬영한 사진이 마음에 들지 않아서, 또 몇 년이 지나 중국이 너무 급속하게 변모하여 변화된 모습을 보기 위하여 같은 장소를 연달아 가게 되었다.

명황릉과 명조릉은 명나라가 들어서 처음으로 조성한 황제릉이기도 하지만 이들이 명청대 황제릉의 규범이 되었기에 꼭 봐야 했다. 2010년 1월 다시 난징을 찾았는데 한겨울임에도 우리의 초가을처럼 선선한 날씨여서 기분이 상쾌하였다. 그러나 여름에는 가마솥 같은 더위에 주의해야 한다. 공항에서 택시로 한 시간 걸려 시내에 여장을 풀었는데, 숙소를 잡을 때는 다소 비싸더라도 시내의 중심가에 위치한 호텔을 택한다. 그것은 이동에 유리하고 역이나 터미널, 박물관 등지에 가기 쉽기 때문이다. 드디어 명나라의 시조묘인 명황릉과 명조릉을 보러 가는 날이 되어, 가기 전날 사전에 예약한 차량을 재확인하고 기사를 미리 만나 방문할 곳의 지리를 다시 확인시켜 주었다. 그랬더니 자기가 몇 번 가서 잘 아는 곳이니 염려 말라고 하여 다소 안심이 되었다. 중국에서 가고자 하는 곳을 기사한테 일임했다가 엉뚱한 곳을 몇 번이나 헤맨 적이 한 두 번이 아니고 몇 번이나 낭패를 본 적이 많아 미심쩍기는 했다. 어쨌든 기사를 믿고 약속대로 제대로 가기만 기대해 보기로 했다.

삼대조의 의관총(衣冠冢) 명조릉(明祖陵)

조릉은 강소성 우태현 서북관진향 명릉촌(明陵村)에 있는데 명태조 주원장의 고조부모, 증조부모, 조부모 3대 조고(祖考)의 의관을 모신 의관총(衣冠冢)의 능침이며, 그 조부모의 실제 장지이기도 하다.[460]

일찍 일어나 뷔페식 아침을 먹고 로비에 나가니 약속대로 예약한 승용차가 8시에 도착했다. 사람 좋게 생긴 이기사는 가는 도중에 필요한 것을 준비하라고 슈퍼 앞에 우리를 잠시 세워주었다. 우리는 가게 안에서 생수를 비롯한 음료와 간단한 음식물과 육포를 준비했다. 2018년 당시 중국에는 고속도로라 해도 휴게소가 별로 없기 때문에 경험상 간단한 간식거리를 미리 준비하는 것이 좋다. 원래는 건립된 순서대로 명황제릉부터 보기로 했으나 가는 길에 명조릉이 있다하여 이곳부터 들리기로 하였다.

차는 복잡한 난징시내를 벗어나자 북쪽으로 방향을 틀어 고속도로에 올랐다. 차창으로 펼쳐진 풍광은 겨울임에도 푸른 색이 많이 보이는 자연이 눈을 즐겁게 해주었다. 호텔을 떠난지 두 시간쯤 되자 차는 조릉이 있는 우태현(盱眙縣)에 도착했다. 그리고 차는 바다와 같이 드넓은 홍택호(洪澤湖)를 끼고 달려 가면서 이기사는 저 멀리 호수가에 우거진 숲을 가르키며 그곳이 조릉이라 했다. 그러나 그 말을 믿을 수가 없었다. 당나라 이후 황제릉이 평지로 내려와서 송나라 때는 완전 평지에 능을 조성했으나 이 조릉은 평지 중에서도 호수가 늪지에 있다는 것이다. 이건 풍수지리를 완전 무시한 지형인데 어떻게 능을 세웠단 말인가?

주원장은 즉위하고서부터 조상의 산소를 찾는데 힘을 쏟았다. 그러나 빈한한 생활을 하던 조상의 산소는 찾을 길 없어 부근이라 추정한 사주성(泗州城) 서쪽 강둑에 관리를 보내 제사를 지냈으며, 홍무4년(1371)에 조릉묘(祖陵廟)를 세우고 고조, 증조, 조부 3대의 신주를 모신 후 제를 지냈다. 그러나 이후 조부 주초일(朱初一) 부

460 胡漢生, 『明朝皇帝陵』(增訂版), 學苑出版社, 2013, p.33.

명조릉 전경

명조릉의 남홍문

부의 묘지가 사주성 북쪽 양가돈(楊家墩)에서 발견됨으로 주원장은 황태자 주표(朱標)에게 명해 조릉을 수선하고 관복을 묻게 하였다.[461] 그러므로 이 조릉을 의관총(衣冠塚)이라 부르게 된 것이다. 그후 1385년부터 1413년에 이르기까지 본격적인 조릉을 조성하여 '명대제일릉'이란 호칭을 얻었다.

그러나 원래 조릉은 홍택호 물가에 있는 저지대로 가끔 홍수의 위협을 받았는데, 명나라 만력시기에 조릉의 수재는 매우 심각한 정도에 이르렀다.[462] 청나라 강희 19년(1680)에는 대홍수로 조릉은 완전히 물속에 잠겨 사라져 버리고 사람들의 뇌리에서 잊혀져 갔다. 그런데 1963년 엄청난 가뭄으로 홍택호의 수위가 낮아지자 홀연히 물속에서 석상들이 솟아 나오자 학자들은 몇 백년간 전설로 남아 있던 조릉임을 알아차리고 1977년부터 전면적인 복원작업에 들어갔다. 이렇게 조릉은 고고학상 기적적으로 우리 앞에 홀연히 나타난 것이다.

근래 복원한 성문을 지나자 명나라의 전형적인 황제릉이 눈 앞에 펼쳐지기 시작하였다. 바로 이곳이구나! 우리가 흔히 보아왔던 명청시대의 황제릉 원형이 그 장

---

461 劉毅, 『中國古代陵墓』, 南開出版社, 2010, p.145.

462 胡漢生, 『明朝帝王陵』(增訂版), 學苑出版社, 2013, p.41.

명조릉의 석인상

명조릉의 거대한 석인상 앞에서

관이 드러내고 있었다. 담장이 있고 세 개의 금수교와 신도(神道) 양 옆으로 늘어선 21쌍의 석상들이 반갑게 우리를 맞이하고 있었다. 이들 석물 중에서 관심을 끈 것은 수직적인 단순미를 자랑하는 망주(望柱)와 명나라 황제릉 중에서 가장 당당하고 용맹한 기상을 과시하는 사자상을 들 수 있다.

원래의 조릉은 세 겹의 담장과 세 개의 금수교에 향전과 1,000여 칸이 넘는 건축물로 웅장하게 조성되어 있었다. 그러나 300여 년간 물속에 잠겨있어서 석물을 제외하고는 대부분의 건조물은 사라져 현재 보는 것은 근래에 복원한 것이다. 그래도 늠름한 21쌍의 석조각들과 지하현궁, 내황성의 모습이 잘 남아 있어 조사와 연구에 큰 도움이 되었다. 특히 석조각들은 형태가 장대하고 등신대 이상이며 조각이 매우 정치하였다. 이는 당송대의 전통을 잘 이어받고 있으며 아울러 명청 황제릉조각의 전범을 보여주고 있다. 현재 능원에는 수목이 잘 가꿔져 있으며 능의 남동쪽에는 홍택호와 면해 있어 풍광이 아름답다.

조릉의 구조와 조각들은 분명 이후 세워질 명대 황제릉의 전형을 보여주지만 그 규모는 크다고 볼 수 없다. 아마 명대의 황제릉 조성자들은 조릉을 모델로 삼아 이후에 주원장의 명효릉이나 베이징의 명십삼릉을 만들었을 것으로 보인다. 조릉을 나오니 마땅한 식당이 없어 그대로 다음 목적지인 명황제릉을 향하였다. 마침 아침에 산 음식물이 있어 차 안에서 기사와 나누어 먹으면서 길을 재촉하였다. 난징에 오면 가까운 곳에 이들 시조릉이 있을 줄 알고 몇 시간이면 두 곳을 충분히 보리라

명조릉의 문무석인

명조릉의 문무석인

생각했다. 그리하여 저녁에는 베이징으로 가는 비행기도 예약했다. 그러나 조릉까지 오는 데만 2시간이 걸렸고 다음 명황제릉까지도 또 두 시간이 걸린다 하니 실제로는 점심 먹을 시간도 없는 셈이다.

주원장의 부모를 모신 명황릉(明皇陵)

명황릉은 봉양현에서 서쪽으로 7㎞ 정도 떨어진 곳에 위치하고 있다. 이는 명태조 주원장의 부친 인조순황제(仁祖淳皇帝) 주세진(朱世珍)과 모친 순황후(淳皇后) 진(陳)씨의 능원(陵園)인데 또한 명나라에서 가장 처음으로 세운 능원이기도 하다.[463] 주원장의 부친 주오사(朱五四)는 생계가 어려워 오늘날의 봉양현 태평고촌(太平孤村)으로 이주하였으나 기근과 전염병으로 사망하고 장지도 마련할 처지가 못되었는데, 지주의 종형이 땅 한 뙈기를 내주어 관도 없이 거적으로 싸서 장례를 치루었다.[464] 주원장은 황위에 오른 다음 해 1369년 조상 4대조를 황제로 추봉하고 측근 좌승상 이선장(李善長)에게 명하여 황제릉을 조성하게 하였다. 처음에는 영릉(英陵)으로 불렀으나 곧 주원장의 명으로 '황릉(皇陵)'으로 개명하고 전후 3차에 걸쳐 대역사를 벌렸다. 1374년에는 능역에 사제서(祠祭署)를 세우고 제사를 올렸으며, 친히 1,105자에 달하는 비문을 쓰고 '황릉비'를 세웠는데, 높이 6.8m에 달하는 비신에는

463 胡漢生, 앞의 책, p.3.

464 胡漢生, 앞의 책, p.4.

명황릉의 신도 입구

명황릉 봉분 앞의 석수들

명황릉의 문무석인상

주원장의 힘들었던 생애가 기록되어 있어 역사적 사료로도 매우 중요하다.[465]

차는 이제 서쪽 방향으로 달려가 봉양현(鳳陽縣)으로 향하였다. 고속도로가 아닌 국도로 달리니 시간은 더 걸리나 창밖으로 보이는 경치가 아름답다. 이곳은 강소성

465 주원장의 어제황제릉비는 이수귀부였으며, 섬세한 필치로 주원장의 어렸을 적 가난한 시기와 농민봉기에 참가한 후 대명왕조를 세우기까지 굴곡진 역사를 진솔하게 서술하여 『元史』, 『明史』의 누락분을 보충할 수 있다. 기존의 자화자찬식인 비문의 전례를 없애고 솔직하게 자신의 이야기를 기재하여 사료적 가치와 문학적 기세가 뛰어나다는 평가를 받고 있다.

의 다른 지역보다 농촌이 비교적 깨끗하고 삶이 윤택해 보였다. 이렇게 국도로 달리다가 시골장터만 보면 차를 세워놓고 장터를 기웃거리며 10위안짜리 옷도 사고 과일도 사 먹는 것이 여행 중 쏠쏠한 재미였다. 그러나 오늘은 시간이 촉박하여 시장 입지름은 한 군데 밖에 못하고 명황제릉으로 달려가야 했다.

허허벌판에 세워진 근래에 만든 성문이 정문 역할을 하는데 어쩐지 영화세트장 같아 웃음이 나왔다. 입장료도 많이 올라 50위안을 받고 있었다. 그러나 안에 들어가 보니 조릉보다 더 큰 규모의 장대함과 수많은 석조각들 그리고 드넓은 능원에 압도당하고 말았다.

명황릉에 들어서자 앞으로 무려 257m나 펼쳐진 신도에 수도 없이 늘어선 석조각을 보니 피곤함이 싹 사라지고 카메라를 꺼내자 미친 듯이 찍기 시작하였다. 이곳 신도에만 무려 56개의 석조각이 있는데, 이들 석물만을 위하여 400컷 이상을 찍어대었다. 왜 그렇게 많이 찍는가 하면 석조각 하나를 동서남북과 45도 각도에서 모두 다섯 장씩을 찍어야 하고 전경, 원경, 세부까지 찍으므로 이곳에서만 전체 500컷 이상을 찍은 셈이다. 그래서 디지털카메라가 나오기 전에는 슬라이드 필름을 수십 통씩 사서 아껴가며 찍었는데, 오늘날에는 여분의 배터리와 메모리만 몇 개 있으며 마음껏 찍을 수 있어 좋다. 또 이것도 불안하여 일행에게 별도로 촬영하도록 하니 어떤 경우에는 황제릉 하나에 천 컷이나 되는 사진을 얻었지만 정리하느라 애먹기도 한다.

명황릉의 석조각은 베이징 명십삼릉을 능가하는 수와 질을 자랑하고 있다. 이번에는 이 엄청난 석물을 모두 기록해 보자 결심하고 입구부터 표를 만들어 하나씩 세면서 수와 종을 분류해 보니 정말 놀라웠다. 그것은 기린 2쌍, 사자 8쌍, 화표 2쌍, 마관과 말 6쌍, 호랑이 4쌍, 양 4쌍, 문신과 무신, 내시 각 2쌍씩 모두 32쌍에 56개 조각상이 257m 신도에 도열해 있으니 참으로 장관이 아닐 수 없다. 이들 석조각 중에는 입구부터 사자가 가장 많이 늘어서 있는데, 크기는 조릉보다 작지만 다른 황제릉에서 볼 수 없는 독창성이 있다. 이들 조각은 비교적 후대의 것 보다 키가 작으며 다리가 짧고 귀엽게 생긴 편이다.

한편 호랑이는 이후 황제릉에 잘 등장하지 않는데 이곳에서만 여덟 마리나 볼 수 있어 반가웠다. 예를 들어 명십삼릉이나 청대의 황제릉에서는 누르하치의 복릉을

명황릉의 말과 마부상

제외하고는 볼 수 없는 동물상이다. 그것은 중국에서 제후나 왕의 무덤에 호랑이와 양을 두도록 한 규범과 일맥상통하다. 실제로 고려나 조선의 왕릉에서는 호랑이와 양, 말 밖에는 없다. 예외가 있다면 대한제국의 황제릉이 위치한 경기도 금곡의 홍유릉에서만 기린이나 사자 등을 볼 수 있는데, 이는 대한제국이 황제국이므로 고종황제와 순종황제의 능에서만 예외적으로 등장한 것이다.

현재까지 명황릉의 능구와 석상생(石象生)의 보존상태는 매우 양호한 편이며, 석조각은 정미(精美)한 편으로 원대(元代)의 예술적 풍격을 간직하고 있다. 또한 신도의 석조각들은 숫적으로도 역대 황제릉에서 가장 많은 편이다.[466] 이 황제릉은 명청대 황제릉의 규범이 될 만하며 웅대하고 아름답기까지 하다. 신도가 시작되는 입구에는 화표가 있고 그 양 옆으로 비각이 두 채 있으며 신도가 끝나자 금수교와 향전터가 있고, 석오공(石五供)이 있는 제단 뒤로 원형의 봉분이 있었다.

드넓은 명황릉을 한 바퀴 돌고 싶지만 체력이 딸려 포기하였다. 원래 이 명황릉의 구역은 사방 80리나 되는 엄청난 넓이였다. 이를 관리하기 위하여 명 조정에서는 수호태감과 수릉태감을 두었으며, 능 구역을 무단 침입하면 장(杖) 100대, 수목을 베면 장(杖) 100대에 도(徒) 3년, 실화를 하면 장(杖) 80대에 도(徒) 2년 등으로 매우 엄격하게 관리하였다. 그러므로 명조 기간 동안은 명황릉은 잘 보존되고 있었다.

그러나 숭정8년(1635)에 농민봉기군에 의하여 향전이 불타고 말았으며, 이어 명

466 黃濂, 『明代十八陵』, 大連出版社, 2000, p.5.

명황릉 봉분 앞의 석오공

조가 멸망하고 청조에서는 이재민을 구제한다는 의미로 백성들이 마음대로 황제릉의 건축을 허물도록 허락하였다. 그리하여 옛날에 찬란했던 황제릉 건축군은 폐허가 되었으며 몇백 년 후에 오늘날 사람들은 석상생과 복두형 능대, 제전의 주춧돌만 감상할 수 밖에 없다.[467]

일행의 독촉에 할 수 없이 아쉬움을 남긴 채 발길을 돌려야 했다. 그리고 보니 벌써 해가 서산으로 지려고 하며 비행기 시간이 촉박했다. 불쌍한 이기사는 식사할 시간이 없다며 공항으로 2시간이나 쉴 틈 없이 달려야 했다. 정말 내 욕심 때문에 일행은 점심도 거른 채 차에 오른 것이다. 그나마 차 안에는 약간의 간식과 음료가 있어 그것으로 허기를 달랬다. 시조릉이라 생각하고 몇 시간이면 답사가 끝날 줄 알았는데, 방대한 규모와 볼 것이 많아 결국 아침부터 하루 종일 걸렸다. 저녁에 공항에 도착해서 아슬아슬하게 체크인을 하고 나니 그래도 20분 정도의 시간이 있어 식당에서 만두로 끼니를 때웠다. 비행기에 탑승하고 그 좋아하던 기내식도 마다하며 베이징까지 한 시간 넘게 정신없이 곯아 떨어졌다.

467 胡漢生, 앞의 책, p.12.

2

명태조의 명효릉(明孝陵)
_ 명황제릉의 시작

난징에서 가장 유명한 명소는 명태조 주원장의 명효릉이라 아니 할 수 없다. 난징은 역대 여러 왕조의 수도였지만 주원장이 개국하면서 난징(당시는 金陵)을 명나라의 수도로 삼은 이래 중국의 중요 도시로 남방에서 가장 큰 도시가 되었다. 2009년 2월에 개학을 앞두고 명효릉을 보기 위해 난징을 찾았다. 사실 명나라는 여러 면에서 중국 역대 왕조에 비하여 우리와 가장 관계가 깊었다. 주원장이 명을 세운 비슷한 시기에 조선이 세워졌고 우리와 외교상 미묘한 갈등이 있었으며, 임진왜란을 함께 치루었고, 조선은 끝까지 명에 대한 사대와 의리를 저 바라지 않아 병자호란을 야기시키기까지 하였다. 무엇보다도 주원장에 대한 개인적 호기심이 많아 그의 황제릉인 명효릉은 꼭 보고 싶었다. 난징에 도착해서 여정을 풀고 다음날 아침 아직 2월이라 쌀쌀한 날씨에도 불구하고 명효릉을 찾았다. 이런 황제릉이나 명소는 아침 일찍 가야 관람객이 적어 촬영과 관찰에 유리하기 때문에 부지런을 떨어야 했다.

주원장(朱元璋, 1328~1398) 즉, 홍무제(洪武帝)는 전 세계 역사상 입지적 인물을 꼽을 때 결코 빠져서는 안 되는 인물이다. 역사적으로 보아 왕이나 황제는 모두 걸 맞는 집안에서 상당한 지위를 누리다가 왕이나 황제가 되었다. 그러나 주원장은 가장 빈곤한 농민의 6남매 중 막내로 태어나 부모가 병고에 아사한 이후 가족은 뿔뿔히 헤어지고 거지가 되어 떠돌다가 호구지책으로 황각사(皇覺寺)에 들어가 탁발승 노릇도 하였다. 그것도 여의치 않아 당시 전국을 휩쓸던 홍건적(紅巾賊)에 가담하였다.

명의 시조 주원장과 부인 및 막료들 조각상

혹자는 한나라를 세운 유방도 가난한 농민의 아들이라 하지만 사실 유방은 상당한 재산을 가진 부농으로 그 재산으로 고을의 촌장자리도 살 수 있었다. 그에 비하여 주원장은 사회의 가장 밑바닥 생활을 체험한 인물로 세계역사상 입지적 인물의 으뜸이라 할 수 있다.

홍건적에서 처음에는 최하급 병졸이었으나 곧 두각을 나타내 곽자흥(郭子興)이 이끄는 홍건적의 소두령이 되고 이어서 구천장, 부원수, 나중에는 곽자흥도 그를 신임하여 양녀 마씨(馬氏)를 주원장에게 시집보냈다. 마씨는 그 훌륭한 인품으로 모든 병사와 신하들의 존경을 받았으며 황후가 된 후에도 백성의 존경을 받은 후덕한 인물이었다. 주원장은 곽자흥의 사후 그의 병권을 이어받아 경쟁자들을 물리치고 멸몽흥한(滅蒙興漢)의 기치 아래 마침내 난징에서 황위에 오른 후 명나라를 세우고, 원나라를 베이징에서 쫓아내어 중원을 회복하게 되었다.[468] 한민족이 주원장을 존경하는 이유의 하나가 이민족 원나라의 지배 사슬을 끊어 버린 데 대한 공적을 잊지 않기 때문이다. 그러나 개국 후 유교적 이상국가를 건립하고 백성을 돌보고 과거제도를 정착시켜 인재를 널리 구하는 등 치적도 크지만, 인간적으로는 토사구팽(兎死

468 黃濂, 앞의 책, p.6.

효릉의 입구에 있는 우한공로

신도 옆에는 매화꽃동산

명효릉 입구

狗烹)의 전형을 보여 개국공신을 비롯해 수만 명의 신료를 죽이는 등 잔혹한 행위도 서슴치 않았다.

주원장은 1368년 41세에 황위에 올라 1398년 71세로 붕어하였다. 그는 1376년 생전에 자신의 능을 난징에 건립하기 시작하였는데, 1381년 1기 공정을 마쳤다. 이듬 해 황후 마씨가 51세로 죽자 이곳에 매장하였는데 여기에서 효릉(孝陵)이란 이름이 나왔고, 1398년 5월 자신이 죽자 효릉에 마황후와 합장하도록 했다.[469] 명효릉은 난징시를 내려다 보는 종산(鐘山)의 산자락에 마련되어 있는데, 현재는 시내 중

469 黃濂, 앞의 책, p.10.

심가에서 바로 윗편에 위치하고 있어 방문하기가 편하다. 또한 이 종산에는 오른쪽부터 유명한 영곡사(靈谷寺)가 있고 그 왼편에는 중국인들이 가장 많이 찾는 손문의 중산릉(中山陵), 그리고 왼편에 명효릉이 있어 하나의 관광벨트를 형성하고 있다.

필자가 명효릉을 답사한 날은 2월이지만 온화하고 화창하여 벌써 봄기운이 완연하였다. 능 입구에서 신도를 따라 가는 길 우측에는 매화산이 있는데, 벌써 매화가 만발하여 꽃입지름을 나온 시민들을 많이 볼 수가 있었다. 필자가 첫 번째 갔을 때는 매화향에 취했고, 두 번째 방문했을 때는 향전 옆의 산수유향에 취했던 달콤한 추억이 있는 곳이다. 명효릉은 난징시내에 붙어 있어 접근하기가 여간 용이한 것이 아니었다.

명효릉은 워낙 방대한 규모이기에 네 개의 구역으로 나눌 수 있다. 첫째 하마방(下馬坊)이 있고 입구가 되는 애인구(礙引區)와 둘째 대금문(大金門)과 비루구(碑樓區), 셋째 신도구(神道區), 넷째 능궁건축구(陵宮建築區)로 구분할 수 있다.[470]

첫 번째 구역인 하마방은 우항공로(宇杭公路) 북쪽의 실제적인 명효릉의 입구라 할 수 있는데, 일종의 하마비(下馬碑)가 있는 곳이다. 특이한 점은 우리가 흔히 보던 장방형의 비석형 하마비가 아니라 석패방(石牌坊) 형식이다. 여기에는 '제사관원하마(諸司官員下馬)'라는 여섯 글자가 새겨져 있다. 두 번째 구역인 대금문은 능원의 남쪽에 있는데 효릉의 남쪽 성곽의 정문이 되는 셈으로 벽돌로 된 세 개의 아치문으로 기단의 수미좌(須彌座)가 웅상하고 아름답다. 원래 외성은 길이가 22.5km나 되고 높이가 약 4m에 이르는 웅대한 규모였다. 비루(碑樓)는 사방성(四方城)이라 부르는데, 대금문 북쪽으로 70m 쯤 떨어져 있다. 특이한 점은 비루를 작은 사방의 성 안에 설치한 것인데 이 비석을 '신공성덕비(神功聖德碑)'라 부르는데, 1413년 영락제가 부친 주원장의 공덕을 기리기 위해 세운 것이다. 현재 비의 높이가 8m나 되는 것도 대단한 것인데, 영락제는 원래 중국에서 가장 큰 비석을 세우기를 원했다.[471]

세 번째 구역에 해당되는 명효릉의 입구라 할 수 있는 신도는 중국 어느 황제릉과 비교해도 큰 차이가 있다. 원래 능의 입구에서 일직선으로 신도가 나 있고 그 양 옆

---

470 孝陵博物館編, 『明孝陵』, 南京出版社, 2004, p.2.

471 영락제는 이 비석의 석재를 도성의 북쪽 陽山에서 채취했는데, 길이가 45m, 너비는 11.5m, 두께가 4m나 되었다. 그러나 너무 커서 운반을 못하고 그 자리에 두고 말았다. 현재에도 이 석괴는 '陽山碑材'라 하여 좋은 관광 소재가 되고 있다.

명효릉의 신도

명효릉의 해치상

명효릉의 문신상

에는 석조각이 도열하고 있는 것이 상례인데, 이곳의 신도는 1km 정도의 길이가 'ㄴ' 자 형태로 휘어져 있다. 그것은 북두칠성을 형상화한 때문이다. 이렇게 능에 이르는 신도가 휘어져 있는 것은 이 곳이 처음인 것 같다. 그 양 옆에는 사자, 낙타, 코끼리, 해태, 기린, 말의 석수 6종 12쌍이 도열하고 있는데, 한 가지 흥미로운 것은 하나는 입상이고 다른 하나는 무릎을 꿇은 준상(蹲像)으로 재미있게 구성한 점이다. 즉, 낙타가 네 마리이면 두 마리는 마주 보고 서 있으며 다음 두 마리는 무릎 꿇은 모습이다. 석조각은 이전 시기에 해당되는 명조릉이나 명황릉에 비하여 비교적 장대하고 볼륨감을 강조하여 조각적 우수성을 느낄 수 있었다.

명효릉은 명나라 역대 황제릉 중 최대의 규모인데, 넓이가 총 100km²에 방성을 비롯한 장려한 건축군과 10만 그루의 청송나무에 천 마리의 꽃사슴이 노니는 낙원이다. 여기에는 이들 사슴들이 숲속에서 거닐고 목에는 은패(銀牌)를 매달았는데, 이 사슴을 잡으면 사형에 처한다는 뜻의 '도재자저사(盜宰者抵死)'라는 글이 새겨져 있었다. 이 아름답고 화려한 능원은 청나라의 남진과 태평천국의 난 때 상당수

6개국어로 된 포고문

치륭당송비

가 훼손되어 지금은 그 찬란했던 모습의 일부만을 볼 수 있다. 꺾인 부분의 신도에는 높이 6.25m의 석망주가 한 쌍 있고 다음에는 석옹중(石翁仲) 네 구가 있는데, 문신상 2구와 무신상 2구이다. 이곳을 지나면 영성문 터가 나오고 이어 금수교(金水橋) 일명 오룡교(五龍橋)라는 자그마한 다리를 건너게 된다.

네 번째 구역은 효릉의 가장 안쪽에 위치하여 명효릉이 처음 세워졌을 때 세운 능궁의 건축군이다. 다리를 건너 소나무 숲을 지나면 성벽으로 둘러싸인 명효릉의 능궁구(陵宮區)가 되는데, 첫 번째 문인 문무방문(文武方門)이 나오고 그 앞에는 청 함풍원년(1909)에 명효릉을 보호하기 위하여 일어, 독어, 영어, 불어, 이태리어, 러시아어 모두 6개국어로 새긴 특별고시문을 세워져 있다. 청의 입장에선 망국의 기로에서도 주원장을 모신 명효릉을 혹시 이곳을 침입하는 외국인에게도 보호를 부탁하는 내용이라 여러 감회가 교차하였다. 다음에는 주원장의 공을 기리는 비전(碑殿)이 있는데, 그곳에는 청의 강희제가 쓴 '치륭당송(治隆唐宋)' 즉, '나라를 다스림이 당나라와 송나라 보다 뛰어났다' 라는 큰 비석을 세워 주원장에 대한 존경을 표했다.

비전을 지나면 향전(享殿)이 우람차게 앞을 막고 있으며, 좌우에는 기다란 서배전(西配殿)과 동배전이 격조 있게 늘어서 있다. 자그마한 아치형의 붉은색의 내홍문(內紅門)이 나타난다. 곧 이어 아름다운 숲길을 지나니 드디어 드높은 명루(明樓)가 위압적인 자태로 우뚝 서 있다. 이는 명효릉이 세워졌을 때 내성의 성루로 가장 높은 건축물이다. 이 명루는 현재 어두운 성벽 밑의 지하도를 통해야 하는데, 주원장을

명효릉의 내홍문

명효릉의 방성명루

만나려는 관람객에게 일종의 외경감을 요구하는 시설 같았다.

명루는 방성(方城)의 입구인데, 명청시대 황제릉은 기본상 무덤 즉, 보정(寶頂)이 있는 앞에 방성을 두고 여러 제사시설을 마련하는 법이다. 명루에 올라 방성 안을 내려다보니 내가 마치 명나라 시대로 회귀한 것 같은 느낌을 받아 빨리 주원장이 묻혀있는 보정을 보고 싶었다. 그러나 대실망이었다. 명루에서 내려와 뒷산 즉, 보정으로 올라가는 길은 작은 산을 오르는 등산로 같았다. 그러나 정상에 올랐지만 숲 사이로 시내풍경이 약간 보일 뿐 아무 것도 없었다. 그러나 이 산 밑에는 지하궁전이 있어 주원장은 잠들고 있어, 주원장에게 인사를 드린 후 발길을 돌렸다.

이와 같이 명효릉의 능침제도는 황제릉의 신국면을 개척하였다고 말할 수 있다. 이는 명황제릉을 계승하여 상하궁을 하나로 하는 제도에 기초한 것이다.[472] 명나라 황제릉은 확실히 중국 황제릉 역사에 있어서 다음과 같은 면에서 중대한 개혁을 하였으며 이것이 이후 명대와 청대 황제릉 조성에 결정적 역할을 하였다.

첫째, 능묘(陵墓)를 방형에서 원형으로 고치고 그것을 보정(寶頂)이라 칭한 점이다. 한 대와 당·송 양대의 황제릉은 모두 방형이었는데, 명효릉부터 원형으로 바뀌게 되었다. 이것은 육조시대 이후 남방의 제왕 분묘가 원형을 채용하고 있었던 점과 관련이 있다고 생각한다. 육조시대의 능묘에서는 산 중턱의 깊은 곳에 묻어서 분구를 축조하지 않는 것도 있으나 분구를 축조한 능묘는 원형으로 만들어서 방형

472 胡漢生, 앞의 책, p.18.

은 보이지 않는다. 요돈정(劉敦楨)이 명효릉이 방형이 아닌 원형으로 된 것은 양자강 유역에는 방분(方墳)이 없었던 남방의 풍습에 영향을 받았기 때문이라고 서술한 것은 일견 타당한 말이다.[473]

둘째, 침전(寢殿, 즉, 下宮)의 조영을 중지하고 제전(祭殿, 즉 上宮)의 규모를 확대한 거이다. 이와 더불어 궁인을 두어 능주인의 일상생활을 시중들게 하는 제도도 폐지하였다. 바로 고염무(顧炎武)가 "명대의 제도는 거마(車馬)가 없고 궁인(宮人)도 없고 기거(起居)하지도 않고 받들어 모시지도(進奉) 않는다"(『日知錄』卷15 「墓制」) 고 언급한 대로이다.[474] 하궁은 폐지되었지만 오공대(五供臺), 신주(神廚), 신고(神庫)만은 남겨 두었다. 전한 이전의 능침제도는 '침(寢)'과 '능(陵)'을 결합하여 침을 능묘의 정상이나 옆에 조영하였다. 후한에 이르면 조배(朝拜), 제사(祭祀)를 거행하는 '상릉례(上陵禮)'가 개시되었으므로 침에서 대전을 증축하고 이를 '침전(寢殿)'이라 칭했고 석재로 건축된 것은 '석전(石殿)'이라고 불렀다. 명대에 이르면 하궁의 설치는 중단되었지만 제전 건물의 규모는 확장되었고, 좌우 양측에 배전(配殿)도 세워졌다. 그리고 궁인을 두어 능주인의 일상생활에 시중드는 방식이 폐지되는 한편 조배 · 제사의 성대한 의식이 한층 존중되었다. 이 개혁은 사회와 문화의 발달에 따라 능침의 원시적이고 미신적인 방식이 점차 폐지되지 않을 수 없게 된 것을 의미한다. 또한 당시의 통일왕조의 정치상의 필요 때문에 상릉, 조배, 제헌(祭獻) 등의 장중한 의식을 더우 중시하어 황제의 권위를 확립하고 통치를 공고히 하는 수단이 되었다.

셋째, 능원의 담장을 방형에서 장방형으로 고치고, 그것을 세 개의 원락(院落)으로 나눈 것이다. 제1의 원락에는 능문 외에 비정(碑亭), 신주(神廚), 신고(神庫)가 설치되었다. 제2의 원락에는 전문(殿門) 외에도 제전〔祭殿, 또는 향전(香殿)이라고도 함〕이 세워졌고 그 양 옆에는 배전(配殿)이 건조되었다. 제3의 원락에는 내홍문(內紅門) 외에 패방, 오공대(五供臺)[475]와 방성(方城)과 명루(明樓)가 설치되어 있었다. 명루는 네모난 성〔方城〕의 성루(城樓)로서 중간에 묘비가 세워져 있었다. 방성의 뒤에는 보정

473 劉敦楨, 『明長陵』, 中國營造學社彙刊, 4卷 2期, 1933年 6月.

474 고염무(1613~1682)는 명말청초의 학자이자 사상가로 청대 고증학의 개조라 할 수 있다. 그의 저서 중 『日知錄』卷15 「墓制」와 『肇城誌』 등의 저술에서 중국 역대 황제릉에 관한 고증은 황제릉 연구에 매우 중요한 자료들이다. 다른 학자들과 마찬가지로 그의 맑 중에서 "讀書萬卷 行萬里路"라는 어구와 "天下興亡 匹夫有責"이라는 말을 감명깊게 새기고 있었다.

475 五供臺는 하나의 향로, 두 개의 향병, 두 개의 촛대로 구성되어 있다.

명효릉의 아름다운 신백로

손권기념관의 초상화

이라고 불리는 원형의 큰 분구가 있었다. 그 주위를 벽돌로 쌓은 벽돌벽(磚壁)이 있는데, 그 위에 쌓은 옅은 담인 여장(女墻)을 보성(寶城)이라 칭했다. 이러한 형상은 후일 명13릉과 청대의 동릉과 서릉까지 명대 효릉의 규격에 따라서 조영되어 변화가 거의 없었다.[476]

명효릉을 나오면서 바로 앞 언덕 위의 손권(孫權)의 묘를 찾았다. 삼국지에 나오는 오나라의 왕으로 유비와 함께 적벽대전을 치룬 인물이었기 때문에 관심이 많던 인물이었다. 그는 손견의 차남이자 손책의 아우이다. 어려서 왕위에 오른 후 삼국균형의 묘를 잘 운용한 인물로 229년에는 황위에 올랐다. 주원장이 명효릉을 건설할 때 능역에 있는 모든 묘지를 이전시켰으나 손권의 묘에 대하여는 "그도 영웅의 한 사람인데, 그대로 두고 내 능을 지키도록 하라" 라는 명을 내려 그 후에도 잘 보존되었다. 현재 묘는 없어지고 그 터에 손권석상과 기념관이 세워져 있다.

한나절 명효릉의 답사는 필자에게 많은 감흥을 주었고, 이후 몇 차례 방문하였던 베이징의 명십삼릉과 더불어 명나라 황제릉에 대한 이해를 높일 수 있었다. 그동안 워낙 방대하여 손을 못 대었던 명십삼릉에 대하여도 난징지역의 명조릉과 명황릉 및 명효릉을 조사하므로써 전체적인 그림이 그려지기 시작하였다. 아름다운 난징시를 가까이 느끼려고 명황궁터, 조천궁(朝天宮), 진회강(秦淮河), 부자묘(夫子庙) 등의 난징 명소를 다니면서 주원장의 위업을 다시 느낄 수 있었다.

476 楊寬, 장인성·임대희 역, 『중국역대능침제도』, 서경, 2005, pp.124~129.

3

명십삼릉(明十三陵)

_ 장대한 명황제릉군의 위용

명13릉(明13陵)

능호(陵號)	묘호(廟號)	연호(年號)	재위기간	부장황후
장릉(長陵)	3대 성조(成祖)	영락제(永樂帝)	1403 - 1424	1명
헌릉(獻陵)	4대 인종(仁宗)	홍희제(洪熙帝)	1424 - 1425	1명
경릉(景陵)	5대 선종(宣宗)	선덕제(宣德帝)	1426 - 1435	1명
유릉(裕陵)	6대 영종(英宗)	정통제(正統帝),	1436 - 1449	2명
무릉(茂陵)	8대 헌종(憲宗)	천순제(天順帝)	1457 - 1464	3명
태릉(泰陵)	9대 효종(孝宗)	성화제(成化帝)	1465 - 1487	1명
강릉(康陵)	10대 무종(武宗)	홍치제(弘治帝)	1488 - 1505	1명
영릉(永陵)	11대 세종(世宗)	정덕제(正德帝)	1506 - 1521	3명
소릉(昭陵)	12대 목종(穆宗)	가정제(嘉靖帝)	1522 - 1566	3명
정릉(定陵)	13대 신종(神宗)	융경제(隆慶帝)	1567 - 1572	2명
경릉(慶陵)	14대 광종(光宗)	만력제(萬曆帝)	1573 - 1620	3명
덕릉(德陵)	15대 희종(熹宗)	태창제(泰昌帝)	1620	1명
사릉(思陵)	16대 의종(毅宗)	천계제(天啓帝)	1621 - 1627	1명

오늘날 베이징에 관광을 가는 사람들이 필수코스로 들리는 곳이 바로 명13릉(明13陵)이다. 아마 대다수의 사람들은 장릉(長陵)을 잠깐 둘러보고 지하의 능묘를 공개하는 정릉속으로 내려가서 그 웅대한 황제릉의 실체를 감상한다. 그리고 다시 지상에 올라와 정릉에서 출토된 휘황찬란한 유물은 〈정릉박물관〉에 소장 전시되어 있어 편하고 경이롭게 구경한다. 그런 다음 팔달령의 만리장성을 둘러 보는 것이 베이징관광의 정해진 코스이다. 중국과 수교도 되지 않았던 1989년부터 지금까지 명13릉을 다섯 번이나 방문하였다. 혹자는 왜 간 곳을 또 가느냐 하겠지만 황제

명13릉 가는 길

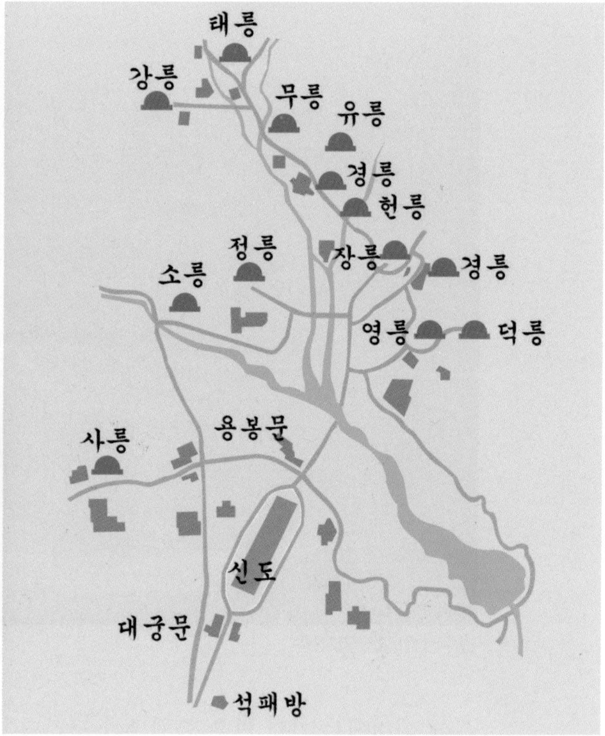

명13릉 분포도

릉이 워낙 방대한 규모여서 한 번에 보기 어려운 점도 있지만 또 가서 보면 전에 못 보았던 새로운 것이 계속 눈에 들어오기 때문이다. 그래서 명13릉을 5번, 선양에 있는 청북릉과 동릉을 4번, 주원장의 명효릉을 3번씩이나 가본 것이다. 그러므로 소개되는 사진도 최근 것이 있는가 하면 20년 전에 슬라이드로 찍은 것도 섞여 있고, 필자의 얼굴에도 여지없이 세월의 흐름이 나타나서 감회가 새로울 때가 많다.

명13릉이 명나라를 대표하는 황제릉구역임은 틀림없지만 실제로 명나라 황제릉은 모두 6곳에 흩어져 있다. 명나라는 제1대 태조 주원장(朱元璋)이 1368년 난징에서 원나라를 물리치고 개국한 이래 1644년 제17대 사종(思宗) 주유검(朱由檢)이 죽으므로 청나라에 멸망하기까지 16황제를 거쳤는데, 그중에서 15명의 황제와 5명의 추봉황제가 여섯 군데에 나누어 묻혀 있다. 이를 시대순으로 보면 강소성 우태의 조릉(祖陵), 안휘성 봉양의 황릉(皇陵), 난징 주원장의 효릉(孝陵), 베이징 창평의 명13릉, 베이징 해전의 경제릉(景帝陵), 호북성 종상의 현릉(顯陵)으로 명나라는 모두 6곳에 18개의 황제릉이 있는 셈이다. 앞에서 명시조릉과 명효릉을 다루었기 때

천수산 아래의 명13릉

문에 이번에는 가장 많은 황제릉이 군집되어 있고 규모가 제일 큰 명13릉을 위주로 다루어 보겠다.

중국에서 수많은 황제릉이 전국에 산재해 있지만 중국을 대표하는 황제릉은 아무래도 명13릉을 첫 손가락에 꼽을 수 밖에 없다. 그것은 규모와 보존상태 그리고 중국의 가장 발전한 황제릉양식을 오롯이 보여주기 때문이다. 명효릉에서 시작된 능원의 평면포국(平面布局)은 명13릉의 첫 번 째 황제릉인 장릉(長陵)에서 약간의 변화를 주고 이후 각 능은 장릉의 정형을 충실히 따랐으며, 명 멸망 후 청 황제릉 조영에도 그대로 영향을 끼쳤다. 명나라의 황제릉은 다음 네 가지 점에서 전대의 황제릉과는 차별성을 지니고 있다.

첫째, 한(漢), 당(唐), 육조(六朝), 송(宋)대에서는 앞이 트인 평지나 일부는 산으로 숨길 수 있는 곳을 능지로 고른데 비하여 명대는 산 아래 경사가 낮은 언덕지역을 택하였다. 둘째, 능묘를 사각형 즉, 방형에서 원형으로 바꾸고 이를 보정(寶頂)이라 칭했는데, 난징의 명효릉부터 채택되었다. 진시황 이래 유래된 사각형 봉분은 명대에 와서 원형으로 바뀌고 청대까지 이어지게 되었다. 우리 나라의 경우 고구려와 백제의 경우 방형이 보이지만 신라와 고려, 조선에 이르기까지 원형의 봉분을 유지

명 태종 영락제의 장릉 신도

한 것과 비교된다. 셋째, 과거에는 궁인들을 상주시켜 능주의 생활을 시중들게 하였으나 침궁 즉, 하궁(下宮)을 없애고 제전(祭殿, 享殿이라고도 함)의 규모를 강화하였다. 그러나 하궁은 폐지되었지만 신주(神廚), 신고(神庫), 오공대(五供臺) 는 유지되었다.[477] 이는 다소 미개한 하궁제도를 없애고 조배(朝拜)나 제헌(祭獻) 등 장중한 의식을 중요시 여겨 황실의 권위를 높이고 통치의 수단으로 사용하였다. 넷째, 능원의 담장은 마치 성벽과 같이 높이 쌓았는데, 전 시대의 방형에서 장방형으로 바꾸고 세 개의 구획으로 나누었다. 제1구역에는 능문 외에 비정(碑亭), 신주, 신고가 있고 제2구역에는 전문(殿門)과 제전, 양 옆에는 배전이 설치되었고, 제3구역에는 내홍문(內紅門)과 패방(牌坊), 오공대, 방성, 그리고 명루(明樓)가 배치되어 있다. 명루는 네모진 성루로 중간에 묘비가 서 있고, 방성 뒤로는 보정이라 불리는 원형의 무덤 즉, 분구가 있다.[478]

실제로 명황릉의 구조를 설명하자면 다소 생소하고 어렵고 까다로운 전문용어를 구사하여 구구절절이 용어에 대해 지루하게 이야기해야 하지만 여기서는 이해를

477 석상 위에 돌로 만든 하나의 향로와 두 쌍인 촛대와 향병을 나란히 세워 놓은 것으로 대개 무덤인 있는 보정 앞에 제사상처럼 설치한다.

478 劉毅, 앞의 책, pp.147~148.

돕기 위해 아주 개괄적인 설명만 하였다. 진시황릉 이래 명나라까지 중국 황제릉의 역사는 1700여 년이 흐르는 동안 수많은 변화를 겪어 왔다. 원나라 때는 황제릉을 암장하여 아예 황제릉 자체가 존재하지도 않은 시기도 있었지만 명나라에 와서는 지난 시기의 황제릉 제도를 일신하여 보다 실용적인 제의에 중점을 두어 장대하고 거창하게 황제릉을 조영해 중국 황제릉 발달의 최종단계를 제시하였다.

명나라의 태조 주원장의 능은 개국했던 첫 수도인 난징에 세웠으나 1421년 제3대 성조 영락제가 베이징으로 천도를 하자 자연히 황제릉도 수도 베이징 부근에 세워지게 되었다. 명나라 16명의 황제 중 13명 황제의 능이 모여 있는 명13릉은 베이징에서 만리장성이 있는 팔달령(八達嶺)으로 가는 길 즉, 창평현(昌平縣)에 자리잡고 있는데, 종산인 천수산이 병풍을 두르듯 명13릉을 감싸고 있다. 이곳은 바로 명나라 13명의 황제와 23명의 황후, 2명의 황태자, 30여 명의 비빈, 1명의 태감이 영원히 안식을 취하고 있는 중국 최대의 대릉원을 이루고 있는 곳이며, 2003년에 주원장의 명효릉과 함께 유네스코 세계문화유산으로 등재되었다. 그러면 이곳에 잠들고 있는 명13릉의 주인공들을 알아보자.

명나라는 모두 16명의 황제들이 통치했는데 명13릉 이외에 나머지 3명의 황제릉은 어디에 있는 것인가? 1대 주원장의 효릉은 명나라를 개국한 첫 수도인 난징에 위치해 있다. 태조 주원장의 황태자 주표(朱標, 1355-1392)가 일찍 죽어 다음 보위는 주표의 아들이자 황태손인 주윤문(朱允文)이 횡제에 오르게 되었으며 그가 바로 건문제(建文帝)이다. 그러나 베이징에 주둔하고 있던 연왕(燕王) 주체(朱棣)가 난을 일으켜 난징을 공략해 황위를 찬탈하자 건문제는 피신을 하였는데, 그 이후 아직까지 그의 행방이나 매장된 곳을 알 수 없다. 이 때문에 명나라 제2대 건문제의 황제릉은 없는 셈이다.

또 한 가지 위의 제시한 〈왕조표〉에서 이상한 점은 제7대 황제가 없는 점이다. 대신 제6대 영종(英宗)의 정통(正統)과 천순(天順)의 두 개의 연호를 사용하였고, 정통제와 천순제로서 두 번이나 황위에 오른 점이 주목된다. 이것은 1449년 '토목지변(土木之變)'으로서 명 영종이 몽골부족을 통일한 오이라트(阿魯得)에게 포로가 되자 동생 주기옥(朱祁鈺)이 즉위하여 명경제(明景帝)가 되었던 사건이다. 영종은 중국 역사상 전장에서 최초로 포로가 된 황제일 것이다. 그러나 영종이 1457년 포로에서 풀려나와 다시 황위에 복위하자 경제를 폐위시키고 왕으로서의 예우로 비빈과 황자의 묘지에 매장하였다.[479] 그러므로 폐위된 경제는 7대였음에도 황제로 기록되지 않고 황제릉도 조성하지 않고 영종의 연호를 연이어 두 번이나 사용하게 되었던 것이다.

중국의 역대 황제들은 거창한 황제릉을 건설했으나 역사상 황후를 모신 무덤에 독립된 능호를 붙이고 황후릉을 만든 적은 한 번도 없었다. 즉, 중국의 황후에게 능호를 올리고, 신도와 석물이 있고 제사시설과 독립된 봉분을 갖춘 황후릉은 없고 대신 황제릉에 합장되거나 황제릉 근처에 배장되었다는 뜻이며, 이것은 우리나라의 왕후릉과 비교된다. 우리의 경우 신라시대에는 왕의 역할을 수행한 여왕이 존재하여 선덕여왕릉, 진덕여왕릉, 진성여왕릉을 독립적으로 건설하였다. 고려의 경우에 제1대 태조 왕건의 왕비인 신성왕후의 정릉(貞陵), 제5대 경종의 왕비인 헌정왕후의 원릉(元陵)과 천추태후의 유릉(幽陵)를 비롯하여 제31대 노국대장공주의 정릉 등 왕후릉을 독립적으로 능호를 붙여 별도로 당당하게 세웠다.[480] 이와 같은 전통은 조선시대에도 이어져 제1대 태조의 원비 신의왕후의 제릉을 필두로 태조의 계비 신덕왕후의 정릉, 제6대 단종의 비 정순왕후의 사릉 등과 같이 독립된 왕후릉을 갖추기도 하고 제2대 정종과 정안왕후의 후릉이나 제3대 태종과 원경왕후의 헌릉처럼 왕과 왕후를 쌍분 형식으로 나란히 조성하기도 하였다.[481] 그러나 중국의 경우 황후를 절대로 독립된 능을 만든 적이 없으며 황후는 황제의 현실 안에 별도의 관을 마련하여 합장하거나 황제릉 근처에 배장하는 경우가 대부분이다. 우리나라의 왕비들은 살아서는 몰라도 죽어서는 왕과 동등한 대우를 받은 셈이다.

영락제(永樂帝)의 장릉(長陵)

명13릉을 건설한 영락제 주체(朱棣, 1360~1424)는 참으로 대단한 인물이었다. 주체는 태조 주원장의 넷째 아들로 태어났는데, 일설에는 어머니 한씨가 고려인이었

479 劉毅, 앞의 책, p.145.

480 장경희, 『고려왕릉』(증보판), 예맥, 2013, pp.50-51. 제6대 현종의 경우 여러 명의 왕비가 있는데, 원정왕후 和陵, 원성왕후 明陵, 원혜왕후 懷陵, 원평왕후 宜陵을 각각 조성하였다. 그밖에 9대 덕종의 왕비인 경성왕후의 質陵, 제10대 정종의 왕비인 용신왕후 玄陵도 있다. 이렇게 고려에서 왕후릉을 별도로 조성하는 경향은 고려말까지 계속되어 제25대 충렬왕의 왕비인 제국대장공주 高陵 등까지 조성하였다.

481 장경희, 『조선왕릉』, 솔과학, 2018, pp.317-342.

장릉의 석패방

다고 한다. 주체는 1370년 번왕의 하나인 연왕(燕王)으로 봉해지고 1380년에는 베이징에 보내져 북방의 국경을 수비했는데, 뛰어난 장수들의 보좌로 인하여 많은 공적을 쌓고 명성을 높였다. 그러나 제2대 건문제가 즉위하여 지방의 번왕들을 핍박하자 위협을 느낀 주체는 장군들의 전폭적 지지 하에 1399년 '정란지변(靖亂之變)'이라는 반란을 일으키고 수도 난징으로 진격하여 조카인 건문제를 쫓아내고 1402년 황위에 올랐다. 이것은 마치 조선의 태종이 '왕자의 난'을 일으키거나, 세조가 단종을 내쫓는 골육상쟁을 일으켰으나 뛰어난 통치력으로 국초의 기반을 안정시키고 국위를 떨친 것과 비슷한 상황이다. 수체 즉, 영락제는 1407년 베이징 천도를 계획하여 10년간 베이징에 머물면서 수도건설에 매진하였다. 그리하여 1421년 베이징은 정식으로 명의 수도가 되어 청나라를 거쳐 오늘에 이르고 있다.

영락제는 효율적인 정부운영으로 새 왕조를 반석 위에 올리고 정화(鄭和)에게 200척이 넘는 대규모 함대를 이끌고 일곱 차례에 걸쳐 동남아, 페르시아만, 아프리카까지 37개국을 방문케 하여 명의 국위를 높이는 대위업을 달성했으며, 국경을 넓히고 문치에도 힘써 22,877권에 달하는 『영락대전』을 편찬하기도 하였다. 성조(成祖) 영락제는 1407년 인효서황후가 죽자 예부상서 조공(趙羾)에게 명을 내려 베이징 인근에 길지를 정하게 했다. 주요한 역할을 한 사람들은 그가 인솔한 요균경(寥均卿), 증종정(曾縱政) 같은 풍수도사였을 것이다.[482] 최종 선정된 곳이 바로 창평

482 胡漢生, 앞의 책, p.52.

명13릉의 대문격인 대홍문

현 천수산(天壽山) 자락인데 원래는 황토산이라 불렀으나 성조가 이곳을 방문한 이후부터 '천수산'이라 부르게 하였다.[483] 1409년 이곳에 황제릉을 짓기 시작하였으니 명13릉의 시조인 '명장릉(明長陵)'인 것이다. 정력적으로 명의 기초와 발전을 위해 애쓴 영락제는 1424년 몽골 원정 후 귀환 길에 병사하고 그 역시 먼저 간 황후 곁에 묻히니 장릉은 주인을 맞이하게 되었다. 성조 이후 1644년 명이 멸망할 때까지 200여 년간 열두 명의 황제들이 장릉 좌우에 묻혔으며, 황후 및 황태후들은 대개 합장하였고 또 40km²에 달하는 묘역 안에 비빈들을 매장한 동정(東井)과 서정(西井)이 있으며 약간의 황자(皇子)의 묘도 만들었다.[484]

전술한 바와 같이 명13릉은 성조 영락제가 황제릉으로 자리를 잡고 황후와 자신의 능을 만든 이후 12명의 황제가 그 뒤를 이어 계속 자리를 잡았기 때문에 그의 무덤 '장릉(長陵)'이 중심이 되고 있다. 명대 이전의 다른 중국의 황제릉은 황제릉마다 각각의 신도에 각각의 석물 및 건물이 배치되는 것과 달리 명13릉의 경우 입구에서 묘에 이르는 신도 및 석물은 장릉에만 있을 뿐이다. 성조는 정란을 통해 권력을 탈

483 胡漢生, 앞의 책, p.57.

484 胡楊, 『歷代帝陵』, 中國工人出版社, 2014, p.199.

대명장릉신공성덕비

웅장한 장릉 신도

취하여 황제가 되었기에 이와 같이 봉건적 윤리규범에 어긋난 행위를 상쇄하고 자신의 통치를 공고히 하게 하기 위하여 능침건축에 웅장하고 화려함을 강조하였다. 그래서 장릉의 능원건축은 기세와 규모가 명효릉에 비해 조금도 손색이 없었으며 오히려 능가할 정도였다.

예를 들어 장릉 신도의 총 길이만 7.3km나 된다. 장릉의 장려함은 입구인 석패방에서부터 잘 드러난다. 한백옥으로 조각된 이 석패방은 목조구조를 모방했는데, 6개의 기둥에 5개의 문이 있으며 길이가 28.8m에 높이 12m로 중국에서 가장 큰 석패방이다. 이를 지나면 붉은 담장에 세 개의 아치문이 있는 대궁문(大宮門, 또는 大紅門)이 있고, 이어 좌우에 높이 5.3m의 하마비가 있는데 '관원인등지차하마(官員人等至此下馬)'라고 8자가 크게 새겨져 있다. 명나라 시대에는 이곳에서 제사를 지낼 때 창평진수총병관은 융복을 입고 12,000명의 군사들을 이끌고 대궁문 앞에서 제례에 참석하는 황제와 신하들을 맞이했다. 대궁문에서 600m쯤 가면 화표(華表)가 네 개나 서 있고,[485] 신도 한가운데에 겹치마 헐산정(歇山頂)의 비정(碑亭)이 있는데, 그 안에는 성조의 일생 공덕이 새겨진 명인종(仁宗) 어제(御製)의 '대명장릉신공성덕지비(大明長陵神功聖德之碑)'가 높이 8.1m의 위용을 자랑하고 있다.

신도(神道)는 여기에서부터 장릉을 비롯한 명대 제릉으로 가려면 반드시 거쳐야

485 화표는 대개 황제릉의 입구에 한 쌍으로 세워진 돌기둥이다. 명조 문헌에서는 擎天柱라 불렀으나 그 기원은 요순시대에부터 있어온 일종의 교통표시판을 '誹謗之木'이라고 한다. 거기에 간언을 쓰게 하여 왕이 채택하도록 한 데서 기원을 찾기도 한다.

장릉의 어전시위장군상

장릉의 문신상

하는 길목으로써 길이 800m에 달한다. 길 양편에는 1435년에 조각하기 시작한 거석 조각군이 늘어서 있으며 석수 24기, 석인 12기가 배치되어 있다.[486] 동물상으로는 사자, 해치, 낙타, 코끼리, 기린, 말이 한 쌍씩 신도 좌우로 도열해 있는데, 명 태조 효릉과 마찬가지로 동물상의 한 쌍은 입상(立像)이고 다른 한 쌍은 굶어앉은 준상(蹲像)으로 설치되어 있으며 조각술이 정교하고 세련되어 있다. 이들 동물상은 신도에 들어서는 순간 감탄할 만큼 인상적이며 크기도 가장 큰 코끼리가 몸길이 4.4m에 높이 3.25m로 압도적이다.

인물상으로는 무신, 문신, 훈신(勳臣)이 각 2쌍씩으로서 동물상 다음에 세워져 있어 장관을 이루고 있다. 앞쪽에 위치한 2깡의 무신상은 어전시위장군상(御前侍位將軍像)이고 다음 2쌍은 칠량관(七梁冠)을 쓰고 홀을 앞에 잡고 있는 문신상인데, 명조 일품관 복식을 갖추고 있다. 마지막 2쌍의 인물상은 제복(制服)을 입은 관원인데, 칠량관 위에 롱건초선(籠巾貂蟬)을 쓰고 있는 공신상이다. 이들 석조각상들은 무덤 입구의 장엄함을 장식하면서 능주의 위엄을 기리고 동시에 능원을 보호하는 상징성을 지니고 있다.

석패방에서부터 신공성덕비석과 신도의 석조각까지 놀랐던 것은 그 석재의 크기가 엄청나다는 것이다. 중국의 황제릉을 볼 때마다 놀라운 점은 그 엄청난 크기의 석재를 어떻게 운반해 왔는가 하는 점이다. 더구나 중장비도 없이 수십 톤에서 수

486 楊菌 編,『明十三陵』, 中國民族撮影藝術出版社, 2007, p.12.

백 톤에 달하는 석재를 옮겼는데, 운반 방법에 대하여 다행히 명영종(明英宗) 때 예부상서 호영(胡濙)이 펴낸 『수장기(壽藏記)』에 자세히 기재되어 있다. 여기에는 1436년부터 1438년까지 태감 예충(倪忠)이 명령을 받고 방산현(方山縣)의 독수석장(獨樹石場)에서 채취한 석재는 대부분 '한선예운(旱船拽運)'이란 방법으로 운송한 것이다. 이것은 나무로 일종의 썰매인 한선을 만들고 미리 깔개를 깔고 길 위에 물을 부어 진흙에 미끄러져 갔으며, 겨울에는 도로 위에 물을 뿌려 빙판을 만들고 그 위를 미끄럼을 타고 능지까지 운반하는 것이다. 이것은 이집트에서 피라밋을 만들거나 우리나라 고조선에서 고인돌을 세울 때 커다란 돌을 운반할 때와 마찬가지 방식이다. 이때 동원되는 인력도 대단하였다. 예를 들어 가정 36년(1557) 황궁3대전을 보수할 때 방산의 채석장에서 길이 3장, 너비 1장, 두께 5자 되는 섬돌을 운반하는데, 인부 2만 명에 28일이 걸려 베이징으로 운반하였으며 비용이 백은 11만여 냥이 소요되었다.[487]

석조각상들이 끝나는 곳에 영성문(欞星門)이라 부르는 독특한 형태의 석패루문이 보이는데, 용봉문(龍鳳門)이라고도 부른다. 형태는 화표 모양의 여섯 개 기둥에 세 개의 문이 있는데 그 문 위에는 진주화염의 장식이 있어 화염패방(火焰牌坊)이라고도 부른다. 옛날 사람들은 이 영성문이 음과 양을 갈라놓는 경계로 이 문을 들어서는 순간 저승에 들어섰음을 의미한다고 여겼다. 영성문을 지나서 칠공교와 오공교를 지나면 넓은 주차장 나타나고 그 다음에 붉은 담장에 황색 유리기와를 얹고 아치식 문이 세 개 있는 장릉의 궁문에 드디어 이르게 된다. 이곳은 현재 입장권을 받는 정문 역할도 하는데 여기를 들어서야 비로소 장릉의 궁 안에 들어온 셈이다.

궁문을 들어서면 아름다운 정원이 있는데, 왼편에는 황금색의 네모진 분백로(焚帛爐)[488]와 아담한 능은문(祾恩門)이 있다. 능은문은 홑처마 헐산정형제(歇山頂形制)이고 너비가 5칸에 31m나 된다. 명장릉의 능은문을 보고 감탄하게 되는 것은 계단 역할을 하고 있는 한백옥난간(漢白玉欄杆)으로 둘러싼 수미좌식 기대(基臺) 때문이다. 그 난간형식은 용봉 조각장식을 한 망주(望柱)와 보병(寶甁), 삼폭운식(三幅雲式)의 난판(欄板)이며, 대좌의 네 모퉁이와 각 난간 망주 아래에는 배수용으로 쓰이는

487 胡漢生, 앞의 책, p.83.

488 제사를 지내고 나오는 신백과 축판을 태우는 화로이다.

웅장한 장릉의 능은전

능은전 안의 영락제 주체상

석조이수(石彫螭首) 즉, 용머리 모양의 석조가 튀어나와 있다. 그리고 대좌 앞 뒤에는 삼출답타식(三出踏跺式) 계단을 설치하였다. 그 계단의 어로(御路)에 새겨진 저부조 조각은 참으로 아름답고 정교한데 누구의 솜씨인지 궁금할 정도이다.

능은문을 들어서면 명 장릉의 본궁이라 할 수 있는 거대한 건물, 능은전(祾恩殿)이 위풍당당하게 서 있다. 먼저 전면 9칸에 길이가 66.6m나 되어 압도적인 크기에 주눅이 들 지경이다. 능은전은 명청 양 시기를 통하여 제후신패(帝后神牌)를 봉공하고 제사를 올리는 주 건축물이다. 원래 당송시대에는 능원에 상, 하궁을 설치하였다. 상궁(上宮)은 침전(寢殿)이라 했으며 제헌의식을 거행하였다. 하궁(下宮)은 바로 침궁이며 능주 영혼의 일상생활을 공봉하는 장소이다. 명태조의 효릉 이래 능침에는 있는 건물은 능전(陵殿), 헌전(獻殿), 향전(香殿) 등의 다양한 명칭이 있었다. 이 능은전 내에는 평소에 신탑(神榻), 신패(神牌), 책보(冊寶), 의관(衣冠), 어좌(御座), 향안(香案)과 각종 의물 및 악기를 진설하였다. 이러한 기물과 의장물은 필자가 초기에 명13릉을 방문했을 당시에는 무엇 하나 없어 텅 비어 있었는데, 현재에는 고증을 통해 제작해 두었으며 정전 한 가운데는 위엄 있게 커다란 성조 영락제의 좌상을 설치해 놓아 새로 만든 생경한 느낌이 확연하다.

장릉은 명13릉의 주인공답게 화려하고 장대하며 지금까지 유일하게 잘 보존된 능전으로 그 면적이 1,938m^2로 현존하는 중국의 단일 목조건축물 중 으뜸을 차지하고 있다. 전정(殿頂)은 겹처마 무전식(廡殿式)으로 황색 유리기와를 덮어 찬란하게 빛나며, 높이가 25.1m나 된다. 웃처마는 중교중앙(重翹重昻)의 구채두공(九踩斗拱)을 갖고 있으며, 아래처마는 단교중앙(單翹重昻)의 칠채유금두공(七彩鎏金斗拱)이다. 전내(殿內)의 바닥에는 금전(金塼)을 깔았고, 전 아래에는 3층의 한백옥석난간으로 둘러싼 수미단식 대좌와 한 층의 작은 대좌가 있는데 총 높이는 3.2m이다. 또 대좌 앞에는 3층의 월대(月臺)를 내었는데 매층 월대 앞에는 3출답타(三出踏跎)를 설치하였는데 옛날에는 '삼출폐(三出陛)'라 불렀다.

능은전 건물의 외관 뿐만 아니라 내부에 들어가면 높이가 12.6m나 되는 32개의 굵다란 기둥에 압도당하게 된다. 이 전각의 용재 즉, 들보, 기둥, 액방, 도리, 두공 등에 쓰인 목재는 또 건물 전체를 지탱하는 60가닥의 기둥들은 모두 천하에 유명한 최고 품질의 녹나무[楠木]를 사용하였다. 문헌기록에 의하면 천수산의 각 황제릉과 베이징의 자금성을 비롯한 궁전에 사용된 녹나무는 쓰촨성 호광(湖廣) 일대의 인적이 없고 독사가 우글거리는 심산밀림에서 벌목한 것이다. 그래서 사람들은 이곳에 천 명이 들어가면 오백 명만 살아 나온다고 하였으며 나무가 얼마나 크기에 한 그루를 넘어뜨리면 천 명이 달려들어도 옮기기가 어려웠다고 하였다. 여기에 대하여 청나라 손승택(孫承澤)이 쓴 『춘명몽여록(春明夢余錄)』 卷46에는 명대에서 이 녹나무를 벌채해 운반하는 과정을 묘사했는데, 험악한 산악과 계곡, 절벽과 단애를 거쳐 운송하는 어려움을 잘 기록하였다. 여기에서 수상운송을 할 때는 나무 604개를 운반하느라 대나무 4,405개기 필요했으며, 운반인원 40명이 만리나 되는 베이징까지 옮기는데 3년이 걸리고 한 그루당 비용이 은 만냥이 소요되었다고 했다.[489]

웅대한 능은전 뒤에는 능궁문과 형식이 같은 내홍문(內紅門)이 있고 이주패루문(二柱牌樓門)을 지나면 명루(明樓)와 무덤이 있는 보정봉토(寶頂封土)가 나온다. 명루 앞에는 석기연(石幾筵)이 열을 지었는데, 수미좌식 장방형 받침상이 있고 그 위에 이른바 석오공이라 하는 향로 하나와 촛대 두 개, 화병 두 개가 놓여 있다. 바로 뒤에 있는 장릉의 봉토는 불규칙적인 원주형으로 『대명회전(大明會典)』에는 그 직경이 '일백일장팔척(一百一丈八尺, 약 304m)'으로 기재되어 있다. 봉토 주위는 벽돌로 담장[垣]을 쌓았는데 이것을 '보산성(寶山城)' 또는 '보성(寶城)', '보정(寶頂)'이라고도 한다. 보성 위에는 성가퀴[雉堞]를 설치했고 담장 내에는 마도(馬道) 한 바퀴를 만들었

489 胡漢生, 앞의 책, pp.92~95.

다. 보성은 높이가 7.3m이고 둘레는 1,000m에 이른다. 장릉은 당연히 난징에 있는 주원장의 효릉의 규제(規制)를 모방했지만 다음 몇 가지 점에서 차이가 난다.

첫째, 장릉 대궁문은 효릉 대금문과 같게 만들었다. 그러나 문 양측에 각각 하마비를 더 세웠다. 남쪽 1㎞ 지점에 오궐청백석패방(五闕靑白石牌坊)을 세웠는데, 효릉에 비해 규제가 더 높다.

둘째, 장릉의 신공성덕비(神功聖德碑)는 효릉 것보다 작은 편이다. 하지만 비루의 사방에 높이 10.8m의 경천주(擎天柱, 華表)를 세워 주위를 장엄하고 신성시하게 하였다.

셋째, 신도의 석각 부문에서 장릉은 당송의 여러 능들처럼 망주석을 석상생(石像生) 앞에 세웠다. 그러나 효릉은 망주석을 석인과 석수 사이에 배치하여 양자간에 석물의 배치 순서에서 차이를 보였다.

넷째, 장릉의 능궁 내 대홍문 안의 제3진 정원은 효릉에 비하여 좁은 편이나 이주패루문과 석기연을 하나씩 증설하였다.

다섯째, 장릉의 방성(方城)과 명루는 효릉에 비하여 작으며, 효릉이 장방형인데 비하여 장릉은 정방형이다. 또 효릉은 산을 파서 개혈(開穴)한 것과는 달리 보성 주위로 마도를 증설해 장원(牆垣)이 진정한 성장(城牆)으로 되어 순찰하는데 유리하여 방위적 기능을 높였다.

여섯째, 효릉이나 장릉 모두 외곽에 능역을 둘러 싼 담장이 있는데, 효릉은 '외곽성(外廓城)'이라 부르고 장릉은 '변장(邊墻)'이라 한다. 창평 능구의 변장 길이는 약 12km에 달한다. 효릉에는 황제릉이 하나뿐이지만 장릉 능구에는 13개의 황제릉이 위치하고 있으며, 각 능마다 신도를 내어 직간접적으로 장릉의 주신도와 통하게 하였다.

장릉 이후 창평 능구에서 이후 12명의 황제가 더 세운 12개의 황제릉은 장릉보다 크기가 작은 편이다. 12곳 황제릉의 각 능은 단독으로 총문호에 해당되는 대홍문으로 통하는 별도의 신도가 없으며, 또한 대비루(大碑樓)나 석상생 및 용봉문을 설치하지 않아 장릉과의 주종(主從) 관계를 뚜렷이 하고 있다.[490] 장릉이 완성됨으로써 명나라의 능침제도가 완성되었으며 이후 청나라도 대체로 명13릉의 규제를 따랐

490 劉毅, 『中國古代陵墓』, 南開大學出版社, 2010, pp.153~156.

다. 황제릉의 건물배치는 궁궐의 전형적인 배치와 같게 남북 일직선상에 좌우대칭적인 구조이며, 그 규모도 어지간한 궁궐에 못지 않는다. 능원은 장방형이고 대개는 세 구역으로 나눌 수 있는데, 1구역에는 능문, 비정(碑亭), 신주(神廚), 신고(神庫)가 있다. 제2구역에는 전문(殿門)과 제전(祭典) 및 배전(配殿)을 배치했다. 제3구역에는 내홍문, 패방, 오공대(五供臺), 방성(方城), 명루, 그리고 보성과 보정이 있다.

다시 살아난 순장제도(殉葬制度)

죽은 사람의 무덤에 산 사람을 함께 매장하는 순장은 야만적인 제도이다. 그런데 이 순장제도가 교양이 있고 유교적 예의를 중시하는 명나라에서 다시 부활된 사실에 경악을 금치 못한다. 명태조 주원장이 죽은 후 제왕의 능침제도에서 한나라 이래 폐지되었던 잔혹한 순장제도가 다시 살아나기 시작하였다. 중국 고대 상례와 장례제도에서 순장제도는 대체로 4천여 년 전부터 나타났으며 상나라 초기와 중기에는 이런 현상은 매우 보편적이었으며, 반경(盤庚)이 수도를 안양(安陽)으로 옮긴 후 최고봉에 달했다가 무정(武丁)의 즉위 이후에 이르러서야 점차 줄어들었다. 안양의 소둔촌(小屯村) 일대의 무덤에서는 많게는 최대 1,000명에 이르는 체골(體骨)이 발굴되기도 하였다. 이러한 악습은 주나라에 이르러서도 여전하였는데, 『사기』나 『좌전』같은 문헌기록에 의하면 주무왕, 기환공, 송문공, 진경공, 초령왕, 주장공 등 여러 제후들이 죽은 후 순장을 하였는데, 적게는 수 인에서 많게는 177명에 이르렀다. 인류사회의 진보에 따라 춘추말기에 이르러는 이런 야만적 습속은 사회로부터 보편적 질책과 반대를 받게 되었다.

그런데 명나라 황실의 순장제도는 인류문명의 대역행위이며 생명권에 대한 극대한 멸시였다. 명의 사료에 의하면 명효릉(明孝陵)과 명13릉의 장릉(長陵), 헌릉(獻陵), 경릉(景陵)에는 순장이 있었다. 예컨대 명효릉에는 46명의 빈첩이, 영락제의 장릉에는 16명이 순장되었다. 이후 명 6대 황제 영종 주기진(朱祁鎭, 1427~1464)이 유언으로 순장을 금하면서 수천 년을 이어온 지긋지긋한 중국에서의 순장제도는 잠시 멈추게 되었다.[491] 그러나 습속이 다른 청나라의 초기에 다시 부활되었다가,[492] 강희제

491 宋大川·夏連保,『清代園寢制度研究』, 文物出版社, 2007, pp.103~104.

492 청나라 태조 누르하치와 태종 홍타이지, 섭정왕 도르곤, 순치제도 순장이 있었다.

소릉의 융은전

때 법으로 금하여 완전히 없어지게 되었다.

현재 명13릉은 장릉과 소릉(昭陵) 그리고 정릉(定陵)만을 공개하고 있다. 다른 10기의 능은 훼손된 곳이 많아 계속 보수 중이어서 아직은 비공개로 하고 있다. 소릉은 융경제(隆慶帝)인 12대 황제 목종(穆宗) 주재후(朱載垕, 1537~1572)와 황후 3인의 합장릉이다. 근래 대규모의 복원, 보수로 개방되어 많은 관광객들을 모으고 있다. 소릉은 역시 평지에 조성되어 있는데, 모든 시설이 잘 갖추어져 있으며 다만 규모가 장릉에 비하여 작을 뿐이다. 목종은 30살에 즉위하여 6년간 재위했다. 목종은 즉위 후 정치개혁을 실시하여 우수한 인재를 등용하고 민심을 얻은 해서(海瑞)를 석방하였다. 또 척계광(戚繼光), 이성량(李成良) 등 명장들을 등용하여 변방을 강화했다. 그러나 통치집단의 부패와 몰락으로 인해 국력은 점차 쇠약해졌다.[493]

명13릉에서 특별히 선덕제(宣德帝) 주첨기(朱瞻基, 1399~1435)의 경릉(景陵)은 꼭 가 보고 싶었다. 그것은 선덕제가 황제로서 뛰어난 화가이기도 한 송나라 휘종황제에 못지않은 그림 솜씨를 지녔기 때문이다. 두 황제가 다른 점은 휘종은 망국의 황제였지만 선덕제는 명나라 최고 성군의 중의 하나였다. 화가로서 선덕제는 인물화, 영

493 楊菌 編,『明十三陵』, 中國民族撮影藝術出版社, 2007, p.53.

모화, 화훼도, 수렵도 등 못 미치는 장르가 없이 뛰어난 필력을 지녔으며 그림이 무상무념하며 품격이 높다. 그의 〈희원도(戱猿圖)〉를 비롯한 10여 점의 작품들이 남아 있는데,[494] 주로 미국에 소장되어 있다.

선덕제가 그린 희원도

선덕제는 영락제의 총애를 받아 일찍이 14세 때 황태손이 되었다가 아버지 인종이 요절하자 26세에 황위에 올랐다. 그는 문무겸비하여 숙부인 주고후의 반란을 직접 군사를 이끌고 진압했으며, 인재를 잘 등용하여 국가재정을 튼튼히 하였다. 할아버지 영락제가 막부의 원정, 정화의 대항해, 베트남의 점령 등 화려하지만 국익에는 실속없는 큰일을 벌인 데 비하여 선덕제는 긴축재정과 실리적인 국내외 정책을 택하고 스스로 검소하며 진상품이라도 사치스러우면 반송시켰다. 그래서 이 시기를 한나라의 '문경지치(文景之治)'와 당태종의 '정관지치(貞觀之治)'에 못지않은 '인선지치(仁宣之治)'를 이루었다고 한다. 이때야말로 명나라는 최강의 시기에 해당되어 이후 명나라가 1644년까지 존속할 수 있었던 원동력이 되었다고 생각한다. 또한 미술사를 공부하면서 중국의 도자기에 조금이라도 관심을 가진 사람이라면 누구나 명대 청화백자 중 가장 마음에 들었던 것이 모두 '선덕년제(宣德年製)'라는 명문이 새겨져 있는 도자기이다. 이 도자기는 모두 선덕제의 치세 기간동안 경덕진에서 제작된 것임을 알게 되었다. 그래서 선덕제에 더욱 관심을 갖게 된 것이다.

선덕제에 흥미를 갖는 것은 그가 뛰어난 화가이기도 하지만 유난히 조선과의 인연이 깊었으며 조선에 대하여 비교적 호의를 보였기 때문이다. 매사냥 매니아인 선덕제는 조선에 해동청(海東靑)을 꾸준히 요구하여 태종과 세종도 상당히 골치를 썩

494 미국의 메사추세츠 케임브릿지의 포그미술관, 캔사스시티의 넬슨미술관 그리고 뉴욕의 메트로폴리탄 등지에 소장되어 있다.

히고 있었다. 그러나 명이 조선에 요구하는 세공(歲貢)을 면제시키기 위해 1429년 세종은 이복형제인 함녕군(咸寧君) 이인(李裀, 1402~1467)을 명나라에 사절로 보냈다. 그는 선덕제에게 조선에는 금과 은이 생산되지 않으므로 소와 말 및 포(布)로 대신 보내도록 주청하였다. 선덕제는 베이징에서 만난 조선 사신 이인이 백발백중으로 쏜 활 솜씨와 조리에 맞는 말솜씨에 감탄하여 금은 대신 직물로 세공하는 것을 윤허하고, 오히려 이인에게 비단옷 네 벌과 표리(表裡) 10필,[495] 금대(金帶)와 서대(犀帶),[496] 은 백냥을 하사했다. 성공적으로 세공(歲貢)에 관한 업무를 잘 마치고 귀국한 이인에게 세종은 크게 기뻐하여 연회를 베풀고 상으로 논 80결과 하인 8명을 내려주었다.[497]

그러나 선덕제의 경릉은 장릉의 오른편에 있는데 미공개 지역이라 아무리 애를 써도 들어갈 수가 없어 먼발치에서 바라볼 수밖에 없었다. 멀리서 봤지만 다행히도 내홍문이나 명루는 온전온전하고 다만 능은전이나 기타 부속 건물이 없어 그의 검소하면서도 품격이 살아 있는 것 같아 안심이 되었다. 명13릉의 중심 황제릉이야 당연히 장릉이겠지만 사람들이 가장 많이 흥미를 갖고 찾는 곳은 신종황제 즉, 만력제(萬曆帝)가 묻힌 정릉(定陵)이다. 그것은 중국 역대 황제릉 중에서 최초로 과학적이고 학술적으로 또 합법적으로 발굴한 황제릉이며, 내부가 공개되어 황제의 지하 묘실을 직접 볼 수 있다. 또한 출토된 희대의 보물들은 '정릉박물관'을 세워 공개하고 있기 때문이다.

신종황제 정릉(定陵)의 역사적 발굴과 그 비극

정릉은 신종황제 즉, 만력제(萬曆帝) 주익균(朱翊鈞, 1563~1620)과 효단황후(孝端皇后), 효정황후(孝靖皇后)의 합장묘이다. 명13릉의 중심 황제릉이야 당연히 장릉이지만 많은 사람들이 가장 많이 흥미를 갖고 찾는 곳은 신종 만력제가 묻힌 정릉이다. 이곳은 중국 역대 황제릉 중에서 최초로 과학적이고 학술적으로 또 합법적으로 발

495 옷감의 겉과 안

496 물소뿔로 만든 허리띠인데, 이전까지 중국에 갈 때 왕자라도 서대를 할 수 없었으나 이인 때문에 서대 착용이 가능해졌다.

497 『世祖實錄』 卷43, 13년(1467) 9월 30일(임진); 張慶姬, 「朝鮮初期 綿紬의 朝貢制 硏究」, 『미술사연구』16호, 미술사연구회, pp.279-296.

굴한 황제릉이며, 내부가 공개되어 황제의 지하 묘실을 직접 볼 수 있는 곳이다. 또한 이곳에서 출토된 희대의 보물들은 해당 능역에 설립한 '정릉박물관'에 전시하여 공개하고 있기 때문이다.

만력제의 초상화

우리나라 사람들은 명나라 황제 중 만력제에 대하여 특별한 관심과 애정을 갖고 있다. 그것은 조선왕조실록을 비롯한 이 시기의 각종 문서에서 '만력년(萬曆00年)'이라는 명문이나 연대 표기를 통해 너무 많이 보아 익숙하기 때문이다. 무엇보다 만력제에 대한 우리의 생각은 임진왜란 때 많은 신하들의 반대에도 불구하고 적극적으로 조선에 파병하여 왜구의 침략으로 풍전등화와 같던 나라를 구해 준 은인이기 때문이다. 명나라 황제로서 중국인들에게는 그다지 신망이 높지 않음에도 불구하고 만력제는 조선에 대하여 애정을 갖고 군대의 파병이라는 파격적인 도움을 주어 신하들로부터 '조선의 황제', '조선천자(朝鮮天子)'라는 조롱도 받기도 하였다.[498] 한편 필자 개인적으로는 몇 년 전부터 관심을 갖고 연구하고 몇 편의 논문을 쓰고 있는 서울 숭인동의 '동관왕묘(東關王廟)'[499]를 세운 장본인이 바로 만력제이기 때문이다.

신종은 명나라 제13대 황제로서 1572년부터 1620년까지 48년간 재위하여, 명나라의 역대 황제 중에서도 재위기간이 가장 길었다. 그러나 불행하게도 왕조가 서서히 몰락하는 시기였다. 즉위했을 때 불과 10세의 나이였기 때문에 스승인 장거정(張居正)이 섭정하였는데, 철혈재상이라 할 수 있는 장거정의 노력으로 명나라는 부흥의 조짐도 보였다. 장거정의 사후 만력제는 친정을 하였으나 정사에 관심이 없으

498 명나라가 망한 뒤에도 조선에서는 신종과 마지막 황제 의종을 기리는 사당과 제단을 세워 의리를 지켰다. 송시열이 주창하여 萬東廟는 1704년 충북 괴산에 세웠고, 숙종의 명으로 1705년에는 창덕궁 후원 깊숙한 곳에 大報壇을 세워 만력제 신종과 명나라의 마지막 황제인 숭정제 의종에게 제사를 지냈다. 청나라에도 숨겨가며 1884년까지 계속되어 임진왜란 때 조선을 구해준 은혜를 잊지 않았다.

499 대한민국 보물 제142호로 지정되어 있는데, 조선전기의 보물창고라 할만큼 미공개된 유물이 많이 있다.

며 주색과 재물에 욕심이 많았고 자신의 수릉(壽陵)인 정릉(定陵)의 건설에만 힘을 쏟았고, 3곳에서 일어난 전쟁 등을 일컫는 '만력의 역(萬曆之役)'을 겪으면서 국고는 탕진되었으며,[500] 만주에서는 누르하치의 후금(後金)이 일어나 명나라의 멸망을 재촉하였다.

정릉은 신종이 심혈을 기울여 지은 능으로 명13릉 중에서 규모가 클뿐 아니라 건축자재를 비롯한 모든 면에서 가장 뛰어났고 화려하며 장엄하다. 정릉은 세 개의 아치식 문이 있고 〈정릉박물관〉이란 간판이 있는 능문을 지나면 백옥교를 지나자 신공성덕비가 서 있는데 이수(螭首)와 귀부(龜趺)의 조각이 아름답다. 이 비석에는 아무런 글자도 없는 소위 '무자비(無字碑)'인데, 일설에는 적어야 할 공(功)이 너무 많아 다 쓸 수가 없어 비워 놓았다는 설과 한 일이 하나도 없어 쓸 것이 없었다는 설이 있는데 아무래도 후자의 말이 맞는 것 같다. 이어서 능은문과 능은전 터가 나온다. 이 건물들은 중일전쟁과 1913년 화재로 사라지고 주춧돌만 남아 있다.

이 능은전을 지나면 이승과 저승의 경계인 영성문(櫺星門)이 있고 명루가 있으며 명루 위에는 '신종현황제비(神宗顯皇帝碑)'가 있다. 그 뒤로 담장을 둘러치고 나무를 심어 동산 같은 봉분이 있으며 그 아래 바로 지하궁전이 있다. 지하로 내려가 사람 '人'자 모양의 금강장(金剛牆)을 지나야 지하궁전으로 들어갈 수 있다. 금강장은 봉문(封門)의 벽인데 높이가 8.8m이고 두께는 1.6m이며 밑은 사층 석판으로 기초를 쌓았고, 위는 벽돌로 쌓았는데 꼭대기에 처마를 둘렀고 누런 기와를 올렸다. 금강벽 안쪽은 현궁의 전실로 가는 복도로 아치식 천정인데 벽돌로 쌓았고 길이와 너비가 각기 7.9m이며 청석(靑石)으로 바닥을 깔았다.[501] 이 지하궁전의 입구를 찾기 위하여 발굴대원들은 고심을 하던 중 수도(隧道)에서 뜻밖에 지로비(指路碑)를 발견하게 되었다. 여기에는 무덤의 입구가 되는 '금강장은 전방으로 16장, 깊이 3장 5척 아래 있다'라고 쓰여 있어 쉽게 입구를 발견하게 되었다.[502]

이어서 아치식 터널을 지나면 전전(前殿)이 있는데 공권종식(拱券縱式)으로 길이

500 신종 시기에 일어난 삼대의 난이다. 寧夏 哱拜의 난, 조선의 壬辰倭亂, 귀주성 楊應龍의 난으로 엄청난 군비와 인명 피해로 명나라의 멸망을 재촉하게 되었다.

501 劉毅, 앞의 책, p.160.

502 만력제는 22세에 정릉을 짓기 시작하여 6년 뒤 28세 때 완성하였고 30년이 더 지나 58세에 죽었다. 그러므로 능은 빈 채로 덮고 30년 뒤 황제의 유해를 안치할 때 정확한 입구의 위치를 알려주기 위해 이 비석을 세워 두었다.

정릉의 석오공

정릉의 명루

정릉의 지궁 진입로

지로비의 발견 안내문

가 20m이고 너비는 6m이며, 높이는 7.2m이다. 다음에 중전(中殿)이 있는데 역시 공권종식이며 길이는 32m이고 높이와 너비는 전실과 같다. 좌우로 배전(配殿)이 연결되어 있다. 중전에서 가장 눈에 뜨이는 것은 세 개의 한백석으로 만든 보좌(寶座)인데 중앙의 것이 크고 용문(龍文)이 있어 황제의 것임을 알 수 있고, 양쪽 두 개는 조금 작고 봉황문이 새겨져 있어 황후 것임을 알 수 있다.

무엇보다도 이 방에서 주목되는 것은 오공(五供) 앞에 놓인 청화용항(青華龍缸)이

만력제의 보좌

청화 용 항아리

라 불리우는 커다란 청화백자 항아리이다. 높이와 입지름이 70cm나 되는 이 청화백자는 상하에는 연꽃받침 문양이 있고 가운데는 구름 위에 날아오르는 용이 그려져 있다. 이 항아리에는 '대명가정년제(大明嘉靖年制)'라고 새겨져 있는데, 경덕진(景德鎭)의 어요창(御窯廠)에서 제작된 명대 최상의 청화자기이다. 발굴 당시 이 항아리 속에는 밀납이 담겨 있었고 심지가 박힌 표주박이 있으며 불을 피운 흔적이 남아 있었다. 이것이 바로 사서에서 말하는 '장명등(長明燈)' 즉 만년등이다. 이곳에는 관람객들이 던진 지폐로 어지럽게 덮혀 있는데, 지궁 곳곳에서 이런 현상을 볼 수 있다. 중국을 여행하다 보면 명승지나 사찰, 명소, 주요 인물상 등지에 이렇게 돈을 던지는 모습을 많이 볼 수 있는데, 이는 중국인들의 배금사상 때문인 것 같다.

중전 다음에는 바로 황제와 두 황후의 재궁(梓宮) 즉, 관곽이 놓여 있는 후전(後殿)이 있다.[503] 역시 공권종식이며 남북이 30.1m이고, 동서는 9.1m, 높이는 9.5m로 지궁 중에서 가장 넓으며 천정은 모두 아치식 터널 형태를 띠고 있다. 바닥은 화반석(花斑石)을 깔았고 중심 부분에서 약간 뒤로 한백옥석의 관상(棺床)이 있는데, 수미좌식으로 길이가 17.5m에 너비는 3.7m, 높이는 0.4m이며 상면(床面)에 화반석을 깔았다. 관상 한가운데에 0.4×0.2m의 '금정(金井)'이 있는데 그 안을 황토로 메웠다.[504] 가운데 있는 붉게 칠한 신종황제의 관곽은 길이 3.9m, 너비와 높이가 1.8m나 되는 거대한 것이다. 곽 덮개를 열자 녹나무로 만든 신궁이 나오고 관목 위에는

503 명나라에서는 황제와 황후를 한 곳에 합장하는 예가 없고 황후는 대개 중실의 배전에 따로 위치하는 것이 상례였다. 그러나 정릉의 경우 신종이 나중에 죽었고, 당시 명나라 경제가 어려워지는 등 여러 문제가 있어 세 개의 관을 후실 한 곳에 설치하게 되었다.

504 金井은 풍수지리상 혈지로 영혼이 하늘로 올라간다는 명당이다. 대개 관 밑에 위치한다.

황색 명정(銘旌)이 덮혀 있고 중앙에는 '대행황제재궁(大行皇帝梓宮)'이라고 여섯 자가 금으로 쓰여 있다.[505] 관 안에는 진귀한 보석과 금은기, 옥기, 견직물과 용포 등이 겹겹이 들어 있었으며, 열한 번째 층인 이불을 들어내자 거기에는 만력제의 유골과 머리칼이 비교적 온전한 채로 나왔다. 실로 중국 역사상 최초로 황제의 시신이 공식적으로 빛을 보는 순간이었으며 나머지 두 황후의 관에서도 유골이 나왔다. 만력제의 유해에 대한 DNA 검사도 이루어졌는데, 신장은 164cm였고 혈액형은 AB형이었다.

정릉은 한 마디로 말해 다섯 개의 지하궁전이 서로 아치식 터널로 연결되어 있는 셈이다. 입구부터 후전까지의 길이가 87m이고 높이는 평균 높이가 9m이며 지하궁전 전체 넓이는 1,195m^2나 되니 그야말로 지하의 궁전이라 할만하다. 중전부터는 발굴 당시에 있었던 각종 기구들의 모형을 원래 모습대로 진열하고 있으며 아침부터 붐비는 어마어마한 관광객들로 인해 편안하게 관람하기가 애초에 어렵다. 금정(金井)을 비롯해 관곽, 용상 주위에는 관람객들이 던진 각종 지폐가 가득 쌓여 유물을 덮고 있을 정도이다.

중국의 역대 황제릉은 도굴 당하지 않은 것이 없을 정도이다. 그나마 명13릉과 서청릉 그리고 진시황릉과 당나라 고종과 측천무후가 잠들은 건릉이 온전할 뿐이다. 정릉이 중요한 이유는 중국 역사상 최초로 정부가 공인하여 학술적이고 과학적으로 공식 발굴한 황제릉이란 점이다. 정릉의 발굴은 중국정부가 생각도 못한 곳에서 발단이 되었다. 1955년 중국과학원 원장 궈모뤄(郭沫若, 1892-1978), 문화부 부장 선얜빙(沈雁氷, 1896-1981) 등 다섯 명의 인사들이 명13릉 중 장릉(長陵)을 발굴해 보자는 제안서를 정부에 내었다. 당시 총리였던 저우언라이(周恩來, 1898~1976)의 재가를 받아 고고학을 전공한 조기창을 대장으로 한 '정릉발굴위원회'가 발족되었다. 그러나 경험과 과학적 장비가 부족했던 당시라 대원들은 가장 큰 장릉보다는 시굴(試掘)로 정릉을 먼저 파보자 라는 의견에 따라 영락제의 장릉이 아니라 만력제의 정릉을 시범삼아 발굴하게 된 것이다. 이것은 20여 년 지나 우리나라에서 경주 황남대총을 발굴하기 전 시굴로 옆에 있는 작은 천마총을 먼저 발굴한 것과 똑같은 상황이었다. 1956년 5월 19일 정릉 발굴을 시작하여 천신만고의 연구와 탐사 끝에

505 웨난·양스, 유소영 옮김, 『베이징의 명십삼릉』, 도서출판 일빛, 2005, p.176.

만력제와 두 황후의 주칠 재궁과 주칠궤

재궁 옆의 주칠함

만 일년이 지난 1957년 5월 19일에 탐사대는 드디어 지하궁전의 입구인 금강장을 찾아내고 마침내 한백옥으로 만들어진 거대한 지하궁의 문 앞에 당도하게 되었다. 그 거대한 석문을 밖에서 방향을 바꾸어 걸쇠를 열 수 있는 괴정(拐釘)이란 기발한 기구를 옛기록에서 힌트를 얻어 만들고 나서야 마침내 석문을 쉽사리 열고 전전(前殿)으로 들어갈 수 있었다. 참으로 중국고고학의 위대한 승리의 순간이었다.

그후 순조롭게 현실까지 도달하면서 수많은 유물을 수습하고 마침내 후실에서 신종과 두 황후의 관을 찾아냈다. 관 내부를 열었더니 신종과 두 황후의 유골이 온전하게 남아 있었다. 세 개의 관곽과 26개의 상자에서는 형언하기 어려운 진기한 보물들이 쏟아져 나왔는데, 효정황후의 관만 하여도 처음 관 뚜껑을 열었을 때 시신은 가려서 보이지 않고 마치 보물창고같이 금은보화들이 가득 차 있었다. 그들 유물 중 일부는 정릉박물관에 전시되어 오늘날 우리가 당시의 유물을 고스란히 볼 수 있다. 그중에는 세계 자수공예 역사상 불가사의라고 할 수 있는 백자의(百子衣),[506] 효단효황후(孝端顯皇后) 왕씨의 육룡삼봉관(六龍三鳳冠),[507] 인간의 솜씨라 할 수 없는 가는 금사로 짠 황제의 금익선관(金翼善冠)[508] 등 모두가 명나라의 모든 국력

506 백자의는 효정황후의 관 안에 있던 상의로 100명의 동자와 동물, 자연이 모두 수놓아 만들었는데, 명나라 아니, 중국 자수공예의 珍寶라 할 수 있다.

507 황후가 공식적 행사에 쓰던 관으로 모두 4개가 출토되었다. 이 관은 가장 무겁고 화려한 것으로 무게가 2,905g에 5,449개의 진주와 128개의 보석이 상감되어 있는 명나라 금속공예의 眞髓라 할 수 있다.

508 웨난·양스, 『베이징의 명십삼릉 2』, 도서출판 일빛, 2005, pp.195~196. 만력제의 머리 우측에 잇던 둥근 상자에서 나온 것인데, 매우 정교하고 가는 금실로 짜여 있어 무게가 겨우 826g에 지나지 않는다. 무엇보다

황후가 대전(大典) 참석시 착용한 육룡삼봉관

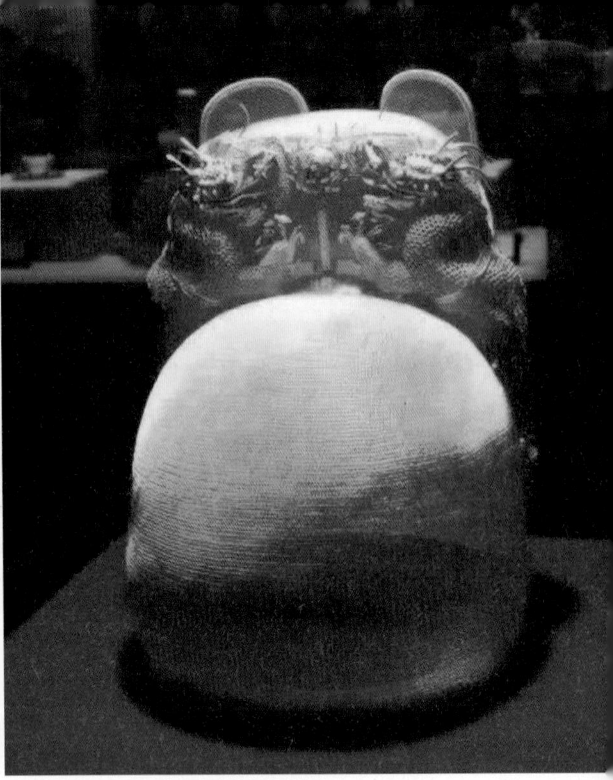
금실을 엮어 정교하게 제작한 금익선관

과 장인의 솜씨가 녹아 있는 걸작들이다.

2년에 걸친 정릉의 발굴은 성공적으로 보였다. 그리고 1958년 9월 6일 『신화통신』은 자랑스럽게 이를 세계에 알렸고 1959년에는 이들 유물을 모은 〈정릉박물관〉이 구내에 세워지게 되었다. 그런데 아이러니하게 정릉의 비극은 이때부터 시작되었다. 신중국에서는 사상강화를 위하여 발굴대원들을 하방시키고 완장을 찬 사람들이 와서 학자들을 관리하였다. 이 사람들은 높은 사람이 오니 보기 흉한 재궁(梓宮, 신종과 황후의 시신이 들어있는 목관)을 없애 버리라고 하였다. 그래서 가장 중요한 신종의 관곽은 무식한 주임의 명령 한 마디에 의해 사라져 버렸다. 그것도 정릉박물관이 개관하는 날에!

그러나 진짜 비극은 이제부터 시작되었다. 1966년 모택동의 지시를 받은 백만 홍위병들은 문화대혁명의 기치 아래 전국으로 몰려다니면서 기존의 봉건문화를 섬멸하자는 혁명에 대한 무식한 열정으로 지식인과 사찰, 방방곡곡의 문화재를 파괴하기 시작하였다.[509] 이때 홍위병들은 광풍에 휩싸여 중국의 문화재를 거침없이 파

도 금사로 관을 만들 정도의 뛰어난 기예와 직조, 그리고 용접 등의 기술이 뛰어났다는 점에서 익선관은 사람들에게 큰 감동을 주었다.

509 文化大革命은 1966~1976년 사이에 중국에서 벌어진 사상 최대의 문화 반달리즘이다. "옛 것은 모조리 숙

명 신종 만력제의 초상조각

홍위병들의 문화재 파괴

괴하여 문화적으로 중국을 50년 정도 후퇴시켰으며, 앞으로도 상당기간 복구에 노력해야 할 것이다.

불과 열대여섯 살 밖에 안되는 소녀 지도자와 완장 찬 부대의 아이들은 거칠 것이 없었고 참으로 무서웠다. 이들은 정릉에 도착하자마자 모든 직원들을 창고에 가두고 자신들의 부모를 죽인 원수를 대하듯 정릉의 현궁을 비롯해 모든 유물과 유적을 철저히 때려 부쉈다. 그것도 모자라 400년 전에 죽은 신종황제와 두 황후의 유골을 깨부시고도 원한이 안 풀렸는지 그 유골을 앞에 두고 인민재판을 거친 다음 아예 불에 태워 없애면서 승리의 환호성을 내질렀다. 세계 역사상 이런 일이 또 있었던가? 그날은 1966년 8월 24일이었다. 중국은 물론 세계 고고학계 아니, 문화인들에게 가장 비참한 날이었다.

오늘날 수 많은 관람객들이 정릉과 정릉박물관을 둘러보고 찬탄을 금하지 못하고 있다. 그러나 막상 정릉에서 가장 중요한 유물, 그곳의 능주인 만력제의 유골을 불태워 흔적도 없이 파괴하여 결국 껍데기만 보고 있는 줄은 상상도 못할 것이다. 그나마 위안이 되고 다행이었던 것은 홍위병들이 중장비와 폭약이 없었기 때문에

청하라. 문화, 교육, 정치, 심지어 너희 부모까지도!"라는 모토를 내세웠다. 여기에 동원된 어린 홍위병들에 의해 170만 명 이상의 인명피해와 중국 문화재의 절반 이상을 파괴해 버린 인류 최악의 만행이다. 베이징의 자금성이나 용문석굴까지도 파괴될 뻔 했으나 존경할만한 저우언라이의 기지로 모면하게 되었다.

명13릉이 완전히 초토화되는 사태만은 면했다는 점이다.

역사상 나라가 망하면 그 나라를 통치했던 황제가 모셔진 황제릉은 일거에 도굴되고 황폐화되는 것이 상례였다. 한나라부터 육조 · 당 · 오대십국 · 송 · 요 · 금나라까지 망국의 순간 황제릉은 일부 석물을 제외하고는 처참하게 파괴되고 말았다. 그러나 명나라가 망한 이래 문화대혁명이 들불처럼 일기 전까지 무려 400여 년간 명13릉이 도굴 등의 피해를 입지 않고 오늘날과 같은 모습을 지니고 있었다는 것은 정말 기적과도 같은 일이었다. 명대에는 당연히 명조 여러 황제릉에 대하여 엄격한 '금산관리제도(禁山管理制度)'를 갖추고 황제릉을 보호하고 있었다.[510] 능구에는 사람들이 함부로 드나들 수 없으며 황제릉의 건축을 훼손해서는 더욱 더 안 되며 능침물품을 훔치거나 나무를 베어서도 안 되었다. 금산 구역 내에서는 사람들이 나무를 베거나 풀을 잘라서도 안 되고, 땔감을 주워도 안 되며, 돌을 채취하거나 불을 피워서는 더욱 안 되었다. 예를 들어 규정에 따르면 "원릉의 나무를 훔치면 장(杖) 일백 대에 처하고 3년을 귀양 보낸다."고 하였다.[511] 능구 내의 벽돌, 기와 하나하나가 제왕의 존엄을 나타내고, 금산 내의 풀 한 포기, 나무 한 그루도 능지의 풍수와 왕조의 흥망과 관련되어 있어 사람들은 무조건 규정을 준수해야 하며 위반 시에는 엄한 처벌을 받았다. 위와 같은 율령과 비상상황에 대비하기 위하여 능구 주위에는 관군이 순찰을 하였고, 금산 전 구역에도 전문적으로 순산(巡山)을 책임지는 관군이 따로 있었다.[512]

명나라 당시에야 소성에서 각 황제릉의 관리에 만전을 기했지만, 망국 후 청나라는 명13릉은 물론 기타 명조의 황제릉들을 보호해 주었다는 사실은 높게 평가하지 않을 수 없다. 더구나 1645년 이자성(李自成, 1606-1645)의 난 때 자결한 마지막 황제 숭정제(崇禎帝)의 장례까지 황실의 법도에 맞게 치러 준 청나라의 태도는 중국역사에서 보기 드문 미담이다. 이것은 곧 청나라가 명나라의 법통을 이었다는 점, 즉 천명(天命)을 이어받았다는 것을 과시하고 다수인 한족(漢族)의 지지를 얻기 위한 정치적 목적이 있었던 데 기인한다. 어쨌던 이 때문에 청나라는 나라가 망하면 황제릉을 도굴하거나 훼손하던 악습을 끊고, 당 · 송대를 비롯하여 명대까지 전대

510 능구는 10구를 경계로 하여 방원(方圓)이 80여 km²이고 능침풍수와 관련하여 총 면적은 1,000km²에 달하는 방대한 금산지역이 설정되었다.

511 『大明律』, 「兵律」, 宮衛

512 胡漢生, 앞의 책, pp.298~299.

소릉의 제례상

의 황제릉을 고증하거나 관리를 해 주었다. 이 점에 있어서는 청나라는 대단히 모범적인 국가였다. 1644년 청조가 베이징에 입성하던 순치 원년(順治元年, 1644)부터 사향내사(司香內使)를 두었는데, 그는 능을 지키는 태감(太監)이었다.

이후에 각 능에는 22명의 태감이 배치되어 있었으나 건륭 22년(1757)에 모두 폐지하였다. 그 대신 명나라 황실의 후예를 선택하여 관직을 주고 제사를 모시게 하자는 유지를 강희제 때 내렸다. 실제로 강희제는 강희 38년(1699) 남순시 난징의 주원장의 명효릉을 방문하고 제주(祭酒)를 올렸는데, 그때 이러한 유지를 내린 것으로 보인다. 이후 옹정 원년(1723)에는 명황실의 후손인 주지련(朱之璉)을 찾아내어 일등후(一等侯)의 작위를 내려주고 명효릉과 명13릉의 제사와 관리를 위임했다. 이 제도는 이후에도 유지되어 마지막으로 명황실의 주욱훈(朱煜勛)이 광서 17년(1891년)까지 계승하였다. 이러한 명13능의 관리는 민국시대에도 계승되어 경찰이 파견되어 지켰으며, 민국 22년(1933)부터는 창평현정부에서 관리하도록 하였다.[513] 이러한 청조와 민국의 조치로 인하여 명, 청, 민국으로 이어지는 왕조의 변천에도 명13릉은 인위적인 큰 파괴에서 벗어날 수 있었다.

513 胡漢生, 앞의 책, pp.301~302.

인구 2억이 되는 명나라가 인구 40만 정도인 청나라에게 또 300만 군사력을 지닌 명나라가 불과 18만의 군대를 가진 청나라에게 멸망 당했다는 사실은 믿기지 않은 일로 오랫동안 수수께끼로 남아 있었다. 명나라는 결코 허약한 나라가 아니었다. 이는 승자인 청나라의 편향적인 역사 기술에 의해 폄훼되었음을 간과해서는 안 된다. 사실 명나라는 전 시기에 걸쳐 막강한 군사력을 가졌는데, 특히 영락제 시기는 세계 최강으로 한 번에 50만 대군을 북방에 보내 몽골을 다시 유목국가로 만들었고, 일곱 차례에 걸쳐 중국 남부에서 인도나 중동 및 아프리카까지 해군을 보냈으며, 베트남을 정복하기도 했다. 뿐만 아니라 말기인 신종 만력제 시기에도 북으로는 영하의 발배의 난, 조선의 임진왜란, 귀주성의 양응룡의 난 이른바 '만력삼대정(萬曆三大征)'[514]에서도 모두 승리를 가져 왔다. 명나라는 초기에 영락제(永樂帝)나 선덕제(宣德帝) 같은 명군이 있어 상당한 국력을 가졌음에도 불구하고, 말기에는 가정제(嘉靖帝)나 만력제(萬曆帝), 천계제(天啓帝) 같은 무능한 황제 때문에 멸망에 이르게 되어 안타깝다. 특히 30여 년간 황제의 직무를 포기한 채 유락에 빠진 만력제 때 그래도 나라의 시스템을 정비하고 국정을 제대로 운용한 것은 장거정(張居正, 1525~1582)과 같은 명재상이 있었기 때문이다.

장거정은 '강기숙정(綱紀肅正)'과 '일조편법(一條鞭法)' 등의 개혁으로 공직사회의 기강확립과 기강확립과 재정확충에 크게 기여하였다.[515] 또한 남쪽의 왜구 토벌에 큰 공을 세웠던 척계광(戚繼光)을 북방으로 불러 계주(薊州)를 방비케 하였으며,[516] 명장 이성량(李成梁)으로 요동지역을 지키게 하였다.[517] 그러나 국가가 멸망할 때가 되면 일정한 코스 즉, 무능한 황제, 탐관오리의 횡행, 민란, 충신과 유능한 장수의 파직 등의 절차를 거쳐 망하게 되는 것이다. 장거정의 개혁정치로 부패하고 만성적

514 만력년간에 일어난 3대 전쟁은 1592년 寧夏(徽州)에서 일어난 哱拜의 난, 1592~1598년 조선에서 일어난 임진왜란, 1600년 귀주성에서 일어난 楊應龍의 난이다. 이 3대 전쟁으로 명의 국력이 급격하게 쇠약해졌다.

515 은을 중심으로 한 경제활동으로 명나라의 국력과 조세, 재정에 큰 역할을 하였다.

516 戚繼光(1528~1588)은 불과 20세에 무과시에 합격하고 절강성 등지에서 병사를 모집하여 소위 척가군을 조직해 鴛鴦陣을 훈련시켜 왜구를 무찔렀다. 왜구가 조용해지자 1568년에는 薊州에서 국경을 방비하고 만리장성을 복구시켰다. 그가 지은 병법서인 『紀效新書』는 조선 후기에 병법서로 널리 사용되었다.

517 조선인 출신 李成梁(1526~1615)은 요동철령위 지휘첨사로 요동지역의 실질적인 지배자로 이 지역의 안정에 절대적 공헌을 세웠다. 청 태조가 되는 누르하치를 어릴 때 집에서 돌보아 주었다. 이성량의 후원으로 누르하치는 세력 확대에 성공하여 청나라를 세울 수 있었다. 임진왜란 때 일본군과 싸운 李如松과 李如伯이 바로 그의 아들들이었다.

인 적자에 시달리던 명조는 재정이 400만 냥의 흑자로 돌아섰고,[518] 국고에는 10년을 먹고도 남을 식량이 비축되었다. 그러나 1582년 재상 장거정이 죽자 그의 개혁에 불만을 가졌던 신하들이 벌떼같이 일어나 탄핵을 주장하였고, 만력제는 장거정의 모든 직위와 가산을 몰수하였다. 뿐만 아니라 장거정이 중용했던 척계광 또한 장거정의 사후 대신들에게 탄핵을 받아 1583년 광둥으로 배치되었다가 나중에 파직되어 고향인 산동성 등주(登州)로 귀향하여 어렵게 지내다 병사하였다.

임진왜란 때 이순신이 있어 조선을 지켜냈다면 명나라에는 원숭환(袁崇煥, 1584~1630)이 있어 후금(淸나라)으로부터 나라를 지켜내고 있었다. 조선은 그래도 이순신을 죽이지 않고 백의종군을 시켜 정유재란에서 나라를 구하게 하였지만 명나라에서는 원숭환을 죽여서 결국 나라가 망하게 되었다. 그는 천계2년(1622) 병부직방청리사(職方淸理司) 주사(主事)로 임명되었다.[519] 원숭환은 요동과 요서 쪽에서 침입해 올 후금을 저지하기 위하여 산해관 밖에 있는 영원성(寧遠城)이 가진 전략적 중요성을 알고 개축을 하면서 온갖 반대를 무릅쓰고 네덜란드에서 최신의 대포 즉, 홍이포(紅夷砲)를 구입해 설치하고 대장 만계(滿桂)와 참장(參將) 조대수(祖大壽) 등의 보좌를 받으면서 병력을 강화하였다. 그리하여 천계6년(1626)에는 누르하치의 후금군을 격퇴시키는데, 이때 홍이포에 부상당한 누르하치는 후에 이 상처로 죽게 된다. 또한 다음 해 1627년에는 영원성과 진저우성(錦州城)에서 홍타이지(皇太極)를 격퇴시키니 후금은 원숭환이 있는 이상 명나라를 칠 수가 없었다. 이러한 공로로 숭정원년(1628)에는 병부상서 겸 우부도어사, 독사계료등래천진이 되어 명나라 병권을 쥐게 되었다.[520] 그러자 후금은 명나라에 간첩을 보내어 원숭환이 모반을 꾀한다는 거짓 정보를 흘렸다. 간신들의 꼬임에 빠진 숭정제(崇禎帝)는 1630년 베이징 방위를 위해 급히 달려온 원숭환을 모반 혐의를 씌워 극형으로 죽였다. 1631년 그를 믿고 따랐던 부하 조대수 등은 원숭환의 투옥과 죽음에 통탄하다가 후금에 투항하

518 중국 화폐는 은본위제이다. '銀貨 1냥'은 시대에 따라 그 가치가 다르다. 당나라 때의 은화 1냥은 쌀 20석 정도이고 한화로는 약 50만원 정도이다. 명나라 때의 은화 1냥은 쌀 2석을 살 정도이고 한화로는 약 8만원 정도이다.

519 『大明熹宗哲皇帝實錄』, 卷19, 天啓2年 2月 16日條.

520 『崇禎實錄』, 崇禎元年 2月 12日條.

초라한 숭정제의 사릉

고 말았다.[521] 이로써 명나라가 멸망하게 되는 가장 빠른 길을 걷게 되었다.

그런데 실제로 명나라가 망한 것은 청나라에 의해서가 아니었다. 명나라는 같은 동족인 이자성(李自成, 1605~1645)에 의해 멸망된 것이다. 농민반란군의 지도자로서 이자성은 1644년 베이징으로 진격하였다. 베이징을 지키고 있던 명나라의 3대 영(營)이 패배했고 농민군은 창의문(彰義門)으로 쳐들어가 외성을 점령했다. 숭정제는 최후가 온 줄 알고 후궁 몇을 죽이고 공주에게 부상을 입힌 다음 또 종을 울려 관리들을 모아 의논하려 했지만 조정으로 나오는 사람이 하나도 없었다. 3월 18일 그는 태감 왕승은(王承恩)과 함께 만세산(오늘의 景山)에 올라 목을 매어 자살했다. 이로써 16황제 276년간 존립해온 명나라가 멸망을 고했다.[522] 글도 모르고 목공일에만 흥미를 갖고 있던 천계제(天啓帝)의 동생으로 1627년 황위에 오른 숭정제 주유검(朱由檢, 1610~1644)은 할아버지와 형의 막장 행각으로 그야말로 만신창이가 된 명나라를 살리기 위해 검소한 생활을 하면서 17년간 부지런하게 고군분투했으나 대세는 이미 기울어져 자진하고 말았다. 그는 나름대로 괜찮은 황제로 영민하고 서양 문물을 받아들이며 백성을 아낄 줄 알았다. 그러므로 망국의 군주임에도 그의 노력을 인정받고 유서에서도 황제로서 품격을 지킨 최후에 공감을 받아 호평을 받고 있

521 袁崇煥을 보좌하면서 명말청초의 격동기를 겪은 명장 祖大壽의 무덤은 뜻밖에도 캐나다 온타리오 로열 박물관에 소장되어 있다. 이는 1918년 영국 상인 크로프츠(Crofts)가 祖大壽의 158톤이나 되는 완전한 古墓 전체를 해체하여 당시 캐나다 화폐 2만 달러에 팔았다. 여기에는 石門과 石人, 石卓 등도 포함되어 있다.

522 范文瀾·蔡美彪 共著, 김승일, 전영매 옮김, 『중국통사간본』, 경지출판사, 2016, p.381.

다.[523] 명나라가 망하여 묘호를 희종(懷宗), 사종(思宗), 의종(毅宗), 위종(威宗)의 네 개의 묘호를 가졌으나 혼돈을 피하기 위해 흔히 '숭정제'라 부른다. 이자성은 숭정제와 함께 자결한 주황후 그리고 태감 왕승은(王承恩)을 소략하게 매장해 주었다.

베이징을 점령한 이자성은 잘 하였으면 명나라를 이어갈 수도 있었을 것이다. 그러나 이자성은 아직도 막강한 군력을 지니고 있으며 산해관을 지키고 있던 오삼계(吳三桂, 1612~1678)에 대하여 신중하지 못했다. 베이징에 남아 있던 오삼계의 아버지 오양(吳襄)을 죽이고 오삼계의 애첩 진원원(陳圓圓)을 능멸하고 또 투항하여 입경하지 않는 오삼계를 치려고 산해관(山海關)을 공격했다. 사실 산해관 밖에 주둔하고 있는 청나라군과 대치하고 있던 오삼계의 입장은 난처하였으나 사실 캐스팅보드를 쥐고 있는 셈이었다. 그는 나라를 망하게 하고 부친을 죽이며 애첩을 빼앗은 이자성에게 명의 무장(武將)으로서 항복할 수는 없었다. 그리하여 청군을 끌어들여 이자성군을 격파하고 베이징으로 진격하였다. 결국 청군은 난공불락의 산해관을 오삼계의 도움으로 돌파하여 베이징에 입성할 수 있었다. 만약 이자성이 오삼계와 연합해 청군을 물리쳤다면 청나라는 결코 베이징에 수도를 두지 못했을 것이다.

명나라의 마지막 황제인 숭정제의 황제릉도 꼭 보고 싶었다. 사실 숭정제는 국정에 매진하느라 자신의 황제릉은 만들 생각도 못했다. 이자성이 가매장하다시피 겨우 만들어 준 숭정제의 무덤을 황제릉으로 격상시키고 제대로 장례를 치러준 것은 청나라에 의해서이다. 청나라 순치제는 1660년에 숭정제를 황제의 예로 향전 3간에 비석과 석오공을 갖추고 담장을 두른 작으나마 황제릉인 사릉(思陵)을 세워주었다.[524] 이는 청나라가 명조를 이은 정통왕조임을 강조하기 위하고, 명나라 백성들의 마음을 잡기 위해서가 아닌가 생각된다. 아마 중국 역사상 망국의 황제를 제대로 장례를 치러 황제릉까지 조성한 최초의 예가 아닌가 생각된다. 사릉은 명십삼릉 구역에서 대홍문을 지나 또 석상생이 있는 신도를 지나 왼쪽으로 한참 가서 능역의 서쪽 구석에 자리 잡고 있어 찾아가기도 어렵다. 굳이 이정표도 없고 곳곳에 통제를 하고 있지만 겨우 찾은 사릉은 황제릉이라 하기에 너무 작고 초라하였다. 현재는 담장도 거의 헐려있고, 석오공과 비석이 남아 있지만 매우 상태가 좋지 않으며

523 그의 유서에는 "자신의 시신은 갈가리 찢어도 좋으나 백성은 해치지 말라"라고 쓰여 있었다. 孫克勤, 孫博 編著, 『明清皇家陵寢』, 中國地圖出版社, 2014, p.119.

524 思陵은 원래 1642년 세워진 田貴妃의 園寢이었는데 숭정제와 周皇后를 합장한 것이다.

계림에 있는 정강장간왕릉의 입구

정강장간왕릉의 신도

일반인의 출입을 막고 있다. 사릉 입구에는 황제의 자결을 돕고 자진한 태감 왕승은의 묘와 비석도 함께 세워 숭정제를 위로하고 있다.

황제릉은 많이 보았는데, 황제가 아닌 그 아들들은 어떻게 묘를 만들었는지 궁금했다. 그래서 계림에 갔을 때 일부러 시간을 내어 근교에 있는 정강왕릉(靖江王陵)을 찾았다. 계림이야 산자수명한 도시로 많은 관광객들이 모이는 곳이지만 사실은 역사적 사연과 유적이 많은 곳임을 아는 사람은 많지 않다. 주원장이 명나라를 세운 뒤 명나라의 장구한 통치를 위하여 자식들과 공신들에게 왕의 자리를 주어 지방을 다스리게 하는 분봉제도를 시행하였다. 주원장에게는 24명의 아들과 유일하게 질손 1명을 번왕으로 임명했는데, 질손 주수겸(朱守謙)으로 하여금 정강왕(靖江王)으로 봉하여 계림 일대를 다스리게 하였다.[525] 명나라가 망할 때 정강왕은 만력제의 손자인 주유랑(朱由榔)이었는데, 그는 청나라와 맞서 명의 황제로 칭하면서 끝까지 항전을 하였으나 1659년 청에 패하여 처형되었다. 이 당시 계림에 일찍이 1372년에 세워진 왕부(王府)는 현재 독수봉 아래에 복원되어 역사적 전시장이 되어 있다. 현재도 잘 보존되어 있는 정강왕릉은 처음으로 봉해진 주수겸의 능으로 정강장간왕(靖江莊簡王)이라 부른다. 이 능은 규모나 건축 및 석물의 종별 체제에 있어 황제릉에 비할 바는 못 되지만 모든 규격이 잘 갖추어져 있어 작은 능으로 손색이 없다. 언젠가 계림에 들른다면 이 왕릉과 정강왕부를 찾아가 명나라의 또 다른 역사를 살펴보

525 현재의 계림을 당시에는 정강이라 불렀다.

는 것도 좋을 것이다.

중국 황제릉에 대한 연구를 하면서 동기창(董其昌, 1555~1636)이 지은 『화안(畵眼)』이라는 책에 실린 "만권의 책을 읽고 만리를 여행하라[讀書萬卷 行萬里路]."는 글귀가 가장 가슴에 와 닿았다. 이 말처럼 중국의 황제릉에 관한 책이나 보고서 및 논문들이 보일 때마다 사거나 읽고, 여름방학과 겨울방학마다 중국 방방곡곡을 직접 방문하곤 하였다. 황제릉의 답사도 아는 만큼 보이는 것인데 청대 고증학의 태두 고염무(顧炎武, 1615~1682)는 전국을 순례하면서 실증적 학문태도로 청대 고증학의 개조(開祖)가 되었다. 그가 쓴 『천하군국리병서(天下君國利病書)』나 『조역지(肇域志)』가 30년간 필자가 중국 황제릉을 답사하는 데 힘과 용기를 주었다. 특히 그가 남긴 "천하의 흥망은 필부에게도 책임이 있다[天下興亡匹夫有責]."는 말은 책임지는 사람이 없는 작금의 현실에서 가슴에 와 닿는다. 몇 번씩이나 명13릉을 갈 때마다 문화의 위대함, 황제릉의 장대함, 그리고 끊임없이 이어지는 인간의 탐욕과 무지함에 씁쓸한 감정이 북받쳐온다. 앞으로도 명13릉이 지금처럼 다음 세대들에게도 계속 의연한 모습을 보여주길 기대해 본다.

제7장

청(淸)나라의 황제릉

7. 청나라 황제릉 : 광대하고 독특한

청나라 황제릉에는 만주족의 고유 양식과 한족의 민족 양식이 절충되어 있다. 선양에 있는 조상의 무덤은 무속적인 경향의 황제릉으로 조성되었다. 베이징 근교의 동쪽과 서쪽에는 광대한 규모로 전형적인 중국 황제릉으로 조성하였다. 도굴로 일부가 파괴되었지만 거대한 건물과 독특한 석조각은 여전히 위용을 과시하고 있다.

7. Emperor's Tomb of Qing: Broad & Unique

In the tomb of the emperor of the Qing Dynasty, the native style of the Manchus and the ethnic style of the Han are compromised. The tomb of the ancestors in Shenyang was built as a shamanistic emperor's tomb. The eastern and western suburbs of Beijing were built as typical Chinese emperor tombs on a vast scale. Some of the burrows have been destroyed, but the huge buildings and unique stone sculptures are still showing off their prowess.

1

후금과 성경삼릉(盛京三陵)
_ 만주의 초기 청황제릉

청나라 왕조표

대수	묘호	연호	성명	능호	재위기간
제1대	태조(太祖)	천명(天命)	누르하치(努爾哈赤)	복릉(福陵)	1616~1626
제2대	태종(太宗)	천총(天總) 外	황태극(皇太極)	소릉(昭陵)	1626~1643
제3대	세조(世祖)	순치(順治)	복림(福臨)	효릉(孝陵)	1643~1661
제4대	성조(聖祖)	강희(康熙)	현엽(玄燁)	경릉(景陵)	1661~1722
제5대	세종(世宗)	옹정(雍正)	윤진(胤禛)	태릉(泰陵)	1722~1735
제6대	고종(高宗)	건륭(乾隆)	홍력(弘曆)	유릉(裕陵)	1735~1796
제7대	인종(仁宗)	가경(嘉慶)	옹염(顒琰)	창릉(昌陵)	1796~1820
제8대	선종(宣宗)	도광(道光)	민녕(旻寧)	모릉(慕陵)	1820~1850
제9대	문종(文宗)	함풍(咸豊)	혁저(奕詝)	정릉(定陵)	1850~1861
제10대	목종(穆宗)	동치(同治	재순(載淳)	혜릉(惠陵)	1861~1875
제11대	덕종(德宗)	광서(光緖)	재첨(載湉)	숭릉(崇陵)	1875~1908
제12대	공종(恭宗)	선통(宣統)	부의(溥儀)	부의묘(溥儀墓)	1908~1912

만주에서 일어난 여진족 누르하치는 1616년 후금(後金)을 세웠고, 명나라와 운명을 걸고 랴오닝성 무순에서 '사르후(薩爾滸)' 전투를 벌였다. 1619년 3월 후금의 정예병 3만과 명나라 10만 대군,[526] 강홍립(姜弘立)이 이끄는 조선의 1만 3천 군사가 동북아의 운명을 걸고 전투에 돌입하였다. 철저하게 준비를 한 후금의 팔기군(八旗軍)에게 명과 조선의 연합군은 참패를 당하였다.[527] 여세를 몰아 누르하치는 개원(開

526 이때 명군의 총대장으로 임진왜란에 참전했던 양호가 지휘를 했으며, 이여백, 유정 등이 뒤를 받쳤으나 대개 전사하였다.

527 최초의 팔기군은 군사적 집단이 아니라 각 부족별로 한 개의 깃발 아래 편성되었다가 전시에는 바로 군사편제로 전환되었다. 대략 한 기는 7,500명의 군사가 있었는데, 다스릴 지역이 넓어지자 만주의 팔기군으로만 부족하여 한족으로 구성된 한족팔기군 몽골족으로 구성된 몽골팔기군 총 24기의 팔기군이 청나라 군대의

原)을 빼앗고 1621년에는 요양(遼陽)을, 1625년에는 심양(瀋陽)을 점령해 궁성을 세우고 이곳으로 수도를 천도하였다.

1626년 누르하치가 죽고 여덟째 아들 홍타이지(皇太極, 1592~1643)가 제2대 황세가 되어 1636년 후금국에서 청(淸)으로 개명하였다. 1643년 청태종 홍타이지가 죽었을 때 현명한 효장문황후(孝莊文皇后, 1613~1688)[528]가 여섯 살 된 아들 복림(福臨)을 태종의 동생 도르곤(愛新覺羅多爾袞, 1612~1650)[529]이 섭정을 맡는 조건으로 제3대 황제로 등극하여 제3대 순치제(順治帝, 재위 : 1644~1661)이다. 그는 1644년 베이징에 입성하여 수도를 정하니 청조에 의한 본격적인 중국 경영에 들어가게 되었다.

현재 중국의 동북지역에 위치한 만주(滿洲)는 우리 민족의 영역이었다.[530] 이곳에 우리 민족의 부여, 북옥저, 고구려, 발해가 건국하였고 조선 후기부터 일제강점기 때 수 많은 우리 동포들이 이주하여 독립운동의 근거지였다는 사실에서 이 지역은 아직도 한국인에게는 남의 땅이라 생각하지 않는 경향이 있다. 또한 많은 한국 사람들이 이 지역을 개척하고 생활하였기에 근래 중국 정부에서도 '조선족자치주'로 인정하였다. 현재 중국의 랴오닝성(遼寧省), 지린성(吉林省), 헤이룽장성(黑龍江省), 네이멍구자치구 등 동부지역을 이른바 만주라 부른다.[531]로 인정하였다. 현재 중국의 요녕성(遼寧省), 길림성(吉林省), 헤이룽장성(黑龍江省), 내몽고자치구 동부지역을 이른바 만주라 부르는데,[532] 이 '만주'라는 지명에 대해 한국 사람들이라면 예사롭게 들리지 않으며 우리 민족의 고토(故土)라고 생각한다. 만주에서는 말갈족(靺鞨族)·선비족(鮮卑族)·거란족(契丹族)·여진족(女眞族) 등이 고구려나 발해의 구성원으로 함께

근간이 되었다.

528 한자어로 博爾濟吉特인데 몽골 왕족의 딸로 숭덕제 홍타이지의 측실이 되었다가 아들 복림이 즉위하여 순치제가 되면서 황태후가 되었다. 섭정 도르곤과 비상한 정치력을 발휘하여 청조의 기틀을 닦았으며, 후에 손자 현엽이 즉위하여 康熙齊가 되면서 태황태후에 책봉되었다. 1688년 76세로 사망하고 시호는 효장문황후로 추존되었다.

529 愛新覺羅 多爾袞(1612~1650)은 누르하치의 14번 째 아들이면서 홍타이지의 동생이었다. 무공이 가장 탁월했으며 1644년 이자성이 베이징을 점령했을 때 명나라 장군 오삼계와 함께 이자성의 군대를 패배시키고 베이징에 입성하여 명을 접수한 후 한족의 도움을 받아 청나라가 중국을 지배하는 토대를 마련하였다.

530 만주라는 명칭의 유래는 학자마다 다른데, 건주여진의 부족 이름에서 나온 것이나 나중에 지명으로 사용하게 되었다. 南周成 譯,『欽定滿洲源流考』上卷, 글모아출판, 2010, p.50.

531 南周成 譯,『欽定滿洲源流考』上卷, 글모아출판, 2010, p.50. 만주라는 명칭의 유래에 대해 학자마다 견해는 다른데, '건주여진'의 부족이 '만주'로 개칭하면서 여진족이 만주족이 되었고 그 이름이 나중에 지명으로 사용하게 되었다.

532 현재 중국에서는 만주라는 용어 보다 '東北三省'으로 많이 불린다.

살거나 성장하거나 소멸하였다.

일찍이 명 태조는 여진족을 흑룡강 하류의 야인여진(野人女眞), 송화강 유역의 해서여진(海西女眞), 목단강 유역의 건주여진(建州女眞) 등 세 갈래로 분단하여 통치하는 정책을 취하면서, 명의 지방주둔군제에 따라 5천호소(五千戶所)의 위소(衛所)를 각각 설치하였다. 이중 건주여진에 속한 애신각라성(愛新覺羅姓)[533]을 가진 부족의 누르하치(奴爾哈赤[534], Nurhachi, 청의 태조, 1539~1626)는 오지로부터 호투알라(赫圖阿拉, 후의 興京)로 옮겨와서 동족인 건주여진의 모든 부족과 해서여진, 야인여진 등을 통합하고, 몽골의 콜친부족의 항복을 받아 선조 아구타(阿骨打, 1068-1123)가 세운 금나라 이름을 되살려, 1616년 후금국(後金國)을 세워 독립을 선언하였다. 그는 중국 문화와 인연을 끊고 민족 고유의 문화를 지키기 위하여 몽골문자를 빌어서 만주문자를 새로 제정하였으며,[535] '건주여진'이라는 민족명을 '만주'로 개칭함으로써 여진족은 이제부터 만주족(滿洲族)이 되었다. 사실 누르하치가 쉽사리 후금을 세울 수 있었던 데에는 당시 조선에서 일어난 임진왜란 덕분이기도 하다. 임진왜란에 출병한 명나라는 자연히 요동지역을 근거지로 활동하던 여진족의 관리를 느슨하게 했고, 이에 누르하치는 세력 확장에 박차를 가할 수 있게 되었다.

임진왜란이 일어나자 누르하치는 조선에 원조할 뜻이 있음을 알려 왔다. 그러나 조선의 선조는 한성을 버리고 의주로 몽진한 상태였지만 그 참뜻을 알 수 없어 거절하고 만다. 만약 누르하치의 군사가 조선에 와서 왜군과 싸웠더라면 임진왜란이 이상한 방향으로 흘러갈 수도 있었을 것이다. 이후 1593년 누르하치는 몽골과 해서여진의 연합군을 격파하고 만주의 서남부를 지배하게 되었다. 이에 1595년 임진왜란의 와중에서도 조선에서는 통교를 요청한 누르하치의 본거지 호투알라에 신충일(申忠一)과 하세국(河世國)을 보내 실태를 파악하게 하였다.[536] 이때 누르하치와 만

533 愛新覺羅라는 독특한 성씨 때문에 우리나라에서 일부 사람들은 그 뜻이 '신라를 사랑하고 잊지 않는다'라고 하며 그 조상이 신라, 고려라고 여기는 경향이 있다. 애신각라는 몽골어로 '아이신기료'인데 愛新은 씨족명 金을 나타내고, 覺羅는 姓을 나타낸다. 이는 우리나라에서 '전주이씨'처럼 본관 + 성씨를 나타낸 것과 같다. 참고로 청조에서는 愛新覺羅 외에도 格倫覺羅, 阿哈覺羅, 西林覺羅 등의 성씨가 있다.

534 후금 혹은 청 태조 누르하치는 한자어로 '奴阿哈齊'는 'Nurhachi'라고 표기하는 경우도 있다.

535 김영진 역편, 『중국오천년사』, 대광서림, 2002, pp.425~426.

536 申忠一, 『建州紀程圖記』. 여기에는 당시 누르하치 뿐 아니라 그의 본거지 상황과 습속, 형세를 자세히 기록하고 있어 매우 중요한 자료이다.

났을 때 인물묘사나 상황이 다음과 같이 자세히 기록되어 있는데 어디에도 없는 귀중한 자료이다.

1. 노추(奴酋 : 누르하치)는 비대하거나 수척한 편도 아닌데, 체구가 건장하고 코는 곧고 크며, 얼굴은 야무지면서 길었습니다.
1. 머리에는 초피(貂皮)를 얹고 그 위에 이엄(耳掩)을 썼는데, 그 위에 꽂은 상모(象毛)가 주먹만하였습니다. 또 은(銀)으로 꽃받침을 만들고 그 받침 위에 인형(人形)을 만들어서 상모 앞에 장식하였는데, 모든 장수들이 쓰고 있는 것도 역시 일반이었습니다.
1. 몸에는 5색 용문(龍文)의 철릭(天益)을 입고 있었는데, 상의의 길이는 무릅까지 이르고 하의의 길이는 발등에까지 이르렀으며, 초피(貂皮)를 재단하여 연식(緣飾)을 하였습니다. 모든 장수 역시 용문(龍文)의 옷을 입었으나, 연식은 초피(貂皮)나 표피(豹皮), 혹은 수달피(水獺皮), 혹은 산서피(山鼠皮)로 하였습니다.
1. 호정(護頂)은 초피(貂皮) 8~9장으로 만들었습니다.
1. 허리에는 은입사금대(銀入絲金帶)를 매고 여기에 세건(帨巾) · 도자(刀子) · 여석(礪石) · 장각(獐角) 등을 한 줄에 꿰어 찼습니다.
1. 발에는 녹피올라화(鹿皮兀刺靴)를 신었는데, 혹은 황색, 혹은 흑색이었습니다.
1. 오랑캐의 풍속은 모두 머리를 깍는데 뇌후(腦後)에만 조금 남겨 두 가닥으로 땋아 드리웠으며, 윗 수염 역시 좌우로 10여 개만 남겨 두고 모두 깍아 버렸습니다.
1. 노추(奴酋)가 제배(除拜)하는 관직의 임기는 도독(都督)은 10년, 용호 장군(龍虎將軍)은 3년이라고 합니다.
1. 노추가 출입할 때 특별한 의장(儀仗)은 없고 군뢰(軍牢) 등이 길을 인도하는데, 2명 혹은 4명의 장수가 짝을 지어 노추가 타면 같이 타고 노추가 걸으면 같이 걸으면서 앞을 인도하였으며, 나머지는 모두 앞서기도 하고 뒤서

기도 하면서 갔습니다.[537]

이와 같은 신하들의 보고를 전해들은 선조는 앞으로 누르하치가 조선에 위협이 될 것으로 생각하고 산성을 수축하고 양식을 저축하며 군사를 훈련시켜야 한다고 정원과 비변사에 명하였다. 이러한 선조의 걱정대로 임란이 끝난 후 조선은 정묘호란과 병자호란을 겪게 된다.

청나라의 황제릉은 세 곳에 위치한다. 먼저 수도를 베이징으로 정하기 이전 후금의 수도인 성경(盛京, 오늘의 瀋陽) 일대에는 '성경3릉(盛京三陵)'이 있다. 청나라 시조릉인 영릉(永陵), 제1대 청태조 누르하치의 복릉(福陵, 東陵이라고도 함), 제2대 청태종 홍타이지의 소릉(昭陵, 北陵이라고도 함)의 3릉이 그것이다. 다음 제2대 세조 순치제가 베이징에 들어간 후 청나라의 아홉 황제는 모두 경기(京畿) 지역의 동서쪽에 각각 매장되었다. 그중 베이징시의 동쪽 준화(遵化) 창서산(昌瑞山)에 청동릉(清東陵)이 위치하고, 베이징시의 서쪽 역현(易縣) 태평욕(太平峪)의 청서릉(清西陵)에 분산되어 청황제릉을 조성하였다. 그러므로 편의상 청황제릉은 '성경삼릉'과 '청동릉', '청서릉'으로 크게 세 가지로 분류하여 살펴보도록 하겠다.

청태조의 선조 영릉(永陵)

청나라 황제릉 중 성경삼릉을 비롯한 조기(早期)의 능침제도는 비교적 관외(關外) 습속이 다소 남아 있었다. 청나라가 베이징으로 들어가 조성한 황제릉인 청동릉과 청서릉은 명나라 황제릉과 대동소이한데, 특히 강희제 이후 한화(漢化)되었다.

청 태조 누르하치의 4대조들은 제2대 청태종 때 후금에서 청으로 국호를 바꾸면서 왕으로 추존하였고, 제3대 청세조 때에 다시 황제로 추존하였다. 청 태조의 조상들을 최초에는 흥경릉(興京陵)에 묻었다. 태조가 후금을 건국하고 요심(遼瀋 : 요양과 심양)지구를 얻자 요양(遼陽)으로 천도하면서 동경성 밖 양로산(陽魯山)에 안장하고 성대한 봉안의식을 가졌으며 이곳을 '동경릉(東京陵)'이라 불렀다. 이후 1658년 순치제는 추존 경조(景祖)와 추존 현조(顯祖)의 능을 흥경릉으로 옮기고 이듬해 흥경

537 『宣祖實錄』 71卷, 宣祖 29年 1月 30日 丁酉.

청 태조 누르하치의 4대 조상들을 모신 황제릉의 표지판

릉을 '영릉(永陵)'으로 고쳐 불렀다.[538]

청 영릉은 청태조 누르하치의 고조부 조조원황제(肇祖原皇帝), 증조부 흥조직황제(興祖直皇帝), 조부 경조익황제(景祖翼皇帝), 부친 현조선황제(顯祖宣皇帝) 그리고 백부 예돈(禮敦) 및 숙부 탑찰편고(塔察偏古)를 모신 곳으로 선양 근교에 있으며 1598년부터 조성되기 시작하였다. 현재 영릉이 위치하고 있는 신빈현(新賓縣) 영릉진(永陵鎭)은 원래 누르하치가 후금을 세운 후 수도로 삼은 흥경성 즉, 혁도아납(赫圖阿拉, Hetuala)으로 알려져 있으며 옛 성터인 흥경로성(興京老城)이 있는 곳이다. 현재 이곳은 신빈만주족자치구(新賓滿洲族自治區)로 선양에서 동남쪽으로 160km 떨어진 거리에 있다.

2004년 여름 선양에서 차를 빌려 청 영릉을 가게 되었다. 선양 근교라고 하지만 중국은 땅덩어리가 워낙 넓어 차로 3시간을 달려야 겨우 도착할 수 있었는데, 2012년부터는 고속도로가 개통되어 한 시간 반이면 도착할 수 있다. 선양에서 고속도로를 타고 소위 만주 벌판을 달려 푸순시(撫順市)를 끼고 국도로 접어들게 된다. 여기에서 영릉이 있는 신빈(新賓)까지 가는 길은 만주에서는 보기 드물게 야트막한 산들

538 何榮傳 外 編著,『清永陵』, 瀋陽出版社, 2004, p.5.

이 보여 우리의 산천과 그 풍광이 비슷하다. 마침 이 길은 통화를 거쳐 백두산까지 가는 길이기도 하고, 고구려 때 요동을 왕래하던 바로 그 길이 되는 셈이라 새삼 감개가 무량하다. 새로 조성된 도로를 달리다 보니 도로 가운데 4주(柱)의 패방이 앞을 막고 있는데, 편액에는 '역사명성(歷史名城)'이라고 쓰여 있다. 거대한 패방을 지나자마자 '청영릉(淸永陵)'이라고 새겨진 흰색 영릉 입구를 가르키는 표지석이 나온다. 여기서 또 1km를 들어가면 드디어 청조의 시조릉(始祖陵)인 영릉이 나온다. 붉은색 입구인 정홍문(正紅門) 좌우에는 석사자와 '청영릉'과 '세계문화유산'임을 알리는 네모난 비석이 놓여 있다.

일반적으로 답사를 가면 다른 사람보다 먼저 목표지에 도착하려고 허겁지겁 입장부터 서두르는데, 황제릉은 워낙 챙겨서 봐야 할 것이 많아 입구에서 주변 지세부터 살펴보고 주위를 먼저 둘러보는 것이 습관이 되어 있다. 그 바람에 일반인들이 놓치기 쉬운 풍수도 살펴보게 되고 뜻밖의 유물도 찾게 된다. 이곳 정홍문 앞에서도 입구로 바로 들어가지 않고 좌우 담장 끝을 지나가니 관목 숲 사이에 흰색 석물이 보여 가보니 뜻밖에도 하마비(下馬碑)가 정홍문의 동서 양 끝에 두 개가 서 있었다. 청나라 하마비에는 여러 종류의 글자와 함께 한자로 '제왕이하관원인등지차하마(諸王以下官員人等至此下馬)'라고 쓰여 있다. 자세히 살펴보니 이 비석에는 만주어(滿)·몽고어(蒙)·한어(漢)·장어(藏)·회어(回)의 다섯 가지 문자가 새겨져 있는 것이다.[539] 영릉은 그리 높지 않고 아담하지만 청나라에서 소중하게 여기는 계운산(啓運山) 아래에 있으며,[540] 능에서는 보이지 않으나 앞으로 멀리 소자하(蘇子河)가 흐르고 있어 전형적인 배산임수의 지형을 갖고 있다. 영릉의 능구는 붉은 담장 밖에 홍색 말뚝 74개, 20장(약 60m) 밖에는 백색 말뚝 64개, 약 10리 밖에는 청색 말뚝 36개를 세워 놓아 일종의 '금표(禁標)'라 할 수 있는 말뚝 세 종류를 세워서 표시하고 있었다.

영릉은 비록 청조의 시조릉이지만 조성할 당시에는 황제릉이 아니었기 때문에 그 규모는 실망하리만큼 작은 편이다. 그러나 이곳을 비롯하여 성경3릉은 2004년

539 何榮傳 外 編著,『淸永陵』, 瀋陽出版社, 2004, p.14.

540 『欽定滿洲源流考』卷十四, 山川條. 계운산에 대하여 "삼가 살펴보건대, 大淸一統志에 '계운산은 흥경성 서북 10리에 있다.'고 하였다. 장백산 서쪽 기슭에서 한 줄기가 여기까지 뻗쳐서 여러 층으로 겹쳐지고 여러 강들의 발원이 되는 조종(朝宗)이다. 왕조의 만세 기틀은 실로 여기에서 비롯되었다."

5개국어로 된 하마비

세계문화유산으로 등재되어, 입구에는 '세계문화유산 청영릉'이라는 표지석이 자랑스럽게 서 있다. 입구가 되는 정홍문(正紅門)은 전궁문(前宮門)이나 대홍문(大紅門)이라고도 부르며 황색 유리기와를 씌었으며 삼칸건물인데 매 칸마다 나무울짱 한 쌍을 실치하였다. 그리고 이 문은 능원 중 축선(軸線)의 남단점(南端点)이다. 정홍문을 들어서면 같은 모양의 비정(碑亭)이 네 개가 병렬해 있는데, 남북에 각각 문 하나를 달았다. 이들 단첨헐산정(單檐歇山頂)은 황색 유리기와를 씌웠고 비정 내부에는 거북받침의 〈성덕신공비(聖德神功碑)〉가 있다. 이들 비정은 왼쪽부터 태조 누르하치의 조상인 현조(顯祖)·흥조(興祖)·조조(肇祖)·경조(景祖)의 것이다. 대비루(大碑樓)라고도 부르는 비정의 뒤에는 좌우 대칭의 정면 3칸의 작은 건물이 있는데, 왼편 것은 선방(膳房)이라 하여 원래 제사용 음식을 마련 하는 곳이나 현재는 4대조의 밀랍인형을 전시하고 있다. 이 선방의 맞은 편에는 같은 모양의 과방(果房)이 있는데, 강희제를 비롯한 이곳을 참배한 역대 황제들의 기념물들이 전시되어 있어 마치 영릉의 소박물관과 같은 역할을 하고 있다. 다시 정북에는 계운문(啓運門)이 있으며 단첨헐산정은 역시 황색 기와를 씌었다. 이곳의 규모는 너비가 3칸이고 길이가 2칸인데,

영릉 정릉문 안에 서 있는 네 기의 비정

대비루 뒤의 선방

이곳으로 통해 능원 제2진정원락에 진입한다.[541]

계운문의 양쪽 붉은 담장에는 커다란 액자처럼 여의주를 희롱하는 용이 부조로 되어 있으며 다섯 색깔로 꾸며, 이를 '오채운룡조벽(五彩雲龍照壁)이라 부른다. 계운문을 나서면 바로 이 영릉의 주건물이 되는 계운전(啓運殿)이 앞을 막고 있다. 좌우에는 서로 대칭적인 서배전(西配殿)과 동배전(東配殿)이 있는데, 서배전은 제사를 드릴 대 라마승들이 독경을 하던 곳이고, 동배전은 축판(祝版)과 제백(制帛)을 보관하는 장소이다. 이곳의 보물은 건륭제 친필의 비석이라 할 수 있다.[542] 계운전과 서배전 사이에는 지붕이 있는 사각형의 작은 구조물이 있는데, 이를 분백정(焚帛亭)이라 하며, 제사가 끝난 후 축판이나 제백을 태우는 곳이다.

영릉의 주건물인 계운전은 전면 3칸에 일주회랑(一周回廊)이 있는 전형적인 제사 건물 형태를 갖고 있다. 즉, 영릉의 제사를 지내는 본전인데 이러한 건물을 명대에서는 능은전, 청대에서는 융은전이라 부르지만, 이곳에서는 뒷산 이름을 따서 계운전이라 부른다. 영릉의 건설은 이미 만력 26년(1598)에 시작되었으나 이 건물은 순치10년(1653)에 완성되었다. 내부에는 4대조의 위패가 모셔져 있고 현재에도 제기들이 진설되어 있다.

영릉의 분묘는 계운전 뒤편에 마련되어 있는데, 2층의 고대(高臺) 위에 있다. 고대

541 劉毅, 『中國古代陵墓』, 南開大學出版社, 2010, p.167.

542 건륭제가 이 영릉을 방문하여 조상을 기린 친필의 '御製恭謁永陵'이란 시를 새긴 비석이다.

영릉의 주전인 계운전

오채운룡조벽

계운전 안에 진설된 제기

의 평면은 8각 반원형으로 석판의 신도와 석계(石階), 강력(疆礫)이 있어 오르기 쉽게 만들어져 있다. 상층에 병렬로 3기의 토총(土塚)이 있는데, 중간이 흥조, 동남쪽이 경조, 서남쪽이 현조의 무덤이다. 흥조 무덤의 동북쪽에는 조조의 의관이 매장되어 있으나 봉분은 쌓지 않았다. 하층 양측에는 태조의 백숙(伯叔) 2인을 합장했는데, 동쪽이 무공군왕(武功郡王) 예돈(禮敦)이고 서쪽은 다라각공패륵(多羅恪恭貝勒) 탑찰편고(塔察篇古)이다.[543]

이들 무덤은 우리 나라의 민묘(民墓)처럼 자그마하여 깜짝 놀랐다. 인상적인 것은

543 劉毅, 앞의 책, P.168.

영릉의 분묘

가운데 봉분 위에 서 있는 한 그루의 느릅나무, 즉 서유(瑞楡)의 줄기에는 붉은 천이 칭칭 감겨 있다.[544] 이 모습은 우리 눈에 익숙한 무속적인 성격이 엿보인다. 봉분의 나무가 마치 신단수(神壇樹)로서의 의미를 지니고 있는 것 같아 여진족과 우리의 민속적 관련성을 연구해 볼 만한 가치가 있다. 영릉을 돌아보고 나오면 서홍문(西紅門) 밖에 성생소(省牲所)가 있는데, 원래 일반에게는 공개되지 않는 장소이다. 영릉 서편의 별도 원락(院落)에 설치된 정면 5칸의 성생소는 제례 때 짐승을 잡는 곳이기 때문에 황제릉마다 모두 설치되어 있지만 눈에 잘 띄지 않는 담장 밖 후미진 곳에 설치한다.

영릉의 분묘는 한 줌의 흙으로 되어 있고 그 규모도 시조릉이라 하기에 매우 작은 편이다. 또한 봉분 속에 별도로 지궁을 설치한 것도 아니었다. 1981년 선양에 있는 랴오닝성박물관에서 영릉의 예돈과 탑찰편고의 무덤을 조사했는데, 묘는 청벽돌로 쌓았고 묘혈(墓穴)의 평면은 길이 98cm, 너비 84cm이고 중앙의 화강암 석판 위에 능주의 유골을 담은 작은 자기 항아리가 하나 있을 뿐이다. 영릉은 황제의 능

544 홍조총 위에 이 느릅나무는 수백 년간 잘 견디다가 동치 2년(1863)에 큰바람에 넘어져 고사하여 그 자리에 새로 심은 것이다. 그때 쓰러진 나무토막은 현재 전시되어 있다.

으로 조성한 것이 아니기 때문인지 석인이나 석수를 비롯한 석조물은 없다. 그러나 청조의 시조릉이므로 건륭제를 비롯한 4명의 황제들이[545] 베이징에서 멀리 이곳까지 찾아와 제사를 올리던 광경을 그림으로 묘사하였고 유물은 건물 내에 배치되어 전시되고 있다. 지금도 매년 애신각라(愛新覺羅) 일족과 만주족들이 영릉에서 성대하게 제사를 올리고 있어 대청제국(大淸帝國)의 잔영을 느끼게 한다.

누르하치의 복릉(福陵)

복릉은 청태조 누르하치의 황제릉이다. 복릉이 위치한 랴오닝성의 심양(瀋陽, 현재의 沈陽)은 필자가 중국에서 가장 많이 찾은 곳이다. 그밖에도 내몽고의 요나라 황제릉이나 금나라 초기 황제릉 및 청나라의 성경삼릉(盛京三陵)을 답사하기 위한 전초기지로 선양을 기점으로 해야 이동에 편하기 때문이었다. 또한 북한의 문화재를 조사하고 『고려왕릉』, 『북한의 박물관』, 『북한의 공예』 등 북한 문화재 관련 책을 발간하고 논문을 쓰기 위해 관련 인사를 만난다든지 자료를 얻고 또 북한을 방문하기 위한 출발지로 들르기도 하여 선양은 너무 익숙한 곳이다.

역사적 도시인 '심양(瀋陽)'은 우리나라와 관계가 깊은 곳이다. 고구려의 수도였던 졸본성이나 후금의 첫 수도였던 흥경성과는 60km 거리에 있고, 또 여기서 서쪽으로 160km 더 가면 심양이 되는 것이다. 후금에서 청 초기에 몇 차례의 수도 이전 끝에[546] 성경(盛京)이란 이름으로 개칭된 뒤에도 몇 번의 변화 끝에 1950년에 다시 선양이란 이름을 되찾았다.[547] 사실 청나라가 선양에서 베이징으로 천도한 다음에도 선양에는 봉천부(奉天府)를 설치하고 제2의 수도로서 청조 내내 중요시하였다.

선양은 조선과의 특수한 관계로 청초부터 조선인들이 많이 살게 되었다. 첫 번째 원인은 1619년 사르후 전투 때 강홍립이 이끈 조선군 13,000여 명 중 상당수가 포

545 청조의 康熙帝, 乾隆帝, 嘉慶帝, 道光帝 네 황제가 아홉 차례나 방문해 조상들을 배알하였다.

546 누르하치는 1616년 지금 선양의 동남쪽 신빈, 당시 혁도아납 즉 흥경성에서 창업하고, 1621년에는 요양으로 천도했으며, 1625년 선양으로 또 1644년에는 베이징으로 천도를 하였다. 후금부터 청나라는 중국 역사상 보기 드물게 수도를 네 번이나 옮겼다.

547 선양은 요나라 때 瀋州라 했고 금대에는 처음으로 瀋陽이란 이름을 썼다. 1932년 만주국일 때는 奉天이라 했으므로 일제 강점기까지 우리들은 흔히 '봉천'이라 불렀다. 국공내전을 거친 후 1948년 공산당이 이곳을 점령하고 1950년에 다시 '선양'이란 이름을 되찾게 되었다.

청 태조 누르하치의 복릉 표지석

경내가 아름다운 청복릉

로가 되어 선양에 머물렀고,[548] 두 번째는 병자호란 때 약 20만 명의 조선인이 선양에 끌려와 홍타이지의 북릉(北陵) 공사에 동원되기도 하였다. 우리와는 이런 여러 가지 사연이 있는 선양이란 곳은 조선시대에는 아득히 먼 곳이었다. 1780년 건륭제의 70세 생일을 축하하기 위한 사절단의 박지원이 쓴 『열하일기(熱河日記)』를 보면 서울에서 5월 말에 출발하여 선양에 7월 10일 도착하였다고 했으니 무려 45일 정도 걸린 것으로 보인다. 그러나 비행기로 불과 1시간 50분 만에 선양에 도착했으니 참으로 '격세지감(隔世之感)'이란 말은 이때 써야 할 것이다. 선양에는 청태조 누르하치와 청태종 홍타이지(皇太極)가 사용하던 소위 '선양고궁(瀋陽故宮)'이 있어 베이징 자금성(紫禁城)과 함께 온전하게 보존된 중국의 황궁으로 매우 중요한 가치를 지니고 있는데, 일반인들이 잘 가지 않는 어선방까지 살펴보았다. 몇 년 전 경복궁 수라간 복원을 위한 연구를 하던 중 일본과 중국의 수라간 즉, 어선방(御膳房)을 비교하기 위하여 베이징 자금성과 선양고궁 그리고 일본 교토 황궁의 부엌을 열심히 살펴본 적이 있었다. 당시 조사를 위해 보통 때는 찾지도 않던 궁궐의 구석 구석과 부엌까지 살펴보게 되어 궁궐탐방의 새로운 가치와 방법을 얻게 되었다.

선양은 중국 황제릉을 연구하는 필자에게 매우 중요한 장소였다. 소위 '성경삼릉

548 당시 從事官이었던 李民寏(1573~1649)은 포로가 되어 심양에 머물면서 이들의 군제, 습속, 지리 등을 기록한 『建州聞見錄』을 지었고, 병자호란을 예견하고 방비책 등을 제시하였다. 이 책은 청초의 여러 가지 상황과 팔기제 등의 군제, 청의 침입에 대한 대비 방안 등을 기록한 매우 사료적 가치가 큰 책이다.

(盛京三陵)'[549]이 소재한 청나라의 옛 수도였기 때문이기도 하지만 베이징으로 천도 이전의 청나라 황제릉제도를 오롯이 살펴볼 수 있어 자주 찾게 되었다. 그중 청태조 누르하치의 무덤이 있는 누르하치의 복릉(福陵)은 필자와 무슨 인연이 그리 많은지 네 번이나 방문하게 되었다. 그 사정인즉 복릉을 갈 때마다 비가 내려 제대로 조사나 촬영하기가 어려웠는데, 2006년 네 번 째 방문했을 때는 날씨가 화창하여 마음껏 살펴보고 사진도 수백 장씩 찍을 수 있었다. 현지인들에게는 '동릉(東陵)'이란 이름으로 더 알려진 복릉은 선양시에서 동쪽으로 8km 거리에 있는데 차로 30분 정도 달리면 왼편 드넓은 삼림지대가 있는 곳에 있다.

청태조 누르하치는 후금 천명 11년(1626) 8월에 운명했는데, 길지를 찾아야 하기에 임시로 성경성 내 서북쪽 모퉁이에 안장했다. 청태종 홍타이지는 천총 3년(1629) 2월에 혼하(渾河) 북쪽 석취두산(石嘴頭山)을 길지로 정했는데, 하천이 감돌고 산이 에워싸 상서로운 기운이 왕성했다. 현재의 자리에 보성(寶城)을 축조하고, 상의하여 길일을 택해 선친의 재궁(梓宮)을 봉천(奉遷)해 가역(佳域)의 기초를 잡고 고황후 대비 부찰씨(高皇后大妃副察氏)를 동경릉에서 옮겨와 합장했다.[550]

복릉이 완성된 것은 처음 시작 이후 한참이 지난 순치(順治) 8년(1651)에야 이루어졌다. 후에 강희제(康熙帝)와 건륭제(乾隆帝) 때 몇 차례 중건되어 오늘날과 같은 제왕능침의 면모를 갖추게 되었다. 복릉은 산에 의지하여 앞이 낮고 뒤가 높은 남북으로 긴 장방형 모양이다.[551] 복릉에 도착해 놀란 점은 명나라 양식을 참고했음에도 부분적으로는 청나라만의 차이점이 보인다는 것이다. 한눈에 봐도 명13릉과 건물배치나 양식이 매우 유사하다는 것이다. 그러나 복릉을 건조할 당시 아직 청황제릉의 묘제문화가 성숙하지 못했기 때문에 명황릉의 묘제를 이어 받고 부분적으로 만주족의 기호나 문화가 가미된 결과로 보인다. 먼저 정문인 정홍문을 들어서기 전에 동서 양쪽에 서 있는 석패방(石牌坊) 두 개가 특이하다. 석패방은 대개 황제릉 입구에 하나만 서 있는데, 이곳은 두 개가 나란히 위치해 있다. 또 반드시 쉽게 보여야 할 하마비가 이 복릉에는 네 기나 있어 한참을 찾아야 했다. 특이하게도 이 복릉에

549 關外三陵이라고도 부른다.

550 劉毅, 『中國古代陵墓』, 南開大學出版社, 2010, p.168.

551 何榮傳 外, 『清福陵』, 沈陽出版社, 2004, p.3.

복릉의 패방

3개국어로 쓰여진 하마비

복릉의 정문인 정홍문

는 다른 중국 황제릉에서는 보기 드물게 하마비를 네 기나 설치했는데, 정홍문 동남과 서남에 한 기씩, 동홍문과 서홍문 밖에 또 한 기씩 세웠다. 이들 하마비는 높이가 약 4m나 되는 비교적 큰 규모로 비면에는 만주어, 한문, 몽고어 세 가지 문자로 '제왕이하관원인등지차하마(諸王以下官員人等至此下馬)'라고 새겨져 있는데, 비면 중앙에는 만주어, 왼편에는 한자, 오른쪽에는 몽고어의 세 가지 문자로 새긴 것이 특

복릉의 화표

청대에 보기드믄 호랑이상

징이다.[552] 이렇게 다수의 하마비를 설치한 것은 창업자인 누르하치에 대한 존경심을 강조한 것으로 보인다.

대홍문은 청시조릉인 영릉과 비슷한 양상이며 각종 부조의 장식물과 붉은 담장에 역시 용이 부조된 유리영벽(琉璃影壁)이 아름답다. 대홍문을 들어서면 앞으로 시원하게 수목 속에 펼쳐진 신도가 나온다. 입구 좌우에는 육각기둥의 화표(華表)가 서 있는데, 대좌부터 꼭대기의 사자상까지 조각이 정교하고 의미와 상징을 많이 지니고 있다. 특히 사자상 아래 운판(雲版)의 돌출된 원형에는 잘 보면 글자가 새겨져 있는데, 동쪽에는 '일(日)'자가 시쪽에는 '월(月)'자가 있다. 복릉에 갈 때마다 느끼는 것인데, 복릉의 신도는 크지는 않으나 아담하고 울창한 숲으로 매우 상쾌한 느낌을 주는 곳이다. 이 신도부터 청나라 최초로 등장하는 동물들로만 구성된 석상생(石像生)을 볼 수 있는데, 신도 좌우로 한 쌍씩 배치되어 있다. 그 배열을 보면 먼저 준상의 낙타가 있고 제2열에는 입상의 석마, 제3열에는 입상의 사자상 그리고 제4열에는 뜻밖에도 좌상의 석호(石虎)를 볼 수 있다.

황제릉 신도에 호랑이를 배치하는 것은 당나라 초기에 잠깐 등장한 이래 없어졌다가 이후 송나라에는 비교적 많이 등장하지만 명나라에는 황제릉에는 효릉부터 명13릉까지 일체 등장하지 않았다. 다만 후한이나 당송 및 명청시대 때도 관료들의 묘처럼 황제릉이 아닌 곳에는 호랑이가 자주 등장한다. 우리 나라의 경우 고려와

552 張曉風 外, 『清福陵』, 沈陽出版社, 2004, p.9.

조선시대에는 왕릉 석물에 거의 필수적으로 양과 호랑이가 등장하는데, 이는 중국 측 입장에서 본다면 제후국(諸侯國)의 묘제이기 때문이다. 그러나 금나라의 경우에는 아구타의 무덤부터 호랑이가 등장하는 것을 보면 금은 중국의 묘제 보다는 고려를 벤치마킹한 것으로 생각된다. 어쨌든 명청대 황제릉에서 호랑이 상은 이 복릉에서만 유일하게 보일뿐 이후 청동릉이나 청서릉에서도 다시는 등장하지 않는다. 그 이유는 잘 알 수 없지만 중국에서는 호랑이를 영물로 여기지 않아서인지 순치제 이후 청나라 황제릉은 한화가 진행되면서 황제릉의 석물에서 제외된 것 같다. 그런데 이상한 점은 이들 석조각상 즉, 석상생들이 크기가 비교적 작고 검은색이 나는 청흑석(靑黑石)으로 비교적 거칠게 조각되었다. 이에 비하여 후대 건륭제가 복릉을 재건하면서 추가로 제작한 호랑이상 아래 수미좌(須彌座)의 대좌는 백색으로 정교하게 조각되어 있다. 이렇게 석수와 대좌는 기법과 재료도 달라 다른 시기에 제작되었음을 알 수 있다.

석상생들은 체량이 작고 도법(刀法)이 꼼꼼하지 않아 능원을 세울 당시인 초기의 작품으로 보이고, 석수가 웅크리고 있는 대좌는 백석으로 제작되어 있는데, 조각이 정밀하고 화려한 것으로 보아 그 제작시기가 준화(遵化) 동청릉에 있는 효릉(孝陵)의 석각보다 늦어 마당히 청나라 태평성기에 보충 제작한 것으로 보인다.[553] 즉, 석수들은 능을 만들 때 세운 것이고 대좌는 나중에 만들었다는 것이다. 석상생이 끝나는 곳에는 제법 가파른 계단이 벽돌로 되어 있는데 모두 108계단이다.[554] 이를 현지에서는 '일백단팔등(一百單八磴)'이라 부르는데, 길이가 약 40m 정도가 된다. 이곳 아래는 아치형의 터널을 만들어 다리 모양을 갖추었는데 이를 신교(神橋)라 부른다. 일백단팔등을 오르면 전면에 붉은 담장과 황색유리와가 번쩍이는 비정 안에는 강희제의 어제(御製) 대청복릉신공성덕비(大淸福陵神功聖德碑)가 있다. 이 비루 양 옆에는 제사를 지내기 위한 부속건물도 있는데, 동쪽에는 다방(茶房)과 선방(膳房)이 있고, 서쪽에는 과방(果房)과 조기방(滌器房)이 있다.

이 비루를 지나면 사각형의 성곽이 나오며 중앙에는 융은문(隆恩門)이 있고, 사각

553 劉毅, 『中國古代陵墓』, 南開大學出版社, p.168.

554 복릉에서 볼 수 있는 '108'이란 숫자는 불교의 '百八煩惱'에서 나온 것이 아니라 36의 '天罡星'과 72의 '地煞星'을 뜻하는 것으로 '우주천지'를 뜻하여 망자의 무한한 권위를 나타낸 것이다. 중국 황제릉에서 이런 식의 계단을 만든 것은 이 복릉이 유일한 예가 된다.

일백단팔등이라 부르는 계단

월아성과 보정

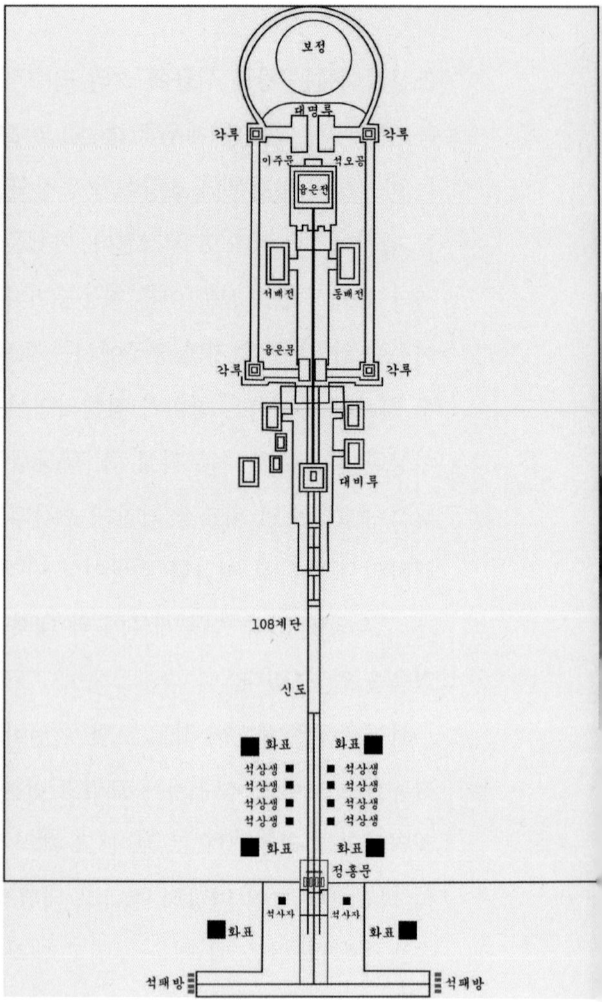

청복릉 평면도

형의 성보(城堡)가 있으며 네 보퉁이에는 중첩의 각루(角樓)가 있다. 성보 안의 중앙에는 이 복릉의 주 제사건물인 융은전(隆恩殿)이 있는데, 섬돌 계단은 세 곳(階三出)이며 너비와 길이가 각 각 3칸이고 건물 주위에는 회랑이 있다. 대전 안에는 보좌(寶座), 난각(暖閣), 신패(神牌)와 각종 공기(供器) 등이 진열되어 있다. 이 웅장한 융은전 양 옆에는 동서배전이 있다. 이곳은 신패를 비롯한 제사용구를 보관하는 곳이며 서배전 옆에는 분백정(焚帛亭)이 있어 제사 후 축문 등을 소각하는 곳이다. 융은전 뒤로는 기둥 두 개가 있는 패루문(牌樓門)이 있고[555] 그 뒤로는 석오공(石五供)이 놓인 돌탁상 즉, 석기연대(石畿筵臺)가 있고 또 그 뒤로는 명루(明樓)가 있다.

555 이 문을 靈星門 또는 二柱門이라고도 부른다.

청 복릉의 아래 지궁으로 통하는 입구

신수가 심어진 복릉의 보정

이 명루는 성보 북쪽의 중앙에 위치하며 융은문과 마주하고 있는데, 그 안에는 '대청태조고황제지릉(大清太祖高皇帝之陵)'이라고 쓰여진 비석을 세웠다. 명루 기좌에는 권동(券洞)을 열었고 안으로 들어가면 월아성(月牙城)인데, 권문 내의 좌우에는 계단이 있어 명루에 오를 수 있다. 명루 뒤가 보성(寶城)인데 남쪽은 월아성과 연접하고 북쪽은 반원형의 구역 안에 봉토가 있고 중앙에는 둥근 무덤(塚)이 솟아 있다. 봉긋한 봉분이 바로 보정(寶頂)인데 가운데에는 청나라 시조 황제릉인 영릉에서 보듯이 무속신앙의 일환으로 신수(神樹) 한 그루가 심어져 있다. 이렇게 봉분 위에 신수를 심는 것은 베이징 천도 이후 청황제릉에도 한화가 진행되어 다시는 청대 황제릉에서 등장하지 않는다. 복릉의 북서쪽에는 태비원침(太妃園寢)이 있는데, 태조의 수강태비(壽康太妃)를 배장하여 안장하였다.[556]

홍타이지의의 소릉(昭陵)

선양에는 또 하나 청대의 걸출한 황제릉이 있다. 선양에서는 소릉 보다는 북릉(北陵)으로 불리우는 이것은 정말 선양 시내 북쪽 북릉공원에 있기 때문에 누구나 '북릉'이라 부른다. 이 능의 주인공은 우리나라와 깊은 관계가 있었던 청의 제2대 황제 태종이자 숭덕제인 홍타이지(皇太極, 1592~1643)이다. 그는 태조 누르하치의 여덟째

556 劉毅, 앞의 책, p.168.

청 태종 홍타이지 소릉의 정문인 대홍문

소릉 경내에 세워져 있는 홍타이지 조각상

아들로 일찍이 도량이 크고 너그러워 촉망을 받고 있었는데, 1626년 태조가 죽자 후금의 칸으로 즉위해 연호를 천총(天聰)이라 했다. 즉위 당시 명나라와 몽골과 교전상태였으므로 불안정한 정세였지만 이를 잘 타개했으며, 1635년 내몽골을 평정하고 옥쇄를 얻은 것을 계기로 국호를 대청이라 개칭하고 숭덕(崇德)이라 개원했다. 그는 조선의 인조가 친명배금(親明排金) 정책으로 일관하자 정묘호란을 일으켰으며, 다시 1637년에는 본격적인 명 침공에 앞서 배후를 안정시키고자 몸소 병사들을 이끌고 병자호란을 일으켜 조선에게 '삼전도 치욕'을 안겨주었고, 소현세자와 봉림대군과 약 20만 명 이상의 포로를 이끌고 선양으로 개선하였다. 황대극은 내치에 힘쓰고 조직을 정비하여 청나라의 기초를 다졌으나 중국 진출의 꿈은 이루지 못하고 1643년 51세로 선양고궁에서 죽자 소릉 즉, 북릉에 안장되었다.[557]

중국에는 소릉(昭陵)이라 불리우는 황제릉이 여럿 있다. 산서성 함양에 있는 당태종 이세민의 '당소릉(唐昭陵)'이 유명하고 또, 명나라의 12대 황제 목종 주재후의 능묘도 '명소릉(明昭陵)'이라 부르고 청태종의 능은 '청소릉(淸昭陵)'이라 한다. 소릉의 능원 제도는 누르하치의 복릉과 많은 점이 닮아있지만 완전한 평지에 세운 점이 다르고 주변보다는 약간 높은 편이다. 소릉 앞에는 넓은 광장으로 되어 있고 소릉의 능궁은 붉은 담장으로 둘러 있다. 그런데 공원 입구에 들어서면 광대한 구역의 공

557 福貴 外, 『淸昭陵』, 沈陽出版社, 2004, p.1. 청태종이 1643년 죽자 유해는 심양고궁에 임시로 안치하고 1651년 기본적 공사가 끝나 소릉에 안장되었으며 강희 2년(1663)에 지궁을 개건하였다. 그후로도 증수(增修)가 계속되었으며 가경 6년째인 1801년에야 완전히 준공되었다.

소릉의 석패방

원이 펼쳐지는데 오른 쪽에는 상당히 넓은 호수가 있고 주변에는 나무가 잘 가꾸어져 참으로 아름다운 공원이다.

그러나 이 호수는 병자호란 때 끌려간 조선인 20만 명이 동원되어 만들었다는 소리를 듣고 이국 땅에서 노역에 고생하다 돌아간 선조들의 아픔이 배어 있는 곳이라 기분이 유쾌하지 않았다. 한 번은 저 호수 주위를 산보삼아 한 바퀴 돌아보다가 너무 광대하고 넓어 다리가 아파 혼난 적이 있다. 공원 입구에 들어섰다고 소릉이 바로 보이는 것은 아니다. 입구에서 소릉까지는 상당한 거리가 있어 능의 입구인 정홍문까지 카트 같은 차를 타고 가는 사람도 있다. 가는 길에는 가운데 우뚝 서 있는 황태극의 입상이 압도하고 있으며, 이어서 한참을 걸어가야 소릉에 다다를 수가 있다. 소릉의 입구가 되는 정홍문 앞에는 사주(四柱) 삼루(三樓)에 단첨헐산식(單檐歇山式)의 화려한 패루 즉, 석패방이 있는데, 사자를 비롯한 조각들이 매우 정교하다. 소릉은 그 부지가 48만m^2에 이르는 광대한 넓이에 신도를 중심으로 하여 38개의 건축군이 즐비하여 위용을 자랑하고 있다.

소릉의 입구부터 상례대로 하마비를 찾았는데 쉽게 보이지가 않았다. 그런데 알고 보니 이 소릉에는 무려 6기의 하마비가 있는 것이 아닌가! 이들 하마비는 정홍문, 신교, 동서홍문 등지에 산재되어 있으며, 한어·몽고어·회어의 3개 문자로 새겨져 있다. 정홍문을 앞둔 패루 좌우에는 찬조방(饌造房), 재생청(宰牲廳), 서방문(西房門), 동방문(東房門), 갱의청(更衣廳)이 있는데 이들 작은 건물들은 제사에 앞 서 옷을

명루와 방성

갈아입거나 제수를 장만하는 용도로 쓰였다. 실제 소릉의 입구가 되는 정홍문은 붉은 담장이 둘러쳐진 능성(陵城)의 정남쪽에 있는데, 세 개의 아치식 문이 있다. 이는 명대에서도 마찬가지인데, 원래 가운데 정문은 신문(神門)이라 하여 태종과 그의 비 효단문황후(孝端文皇后)의 신령이 출입하는 문으로 일반인은 출입이 엄격하게 제한되었다. 동쪽문은 군문(君門)이라 하여 황제 제례시 제례관계자가 출입하는 문이며, 좌측은 신문(臣門)이라 하여 신하들이 출입하는 곳이다. 그렇다면 능과 관련된 일꾼들이나 관리, 시종들은 어디로 출입을 할까? 그것은 능성 좌우에 마련된 동서홍문(東西紅門)을 통하여 드나들어야 했다.[558] 오늘날의 관광객들은 이런 것은 깊이 생각하지 않고 무엄하게도 정문을 통하여 출입을 했다. 대홍문을 지나면 앞으로 시원하게 신도가 뚫려 있다. 그리고 좌우에는 석조물이 한 쌍씩 도열하고 있는데, 제일 앞부터 석망주(石望柱)라고 부르는 화표(華表)가 아름답게 서 있다.

이 화표는 중국을 상징하는 이미지 중에 곧잘 등장한다. 황궁이나 황제릉, 주요 거리에 하얀색 돌기둥이 우뚝 서 있는 모습은 대단히 시각적이고 자세히 살펴보면 정교한 조각에 또 한 번 놀라게 된다. 특히 필자의 기억 속에 생생하게 남아 있는 화

558 福貴 外, 앞의 책, p.14.

표는 난징시에 갔을 때 어렵게 찾아간 양나라 임천정혜왕(臨川靖惠王) 소굉(蕭宏)의 화표이다. 물 속에 잠긴 채로 약 30m 높이를 자랑하며 서 있던 모습은 정말 아름답고 인상적이었다. 이러한 화표는 전설에 의하면 순임금 때 백성들의 의견이나 호소를 듣기 위하여 교통 요지에 세운 나무기둥 즉, 비방(誹謗)이나 비목(誹木)에서 비롯되었다고 하는데, 조선시대의 신문고(申聞鼓)와 비슷한 역할을 하던 것이다. 이것을 표목(標木)이라 했고 아마도 화표의 기원이 아닌가 생각된다.

소릉의 화표

명청대의 화표는 일반적으로 한백옥으로 제작되는데, 사각형의 연화좌나 수미좌의 대좌 위에 용이 똬리를 틀고 있는 반룡주(蟠龍柱)의 상부에는 승로반(承露盤)이 있고 그 위에 조천후(朝天吼) 또는 망천후(望天吼)라 부르는 웅크린 형상의 짐승[蹲獸]이 배치되어 있다. 또 화표가 더욱 인상적으로 보이는 것으로 승로반 밑에 운판(雲版)이라는 구름이 석주를 꿰듯이 달달려있기 때문이며, 이는 옛날 목재의 표목에서 횡목(橫木) 역할을 하던 것에서 유래된 것 같다. 이 화표가 황제릉에 세워진 것은 남북조시기에 양나라에서 비롯된 것으로 보이는데, 이후 황제릉에서는 필수품으로 자리잡게 되었다. 현재 베이징 자금성 입구에는 무려 50m에 달하는 화표가 두 개 세워져 있는데, 하나는 망군출(望君出)이라 하여 황제가 출궁하는 것을, 또 하나는 반군귀(盼君歸)라 하여 황제의 무사귀궁을 뜻하는 것이라 한다. 하여튼 화표는 그 독특한 디자인과 조형성으로 중국의 상징물로 잘 등장한다.

신도 안의 석물은 화표를 필두로 남쪽에서 북으로 사자, 해태, 기린, 말, 낙타, 코끼리, 화표가 각 각 한 쌍씩 도열되어 있다. 석질로 보아 8쌍의 석각들은 동시대 작

신도의 석수들

명루 앞의 석오공

품이 아니며, 석수 대좌의 특징은 복릉과 같다. 그 북쪽으로 복릉과 같은 비정(碑亭)이 있는데, 성조 어제(御製)의 '대청소릉신공성덕비(大淸昭陵神功聖德碑)'가 세워져 있다. 비정 북쪽으로 방성이 있고, 주된 건축물은 융은문, 융은전, 이주문, 석기연대, 명루, 월아성, 보정 등이며 그 규제는 복릉과 같으나 규모가 더 크다.

소릉에서 발견되는 특이한 점의 하나가 바로 보정(寶頂)이다. 능묘에서 시신이 묻혀있는 가장 가운데 부분으로 마치 밥사발을 뒤엎어 놓은 듯한 모습의 봉분에 해당되는 곳이다. 소릉의 경우 다른 황제릉이 잔디로 덥혀있는 것과는 달리 연미색 시멘트로 바른 것 같이 보인다. 이는 삼합토(三合土)[559]를 발라 봉분을 만들고 그 위에 영릉에서 본 것과 같이 느릅나무가 한 그루 서 있는데, 이들은 이를 신유(神楡)라 부른다. 보성 북쪽에는 인공적으로 쌓은 반원형의 토산(土山) 하나가 있는데, 순치 8년(1651)에 이를 융업산(隆業山)이라 봉하고 제사를 지내는 제단으로 삼았다. 소릉의 서쪽에는 원래 배장릉으로서 비원침(妃園寢)이 있었는데 태종의 의정대귀비(懿靖大貴妃) 등을 매장했다.[560]

이 소릉의 주인공인 청태종 황태극의 유물을 선양박물관에서도 보았지만 다시 서울에서도 볼 수 있었다. 2019년 12월 11일부터 서울의 국립고궁박물관에서 100

559 삼합토란 백회와 황토, 모래를 찹쌀풀을 섞어 반죽을 하고 이를 보정 위에 발라 마치 시멘트 봉분처럼 만든 것인데, 이는 북방민족이 봉분 위에 잡초가 자라는 것을 방지하는 습속인 것 같다. 조선왕릉을 조성할 때 산릉도감에 三物所를 두고 玄宮의 室을 조성할 때 壙中을 튼튼하게 만들기 위하여 石灰·細沙·黃土를 함께 사용하는 것과 마찬가지이다.

560 劉毅, 『中國古代陵墓』, 南開大學出版社, 2010, p.169.

소릉의 보정, 신수가 심어져 있다.

일간 '청황실의 아침'이란 명칭으로 전시회를 연 적이 있었다. 당시 청태종이 사용하던 황태극도(皇太極刀)와 활, 어의, 시보 등 선양고궁박물관에 소장된 일급문화재가 다수 전시되었다. 아마 이 칼과 활은 병자호란 때 삼전도의 치욕을 안겨준 황태극이 직접 소지하고 조선에 출병하였을 가능성이 높다. 그러나 2020년 봄, 전시가 끝났는데도 마침 코로나 유행으로 이 유물들은 귀국하지 못하고 볼모처럼 한국에 남겨져 있다가 근래에야 되돌아간 일화가 있다.

2

청동릉(清東陵)
_ 중원에 황제릉을 세우다

순치제의 청 효릉(孝陵)

청나라는 드디어 1644년 제3대 세조 순치제 때 베이징에 입성하였다. 자연히 이후부터 청말까지의 황제는 베이징 인근 경기(京畿) 지역에 황제릉을 영건하게 되었다. 그러므로 청나라의 황제릉은 선양 인근의 성경삼릉(盛京三陵)과 베이징 천도 후 세운 베이징 동쪽 준화시의 청동릉(清東陵) 및 옹정제 이후 설치한 베이징시 서쪽의 역현 청서릉(清西陵)의 세 군데로 나뉜다.

순치제의 청 효릉(孝陵)이 위치한 청동릉은 세계에서도 가장 큰 능원이다. 이곳은 베이징시에서 동북으로 125km 지점의 준화현(遵化縣) 마란욕(馬蘭峪) 창서산(昌瑞山) 줄기에서 시작된다. 이곳에 첫 번째로 세운 순치제의 효릉은 엄청난 크기와 규모를 자랑하고 있고, 이어서 주위로 강희제의 경릉(景陵), 건륭제의 유릉(裕陵), 함풍제의 정릉(定陵), 동치제의 혜릉(惠陵)의 황제릉 5기와 서태후를 비롯한 황후릉 4기를 비롯하여 157명의 황태자와 공주와 비빈들이 묻혀있다. 청동릉은 세계 최대의 능원으로 남북의 길이만 12.5km에 동서는 20km에 달하니 얼마나 드넓은 곳인지 짐작이 갈 것이다.

이 청동릉을 여러 번 방문해도 제대로 꼼꼼하게 보지 못하여 앞으로도 계속 관심을 갖고 다시 찾아갈 계획이다. 처음 2003년 가을에 갔을 때는 차를 대절해 갔는데, 이는 참으로 잘한 선택이었다. 준화시까지 가는 길은 조그만 마을들이 연이어 나오

순치제 효릉의 끝없이 펼쳐진 신도

효릉의 웅장한 석패방

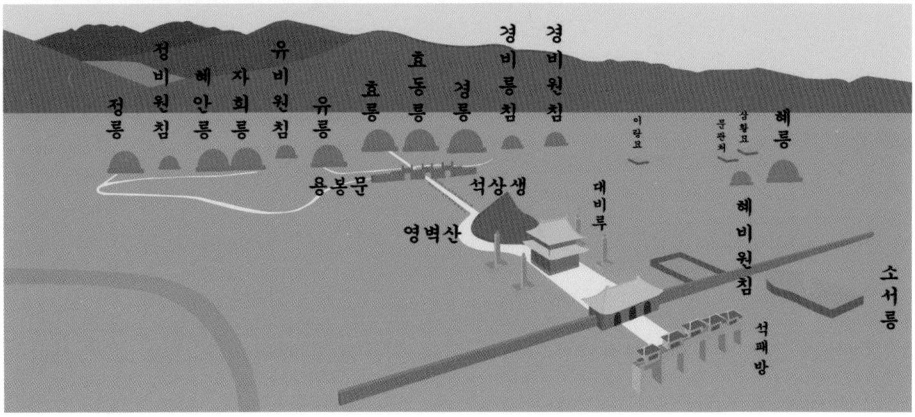

청동릉 분포도

는데, 한결같이 무질서하고 삭막하여 지루하기까지 했다.

차로 돌아본 청동릉은 엄청난 규모와 넓이에 너무 컸다는 생각으로 거리감을 느낄 겨를도 없었다. 예를 들어 청동릉의 효시이자 최대 크기를 자랑하는 효릉의 경우 패방에서 봉분까지 이어지는 신도의 길이만 무려 5km에 달했다. 이 때문에 약 50m 폭을 가진 신도 양 옆에 도열한 석조각을 사진 찍을 때에도 걸어가기 어려워 옆으로 나 있는 길을 따라 석물마다 30여 컷을 찍고 나서 차로 이동하여야 했다. 어느 정도 지나 정신을 차리고 다시 살펴보니 신도가 하도 길어서인지 군데군데 신도를 파괴하여 차가 지나갈 수 있도록 횡단 도로를 내고 있어, 문화재에 대한 무감각에 아연실색하였다. 2015년에 방문했을 때에는 효릉 입구부터 정비되어 입장권도 받고 있었다.

처음 효릉에 간 사람들은 입장권을 샀으니 조금만 걸으면 황제릉이 나오겠지 여기고 무작정 걸어가는 경우가 많다. 그러나 입구에서 걷기 시작하면 산과 호수를 지나 한 십리쯤 걸어야만 효릉의 능문인 드디어 패방이 나오고, 다시 거기서부터

효릉의 대비루

또 10리 이상을 걸어야만 효릉의 봉분이 있는 곳에 도착할 수 있다. 물론 청동릉을 베이징에서 대중교통을 이용하여 당일로 다녀오겠다는 생각은 하지 않는 것이 좋다. 청동릉 경내를 돌아다닐 교통편도 어렵고 겨우 도착해서 황제릉을 보기 시작하여도 준화시까지 가는 버스도 흔치 않아 엉뚱한 곳에서 일박을 해야 한다. 그러느니 차라리 베이징에서 당일 관광버스를 이용하여 요점적으로 관광하거나 차를 대절해 다녀오는 편이 낫다.

청동릉에 처음으로 황제릉을 조성한 순치제는 『청사고(淸史稿)』에 의하면 이곳으로 시냥을 왔다가 지세가 비범함을 보고 옥패를 떼어내어 산언덕으로 던지고 그곳을 자신의 장지(葬地)로 삼았다고 한다.[561] 순치제가 순치18년(1661) 정월 초칠일에 죽자 황위에 오른 강희제(康熙帝)는 공부(工部)에 명을 내리고 국력을 총동원하여 강희2년(1663) 2월 11일에 완공하였다.[562] 이로써 세계 최대의 능원인 청동릉이 탄생하게 되었다.

실제적으로 효릉의 입구라 할 수 있는 능원 입구의 석패방(石牌坊)은 연백옥석으로 만들어졌는데 위에는 구름속에 용이 여의주를 희롱한다는 뜻의 '운룡희주(雲龍戲珠)'라고 새겨져 있다. 이는 명13릉 장릉의 석패방과 비슷한 모습인데 5칸6주11루(五間六柱十一樓)식이며 너비는 31.35m, 높이는 12.5m이다. 이 패방 뒤에는 청나라

561 宋曉明 編著, 『解密大淸皇陵』, 中國華僑出版社, 2008, p.114.

562 宋曉明 編著, 위의 책, p.118.

효릉의 석수

효릉의 무인상

효릉의 문인상

황제릉의 상례대로 조금은 멋이 없는 긴 사각기둥의 하마비가 있고, 이어서 정북 방향에 붉은 담장으로 둘러친 대홍문(大紅門)이 엄숙하면서도 당당하게 서 있는데, 준화 청동릉 능구의 대문이라 할 수 있다.[563]

대홍문을 들어서면 대비루(大碑樓)가 있는데, 그 안에는 성조(聖祖) 강희제 어찬의 '대청효릉신공성덕비(大清孝陵神功聖德碑)'가 세워져 있으며 여기에는 만한(滿漢)

563 劉毅, 앞의 책, p.174.

양체로 새겨져 있고 높이는 6.7m이다. 비루 밖 네 모퉁이에는 화표가 하나씩 서 있다. 화표에서 북쪽으로 이어진 신도에는 망주(望柱) 한 쌍이 세워져 있고, 사자, 산예(狻猊), 낙타, 코끼리, 기린, 말이 각각 두 쌍씩 있는데, 앞의 것은 무릎 꿇고 뒤쪽 것은 서 있다. 또한 무신상과 문신상은 각각 세 쌍씩 서 있는데, 신장은 3.6m 정도로 큰 편이며 복장은 만주식이다. 그리고 이들 인물상들은 모두 비대하면서도 둥글둥글한 모습이 특징이다. 이들 석각들은 무려 800m 길이의 신도 양 옆으로 도열하여 효릉의 장대함을 빛내주고 있는데, 중국 황제릉 중 최대 규모이다. 그러나 조각술은 오히려 후대에 비하여 다소 떨어지는 편이다. 양감은 풍부하나 관습적인 조각술과 세밀함에서 품격이 모자라는데, 이는 관내에 들어와 처음으로 시도한 청조의 대규모 황제릉 공사에서 아직 미숙함이 드러난 것이라고 볼 수 있다.

장대한 석조각들이 끝나는 곳에 용봉문(龍鳳門), 일명 영성문(靈星門)이 서 있다. 다시 구불구불한 길로 가는 길에 1공석교(一孔石橋), 5공석교, 7공석교 즉, 아치식 다리가 세 개나 있는데, 이것은 중국 황제릉 중에서는 보기 드문 걸작이다. 이 석교들을 지나면 다시 비정이 있고 커다란 석비가 있는데, 비액(碑額)에는 전서체로 '대청(大淸)'이라 큼직하게 새겨져 있고, 비신(碑身)에는 예서체로 '세조체천융운정통건극영 예흠문현무대덕홍공지인순효장 황제지릉(世祖體天隆運定統建極英 睿欽文顯武大德弘功至仁純孝章 皇帝之陵)'이라고 지극정성을 담은 문장을 새겼다. 비정의 동쪽에는 신고(神庫)와 신주(神廚), 재생정(宰牲亭)등 제사 준비를 위한 작은 건물들이 있다. 신도의 비정 위로는 능의 궁문이라 할 수 있는 융은문(隆恩門)이 있는데, 양 옆에는 조방(朝房)이 있고 중앙 정원 가운데 효릉의 주건물인 향전, 즉 융은전(隆恩殿)이 화려하고 당당하게 서 있다.

융은전 뒤로 이주문이 있고 석기연대 즉, 오공대(五供臺)가 있다. 그 위에는 중국 명청대 황제릉의 전형대로 향로 1개와 촛대 2개, 화병 2개가 진열되어 있으며, 뒤로 석교를 건너면 명루가 나오는데 용마루 사이의 편액에는 '효릉(孝陵)'이라 큼직하게 쓰여 있다. 명루 안에도 비석이 하나 있는데 비 머리에는 '대청(大淸)'이라 자랑스럽게 전서로, 비신에는 '세조장황제지릉(世祖章皇帝之陵)'이라고 쓰여 있어 순치제와 효릉에 대한 청나라의 지극한 정성을 엿볼 수 있다. 월아성(月牙城) 북쪽에는 보정이 있고, 그 아래쪽의 지궁에는 순치제와 효강장황후(孝康章皇后) 및 효헌장황후

효릉의 융은전

(孝獻章皇后)가 함께 합장되어 있다. 바로 효릉의 동쪽편의 위치에는 효동릉(孝東陵)을 만들어 세조의 계후(繼后)인 효혜장황후(孝惠章皇后)를 비롯한 여러 비빈들이 배장되어 있다.

이 효릉의 능주인 순치제(順治帝, 1638~1661)는 청나라 제3대 세조(1643~1661)이며, 제2대 숭덕제 홍타이지(皇太極)의 아홉째 아들로 태어났으며 이름은 복림(福臨)이다. 당시 관습이나 서열로 보아서 복림은 도저히 황제가 된다는 것은 꿈도 꾸질 못할 처지였다. 그러나 어머니인 효장문황후(孝莊文皇后, 1613~1688), 일명 장비(莊妃)와 예친왕 도르곤(多爾袞, 1612~1650) 덕분에 기적적으로 제3대 청나라 황제가 된다. 친모인 효장문황후는 홍타이지가 죽었을 때 간신히 순장을 면하고 후계쟁탈전에 뛰어들었다. 당시 청나라는 황제가 장자를 황태자로 삼는 제도가 없었고 귀족회의를 통하여 다음 보위를 정하고 있었다. 급작스런 홍타이지의 죽음은 아무도 예상치 못했던 일이라 최고 실력자들인 4명의 친왕(親王)과 3명의 군왕(郡王)들이 모여 각축전을 벌였다. 당시 차기 황위를 계승하는 데 가장 유력한 사람은 홍타이지의 장남 숙친왕 호격(豪格)과 홍타이지의 이복동생 예친왕(睿親王) 도르곤이 었다. 그러나 도르곤은 연인관계였던 장비의 여섯 살밖에 안 된 아들인 복림을 황위에 올

소서릉의 표지판

렸고,[564] 도르곤과 호격을 지지했던 정친왕(鄭親王) 지르하란(愛新覺羅濟爾哈朗, 1599-1655)이 섭정을 맡기로 하였다. 그리하여 청나라 초기를 파탄 낼 뻔했던 황위 계승 문제는 1643년 여섯 살 난 복림이 황제가 된 이후, 어머니 장비와 도르곤의 섭정으로 안정을 찾아 융성하게 된다

아름답고 현명한 장비는 아들 복림이 즉위하면서 순치제가 되자 정사에 적극 참여하여 청조의 기틀을 닦는 데 큰 역할을 하였으며, 후에 손자 현엽(玄葉)이 황위에 올라 강희제가 되자 태황태후에 책봉되었다. 이러한 공적으로 인해 그녀는 사후에 남편인 홍타이지가 묻혀있는 소릉에 합장할 자격이 충분함에도 불구하고 아들 순치제의 효릉 입구에 묻힐 것을 원했다. 그리하여 효릉의 석패방 오른쪽에 장비의 무덤을 만들었으니 바로 '소서릉(昭西陵)'이다.[565]

청 순치제의 청효릉은 청동릉에 가장 처음으로 가장 크고 장대하게 조성한 황제릉이어서, 당연히 20세기 초에 일어난 최악의 '청동릉 대도굴 사건' 당시 대대적인

564 장비와 도르곤이 연인관계였다거나 둘이 재혼을 했다는 설도 있으나 명확한 기록은 없다. 그러나 당시 만주족은 '兄死娶嫂'의 풍습에 의해 가능한 일이며, 순치제가 등극 후 장비와 섭정이 된 도르곤이 실제적으로 청나라를 다스린 점을 감안하면 두 사람은 절친한 사이로 보인다.

565 파란만장한 장비의 생애와 청조 초기의 상황을 묘사한 〈大淸風雲〉이라는 드라마가 몇 년 전에 중국에서 촬영되어 절찬리에 방영되었다.

도굴을 당해 능침이나 현궁이 폐허화되었을 것이라 생각할 수 있다. 그러나 청효릉은 운 좋게도 군벌의 잔악한 도굴행위에서 벗어날 수 있었는데, 그것은 다음과 같은 몇 가지 이유가 있었다.

첫째, 순치제는 출가했다는 설이 전해진다. 6살에 황제위에 오른 순치제는 비록 황제였지만 어머니 장비와 도르곤의 섭정으로 인해 실권도 없이 허수아비 황제 노릇을 할 수 밖에 없었다. 그러던 그는 사랑하던 후궁 효헌황후(孝獻皇后) 동악비(董鄂妃, 1639~1660)가 죽자 그 충격으로 매사에 흥미를 잃고 출가를 하였다는 것이다. 그러나 청나라는 이러한 내용을 숨기고 강희제를 황제로 세우고 효릉에는 그가 쓰던 부채와 신발만을 넣어 장사지냈다는 설이 있다. 둘째, 순치제의 사후 효을에는 세 번째 황후인 효강장황후(孝康章皇后) 통가씨(佟佳氏, 1640-1663)와 후궁인 동악비를 모두 화장하여 지궁에는 뼛가루만을 묻었다는 설이다.[566] 물론 뼛가루[骨灰]만을 능구에 넣는 것은 청나라 초기에 거행된 만주족 고유의 장례 습속이기는 하다. 그러므로 청초에 해당되는 태조의 시조릉과 같은 황제릉 중 일부는 묘는 물론 묘실도 없는 경우가 있다. 이렇게 황제나 제후를 화장하는 풍속은 강희연간 초기까지 계속되었다. 그러므로 효릉에서 세조 순치제와 효강장황후 및 효헌황후도 모두 골회함을 안장하였을 가능성이 높다.

그러나 그보다 효릉은 보기 드물게 박장을 하였기 때문에 20세기 초에 광풍처럼 불어닥친 대대적인 청동릉의 도굴사건에서도 살아 남을 수 있었다고 생각한다. 그 단서는 다름 아닌 강희제 어찬(御讚)인 '효릉신공성덕비문(孝陵神功聖德碑文)'에서 찾아볼 수 있다. 거기에는 황제의 유명(遺命)으로 산릉을 높이거나 장식을 하지 말게 하고, 금은보기(金銀寶器)를 넣지 말라고 했다.[567] 그러나 아들 강희제의 효심이 지극해서인지 황권을 높이려는 의도에서인지 효릉은 순치제의 유명과는 달리 청동릉에서 가장 규모가 크고 건축군은 압도적이다. 이러한 기록들로 인하여 후대 사람들이 효릉의 지궁에는 값나가는 것이 없다고 생각하여 도굴 리스트에서 제외시킨 것으로 보인다. 청효릉의 규모가 크고 석물이나 건물도 압도적이지만 내부 현궁에 부장한 물품이 박장이어서 도굴해 보았자 인건비도 안 나온다고 생각한 것 같다.

566 李寅 編著, 『清代帝陵』, 中國戲劇出版社, 2005, p.62.

567 "順治1十八年正月不豫, 于丁巳日上賓, 嗚呼哀哉, 聖壽二十有四, 在位十八年, 葬孝陵, 陵豫定于昌瑞山, 皇考遺命, 山陵不崇飾, 不藏金玉寶器."

강희제의 경릉(景陵)

청나라 제4대 황제인 성조(聖祖) 강희제(康熙帝, 1654~1722, 재위 1661-1722)의 능은 경릉이다. 경릉은 장대한 효릉으로 가는 신도에서 우측으로 갈라져 나온, 동쪽 1km 지점에 위치하고 있다. 강희제는 61년의 장기간 재위하면서 청나라를 반석 위에 기초를 세운 위대한 황제이다.

경릉의 대비루 안에는 제5대 세종 옹정제가 세운 '대청경릉신공성덕비(大淸景陵神功聖德碑)'가 있다. 이 비석은 다른 청황제릉과 달리 만(滿)·한(漢) 두 가지 문자만으로 써서 두 개만 세웠는데, 강희제의 공이 워낙 많아 한 개에 다 적을 수가 없어 두 개를 세웠다는 말이 있다.[568]

경릉의 네 귀퉁이에는 화표가 하나씩 세워져 있다. 그 뒤로는 사자, 코끼리, 말과 같은 석수상이나 무신상, 문신상이 각각 한 쌍씩 세워져 있다. 그 조각술은 효릉과 동일한 장인이 만든 것으로 여겨질만큼 유사하며, 조각상의 규모는 큰 편이나 인체의 비례는 5등신 정도이고 통통하게 양감이 강조되고 있다. 동물상의 경우 청효릉에서는 입상과 무릎 꿇은 준상이 배치된 것과는 달리 모두 입상이며 규모와 숫자도 작지만. 나머지 건축물들은 효릉과 비슷한 규제를 따랐다.

그런데 강희제 경릉은 이후 조성되는 건륭제의 유릉(裕陵)과 함께 특이한 점을 볼 수 있었는데, 그것은 여느 황제릉에서 보기 힘든 굽어진 신도(神道)였다. 모든 황제릉에서 신도는 입구부터 보정까지 일직선으로 조성되는데, 이 경릉과 유릉에서는 신도가 완만하게 굽어진 곡선을 그리고 있다. 물론 신도가 직선이 아니고 굽어지거나 북두칠성처럼 꺾인 사례는 주원장의 명효릉에 적용된 이후 처음 보는 모습이다. 또한 경릉에는 네 명의 황후와 한 명의 귀비가 합장되어 있는데, 제1황후인 효성인황후(孝誠仁皇后)와 효소인황후(孝昭仁皇后)와 효의인황후(孝懿仁皇后)와 효공인황후(孝恭仁皇后) 및 경민황귀비(敬敏皇貴妃)가 그들이다.

경릉의 능주는 순치제의 셋째 아들로 이름은 애신각라 현엽(愛新覺羅 玄葉)이고 묘호는 성조(聖祖), 연호는 강희제이다. 청나라가 베이징으로 천도한 후 자금성에서 태어난 첫 번째 황제로 할머니 효장문황후에 의하여 8살 때 즉위하였다. 그는 14살 때부터 친정을 하여 68세 때 사망하였는데, 재위 기간이 61년으로 중국 황제 중 가

568 실제로 비문에는 옹정제가 친필로 쓴 무려 4,300여 자에 달하는 글자가 새겨져 있다.

강희제 경릉의 대비루

경릉의 굽어진 신도와 석수

경릉의 문인상

경릉의 석패방

장 길다. 개인적으로 역대 중국 황제 중 가장 존경할만한 황제로 강희제를 꼽는다. 14살부터 친정한 이래 병부상서 오배를 비롯한 대신들의 내분을 정리하고 이어 삼번(三藩)의 난을 평정하면서 북방의 러시아와 네르친스크 조약을 체결하면서 만주와 연해주의 국경을 확정지었다. 1696년에는 청나라에 대항하던 몽골 오이라트도 친정하여 북방을 안정시키고, 1683년에는 대만을 복속시키면서 1721년에는 티베트를 정복하여 청나라 영토에 편입시켰다. 이렇게 강희제는 외정의 문제를 해결하면서도 내치에서도 한족을 차별하지 않고 치수에 힘써 농업을 발전시키는가 하면 세금을 줄여 백성의 삶을 윤택하게 만들었다.

경릉의 능주인 강희제는 많은 뛰어난 업적이 있는데 그중에서 애민사상과 학문

고금도서집성

발전에 공헌을 한 점이다. 그는 중국 역사상 마지막 태평성대인 강건성세(康乾盛世)를 일으켜 아들인 옹정제와 손자인 건륭제에 이르기까지 평화와 부강을 이룩한 역사적 성군(聖君)이라 아니할 수 없다. 그래서 천 년에 한 번 나올만한 위대한 황제라는 '천고일제(千古一帝)'라는 소리를 들었으며, 묘호가 성조(聖祖)인 점과 인황제(仁皇帝)라 명명된 점 그리고 시호가 '합천홍운문무예철공검관유효경성신중화공덕대성인황제(合天弘運文武睿哲恭儉寬裕孝敬誠信中和功德大成仁皇帝)[569]로 올려진 점을 미루어 보아도 강희제가 얼마나 훌륭한 황제임을 알 수 있다. 그의 학식은 깊고 넓어 경연에 참가한 신하들이 제대로 대답을 못할 정도였으며, 수학과 서양학문에도 조예가 깊었다. '국궁진력(鞠窮盡力)을 생활신조로 삼고 정사에 매진하였다.[570] 그렇다고 강희제를 부지런한 일벌레라고 생각하면 안된다. 그는 문무에 뛰어난 황제로 강궁(强弓)을 쉽게 다루었고 평생 호랑이만 135마리나 잡은 용맹한 군주였다. 61년이란 가장 긴 재위기간과 4명의 황후와 64명의 후궁을 거느렸고 아들 35명과 딸 20명을 두어 역대 황제 중 자식이 가장 많은 황제이다.

그의 치세에는 학문적 성취도 대단하다. 그가 편찬한 『강희자전(康熙字典)』은 한나라의 『說文解字』이래 중국의 역대자전을 종합 편찬한 것으로 모두 42권으로 글자수만 49,000여 자가 넘는 것으로 최고의 한자사전이라 할 수 있다. 다음으로『고금도서집성(古今圖書集成)』은 세계 최대의 백과사전인데, 그 규모만 보아도 압도될 지

569 '合天'은 분열된 천하를 통일시켰다는 뜻이고, '弘運'은 국운이 융성했다는 의미이고, '文武'는 학문과 무예에 고루 능통해 전성기를 이루었으며, '中和'와 '大成'은 청나라를 크게 번창시켰다는 의미를 가진 뜻으로 중국 역대 어느 황제도 받지 못한 어마어마한 시호이다.

570 촉의 승상 제갈량의 '後出師表'에 나오는 말이다. 모든 힘을 다해 국사를 돌보고 문서를 처리하느라 밤을 새우는 일도 많았다. 그로 인해 강희제가 시행한 정책은 빠르게 집행되었고 백성들의 삶은 편안해졌다.

경이다. 총 10,000권에 달하는 방대한 분량에 글자 수만 해도 1억6천만 자가 넘으며 6,484매의 삽화에 저술을 위해 6천이 넘는 서적을 인용하였다. 이 책이야말로 학문의 보물창고로 조선에서도 정조가 큰 관심을 가지고 있어서 즉위 후 부사 서호수(徐浩修, 1736~1799)에게 명을 내려 구해 오게 하였는데, 이때 구매대금으로 은 2,150냥이란 거금을 주었다. 1781년 규장각에 총 3만여 권의 서적이 있었는데, 『고금도서집성(古今圖書集成)』은 5천 책이나 되었다.[571] 이 책들은 조선에서 학문발전과 연구에 요긴하게 쓰였는데, 정조는 정약용(丁若鏞)에게 이 책 중에서 「기기도설(奇器圖說)」을 빌려주어 화성 건설에 현대의 기중기인 도르래 원리를 이용한 거중기(擧重機)를 만들게 하였다.

강희제가 죽었을 때 그의 치세에 감동하여 신료들은 물론 모든 백성들이 거리에 나와 진심으로 곡을 하였다 하니 정말 백성들로부터 사랑받은 몇 안 되는 황제임에는 틀림 없다. 그래서 다시 경릉을 뒤돌아보니 능의 구조와 건축물들이 다른 황제릉에 비하여 위화감 없이 조화롭게 구성되어 있으며, 격변의 시기를 보냈음에도 비교적 잘 보존되고 있어 다음에 다시 경릉을 만나볼 생각을 하게 된다.

건륭제(乾隆帝)의 유릉(裕陵)

건륭제가 잠들어 있는 유릉은 황제릉이기 이전에 석조예술의 보고(寶庫)라 아니할 수 없다. 유릉은 효릉의 서쪽에 있는데, 1743년 착공하여 1752년 일단 마무리 되었다. 이후 1799년 당시 200만 냥을 들여 완공시킨 유릉은 청조 황제릉 중에서 규모와 설비가 웅장하며 가장 정교하였다. 유릉에는 청나라 제6대 고종 건륭제를 매장했으며 아울러 효현순황후(孝賢純皇后, 1712-1748)와 효의순황후(孝儀純皇后, 1727-1775)의 황후 2명과 3명의 황귀비를 합장하였다. 그 규모는 강희제 경릉과 비슷하지만 경릉과 마찬가지로 신도가 굽어져 있으며 사자와 산예(狻猊), 낙타, 코끼리, 기린, 말 그리고 무신과 문신이 각각 한 쌍씩 세워져 있는데 이 또한 모두 입상(立像)이다. 유릉의 서편으로 유비원침(裕妃園寢)이 있는데, 황귀비와 귀비 및 측비 등 36명이 묻혀 있으며, 전설적인 위구르 출신 향비(香妃)의 무덤도 있었다. 참고로 황제릉의 건축물 기와는 황색이지만 비빈들이 묻힌 원침의 기와는 청색인 점이 특

571 『正祖實錄』3卷, 1年 2月 24日(庚申)

건륭제 유릉의 지궁

징이다. 유릉은 청동릉에서 현재 서태후의 정동릉(定東陵)과 함께 지궁까지 공개되어 많은 관람객들이 찾는 곳이다.

근래 유릉이 공개되자 무엇보다도 지금까지 알려진 역대 어느 황제릉보다도 그 지궁(地宮)의 화려하고 정교한 조각으로 불교 석조예술의 극치라는 소리를 듣게 되었다. 지궁에 들어서자 불교 석굴에 들어온 것 같은 느낌을 받았을 정도이다. 유릉의 지궁은 전·중·후(前·中·後) 3전(三殿)으로 나누어져 있으며, 전체 길이는 54m이고 총면적은 372m²이다.[572] 지궁은 모두 아홉 개의 권동(券洞)으로 구성되어 있는데, 묘길이나 석문, 용마루, 문설주 등에는 각종 불교조각과 장식이 아름답고 정교하게 새겨져 있다. 특히 아름다운 것은 문짝의 보살입상 부조를 비롯하여 사천왕상, 각종 보살상, 장식부조들인데 정교하면서도 품격이 높다.[573] 이들 불교조각들은 용문석굴이나 운강석굴 등의 조각들에 비하여 전혀 손색이 없다. 지궁의 가장 중요한 관곽이 놓여 있는 금권은 네 개의 석문이 있고 보현보살의 부조가 정교하며 우아하다. 이곳 후실은 유릉에서 가장 중요한 지점이기에 전실이나 중실보다 넓고 높으

572 劉毅, 『中國古代陵墓』, 南開大學出版社, 2010, p.178.

573 宋曉明, 『大清皇陵』, 中國華僑出版社, 2008, p.237.

유릉의 대비루

유릉의 하마비

며 천정과 벽면에는 꽃과 불상 부조가 빼곡하다. 또 장자경주문(長者經呪文)[574]이 저 부조로 새겨져 있는데, 무려 30만 자가 넘는다. 이곳에는 수미좌식의 관상(棺床)이 있는데, 중앙에는 금정(金井)[575] 하나가 있다. 원래 유릉에는 모두 6개의 관곽(棺槨)이 매장되어 있었는데, 도적들이 도굴하면서 파괴하여 현재는 4개만 남아 있다. 물론 건륭제의 관곽은 관상의 중앙에 있는 금정(金井) 위에 놓여 있다. 건륭제의 관은 황금비단의 곤룡포와 여러 장신구로 장식되어 있고, 관의 빈 곳에는 화려한 의관과 침구, 기물, 보석, 서화들로 가득 채웠다. 건륭제의 목에 걸려 있던 108개의 조주(朝珠, 천자의 목걸이)는 값을 매길 수 없는 지보이며, 칼자루에 구룡을 상감하고 각종 보석을 박아 넣은 구룡보검(九龍寶劍) 또한 진귀한 보물이다.

이 유릉을 포함해 청나라 황제릉의 건축구조에 대하여는 근래 고대의 건축 전문가인 유돈정(劉敦楨)이 자세히 서술하였다.[576]

574 부처님이 바지국 설수바라산의 녹야원에 계실 때 長者에게 내린 설법이다.

575 墓穴을 판 구덩이 또는 무덤을 팔 때 그 길이와 너비를 정하는데 쓰는 기구를 의미하기도 한다.

576 劉敦楨, 『中國古代建築史』, 세진사. 2004.

유릉 지궁의 천정

건륭제 유릉의 지궁

"지궁의 장벽 밑에는 모두 백양나무 기둥을 세웠다. 기둥의 길이는 1장(丈)에서 1장 5자이고, 직경은 5자에서 7자이다. 기둥 끝은 5자쯤 나오게 하고 공간은 동조각으로 메웠는데, 이를 '겁당석(掐當石)'이라 한다. 돌틈 사이에는 도화장(桃花漿)을 부어넣고 건조시킨 다음 다시 회토(灰土)를 올렸다. 회토 위에는 기초석을 쌓고 보이지 않게 자갈로 모두 메운 다음 압면석을 한 층 쌓는다. 다음은 평수장(平水墻)과 순석(順石), 정석(丁石)을 섞어 쌓고 그 위에 권동(券洞)을 쌓는다. 무릇 돌을 쌓는 데는 석회슬러리를 부어넣는데, 그 속에 찹쌀과 백반을 섞는다. 그리고 연철로 국삽(鋦插)을 박아 넣어 잘 엉기게 했다. 틈새가 있는 곳에는 얕은 골을 파고 오동나무 기름(桐油)과 석회(石灰)를 메워 넣었다."[577]

이 글에서 볼 수 있듯이 황제릉을 세우는 것에 대한 용어는 전문적이며 그 내용을 통해 기발하고 매우 과학적인 방식을 사용해 황제릉을 건설했음을 이해할 수 있다. 이러한 방식으로 조성한 청나라의 황제릉 조성과 규제는 사실 명나라 특히, 창평지구의 명13릉을 상당히 계승했음을 알 수 있다. 황제릉의 평면 구성을 보면 건축의 분포나 양식도 명과 일치하는 점이 대부분이다. 유리화문(琉璃花門)이나 명루(明樓), 보정(寶頂) 등은 명칭도 똑같다. 다만 전각의 구성은 같으나 명칭에서는 융은문(隆恩門)과 융은전(隆恩殿)으로서 명나라의 능은문과 능은전에서 따오되 앞 자리의 글자

577 劉毅, 앞의 책, p.179.

하나만 다를 뿐이다. 또한 지궁도 전·중·후 3개의 실로 구성된 것이다. 청나라는 매해 다섯 차례[578]의 큰 제사를 지내고, 매달 삭(朔)·망(望)에는 작은 제사를 올렸다. 청나라의 황제릉제도는 명나라의 제도를 답습했다고 생각했는데 유릉을 둘러보면서 상당히 다른 점이 있다는 것을 알아차릴 수 있었다. 명13릉은 기본적으로 성조의 장릉(長陵)을 중심으로 후손들을 같은 구역에 부장했고, 신도를 통하면 장릉에 모두 이르게 하였다. 또한 명13릉은 신도의 석조각들이 장릉에만 있을 뿐이므로 이 신도가 명13릉 전체의 신도가 되는 것이며, 다른 능에는 석패방이나 대비루(大碑樓), 망주, 석상생, 용봉문이 아예 없다. 그러나 청나라 청동릉의 경우 순치제의 효릉이나 강희제의 경릉, 건륭제의 유릉 등은 동일한 능구역에 위치하고는 있지만 각각 독립된 황제릉으로서 각자의 석패방이나 망주, 신공성덕비, 용봉문을 갖추고 있다.

청황제릉에서 또 한 가지 특이점은 명나라와는 달리 황후와의 합장이 많지 않았다는 점이다. 태조와 태종 그리고 세조까지 초기의 황제릉은 황후와 합장하는 이른바 제·후(帝·后) 합장제를 시행하였으나, 그 이후에는 황제가 먼저 죽어 황제릉에 매장되면 이후에 황후가 죽더라도 황제릉 현궁의 문은 다시 열지 않고 주위에 작은 단독의 능을 만들어 배장하였다. 그것은 청태종의 황후이자 순치제의 어머니인 효장문황후는 태종의 소릉(昭陵)에 합장되지 않고 소서릉(昭西陵)에서 배장된 것에서 비롯된다. 이후 제3대 순치제의 사후 효릉이 조성된 이후 황후나 비빈들은 효동릉(孝東陵)에, 제5대 옹정제의 사후 태릉(泰陵)이 조성된 이후 황후나 비빈들은 태동릉(泰東陵)에, 제7대 가경제의 사후 창릉(昌陵)이 조성된 이후 황후나 비빈들은 창서릉(昌西陵)에 배장한 것에서 알 수 있다. 청말 제9대 문종 함풍제의 세 번째 황후이며 제10대 목종 동치제의 어머니인 자희태후(慈禧太后, 1836-1908)는 속칭 서태후라고도 불리는데 그녀는 사후 함풍제의 정릉(定陵)에 합장되지 않고 정동릉(定東陵)을 별도로 조성하였던 것이 대표적인 사례이다.

명나라의 경우에는 난징 주원장의 효릉을 제외하고는 비빈들의 무덤은 황제의 능과 가까이 설치하지 못하고 비교적 먼 곳에 마련되었다. 그러나 청나라에 와서는 황제의 능침 가까운 좌우에 비빈들의 원침을 집중해서 마련하였는데, 밥그릇을 뒤엎은 같은 형태의 작은 보정(寶頂)을 매 사람마다 하나씩 세웠다. 그러나 제6대 고

578 淸明, 中元(7월 보름날), 冬至, 歲暮 그리고 忌辰이다.

유릉의 후비원침

종 건륭제의 계후 우라나라(烏喇納喇, 1750-1766)만은 고종에게 죄를 얻어 유릉에 합장할 수 없었고 단독으로 후릉을 만들 수도 없었다. 이에 비해 우리나라의 경우 신라 때에는 여왕을 위한 여왕릉을, 고려시대와 조선시대에는 사후 왕비를 위한 왕후릉을 단독으로 마련해 주어 중국의 황후들이 황제릉에 합장되거나 황제릉 주위에 배장되었던 것과 차이를 보인다.

유릉의 능주인 건륭제는 옹정제의 넷째 아들로 이름은 애신각라 홍력(愛新覺羅 弘歷)으로 강희, 옹정, 건륭의 청나라 태평성대를 이룩한 황제로 유명하지만, 중국 역사상 가장 장수한 황제로도 이름나 있다. 그는 1711년에 태어나 1799년에 89세로 죽었으며, 1735년 즉위하여 죽을 때까지 재위에 있었으면 재위기간 64년이란 대기록도 달성할 수 있었지만 할아버지 강희제의 61년보다 더 오래 할 수 없다고 하여 60년이 되던 해에 양위하고 상황제가 되었다. 사실 견륭제는 중국 역사에서 축복받은 행운아라고 말할 수 있다. 그는 옹정제가 제정한 태자밀건법(太子密建法)[579]에 따라 황태자를 거치지 않고 1735년에 바로 황제위에 올랐다.

할아버지 강희제와 아버지 옹정제가 쌓아올린 강대한 국력과 선정으로 건륭제는 화려하게 국정을 운영할 수 있었다. 그는 황제로서 자질이 뛰어나 『사고전서(四庫全

579 청나라의 독특한 황위계승법은 옹정제 때부터 시작되었다. 황제의 자식 수가 많아 생전은 물론 사후에 후계자 문제가 복잡해지자 황제는 많은 자식 중에 다음 황위를 이을 황자의 이름을 건청궁의 내부 중앙에 걸린 유명한 현판 즉, '正大光明' 뒤에 적어두고 또 하나는 內務府에 보관시켜 놓았다. 황제가 죽은 후 이 둘을 비교하여 이름이 적힌 황자가 황위에 올랐다. 이 현판은 원래 자금성의 첫 주인인 순치제 때 만들었다가 가경 2년(1797)에 다시 만들었으니 무려 220년 이상 건청궁을 지켜왔다.

書)』를 편찬하고 『명사(明史)』를 완성했으며, 내치를 다지고 위구르, 타이완, 베트남, 네팔 등 10여 회의 원정에 나서 전승을 거두어 영토를 확장했다.[580] 조부를 본 따 전국을 순회했는데, 남순(南巡) 6회, 동순 5회, 서순 4회나 되는 기록을 남기었다.

그러나 너무 잦은 외정(外征)과 내순(內巡)은 국고를 마르게 했고, 천하의 간신이자 부정축재자인 화신(和珅, 1750~1799)을 너무 총애하여 중국 특유의 부정부패가 청나라를 좀 먹게 하였다. 화신은 4개 국어의 국서를 작성할만큼 천재이며 타의 추종을 불허할 정도의 업무능력과 모든 면에서 걸출한 천재였다. 건륭제와는 동성애자가 아닐까 싶게 총애를 받아 6부상서를 모두 지냈고, 수석군기대신에 건륭제와는 사돈까지 맺어 청나라 권력의 최정상부를 차지하고 능숙한 솜씨로 축재를 하였다. 그러나 건륭제가 죽자 그의 뒤를 이어 황제위에 오른 제7대 인조 가경제(嘉慶帝)가 그를 20개 항목의 죄를 들어 처형하고 재산을 몰수했을 때 그 금액이 9억 냥이 되었다. 이것은 청나라의 12년치 예산에 해당하는 액수인데 실로 황제보다 더 많은 재산을 가진 자였다. 화신과 관련해서는 베이징에서 현존하는 청나라 최고의 왕부(王府)인 '공왕부(恭王府)'가 주목된다.[581] 이곳을 방문하였을 때 그 규모와 화려한 장식 등을 주목하였고, 조선 정조대 이후 각종 누각 건물이나 창덕궁의 낙선재 등에서 발견되는 박쥐문이나 각종 길상문양 등을 통해 조선과 청나라와의 영향관계도 살펴볼 수 있었다.[582]

건륭제의 미술품 수집열은 대단하다. 그는 중국이 이룩한 문화유산의 수호자, 후원자 역할을 충실히 하였는데, 거금을 들여 전국에 있는 역대 걸작 미술품을 수집하였다. 그리하여 건륭제는 궁궐에 역사상 최고 최대의 고동서화(古董書畵) 컬렉션을 완성하였다. 그는 작품의 수집에만 그치는 것이 아니라 작품을 평가하고, 낙관을 찍고, 시를 짓고, 정보를 정리한 카탈로그까지 발간하였다. 그 결과 천하의 최고 미술품은 자금성에 모이게 되었다. 지금도 타이베이 고궁박물원의 중요한 소장품은 대부분 그가 소장했던 것이다. 때문에 오늘날 중국 미술품 중 건륭제의 낙관이 없

580 건륭제는 자신이 치른 10회의 전투를 모두 승리하여 스스로 '十全武功'의 군주인 '十全老人'이라고 불렀다.

581 베이징시 서성구(西城區)에 있는 공왕부는 전국문물보호단위이자 국가5A급관광지이다. 이 공왕부를 방문하면 청나라 역사 절반을 알 수 있다고 한다.

582 장경희, 「조선과 청대 궁궐 건축에 보이는 박쥐문의 유입과 그 영향 -19세기 중반 樂善齋와 恭王府를 중심으로-」『인문과학연구』제35집, 덕성여자대학교 인문과학연구소, 2022, pp.232-236.

향비의 무덤

는 것은 모조품이거나 B급으로 취급받는 일도 생겼다. 그는 시서화에 통달한 교양인이자 왕성한 시인으로 평생 4만 여 수의 시를 지었으며, 서예에도 일가견이 있어 자금성 안의 많은 편액을 쓰고, 후원이나 정자를 그리기도 하였다. 이러한 그가 석조예술의 보고라 할 수 있는 화려하고 우아한 지궁에 묻혀있다는 것은 일견 타당해 보이기도 하다.

건륭제의 지궁에는 효의순황후(孝儀純皇后)와 황귀비(皇貴妃) 고씨(高氏), 부찰씨(富察氏), 김씨(金氏)가 묻혀 있다. 여담이지만 건륭제의 향비 일명 청향비(淸香妃)에 대한 이야기는 워낙 유명하여 그 무덤은 꼭 찾아보고 싶었다.[583] 청향비의 무덤은 유릉의 옆쪽 비원침(妃園寢) 구역에 사발을 뒤엎어 놓은 형태의 벽돌로 쌓은 무덤이 있었다. 『청사고(淸史稿)·후비전(后妃傳)』에 향비는 위구르 출신으로 옹정 12년(1734)에 출생하여 23세 때 건륭제의 눈에 들어 입궁하여 귀인이 되었다가 건륭 27년(1762)에 용비(容妃)로 책봉되었으며, 건륭 53년(1788)에 향년 55세로 병사하였다.[584] 한편 전해 내려오는 야사(野史)에 의하면 그녀가 죽자 124명의 인원이 그녀의

583 청향비에 대한 이야기는 근래 金庸이 쓴 『小說 淸香妃』가 국내에서도 번역되어 공전의 인기를 끌은 바 있다.

584 宋曉明, 『大淸皇陵』, 中國華僑出版社, 2008, p.262. "容妃 又作和卓氏."

시신을 태운 마차를 3년이나 걸려 끌어서 고향인 카슈가르[喀什]에 보내 주었다고 하며, 카슈가르에는 '아곽호자의 성묘(阿巴克霍加麻札)'라 부르는 무덤에 청향비를 비롯하여 그녀의 아버지 등 5대 72명의 가족무덤이 있다.

명청대의 황제와 황제릉을 정리하면서 황제와 황제릉을 부를 때의 명칭에 대해 고민하게 되었다. 일반적으로 당송 이래로 우리의 고려나 조선에서는 대체로 묘호(廟號)를 부른다. 그런데 묘호(廟號)인 '태종(太宗)'이라 하면 중국이나 우리나라를 통틀어 20명이 넘는다. 대표적으로 한(漢)나라 태종 유항, 당태종 이세민, 송태종 조광의, 금태종 완안오걸매, 명태종 주체, 청태종 홍타이지, 신라의 태종무열왕 김춘추, 조선의 태종 이방원 등이 있다. 때문에 그냥 '태종'이라 하면 정말 누구를 뜻하는지 알 수가 없어 한태종, 당태종, 송태종, 금태종, 명태종, 청태종, 조선 태종처럼 국호와 묘호를 함께 부른다.

이 책을 쓰면서 명청대로 내려오면서 황제를 나타낼 때는 흔히 쓰는 묘호(廟號)인 태종, 세종, 문종 등으로 부르면 어느 나라의 누구인 줄 모르게 되고 중국 황제나 우리나라 왕의 경우 그 명칭이 많아 혼돈하게 되고 복잡하다. 다만 명나라 이전 시기에는 한 명의 황제가 연호를 심심하면 바꾸어 몇 개씩 되므로 복잡해 보편적으로 사용할 수가 없다.[585] 그러므로 명대 이전에는 대개 묘호를 쓰고, 명대부터는 일세일원(一世一元)이므로 연호 + 제(帝)를 붙여 즉, 영락제, 만력제, 건륭제 등으로 사용하는 것이 편하다.[586] 청나라의 경우 묘호와 함께 연호를 함께 병기하여, 청나라 제4대 황제의 경우 본명은 애신각라(愛新覺羅) 현엽(玄燁)이고 묘호는 성조(聖祖)이며 연호는 강희(康熙)이고 무덤의 능호(陵號)는 경릉(景陵)이 된다. 그러므로 본고에서 가급적 황제를 부를 때 국호인 '청' + 묘호인 '성조' + 연호인 '강희제'와 같이 쓰고, 황제릉은 '경릉'을 사용하여 혼란을 피하고자 하였다.

함풍제 정릉(定陵)과 동치제 혜릉(惠陵)

청동릉 중에서 시기가 내려가는 함풍제의 정릉과 동치제의 혜릉은 황제의 존재

585 중국에서 연호는 한무제 때 처음 등장하였는데 그것은 건원(建元, 기원 전 140~135)이다. 당 고종은 연호가 13개나 되며, 측천무후 때는 690년 천수(天授)를 시작으로 무려 14개나 된다.

586 명나라 英宗의 경우에는 토목의 변으로 황제가 납치되었다가 귀국해 다시 황위에 올랐기 때문에 납치 이전을 '正統'으로 그 이후 복위 되어서는 '天順'으로 하여 유일하게 연호를 두 개 사용하였다.

함풍제 정릉의 오공교

정릉의 석패방

가 미약한 만큼 황제릉 또한 마찬가지로 미미한 편이다. 정릉은 청의 9대 황제인 문종 함풍제(咸豊帝, 1831~1861)의 무덤으로 청동릉 구역에서 가장 왼쪽 즉, 서쪽 끝에 위치하고 있다. 함풍제는 도광제의 넷째 아들로 20세에 즉위하였으나 치세는 청조에서 가장 내우외환에 휘둘려 불행한 시기를 보냈다. 사회는 부패가 극심하였고, 1853년 태평천국군은 난징을 점령하고 베이징을 위협하였다. 1856년에는 2차 아편전쟁이 일어났고 일어났고 1858년에는 열강들과 일방적이고 치욕적인 텐진(天津)조약을 맺었다. 또 1860년에는 영불 연합군에 의해 청나라 황실의 정원인 원명원(圓明園)이 불에 탔고, 함풍제는 열하(熱河)로 피신했다가 1861년 열하의 행궁에서 병사하였다. '전란황제(戰亂皇帝)', '배국황제(賣國皇帝)'라는 오명을 들으며 비분속에 병사한 함풍제는 후사로 불과 여섯 살짜리 동치제(同治帝, 1856~1875)를 남겼을 뿐이다.[587] 함풍제의 정릉은 원래 함풍 9년(1859)에 청동릉 서단에 위치한 평안욕(平安峪)에 착공하였지만 죽을 때까지 완공되지 못한 상태였다. 그래서 함풍제의 시신이 모셔진 재궁이 열하를 떠나 베이징에 도착하였으나 그때까지 아직 능침이 완성되지 않아 건청궁에 잠시 안치되었다가 경산 관덕전으로 옮겨졌다. 그후 다시 융복사(隆福寺) 행궁에 안치되었다가 1886년 12월에 이르러서야 재궁은 정릉 지하에 자리잡게 되었고 효덕현황후(孝德顯皇后, 1831-1850)와 합장되었다.

587 원래의 연호는 祺祥이었으나 함풍제의 황후 동태후와 동치제의 생모 서태후가 공동으로 다스린다는 듯에서 同治로 바꾸었다.

정릉은 역대 청 황제릉의 능제를 따르려고 노력은 하였다. 능 입구의 첫 건축물로 오공평교(五孔平橋)를 시작하여 망주(望柱) 한 쌍이 세워져 있다. 석상생(石像生)으로는 사자와 코끼리, 말, 문신, 무신이 쌍으로 도열하고 있다. 그 뒤로 패루와 신도비정과 부속건축물이 있고 융은문과 융은정이 단정하게 세워져 있다. 그러나 정릉은 다른 황제릉에 비하여 무엇인가 허전해 보이고 허술하게 지어진 것 같은 느낌을 갖게 한다. 함풍제의 능침이 이렇게 소홀하게 된 것은 당시 전란으로 국고가 텅 비어서 자재도 보화욕의 능침 폐허에 있는 것을 재사용할 정도였다. 그러므로 기존의 조종이 정한 법도를 따랐지만 성덕신공비정(聖德神功碑亭)이나 이주문(二柱門) 등이 생략되었는데, 이 때문에 도리어 혁신적이고 독특한 건축 포국(布局)을 갖게 되었다.[588]

주지하다시피 함풍제의 죽음은 결국 서태후의 등장을 야기하여 청조는 이후 나락으로 떨어지게 된다. 함풍제 역시 자신이 죽은 후 정실 효정현황후(孝貞顯皇后, 1837-1881)는 동치제가 황제위에 오르자 자안황태후(慈安皇太后)가 되었고 동태후라고도 불렸고, 서태후도 있었다. 함풍제는 동태후와 서태후 2명이 정권을 잡으면 혼란스러워질 것을 걱정하였다. 그래서 함풍제는 재원(載垣)과 숙순(肅順) 등 여덟 명의 고명대신에게 어린 동치제를 부탁했다.

청동릉에 마지막으로 조성된 황제릉은 제10대 목종이고, 그는 서태후의 아들이고 동치제(同治帝, 1856~1874)의 혜릉(惠陵)이다. 불과 여섯 살에 즉위한 동치제는 두 여인에게 각개격파 당하고 결국 서태후의 수렴첨정 아래 놓여 그녀가 섭정하였기에 실제적인 정치엔 거의 참여하지 못하여 동치제는 꼭두각시에 불과하였다. 그러나 1861년 태평천국의 난과 염군의 난도 수습하고 재정도 복구되어 어느 정도 안정을 꾀할 수 있었으나, 1874년 나이 19세로 청황제 중 가장 단명하게 죽었고, 이듬해는 황후도 서태후의 박해로 금을 삼켜 자살하였다. 이후 서태후는 동태후 자안황후가 죽은 후 완전히 청조를 손아귀에 넣고 전횡을 하게 되었다.[589]

서태후가 집권한 초기, 동치(1861~1875) 연간에는 양무파에 의존해 변법자강운동을 벌려 농업을 장려하고, 서방의 과학기술을 도입하며, 군수, 공업, 광업을 진작

588 李萬貴·龐玉忠 編,『淸東陵』, 中國世界語出版社, 1997, p.57.

589 동태후의 죽음에 대하여는 서태후가 독살했다는 설이 유력하게 퍼지고 있는데, 정황상 가능성이 높다.

정릉의 대비루

시켜 청조의 부흥을 기대하였다. 청조의 마지막 시도를 '동치중흥(同治中興)'이라 부르고 기대를 하였지만 고질적인 병폐로 잠간 반짝이다가 실패로 돌아서고 말았다. 동치제와 황후가 연이어 죽었으니 급한 것은 능침을 마련하는 것이었다.

청 조정의 법도에 따르면, 함풍제 혁저가 청동릉에 안장되었기 때문에 그의 아들인 동치제 재순은 청서릉에 안장되는 것이 이치에 합당했다. 그러나 당시 권력의 정점에 있던 자희는 오히려 조정의 가법을 무시한 채 역도(逆道)를 단행하여 재순(載淳)의 능침을 청동릉 쌍산욕에 건설할 것을 명하였다. 이후 그들 모자가 같은 곳에 안장되기를 바란다는 이유 때문이었다. 광서 원년 3월 12일 쌍산욕에서 동치제 재순의 능침인 혜릉을 건설하기 위한 터잡기를 시작으로 본격적인 공사가 시작되어 광서 4년(1878) 9월에 끝났다. 청 왕조 능침 가운데 가장 빠른 시일에 건설된 그의 능침은 다른 능침에 비해 당연히 초라하고 조잡할 수 밖에 없었다. 능침을 건설하는 비용을 아끼기 위해 석상생도 마련하지 않았고, 신도 역시 효릉의 신도와 연결되지 않았으며, 그 규모 또한 축소되었다.[590] 이 불운한 동치제의 혜릉은 위치도 청동릉에서도 가장 외진 동쪽 끝에 외롭게 놓여 있으며 필자가 방문했을 때까지 공

590 웨난 저, 심규호·유소영 옮김, 『허베이성 준화의 청동릉 1』, 도서출판 일빛, 2005, p.236.

동치제의 혜릉

개를 하지 않아 내부에 들어가지 못해 아쉬움을 남긴다. 〈도394〉

서태후(西太后)의 정동릉(定東陵)

청동릉에는 순치제의 효릉, 강희제의 경릉, 건륭제의 유릉, 함풍제의 정릉, 동치제의 혜릉과 같이 다섯 황제의 능과 또 많은 비빈들의 무덤이 있다. 그중에서 사람들에게 가장 인기가 많은 곳은 서태후가 묻혀있는 정동릉이다. 청동릉에서 가장 서쪽에 있는 황제릉이 정릉(定陵)으로 9대 함풍제(咸豊帝, 1831~1861)의 무덤이다. 그는 도광제의 넷째 아들로 20세에 즉위했으나 재위 11년간 태평천국의 난, 2차아편전쟁, 굴욕적인 천진조약, 베이징조약을 겪으면서 정사에 의지를 잃고 방탕한 생활 끝에 불과 31세로 운명하였다.

정릉의 동쪽에 두 황후 즉, 자희(慈禧)와 자안(慈安)의 능이 바로 정동릉이다. 그중 도랑을 경계로 서쪽에 있는 것이 동태후의 자안릉이고 동쪽에 있는 것이 서태후의 자희릉이 되므로 생전의 동서태후의 동서 배치와 능호의 이름은 바뀌어 있는 셈이다. 이 정동릉은 동치 12년(1873) 자희가 이곳 보타욕(普陀峪)을 만년길지로 삼아 227만 냥을 들여 건설하였는데, 황색 기와에 주황색 기둥이 즐비하여 규모나 화려함이 자금성의 황궁보다 못지않아 현존하는 청대 황후릉 중에서 가장 호화로운 능

서태후의 정동릉 전경

이다.[591]

자희릉에서 융은전에는 아담하고 작은 연못이 있으며, 원래 내외에 금박을 하여 황금의 궁궐이라 했다. 융은전 내에는 금룡주(金龍株)라 부르는 64개의 금룡이 감겨있는 둥근 기둥이 찬란하게 서 있고 황색 배나무로 만든 용머리들은 금빛을 번쩍이며 마치 용들이 춤을 추고 승천하는 것 같다. 서태후 경동릉의 융은전으로 오

자희릉의 아름다운 단폐석

591 李寅 編著, 『清代帝陵』, 中國戲劇出版社, 2005, p.215.

자희릉의 내부

자희릉의 호화로운 내부장식

르는 단폐석(丹陛石)은 어떤 황제릉의 단폐석보다 아름답고 뛰어난 조각술을 자랑하고 있다. 일반적으로 황제릉의 단폐석이라 하면 '용봉희주(龍鳳戱珠)'라 하여 용이 위에 있고 아래에 봉황을 조각하는 것이 상례인데, 이곳에서는 특이하게 봉황이 가장 위에 있고 그 아래에 용이 있다. 이는 자신을 봉황으로 묘사하고 그 아래 황제가 있음을 의미하는 정치적 형세를 나타낸 것이다.[592]

융은전 내부의 정전에는 자희 즉, 관음상으로 꾸민 서태후의 조각상이 있고, 금룡이 타고 오르는 기둥, 찬란하기 짝이 없는 금룡화새채화(金龍和塞彩畵)가 배치되어 있는데 어디에도 없던 화려함의 극치이다. 청말 도굴군들에 의해 기둥마다 박아 넣은 황금 등을 빼가고 도굴을 당하고 나서도 이 정도의 화려함을 유지하고 있으니 원래의 모습이 얼마나 화려함의 극치였는지 짐작이 가지 않는다. 융은전 뒤에는 아담한 삼좌문(三座門, 또는 陵寢門)이 있고, 방성 앞에는 석오공이 놓여 있는데, 그 대좌의 조각은 참으로 정교하다.

서태후의 지궁은 전형적인 황후의 지궁 형태를 갖추었으나 오권이문(五券二門)에 화려하고 아름다운 조각이 눈에 뜨인다. 서태후의 관곽은 금사를 사용한 녹나무 즉, 남목(楠木)으로 만들었는데, 내외관 두 개로 되어 있다. 청나라 황제나 황후의 관은 49회의 옻칠을 하고 또 바깥에는 금칠을 하였으며, 내부에는 불경을 새겨 넣는 것이 상례이다. 도굴 때 일부 파손되었지만 그나마 이 정도 보존되고 있는 것도 다행

592 李萬貴·龐玉忠 編著, 『淸東陵』, 中國世界語出版社, 1997, p.74.

만년의 서태후 사진

이다. 서태후의 정동릉은 그녀가 39세였던 동치 12년부터 공사가 시작되어 30여 년을 계속하였다. 그녀는 1895년 청일전쟁으로 대만을 빼앗기고 엄청난 배상금에 국고는 거덜내고 민생이 도탄에 빠졌어도 능묘공사에 결함이 있다는 이유로 몇 번이고 허물고 재공사를 시켜 더욱 나라와 백성을 힘들게 하였다.

흔히 중국 역사상 삼대악녀로는 여후(呂后)와 측천무후(則天武后) 및 서태후(西太后, 1835~1908)를 꼽는다. 여후는 잔혹한 면은 있었지만 남편인 유방의 사후 자칫하면 허물어질 뻔한 한황실을 굳게 잡았고, 당대 측천무후는 글로벌 인재를 등용하고 국제적인 정책을 펼쳐 당나라를 중흥시켰다. 그러나 서태후는 일생을 나라 망치는 일에 앞장 서면서 가장 권력욕과 탐욕 및 사치에 빠졌다. 그의 사치스러운 생활은 식사에서도 잘 나타나는데, 백 명이 넘는 요리사가 매끼 백 가지 이상의 음식을 마련하기 위해 하루 식사비가 백성들 만 명이 하루를 먹는 비용과 같았다. 서태후의 식사를 위하여 전용 수라간인 '서선방(西膳房)을 운영했는데, 체제는 5국(五局)으로 각 국마다 전문적인 음식을 마련했고, 총관태감이 각 부서를 총괄하였다.[593] 이 어선방에서 만들어진 음식은 과자류만도 400여 가지가 되며 요리는 4,000여 가지나 된다. 여기서 만들어진 음식은 보온이 잘 되는 선식합(膳食盒)에 담아 수백 명이 되는 소태감이 들고 서태후가 있는 침소까지 운반했다.[594]

그녀의 옷은 3,000 상자가 넘었고 별궁 이화원(頤和園)[595]을 재건하기 위해 북양함대 군비의 절반을 떼어냈다.[596] 서태후는 원래 함풍제(咸豊帝, 재위 1850~1861)의 후궁이었으나 황자를 낳게 되고 또 함풍제가 죽자 6살된 아들 동치제(同治帝, 재위 1861~1875)가 즉위하자 원래의 황후인 자안황후 즉, 동태후와 함께 청의 실권자가 되었다. 후에 동치제가 요절하자 권력유지를 위해 세 살난 조카를 입양해 황제로 세웠으니 그가 바로 광서제(光緒帝, 재위 1875~1908)였다. 서태후는 함풍제가 죽은 후 근 50여 년간 청나라를 지배한 실권자로 세 황제를 세우고 수렴청정이 아니라 실제로 황권을 휘두르는 권력욕의 화신이었다. 그녀는 광서제를 유폐시킨 후 그가 죽자 마지막으로 또 세 살짜리 황제를 세웠으니 바로 '마지막 황제'로 유명한 선통제(宣統帝) 부의(溥儀, 1906~1967, 재위 1908~1912)였다. 그리고 1908년 서태후는 바로 74세의 나이로 사망하였는데, 아직은 청나라가 멸망하지 않았을 때였기 때문에 어떤 황제에 못지않는 성대한 장례를 치루게 되었다. 서태후가 죽어 재궁을 청동릉 장지까지 운반하기 위하여 길을 고치고 방해가 되는 가옥은 헐어버리고, 수십 개소의 소행궁을 만들어 장례에 참여한 사람들에게 숙식을 제공하였다. 그리하여 재궁이 무려 일년이란 시간이 지나 1909년 10월 4일에 무덤에 안장될 수 있었다. 이 장례를 위

593 御膳房에는 葷局, 素局, 飯局, 點心局, 掛爐局의 다섯 개의 부서로 나누어 전문적인 음식을 만들었다. 예를 들어 燻局에서는 각종 산해진미와 닭, 오리, 어류 등을 지지고, 볶고, 튀기고, 삶고 찐다.

594 舒拉, 「慈禧太后個人廚房,御膳房」, 『浙江省社會科學』, 2010.

595 중국 조경예술의 걸작으로 베이징 서북쪽 10km 지점에 있는 황실의 여름별궁이다. 원래 금나라 때부터 조성되었다가 건륭제 때 확장되었으나 1860년 서구의 침략으로 파괴되었다. 서태후는 1886년 이곳에서 정사를 보면서 황궁 형태로 재건하였다.

596 청나라가 해양강국을 꾀하여 1876년 북양함대를 건설하고 이홍장을 水師로 삼아 영국에서 포선 4척, 독일 크루프사에서 철갑선인 정원함과 진원함을 구입하여 당시 세계 최강의 북양함대를 구성했다. 그러나 1894년 청일전쟁 때 조선의 풍도와 황해해전에서 일본해군에게 전멸을 당한다. 이는 최고의 하드웨어를 가졌으나 소프트웨어의 미숙함과 훈련과 기강해이, 군수품 부족 심지어 포탄부족 등으로 궤멸 당하는데, 당시 북양함대의 연간 운영비 200만 냥 중에 절반인 100만 냥이 이화원 재건에 전용되었다.

서태후의 장례행렬

하여 사용된 전체 비용은 백은 120만 냥이었는데, 역대 청조에서 가장 많은 비용을 들였기에 서태후도 지하에서 흐뭇한 미소를 띄었을 것이다. 이때 베이징에 있던 네덜란드인 헨리 보렐이 사진과 글을 『만청영상(晩淸映像)』이란 책으로 남기어 청황실의 마지막 장례모습을 생생히 보여주고 있다. 다음에 그 본문의 일부를 소개한다.

다만 멀리 언덕위에서 내리막길로 보일 듯 말 듯한 깃발들이 나타났다. 붉은 깃발이 하늘을 뒤덮었다. 기병들이 한 줄 한 줄 우리 앞으로 향해 왔다. 더 많은 황색가마가 내리막길을 내려왔다. 이 가마의 뒤에는 눈부신 금황색 화염이 있었는데, 덩치가 커서 놀랄 정도였다. 그리고 지면에서 아주 높이 있었다. 자희태후의 영구는 아주 천천히 앞으로 움직였다. 네모난 영구의 위에는 커다란 황금색 구슬이 있었다. 그리고 폭이 넓은 천으로 싸여 있었다. 영구는 1백여 명의 가마꾼들이 길다란 대나무장대를 이용하여 들고 갔다. 머리 위로 높이 들어서 아주 위엄 있고 장중하게 앞으로 이동했다. 일찍이 30분 전에 태양은 이미 솟아올랐고, 영구의 황금주단은 하늘에서 불타는 화염이 금색의 강물로 흘러내리는 것 같았다.

서태후의 욕심은 그녀가 청동릉의 관곽 속에 전대미문의 엄청난 보석을 넣었는데, 함께 묻은 보석들의 가치는 무려 2억냥에 달하며 이것은 당시 청나라의 3년간 세수에 해당하는 금액이었다. 이 정도의 비용을 무덤이 아닌 국정에 사용했다면 당시 청나라가 외국에서 진 채무를 모두 갚을 수 있었을 정도이고, 군비와 훈련에 썼다면 서구열강으로부터 그렇게 치욕적인 침략을 당하지 않았을 것이다. 당시 서태후를 어려서부터 곁에서 지켜온 태감 이연영(李連英, 1848~1911)이 구술하고 조카가 기록한 『애월헌필기(愛月軒筆記)』에 의하면 서태후의 장례 시 함께 부장한 온갖 보물들을 기록해 놓아 얼마나 많은 보물을 함께 묻었는지 짐작할 수 있다.[597] 그 보물을 대충 살펴 보면 시신을 덮는 이불과 요에서 진주 12,604개, 루비 85개, 에메랄드 2개, 알렉산더 보석 203개와 백옥을 넣었으며, 여러 벌의 수의(壽衣)에는 수만 개의 보석을 장식하였고, 보관(寶冠)에는 계란 만한 보석을 박는 등 관 속에는 시신만 빼면 모두 보석을 가득 담아두었다. 이 기록을 통해 서태후의 능에 보물들에 넣었던 목록을 알 수 있는데, 이것은 아이러니하게 후에 도굴군벌(盜掘軍閥) 손전영(孫殿英, 1889~1948)이 자희릉을 도굴하여 영은전 뜰 앞에 모두 늘어놓은 다음 이 책의 보물 리스트와 대조하면서 일일이 대조하는 데 참고가 되었다.

태감 이연영의 기록 외에도 손전영의 청동릉 도굴과 관련된 기록에서도 서태후의 보물에 관한 기록들도 많이 있어, 엄청난 보물이 부장되었던 것이 사실이었음을 증명하고 있다.[598] 특히 서태후는 보석을 애호하였으며 그중에서도 유난히 비취에 몰입하였는데, 타이베이 고궁박물원의 국보 비취옥기 17점이 이를 증명해 주고 있다. 그 중에서 배추에 여치 두 마리가 붙어 있는 형상의 '취옥백채(翠玉白菜)'는 걸작 중의 걸작이다. 이렇게 청나라 말기에 서태후릉을 군벌들이 엄청나게 많은 보물들을 도굴하였고, 그 중 일부가 타이베이의 고궁박물원에 소장되어 오늘날 우리도 그

597 李連英, 『애월헌필기(愛月軒筆記)』, "太后未入棺时，先在棺底铺金花丝褥一层，褥上又铺珠一层，珠上又覆绣佛串珠之薄褥一°头前置翠荷叶，脚下置一碧玺莲花°放后，始将太后抬入°后之两足登莲花上，头顶荷叶°身着金丝串珠彩绣礼服，外罩绣花串珠挂，又用串珠九练围后身而绕之，并以蚌佛18尊置于后之臂上°以上所置之宝系私人孝敬，不列公账者°众人置后，方将陀罗金被盖后身°后头戴珠冠，其傍又置金佛′翠佛′玉佛等108尊°后足左右各置西瓜一枚，甜瓜二枚，桃′李′杏′枣等宝物共大小200件°身后左旁置玉藕一只，上有荷叶′荷花等；身之右旁置珊瑚树一枝°其空处，则遍洒珠石等物，填满后，上盖网珠被一个°正欲上子盖时，大公主来°复将珠网被掀开，于盒中取出玉制八骏马一份，十八玉罗汉一份，置于后之手旁，方上子盖，至此殓礼已毕°"这里所说的西瓜′甜瓜′桃′李′杏′枣均不是瓜果实物，而是以翡翠′玉石等制作，尤以西瓜制作称绝，瓜为绿玉皮紫玉瓤，中间切开，瓜子为黑色°"

598 善浦, 『孫殿英東陵盜寶記』; 蔣卜力, 『慈禧陵墓被盜案』. 서태후릉을 도굴할 당시의 상황을 묘사한 글에서 이연영 태감이 제시한 것과 같은 품목의 보석들의 명칭과 수량이 나온다.

것을 볼 수 있어 다행이다.

야만적인 청동릉 도굴

세계 최대의 능구군(陵區群)인 청동릉은 준화(遵化) 창서산(昌瑞山)에 있다. 능구의 서쪽은 황화산(黃花山)에서 시작되어 동쪽으로는 마란욕(馬蘭峪)에 이른다. 또 창서산을 경계로 능과 건축물이 있는 전권(前圈)과 이를 감싸고 있는 후룡(後龍) 두 부분으로 나누어 지며 후룡지대는 삼림이 빽빽하게 들어 선 밀림지대였다. 주위에는 너비 20장(약 60m)에 길이 380여리에 달하는 방화도(防火道)를 나누어 설치하고, 방화도에 따라 홍색 말뚝(紅樁)을 세우고 20장 밖에는 흰색 말뚝을, 10리 밖에는 청색 말뚝을 세워 경계와 방화에도 힘썼다.[599] 황제들은 살아서는 자금성에서 보내다가 죽어서는 이곳 동청릉과 역현의 서청릉에서 안식을 취하게 된다. 그러므로 순치, 강희, 건륭, 함풍, 동치제 다섯 황제와 15명의 황후, 136명의 비빈, 공주 2명, 왕자 3명 등 황족 157명이 매장된 청동릉이야 말로 당연히 최고의 길지를 택하였을 것은 당연한 일이었다.

그러나 결과적으로 이 청동릉에 묻힌 황제를 비롯한 황족들은 자신들이 최악의 흉지(兇地)에 묻힐 줄은 꿈에도 몰랐을 것이다. 그것도 나라가 멸망하고 외부의 침략군에 의해서가 아니라 아직도 나라가 버젓한데 자국의 인민과 정규군대에 의하여 폭약과 공병기구로 지궁을 깨뜨리고, 시신을 벌거벗기고 보물을 꺼내기 위해 입과 복부를 가르고 내장이 흘러나온 채 내팽겨쳐진 최악의 야만적인 참상을 겪게 된다. 중국에서는 "옛부터 지금까지 망하지 않은 나라가 없고, 파헤쳐지지 않은 무덤은 없다."라는 말이 있다. 그런데 어떻게 지금부터 100년도 안 되는 시기에 그것도 몇 차례나 걸쳐 청동릉에서 집중적으로 일어날 수 있었을까?

중국에서는 "부자가 되려면 무덤을 파헤쳐야 한다."라는 말이 있듯이 중국은 현재까지 도굴에 있어서는 세계 최고의 수준이며 일상화되어 있다. 세계의 유수 박물관은 물론 작은 박물관에 방문했을 때도 놀란 일의 하나가 중국의 문화재가 그렇게도 많다는 점이다. 최근에도 구미와 홍콩의 경매장에서 한 점에 500만 달러가 넘는 중국 골동품이 경매되는 뉴스를 자주 접하게 된다. 아마도 20세기 이후 거래된 중국 골

599 劉毅, 『中國古代陵墓』, 南開大學出版社, 2010, p.173.

동품은 거의 도굴품이라 보면 된다. 중국에서 도굴의 역사는 춘추전국시대까지 올라가는데, 오왕(吳王) 합려(闔閭)가 초나라를 점령했을 때 오자서(伍子胥, ? -기원전 485)가 초나라 평왕(平王, ?-기원전 516)의 무덤을 파헤치고 시체에 채찍질을 했다는 이야기부터 시작되지만 이것은 재물을 얻기 위한 도굴은 아니었다. 그러나 무덤 속에 부장한 재물을 얻기 위한 도굴은 춘추시대부터 자주 등장한다. 진시황릉은 아직 도굴당했다는 증거는 없으나 그 이후 한나라부터 남북조, 수, 당, 오대십국, 송, 요, 금, 원나라에 이르기까지 제왕과 귀족들의 무덤들은 도굴당하지 않은 곳이 없다. 다만 황제릉 중에는 아직까지 진시황릉, 당나라 고종과 측천무후의 건릉(乾陵) 그리고 명십삼릉(明十三陵)과 청서릉(淸西陵), 성경삼릉(盛京三陵) 정도만 도굴을 요행히 피하였다.

그렇다면 황제의 능이 파헤쳐지도록 당시의 조정에서는 가만히 두었다는 말인가? 명나라는 이러한 전례를 잘 알기 때문에 『대명률(大明律)』「형률(刑律)」을 보면 황제릉이 아니라도 무덤을 파거나 훼손하면 최소 곤장 80대에 3천 리 밖으로 추방하는 등 유난히 엄한 형벌을 가하였다. 게다가 황제릉의 도굴이나 훼손은 역모죄에 준하여 정말 엄벌에 처하였다. "황제릉의 도굴은 십악(十惡) 중 역모에 해당하므로, 산릉의 훼손을 모의하는 자는 주범, 종범을 막론하고 모두 능지처참하고 조부, 부, 자, 손, 형제 및 그 동거인, 백숙부와 형제의 자식 중 16세 이상인 자는 불치병이나 중병에 걸렸든 그렇지 않든 모두 참형에 처한다"[600] 이렇게 가혹한 처벌이 있음에도 도굴꾼들의 마음을 결코 돌리지 못했다. 하기야 청대의 황제들도 예외는 아니었다. 순치제, 강희제, 건륭제, 옹정제 등의 황제들도 자신들의 능침에 사용된 목재와 석재를 명13릉에 있는 것을 뜯어다 사용했다. 그러나 1663년 순치제가 청동릉에 장지를 정한 이래 260여 년간 잘 보존되고 관리된 것은 1,110명에서 최대 3,100여 명에 이르는 팔기군의 엄격한 능역 관리와 보호에 의한 것이었다. 더욱이 지금도 당시에 무덤을 수호하던 팔기군의 후예들 일부가 능역에 거주하면서 관람객들을 위하여 식당 등을 운영하고 있다.

1928년 국민혁명군이 베이징으로 진주하고 북양군벌(北洋軍閥)이 세운 동릉 개간관리국과 토비들은 자신들이 주둔한 황제릉을 보호하기는 커녕 앞장 서 능원의 수목을 도벌하고 건물을 훼손하였다. 각 능의 융은전 월대(月臺)에 비치된 거

600 웨난, 정광훈 옮김, 『황제의 무덤을 훔치다』, 돌베개, 2009, p. 212.

손전영 등에 의한 청동릉의 도굴 당시 모습

대하고 아름다운 노정(爐鼎)과 동학(銅鶴), 동록(銅鹿) 등 각종 동제품은 물론 경첩도 뜯어가고 문짝까지 훔쳐갔다. 이때 국민혁명군 제12군 군단장인 손전영(孫殿英, 1889~1948)은 이러한 동릉의 상황을 보고받고 아직까지 차마 황제릉을 파헤치지 못한 것을 알고 부하들에게 건륭제의 유릉과 서태후의 정동릉을 도굴케 하여 일확천금을 노리게 된다. 1928년 7월 8일 손전영은 휘하의 군대와 폭약을 준비해 서태후의 자희릉과 유릉, 경릉을 도굴하게 되고 엄청난 양의 보물을 약탈하였다. 황제의 지궁은 처참하게 파괴되었고 군인들에 의해 시신들은 팽겨쳐지고 서태후의 시신은 몸 속에 보물과 금을 넣었다는 소문에 따라 입을 찢고 배를 가르는 목불인견의 참상을 보여 주었다. 손전영은 삼일간의 약탈한 보물을 30여 대의 차량에 가득 싣고 철수하면서 인류역사상 최악의 도굴기록을 세웠다.[601]

이 끔찍한 사건은 열흘도 채 지나지 않아 중국은 물론 전 세계에 알려지게 되었다. 당시 텐진에 있던 청의 마지막 황제 부의(溥儀)는 이 소식을 듣고는 통곡을 하면서 "이 철천지 원수를 갚지 않고는 애신각라(愛新覺羅)의 자손이 아니다"라고 울부

601 웨난, 『황제의 무덤을 훔치다』; 『구룡배의 전설』, 일빛, 2001 ;『河北省 遵化의 淸東陵 』, 일빛. 이 도굴에 대한 자세한 전말은 여러 책에서 다루어 잘 알려져 있다.

도굴된 후비원침

짖었다.[602] 당연히 국민당 정부에서는 관계자들을 체포하였으나 손전영이 아래부터 위로는 장개석 측근에까지 뿌린 뇌물의 효과로 중국에서 언제나 그랬듯이 몇 달 지나자 사건은 흐지부지되고 모두 석방되었으며 심지어 주범인 손전영은 오히려 승진까지 하게 되었다. 중국은 돈이면 귀신도 부리는 이상한 나라였다. 이 사건의 충격으로 후에 부의가 일본군의 사주대로 만주국 황제가 되어 일본의 중국 침략을 도왔는지도 모른다.

그 후 군벌의 갈등과 국공내전(國共內戰) 등의 이유로 치안과 통치가 허술해지자 청동릉은 완전 무방비 상태가 되어 군경이나 토호, 지방의 불량배 그리고 주민들까지 줄을 이어 청동릉의 나머지 황제릉은 물론 배장되어 있는 황후와 비빈들의 능까지 빗자루로 쓸어 가듯이 도굴하였다. 주민들도 마치 소풍 가듯이 삽과 망태기를 매고 드넓은 청동릉을 휘저으면서 찌꺼기라도 주워 담아 청동릉을 깨끗하게 약탈하여 정말 군·관·민이 모처럼 합심하여 중국의 위대한 문화재를 철저하게 파손시키는 일에 앞장섰다. 이런 만행은 1950년 중국 공산당 정부가 완전히 중국을 지배할 때까지 계속되었다.

602 溥儀, 『我的前半生』, 群衆出版社, 1964.

3

청서릉(淸西陵)
_또 하나의 청 황제릉군

옹정제(雍正帝)의 태릉(泰陵)

청동릉이 그렇게도 무참하게 훼손을 당하였을 당시 다행히도 또 하나의 청나라 황제릉군인 청서릉은 무사하였다.[603] 청나라 제5대 황제 옹정제(雍正帝, 1678~1775)는 베이징 서쪽 140km 지점 보정시(保定市) 역현(易縣)에 자신의 무덤인 태릉(泰陵)을 조성하였다. 이렇게 제3대 세조 순치제의 효릉과 제4대 성조 강희제의 경릉이 베이징의 동쪽에 영건되었던 것과 달리 새로운 황제릉군을 서쪽에 만들기 시작하였던 것이다. 이렇게 베이징을 중심으로 청황제릉은 경기지역의 동쪽에는 청동릉을, 서쪽에는 청서릉을 나누어 운영하게 되었다.

이후 청서릉에는 제4대 옹정제(雍正帝)의 태릉(泰陵)을 필두로 제7대 가경제(嘉慶帝)의 창릉(昌陵), 제8대 도광제(道光帝)의 모릉(慕陵), 제11대 광서제(光緖帝)의 숭릉(崇陵)까지 4기의 황제릉이 영건되었고, 그밖에 황후 9인과 비빈, 왕공 및 공주 등 56인의 무덤을 조성한 대단위의 황제릉군을 이루고 있다.[604] 이와 같이 기존에 조영되었던 청동릉이 있는데 굳이 새로운 황제릉군을 만든다는 것은 대단한 국력의 낭비와 논란거리를 만들어 내었다.

일반적으로 아들은 아버지를 따라 장사지내는 '자수부장(子隨父葬)'의 원칙에는 어

603 그러나 1938년 일단의 군인들에 의해 광서제의 무덤 崇陵이 도굴 당하였다.

604 那風英 編著,『淸西陵 探源』, 河北科學技術出版社, 2004, p.3.

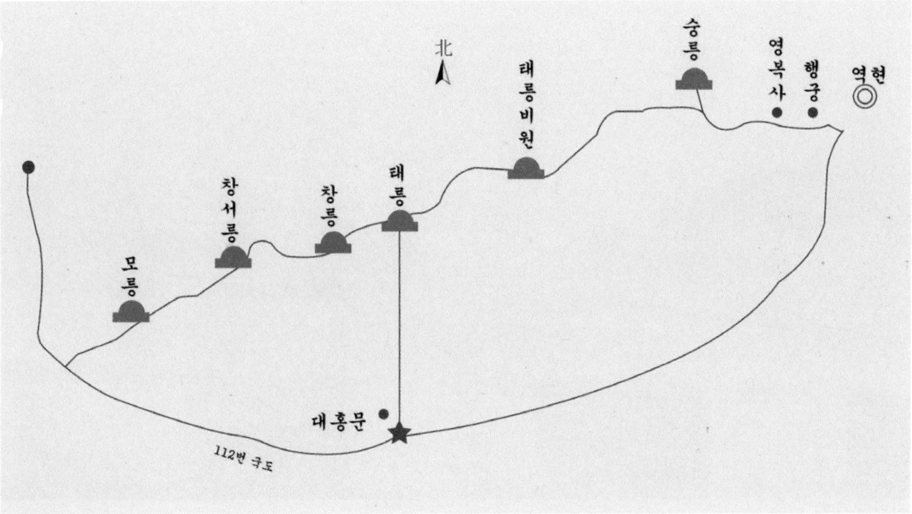

청서릉 분포도

긋나지만 옹정제가 부친인 강희제가 묻혀있는 청동릉을 피하여 새로운 장지를 마련한 데에는 피치 못할 이유가 있었다. 그것은 강희제에게는 무려 35명이나 되는 너무 많은 아들이 있었기 때문이다. 원래 강희제는 적장자인 윤잉(胤礽)을 일찍부터 황태자로 책봉하였으나 불손하여 폐위시켰고 나머지 황자들이 황위를 두고 다투게 되었다. 강희제가 1722년 병으로 침궁에서 죽자 "넷째 황자 윤진(胤禛)의 인품이 귀하기 때문에 짐의 뒤를 이어 황제의 자리에 오르도록 하라."라는 유조가 전해졌다.[605] 그러나 200여 년이 지난 오늘날까지 합법성에 대한 논란이 그치지 않고 있다.[606] 이러한 황제위 계승의 정통성 문제로 옹정제가 아버지 강희제가 있는 청동릉을 피하여 새로운 장지인 청서릉을 개설했다는 이야기도 있다.

청서릉을 처음으로 찾은 것은 2005년 가을이었다. 마침 추석연휴를 이용해 동청릉을 방문한 이후 밀린 숙제를 해결한다는 기분으로 청서릉도 찾아가게 되었다. 중국은 역시 땅덩어리가 넓다. 베이징 서쪽 교외라는 이야기만 듣고 한 30분쯤 걸릴 줄 알고 차를 빌려 갔지만 실제로는 3시간이나 걸리는 거리였다. 그러나 10년이 지난 겨울에 다시 갔을 때는 고속도로가 개통되어 한 시간 반 밖에 걸리지 않았다. 원래 답사는 혼자 다닌 경우가 많았는데, 중국 황제릉 답사 때는 중국인 전소장과 미

605 范文瀾·菜美彪 공저, 김승일·전영매 옮김, 『中國通史簡本』, 耕智出版社, 2016, p.415.

606 徐廣源, 『清西陵史話』, 新世界出版社, 2004, p.29.

청서릉 가는 길의 역수

술사를 전공한 유선배와 동행하는 경우가 많았다. 전소장 덕에 언어문제는 해결되었고 관련 지리나 역사 인물 등에 대하여는 유선배의 해박한 설명을 듣는 재미도 쏠쏠했다. 목적지 보정시 역현으로 가는 길은 춘추전국시대부터 중국 역사의 중심지였기 때문에 귀에 익은 지명이 연이어 나타나 감명을 깊게 하였다. 한참을 시골길을 달리던 중 작은 강가를 끼고 달리고 있는데, 유선배가 갑자기 "바람은 쓸쓸히 불고 역수(易水)의 물은 차도다. 장사(壯士)는 한번 가면 돌아오지 못하리(風蕭蕭兮 易水寒, 壯士一去兮 不復還)"라고 시를 읊는다. 그래서 무슨 시냐고 물으니 진시황을 암살하기 위해 위나라 자객 형가(荊軻, ?~227)가 역수를 건너면서 읊은 시로, 방금 지나온 강이 역수이고, 지금이 늦가을이니 계절도 맞는다고 한다. 청서릉 가는 길에 이렇게 사마천의 '형가열전' 강의를 들으면서 이윽고 청서릉에 도착했다.

역수를 지나 산들이 보이기 시작하자 직감적으로 황제릉을 세울만한 풍수인 것을 깨달았다. 마침 길 옆에 젊은 여인이 있어 길을 물으니, 자신은 안내원이고 50위안만 내면 서청릉 일대를 안내해 준다고 하였다. 예전에 안내원도 없이 동청릉에서 헤매던 생각이 나서 얼른 좋다고 하며 그녀를 차에 태웠는데 시간이 지나자 50위안 이상의 가치가 빛을 발하기 시작했다. 그녀의 덕으로 입장료 구입부터 차로 갈 수 있는 곳까지 넓은 황제릉구역을 누비고 다니며 꼭 필요한 코스만 노련하게 안내를 받을 수 있었다. 그녀가 안내해 준 식당에서 밥을 먹으면서 물어보니 그녀는 대

청 옹정제 태릉의 신도

태릉의 화표

태릉의 사자상

학에서 역사를 전공했다고 한다. 어쩐지 여느 안내원과는 다르게 깊이 있는 설명과 어려운 전문용어의 구사 등을 미루어 예사롭지 않다고 생각했는데 역사학도를 만나 제대로 안내를 받은 셈이다. 그녀 또한 우리들이 중국 황제릉에 대해 잘 알고 있어 전문가일꺼라고 생각했다고 한다.

청서릉의 기본적인 구조나 종류도 대체로 청동릉과 마찬가지여서 황제릉은 패방, 화표, 신주고, 조방, 융은문, 배전, 명루 등 건물의 배치와 홍색담장에 황색 기와의 건물들이 잇따랐다. 황제릉 주변에 배장된 비빈이나 공주의 능침건물은 녹색기와로 덮혀 있어 황제의 능침과 구별된다. 청서릉의 부지는 8,300만m^2에 건축면적

웅장한 태릉의 석패방

이 5만 여m², 궁전건물은 1,000여 칸, 석조각과 석건조물이 100여 개나 있는 장대한 규모이기 때문에 결코 하루만에 답사할 수가 없다. 그래서 다음 해 겨울방학 때 다시 왔고, 그날은 마침 눈이 내려 새로운 풍광을 느낄 수 있었다.

청서릉을 수릉(壽陵)으로 삼아 능지를 정한 옹정제는 베이징에서 가깝고 영녕산(永寧山) 아래 풍수가 좋고, 능묘건축에 꼭 필요한 한백옥석(漢白玉石) 석재가 나오는 곡양현의 태행산과 가까운 거리라는 이점이 있는 이곳에 자신의 능묘인 태릉(泰陵)을 세우게 했다. 그러므로 태릉은 청서릉에서도 가장 중심이 되는 위치에 조영된 황제릉이고 규모도 으뜸이다. 원래 옹정제는 생전에 조서를 내려 자신의 수릉에 석상생(石像生)이나 신도(神道)를 세우지 못하도록 했다. 그러나 황제릉의 완공은 자신만의 의도로 되는 것이 아니라 차기 황제의 의지도 반영되는 것이어서, 옹정제의 효성스러운 아들인 건륭제는 석상생은 물론 폭이 10미터나 되고 길이 2km가 넘는 신도에 중국 최대 크기의 석패방(石牌坊)을 3개나 건설하였다.[607] 이 세 개의 석패방은 여섯 개의 기둥을 가진 5칸인데, 청화석축으로 산, 물, 각종 짐승과 식물들이 세밀하고 정교하게 조각되어 있어 청대 건축물 중에서 가장 아름답고 예술미가 넘친다.

태릉은 영녕산 주봉 아래 위치하고 있으며 청서릉의 중심부에 자리잡고 있다. 옹정 8년(1730)에 착공이 시작되었으며 건륭 2년(1736)에 완공되기까지 무려 7년이

607 중국 황제 중 일부는 유언으로 자신의 능묘를 검소하게 만들라고 하였다. 대표적 인물로 당태종이 그러한데, 아들 즉 다음 황제는 효심을 과시하고 황실의 위엄을 세우기 위해 유언과는 반대로 선친의 능묘를 오히려 더 크고 화려하게 만들었다.

태릉의 문인상

태릉의 무인상

나 걸렸다. 태릉 주위에는 약 40여 채의 크고 작은 건축물이 분포되어 있어 청서릉에서 규모가 가장 크다. 입구에서 첫 번째로 등장하는 건축물은 연공식 오공교인데 이곳을 지나면 대홍문, 구복전, 성덕신공비루, 칠공식 아치교, 석상생, 융은문, 융은전, 방성, 명루, 봉분이 즐비한데, 이들의 구조와 종류는 청동릉과 비교하여 크게 다르지 않다. 태릉은 옹정제의 첫 번째 황후인 효경헌황후(孝敬憲皇后)와 후궁인 돈숙황귀비(敦肅皇貴妃)가 합장되어 있다.

청 제5대 황제인 세종 옹정제 윤진(胤禛, 1678-1735)은 강희제의 넷째 아들로 후궁 효공인황후(孝恭仁皇后) 오아씨(烏雅氏, 1660-1723)가 1678년 12월 13일 자금성에서 출생하였다. 부친 강희제에게는 황후 4명과 후비 64명에 총35명의 아들이 있었기 때문에 그중 넷째로 태어난 그가 황제위에 오른다는 것은 쉽지 않은 일이었다. 더욱이 황태자는 이미 정해져 있었다. 강희제 13년(1674) 첫 번째 황후인 효성인황후가 난산 끝에 첫째 아들 윤잉(胤礽)을 낳고 죽자 이를 애석하게 여긴 강희제는 그를 황태자로 일찌감치 정하고 애정을 쏟았다. 그러나 윤잉은 성장하면서 호색하고 하는 일마다 강희제의 눈에 거슬리는 일만 골라 하였다. 그래서 1708년 황태자를 폐위시켰다가 다시 마음이 약하여 다음 해 1709년 다시 복위시켰다. 그러나 윤잉은 반성은 커녕 몇몇 대신들과 결탁하여 역모를 꾀하다가 1712년 다시 황태자에서 쫓겨나 연금되고 말았다. 이러자 나머지 황자들은 황위를 노리고 각축전을 벌였지만 옹정제는 전면에 나서지 않고 때를 기다렸다. 결국 강희제는 말년에 황자들의 황위 다툼에 진저리를 치던 중 말없이 근신하며 크게 파당을 만들지도 않고 조신하게 처신하던 옹정제를 후계자로 만들었다.

강희제의 뒤를 이은 옹정제는 이후 건륭제와 함께 청나라의 기틀을 다진 '강옹건성세(康雍乾盛世)'를 이룬 훌륭한 황제로 치부되고 있다. 그러나 태릉의 주인공 옹정제는 후세에 그 평가가 사뭇 다르다. 옹정제는 강희제를 암살했다거나,[608] 문자옥(文字獄)을 일으키거나,[609] 여러 가지로 신하들을 공포에 몰아넣거나, 지독한 일벌레로서 신하들도 자신처럼 밤 잠을 안자고 주 100시간 정도 일을 시키기도 하였다. 그러나 수많은 신료들과 황자들의 힘을 약화시키고 황제권을 강화해 정권을 안정시키고, 농업을 장려, 엄격한 부정부패의 근절, 개토귀류(改土歸流) 등의 한화정책을 실시하여 나라를 안정, 번성시킨 공이 많다.[610] 그는 비교적 늦은 45세의 나이에 황위에 올라 재위 13년만인 1735년 원명원에서 사망하였다. 옹정제의 사망원인은 지나친 격무로 인한 과로사가 아닌가 싶다. 그는 세계역사상 가장 근면한 군주였다. 밤늦도록 정무를 돌보는 외에 고관은 물론 지방관리로부터 올라오는 보고서를 직접 꼼꼼하게 읽고 붉은색 붓[朱筆]으로 일일이 답장을 내렸다.[611]

그는 비교적 늦은 45세의 나이에 황위에 올라 재위 13년만인 1735년 원명원에서 사망하였다. 옹정제의 사망원인은 지나친 격무로 인한 과로사가 아닌가 싶다. 그는 세계역사상 가장 근면한 군주였다. 밤늦도록 정무를 돌보는 외에 고관은 물론 지방관리로부터 올라오는 보고서를 직접 꼼꼼하게 읽고 붉은색 붓[朱筆]으로 일일이 답장을 내렸다. 그러므로 하루에 적게는 30통에서 많게는 60통에 이르는 공문을 처리했으며 잠은 겨우 네 시간밖에 자지 못하였다. 또한 이러한 문서 외에 자신

608 강희제의 35명이나 되는 아들 중에서 황태자가 폐위되고 제4황자인 윤진 즉 옹정제가 황제가 오르기까지 온갖 구설수와 정적들의 음모로 부친을 암살하고 황위에 올랐다는 설이 있었으나 근래 선양에서 발견된 고문서에 의해 이는 사실무근으로 밝혀졌다.

609 湖中肇의 싯구를 문제 삼아 일족을 몰살시키고, 呂留良의 글이 청조를 비난한다고 부관참시하고 제자들을 처형한 일, 더 기막힌 일은 시험관 査嗣庭이 '維民所止'라는 詩經의 글귀로 시험을 출제했으나 '維'자와 '止'자가 '雍正'이라는 자신의 연호에서 머리를 잘라내 참수한다는 뜻을 지녔다고 온 가족을 몰살시키기도 하였다.

610 改土歸流란 명대부터 일부 시행된 제도이다. 소수민족들이 사는 광동, 사천, 운남 등지에 사는 토착민을 지방관 즉, 土官으로 임명해 지배를 허락하는 대신 조정에서 파견된 관리를 流官으로 대체하여 중앙집권을 강화하고 漢化를 도모하였다.

611 옹정제는 보고서에 일일이 주필로 자신의 의견을 달아 지방관과도 소통을 꾀하였는데, 이를 '朱批諭旨'라 한다. 후에 이를 모아 '옹정주비유지'라는 책으로 만들어 관리들의 지침서가 되게 하였다.

의 정보망을 통하여 신하들의 일상사까지 모조리 꿰고 있었다. 일례로 대신 한 명이 밤늦도록 마작을 하다가 패를 하나 잃어버렸는데 찾지 못하였다. 다음날 옹정제가 그 신하에게 간밤에 무엇을 하였느냐고 물었다. 정직한 그 신하는 솔직하게 밤새 마작을 하였다고 실토하니 옹정제가 웃으면서 간밤에 신하가 잃어버렸던 마작패를 던져주었다. 당연히 그 신하는 다시는 도박판에 끼지 않았다.

옹정제가 남긴 말 중 필자가 존경하는 구절은 다음과 같다. "천하가 잘 다스려지는지 아닌지는 나 하나의 책임이다. 이 한 몸을 위해 천하가 고생시키는 일은 하지 않겠다."

옹정제의 아들인 건륭제는 조부인 강희제를 매우 따르고 존경했기 때문에 자신은 청동릉에 묻히길 원했다. 그러다 보니 아버지인 옹정제만 청서릉에 홀로 두게 되자 조서를 내려 이후의 황제릉은 동청릉과 서청릉에 교대로 매장하도록 하였다. 그러므로 건륭제의 아들인 가경제는 서청릉 창릉(昌陵)에 묻히게 되었는데, 국력이 예전만 못해 규모는 태릉에 미치지 못한다. 당연히 가경제의 아들 도광제는 동청릉에 묻혀야 하지만 먼저 죽은 황후의 지궁에서 지하수가 분출되자 이를 불길하게 여겨 청서릉으로 옮겨 묻게 하였다. 그러나 도광제의 아들 함풍제는 다시 청동릉에 묻히고, 그의 아들 동치제는 서태후인 자희태후의 주도로 다시 또 청동릉에 묻게하고 그 자신도 다음 황제 광서제를 고려하지 않고 청동릉에 자리를 잡았다. 그리하여 광서제는 청동릉에 숭릉(崇陵)을 기공하였으나 신해혁명으로 청왕조가 몰락하여 중단되었다가 청 유신들의 노력으로 1913년 청서릉에 겨우 안치될 수 있었다. 그러므로 옹정제 이후 청동릉과 청서릉에 차례대로 황제릉을 건설하겠다는 원칙은 제대로 지켜지지 않았다.

창릉(昌陵)과 모릉(慕陵), 숭릉(崇陵)

옹정제의 태릉 다음에 세워진 황제릉은 제7대 황제인 인종 가경제(嘉慶帝, 1760~1820)의 창릉(昌陵)이다. 여기에는 황후가 된 지 일 년 만에 죽은 효숙예황후(孝淑睿皇后)가 합장되었다. 둘째 황후인 효화예황후(孝和睿皇后)는 가경제와 생애를 같이 하였지만 가경제 보다 30년을 더 살아 별도로 안장하였다. 창릉은 태릉에서 서쪽으로 1km 떨어진 곳에 있는데, 호화로움은 태릉에 버금간다. 융은전만 하더라도

가경제 창릉의 원경

창릉의 신도

창릉의 융은전

내부 기둥에는 금칠을 한 용이 휘감고 있으며 바닥에는 자화석으로 깔아 광택을 내었다. 다른 건물이야 청황제릉의 규례를 그대로 따랐는데, 석상생의 경우 태릉의 규제를 참고하여 제작하였다. 봉황문 아래 남쪽으로 문신, 무신, 말, 코끼리, 사자 등이 모두 입상으로 한 쌍씩 세워졌다.[612]

한편 가경제의 창릉은 건륭제의 유릉을 본받아 지궁에는 장식조각이 우수하고 수량도 많아 '지하 석각의 보물창고'라고 부를 만하다. 그리하여 창릉은 외관은 태릉을

612 徐廣源, 『清西陵史話』, 新世界出版社, 2004, p.83.

설경 속의 창릉 패루

따랐고 내부는 유릉을 참조하였다고 하였다.[613] 창릉의 주인공 가경제는 1796년 아버지 건륭제의 15번 째 아들로 제7대 황위에 올랐다. 건륭제는 존경하는 조부 강희제보다 오래 재위에 있을 수 없다하여 생전에 퇴위하였다. 그런데 아버지 옹정제가 청서릉에 홀로 있게 할 수 없으므로 황제인 부자(父子)는 한 곳에 묻을 수 없다하여 동·청서릉에 교대로 모시게 하였으니 이를 '소목상건(昭穆相建)'이라 한다. 그러므로 건륭제가 청동릉에 있으므로 아들인 가경제는 이 원칙에 따라 청서릉에 묻히게 된 것이다.

가경제는 강희, 옹정, 건륭의 청조 전성기를 끝내고 쇠락하는 시기를 연 황제이지만, 뚜렷한 업적도 없어 청나라에서는 가장 인기 없는 황제이기도 하다. 가경제는 1796년부터 1804년까지 쓰촨성부터 후베이성에서 일어난 '백련교도(白蓮教徒)의 난'을 진압하고, 황실의 경비를 줄이는 등 쇠락해가는 청나라를 되살리려고 노력하였으나 부패가 심하여 백성들은 과중한 세금에 시달렸다. 또한 남부지역에서 계속되는 소수민족의 반란과 서구에 의한 아편의 유입 등으로 국력은 급격하게 쇠퇴하기 시작하였다.

청서릉에서 가장 경비를 많이 들여 건립한 것은 바로 8대 도광제(道光帝, 1782~

613 徐廣源,『大清皇陵秘史』, 學苑出版社, 2010, p.200.

설경 속의 모릉 전경

모릉의 패루

1850)의 모릉(慕陵)이다. 모릉은 태릉에서 서쪽으로 5km 떨어진 곳에 있는데, 도광제와 먼저 사망한 효목성황후(孝穆成皇后), 효신(孝愼), 효전(孝全)의 세 황후를 함께 묻었다. 도광제는 가경제의 제2자로 1820년 황위에 올랐는데 그의 능은 건륭제의 '소목상건'에 따라 아버지 가경제가 서청릉에 묻혔으므로 당연히 청동릉에 능을 조성해야 했다. 그러나 동릉에 잡아둔 능지의 지궁에 물이 넘쳐서 다시 청서릉에 길지를 잡은 것이 바로 모릉인 것이다. 원칙으로 삼은 소목상건제가 제대로 지켜지지 않게 된 것이며 동릉과 서릉에 황제릉을 교대로 세우지 않고 두 번을 잇달아 세운 셈이다. 도광제는 근검 절약하기로 소문난 황제인데 그가 심혈을 기울여 지은 황제릉은 외견상 규모는 작게 보인다. 석상생이나 대비정, 명루, 방성 등의 건물이 없으나 뜻밖에도 청조에서 공사비가 240만 냥이나 되게 가장 많이 들어간 황제릉으로 건륭제의 유릉보다 37만 냥, 서태후의 정동릉보다도 13만 냥이나 더 들어간 셈이다. 모릉은 외견상으로는 건축군도 많지 않고 초라해 보이기까지 하는데, 왜 이렇게 많은 공사비가 들어간 것일까? 그 비밀은 재료의 가격과 품질의 문제였다.

모릉은 능구의 성벽부터가 다르다. 첫째, 보통의 담벽은 벽돌쌓기를 하고 그 위에 붉은 회칠을 하지만 모릉에서는 바닥부터 꼭대기까지 벽돌을 일일이 깎고 갈아 틈을 메꾸고 담장 위에는 황색의 유리기와를 덮었다. 둘째, 패방의 신수, 두공, 연비, 염방 등은 모조리 값비싼 청백석으로 정교하고 아름답게 조각되어 있다. 셋째, 융은

융은문에서 바라 본 융은전

융은전 내부

융은전 내부의 화려한 목조장식

전이나 동서배전의 목재는 모조리 귀한 금사남목(金絲楠木)으로 만들어졌다[614] 값비싼 재료를 사용하였기 때문에 실제로 융은전에 들어서는 순간 깊고 그윽한 향기가 은은하게 풍긴다. 남방을 여행할 때 금사남목으로 된 작은 목공예품을 사려고 했으나 너무 고가여서 포기했던 바로 그 나무가 융은전에 사용된 것이다. 넷째, 융은전

614 金絲楠木은 황금색 녹나무로서 남방인 복건, 절강, 사천, 귀주에서 나오는 나무로 예로부터 제왕의 나무라 불린다. 연한 황갈색에 연녹색 색상을 가지며, 물결치는 무늬와 해충을 방지하고 그윽하고 청량한 향기가 난다.

모릉의 독특한 보정

에는 정교한 목조각들이 장식되어 있다. 천정에만도 900조각이 넘는 고부조와 투조로 된 남목조각이 절묘한 솜씨로 장식되어 있는데, 융은전 전체에는 약 2,000개의 정교한 목조각이 새겨져 있다.

모릉의 주인공 도광제는 가경제의 둘째 아들로 1820년 즉위하였다. 도광제는 가경제 이후 쇠퇴하기 시작한 청조를 이어 받았는데, 변방의 반란[615]과 서구 열강에게 수모를 당하게 되는 시기를 맞이하게 된다. 대표적인 예가 바로 1840년 아편전쟁과 이에 다른 1842년의 굴욕적인 난징조약이었다.[616] 도광제는 악화된 재정난을 극복하고자 황실의 생활이 궁핍할 정도로 매우 검소한 생활을 했으며, 황실예산이 연간 은 20만전을 넘기지 못하게 하였다. 이에 그치지 않고 스스로 낡은 헌옷만 입었으니 신하들도 덩달아 헌 관복을 찾아 입느라 시중에서 헌 관복이 두 배나 비싸게 팔리는 웃지 못 할 일이 생겼다. 그럼에도 자신의 황제릉은 처음에 동릉에다 준비했다가 침수가 되니 고칠 생각은 않고 소목상건제를 무시하고 다시 청서릉에 거액을 드려 모릉을 짓게 된 것이다. 그 덕분에 동청릉이 무참하게 도굴당했을 때 모릉은 무사할 수 있었지만 아들 함풍제(咸豐帝)는 동릉에 있었기에 그 횡액을 당할 수밖에 없었다. 도광제는 무예가 뛰어나고 용감하였으며 아버지 가경제는 물론 신하

615 신장 위구르 호자족의 반란이 대표적이다.

616 난징조약으로 청나라는 홍콩을 99년간 영국에게 조차권을 주었으며 막대한 배상금을 물었다. 또한 복주 지방의 항구를 개방하고, 서구열강들에게 각종 이권을 빼앗기며 아편도 무제한 유입되어 결국 청조를 나락으로 빠뜨리게 된다. 참고로 도광제 때 아편수입이 연간 3만 상자나 되었다.

광서제 숭릉의 패방

눈속의 숭릉 패루

숭릉의 융은전

들이나 궁녀들로부터 공인된 멋쟁이로 알려져 있다. 그는 1850년 원명원에서 사망하였는데 이로부터 10년 뒤 원명원은 2차 아편전쟁에서 불타버리고 죽던 그 해에 사상 최악의 민란인 태평천국의 난이 일어나 청나라는 망국의 길을 걷게 되었다.

청서릉 중에서 가장 소박하고 작은 것이 제11대 덕종 광서제(光緒帝, 1871~1908)의 숭릉(崇陵)이다. 숭릉은 청서릉 중 태릉에서 동북쪽으로 5km 떨어진 가장 동쪽에 자리 잡고 있다. 현재 청서릉에서 유일하게 지궁이 개방되어 있는 곳이며 효정경

숭릉의 석오공과 명루

황후(孝定景皇后, 1868-1913)와 합장되어 있다. 숭릉은 주차장에서 300m쯤 걸어가면 패루와 융은문, 융은전, 옆으로는 배전, 순방(巡房), 신주(神廚), 조방(朝房), 반방(班房) 등이 있다. 융은전을 지나 침궁으로 가는 곳에 삼좌문(三座門)이 있고 다음으로 사각형태의 석오공과[617] 명루, 보정이 놓여 있어 다른 황제릉에 비해 갖출 것은 다 있는 것 같지만 매우 간소하게 지었음을 한 눈에 알아볼 수 있다. 지궁의 규모는 청동릉의 건륭제 유릉이나 시태후의 동성릉에 비하여 현격히 작고 불보살 등의 석조각도 뛰어난 편은 아니다. 숭릉의 지궁은 1938년 신원불명의 군인들에 의하여 도굴당하고 1980년에 일반에 공개되었는데, 내부에는 도굴 당시의 흔적이 아직 남아 있다.

지궁은 석조 결구(結構)로 면적이 350m^{2}에 묘도의 길이는 63.19m이다. 내부의 석문 위에는 팔대보살입상(八大菩薩立像) 부조가 있는데, 유릉이나 동정릉에 비하여 조각술이 떨어진다. 금권(金券) 내에는 보상(寶床)이 있고 그 위에 왼편에 광서제, 오른편에는 효정경황후(孝定景皇后)의 관이 놓여 있다. 지궁 내의 유물들은 도굴 때 대부분 없어졌으나 다행히도 도굴꾼들이 미처 찾지 못한 광서제 관곽 아래 금정(金井)에서 진주와 비취, 자모철주, 옥석 등 진귀한 유물 300여 점을 수습하여 전시 중이다.

617 이 석오공 중 촛대와 화병이 중국 여타 황제릉과는 달리 사각형태를 갖추고 있어 매우 특이하다.

숭릉의 지궁

숭릉 내부의 광서제와 융유황후 초상

광서제는 청나라에서 유일한 방계 출신의 황제이다. 그는 순현친왕(醇賢親王) 혁현(奕譞, 1840-1891)의 아들인데, 청나라에서 가장 불행한 생애를 보낸 황제일 것이다. 그는 1875년 겨우 네 살 때 서태후의 지원으로 황위에 올라 1908년 11월 14일 사망하기까지 제대로 된 황제 노릇 한 번 못하고 꼭두각시 노릇을 하다가 독살된 비운의 황제였다. 재위 초기에는 적모(嫡母)인 동태후가 섭정을 했고, 1881년부터 1889년까지는 이모이자 서백모(庶伯母)인 서태후가 섭정을 하였다. 1889년부터 친정을 하였지만 10년도 안되어 서태후에 의하여 실권을 빼앗긴 채 죽을 때까지 유폐생활을 당하였다. 사랑하던 후궁 진비(珍妃)마저 서태후의 명으로 살해 당하였다. 그의 사망이 독살에 의했다는 설이 끊이지 않았는데, 2008년 과학적인 부검 결과 머리카락과 위장에서 다량의 비소가 발견되어 죽은 지 100년 만에 독살설이 사실로 확인되었다.[618] 광서제를 싫어했던 서태후는 12대 황제로 겨우 세 살짜리 광서제의 조카 부의(溥儀, 宣統帝)를 앉히고 광서제가 사망한 바로 다음날 죽었다.

광서제는 그래도 의식이 있는 황제로 청조를 부흥시키려 나름대로 노력은 했다. 친정을 시작했을 때 그는 강유위(康有爲), 양계초(梁啓超) 등 소위 변법파를 중심으로 일본의 메이지유신을 본받아 '변법자강(變法自疆)' 운동을 시행하였다. 산업의 육성,

618 遠世凱와 서태후, 태감 李蓮英이 독살설의 배후로 지목된다. 광서제는 11월 14일에 사망하고 서태후는 바로 다음 날인 11월 15일 죽었기 때문에 독살할 여력이 없었다. 태감 이연영은 서태후의 명으로 광서제를 핍박했던 환관인데, 광서제에게 보복을 당할 처지였다. 다만 원세개는 광서제의 원한을 사고 있었고, 이후 황제가 되고자 한 점으로 미루어 그가 범인일 가능성이 매우 높다.

서양식교육, 헌법의 제정, 국회개설 등 백여 가지가 넘는 개혁운동을 펼쳤으나 이 급진적인 개혁은 보수파와 서태후의 반발을 불러왔다. 이에 광서제는 군벌 원세개를 이용해 보수파를 누르려 하였으나 원세개는 배신하여 서태후에게 밀고를 하였다. 서태후는 보수파와 연합해 광서제를 죽을 때까지 자금성에 유폐시키고 변법파 인사들은 죽거나 망명하였다. 이처럼 광서제의 야심찬 개혁운동이 결국 백일천하로 끝나고 말았으며 청조는 3년 뒤 막을 내리고 만다. 광서제는 붕어 후 숭릉에 안장되었는데, 공식적으로 묘호를 받고 황제릉에 묻힌 중국의 마지막 황제가 되었다. 광서제가 1908년 37세로 죽고 나자 황제릉 건설에 착수했지만 1911년 신해혁명(辛亥革命)으로 1912년 청나라가 망하자 공사가 중단되기도 했으나 다행히 국민당 정부의 지원으로 1915년에 숭릉을 완성할 수 있었다.

청서릉은 청동릉만큼 도굴의 참화는 없었지만 그래도 청말의 혼란으로 상당한 피해를 보았다. 1900년 의화단 사건이 일어나자 이를 진압한다고 서구열강의 8개국 연합군이 침공하였을 때 청서릉은 크게 파괴되었고 재물이 약탈당했다. 이후 재물의 일부는 반환되고 1902년 능침도 복구되었으며, 1910년에는 신황제 부의(溥儀)의 능지도 마련하고 공사에 들어 갔다. 그러나 청조가 무너지면서 공사가 완전 중지되고 이 마지막 황제 부의의 무덤은 청서릉 인근 황제릉 구역 바깥의 민간인 지역에 묻히게 된다.

청서릉은 나라가 망한 뒤에도 어느 정도 보호를 받아 왔다. 중화민국이 들어서자 청서릉을 보호하던 기구와 인력들은 없어지고 호릉대신(護陵大臣)이 있었지만 군벌들이 밀림 같던 수목을 벌채해 팔았다. 1937년 일본제국이 청서릉을 점령한 뒤 호릉경(護陵警)을 설치해 어느 정도 보호했지만 중일전쟁 중 또 국공 내전 중 1938년에는 일단의 군인들이 숭릉을 도굴하고 많은 유물을 약탈하였다. 결국 중화인민공화국 정부가 들어선 1954년에야 청서릉유물보관소가 설치되어 다시 보호를 받을 수 있게 되었다.

마지막 황제 선통제(宣統帝)의 묘

1912년 드디어 청나라는 '마지막 황제'[619]로 유명한 선통제 부의(溥儀, 1906-1967)

619 부의는 1964년 자서전 『나의 전반생(我的前半生)』을 발간하였다. 1987년 이태리 감독 베르나르도 베르톨루

를 끝으로 멸망하게 된다. 그러나 중화민국 정부는 '청실우대조건'으로 청황실의 맥을 잇게 하였으며 황실을 존중하며 심지어 존호를 유지하고 자금성에서 거주하도록 하였다. 그러나 1924년 군벌들에 의해 이와 같은 청나라 황제에 대한 우대조건은 휴지조각이 되었고 부의는 자금성에서 쫓겨나면서 황제 칭호도 사라지게 되었다. 이에 부의는 텐진으로 가서 일본의 보호를 받는 신세가 되었다. 1931년 장개석(蔣介石)은 부의가 텐진에 머무는 조건으로 '청실우대조건'을 회복시켜 준다고 하였다. 그러나 바로 3년 전 청동릉 도굴사건을 흐지부지하게 처리하고 주범 손전영을 승진까지 시킨 국민당 정부의 처사에 분노한 부의는 만주로 가버렸다. 이듬 해 1932년 부의는 일본이 세운 만주국의 황제가 되었지만 일제의 꼭두각시에 지나지 않았다

부의(愛新覺羅 溥儀, 1906~1967)는 청나라의 마지막 황제인 선통제(宣統帝, 재위 1908-1912)이다. 그는 광서제의 이복동생인 순친왕 재풍(醇親王 載豊, 1883-1951)의 아들로 서태후에 의해 세 살의 나이로 청나라의 제12대 황제가 된다. 그후 순친왕과 광서제의 황후인 융유황태후(隆裕皇太后)가 섭정하였다. 그러나 1911년 신해혁명이 일어나자 원세개가 실권을 장악하고 손문과 협상하였는데, 북부 군벌들의 압박으로 결국 1912년 2월 12일 융유황태후가 부의를 대신해 퇴위조서를 반포하여 청나라 278년의 역사를 마치게 되었다.

그러나 마지막 황제 부의의 파란만장한 여정은 여기에서 그치지 않았다. 한때 장동(張勳)은 군대를 이끌고 베이징에 진주하여 원세개의 총통자리를 계승한 여원홍(黎元洪)을 퇴진시키고 부의의 복벽(復辟)시키기도 했으나 단기서(段祺瑞)에 의해 다시 퇴위되었다. 그후 군벌들의 암투 중에 부의는 풍옥상(馮玉祥)에 의하여 자금성에서 쫓겨나 순친왕의 거처에 머물다가 일본 공사관으로 도피하게 되었다. 이후 텐진에 가서 일본 조계(租界)에 머물게 되었다.

1931년 일본 관동군이 만주사변을 일으켜 동북삼성을 점령하고 1932년 3월 1일 부의를 집정(執政)에 앉았다. 1934년 3월에 만주국은 황제국을 선포하고 연호는 대동(大同)에서 강덕(康德)으로 고치고 수도는 신경(新京, 오늘날 長春)으로 정하였다[620]

치에 의하여 영화『마지막 황제(The Last Emperor)』로 만들어져 개봉되었고, 아카데미 시상식에서 작품상, 감독상 등 9개 분야를 석권하여 세계에 큰 반응을 일으켰다.

620 오늘날 長春에는 만주국의 궁궐인 僞滿皇宮이 존재하고 일반인에게 개방되고 있다.

1930년대 부의의 사진

부의는 만주국의 황제가 되었지만 이는 관동군의 꼭두각시에 지나지 않았으며, 모든 실권은 관동군이 장악하고 있었다. 1945년 소련의 참전으로 관동군은 궤멸되고 부의는 일본으로 망명하려다가 선양(瀋陽)에서 소련군에게 체포되어 전범으로 하바로브스크로 압송되었다가 1950년 중국측에 인도되어 무순(撫順) 감옥에 수감되었다. 그러나 1959년 특별사면령으로 풀려난 뒤 베이징 식물원에서 정원사로 일했다. 그후 부의는 저우언라이의 배려로 1964년 인민정치협상회의의 문사자료전문위원(文事資料專門委員)으로 어느 정도 대우를 받으며 일하다가 1967년 10월 16일 신장암으로 사망하였으니 그의 나이 61세였다. 그래도 부의는 망국과 함께 무참하게 살해되던 다른 왕조의 경우와는 달리 일족들도 무사하게 지낼 수 있었으니 행운이라고도 할 수 있다. 이는 새로운 중국을 통일한 중국 공산당에서 체제의 안정과 정통성을 확보하기 위한 노력으로 보인다.

중국 최후의 황제 부의는 원래 선통제로 즉위하면서 자신의 황제릉을 청서릉에 세우기로 계획되어 있었으나 나라가 망한 판에 수릉을 세울 수가 없었다.[621] 1967년 부의가 쓸쓸하게 죽었으나 황제릉이란 아예 세울 수도 없었다. 그의 장례는 도

621 徐廣源, 『淸西陵史話』, 新世界出版社, 2004, p.271.

화룡황원의 입구

저히 황제라는 신분에 어울리지 않게 베이징 팔보산(八寶山) 공동묘지 인민납골당에 안치되었다가 1980년에는 팔보산 혁명공묘(革命公墓)로 이전되어 약간 대우를 받게 되었다. 그러나 부의는 1995년 청서릉 구역 숭릉 근처에 이장되어 꿈에도 그리던 조상들의 발치에서 안식을 취하게 되었다. 하지만 부의의 묘는 엄격히 청서릉 황제릉 구역 안에 있는 것은 아니라 숭릉 옆 공동묘지에 안장되어 있다. 이곳은 민간이 상업적으로 건립한 '화룡황원(華龍皇園)'이란 공동묘지인데 묘지의 지명도를 높이고자 부의의 묘를 이장시킨 것이다. 그러므로 청서릉에 들어가 부의를 묘를 찾으면 안 된다. 청서릉 구역 밖으로 난 길을 따라 가다보면 화룡황원이라 쓰여진 대규모의 공동묘지가 있는데 그 안으로 들어가면 입구 담장에 '애신각라 부의선생묘(愛新覺羅 溥儀先生墓)'라는 안내판이 붙어 있다. 정식으로 등극한 황제를 '부의선생'이라 부르는데 참으로 인심의 무상함을 느낄 수 있다. 정면으로 난 경사진 길을 올라가면 가장 위쪽에 간략하게 흉내만 낸 패방(牌坊)이 있고 신도라 할 수 있는 계단을 오르면 나무로 둘러친 정상부 작은 공터에 화표(華表) 두 개 세워진 뒤로 도저히 황제릉이라 할 수 없는 작은 세 개의 봉분이 있으며 가운데 있는 부의의 묘 앞에는 '애신각라 부의'라고 쓰여진 비석이 서 있다. 그 묘지는 그저 조금 잘 사는 사람들의 무덤과 다를 바 없으나 조잡한 패방이나 화표조차 황제릉의 흉내를 낸 것으로 보여 처량하기까지 하다. 그래도 앞이 확 트인 전망과 조상들의 발치에라도 묻힌 것에 부의는 만족해야 할 것이다.

세 개의 봉분 중 가운데 것이 부의 묘이고 왼편 것은 상귀인(祥貴人) 담옥령(譚玉齡)이며, 오른편이 효격민황후(孝格愍皇后) 완용(婉容)의 묘이다. 부의는 1922년 대혼전례(大婚典禮)에 따라 황후로 완용(1906~1946)을, 숙비로 문수(文繡 1909~1953)를 맞이하였는데, 완용은 부의와의 극심한 불화로 아편에 빠져 1946년 연길(延吉)에서 행려병자로 죽었다. 2006년 부의와 합장시키려고 완용의 행방을 수소문하였지만 죽었을 때 거적으로 감싸 산에 버렸다고 하였으니 역대 황후 중 가장 비참한 말로를 겪은 셈이다. 그래서 유품으로 남긴 머리빗 하나를 수습해 무덤 속에 넣었을 뿐이다. 문수와의 생활도 순탄치 못하여 1931년 부의와 이혼을 하였는데, 중국 역사상 최초의 황실 이혼이 되었다. 왼쪽 봉분의 주인공 담옥령은 1937년 상귀인으로 황궁에 들어왔는데, 부의가 진정으로 사랑한 여인으로 1942년 병사했을 때 부의는 이를 애석히 여겨 유골함을 거처에 두고 지냈으며, 유언으로 합장해 주기를 당부했다. 그래서 현재 부의의 묘 왼쪽에 자리 잡고 있는 것이다.

부의는 1962년 마지막으로 간호사였던 이숙현(李淑賢, 1925~1997)과 결혼하였다. 그녀가 부의를 간호하면서 5년간의 만년을 함께 하였고, 부의가 죽자 1995년에 화룡황원에 묻히는 것에 유족으로서 동의를 하였다.[622] 세계 최대의 청나라 마지막 황제, 만주국의 황제였던 부의는 참으로 파란만장한 삶을 산 비운의 황제였다. 부의의 묘호는 두 개가 있는데, 1967년 그가 죽자 대만에 있던 종친들로부터 헌종(憲宗), 2004년에는 공종(恭宗)이란 묘호를 받고, '배천동운법고소통수문경부관예정목체인입효민황제(配天同運法古紹通粹文敬孚寬睿正穆體仁立孝愍皇帝)'라는 긴 시호도 받았다. 그러나 중국 정부에서는 묘호나 시호를 인정하지 않고 손제(遜帝)라는 칭호로 부르거나 그냥 부의라는 이름으로 부르고 있다.

부의는 1908년 자금성에서 청의 12대 황제가 되었고, 1912년 퇴위되었다가 1917년 잠시 복벽(復辟)되어 다시 황제가 되었고, 1934년에는 만주국의 황제가 되었으니 일생동안 세 번이나 황제가 되었던 사상 유례가 없는 파란만장한 삶을 겪은

622 徐廣源, 위의 책, p.274.

부의묘 앞에 선 모습

황제이지만 변변한 황제릉조차 갖지 못하였고 후사도 없었다. 사방이 내려다 보이게 탁 트인 부의의 묘에 서서 남다른 감회에 젖어 두 시간이 넘도록 대륙의 산하를 내려다보며 상념에 빠졌다. 중국의 황제릉을 답사하기를 작정하고 30년이 넘도록 동북삼성부터 쓰촨성에 이르기까지 대륙의 동서남북을 얼마나 돌아 다녔던가? 그래도 직접 답사하지 못한 황제릉이 아직도 많다.

이젠 청나라 아니 2200년 역사, 중국의 마지막 황제 부의의 묘 앞에서 30여 년에 걸친 필자의 긴 여정도 마치려 한다.

마치면서

중국의 황제릉이란 중국의 역사와 예술, 기술이 녹아 있으면서 당대 최고의 예술가들을 동원하고 연간 세수의 1/3 정도의 예산을 들여 그야말로 국력을 쏟아 부은 건축물이자 인류가 남긴 문화재로서의 가치는 말할 수 없이 중요하다. 고대 중국인들은 죽어서도 영혼은 살아 있다는 생각에서 장례를 매우 중요시 하여 황제는 물론 어느 계층이나 능묘를 만드는데 정성을 기울였다. 그로 인해 세계적으로 보기 드문 방대한 황제릉군을 탄생시켰다. 필자가 중국 역사에서 수많은 왕조와 수백 명이 넘는 황제와 그 황제릉에 대하여 책을 쓰겠다고 나선 것은 정말 젊은 날의 만용이었다. 하나의 황제릉을 제대로 쓰기 위하여는 능주의 연구로부터 시대적 상황, 풍수학적 고찰, 장례제도, 건축학적 연구, 조각과 회화, 조경, 부속된 능원 등 그리고 수많은 분야에 대한 지식과 연구가 뒤따라야 한다. 이러한 방대한 분야를 조사, 연구한다는 것은 결코 한 개인이 할 수 있는 일이 아니었다. 그러다 보니 본서는 어느 한 분야를 제대로 다루지 못하고 지극히 피상적이 되었다. 나름대로 수백 권의 서적을 직접 중국 방방곳곳에서 참으로 어렵게 구입하여 참고했지만 본서는 평범한 개설서 수준을 넘어설 수 없었다.

또 한 가지 걱정은 본서에서 서술한 황제릉이 오늘날 현시점에서 방문한다면 필자가 묘사한 내용과는 상당히 다른 모습을 보고 의아해 할 사람이 많을 것이다. 왜냐하면 30년 전 아니 20년 전에 허허벌판이던 황제릉구역이 도시로 편입되면서 공원화 되어 전혀 달라진 모습을 보고 필자의 묘사가 틀렸다고 할 것이다. 예를 들어 진2세 황제 호해(胡亥)의 무덤은 20년 전만 해도 교외의 잡초 속에 버려져 있었으나 지금은 시안 시내 아파트 단지에 공원화되어 잘 정비되어 있으며, 조형물과 박물관까지 세워져 있다. 또 함양에 있는 한무제(漢武帝)의 무릉(茂陵)은 얼마나 잘 가꾸어 정비를 하고 입장료까지 받고 있다.

물론 이러한 예는 부지기수인데, 필자가 걱정하는 것은 문화재의 보존이나 보수가 아니라 관광사업에 눈이 멀어 원형을 훼손하는 일이다. 명확한 고증을 통하여 치열한 연구 끝에 복원을 해도 잘못하면 문화재의 훼철에 들어가는데, 현재 중국에서는 '크고 멋있게'라는 강박관념에 빠져 마구잡이로 공사를 벌리고 있어 또 하나의 '문화재 파괴'가 될 것 같다. 또 한 가지 예를 들자면 황제릉은 아니지만 절강성 영파시 인근 동전호(東錢湖) 주위에는 남송시대 귀족가문 사씨(史氏) 일족의 묘가 20여 기가 산재되어 있었는데, 석조각만도 160 구에 달하는 거의 황제릉에 맞먹는 규모였다. 이를 다 보려면 일주일은 걸릴 만큼 산재돼 있었는데, 한 눈에, 한 자리에서 보기 편하도록 '남송석각유지공원(南宋石刻遺址公園)'을 만들어 놓았으니 그 무덤과 거기에 달린 석각들은 원형을 찾아볼 수 없게 만들었다.

2011년 신화네트워크에 나온 뉴스는 또 걱정을 하게 한다. 그 내용은 산시성 문화재국은 당나라 능묘의 석물들의 보호와 전시를 위해 산시성 건형(乾縣)에 야외석각박물관을 건립하여 당 18능에 흩어져 있는 5만 여 점의 석각을 수집, 전시한다는 계획이고, 부지는 10만km^2나 되며, 3억위안의 예산을 들인다고 한다. 부디 이 계획이 수포가 되기를 바란다. 문화재란 상태가 좋든 나쁘든 그 자리에 원형을 유지하고 있어야 하는데, 인위적으로 옮기고 치장하는 것은 또 하나의 '문화재 파괴'이기 때문이다.

중국의 황제릉은 참으로 그 수량도 많고 규모나 장려함은 분명 세계 어디에서도 유례가 없을 정도로 압도적이다. 중국에서 황제릉을 세우기 시작한지도 어언 2200여 년이 지나갔다. 청나라가 멸망했으니 우리는 이젠 다시는 황제릉을 볼 수 없을까? 그러나 자신의 무덤을 장대하고 굳건하게 만들어 영원히 보존되기를 바라는 인간의 본성이 없어지지 않는 한 황제릉은 또 다시 만들어질 가능성이 높다.

청이 멸망하고 나서 난징에 세워진 손문(孫文)의 무덤(中山陵)은 황제릉에 못지 않다. 1976년 모택동(毛澤東)이 사망하자 그의 무덤은 어떻게 되었을까 매우 궁금했다. 현재도 천안문 광장에 걸려 있는 거대한 그의 초상화와 지폐에서도 볼 수 있는 모택동은 중국에서 아직도 신격화되고 있다. 그러나 필자의 예상과는 달리 그는 무덤을 만들지 않았으며 대신에 천안문 광장 남쪽에 거대한 '모택동기념관'을 세워놓고 레닌처럼 시체를 방부 처리하여 유리관 안에 모셔두고 일반에게도 관람시키고 있다. 이것은 레닌, 모택동, 김일성 등 공산주의 지도자들의 장례 관습인가?

앞으로 제정(帝政)이 부활되면 다시 황제가 생길 것이고 그가 죽으면 황제릉도 다시 세워질 것이 아닌가? 그러나 인류는 다시는 제정으로 돌아가지 않을 것이며, 따라서 황제릉도 더 이상 세워지지 않을 것이다. 아울러 중국에서는 더 이상 묘지에 봉분을 올린 묘를 앞으로는 보기 힘들 것이다. 중국이 공산주의가 된 후 장례는 화장을 하고 납골당으로 옮겨지는 것이 상례가 되었다. 몇 십년 전 난징의 금릉대학교에서 전국 22개 성을 대상으로 조사한 결과 묘지의 총 면적이 103,000k²로 현재 남한의 면적 보다 넓다. 그러므로 중국에서는 과거와 같은 빼곡하고 드넓은 묘지는 국가 운영상 더 이상 세울 수가 없게 된 것이다.

중국의 황제릉은 분명 이집트의 피라미드처럼 인류가 이룩한 모든 역량을 부어 만든 위대한 문화재로서 그 가치는 영원할 것이다. 30년 동안 이어져온 중국 황제릉을 찾아다닌 긴 여정도 이제 마치려 한다. 그동안 보아온 중국황제릉과 관련된 여러 문화재가 예전 모습 그대로 유지되어 10년 뒤에 다시 가더라도, 아니 백 년 뒤 우리 후손들이 가서 봐도 언제나 원래의 모습을 계속 간직하고 있기를 간절히 바란다.

參考文獻

〈중국 사료〉

歐陽修, 宋祁 編,『新唐書』

司馬遷,『史記』

宋濂 編,『元史』

吳廷燮 外 編,『淸史稿』

劉昫 編,『舊唐書』

李玄錫,『明史綱目』

張廷玉 外 編,『明史』

〈중국 단행본〉

盖山林,『陽山王左』, 內蒙古人民出版社, 1991

鞏義河路文化叢書 編纂委員會 編,『北宋皇陵』, 中州古籍迹出版社, 2008

關伯陽 編,『金源文化應用研究成果集』, 阿城市旅遊國, 1999

金永田,『眞寂之寺覽勝』, 中國社會出版社, 2001

羅鳳英 編,『淸西陵探源』, 河北科學技術出版社, 2004

羅世平, 廖暘,『古代壁畵墓』, 文物出版社, 2005

羅哲文, 劉文淵, 黃彬, 韓桂節,『中國名陵』, 百花文藝出版社, 2006

羅春政,『遼代繪畵與壁畵』, 遼寧畵報出版社, 2002

那鳳英 編,『淸西陵』, 河北科學技術出版社, 2005

那鳳英 編,『淸西陵探源』, 河北科學技術出版社, 2004

洛陽師範學院 外編,『洛陽古墓圖說』, 國家圖書館出版社, 2009

南京博物院 編,『南朝陵墓彫刻藝術』, 文物出版社, 2006

南京博物院 編,『明孝陵』, 文物出版社, 1981

南波三叔,『盜墓筆記』, 中國友誼出版公司, 2007

潭前學 編,『陝西歷史博物館』, 三秦出版社. 2009

唐彩蘭 編,『遼上京文物擷英』, 內蒙古人民出版社, 2005

戴良維 編,『讀着故事游東錢湖』, 浙江科學技術出版社, 2008

董新林,『中國古代陵墓考古研究』, 福建人民出版社, 2005
董新林,『中國古代陵墓考古研究』, 福建人民出版社, 2005
杜建民 編,『中國歷代帝王世系年表』, 齊魯書社出版社, 2007, 5次 印刷

路甬祥 編,『文物修復和辨僞』 大象出版社, 2007

馬海觀, 郭瑞,『唐太宗昭陵石刻瑰寶』, 三秦出版社, 2007

武斌 編,『不可不讀的 盜墓傳奇』, 中國書籍出版社, 2009

武斌 編,『沈陽故宮與世界文化遺産』, 遼寧大學出版社, 2007

美露 編,『南宋四明史氏』, 四川出版集團, 2006

白鶴皋,『遼上京史話』, 遠方出版社, 2004

北京文物精髓大系編委會,『北京文物精髓大系, 石彫卷』, 北京出版社, 2000

北京石刻藝術博物館 編,『會說話的石頭 北京的 石刻文化』, 學苑出版社, 2007

北京市文物局 編,『陵墓』, 北京出版集團公司, 2011

北京市文物研究所 編,『北京金代皇陵』, 文物出版社. 2006

北京市文物研究소 編,『北京地區 遼金墓葬壁畵 保護研究』, 科學出版社. 2008

北京市昌平區十三陵特區辨事處 編,『明十三陵』, 北京出版社, 2009

北京歷代帝王墓保護利用促進會外編,『歷代帝王墓 研究論文集』, 香港國際出版社, 2004

謝宇 編,『明代皇陵堪輿考』, 2013

謝洪波 編,『中國歷代帝王陵墓之迷』, 哈爾濱出版社, 2009

謝洪派 編著,『中國歷代帝王陵墓之謎』, 哈爾濱出版社, 2009

山西省考古研究所 編,『走近考古步入宋金』, 科學出版社, 2009

徐廣源,『大清皇陵秘史, 學苑出版社, 2010

徐廣源,『大清皇陵秘史』, 學苑出版社. 2010

徐廣源,『清西陵史話』, 新世界出版社, 2004
徐廣源,『清西陵史話』, 新世界出版社, 2004
徐金,『霧開慈禧陵』, 金城出版社, 2008

徐東輝, 向城,『乾陵大墓』, 大象出版社, 2008

西安碑林博物館 編,『西安碑林博物館』, 陝西人民出版社. 2000

徐自强 外,『古代石刻通論』, 紫禁城出版社, 2003

徐自强 編,『石刻論著滙編』, 제1집, 北京圖書出版社, 1997

徐自强, 吳禁麟,『古代石刻通論』, 紫禁城出版社, 2003

徐湖平 編,『南朝陵墓彫刻藝術』, 文物出版社, 2006

陝西省地方志編纂委員會 編,『陝西省志』, 三秦出版社, 1995

昭陵博物館 編,『昭陵唐墓壁畫』, 文物出版社, 2006

蘇寶敦,『北京皇陵集華』, 北京燕山出版社, 2001

蘇寶敦,『北京皇陵集華』, 北京燕山出版社, 2001

孫建華 編,『內蒙古遼代壁畫』, 文物出版社, 2009

孫文禮,『中國瑞獸造型圖典』, 人民美術出版社, 2009

孫海潮 · 王德恒,『大唐帝王與皇陵文化』, 京華出版社, 2007

孫昊, 楊軍,『女眞帝國傳奇』, 中國國際廣播出版社, 2009

宋大川, 夏連保,『清代園寢制度研究』, 上下, 文物出版社, 2007

宋曉明 編,『大清皇陵』, 中國華僑出版社, 2008

宋曉明,『解密大清皇陵』, 中國華僑出版社, 2008

宿白,『白沙宋墓』, 文物出版社, 2002

岳南 ; 商成勇, 許志龍,『中國盜墓傳奇』, 中國畵報出版社, 2007

岳南,『考古中國』, 海南出版社, 2006

岳南,『清東陵地宮珍寶被盜記』, 海南出版社, 2006.

楊古城, 龔國榮,『南宋石彫』, 寧波出版社, 2006

楊菌 編,『明十三陵』, 中國民族撮影藝術出版社, 2007

梁白泉 編,『南京的六朝石刻』, 南京出版社, 1998

梁白泉 編,『南京的六朝石刻』, 南京出版社, 1998

楊泓,『中國古代與美術考古論集』, 文物出版社. 2007

楊泓,『中國兵器通論』, 紫禁城出版社. 2005

梁欣立,『北京石獅』, 北京圖書館出版社, 2007

嚴大勇 編,『泗水王陵考古』, 王朝文化藝術出版社, 2003

余金保, 周鈺雯 編,『明孝陵』全6卷, 東南大學出版社, 2008

禮部, 陳沂 讃,『洪武京城圖志, 金陵古今圖考』, 南京出版社, 2007

王德恒,『明清帝王與皇陵文化』, 京華出版社, 2007

王德恒,『明清帝王與皇陵文化』, 京華出版社. 2007

王德恒,『明清帝王皇陵文化』, 京華出版社, 2007

王德恒,『解讀 中國皇陵密碼』, 中國文聯出版社, 2008

王德恒, 孫海潮,『大唐帝王與皇陵文化』, 京華出版社, 2007

王思主 編,『岳飛墓廟』, 杭州出版社, 2005

王雙 編,『大王陵』, 萬卷出版公社, 2007

王瑛,『圖說前蜀永陵』, 重慶出版社, 2006

王玉亭 編,『遼上京研究論文選』, 政協巴林左旗委員會, 2006

王玉亭 編,『遼上京研究論文選』, 政協巴林左旗委員會出版, 2006

王張惠 外 編,『陝西名人墓』, 陝西呂遊出版社, 2000

王前華 編,『明孝陵舊影』 南京出版社. 2004

王前華, 寥錦漢 編,『明孝陵』, 南京出版社, 2005. 2차 印刷

王曾瑜,『宋遼西夏金 社會生活史』, 中國社會科學出版社, 1998

王志杰,『茂陵與霍去病墓石彫』, 三秦出版社, 2005

王志杰,『茂陵與霍去病墓石彫』, 三秦出版社, 2007, 2次 印刷

王志杰,『漢武時代文化遺産集華』, 三秦出版社, 2008

王志杰,『漢武帝與茂陵』, 三秦出版社, 2007

王春雷, 楊力 編,『金上京歷史文物研究文集』, 人民文學出版社, 2002

王學理,『漢景帝與陽陵』, 三秦出版社. 2005

王學理, 尙志儒, 呼林貴 等,『秦物質文化史』, 三秦出版社, 1994

王抗生, 段建華 編,『民間石彫』, 中國輕工業出版社, 2006

王煥鏕 讃,『明孝陵지』, 南京出版社, 2007, 2차 印刷

王煥鑣 撰,『明孝陵志』, 南京出版社, 2006

遼寧省博物館學會,『遼寧博物館學論文集』, 文物出版社, 1997

遼上京契卵, 遼文化研究學會 編,『首廟遼上京契卵, 遼文化學術研討會 論文集』, 內蒙古文化出版社, 2009

龍廣熙,『中國石獅造型藝術』, 中國建築工業出版社, 2005, 2次 印刷

越杰, 周洪山,『北寧市文物志』, 遼寧民族出版社, 1996

越超,『古代石刻』, 文物出版社, 2001

劉金星 等編,『大明帝陵圖鑑』, 江蘇古籍出版社, 2002

劉金星 撰,『大明帝陵圖鑑』, 江蘇古籍出版社, 2002

劉白陽,『唐代帝王陵墓』, 三秦出版社, 2006

劉毅,『明代帝王陵墓制度研究』, 人民出版社, 2006

劉毅,『帝王陵墓制度研究』, 人民出版社. 2006

劉毅,『中國古代陵墓』, 南開出版社. 2010

劉義全,『門頭溝民居彫刻藝術』, 北京燕山出版社, 2006

劉托,『皇陵建築』, 中國文物出版社, 2009

劉向陽 外,『唐乾陵』, 三秦出版社, 2008

劉向陽,『唐代帝王陵墓』, 三秦出版社, 2012

李國, 曹建華,『大遼國皇帝及皇后』, 內蒙古人民出版社. 2005

李萬貴 外編,『清東陵』, 中國世界語出版社』, 1997

李付强,『殷墟』, 新世界出版社, 2007

李寅 編,『清代帝陵』, 中國戲劇出版社, 2005

李寅 編,『清代帝陵』, 中國戲劇出版社, 2005

李寅 編,『清東陵揭秘』, 中國人事出版社, 2002

李寅,『盛京三陵』, 遼寧民族出版社, 2004, 2次 印刷

李寅,『清東陵揭秘』, 中國人事出版社, 2001

李朝陽, 王曉謨,『漢高祖與長陵』, 三秦出版社, 2005

李清泉,『寶山遼墓』, 上海書畵出版社, 2013

李清泉,『宣化遼墓 ; 墓葬藝術與遼代社會』, 文物出版社, 2008

李淸泉,『宣化遼墓』, 文物出版社, 2008

李惠 編,『唐十八陵石刻』, 陝西人民美術出版社. 1988

李曉東,『文物保護法』, 學苑出版社, 2008, 3차 印刷

林榭中 編,『六朝藝術』, 南京出版社, 2004

張劍光, 鄭國慰, 周志明 編, 『中國帝王后妃陵墓之謎』, 三秦出版社. 2008

張起泰, 『金太祖陵』, 阿城市旅遊國, 1999

張德臣, 『大唐女皇與順陵』, 三秦出版社, 2005

張德臣, 『大唐與皇與順陵』, 三秦出版社, 2005

張道一, 唐家路, 『中國古代建築石彫』, 鳳凰出版傳媒集團, 2006

蔣英炬, 楊愛國, 『漢代畵像石與畵像塼』, 文物出版社, 2001

張永祥 外, 『乾陵』, 陝西旅遊出版社, 2005

張永祥, 維長安, 樊英峰, 『乾陵』, 陝西旅遊出版社, 1995

張云, 『西安碑林博物館』, 陝西旅遊出版社, 2002

張志攀, 『昭陵唐墓壁畵』, 文物出版社, 2006

張學鋒 編, 『中國墓葬史』, 廣陵書社, 2001

張曉鳳 等編, 『淸福陵』, 沈陽出版社, 2004

張曉鳳 等編, 『淸永陵』, 沈陽出版社, 2004

浙江省文物考古硏究所, 紹興縣文物保護管理國編, 『印山越王陵』, 文物出版社, 2002

程征 · 李惠, 『唐十八陵石刻』, 陝西人民出版社, 1988

曹建華 編, 『大遼上京人物譜』, 文史出版社, 2005

曹明明 編, 『走近考古步入宋金』, 科學出版社, 2009

周莎, 『明淸墓葬』, 百花文藝出版社, 2008

周莎, 『明淸墓葬』, 百花文藝出版社. 2008

朱偰, 『建康蘭陵六朝陵墓圖考』, 中華書局, 2006

朱巖石, 『圖說北齊高洋墓』, 重慶出版社, 2006

周維林, 夏仁琴, 『南唐二陵史話』, 南京出版社, 2009

周維林, 夏仁琴, 『南唐二陵史話』, 南京出版社, 2009

周直, 李海英 編, 『明孝陵史話』, 南京出版社, 2006, 3次 印刷

周天遊 編, 『懿德太子墓壁畵』, 文物出版社, 2002

中國建築工業 編, 『帝王陵寢建築 : 地下宮殿』, 中國建築工業出版社, 2010

中國國家博物館 編, 『文物宋元史』, 中華書局, 2009

陳大威 編, 『話說中國歷代甲冑』, 上海書店出版社, 2009

陳文彦 編,『遼都神韻』, 內蒙古人民出版社, 2003.

陳忠實 · 張秀英 編,『漢景帝與陽陵』, 三秦出版社, 2005

陳忠實 編,『唐乾陵』, 三秦出版社, 2008, 2次 印刷

龍中威,『定陵發掘親歷記』, 學苑出版社, 2006 2次 印刷

崔玉寬,『鳳城市文物志』, 遼寧民族出版社, 1996

崔絶茹, 馮永謙, 崔德文,『營口市文物志』, 遼寧民族出版社, 1996

太原市文物考古研究所 編,『隋代虞弘墓』, 文物出版社, 2005

馮永謙,『東北考古研究』, 中州古籍出版社, 1994.

馮永謙, 溫麗和,『法庫縣文物志』, 遼寧民族出版社, 1996

馮賀軍,『中國古代彫塑述要』, 紫禁城出版社. 2007

河南省開封地區 文物管理委員會 編,『宋陵』, 文物出版社, 1982

河南省文物考古研究소 編,『北宋皇陵』, 中州古迹出版社, 1997

何木鳳,『來龍去脈;歷代皇陵命遠大揭秘』, 廣西人民出版社. 2007

何榮傳 編,『清永陵』, 沈陽出版社, 2004

何振祥, 曹建華 編,『大遼韓知古家族』, 內蒙古人民出版社, 2002

杭州市文物考古所 編,『南宋太廟遺址』, 文物出版社, 2007

許耀華, 王志高, 王泉 編,『六朝石刻說風流』, 文物出版社, 2004

惠煥章 主編,『陝西帝王陵』, 陝西旅遊出版社, 2000

惠煥章 編,『陝西帝王陵』, 陝西旅遊出版社, 2000

胡受愛, 胡石青 編,『中國歷代石刻藝術』, 文物出版社, 2009

胡楊,『歷代帝陵』, 中國工人出版社, 2014

胡元超,『唐太宗與昭陵』, 2005

胡元超,『唐太宗與昭陵』, 三秦出版社, 2005

胡漢生 編,『十三陵』, 北京美術攝影出版社, 2004

胡漢生,『明代帝陵風水說』 北京燕山出版社, 2008

胡漢生,『明十三陵探秘160問』, 北京燕山出版社, 2004

胡漢生,『明朝帝王陵』, 北京燕山出版社, 2006

胡漢生,『明朝帝王陵』, 學苑出版社, 2013

胡漢生, 『明清帝王陵』, 北京燕山出版社, 2006
洪仁懷, 王軍 編, 『金上京文史論叢』, 中國文史出版社, 2007
黃濂 編, 『中國歷代將師墓』, 大蓮出版社, 2007
黃濂 編, 『后妃陵墓』, 大蓮出版社, 2007
黃濂, 『明代十八陵』, 大蓮出版社, 1999
黃濂, 『中國歷代帝陵』, 大連出版社, 1997
黃濂, 『中國歷代后妃陵墓』, 大連出版社, 2007
黃濂, 『清代十三陵』, 遼寧民族出版社, 2002
黃濂, 『清代十三陵』, 遼寧民族出版社, 2002
黃文斌, 黃瑞, 黃明超, 『渤海國史話』, 吉林人民出版社, 2009. 2차 印刷
黃斌, 劉厚生, 『大金國史話』, 吉林人民出版社, 2002
黃斌, 劉厚生, 『大金國史話』, 吉林人民出版社. 2002
黃斌 · 黃森, 『大遼國史話』, 吉林人民出版社, 2009. 3차 印刷
黃斌, 黃瑞, 『走進東北古國』, 遠方出版社, 2006
黃佩賢, 『漢代墓室壁畫研究』, 文物出版社, 2008
孝陵博物館 編, 『明孝陵』, 南京出版社, 2004
曉舟 編, 『清昭陵』, 沈陽出版社, 2004

〈한글 단행본〉

고병익, 『東北교섭사의 연구』, 서울대학교 출판부, 1983, 초판 3쇄
김기선, 『한몽문화교류사』, 민속원, 2008
김상기, 『동방문화교류사 논고』, 을유문화사, 1984 중판
김선희, 『아시아의 왕을 만나다』, 천지인, 2011
김영진 역편, 『중국오천년사』, 태광서림, 2002
김이순, 『대한제국 황제릉』, 소화당, 2010
南周成 譯, 『欽定滿洲源流考』, 글모아출판, 2010
都出比呂志 著, 고분문화연구회 역, 『왕릉의 고고학』, 진인진, 2011
尾形勇 著, 이유영 역, 『中國역사기행』, 시아출판사, 2002

박영규, 『한권으로 읽는 고려왕조실록』, 들녘, 1996
박용운, 『고려시대 개경연구』, 일지사, 1996
박용운, 『고려시대사』, 상하, 일지사, 1985.
范文蘭 · 菜美彪 著, 김승일 · 전영매 역, 『중국통사간본』, 경지출판사, 2016
변태섭 편, 『고려사의 諸문제』, 삼영사, 1986
司馬光 著, 권중달 역, 『資治通鑑』, 삼화, 2010
아더 코트렐 저, 정성호 역, 『秦始皇評傳』, 녹원출판사, 1989
岳南·楊仕 著, 유소영 옮김, 『베이징의 명십삼릉2』, 도서출판 일빛, 2005
岳南 外著, 정광훈 옮김, 『황제의 무덤을 훔치다』, 돌베개, 2009
岳南 著, 심규호·유소영 옮김, 『구룡배의 전설2』, 도서출판 일빛, 2001
岳南 著, 심규호·유소영 옮김, 『허베이성 준화의 청동릉1』, 도서출판 일빛, 2005
楊寬 著, 장인섭·임대희 역, 『중국역대 능침제도』, 서경, 2005
유성웅 編, 『미술사전』, 한국미술연감사, 1989
유향양·추교순, 『중국 당대 황제릉 연구』, 서경문화사, 2012
장경희, 『고려왕릉』, 예맥, 2008
장경희, 『고려왕릉』(개정판), 예맥, 2012
장경희, 『조선왕실의 궁릉의물』, 민속원, 2013
장경희, 『조선왕릉』, 솔과학, 2018
장경희, 『국장과 왕릉』, 현암사, 2021
曾先之 著, 소준섭 역, 『十八史略』, 현대지성, 2015

〈논문〉

김무영, 「조선왕릉과 명대 묘장제도의 비교연구」, 충남대대학원 석사논문, 2010
김이순, 「洪陵과 裕陵의 석물조각」, 『미술사연구』21, 미술사연구회, 2007
이영관 외, 「당건릉과 명효릉의 건축문화의 특색과 한국왕릉의 연계양상」, 『한국사상과 문화』51, 2010
이재중, 「三國時代 古墳美術의 麒麟像」, 『미술사학연구』203, 한국미술사학회, 1994
이재중, 「中世 麒麟 圖像 研究」, 『역사민속학』10, 한국역사민속학회, 2000

이재중, 「麒麟考」, 『미술사연구』16, 미술사연구회, 2002
장경희, 「고종황제의 금곡 홍릉 연구」, 『史叢』64, 고려사학회, 2007
장경희, 「고종황제 금곡 홍릉의 석조각 연구」, 『시각문화의 전통과 해석-靜齋 金理那 教授 정년퇴임기념 미술사논문집』, 예경, 2007
장경희, 「12세기 高麗·北宋·金 황제릉 비교 연구」, 『동방학』 제30집, 한서대학교 동양학연구소, 2014
장경희, 「고려왕릉의 석인상」, 『조선왕릉 석물조각사』, 국립문화재연구소, 2016
장경희, 「금 태조 아구타의 예릉 조성 실태 연구」, 『문화교류연구』1-1호, 문화교류학회, 2006
장경희, 「조선 태조 이성계의 4대조 '북도팔릉' 연구」, 『동방학』제36집, 한서대학교 동양학연구소, 2017
조인수, 「조선시대 왕릉의 현상과 특징: 명청대 황릉과의 비교를 중심으로」, 『미술사학연구』262, 한국미술사학회, 2009

색인

아